新闻与传播学译丛·国外经典教材系列

跨文化传播

（第六版）

Communication Between Cultures (6th Edition)

拉里·A·萨默瓦 (Larry A. Samovar)
[美] 理查德·E·波特 (Richard E. Porter) 著
埃德温·R·麦克丹尼尔 (Edwin R.McDaniel)
闵惠泉 贺文发 徐培喜 等 译

中国人民大学出版社
·北京·

作 者 简 介

拉里 · A · 萨默瓦

美国圣迭戈大学传播学院教授。他曾在美国普渡大学获得博士学位，并在那里任教5年。萨默瓦是跨文化传播研究和写作方面的领袖人物，在人类传播领域，他独立撰写及与人合写的著作有13本之多，发表学术论文100多篇。其中，他与理查德•E•波特合著的《跨文化传播文集》和《跨文化传播》已分别出版到第十版和第八版。

理查德 · E · 波特

美国加利福尼亚州立大学长滩分校传播研究系的荣誉退休教授。他曾于南加利福尼亚大学获得语言传播方面的博士学位。在教学方面，波特的主要兴趣是为研究生和本科生讲授跨文化传播、实证研究方法、传播理论以及说服理论与技巧等方面的课程。自1968年以来，波特一直积极从事跨文化传播方面的研究与著述，他有关跨文化传播的论著有16本。

埃德温 · R · 麦克丹尼尔

美国加利福尼亚州立大学圣马科斯分校传播系教授，此前曾在亚利桑那州立大学和圣迭戈州立大学教授跨文化传播课程，并在日本名古屋爱知大学担任跨文化传播学教授，主要从事美、日文化比较研究。他曾在40多个国家有过生活和工作的经历。

“新闻与传播学译丛·国外经典教材系列”
出版说明

“新闻与传播学译丛·国外经典教材系列”丛书，精选了欧美著名的新闻传播学院长期使用的经典教材，其中大部分教材都经过多次修订、再版，不断更新，滋养了几代学人，影响极大。因此，本套丛书最大限度地体现了现代新闻与传播学教育的权威性、全面性、时代性以及前沿性。

在我们生活于其中的这个“地球村”，信息传播技术飞速发展，日新月异，传媒在人们的社会生活中已经并将继续占据极其重要的地位。中国新闻与传播业在技术层面上用极短的时间走完了西方几近成熟的新闻传播界上百年走过的路程。然而，中国的新闻与传播学教育和研究仍然存在诸多盲点。要建立世界一流的大学，不仅在硬件上与国际接轨，而且在软件、教育上与国际接轨，已成为我们迫切的时代任务。

有鉴于此，本套丛书书目与我国新闻传播学专业所开设的必修课、选修课相配套，特别适合新闻与传播学专业教学使用。如传播学引进了《大众传播效果研究的里程碑》，新闻采访学引进了《创造性的采访》、《全能记者必备》，编辑学引进了《编辑的艺术》等等。

本套丛书最大的特点就是具有极强的可操作性，不仅具备逻辑严密、深入浅出的理论表述、论证，还列举了大量案例、图片、图表，对理论的学习和实践的指导非常详尽、具体、可行。其中多数教材还在章后附有关键词、思考题、练习题、相关参考资料等，便于读者的巩固和提高。因此，本丛书也适用于新闻从业人员的培训和进修。

需要说明的是，丛书在翻译的过程中提及的原版图书中的教学光盘、教学网站等辅助资料由于版权等原因，在翻译版中无法向读者提供，敬请读者谅解。

为了满足广大新闻与传播学师生阅读原汁原味的国外经典教材的迫切愿望，中国人民大学出版社还选取了丛书中最重要和最常用的几种做双语教材，收入“高等院校双语教材·新闻传播学系列”中，读者可以相互对照阅读，相信收获会更多。

中国人民大学出版社

前 言

Foreword

一损俱损。

——中国谚语

我们的生活既截然不同又如此相似。

——安妮·弗兰克（Anne Frank）

本书出版第六版缘于三个截然不同的原因：荣誉、激情和谨慎。我们的荣誉感和自信来自前几版的成功。这意味着在过去的35年中，我们关于增强跨文化交流能力的吁求具有一定的价值，并为人们所认可。我们的激情来自我们又被允许在过去五版的基础上进一步修订。当然，我们同样认识到，在增加更为新鲜的知识和内容的时候，我们必须小心谨慎。我们不会舍弃前几版中得到大家认可的内容。我们相信在第六版中，跨文化交流的过去、现在和发展前景等各部分能够达到平衡。我们会固守问题的核心，补充新鲜的思考和研究成果，并不断地开拓新的领域。

本书仍然关注传播与文化之间的特殊关系。更为特别的是，这是一本关于不同文化背景的人走到一起，共享见解、感受和信息的书。由于交流和文化共生共荣，我们在本书中力图将两者的基本功能结合起来考察。另外，由于跨文化交往正成为许多人的日常事务，本书服务于那些在职业或个人生活中接触到不同的文化以及群体文化的人们。因此，我们的研究对象包括国际文化交流，以及美国这个集中了各种群体文化（共文化，co-culture）的国度之中的文化交流。

原 理

国际范围内对于跨文化交流的兴趣出于两个原因。首先，在我们所处的时代，科技、旅行、经济和政治系统、人口迁移方式、人口密度的变化都导致不同文化间的交流越来越频繁。不管你是否喜欢，这些交流都将以前所未有的深度和广度向前发展。休斯顿·史密斯（Huston Smith）曾说：“当历史学家回首我们这个世纪，最激动人心的不是太空旅行或核能的应用，而是整个世界上的人们可以真诚相对。”

xii 其次，越来越多的人了解到文化是通过微妙和深远的方式来影响我们的交流方式的。一个人的文化背景和生活经历决定了他如何看待世界，以及与世界交往的方式。[1]

途　径

我们研究不同文化间交流的立足点是，任何形式的人类交流都是通过行为实现的。换句话说，交流就是人们之间相互作用的行为方式。无论你是在发出或接收信息，还是产生变动，你都在进行信息的创建和制造。因此，对交流的研究，不仅包括对传播效果的探讨，还必须包括对人们如何选择信息过程的研究。因此，我们认为，跨文化交流的精髓就在于实用性（你如何做）、理性（你如何选择）和民族性（你的选择行为有哪些影响）。

理　念

在筹备本书的时候我们秉持着两个理念：第一，提高人们人际交流和文化交流的能力关系到这个资源有限的星球上70亿人的福祉。不论你承认与否，地球已变得如此之小，人们必须相互依存。其实，事情就是这么简单，在这个地球的任何一个地方发生的事都会对其他地方产生影响。第二，人类相互理解和沟通的种种壁垒必将在对交流的渴求、知识的增长以及对不同文化的包容下被打破。我们希望为你提供打破壁垒的这三种素养。另外，我们逐渐认识到，文化和交流总是包含着个人的因素，正如作者本人也处于自己的观点体系之中。我们认为，所有文明社会的第一定律是，只要不危及他人，就应该保持多样性。在你阅读本书的时候，你会发现我们有时候公开阐释自己的立场，却缺少必要的检讨。这是因为，我们虽然有意识地要随时检讨自己的民族优越感，但是不能完全避免这种优越感的不自觉流露。对此我们非常抱歉。

新　意

《跨文化传播》（第六版）有很大的变化，具有一些新特点。新版的一个显著特点是增加了一个新的作者埃德温·R·麦克丹尼尔（Edwin R. McDaniel）博士，他来自日本的淑德大学。他的加入是我们的幸运，因为我们力求呈现跨文化传播领域最好的研究和观点。在获得亚利桑那州立大学的博士学位之前，他花了超过25年的时间周游世界，获得了各种文化的第一手资料。他在全球化、人类学、亚洲历史和商业方面的专业知识为本书提供了新鲜的视角。

xiii 除了这个新的合作者之外，第六版还有众多值得提及的改变和新鲜元素。添加的新内容来自本书前几版读者和评论者的有益反馈。当然，其中结合了跨文化传播领域的大量的新鲜素材，我们通过这些素材对该领域进行了新的解读和审视。

● 第六版一个主要的增加部分是文化身份及其如何影响跨文化交流的章节。由于你的文化身份告诉你你是谁，以及你在文化中的位置，我们认为，它在塑造人们的认知模式和传播模式方面会产生影响。

● 很明显，宗教分歧导致了目前严重的社会冲突。因此，我们将用一整章来阐释宗教问题。我们主要的做法是，证明人们的世界观如何影响日常生活，包括如何与不同文化身份的人们进行交往。

● 由于中东问题在本版修订时已经成为一个重大课题，我们在关于历史的章节中加入了伊斯兰文化的内容。

● 在关于语言的章节中，我们加入了一个新的部分，提供了一些特别的建议，以帮助你在语言方式上适应跨文化交往的需要。

● 鉴于文化冲突在近些年有加剧的现象，我们扩大了关于成见、偏见和种族主义的部分。

● 关于价值观和文化模式的章节有所修订并有所扩充，其中一个新章节对亚洲“留面子”说法进行了解读。

● 信息技术和大众传媒影响的内容被大大扩展了，在全书的相关部分都有涉及。

● 由于性别差异是跨文化传播研究的一部分，新版在每个部分都讨论了性别问题。从宗教到工作场所，以及语言和非语言交流方式的使用，性别比较都有所涉及。

● 由于对跨文化情境研究的升温，我们彻底修订了涉及跨文化情境的三个章节。这些章节中加入了一些有助于提升人们在跨文化商务、教育和卫生方面交流能力的新素材。

● 由于我们确信交流引发反应并产生影响，我们大大扩展了对于道德的讨论。

● 如前几版一样，我们加入了许多新鲜实例，其贯穿全书。并且在本版中增加了上百条新的文献。

致 谢

本书的完成非作者一人之功。许多人都为新版做出了贡献，在此我们应该指出并致谢。首先，感谢我们的出版社 Wadsworth 出版公司，以及编辑 Annie Mitchell 和 Jaime Perkins。他们一直在鼓励我们，并且给我们提出前卫观点的自由。我们特别感谢 Wadsworth 出版公司给予的长期合作。在这个追逐流行 *xiv*
和短期效益的领域，我们之间建立起了长达 40 年包括 18 本书的友谊。就目前这个版本而言，我们必须感谢来自编辑和制作方面的支持，他们是 Catherine Morris，Douglas Thompson，Melanie Field，Stephen Forsling，以及 Lunaea Weatherstone。特别感谢 Alan Heisel 撰写教师资源手册，以及制作网页问答。

我们还要感谢下列对本版初稿提出建议的人们：

Anita Bailey，Macon State College

Cynthia Bone，Spokane Community College

Edward Borgens，Southeast Community College

Deborah A. Cai，University of Maryland

Carrie Chrisco，McNeese State University

Jay Danley，San Bernadino Valley College

Richard M. Drucker，Peirce College

Luke S. Fetters，Huntington College

Melanie Finney，DePauw University

Lisa Flores，University of Utah

Scherrie Foster，Fond du Lac Tribal and Community College

Tanya Gardner，Peirce College

Salma Ghanem，University of Texas-Pan American
Melissa Gibson Hancox，Mercyhurst College
Deborah Godwin-Starks，Indiana University-Purdue University
Elizabeth Goering，Indiana University-Purdue University
Denis Grimes，University of Wisconsin，Milwaukee
Sandra Hochel，University of South Carolina
Suda Ishida，Hamline University
Nancy Jackson，Clemson University
Pamela Kaylor，Ohio University
James Keaton，University of Northern Colorado
Su II Kim，Metropolitan State College
Sandra King，Anne Arundel Community College
Charles J. Korn，Northern Virginia Commnity College
Celeste Lacroix，College of Charleston
Diane Lennard，New York University
Yang Lin，University of Akron
Deborah K. London，Merrimack College
Andrew Lovato，College of Santa Fe
Ulrich Luenemann，California State University，Sacramento
Thomas A. Marshall Ⅱ，Robert Morris University
Polly McMahon，Spokane Falls Community College
Nicki L. Michalski，Lamar University
Margaret Miller Butcher，Fort Hays State University
Joanne Mundorf，University of Rhode island
George Musambira，Western Kentucky University
Vicki H. Nelson，Curry College
Sister Rosemary O'Donnell，Aquinas College
Susan Opt，Salem College
Lisa M. Orick，Albuquerque TVI Community College
Daniel M. Paulnock，Saint Paul College
Nancy Pearson，Minot State University
xv Steven M. Rashba，University of Bridgeport
Ken Robol，Halifax Community College
Moira Rogers，Eastern Mennonite University
Joanna M. Sanchez，SUNY at Alabama
Sandra E. Schmidt，Greenville College
Sarah Schroeder，Northern Kentucky University
Pamela D. Schultz，Alfred University
Kathleen Siskar，Mesabi Range College
Kara Smith，College of Saint Rose
Cynthia A. Strong，Simpson University
Deatra H. Sullivan-Morgan，Elmhurst College

Robert L. Terrell，Cal State Hayward
Vanessa R. Thompson，Mountain State University
J. D. Turner，Methodist College
Steve Vrooman，Texas Lutheran University
Lisa A. Wallace，Ohio University，Chillicothe
S. Catherine Walsh，Mt. St. Mary College
Sylvia Walters，Davidson County Community College
John Warren，Bowling Green State University
Wendy West，Kentucky Christian College
Dennis L. Wignall，Dixie State College
Kathie Wilcox，Lewis-Clark State College
Richard Wiseman，California State University，Fullerton
Samuel Zalanga，Bethel University
Mei Zhong，San Diego State University
Merle Wm. Ziegler，Mississppi College

最后，我们要感谢读过本书前几版的数以千计的学生和老师们。他们使我们在探讨跨文化传播领域有了“交流的对象”。在与他们的交流中，我们发现了有用的素材，这也是我们推出第六版《跨文化传播》的原因与动力。

【注 释】

[1] Huston Smith，*The World's Religions*（New York：Harper Collins，1991），p. 7.

拉里·A·萨默瓦
理查德·E·波特
埃德温·R·麦克丹尼尔

目 录

第1章

传播和文化：说话与回应

从某种程度上说，“9·11”事件是一次残酷的提醒，它告诉我们，虽然人类的差别和地域的距离依然存在，但我们确实已经比邻而居。

——皮柯·耶尔（Pico Iyer）[1]

性相近也，习相远也。

——孔子（Confucius）

跨文化交流的挑战

在本章的开始，我们会接触一些本书中最简单的问题。这些问题是为了揭示一个最明显的结论：你生活在这样一个时代，如果不考虑社会背景和文化的因素，地球上所有的人都是互相联系的。在这些联系中，有些是显而易见的，比如你与一个操着“奇怪的”语言的邻居交往，又或者你有一个在会议中突然停下来进行祷告的商业伙伴；另一些联系则是不那么明显的，比如中国成为新兴经济体对股票市场或者朝鲜的核计划对世界安全会造成涟漪式的影响。如今，发生在地球一隅的事情比以前更有可能影响到全世界。本书的目的就是帮助你适应、熟悉和参与这个“新世界”。

我们认为，由于大多数重要的价值观、信仰、态度以及行为都植根于文化，你确实有必要去了解文化经验在形成人类世界观以及商业生活方面所起的作用。因此，本书特别去探求如下一些问题的答案。

- 为什么在碰到那些与你不同的人的时候，你往往会觉得不大舒服？
- 为什么那些来自不同文化背景的人，有着与你完全相异的行为方式？
- 2 文化差异如何对交流产生影响？
- 哪些文化差异是重要的，哪些是可以忽略不计的？
- 理解和领会文化差异为什么比较困难？

如你所知，跨文化交流并非人类社会的一个新事物。自人类形成部落，开启人类文明之日起，当某一部落的人遇到另一个部落的人，发现他们之间存在差异时，跨文化交流就已随之产生了。虽然对文化差异的认识早就存在，但是由于人类缺少相应的文化知识，所以这种认知往往唤起人类的不良习性，引发人们对这些差异做出敌对的反应。早在两千年以前，希腊剧作家埃斯库罗斯（Aeschylus）已经很好地描述了这种对不熟悉事物的反应，他写道："人们动不动就责怪异族人。"直到今天，这种责怪异族人的做法仍然是社交与外交辞令的重要组成部分。比如说，在美国和其他地方我们会经常听到这样的言论：移民导致了所有的社会和经济问题。

3 从历史的角度看，成功的跨文化交流恐怕只是例外。人类历史写满了对异族人的憎恨与仇视。比如，20世纪发生了两次世界大战，战争引入并使用了化学武器、生物武器乃至具有毁灭全人类能量的核武器。这个世界也见证了发生在朝鲜、苏丹、越南、科威特、伊拉克、俄罗斯车臣、阿富汗和安哥拉等地的大屠杀和各种小规模冲突，以及拉丁美洲国家中持不同政见者之间的斗争。目前，整个世界都处在恐怖主义的威胁之下。因此，无论在世界哪个角落，或者在美国本土，人们及其社会都必须学会与他人和平共处。这正是跨文化传播应该解决的问题：去处理那些社会交往中的变化以及我们在管理国际和本土层面各种变化过程中所面临的挑战。总之，不论我们是否愿意，近四十年我们已经和异族甚至一些看起来很奇异的人们一起置身于社交与职业场合。

跨文化交往

在本书的开始部分，我们将首先探究一些在美国以及其他地方发生的变化，这些变化清晰地揭示了跨文化交往的规则以及密集度。由于你们中的很多人都有着与不同文化人们交往的切身经历，所以可以验证书中记录的跨文化交往中的事例。

我们观察这些变化的原则有三点。第一，我们熟识的生活逐渐让位于一个日新月异的世界，整个人类深受影响。第二，那些导致不同族群走到一起的关键事件是模糊和难以辨识的。因此，我们相信，有些因素被忽视了。第三，通过对这些变化的了解，你将开始理解交流中文化的作用和影响，并积极地去面对21世纪跨文化交流带来的挑战。

4 我们的探求从你与不同文化背景的人们打交道的地点和场合开始。在更普用的层面上来看，我们的跨文化交往将有两种完全不同的途径：国际交往和国内交往。

国际交往

由于国际交往的存在，我们才开始认识到，有一个共生的关系将所有的人联系在一起。当今世界，没有任何国家、群体和文化可以与世隔绝或自生自灭。下述三种国际发展状况使跨文化交往更加明确与广泛：(1) 新技术和信息系统；(2) 世界人口的变化 (新人口)；(3) 经济迅速走向全球化 (全球经济)。

新技术和信息系统

沙图克（Shattuck）说得对，她写道："近 25 年来科技的发展——从波音 747 到万维网——已经使这个地球变得越来越小。"[1] 你可以在几个小时内搭乘飞机飞往世界的任何一个地方。你可以在法国巴黎出席一个早餐会，而在同一天出现在美国旧金山的晚餐会上。机票价格的下调使得旅游产业成为世界上产值最高的行业之一，全球总收入超过万亿（美元），旅游人数超过了 10 亿人次。[2] 拥有更多旅游机会的结果是，你会与那些奇异而神秘的文化不期而遇。差异的来源现在远不止于餐具、传统服装和旅行方式的不同。人们通过对时间和空间、妇女和老人的待遇、做生意的方式甚至对真理的发现和对真理含义的解释等方面的感知，置身于各种文化差异之中。

先进的新型信息系统不断鼓励和促进文化互动。正如兰德公司（RAND）所指出的，"科技的成就体现在今时今刻，也将照亮未来。它会造成全球性的广泛影响"[3]。通信卫星、先进的电子传送设备、光纤和无线通信系统允许全世界的人同时共享信息和观念。移动电话服务正在以每天增加 5 万多新用户的速度迅速扩张。另外，当然，互联网对于交流的影响是异常显著的。你现在只要轻按鼠标，便可以同世界任何地方的任何人"通话"。

新人口

国际交流的第二大推动力是世界人口的迅速
5 增长和重新分布。世界人口以大约每天 20 万的速度增长。你们通过简单运算便知道每年大概有 8 000万新增人口。到 2050 年，世界人口将达到 93 亿。世界人口不但在急剧增长，而且在迅速流动。超过 1 亿人目前居住在出生地以外的地方。联合国最近的一份调查报告认为，"20 世纪末全球移民的迅猛增长没有减弱的迹象"[4]。

不断增长的世界人口流动已经造成了大量问题，也导致充分的国际交流比以往更加重要。让我们了解一下这些问题。

- **自然资源**

迫使世界人民走到一起去解决的最显著的三个自然资源问题是：石油、水和食物。中东大部分地区出现的暴力和不稳定事件造成了石油产量的极端不确定性。对石油这种有限资源的需求正面临着中国和印度——两个加起来人口达到 20 亿的国家——走向工业化国家的挑战。比如在近十年，中国的石油需求已经增长了两倍。[5]

水与石油一样，也成为世界人民需要共同面对和讨论的自然资源问题。有预测说，在今后的 50 年，水这个极端重要的自然资源，将代替石油成为国际冲突的首要导火线。斯沃姆利（Swomley）这样指出我们面对的问题：

> 在今后的 10～30 年，世界范围的水危机将逐渐浮出水面，并达到一个可怕的比例……种植一吨谷物需要花费 1 000 吨水。按照这个比例，今后 30 年新增的 24 亿人口的生存将需要 20 条尼罗河或者 97 条科罗拉多河的水量。[6]

中东的一些国家，以及亚洲、非洲甚至美国西南的一些地区已经出现了用水紧张和水冲突的
危险。这些冲突都是即将到来的水危机的早期 6
征兆。[7]

陆地和海洋食物资源的减少，是有限资源导致跨文化冲突以及解决冲突必要性的另一个例子。粮食的减产以及渔权争端在全世界范围内造成了严

重问题。比如汤姆林森（Tomlinson）就写道：“大约4 000万非洲人粮食短缺，他们只能依靠外界援助来改变饥饿甚至饿死的命运。”[8]另外，联合国也统计，每年有超过4万名儿童死于营养不良。[9]

- **环境**

环境问题并不受地理和文化边界的局限，因此加强文化交流的要求变得更加迫切。最近，由联合国资助的一个关于地球健康问题的研究得出结论：“在过去的半个世纪，人口增长和经济活动的扩展破坏了地球的生态系统，给人们战胜贫穷和疾病的努力带来了威胁。”[10]由于砍伐森林导致山坡光秃无树，雨水直接冲入河流而不是由土壤吸收，出现了灾难性的山体滑坡和洪水肆虐，与气候变化相关的洪灾都起因于此。另外，如施密特（Schmidt）所指出的，非洲的旱灾可能是加勒比海珊瑚虫减少的部分原因，因为在非洲吹向加勒比海的跨洋灰尘中发现了对珊瑚虫有害的真菌。[11]这再次说明，环境问题是没有国界的。

环境危机导致了与所有文化都相关的一系列深远和严峻的问题。雨林砍伐，饥荒，空气和水污染，逐渐增加的濒危动植物，废弃的有毒物，以及温室效应只是我们在平衡人类需求和地球健康的努力中面临的一部分挑战而已。

- **国际冲突**

各国和各民族之间的冲突是加强有效的跨文化交流的另一个诱因。据估计，目前全世界正在发生超过27场武装冲突。[12]而在这些暴力事件中人类生命的损失则难以估计。不只是有上千士兵伤亡，而且有上百万无辜平民被卷入战火——其中很多是孩子。联合国儿童基金会指出：“自1990年以来，在360万死于战争的平民中，有将近一半是儿童，这反映当代冲突中平民逐渐成为最大的受害者。”[13]

核武器的扩散也要求促进各文化间的民间交流。马藤（Mattern）强调了核问题的严重性，他写道：“2000年的开端伴随着全世界30 000种核武器的储备。”[14]斯派特和罗宾斯（Specter and Robbins）在下面揭示出更具有毁灭性的新闻：

> 简单而言，原子、生物和化学武器的巨大毁灭性对美国和世界造成了最大的威胁。今天大约25个国家拥有这些武器。朝鲜发射的远程导弹可以打到阿拉斯加和夏威夷。一些足以摧毁整个大陆的武器被装在手提箱中跨过国界。那些将普通工业原料变成致命武器的知识已经不再是少数科学家的专利。人们甚至直接通过网络就可以知道如何达到目的。[15]

最近的一些事件证明了如下定律：任何一个地方的敌意可能转变为全世界的冲突。这个例子就在眼前——恐怖分子对世贸中心的攻击就说明，虽然美国在地理上与那些地区山水相隔，但是也逃脱不了这种冲突。伊拉克、朝鲜、伊朗、以色列、俄罗斯车臣、巴勒斯坦、非洲部分地区、菲律宾，以及印度尼西亚持续紧张的局势，都是“随时爆炸的热点地区”[16]。

全球经济

俄罗斯的一则谚语说：“鲍里斯和谢尔盖各有各的习惯。”这句话同样可以应用于世界经济生活，在这个环境中，来自不同文化的人为做生意而走到一起进行交流。[17]比摩尔和凡勒（Beamer and Varner）强调：“由于这些组织与外国做生意，所以他们发现他们在一个跨文化、异文化和多文化的环境里交流——这或者是因为他们在异国做生意，或者因为他们正在从国外获得信息去寻找外国的投资者，或者是因为组织的员工中有越来越多不同文化的人群。”他们所指出的正是这个世界受到了所谓“全球经济”的影响。这种影响被科温（Cowin）恰当地表述为“世界经济是‘无国界’的，并且市场也逐渐合一，各企业都在寻求商品、服务、资本和人力资源，以及信息的自由流动作为增长之路。”[18]这也正如歌德史密斯、瓦特和杜赛（Goldsmith，Walt and Doucet）所指出的"市场的全球化可能在未来更加势不可挡"[19]。

这些新的经济联系意味着如果你在一个各种文化并存的环境中工作，并且在许多国家做生意，这并不是件令人意外的事。因为这个原因，我们在第 8 章将更多地讨论你在多元文化的商务环境中可能承担的角色。

国内交往

伴随着整个世界的变化，美国的文化版图也发生了改变。在美国国内，人们正在重新界定和思考作为一个美国人的意义。原先的那个同质化（homogeneous）的群体已经不复存在。

美国的人口由不同肤色和不同文化背景的人组成，对这一点的认知深刻地影响了其民族特性。许多来自五湖四海、不同文化的人们现在将美国称作他们的家园。同时，由于种种原因保持了多年沉默的文化群体现在也要求（有时是强烈要求）自己的声音被听到。这些文化群体的成员，与主导文化群体的成员共享令他们与众不同的感知方式、价值观、交流方式和生活方式。让我们大致看看这些文化群体。

在美国国内交往的分析中，让我们首先审视一下移民群体。美国的移民政策成就了一个特殊的国家，戈里略（Guerriere）断言："美国是史上最成功的多种族、多民族、多宗教的社会。"[20] 历史上，外国向美国移民相对容易。美国允许更多的法定移民移入，其数量比世界其他地区移民的总和还多。其结果是，目前美国人口中在国外出生的人口所占的比例已经超出历史上的任何时候。根据美国 2000 年的调查数字，"在美国之外出生的美国人口有 3 420 万人，占总人口的 12%"[21]。这个比例看起来很高，其实这还不包括大约 1 030 万未在册人口。[22] 许多观察家认为，因为世界其他国家并不像美国那样欢迎外国人，所以对美移民将持续增长。2000 年的人口调查还显示，"每 4 个美国人中，就有 1 个是少数族裔，所谓的少数族裔是指非西班牙裔白人的任何人"[23]。在加利福尼亚，非西班牙裔的白人（曾被叫作高加索人）现在也是少数族裔了。[24] 另外，这些移民在美国还生下后代，"这些孩子成为（移民）人口增长的最主要源泉"[25]。

为了让你更深入地理解美国非西班牙裔各种族的文化作用力和巨大影响力，我们将简略提及四个文化群体：拉美裔美国人、非裔美国人、亚裔美国人和穆斯林美国人，如果你是主导文化群体的一员，你最有可能会接触到这些人。

拉美裔美国人（一般包括从墨西哥、波多黎各、古巴、中南美洲来的移民）在美国人口中增长速度最快。

罗德里格斯和奥斯旺（Rodriguez and Olswang）这样总结这个群体的人口特征： 8

> 这个国家的拉美裔人口的增长速度远远大于人口总数的增长速度，从 2000 年的3 530 万增长到 2002 年的 3 880 万（美国统计署，2003）。美国官方的人口预测认为，拉美裔美国人已经是这个国家最大的少数族裔群体了。[26]

主导文化的许多成员比较排斥每年（合法或非法）移民到美国的上百万拉美人。这种来自同一个地区的大量移民导致了从封闭美、墨边界到对墨西哥实施更加严厉的移民政策的各种呼声。拉美裔美国人带来的一个麻烦是，他们仍使用他们的当地语言，而不是使用英语。比如，世界上只有墨西哥和哥伦比亚说西班牙语的人口多于美国。[27] 近年来，西班牙语的广播电视和印刷品已经在各主要和次要地区激增。政治领域也同样认识到说西班牙语人口的重要性。甘博阿（Gamboa）报道说："在 2002 年的竞选中，议会和政府的候选人发布了16 000条西班牙语的电视广告，在联邦、各州或者立法机关寻求职位的政治家们为这些广告花费了至少1 600万美元。”[28]纽约市长花钱做的电视广告中显示，他在学西班牙语。拉美裔美国人不只是政治家拉拢的对象，他们自己也正在成为政治家。在加利福尼亚，2005年当选的洛杉矶市市长安东尼奥·维拉莱戈萨（Antonio Villaraigosa）就是一个拉美裔美国人。

非裔美国人目前大约占美国人口的13%。[29]在1964年《民权法案》制定之前，非裔美国人和主导文化成员之间的交往有限。但自那以后，两个群体之间的交往日益频繁。然而，普遍情况是，当两种不同文化进行交流时，并不是所有过程都是顺畅的。直到现在，种族主义仍旧是造成非裔美国人与主导文化成员之间经济上不平等的主要原因。正如艾斯
9 廷（Estrin）所说：“至少在那些大都市，如波士顿、亚特兰大、底特律和洛杉矶，种族仍然是在美国获得成功机会的重要因素，包括就业、教育和住房等各方面。”[30]

亚裔美国人（尤其是祖籍为中国和日本的美国人），早在19世纪后期就已出现在美国。最近的资料显示，这个族群是美国增长速度第二快的少数族裔。美国目前有1 250万居民声称是纯亚洲人的后代。[31]第一代亚裔移民面临着许多交流问题。我们可以想象一个4岁就移居美国的泰国人所面临的适应困难。在文化成分上，他既不是一个完全的亚洲人，也不是一个完全的美国人。他在家里说瑶语，和朋友讲英语，和他的孩子讲混合双语。这些远离家乡和本土文化的人不但难以应付美国的生活，也给那些必须和他们打交道的人制造了特殊的沟通麻烦。

穆斯林美国人有600万～700万人，人口一直在稳定增长。[32]如奥斯汀（Ostling）所说，美国的穆斯林社群“是一个在美国1 200座清真寺中祈祷的不断增长和成熟的社群”[33]。我们将穆斯林美国人放在群体文化中讨论不仅因为这是一个迅速增长的族裔，而且因为“9·11”事件以及美国参与伊拉克战争之后，所有的新闻和负面消息都牵扯到阿拉伯人和穆斯林美国人。

直到最近，阿拉伯裔美国人仍然是美国各种族中较少被研究的族裔。但是，如上所述，这种情况在近年有所改变。被广泛报道之前的阿拉伯裔美国人，曾经是既虔诚又现代的一群人，他们试图将传统穆斯林与美国制度结合起来。这些孩子可能知道什么时间祈祷，但不是为了响应清真寺内宣礼员的召唤，而是他们的习惯使然。如今，正如艾尔巴迪（El-Badry）指出的：“信息的缺乏，以及媒介笼统地将阿拉伯裔美国人与中东的阿拉伯人联系在一起，使得这个族群在很多时候处在自我保护的状态。”[34]

当然，在美国还有其他的群体文化，诸如妇女、印第安人、男女同性恋者、聋哑人、被监禁者、犯罪团伙、妓女、残疾人以及各种族裔人群，我们会在本书的前半部分进行分析。这些群体的很多成员并不完全赞同主导文化中的主流信仰、价值观和态度。

术语的定义

跨文化交流

因为我们从一开始就使用“跨文化交流”（intercultural communication）这个词，所以在这里我们应该停上一小会儿，给这两个单词下个定义。我们同时使用了两个术语——“主导文化”（dominant culture）和“群体文化”（co-culture），那么，给这两个词廓清含义应该也是有意义的。让我们从“跨文化交流”这个词开始。我们认为，当一种文化的成员发出的信息（message）为另一种文化的成员所接收（consumption），跨文化交流便产生了。更精确地说，跨文化交流包括那些来自文 10

化概念和符号系统完全不同的人们之间的互动，这种不同足以导致整个沟通活动发生改变。

主导文化

当我们提到一群人用来代表某种文化，那么我们实际上指的就是这群人所在社会中的主导文化。在关于美国的讨论中，我们使用了许多术语来代表这个群体。过去，我们一般使用诸如“保护伞文化”、“主流文化”、“美国白人”、“欧裔美国人”等术语来概括这一群人。现在，我们更愿意使用“主导文化”一词来代表在美国社会中处于支配地位的族群。我们所说的支配地位，并不是指数量的优势，而是指控制地位。占支配地位的人群是那些历史上曾经控制过并且现在仍然控制着诸如教会、政府、教育、军事、大众传媒、金融系统等机构的人们。麦克赖默（McLemore）说：

> 当那批具有英国血统的人沿着大西洋海岸定居下来，逐渐扩大他们对这片领土的政治、经济和宗教控制时，美国社会的主导群体得以产生。这个群体的组织结构、价值观、习俗和信仰有以下三个源泉：（1）英国法律体系；（2）16世纪的商业组织形式；（3）英国新教的宗教思想和实践。[35]

在美国，白种成年男性公民通常符合主导文化要求的标准——这一点自美国成立以来一直如此。虽然白种男性只占美国人口的34%，但是他们对主导文化的控制是由于他们掌握了权力，而非其数量。[36]因为他们的权力使他们能够控制并决定这些机构所发出信息的内容和去向。通过对大部分文化信息的控制，他们也控制着向大多数人推出的形象。不管是教会、大众传媒，还是政府，都是由主导文化制定目标，传承习俗，构建价值观，并且制定影响主体人口的政策。他们的权力使他们能够影响人们想什么、期望成为什么和谈论什么。福尔伯（Folb）说：“权力常被定义为让别人去做你想做的事情的能力。”[37]应当注意的是，每种文化都有一个标志性的主导群体，这个群体极大地影响着人们的感知方式、交流模式、信仰和价值观。这些群体为了维护权力而使用的手段可能不同（金钱、恐怖或者军队等），但是其成员都起着领导作用。同一观点体现在福尔伯写的这段话中：

> 较高的社会地位及其带来的权力可能被赋予那些被公认为伟大的战士或猎人的人，那些被赋予神秘、神圣或特殊权力的人，那些被认为拥有智慧的人，或者那些拥有重要的、有价值的或极其重要的社会资源和货品的人。[38]

抛开这些权力的来源不谈，每种文化中的人无疑都多少会有某种不同程度的影响力，这些影响又转化为人们的行为方式。

群体文化

我们刚刚指出，在任何一个社会中都有一种
11 主导文化。但是，必须要注意的是，这种文化不是完全统一的。这就是说，在一种主导文化之中，你可以发现大量的群体文化和独立文化。如维克特（Victor）指出：“一个国家的文化不是同质的一个整体。每种文化里面都有内部矛盾或者对立，美国文化也不例外。”[39]我们相信，识别这些文化的最好的方法就是使用“群体文化”这个概念。在很长一段时间，这些文化被称作是“次文化”。我们更倾向于使用“群体文化”的原因并不是出于政治上的准确性，而是希望突出双重身份成员的观点。这就是说，人们往往不只属于一种文化范畴，他们共享一些来自更大的主导性文化的认知和交流方式。因此我们用“群体文化”来代表那些在交流特征、认知方式、价值观念、信仰和实践方式等方面与其他群体、社区和主导文化不同的团体和社会群体。

如上所述，一些群体共享一些来自更大主导性文化的交流模式和认知方式，但是这些群体的成员同时也会习得独立的和特别的交流方式，这使得他们成为另一种群体文化的成员。在后文详细讨论文化的内容时，你会发现，美国所有群体文化都具有一些相同的特点和规律。就像莱恩（Lane）指出的：“聋哑人文化提供给成员的传统、价值观和行为准则是一代一代传承下来的。”[40]男、女同性恋群体也一样，古德温（Goodwin）指出，同性恋群体拥有自己的语言、传统和行为模式。[41]所有这些文化，如同性恋、残疾人、拉美裔美国人、非裔美国人、亚裔美国人或者女性，都授予成员一套特别的沟通系统，去帮助他（或她）认知外部世界的某些方面，这是相当重要的事情。而群体文化成员之间如何去沟通这些认知，也非常重要。如我们已经论及的，这些群体文化的形成可以建立在共同的种族、民族背景、性别、年龄、性倾向等基础之上。[42]如赫克特、瑞布和斯丹罗（Hecht，Ribeau and Sedano）所指出的，非裔美国人拥有可以构成群体文化的语言和行为模式。那么在墨西哥裔美国人问题上，我们可以得到同样的结论。[43]

在我们于跨文化交流研究中应用上述三个概念之前（跨文化交流、主导文化和群体文化），我们还有必要讨论一下人类的交流活动。以交流为开篇出于一个很简单的理由：本书研究对象是交流中文化的角色，同时也观照所谓“跨文化交流”中包含的人类之间的互动。在了解了交流活动的一些原理之后，你才能够开始探寻这些原理如何在跨文化背景下发挥作用。

人类交流的要素

基廷（Keating）极其强调交流对人类行为的重要性和影响力：“交流的作用是强大的，它让我们广结善缘或四处树敌，给孩子带来安全感或者心理波动，在人们之间达成共识或形成争斗。”[44]
12 她的意思是交流——人们与别人分享信仰、价值观、观点和感受的能力——是所有人际交往的基础。不论你生活在加拿大的都市、印度的村庄、以色列的公社还是巴西的丛林，你都从事着同样的活动——交流。虽然交流的手段和结果会有不同，但是它的过程都是一样的。

交流的定义

英国政治家本杰明·迪斯累利（Benjamin Disraeli）有充分的理由说：“我讨厌定义。”虽然定义是必要的，但它也会引起混乱。比如，我们就很难给“人类交流”下一个单一的定义。30多年前，丹斯和拉尔森（Dance and Larson）查阅文献，找出了“交流”的126个定义。[45]之后，又出现了难以计数的“交流”定义。我们在这些定义中分离共性，并且在其中选择一个可被普遍接受的特征。我们认为，人类交流就是为引起回应而传输符号的过程。

交流的一些原则

为更好地理解交流的定义以及交流过程本身，我们在这里研究一下交流的一些基本原则，这些原则在你与外界进行信息交换时将发挥作用。

在概括交流的一些基本原则之前，有几点需要注意。第一，交流的特点远远超出我们下面的概括。正如我们要形容森林，却只用树木和花草来概括，而省去了湖泊和野生动物，并没有真正描述出森林的全貌，因为我们的概括无法穷尽一切，我们不得不省略一些图景。第二，由于语言的线性特征只允许我们在一个时间讨论一个原则，所以你们必须记住，实际上，交流的各种因素一直在持续地互相影响着。

- **交流是一个动态过程**

所谓“交流是一个动态过程”有几层含义。第一，交流是一个没有终止的连续行为，它不是固定不变的。[46]交流就像是一段连续的电影画面，而不是一张照片。在我们进行交流的时候，言语和行为不会凝结不动，它会立即被其他语言和行为置换。作为交流的参与者，我们同样可以感受到它的动态性质。第二，我们一直处于其他信息的影响之中，因此，我们总在不停地变化。通过对死亡瞬间（一些文化甚至相信来世）这一时刻的设想，我们会体验到近乎无限的各种心理和生理的变化，其中的一些变化令人刻骨铭心，无法忽略。在本章的后面部分，我们将说明文化也是动态的。

- **交流是符号化的**

在上面有关交流的定义中有一个暗指，即人类是制造符号的动物。正是这种制造符号的能力使人们得以每天进行互动。人们通过语言符号（比如说“早上好”）或者非语言符号（比如用微
13 笑来表示欢迎）来表达自己的想法。符号的使用是文化得以代代相传的原因所在。通过上百万年身体的进化，以及几千年文化的演变，人们可以发出、接收、储存以及使用这些符号。这种复杂的符号系统能够让人们用特定的符号来代表特定的事物，不论这种符号是声音、纸上的标记、雕塑、盲文、动作还是绘画。当你收到一份能够发出声音的礼物，耳边响起“这只小猫就像一个小棉花团”的声音，在你脑中就会神奇地出现对这份礼物的想象。当你被最亲密的朋友触碰时，那是一种多么美妙的感觉。这两种符号——语言和动作——可以让他人体验到你对这个世界的感触和态度。

就跨文化交流而言，记住以下一点非常重要，即人们所使用的符号是随意的和主观的。如古蒂昆斯特和金（Gudykunst and Kim）所说，“重要的是，符号是约定俗成的，在符号与所指物之间没有天然的联系，这种联系是人们主观赋予的，并且因文化而异”[47]。就是说，虽然所有文化都使用符号，但是人们往往赋予符号不同的意义。墨西哥人把狗称作“perro”，不仅在称呼上与美国人不同，而且在他们听到这个词时产生的想象也大不相同。不同文化除了赋予符号不同的意义，还有使用方法上的不同。在美国和大部分欧洲国家，人们普遍认为，交流是为了做成事情。特恩霍姆和杰森（Trenholm and Jensen）指出：“交流是规范和控制世界的有力手段。”[48]相较而言，大多数日本人和中国人，喜欢将信息内在化，因此需要进行编码的信息并不多。因为符号是交流的核心，所以本书的各个部分都会提及它。

- **交流是系统化的**

说交流是“系统化”的意思是，“交流总是发生在特定的背景或系统之中，交流的内容、方式，以及信息所包含的意义，很大程度上受到环境的影响”[49]。换句话说，交流不是发生在真空中，而是在一个更大的系统中发挥作用。如小约翰（Little John）所说，“交流总是发生在特定情境中，交流的性质很大程度上取决于这个情境”[50]。这说明，情境有助于确定人们自身所发出的语言和行为的意义，以及他人发出信号的含义。情境为我们提供了施曼诺夫（Shimanoff）所说的“处方，它能告诉我们什么行为是应该的，什么行为是恰当的，什么行为是被禁止的”[51]。服装、语言、话题选择等都必须适合特定情境。比如，在很多情况下，即使在大热天，男人也不会不穿衬衫就去参加大学的演讲会。不论是在会议室、教室，还是在法庭，各种场合的规范都基于文化的影响，并相互关联。诸多此类由情境决定的规范还与人们所处的文化息息相关。比如说，在商务活动的情境下，对于谁参与决策过程，所有文化都有确定或不确定的规则。在美国，规则就是由“老板”

来决策，美国的一句箴言“责任到此，不能再推”，就给了我们这样的信息。在日本，几乎每个人都会被征求对决策的看法。日本的名言是“去咨询每个人，即使你要跪下”，这说明了他们的决策途径。

我们说交流都是系统化的，指的是所有变量
14 的整体效果。在这里，让我们看看还有哪些与交流系统的性质相关的因素。

场所。在不同的场所人们的表现是不同的。交流的场所，不论是礼堂、饭店还是办公室，都为人们提供了行为规范。不管是有意识的还是无意识的，人们遵守着普遍规则，它们很多本来就根植于其文化中。举例来说，几乎所有文化都有自己的宗教场所，但是人们在这些场所的行为规则却因文化而异。在墨西哥，男人和女人一起去教堂，并要保持肃静。而在伊朗，男人和女人不能在一起祈祷；另外，祈祷时要高声吟唱，而不是保持沉默。

场合。交流的场合也同样控制着参与者的行为。你可能会有这种感觉，礼堂是举行毕业典礼、赛前动员、集会、戏剧活动、舞蹈活动或纪念仪式的地方。显然每一个场合都需要不同的行为方式，而不同文化在这些行为中又加入了特定的规则。比如，在美国文化中，庄严的新教徒葬礼要求地方偏僻和安静；而在爱尔兰文化中，同样的场合充斥着音乐、舞蹈和欢声笑语。

时间。时间对交流的影响是如此微妙，以至于经常会被忽略。为了更好地理解这个概念，我们需要先回答这个问题：如果某人让你痴等很长时间，你会有何感想？如果你在凌晨两点接到一个电话，你的感觉是否与下午两点接到电话一样？如果你的时间很紧，你是否会发现你的谈话风风火火，想尽快结束谈话？这些都说明时间有时候也控制着你的行为方式。不论是社交谈话还是正式会谈，每一个交流事件都发生在某一时空内，时间安排都影响着交流本身。文化与人们都运用时间来交流。在美国，日程表和时间限制十分普遍。爱德华·霍尔和M. R. 霍尔（E. T. Hall and M. R. Hall）指出：“对美国人来说，约会时间表的使用实际上表露出人们对他人的态度、他们工作的重要性，以及地位的高低。”[52]由于时间影响了交流，时间的使用又受到文化的约束，因而我们将在第7章非语言交流的部分对这个主题进行详细探讨。

人数。交流对象的人数同样会影响信息的流通。从个人的经验出发，与一个人进行交流同与一个团体或更多人进行交流，人们的感受和行为是不同的。在交流对象人数不同的情况下，文化所起的作用也不一样。比如在日本，人们更乐于进行群体交流，而当他们需要在大庭广众之下发表正式演讲时，他们则显得局促不安。

- **在交流中推断**

由于人们无法进行从思维到思维的直接接触，所以人们不可能直接体会到他人的想法和感情，只能通过推断来体会别人的感受。你可以从一句话中推断，从沉默中推断，从滔滔不绝的讲话中推断，从点头、直视或游离的目光中推断。

交流的这种特点经常阻碍人们的相互理解。在正常情况下人们将自己的思想封闭在表面之下，与他人隔离。除非你进行交流，否则别人无法知道你隐藏在心里的想法和感受，这就像你住在一个永远关门闭户的房子里一样。或许有一天《星 15
际旅行》中的未来装置成为现实，可以让别人直接体会你的感受，但现实是，我们每个人仍然处在个人封闭之中。有句非洲谚语非常形象地形容说：“地球就像一个大蜂房，我们从同样的门进入，但住在不同的屋子里。”虽然人们不能直接进行思维与思维的接触，但是应对这种局限的方法却根植于文化之中。有些文化认为，由于它们之间有着共同的历史渊源和相似的经历，所以人们确实可以了解对方的感受和想法。而在许多西方文化中，由于缺少这种直接领会他人思想的文化背景，因而某些交流行为如询问、自我表露、用语言充分表达等方式就相当重要了。

- **交流产生效果**

前面在我们谈到交流是一个过程的时候，实际也是为介绍另一个原则做准备。这个原则就是，发出和接收信息符号的行为对所有参与者都会产生影响。如韦斯特和特纳（West and Turner）所说：“交流过程的性质决定了，从对话的开始到结束会有很多情况发生。当讨论开始以后，人们可能在完全不同的时刻结束对话。”[53]他们的意思是，当信息开始交流，你和你的对话者（们）都会因此而受到影响，产生改变。你对信息的反应在层次和种类上有所不同。图 1—1 的序列图有助于你将潜在的反应具体化。在这个序列图一边的反应是直白的和容易理解的。比如，有人问你图书馆在哪儿，你的答复是“在你的右边”，也可能用手指向图书馆的位置。这就是别人的信息引出了你的一个明确的答复。

1 ——— 25 ——— 50 ——— 75 ——— 100

公开的　潜在的　无意识的　生物的

图 1—1　交流的反应

交流序列上稍微远一点的交流反应是那些只能产生心理反应的信息。比如，人们说：“美国政府没有给高等教育以足够的资金投入。”虽然你只是在思考这个论断，但这也是一种回答。你的反应没有必要一定是明显的行动。

沿着交流序列，你会看到较难以发觉的反应。当你通过模仿、观察和交流接收到信息，你就会有这种反应。一般来说，你未必意识到你正在接收这些信息。在家庭中，父母会表现出两性之间的不同角色，你也因此收到有关自己的性别角色的信息。人们迎接你的方式是握手而不是惯用的拥抱，你自己主观上并未意识到，但已经在接收这种欢迎的信息。

序列的最末端，是你对无意识接收的信息做
16 出的反应。也就是说，即使你的感知程度在最低的层次，你的身体也会有所反应。你接收的信息会改变你的内分泌，改变你的心跳，改变你的体温，改变你的瞳孔大小，引发一系列身体内部反应。虽然这种化学和生物的反应非常难以界定，但是这些无意识接收的信息确实证明了交流所产生的效果。如果你体内的反应比如精神压力使你的身体系统紊乱，你就可能得病。因此，不管信息的内容是什么，交流过程本身就会引起人们的改变，这是很明显的。

你对别人的信息不一定加以立即回应。你可能在几分钟、几天甚至几年之后加以反应。比如你小学二年级的老师可能要求你不要用石头打鸟，也许还补充说鸟儿也是某个家庭的成员，它们正在为自己的孩子收集食物。她可能还会指出鸟儿和人一样对疼痛有感觉。或许直到 20 年后，当你被邀请去参加狩猎，你想起了老师的这番话，开始接受它，于是你决定不去狩猎。在交流的时候，你传达的信息是有影响力的，能够带来道义上的后果，记住并思考这一点非常重要。因为不论你是否想要施加这些影响，每次交流你都会改变别人。在第 11 章，我们提出了一些指导，你可以据此评估自己的道义责任。

在本节关于交流的结论中，我们还要提醒你一个至今非常明确的观点：交流是复杂的，并且由于不同文化的加入，这个过程更加复杂化。虽然所有文化都在运用符号来交换对事物的看法，但是具体情况和符号使用往往是十分不同的。在某些文化中，人们用微笑代表欢迎之意；但是在另一种文化中，人们用沉默中的正式鞠躬代表欢迎；而在其他文化中，人们则用拥抱来迎接朋友。

在上面的讨论中，你应该已经对交流的定义及其在日常交往中的作用有所了解了。在此基础上，我们将关注点转向文化。

文化

我们现在从交流转向文化，这种转换应该是很自然的。正如爱德华·霍尔所说：“文化就是交流，交流就是文化。”[54]当我们观察交流和文化时，很难分清哪一个是说话声，哪一个是回声，两个术语间的差别几不可辨。文化对于认知、行为和交流的影响从下面的一系列问题中不难看到：

◉ 在中国有些地方的人吃狗肉，而在美国，狗却躺在主人的沙发或床上睡觉，这是为什么？

◉ 阿富汗喀布尔和坎大哈的人们每天坐在地板上祈祷5次，而在美国拉斯维加斯，人们彻夜不眠地坐在老虎机前，这是为什么？

◉ 一些人说塔加洛语，一些人说英语，这是为什么？

◉ 一些人在全身文上图案和装饰，而另一些人花上百万美元去整容，这是为什么？

◉ 一些人向上帝倾诉，另一些人倾听上帝的旨意，还有一些人不承认上帝的存在，这又是为什么？

所有问题的回答都是一样的：人们在交流中得到信息，从而学会了思考、感受、信仰，而这
17 些信息都打着文化的烙印。虽然文化并不是人类行为的唯一动因，但是它无所不在的特性使它成为最为强大的因素。正如爱德华·霍尔所说：“人生没有哪一个方面不受到文化的影响而变化。”[55]实际上，文化就是人类身份的一部分。文化的独特性在于，具有共同的社会经验的人群会共享一种文化。霍夫斯泰德（Hofstede）清楚地强调了这种观点：“文化之于人类群体正如个性之于个人一样。”[56]诺兰（Nolan）也肯定了这个观点，认为文化就是一种群体世界观，是一个特定社会长期形成的认识世界的方法。这种意义的框架和结构让社会成员能够看清自己，了解社会和传承经验。[57]

我们必须注意到诺兰所说的是如何了解这个世界。必须记住，虽然你的出生需要获得解剖学和生理学支持，但是世界对于新生儿来说不具有任何意义。在你刚刚来到这个世界时，你不知道怎样穿衣服，玩什么玩具，吃什么，信仰哪一个神，应该干什么，如何花钱和使用时间。文化既是老师也是教科书。从规定谈话中该运用多少眼神的交流，到解释人为什么得病，文化在你一生中起着举足轻重的作用。总而言之，文化不同，交流的方式也不同，就如G.史密斯（G. Smith）所说：

> 在现代社会中，人们的交流方式各不相同，同样，世界上不同社会中人们的交流方式也各不相同；而人们的交流方式就是他们的生活方式。这就是文化。谁与谁说话，怎样说，说什么，这就是文化交流的问题。一个日本的艺妓和一个美国新英格兰地区的图书管理员在不同的网络，通过不同的渠道，发出和接收不同内容的信息。当交流的因素不同或改变时，文化的因素也会有相应的改变。交流和文化就是这样不可分割。[58]

因为文化使你习惯于某种特殊的交流方式，所以，要提高跨文化交流的能力，首先应该了解文化起作用的方式。虽然我们试图让你相信，在影响你看待世界和处理事务上，文化是一种强大的力量，但是我们在后面将会提醒你，你的交流方式受到多种因素的影响。当然现在我们先从以下几点入手：（1）解释为什么文化不断发展；（2）揭示文化的基本特点；（3）给文化下定义；（4）讨论文化的主要组成部分。

文化的基本功能

关于文化的基本功能，最多的一种说法是，它帮助群居的人们适应环境。如特里安迪斯（Triandis）所指出的，文化的“功能是提高其成员在特定生态中的适应能力，它还包括人们在社会环境中有效发挥这些文化功能所需要的相关知识”[59]。索维尔（Sowell）给出了一个更为详细的解释：

> 文化是为了满足紧迫和实际的人类生存需要而存在的——为了种族持续繁衍而形成
> 社会，向年轻人和经验不足者传授那些前人 18
> 或者几百年前的先人好不容易习得的知识和经验，以便让他们不用再花同样的成本、冒着同样的危险去经历同样的磨难，犯同样的错误，包括一些致命的错误。[60]

这句话的意思是，文化提供了一个可预见的世界来服务于我们的基本需求，这是人类生存的

坚实基础，人们因此而了解自身所处的环境。哈维兰德（Haviland）说："在人类社会中，文化设定了行为规范，并指引了一条可预见的征途。"[61] 200年前，英国作家富勒（Fuller）用更简单的言辞表达了同样的意思："文化使所有问题更加简单易懂。"文化让事情更简单的原因是，它将人们从无知状态中解救出来，并为所有人类行为提供了蓝图。虽然人们未必照图行事，但是他们至少知道什么是这种文化希望他们做到的。我们试想一下，如果有一天我们失去了文化的指引，我们该怎么办。从如何赚钱谋生，到建立系统化的经济体系；从如何待人接物，到对疾病的解释，再到寻找自己的伴侣，文化都提供了基本框架。我们甚至可以赞同哈里斯（Harris）比较偏激的论断："我们体现生物适应性的主要模式是文化，而不是身体的进化。"[62]

目前，人类学家认为，文化的功能除了解释世界之外，还延伸到人类需求的三个方面：基本需求（吃、住和健康）、衍生需求（工作组织、食物分配、安全和社会控制），以及综合需求（心理安全、社会和谐和生活目标）。[63]

文化的组成部分

在我们给文化下定义之前，需要稍停一下，回答下面的问题：文化有哪些组成部分？我们将从所有文化中都存在的五种元素出发，去回答这个问题。了解了这些组成部分，你将会理解为什么有人说，虽然所有文化都具有共同的文化元素，但是不同的文化当中，这些文化元素的内容是相异的。

● 历史

所有文化似乎都相信历史是引领其成员走向未来的一种昭示。文化史的意义在于，与其他大多数文化元素一样，它会代代相传。过去发生的故事通过展现文化的起源，来告诉文化成员们其文化身份，以及什么是重要的，做成哪些事是值得骄傲的。你在第2章将看到，虽然所有的文化都通过传承历史来塑造其成员，但是每种文化的历史都是独特的，并承载着特殊的文化信息。西班牙征服墨西哥的"教训"讲述了一个与中国建造长城以及美国独立战争完全不同的故事。

● 宗教

所有文化都具有的另一个元素是宗教。按照帕克斯、郎加尼和杨（Parks，Laungani and Young）的观点，更为特别的是，所有文化都具有"一种主导的、组织化的宗教，在其中，某种明确的信仰和活动（惯例、礼仪、禁忌和仪式）被赋予意义和合法性"[64]。宗教的影响遍布文化的整个结构。有意识的和无意识的宗教影响到包括商业活动（清教徒的职业道德）、政治（政府与伊斯兰教的联系）和个人行为（道德规范）等所有方面。因为宗教是如此强大和有说服力，因此我们会在第3章中详细讨论这个因素。

● 价值观

价值观也是所有文化都具有的一个元素。文
化与价值观的联系如此密切，以至于我们难以抛 19
下一个去单独讨论另外一个。如马塞尼斯（Macionis）所说，价值观就是"将真、善、美加以文化的定义，以之作为社会生活的普遍指引"[65]。在所有关于文化价值观的讨论中，其关键词是"指引"。换句话说，价值观帮助人们确定应该做的事。跨文化交流中，在文化价值观不同的情况下，即使在同样的环境下，人们的表现和行为也是不一样的。比如说，虽然所有文化都尊重老人，但是不同的文化其尊重的程度是不同的。在朝鲜和美洲原住民文化中，老年人被高度尊重和敬仰，他们甚至被当作顾问或咨询员。而在美国，恰恰相反，它更重视年轻人。我们在第5章中会对文化价值观进行详细比较。

● 社会组织

所有文化都拥有"社会组织"。这些组织（有时候指的是社会系统或社会结构）包括文化中各种各样的社会部门。这些部门或单位——包括家庭、政府、学校和部落——帮助文化成员去组织自己的生活。它们通过社会系统建立起交流网络，以及个人、家庭和社会行为的管理规范。[66]在不同的文化中，这些组织的功能是不同的，组织内部的规范也各异。诺兰指出了这些社会组织的性质：

> 比如说，国王和王后、总统和总理，这些社会组织反映了我们的文化。另外，在我们的社会结构中，文化给不同的参与者设定了规则——对个人的行为、他们的身份，甚至是他们的穿着提出要求。[67]

下一章我们将重点讨论社会组织。

- **语言**

语言也是所有文化都具有的一个元素。在本章的后半部分以及第6章，我们会看到，语言不仅是文化成员得以分享观点、感受和信息的手段，而且是传承文化的主要方式。不论是英语、斯瓦希里语、汉语还是法语，几乎所有的词语、意义、语法和句法都带有一种特殊文化的身份印记。

文化的定义

前文关于文化的基本功能和组成部分的讨论让我们了解到，文化是无处不在的、复杂的、无孔不入的，最关键的是，它是难以定义的。哈里森和亨廷顿（Harrison and Huntington）说："当然，'文化'这个词，在不同的学科和情境之下，具有多种含义。"[68]文化这种令人难以捉摸的特性有一个很好的例证，早在1952年，一份人类学的文献收集到164个对文化的定义。[69]郎勒和马帕斯（Lonner and Malpass）就指出，这些定义"从复杂精致到简单明了应有尽有，简单者如'文化就是思维的编制程序'、'文化就是人类创造的部分
20 环境'，等等"[70]。我们的目的，是找到一个能够揭示文化与交流相联系的定义。符合我们的需要的是特里安迪斯的定义：

> 文化是一系列人类创造的客观和主观的元素，这些元素过去增加了人们生存的可能性，提高了其成员在生态系统中的适应能力。之后，由于人们生活在同样的时空之中，并拥有同样的语言，这些元素在可以互相交流的人们之中共享。[71]

我们更加青睐这个定义是因为它包含了哈里森和亨廷顿所说的文化的"主观"部分，比如"价值观、态度、信仰、倾向，以及一个社会中人们普遍接受的潜在假设"[72]。你可以想象一下，你所持有的那些主观的文化信仰和价值观，它们会影响你对这个世界的认识，以及你与这个世界的交往过程。你对于美国国旗、工作、移民、年龄、道德、服饰、财产所有权、礼仪、医疗和健康、死亡和丧事、戏剧、法律、个人主义、魔术和迷信、谦虚、性爱、地位差异、求爱、正式性和非正式性、文身等的观念，都是你文化身份的一部分。

文化的特点

不论我们考察多少定义，关于文化的主要特点，大家都会取得一致的意见。研究这些特点有助于你成为一个成功的文化交流者，原因有二。

其一，越是仔细研究这些特点，文化和交流
的强大联系就越是明显。你将会发现文化研究的 21
内容就包括那些对交流产生影响的事物。如亨廷

顿所说，“文化的核心包括语言、宗教、价值观、传统以及习俗”[73]。

其二，这可能是你第一次接触文化理论，第一次被要求审视自身的文化。布里斯林（Brislin）指出：“人们很少谈到他们自身的文化以及文化对他们行为的影响。”[74]人们往往被封闭在自身的文化之中，他们没有必要去审视或者讨论文化。另外，由于许多行为都是习惯成自然，因而人们也并不了解文化对于他们的认知模式和反应模式的影响。必须记住，大多数文化都处在自以为是的王国之中，而且处于一种无意识状态。对文化的了解将会把你唤醒，从而给你和他人的行为赋予意义。沙皮罗（Shapiro）说过同样令人鼓舞的话：

> 了解文化，了解文化对你的行为、价值观甚至思想的塑造，认识到文化中包含着某种主观因素，会是一种令人吃惊的和富有启示（恍然大悟）的经历。[75]

文化是后天习得的

首先，文化最重要的特点是，它是后天习得的。从出生到白头，你一直在寻求周边世界的真相。这个观点常常令人感觉难以理解，因为大多数人不会记得曾经有过一段没有定义和意义的世界。但是你可以想象一下，在新生儿的眼中，世界是一个多么混沌的地方。在一个安静的环境下生活了一段时间后，这个孩子对光线、声音、味道以及其他感觉有了初步的感受，但在这个阶段这些感受还没有上升到意义的境界。因此，新生儿面对的，如心理学家威廉·詹姆斯（William James）指出的，应该是一种纷繁混乱的环境。

但是从那时起，这个孩子就会从一个词到另一个词，从一件事到另一件事，从一个人到另一个人，去探寻一切事物的意义。人给事物赋予意义的能力是后天习得的，并且以文化为基础。从某种程度上说，本书就是关于各种文化如何教导其成员给生活中碰到的各种人和环境确定意义的。没有对前人的继承就没有文化。事实上，“把群体的知识储存于记忆之中、书本之中和事物之中，以备后用”，这句话揭示了文化的核心。[76]我们生来就有基本的需求——创造和塑造行为的需求，但是如何满足这种需求，以及如何发展适应这种需求的能力，这是后天习得的。贝茨和普罗格（Bates and Plog）认为：

> 不论你怎样养活自己，是通过种山药还是打野味，是饲养骆驼还是种麦子；不论你把天上的雷声看作是天气变化，还是天神的战斗：这些都是你适应文化的结果。[77]

文化适应（enculturation）指的是学习某种文化的整个过程。胡贝尔和弗罗斯特（Hoebel and Frost）认为，文化适应就是“个人（作为成人或孩童）在有意识或无意识的情况下，从特定的文化中学到能力的过程”[78]。在社会心理学和社会学中，与“文化适应”相接近的词是“社会化”。不论使用哪一个词，它们的意思是一样的。从婴儿 22
时期起，文化成员们就开始学习行为规范和思维方式，直到他们完全领会和习以为常。

我们是在一个更广泛的意义上使用“习得性”这个词的。我们所说的习得性包括正式的和非正式的情况。[79]非正式习得一般通过互动（父母亲吻你，于是你学会了亲吻，包括对谁、在什么时间、什么地点使用这个动作）、观察（你看到母亲在洗衣而父亲在打理草坪，于是你学会了不同的性别角色——哪些是男人干的，哪些是女人干的），以及模仿（父母听到某个笑话后笑了，你也跟着笑，于是你学会了幽默）来实现。

文化的“正式习得”更加具有设计性，一般出现在文化机构如学校和教堂之中。当一个学校系统在传授美国历史和数学，就是在向文化成员提供这种文化认为重要的各种工具。当一个孩子在主日学校中学习“十诫”时，他或她也同时在学习行为道德。可能你会感到疑惑，但情况恰恰如此，一般来说我们很难区分正式习得和非正式习得。

由于人们一出生文化就开始对其产生影响，所以我们难以明确文化传递给我们的许多信息。基辛（Keesing）认为："文化人类学的信条是，文化是无意识的。"[80]文化的无意识性或隐蔽性，使得许多研究者断言文化是无形的。鲁本（Ruben）写道："文化的存在是如此美妙，无所不在，人们不知道它在哪儿，当人们可以记事的时候它就在那儿，但是很少有人注意到它。"[81]许多人恐怕难以记得那些使我们学会技能的事件和经历。那些技能包括用眼睛直接交流的能力、对沉默和空间的使用、对魅力重要性的认识、对年龄的看法、运用某种语言的能力、对活动的偏好，以及你对解决与他人冲突的方法的偏好等。当你不假思索地诉诸学习，去解决一个科学问题，你往往会忽视文化传承是多么微妙的过程。下面列举了一些习得的过程：当一个美国孩子听从祖父的建议，在见到家庭的朋友时握手，他是在学习礼节；当一个一岁的阿拉伯孩子听父亲朗读《古兰经》时，他是在了解真主；当一个印度孩子看到家里男人先吃饭，女人后吃饭时，他开始学习性别角色；当一个犹太孩子在逾越节的仪式上帮忙，他是在学习传统；当一个埃及孩子被叔叔教训，说他的行为让家族蒙羞，他是在学习文化价值观；当一个日本女孩去上茶道课，她是在锻炼耐性；当一个美国四年级的学生在观赏乔治·华盛顿穿越德拉瓦河的影片，他是在学习爱国主义和不懈勇气。上述种种，人们都在习得文化。

许多问题现在应该比较清楚了，首先，我们往往在不知不觉的情况下学习文化的含义、规则以及行为举止。其次，基础的文化信息不断被强调和重复。再次，人们可通过各种各样的渠道来学习文化。家庭、宗教和国家是三个最重要的文化载体。在下面的章节我们将研究这三个内容，并将在第 9 章讨论为什么学校也是学习文化的途径。但是现在让我们认识一些看不见的"老师"，并聆听他们的"教导"。

● 在谚语中学习文化

在几乎所有文化中，谚语作为一种丰富多彩
23 的和生动的语言，为后代提供行动的指南。谚语在人类习得的过程中是如此重要，以至于一句德国的谚语认为"一个国家的文化取决于这个国家谚语的质量"。

谚语容易学习，常被反复使用。因为它们简短（一两句话），人们往往忽视它们作为"老师"的作用。中国古代的哲学家孔子、孟子、庄子和老子通过谚语和格言向门徒们阐释自己的思想，这些思想至今仍在中国文化中传承。这些被保存下来的至理名言，使得后代子孙可以领略到文化的博大精深。正如塞勒斯（Sellers）所说："谚语将人们和他们的祖先联系到一起。"[82]赛登斯迪克（Seidensticker）也说："它们用人们能够熟记的方式表达人们感觉到的重要问题，它们表达了普遍的关注。"[83]所以，"谚语是关于文化价值的简短论述"[84]。

排除文化差异的因素，由于世界上的人们都有着共同的生活体验，因而许多谚语在全世界通行。比如说，在几乎所有文化中，节俭和勤奋都被不同程度地强调。在德国就有这样一句谚语："不尊重一分钱的人不值得拥有一块钱。"在美国人们常说："省了一分钱就等于赚了一分钱。"在日本和中国，人们认为沉默是金，所以日本人说"会叫的鸭子先被打掉"，而中国人说"雷声大，雨点小"。当然，世界上既存在大量的具有普遍性的谚语，也有上千条特定文化所独有的、传递独特文化内涵的谚语。谚语是文化的反映，"在联合国，翻译人员要学习用外语说谚语，以应付非常敏感的翻译工作"，其重要性可见一斑。[85]迈德尔（Mieder）说："学习谚语会增强对某一文化的世界观的洞察力，诸如教育、法律、商业和婚姻等。"[86]他还说，谚语是"人类真实的声音"[87]。

下面几条谚语是从上百条美国谚语中选出的，每一条都强调了当今美国主导文化的重要价值观。

趁热打铁。犹豫者失势。这两句话是一个意思，它们强调，在美国人们更欣赏快速行动。

行动胜过言语。在本章的后半部分，我们将会了解美国的"行动型"文化，"行动"和"完成任务"对美国主导文化而言更重要。

天助自助者。自强自立。这两句话反映了美国人一个坚定的信念：人应该争取主动。

家庭是男人的城堡。这句话不仅说明了隐私的价值，而且表明美国男人的地位，它暗示了男人是一家之主。

会哭的孩子有奶吃。美国文化鼓励人们直率地说出自己的想法，并让人听到。

以下是其他国家的谚语。你可能会在本书的其他部分看到这些谚语，我们可能会使用它们来解释来自不同文化的信仰、价值观和交流行为。

24 **人命天注定。**这句谚语在亚洲文化中常常见到，指的是人们不能安排自己的命运，只能遵从命运的安排。

正人先正己。这句德国谚语反映了德国人的个性以及强烈厌恶说长道短的心理。这与瑞典的一句谚语类似："搅拌别人的粥，一定会烧煳自己的粥。"

斑马从不嫌弃自己的条纹。非洲马塞族的这句谚语揭示了人们接受事物本来面目的重要性。墨西哥也有类似的谚语："听什么音乐跳什么舞。"

人舌如利剑。阿拉伯人被教导重视语言，并且充分和有力地使用它。

知者不言，言者不知。这是中国老子《道德经》中很著名的一句话，强调沉默是金，与上面阿拉伯人的谚语截然不同。

即使身处天堂，孤独也不好。这句犹太谚语说明了其文化的集体性质，以及交往的重要性。墨西哥文化也有集体主义以及在朋友和家庭中保持交往的长期传统，他们也有类似的谚语："谈话是精神的食粮。"

连接在一起的蜘蛛网可以缚住一头狮子。这句埃塞俄比亚谚语说明集体主义和团结的重要性。在日本也有谚语表达同样的意思："一支箭容易折断，一捆箭则难以折断。"非洲的犹鲁巴族也有相应的教训和谚语："孤掌难鸣。"

说出口的话收不回来。这句中国谚语强调控制怒火的重要性。日本有一句同样的关于愤怒的谚语："无稽之火伤及自身。"朝鲜人也认为要控制情绪，于是也有类似的谚语："盛怒之下去踢石头，只能伤到自己的脚。"

● 从民间故事、传说和神话中学习文化

虽然民间故事、传说和神话还是有细微的区别的，但是我们还是会将这三个词互换使用，因为它们都是通过讲故事来传递文化中的重要内容的。人类学家南达和沃姆斯（Nanda and Warms）强调了这种文化学习方式的重要性。

> 民间故事和传说一般具备某种重要的寓意，表明哪些文化价值观是值得赞赏的，哪些是受到谴责的。通过故事的讲解，听众会了解哪些行为特征会引来嘲笑和讥讽，哪些会受到赞美。[88]

哈维兰德证实，这些文化故事的主要目的是关注"人类存在的基本方面：我们以及周围世界的所有事物从哪里来，我们为什么在这儿，我们将向哪儿去"[89]。不论是匹诺曹因说谎而鼻子变长、哥伦布因英勇而令人钦佩、亚哈国王因征服自然而彰显英勇、林肯在火炉边的铲子上学习写字，还是罗宾汉劫富济贫，民间故事一直在强化基本价值观的指导。

如上所述，每一种文化都有很多故事，每一个故事都强调一种基本价值观念。美国推崇强壮的、不受约束的西部快枪牛仔。而在《坎特伯雷故事集》中，英国人更欣赏有礼貌、懂礼仪、有尊严的行为。日本人从古代故事《四十七浪人的 25
故事》中学到了责任感、义务和忠诚，印第安人则从《推向天空》的传说中学到了团结就能取得成功的道理。在中国，人们通过一个农夫的故事去讽刺缺乏耐心的愚蠢行为，这个农夫认为庄稼长得太慢，于是每天把它们拔高一点，直到它们枯死。

还有各种各样的超人英雄，希腊人有大力神赫拉克勒斯，犹太人有大力士参孙，挪威人有雷神索尔，美国人则有超人。在刚果（金），孩子们听到《无敌的神话》，被告知将绿色葡萄叶编织起来围在头上就可以抵挡敌人的武器。什叶派穆斯林一直流传着 17 世纪的一个故事，先知穆罕默德的孙子得知自己即将去世[90]，于是与死神展开斗争。在哈努卡的故事中，说的是公元 2 世纪，一小队犹太人打败一支强大军队的故事。

民间故事、传说和神话不只是强调文化价值观，"它们涉及全世界无数问题"[91]。另外，它们还告诉我们特殊的人生经验，这往往对一个群体相当重要。厄杜斯和奥蒂斯（Erdoes and Ortiz）

一直在搜集整理美国土著的神话和传说，他们认为民间故事告诉我们，哪些东西在过去和现在对土著文化至关重要。

> 民间故事是一面魔镜，从中我们可以看见社会秩序和日常生活：家庭如何组成，政治结构如何运转，人们如何捕鱼，宗教仪式如何感染信徒，男人和女人如何分权，食物如何制作，军功如何被奖赏，等等。[92]

正如我们所见，民间故事、传说和神话涵盖了文化的各个方面，成为传承文化的有力工具。它们最重要的贡献在于传播了关于生存、死亡、人际关系和自然等对维护文化至关重要的观念。坎贝尔（Campell）说："神话是我们在岁月中探寻真理、意义和价值的故事，我们都应该讲述和理解这些故事。"[93]因为神话提供了文化的线索，坎贝尔要求我们不仅要理解自己的民间故事，而且要"阅读别人的神话"[94]。我们非常赞同他的观点，因为如果你研究了一个民族的神话，你就学习了这个民族文化的重要部分。

● 从艺术中学习文化

走进世界上任何一家博物馆，你会发现艺术不仅是对美的创造性表达，也是传递文化的一种途径。如哈维兰德和他的同事所指出的："艺术常常反映出一个社会的集体意识、价值观和倾向。"[95]南达也强调这个观点："艺术是一种符号化的交流。艺术的一个最重要的功能就是交流、演示以及加强文化理念和观点。"[96]中国人在几千年的历史中，一直将艺术与文化传承结合在一起。艺术历史学家格木布里奇（Gombrich）说，中国人很久以来一直"把艺术当作是提醒人们保持过去黄金时代伟大美德的手段"[97]。

从中国艺术作品的内容我们可以认识到某种中国美德。在亚洲文化中，许多艺术作品是关于物品、动物和景色的，而很少是关于人的。它们更强调精神层面的东西。按照亨特和塞克斯顿（Hunter and Sexton）的说法，中国的艺术作品经常表达"佛教和道教的观念，即重视通过冥想磨练心性，不重视人类在宇宙中的生存斗争，而是更加关注自然之美"[98]。

相反，美国和欧洲艺术特别强调人。这个不同体现了观念上的不同：亚洲人认为自然比个人 *26* 更加有力和重要，而美国和欧洲人认为人是宇宙的中心。另外，西方艺术家致力于创造一种个性化的表达方式，这在东方艺术家中是不常见的。如坎贝尔所说："这种自我倾向与东方生活、思想和理念格格不入。"[99]东方艺术家的规则是不要去"改革和创新"[100]。

我们说过，艺术是与文化相关的符号，像一个有力的导师，是一种通往文化价值观的途径。更多例子可以进一步解释这一点。我们只要看看图腾柱上的艺术，就可以知道美国西北部土著人更关心什么。柱子的雕刻告诉我们这些故事中的人物关注祖先、家庭、历史、身份、野生动物和自然。[101]基辛补充说，美洲土著的雕刻反映了"人和动物、植物、非生命物体"[102]的关系。而伊斯兰艺术作品叙述的重点与此有很大的区别。由于《古兰经》禁止对人的形体进行表现，所以他们将书法作为一种美术形式。[103]

在我们关于文化中艺术形式的简短讨论中，有些观点必须要明确，如哈维兰德及其同事所说："通过对文化和创造性的跨文化研究，我们发现了很多不同的世界观、宗教信仰、政治观点、社会价值、亲属结构、经济关系和历史记忆。"[104]

● 通过大众媒介来学习文化

我们所说的大众媒介指的是那些被创造和设计，用来接触广泛受众的所有媒介形式。它们对大众的影响力已经众所周知。如汤普森（Thompson）所说：

> 没有人会否认大众媒介的发展对现代社会的文化经验产生的深远影响。书籍、杂志、报纸、广播、电视以及电影、录音和录像设备：这些和其他形式的大众传媒在我们的生活中占据了中心地位。[105]

当我们把拥有上百万网页的互联网，以及激光唱片（简称 CD）、电子书甚至电子游戏加入汤 *27* 普森的媒介目录中的话，我们会更加理解媒介在塑造文化上所起的作用。印刷媒介和计算机固然重要，但是电视最有影响力。不论是阿拉伯电视台在向上百万观众播放伊拉克的新闻，还是美国的少年儿童在收看《天线宝宝》，电视都成为威廉斯（Williams）所说的“大众社会教育”的手段。[106]美国儿童平均每天要花八个半小时在电视上，不难理解电视是如何影响他们对性、闲暇时间、其他民族、不同性别和年龄群体的态度的。德尔戈多（Delgado）这样准确地概括了媒介的作用：“媒介通过塑造我们的经历组成了我们每天的生活，并为我们的人际交流提供了谈资。”[107]

正如我们所指出的，文化信息通过重复、增强、多渠道拓展的方式产生作用。我们把媒介也看作其中之一。虽然还很难确定传播源和效果之间的直接关系，但是许多社会批评家，包括美国心理协会，都相信“电视上的暴力内容导致了收看节目的少年儿童之暴力行为”[108]。在美国，电影、警察故事以及许多纪录片都宣扬暴力。我们在体育运动节目中的语言也充斥着暴力。看体育节目的时候，我们听到的都是诸如“他是个天生的杀手”、“这是个猎头者”、“这是一场战争”以及“他们灭掉了敌人”之类的话。

在美国，你会发现无数个强调个人主义（美国人的核心价值观）的媒介事例。你被告知千万不要与别人一样。汉堡王的广告说：“有时候，你必须要打破规则。”道奇在卖卡车时的广告语是：“规则是给蠢人用的。”服装品牌拉尔夫·劳伦宣称：“你的潜力无限。”

概括来说，关于文化的第一个特点，我们想提示你两个核心内容。其一，大多数文化行为不仅是自发的和不显著的，而且其表现是不自觉的。比如在美国文化中，女人比男人更多地微笑[109]，这种行为一般在潜移默化中学习，在习惯中表现。其二，必须提醒你的是，在书中我们只是提到了学习文化的一部分途径。篇幅的限制使得我们必须省略一些微妙的但是同样有力的“老师”。比如，在每种文化中，运动都不只是游戏那么简单。如南达和沃姆斯所说：“橄榄球流行于美国，斗牛盛行于西班牙，这是因为它们彰显了各自的文化的重要理念。它们之所以激动人心，部分是因为这些运动有着具有文化内涵的典故。”[110]按照甘农（Gannon）的观点，我们可以从日本的花园到巴黎的哥特式建筑，从德国的交响乐到意大利的歌剧等所有形式中发现这种典故及其文化内涵。[111]如甘农所说，这些隐喻是对“文化本身的内在价值表意”[112]进行表现和传授。

文化是共享的

文化的第一个特点是，文化可以采用多种形式（谚语、故事和艺术）、运用多种载体（家庭、同事、媒介、学校、教堂）进行传播，但是更重
28 要的是，文化的核心元素（价值观、观念和认知）应该能为文化中的其他成员所共享。这就是说，“文化是让个人的行为为社会的其他成员所理解的公约数。”[113]发现这些共同的行为正是本书的目的所在。

文化代代相传

美国哲学家梭罗（Thoreau）曾说过：“所有过往都在今朝。”对文化而言，也是如此。一种文明如果要延续，就必须保证它的关键信息和元素不仅得以共享，而且可以传递给未来一代。[114]如此，过往才能成为今朝，并且帮助我们走向未来。正如布里斯林所说：“如果某些价值观念被认为是某个社会的核心，而这个社会又历史悠久，那么这些观念肯定会代代流传。”[115]按照查伦（Charon）的观点，这种文化传递的过程可以视为一种“社会传承”。他还进一步阐述了这种

观点：

> 文化就是一种社会传承，它包括那些在我们出生之前就长久流传的观念。比如，我们所处的社会拥有比任何一个单独生命更长的历史，长期以来各种观念不断发展，并被传授给每一代，交流中的“真理”被那些很早就去世的前辈们把持着。[116]

这种代代相连的特性反映了文化和交流之间的紧密关系。正是交流使文化成为一个连续不断的过程，文化习俗、原则、价值观、态度等一旦被公式化，就会传播给每个文化成员。文化非常需要将每一代人与过去和未来的几代人结合在一起。正如基辛所说：“学习链条上的任何一个断裂，都可能导致文化的消失。”[117]

文化以符号为基础

文化的另一个特性是，它是以符号为基础的。符号的可携带性使我们不仅可以传递信息，还可以将其打包和储藏。记忆、书籍、图片、胶片、宗教读物、视频、电脑磁盘等保存了一切值得传递的重要的文化信息。不论你是哪一代人，你都可以继承本文化的知识宝库，那是前人为我们搜集和保存的各种信息，因此文化具有积累性、历史性和可知性。

虽然文化符号可以采取各种形式，包括手势、穿着、物体、旗帜或者宗教图像，但是“最重要的文化符号是语言——运用文字去表达目的和观点”[118]。从马塞尼斯关于符号的定义我们可以注意到符号和文化之间的关系：“符号就是同样文化背景之下的人们用来指代特殊意义的任何东西。”[119]通过语言传递符号是如此重要，以至于人类学家克拉克洪（Kluckhohn）曾写道：“人类文化如果没有语言，那是不可想象的。”[120]正是语言让我们学习几千年积累下来的思考、观察、事实、实验和智慧，这就是语言学家温伯格（Weinberg）所说的“天才的洞察力通过符号代代 29
相传，使我们得到跨越千年的知识积累”[121]。语言使得“通过积累知识和分享经验来学习成为可能”[122]。贝茨和普罗格就语言对文化的重要性做出了精辟的概括。

> 语言的作用是，如果某事发生了，人们可以互相交流商讨对策，也可以在事后将其经历抽象归类（比如“吉时”或“恶兆”等），或者表达以前从未说过的想法。伦理、宗教、哲学、文学、科学、经济、科技等许多人类知识领域和信仰都有赖于人类更高层次的交流活动。同时，人们学习和运用知识能力的提高也有赖于此。[123]

文化是一个动态过程

两千多年前，希腊哲学家赫拉克利特（Heraclitus）说过的一句话可能和文化有关，他说：“人不能两次踏入同一条河流”，因为其他的河水不停地流入。这句话至今仍然正确：文化不能存在于真空中；由于“其他的河水不停地流入”，所以文化是易变的。如埃辛顿（Ethington）所说，文化是一个永不停止的“创新过程”[124]。创新来自各种因素。哈维兰德和他的同事们对创新进行了研究："在诸如人口增加、技术革新、环境危机、外敌入侵以及文化内行为和价值观发生改变等情况下，人们要对其做出反应，变化因此产生。"[125]

虽然由于早期的狩猎和采集者不停地四处迁移，文化也在不停地变化，但是根据历史记载，这些文化的传播范围是有限的。我们曾经说过，今天，由于西方资本主义的扩张以及电子信息系统的使用，文化正在被新的观点冲击，带来这些新观点的往往是一些"外来人"。这些"外来人"，可能来自你的左邻右舍，也可能来自地球的任何一个地方，不论这种变化是渐进的还是爆发式的，接触和变化都是不可避免的。文化不是静态的，而是易于波动的。拉克曼（Luckmann）指出：

> 虽然文化带来力量和稳定性，但是它从不僵化不变。文化群体一直面临着来自环境变化、瘟疫、战争、迁移、移民迁入以及科技发展等强大力量的挑战。由此，文化才得以不断变化和发展。[126]

当然，在总结文化的动态性的时候，我们必须指出，虽然文化的许多部分都经常改变，但是文化的深层结构却拒绝根本性的改变。比摩尔和凡勒指出："文化呈现出深层不变而表层易变的特点，易变的部分是人类的初级行为，通俗文化在此繁荣发展。"[127]服饰、食物、交通方式、居住方式等的改变与现存价值体系相协调，而伦理、道德、工作和休闲观念、自由的概念、历史的重要性、宗教体验、生活节奏、对性别和年龄的态度等价值观，都深深植根于文化之中，并且代代相传。巴恩伦德（Barnlund）就提出了这样的观点：

> 佛教、伊斯兰教、基督教以及儒教并没有使社会趋向同质化，而社会总是通过另一种途径，坚持使宗教适应其文化传统。[128]

在美国，对美国人价值观的研究显示，许多
当代核心的价值观与200年前的十分相似。简而言 30
之，评估一种文化的变化程度，你必须考虑是什么正在变化。不要因为北京、巴黎或纽约的人们穿着有相似之处，数百万的日本观众在收看美国的棒球赛并且为那些"家乡"英雄而喝彩，就被蒙混过去——这些不过是"初级行为"而已。我们所称的文化是内在的，这就像冰山一样，你只能看到露出水面的一角，它的其他维度和深度我们难以看到——这部分才是文化的内核。

文化是一个完整的系统

在本章中，我们将文化的各个部分分别进行了研究，就像它们本来就是分开的部分一样。语言的性质使得我们只能这么做。但是，实际上，文化的功能作为一个整体（正如交流一样）是系统化的。事实上，当你接触文化的一个部分，你其实是在接触整个文化。其原因是，"文化是由互相联系的部分组成的"[129]。各部分的相互作用在文化中相当重要，哈维兰德就说："文化的所有部分都必须合理地加以整合，以使其发挥适当的功能。"[130]

试想一下，一个家庭的长辈将孩子们带到教堂，让他们学到一些主要的文化价值观念，以便在学校和活动场所运用，这时文化的重要因素都开始起作用了。正如爱德华·霍尔所说："你接触文化的一部分，就会受到其他部分的影响。"[131]物质主义的价值观将影响你家庭的规模、你的职业道德、精神追求等。文化各个因素之间内在联系的一个复杂例子就是美国的民权运动。这场运动带来的变革涉及居住方式、歧视行为、教育机会、司法制度、就业机会甚至交流方式等。因此，文化的这个方面改变了美国人的态度、价值观和行为方式。

在即将结束这一部分关于文化特点的讨论时，我们再强调一下，文化的影响力非常大，自你出生之日起你就开始学习它，并持续一生。人类学家鲁思·本尼迪克特（Ruth Benedict）精辟地解释了为什么文化对人生具有这么大的影响力。

> 人的一生首先要适应本社会传统的模式和规范。从他出生开始，本民族的习俗就塑造了他的经验行为；到他开始说话，他就成了文化的创造物；等他长大参与社会活动，文化的习惯就成为他的习惯，文化的信仰就成为他的信仰，文化的局限就成为他的局限。每一个出生于某个文化群体的儿童都与这个群体的其他成员分享同样的文化，而出生在地球另一端的孩子却没有受这一文化的影响。[132]

这段话的要点以及我们对文化的解释，可以用下面的话来形象化地表述："上帝给每一个人一个土做的杯子，人们从杯子中品味生活……人们都沉浸其中，但他们的杯子是不同的。"[133]这本书就是关于这些不同的杯子是如何影响人们对世界的认知及其社会行为的。

研究跨文化交流 31

至此，如果我们的阐释还算成功的话，你应该已经得到两个重要的观点了。第一，学会如何在未来的跨文化交流当中获得成功是一个必要的和有意义的追求。第二，文化在人类认知现实和传播事实上起到了至关重要的作用。在我们急切地让你确信这两个观点的过程中，我们可能在无意中过度强调了文化对人类社会行为的重要性。因此，我们有必要稍作停顿，让你去关注那些在你将文化作为研究跨文化交流的核心部分时所面临的具体问题，特别是如下几个：（1）个体独特性；（2）成见；（3）客观性。

个体独特性

英国政治家切斯特菲尔德（Chesterfield）伯爵曾经写道："自世界肇始，从来没有两件完全相同的事情出现。"他还可能说，没有两个人长得一模一样。理由非常简单：人类行为有众多来源，文化只是其中的一个而已。或者换句话说，我们超越了自己的文化。虽然文化给予人们一些共同的可供参考的框架，但是人类不是自身文化的俘虏，必须服从所有来自文化的教导。事实上，将人类想象成一张任由文化涂抹的白纸，只是一个神话而已。如平克（Pinker）所言："人类的思想不是一张白纸，因为白纸不会做任何事。"[134]相反，人是具有思考和感知能力的个体，其社会行为会受到生物和社会环境的决定性影响。[135]因此，某种文化的价值观和行为方式并不见得是那种文化中所有个体的价值观和行为方式。试想一下，当人们听到"去跑马场吧"这句话时，可能会有多少种不同的反应。因为听者的背景不同，所以会有多种不同的反应。某人可能想到，赛马是一种罪恶的赌博行为；另一个人则认为，赛马是对动物的虐待；其他人在听到这句话后，想法可能是："我喜欢骑马。"斯特拉姆和科格戴尔（Sitaram and Cogdell）提醒道："各人有各人的现实观。"[136]人们对于现实的看法之所以不同，一个原因是，我们的基因组成，我们生活的社会群体，我们的性别、年龄、个人历史、政治倾向、对他人的认识、当前的环境，以及其他日常生活中时刻发挥作用的因素各不相同。如两千多年前罗马剧作家泰伦斯（Terence）所言："有多少人，就有多少种想法，人各有志。"正是因为每个人都有自己的独特方式，所以我们在概括某种文化的时候要更加小心和谨慎。这里有必要再次重复前文说过的话：当你研究跨文化交流的时候，必须牢记人们会超越自己的文化。

成见

斯卡伯勒（Scarborough）揭示了另一个问题，他写道："当我们对一群人进行概括的时候，当我们描述一种文化的时候，我们遇到了成见这个难题。"[137]当然，虽然我们将成见看作是跨文化交流研究中的一个问题，但你仍然可以采取某些预防
32 措施，将成见带来的破坏性影响降到最小。首先，我们对文化的概括只能看作是近似值，而不是绝对值。你的个人经验会告诉你，人们往往并不遵从那些已经被规定和接受的文化行为模式。比如说，你在书上看到将"从众性"作为日本人的特点，但是在东京街头你会看到一群打扮得像"地狱天使"一样的摩托车骑士。碰到这种情况的时候，你要记住英国作家罗伯特·伯顿（Robert Burton）的名言："没有什么规则是包罗万象的，总有例外情况出现。"

其次，当你对某种文化进行概括时，你将面对斯卡伯勒所说的"核心价值观"[138]问题。它指的是经过足够长时间的考验的，具有足够的普遍性的，清楚标明了特定文化成员身份的价值观和行为模式。如果我们考察美国主导文化的核心价值观，你将很容易注意到个人的重要性。同样，当你注意到沙特阿拉伯的女性被完全排除在公共集会之外时，你将洞察到妇女在沙特阿拉伯社会中的地位。上述例子中的两种核心文化价值观，确实可以在我们概括这些文化的行为时，提供有价值的指引。但是也有例外，墨西哥的欢迎动作（男人之间拥抱）和印度（男人之间鞠躬）、美国（男人之间握手）是不同的。这种行为之所以为成员们所认知是因为它们一直保持不变并延续了很长时间——往往是代代相传。

客观性

研究跨文化交流要面对的最后一个问题是客观性。简单地说就是，你从自己文化的角度研究其他文化，因此你的观察和结论带有你自身文化倾向的烙印。观察你不熟悉的言行并阐释其意义是困难的，甚至是不可能的。举例来说，如果你来自一种不喜欢沉默的文化，那么你如何去弄懂别人的沉默？你可能有这样的错误想法："这种场合怎么会有人这样冷漠地一言不发？"因此，你的民族优越感就会妨碍研究跨文化交流。

客观性要求在跨文化交流中摒弃文化间任何明显和细微的敌意。因为这种负面行为不仅违背大部分文化理念，而且会使相互嘲弄对方行为和目标的人深受其窘。仅仅因为皮肤颜色不同、生活的国家不同、信仰的神不同、世界观不同或者所说的语言不同就去歧视他们，这是小人之举。下面一段话可以清楚地表达我们对差异所持有的欢迎和接受的态度："……多样性不会导致分离，惧怕差异就是惧怕未来，对包容的正确理解和实施是福祉而不是负担。"[139]要获得这些福祉，全世界的人们就要携起手来，去建设一个真正的多元文化的社会，在这个世界中，你将会努力实践温伯格的建议：学会尊重那些非主流人群，不论其人种、民族、宗教、出身、性别或性取向如何。[140]

本书概览

现在你已经学会了跨文化交流的一些基本方面，并已经准备好进行更加严谨的研究，本书的

目的就是帮助你进行这些研究。本书分为 11 个相互联系的章节。第 1 章，我们介绍了那些所有寻求
33 跨文化传播的人都会面临的挑战。在这一章中，我们还揭示了人类传播与文化之间的关系，并且以提醒你跨文化传播研究中内在的一些问题作为结尾。在第 2 章中，我们的研究重点是社会组织。我们特别探讨了家庭和社区在社会认知和交流中的角色。第 3 章我们通过考察一种文化的世界观（宗教）如何影响成员去看待诸如性别、民族、苦难、生命、死亡等类似问题，来探讨文化的深层结构。第 4 章，主题是文化身份——它的形成方式及其对认知和交流的影响。第 5 章我们考察了塑造人类行为方式的文化模式和价值观。我们进行了大量的文化比较来揭示文化模式与跨文化传播的联系。

第 6 和第 7 章，我们从理论转向实践内容，分析了跨文化传播中的符号——语言符号和非语言符号。第 6 章中，我们分析了语言是如何发展起来的，并且文化不同导致使用方法各异。第 7 章探讨了文化多样性对非语言交流的影响，以及在不同的文化中非语言符号如何为语言交流提供支持。

在第 8、9、10 章中，我们阐述了两个重要的交流原则：首先，交流是受规则支配的；其次，这些规则与特定文化情境息息相关。我们主要从商务活动（第 8 章）、教育活动（第 9 章）和医疗保健活动（第 10 章）等方面入手来探讨文化差异。

第 11 章，即本书的最后一章，重点是提高跨文化交流的能力。某种程度上，本章主要的关注点就是能力提高中所面临的问题，当然我们也会提出一些特别的建议。另外，最后一章也探讨了跨文化传播中的道德内涵。

最后，本书以探讨未来的跨文化传播为结语。

概 要

- 当今世界，如果你要成为一个有效的交流者，你就必须迎接跨文化传播向你提出的挑战。
- 技术的创新和进步、世界人口的增长、全球经济的变革都导致跨国传播增加。世界范围内的每一个人都将受到有限资源和环境的影响，并为此而互相交流，去减少和避免国际冲突。
- 新移民和群体文化数量的增加使得国内交往增多。
- 跨文化交流就是由于文化认知与符号系统的不同导致交流过程发生变化的人们之间的交流。
- 所有的文化体系中都存在着主导文化或者国家文化，这一般可以通过考察这种文化中拥有控制权的人群而确定。
- 群体文化的交流指的是那些持有两种或更多文化经验的文化成员之间的交流，这种情况会对交流过程产生影响。
- 人类交流指的是处于各种关系、群体、组
34 织和社会中的个人，接收信息、发送信息、与环境和他人进行信息交换的过程。
- 交流是动态的过程；它是连续的和不断变化的，是符号化、系统化的，依靠推断，并会产生效果。
- 文化与交流的关系错综复杂，我们很容易以为，文化就是交流，交流就是文化。
- 文化力图向它的成员解释生命中什么是可预见的，由此降低了世界的混沌性，帮助我们展望未来。
- 文化的组成部分包括历史、宗教、价值观、社会组织以及语言。
- 文化是一种代代相传的、大家共同学习的行为，它的目的是加强个人和社会的生存能力、适应性，开发其成长和发展的潜力。
- 直接影响交流的文化的特点是：（1）文化是后天习得的；（2）文化是共享的；（3）文化是代代相传的；（4）文化是以符号为基础的；（5）文化是具有动态特征的；（6）文化是一个完整的系统。
- 与研究跨文化交流有关的问题包括个体独特性、成见和缺乏客观性。

【注　释】

[1] C. Shattuck, *Hinduism* (Upper Saddle River, NJ: Prentice Hall, Inc., 1999), 5-6.

[2] *Newsweek*, July 22, 2002, 30F.

[3] *U. S. News and World Report*, March 12, 2001, 12.

[4] M. Lee, "U. N. Study Cites Value of Global Migration," *San Diego Union-Tribune*, December 5, 2004, A29.

[5] D. Calbreath, "Boom Felt Across the Globe," *San Diego Union-Tribune*, March 21, 2005, B1.

[6] J. Swomley, "When Blue Becomes Gold," *The Humanist*, September/October 2000, 5.

[7] Ibid., 6.

[8] C. Tomlinson, "Why Can't Africa Feed Itself?" *San Diego Union-Tribune*, February 9, 2003, A3.

[9] D. Gergen, "Averting Our Eyes," *U. S. News and World Report*, September 25, 2000, 76.

[10] www. millenniumassessment. org (accessed May 9, 2005).

[11] R. E. Schmid, "African Dust Could Be Killing Coral Reefs," *Las Vegas Review-Journal*, September 23, 2000, 16A.

[12] L. Morrow, "Killing with Kindness?" *Time*, October 21, 2002.

[13] *San Diego Union-Tribune*, December 10, 2004.

[14] D. Mattern, "Humanity's Juncture: Abandoning the Road of War for the Road to Peace," *The Humanist*, March/April, 2000, 9.

[15] A. Specter and C. Robbins, *Passion for Truth* (New York: Harper Collins, 2000), 531.

[16] *San Diego Union-Tribune*, August 30, 2004, A11.

[17] L. Beamer and I. Varner, *Intercultural Communication in the Workplace*, 2nd ed. (New York: McGraw-Hill Irwin, 2001), xiii.

[18] G. Cowin, "Multiculturalism: Simply a Matter of Respect," *Australian Nursing Journal*, 10 (1), July 2002, 40.

[19] M. Goldsmith, C. Walt, and K. Doucet, "New Competencies for Tomorrow's Global Leader," *CMA Management*, 73 (10), December 1999/January 2000, 20.

[20] D. Guerrière, "Multiculturalism: American Success, Liberal Education, or Political Correctness?" *Modern Age*, Spring 2001, 175.

[21] www. census. gov (accessed May 10, 2005).

[22] www. cnn. printthis. com (accessed May 10, 2005).

[23] *San Diego Union-Tribune*, March 13, 2001, A12.

[24] www. cnn. com/2001/US/03/30/ census. html (accessed March 30, 2005).

[25] A. Acuña, "Changes in State's Ethnic Balance are Accelerating," *Los Angeles Times*, October 20, 1999, A20.

[26] B. L. Rodriguez and L. B. Olswang, "Mexican-American and Anglo-American Mothers' Beliefs and Values About Child Rearing, Education, and Language Impairment," *American Journal of Speech-Language Pathology*, 12 (November 2003), 452.

[27] I. R. Carlo. -Casellas, "Marketing to U. S. Hispanic Population Requires Analysis of Cultures." *National Underwriter*, 14, January 2002, 9.

[28] S. Gamboa, "Spanish-Language Political TV Ads Air Increasingly," *Las Vegas Review-Journal*, November 22, 2002, 14A.

[29] www. census. gov/prod/2003pubs/pdf (accessed May 10, 2005).

[30] R. Estrin, "Study Sees America Far from Color-blind," *The Sacramento Bee*, October 2, 1999, A10.

[31] www. census. gov/prod/2003pubs/pdf (accessed May 10, 2005).

[32] www. aaiusa. org/demographics. html (accessed May 10, 2005).

[33] R. N. Ostling, "First Detailed Survey of U. S. Muslims Find a Growing Faith," *Las Vegas Review-Journal*, April 27, 2001, 11A.

[34] www. allied-media. com (accessed May 11, 2005).

[35] S. D. McLemore, *Racial and Ethnic Relations in America* (Boston: Allyn and Bacon, 1994), 60.

［36］www. census. gov/population/estimates/nation/infitle2-1. txt（accessed May 11，2005）.

［37］E. A. Folb，"Who's Got Room at the Top? Issues of Dominance and Nondominance in Intracultural Communication，" in *Intercultural Communication：A Reader*，8th ed.，L. A. Samovar and R. E. Porter，eds.（Belmont，CA：Wadsworth，1997），140.

［38］Ibid.，140.

［39］S. Victor，"Election 2000 and the Culture War，" *The Humanist*，January/February，2001，5.

［40］S. Lane，"Deafness Shouldn't Be Called Handicap，" *Dallas Morning News*，March 5，1995，6-J.

［41］J. Goodwin，"Sexuality as Culture，" in *Handbook of Intercultural Training*，2nd ed.，D. Lanis and R. S. Bhagat，eds.（Thousand Oaks，CA：Sage Publications，1996），417.

［42］J. T. Wood，"Gender，Communication，and Culture，" in *Intercultural Communication：A Reader*，7th ed.，L. A. Samovar and R. E. Porter，eds.（Belmont，CA：Wadsworth，1994），57.

［43］M. L. Hecht，S. Ribeau，and M. Sedano，"A Mexican American Perspective on Interethnic Communication，" *International Journal of Intercultural Relations*，14，1990，33.

［44］C. F. Keating，"World Without Words：Messages from Face and Body，" in *Psychology and Culture*，W. J. Lonner and R. S. Malpass，eds.（Boston：Allyn and Bacon，1994），175.

［45］F. E. X. Dance and C. E. Larson，*Speech Communication：Concepts and Behavior*（New York：Holt，Rinehart，and Winston，1972）.

［46］R. West and L. H. Turner，*Introducing Communication Theory：Analysis and Application*（Mountain View，CA：Mayfield Publishing Company，2000），5.

［47］W. B. Gudykunst and Y. Y. Kim，*Communicating with Strangers：An Approach to Intercultural Communication*，3rd ed.（New York：McGraw-Hill，1997），6.

［48］S. Trenholm and A. Jensen，*Interpersonal Communication*，2nd ed.（Belmont，CA：Wadsworth，1992），152.

［49］J. T. Wood，*Gender Lives：Communication，Gender and Culture*（Belmont，CA：Wadsworth，2005），30.

［50］S. W. Littlejohn，*Theories of Human Communication*，3rd ed.（Belmont，CA：Wadsworth，1989），152.

［51］S. Shimanoff，*Communication Rules：Theory and Research*（Beverly Hills，CA：Sage Publications. 1980），57.

［52］E. T. Hall and M. R. Hall，*Understanding Cultural Differences：Germans，French and Americans*（Yarmouth，ME：Intercultural Press，1990），18.

［53］West and Turner，2000，5.

［54］E. T. Hall，*Beyond Culture*（Garden City，NY：Anchor Doubleday，1977），14.

［55］E. T Hall，The *Silent Language*（New York：Doubleday，1959），169.

［56］G. Hofstede，*Culture's Consequence：Comparing Values，Behaviors，Institutions，and Organizations Across Nations*，2nd ed.（Thousand Oaks，CA：Sage Publications，2001），10.

［57］R. W. Nolan，*Communicating and Adapting Across Cultures：Living and Working in the Global Village*（Westport，CT：Bergin and Garvey，1999），3.

［58］G. Smith，Ed.，*Communication and Culture：Readings in the Codes of Human Interaction*（New York：Holt，Rinehart，and Winston，1966），1.

［59］H. C. Triandis，"Culture and Conflict，" *International Journal of Psychology*，35（2000），146.

［60］T Sowell，"Cultural Diversity：A World View，" in *Intercultural Communication：A Reader*，11th ed.，L. A. Samovar and R. E. Porter. eds.（Belmont，CA：Wadsworth，2006），403.

［61］W. A. Haviland，*Cultural Anthropology*，10th ed.（Belmont，CA：Wadsworth，2002），34.

［62］M. Harris，*Cows，Pigs，Wars，and Witches：The Riddles of Culture*（New York：Random House，1974），84.

［63］S. Nanda，*Cultural Anthropology*，5th ed.（Belmont，CA：Wadsworth，1994），50.

［64］C. M. Parkes，P. Laungani，and B. Young，eds.，*Death and Bereavement Across Cultures*（New York：Routledge，1997），15.

[65] J. J. Macionis, *Society: The Basics*, 4th ed. (Upper Saddle River, NJ: Prentice Hall, 1997), 34.

[66] Parkes, Laungani, and Young, 1997, 15.

[67] Nolan, 1999, 3.

[68] L. E. Harrison and S. P. Huntington, eds., *Culture Matters: How Values Shape Human Progress* (New York: Basic Books, 2000), xv.

[69] A. L. Kroeber and C. Kluckhohn. "Culture: A Critical Review of Concepts and Definitions," *Harvard University Peabody Museum of American Archaeology and Ethnology Papers*, 47 (1952), 181.

[70] W. J. Lonner and R. S. Malpass, "When Psychology and Culture Meet: Introduction to Cross-Cultural Psychology," in *Psychology and Culture*, W. J. Lonner and R. S. Malpass, eds. (Boston: Allyn and Bacon, 1994), 7.

[71] H. Triandis, *Culture and Social Behavior* (New York: McGraw-Hill, 1994), 23.

[72] Harrison and Huntington, 2000, xv.

[73] S. P. Huntington, "The West Unique, Not Universal," *Foreign Affairs*, November/December 1996, 28.

[74] R. Brislin, *Understanding Culture's Consequence on Behavior*, 2nd ed. (Fort Worth, TX: Harcourt College Publishers, 2000), 10.

[75] H. L. Shapiro, *Aspect of Culture* (New Brunswick, NJ: Rutgers University Press, 1956), 54.

[76] C. Kluckhohn, *Mirror for Men* (New York: McGraw-Hill, 1944), 24-25.

[77] D. G. Bates and F. Plog, *Cultural Anthropology*, 3rd ed. (New York: McGraw-Hill, 1990), 19.

[78] E. A. Hoebel and E. L. Frost, *Culture and Social Anthropology* (New York: McGraw-Hill, 1976), 58.

[79] H. W. Gardiner and C. Kosmitzki, *Lives Across Cultures: Cross-Cultural Human Development*, 2nd ed. (Boston: Allyn and Bacon, 2002), 67.

[80] F. M. Keesing, *Cultural Anthropology: The Science of Custom* (New York: Holt, Rinehart, and Winston, 1965), 18.

[81] B. Rubin, *Communication and Human Behavior*, 3rd ed. (New York: Macmillan, 1988), 384.

[82] J. M. Sellers, *Folk Wisdom of Mexico* (San Francisco: Chronicle Books, 1994), 7.

[83] E. G. Seidensticker, in *Even Monkeys Fall from Trees, and Other Japanese Proverbs*, David Galef, ed. (Rutland, VT: Charles E. Tuttle, 1987), 8.

[84] Ibid.

[85] W. Wolfgang Mieder, *Encyclopedia of World Proverbs: A Treasury of Wit and Wisdom Through the Ages* (New Jersey: Prentice Hall, 1986), xi.

[86] Ibid., 1986, x.

[87] Ibid., 1986, vii.

[88] S. Nanda and R. L. Warms, *Cultural Anthropology*, 6th ed. (Belmont, CA: Wadsworth, 1998), 92.

[89] Haviland, 2002, 294.

[90] C. Tomlinson, "Myth of Invincibility Draws Children to Battles in Zaire," *San Diego Union-Tribune*, December 17, 1996, A-21.

[91] R. Erdoes and A. Ortiz, eds. *American Indian Myths and Legends* (New York: Pantheon, 1984), xv.

[92] Ibid., 1984, xv.

[93] J. Campbell, *The Power of Myth* (New York: Doubleday, 1988), 5.

[94] Ibid., 1988, 6.

[95] W. A. Haviland, H. E. L. Prins, D. Walrath, and B. McBride, *Cultural Anthropology: The Human Challenge*, 11th ed. (Belmont, CA: Wadsworth, 2005), 369.

[96] Nanda, 1994, 403.

[97] E. H. Gombrich, *The Story of Art* (New York: Phaidon, 1955), 102.

[98] A. Hunter and J. Sexton, *Contemporary China* (New York: St. Martin's Press, 1999), 158.

[99] J. Campbell, *Myths to Live By* (New York: Penguin, 1972), 106.

[100] J. Campbell, *Myths to Live By* (New York: Penguin, 1972), 106.

[101] www. enchantedlearning. com (accessed May 23, 2005).

[102] Keesing, 1965, 279.

[103] www. artlex. com (accessed May 23, 2005).

[104] Haviland, Prins, Walrath, and McBride, 2005, 369.

[105] J. Thompson, "Mass Communication and Modern Culture: Contribution to a Critical Theory of Ideology," *Sociology*, 22 (1988), 359.

[106] F. Williams, *The New Communications*, 2nd ed. (Belmont, CA: Wadsworth, 1989), 269.

[107] F. P. Delgado, "The Nature of Power Across Communicative and Cultural Borders" (paper presented at the Annual Convention of the Speech Communication Association, Miami Beach, FL, November 1993), 12.

[108] www. apa. org/pubinfo/violence. html (accessed May 24, 2005).

[109] L. P. Stewart, A. D. Stewart, S. A. Friedly, and P. J. Cooper, *Communication Between the Sexes: Sex Differences and Sex-Role Stereotypes* (Scottsdale, AZ: Gorsuch Scarisbrick, 1990), 84-85.

[110] Nanda and Warms, 1998, 47.

[111] See M. J. Gannon, *Understanding Globe Culture: Metaphorical Journeys Through 23 Nations*, 2nd ed. (Thousand Oaks, CA: Sage Publications, 2001).

[112] Ibid., vi.

[113] Haviland, Prins, Walrath, and McBride, 2005, 321.

[114] R. Brislin, *Understanding Culture's Influence on Behavior* (Fort Worth, TX: Harcourt Brace Jovanovich, 1993), 6.

[115] J. M. Charon, *The Meaning of Sociology*, 6th ed. (Upper Saddle River, NJ: Prentice Hall, 1999), 4.

[116] Ibid., 1999, 94.

[117] Keesing, 1965, 28.

[118] Haviland, Prins, Walrath, and McBride, 2005, 38.

[119] J. J. Macionis, *Society: The Basics*, 4th ed. (Saddle River, NJ: Prentice Hall, 1998), 33.

[120] Kluckhohn, 1944, 26.

[121] H. L. Weinberg, *Levels of Knowing and Existence* (New York: Harper and Row, 1959), 157.

[122] W. H. Goodenough, "Evolution of the Human Capacity for Beliefs," *American Anthropologist*, 92 (1990), 605.

[123] Bates and Plog, 1990, 20.

[124] P. Ethington, "Toward Some Borderlands Schools for American Urban Ethnic Studies?" *American Quarterly*, 48 (1996), 348.

[125] Haviland, Prins, Walrath, and McBride, 2005, 46.

[126] J. Luckmann, *Transcultural Communication in Nursing* (Albany, NY: Delmar Publishers, 1999), 22.

[127] L. Beamer and I. Varner, 2001, 15.

[128] D. C. Barnlund, *Communicative Styles of Japanese and Americans: Images and Realities* (Belmont, CA: Wadsworth, 1989), 192.

[129] Nanda and Warms, 1998, 57.

[130] Haviland, Prins, Walrath, and McBride, 2005, 39.

[131] E. T. Hall, *Beyond Culture* (New York: Doubleday, 1976), 13-14.

[132] R. Benedict, *Patterns of Culture*, 2nd ed. (New York: Mentor, 1948), 2.

[133] R. Benedict, *Patterns of Culture* (Boston: Houghton Mifflin, 1934), 21-22.

[134] S. Pinker, *The Blank Slate: The Modern Denial of Human Nature* (New York: Viking, 2002), 34.

[135] K. S. Sitaram and R. T. Cogdell, *Foundations of Intercultural Communication* (Columbus, OH: Charles E. Merrill, 1976), 50.

[136] J. Scarborough, *The Origins of Cultural Differences and Their Impact on Management* (Westport, CT: Quo-

rum Books，1998)，2.

[137] Ibid.

[138] "America's New Ambassador to South Africa," *Ebony*，August 1996，82.

[139] M. Weinberg，"Defining Multicultural Education," *Multicultural Newsletter*（California State University，Long Beach)，December 1992，2.

[140] 此条注释缺失，疑前文注释有错位，原书如此。——译者注

活　动

1. 解释下述表述："在研究其他文化时，我们往往从自身文化的视角去考虑。"

2. 说一说技术的变革、新兴的全球经济以及世界人口的增加对你产生了怎样的影响。

3. 解释交流和文化是怎样联系的，为什么？

4. 去参加一个与你的文化不同的文化或群体文化的聚会或公共集会。观察这些具有特殊文化特点的文化群体的各种表现方式。

5. 解释下述表述："在研究跨文化传播时，你应该了解与其相关的个体独立性、成见与客观性的问题。"

讨论观点

1. 在小组中讨论过去一周国家或本地发生的新闻事件，研究在什么情况下文化交往会出现交流问题，指出各自的文化群体和问题。

2. 在小组中确认你自己的文化身份或群体文化身份。与小组其他成员讨论在与不同文化成员交往时会产生的交流问题的种类，以及这些困难会对你造成什么影响。

3. 在小组中讨论主导文化影响和控制价值观、态度和群体文化行为方式的多种途径。

4. 在小组中讨论下述主题："人们是相似的，人们又是不同的。"列出两张表，说明两个不同的民族之间，哪些是相似的，哪些是不同的。

5. 在小组中讨论人口的变化是如何影响你的，你认为这些变化最终会对社会造成何种影响？

第2章

文化的深层结构：现实的根源

家庭是文明的核心。

——威尔·都兰和埃瑞尔·都兰（Will Durant and Ariel Durant）

历史是死者、生者以及未来到人世者之间的协议。

——埃德蒙·伯克（Edmund Burke）

让我们先思考下列问题。为什么某种文化背景下的人喜欢独处，而其他文化中的人如果离群就会失魂落魄？为什么有的文化信赖年轻人，而有的文化却推崇长者甚至是逝去的人？为什么有些文化对大自然顶礼膜拜，而另一些则破坏大自然？为什么有的文化崇尚物质享受，而有的则认为物质享受会妨碍宁静朴素的生活？要弄明白不同文化背景的人如何交流，就需要回答以上这些以及其他无数心理的、意识形态的、形而上学的问题。一些人见面时鞠躬致敬，另一些人则握手致意。有的人认为沉默是金，而有的人则重视雄辩。知晓这些表面现象固然重要，但是我们不应该止步于此，而应理解这些行为背后的驱动力量。只有如此，才能解释一些集体行为的成因。文化的深层结构由三种最具影响力的社会组织组成：（1）家庭；（2）国家（社区）；（3）世界观（宗教）。这三种社会组织相辅相成。它们界定、创造、传承、维护、巩固文化的基本成分。这三种社会组织拥有久远的历史。如豪斯克内克特和潘克赫斯特（Houseknecht and Pankhurst）所说，它们时至今日仍然是"现代生活的基本元素"[1]。

在细说之前，我们应该首先知道，人们使用了不同的名字来称呼这些组织。例如，有些文化的世界观是以宗教的方式来表达的，但是有些文化对世界的看法则并没有宗教的含义。又如，从文化层面来看，社区的含义包含国家、政府以及文化历史。不管人们如何称呼这些组织，它们均构成了一种文化的根脉。本章，我们考察家庭与国家如何塑造特定文化成员之间的社会感知与交流行为。下一章，我们考察世界观与宗教。

文化的深层结构 36

虽然许多跨文化传播的问题都只出现在人际交往的层面，但绝大多数较严重的冲突和误解都可追溯到文化差异上来。这些差异触及了文化的内核。在美国，当雅利安语系的种族主义分子们在 7 月 4 日开展反犹太人的暴力活动时[2]，当“一场午餐室里的争斗使得阿拉伯裔和非阿拉伯裔的学生大吵大闹”[3]时，当数以千计的土著印第安人抗议自己的名字被用来作为吉祥物的名字或诨名时[4]，以及在辛普森案后非裔美国人和主导文化的成员都使用带有种族色彩的语言时，我们可以说，文化的深层结构正在凸显出来。在世界的其他地方，我们都会发现由文化差异引起的争议。世界各地民族冲突时有发生。[5]在土耳其，卡车炸弹在两个犹太教堂爆炸，导致伤亡。[6]在非洲，千万人民“在种族仇恨的驱使下”[7]自相残杀。基督徒在世界各地被压迫的报道不断见诸媒体。[8]文化与种族冲突已经延伸到印度尼西亚、菲律宾、俄罗斯车臣以及斐济等地。在这些例子中，文化的深层结构是这些问题的主要成因，而非人际交往。

当种族与文化冲突在美国波士顿、英国北爱尔兰的贝尔法斯特、布隆迪共和国之布琼布拉以及印度孟买轮番上演时，文化的深层结构得以显露。虽然我们已从过去的事件中吸取了一些教训，但亨廷顿在谈到人类未来的文化交流时，认为随着不同文化信仰的碰撞，一些潜在的问题将会增多，他指出：“人类之间较大的分歧和冲突的主要根源都将是文明间的冲突。”[9]亨廷顿的推断提醒我们，不仅要注意本章所讨论问题的理论根基，而且要注意本书的基本主题，那就是：

> 不同文明中的人对上帝与人、个人与集体、公民与国家、父母与儿童、丈夫与妻子之间的关系有不同的看法，同时他们对权利与义务、自由与权威、平等与等级孰轻孰重的看法也是不同的。[10]

特别值得注意的是，亨廷顿引述的所有问题都深深地触及了文化，或者说触及了我们在这里所指的文化的深层结构的问题。这些问题（如上帝、忠诚、家庭、国家、自由等）都是数千年来各种文化的一部分。事实上，人类学家认为，自人类文化诞生之日起，这些因素就处于各种文化的核心。哈维兰德及其同事写道，文化之表现形式早在旧石器时代就已出现。这些原始的呈现方式展现了对精神实践的兴趣，反映了“亲属”与“社区”的重要性。[11]我们认为，为了更好地理解一种文化，需要对这三种深层结构要素展开研究。正如德尔戈多所指出的：“文化产生社会机制，同时又为这些机制所生产。我们可以找到二者的契合点，去创造和重新发现文化构成的基本要素。”[12]本章的目标就是了解这些“契合点”，以便使我们能更好地理解不同的文化为何对世界有不同的认识。

为什么我们的世界观、家庭和文明史会对我们的行为有如此大的影响？就此我们提出了四个相互关联的原因。下面就让我们来分别看看以下四个原因，也许你会因此明白，文化的深层结构对文化交流研究的重要性。

深层结构体制承载文化中最重要的信仰 37

家庭、国家和宗教这三种社会体制给人们带来了至关重要的相关信息。你的宗教、父母和国家被委以“教导你”的重任，教你知道什么是重要的事情，什么是你应该努力去争取的事情。无论是在拥有物质财富的愿望上，还是在满足精神需要的欲求上，这三种社会体制都在帮你做出重要的抉择。它们告诉你如何去适应事物的普遍规律，告诉你是应该相信命运还是应该相信自己的选择，告诉你为什么人生会有苦难，告诉你应对生活有何期待，甚至告诉你如何应对死亡。总之，以上以及其他一系列问题都逃不脱这三者的影响。

深层结构体制及其持续影响

由于家庭、国家和宗教的长久存在，这些体制的重要性不容忽视。从距今 4 000 多年前法国南部早期的克罗马农人的洞穴绘画直到现在，我们都可以看到这三者的影响力。一代代的孩子们被告之以摩西、释迦牟尼、耶稣、穆罕默德等人的故事。无论是佛教的八正道、基督教十诫，还是伊斯兰教的五大功课，它们所蕴含的真谛都被留存了下来。正如每一个美国人都熟知独立战争中保留下来的价值观那样，每一个墨西哥人也都深知《瓜达卢佩-伊达尔戈条约》(Guadalupe Hidalgo) 的后果。

38 主要文化体制本身及其承载的意义经久不衰，这是文化传承的方式之一。每一代人都被赋予了使自己的文化保持独特性的智慧、传统和风俗。然而作为学习跨文化专业的学生，你们需要注意的事实是，那些导致一种文化对抗另一种文化的根深蒂固的仇恨依然存在。在《美国新闻与世界报道》一篇文章的标题中，我们可以看到一个有关长期积怨的典型例子："600 年来民族主义的暴力已使巴尔干血流成河。"[13] 简而言之，无论是 1999 年复活节在拿撒勒市发生的由长达两千年之久的积怨引发的冲突，还是巴基斯坦以一位于 6 世纪在反抗印度的战斗中牺牲的烈士的名字来命名的第一枚核弹，都说明了敌视和猜忌长期存在的事实。

对深层结构体制及其信息的深切感知

这些体制自身及它们所蕴含的内容，都使我们心潮澎湃，思绪万千。想想看，滥用上帝的名义、辱骂某人的母亲或者焚烧美国国旗将会导致怎样的强烈反应。国家和宗教的因素可以把年轻人送上战场，政治家试图利用民众对上帝、国家和家庭的重视而赢得竞选。如果给文化价值观做一个排序的话，我们将会发现，排在每种文化目录前列的将是对家庭、上帝（无论他是何种形式的）和国家的爱。

深层结构体制赋予我们社会身份

所有文化都担负着帮助本文化的成员形成身份认同的职责。我们来到世间时并无明确的身份。通过无数次交往，我们发现了自己是谁。查伦说："在社会化的过程中，我们知道了自己的身份。"[14] 显然，社会化发生在特定的文化背景中。我们在与他人交往时，便开始拥有了各种各样的身份。你的身份具有多重的脸谱。亨廷顿指出："每个人都有多重互相竞争或互相强化的身份：家族的、职业的、文化的、体制的、地域的、教育的、党派的、意识形态的，以及其他的各种各样的身份。"[15] 这些关系以及其他的无数成员关系界定了你的身份。然而，那些最重要的身份是通过深层结构体制获得的。有时，你从基于"我"的身份转移到基于"我们"的身份。古蒂昆斯特和金认为，民族与文化身份是"我们假定本群体中其他成员也具有的对我们自身的认识"[16]。此处要求你开始从一个更大的单元来认识自己。卡卡（Kakar）如此解释这种过渡：

小时候，孩子第一次说"我是"就宣告了

> 一种社区感的诞生。"我是"将我跟其他个体区分开来。"我们是"让我意识到那些跟我共享同一社区物理与认知空间的群体的存在。[17]

39 可以看出，这种"我们"身份将个体与文化群体和文化的主要体制联系起来。亨廷顿认为："人们通过祖先、宗教、文化、语言、历史、价值观、习俗以及体制来界定自身。"[18]可以看出，亨廷顿的目录与我们所讲的家族、宗教、国家的目录是相同的。换言之，当你审视自我时，极有可能想到你是一个家族的成员（如，我叫简·史密斯），想到你的宗教取向（如，我是摩门教徒），想到你的居住地（如，美国）。不论何种文化，这些身份标签对于跨文化传播研究都是十分重要的。吉尔德姆（Guirdham）认为，它们"可以被用来界定行为举止、阐释方式、道德规范方面的异同"[19]。林奇和汉森（Lynch and Hanson）赞同吉尔德姆的说法，他们指出："文化身份对生活方式影响深远。"[20]第 4 章我们将进一步分析文化身份被塑造、被影响的方式。

家　庭

中国人说："有其父，必有其子。"犹太谚语说："上帝做不到无处不在，故而创造了母亲。"非洲谚语说："有子嗣者得永生。"美国人说："苹果总是落在离果树不远的地方。"这些版本的说法大同小异，都强调家庭对于每个人的生活的重要性。家庭是人类所有社会体制中最古老、最重要的组成部分。它的存在具有普世特点。[21]金写道："家庭是社会的基本单位，是维系社会的核心要素。"[22]无论在伊朗、中国、苏联，还是在非洲各国，你会看到政府不断轮替，但"家庭繁衍不息"[23]。家庭的存在已经历经几千年，家庭单位"是实现社会长治久安、绵延不绝的非常有效的方式"[24]。奈和贝拉尔多（Nye and Berardo）甚至认为："没有家庭，我们所知的人类社会就不可能存在。"[25]

家庭的重要性

美国作家威廉·塞耶（William Thayer）这样解释家庭的重要性："家庭是怎样的，社会就是怎样的。"他的话清楚地表明了家庭体制对文化与个人的重要性。史密斯和莫斯比（Smith and Mosby）进一步强调："家庭是所存最重要的社会群体。它为人们将来在社会中扮演各种角色做了铺垫。"[26]加尔文与布罗梅尔（Galvin and Brommel）写道："我们生于家，长于家，组成新家，至死方休。"[27]家庭的重要性与力量体现在它承担着重任，将一个生物有机体转变成一个能够与他人共处的人。当我们呱呱坠地之时，即有家庭向我们表达问候。斯维尔德楼、布瑞登斯欧、凯利和瓦因（Swerdlow, Bridenthal, Kelly, and Vine）雄辩地说道："这是人们最早体验爱、恨、得、失的地方；希望最早在这里孕育，人们或得偿夙愿，或铩羽而归；在这里，人们最早学会该信任什么人，该防范什么人。总之，家庭是一个人生命的起点。"[28]

40 家庭的定义

随着时代的变化，家庭模式也不断变化，我们很难给家庭下一个定义。哈维兰德、普林斯、沃尔拉思以及麦克布莱德（Haviland, Prins, Walrath, and McBride）写道："对家庭的历史研究与跨文化研究表明，家庭模式多种多样，远远超过人类想象力所能企及的范围。"[29]当我们在给家庭下定义的时候，一定要尽量避免陷入民族中心主义之中。家庭的定义应该足够宽泛，使用多元文化的视角，包含一夫多妻、同性婚姻等内容。诺勒和菲茨帕特里克（Noller and Fitzpatrick）给家庭下的定义符合这个条件。他们认为家庭是“一群亲密无间的人，他们能够营造家的感觉与群体的身份，以忠实与感情作为纽带，分享过去与将来的经历”[30]。

家庭的类型

如前所述，虽然所有文化都认为家庭是主要的、重要的社会体制，但是，如哈维兰德所说，家庭的种类却“跟特定社会的、历史的以及生态的语境有关”[31]。一般说来，所有人在一生当中会有两个家：他们降生的那个家（指导意义上的家）与他们找到配偶时组成的家。亲情关系把这两个家联结起来，
41 组成了一个更加复杂的关于家的系统。

近些年来，人们主要以小家庭与大家庭这两个类型来考察家庭。前者指“拥有一个或多个孩子的单亲或双亲家庭”，后者指“包含祖父母与亲戚在内的家庭”[32]。小家庭中的育儿理念能够反映某种文化的许多价值观，这在北美比较普遍。特里安迪斯认为，小家庭“较少强调纪律与服从，较多鼓励探索与创新”[33]。小家庭对待长辈的理念也是如此。这种家庭不负责照料家中的长辈。哈维兰德、普林斯、沃尔拉思以及麦克布莱德写道：“退休社区与养老院提供这些服务，在家中供养年老的父母不仅被当成一种经济负担，而且被当成一种对家庭隐私与独立性的妨碍。”[34]大家庭（如美洲印第安人、墨西哥人、印度人、菲律宾人、日本人、中国人、朝鲜人）体现出相反的逻辑：“大家庭更加重视纪律与服从。”[35]不论身处何种文化，家庭都是文化的载体，并“为个体的自我认知与交流能力奠定基石”[36]。

家庭的功能

除了抚养孩子之外，家庭还承担了很多别的功能。施奈德与西尔弗曼（Schneider and Silverman）列举了每个家庭都承担的具体功能：

> 家庭约束人的性活动，监督其成员，确保其遵循性道德规范。家庭负责繁衍后代，以确保人类社会的延续，并且要对所生的孩子实施教育。家庭还要负责照顾和保护其成员的身体，并给他们精神支持和关怀。[37]

巴里（Barry）列举了另外一些需要家庭承担的功能与任务。它们具体涉及服从、责任、养育、成就、自立、独立性等方面的内容。[38]

这两种列举方式均已比较完善。但是对于跨文化传播来说，我们需要关注三方面的功能。

- **家庭传承重要的文化价值观**

如第1章所讲，某种文化的核心价值观与世界观来自多个方面。然而，作为最早与最主要的照料者，家庭首先让孩子接触到一些重要的理念。古蒂昆斯特写道：“起初，孩子从父母那里学习他们的文化。父母教授孩子本文化语境下的规范与交流规则，这些都能指导孩子的行为方式。”[39]家庭不仅向孩子传递规范与价值观，并且“让孩子首先接触到一些跟信仰有关的问题”[40]。阿尔·凯斯（Al-Kaysi）写道：“家庭提供了一个环境，人类价值观与道德观在这个环境中萌芽与发展，脱离了家庭这个单位，这些价值观与道德观将不复存在。”[41]

- **家庭传承身份**

跟其他体制一道，家庭赋予个体身份的含义。
比尔吉埃（Burguiere）用下面的话论证了这一点： 42
“在我们成为我们自己以前，我们是X或Y的儿子或女儿；我们在家庭中诞生之后，在成为一个独立的社会人之前，已经带有家庭的印记——

姓。”[42]在这个意义上，“家庭不仅仅是社会的基本单位，而且赋予个体最重要的社会身份。”[43]家庭教给孩子关于他们所生活的社会的历史背景知识，带给他们关于他们所处的文化的永久属性的信息，给予他们具体的行为、习惯、传统，以及与同种族文化社会中的人交流的语言。[44]

● **家庭传承交流能力**

家庭不但帮你使用本文化的语言，还最先教你如何交流。通过观察、模仿、练习，你开始接触跟交流有关的议题。T. K. 甘布尔和 M. W. 甘布尔（T. K. Gamble and M. W. Gamble）写道：“在家庭中，我们最早学习如何建立、维护以及结束各种关系，学习如何表达自我，如何辩论，如何展示情感，如何在人多的时候选择合适的话题……”[45]有趣的是，T. K. 甘布尔与 M. W. 甘布尔认为，所有文化都在培养年轻人进行上述各方面的行为的能力，这是相通的，但是在具体操作方面，各种文化存在差异。怀廷和蔡尔德（Whiting and Child）这样写道：“在很多方面，世界各地的育儿方式都跟一些常见的行为问题有关，但是，各地在处理问题上却不尽相同。”[46]

交流、文化和家庭

利用上面的篇幅，我们从总体上介绍了家庭这个主题，但还没有深入讨论各种文化在育儿方式方面的具体差异。在这一部分，我们准备探讨这项内容。如安德森（Anderson）所说：“人类社会中的不同文化造就了各种各样的家庭，使得家庭在社会中扮演着不同的角色。”[47]关于这种存在于家庭、文化和行为间微妙而强大的联系，著名的人类学家玛格丽特·米德（Margaret Mead）曾
43 清楚地强调过其重要性：

> 初生的婴儿可以成为任何社会的成员……无论他们成为何种类型的人，都取决于他们如何被教育培养，如何被爱护惩罚。如果我们对此有所研究，找出这些婴儿之所以成为这种而不是那种人的发展脉络，我们就会对他们了解得更多……给婴儿洗澡或喂养他们的方式，惩罚或奖励他们的方法，都为我们了解一种社会特性的形成提供了大量线索。[48]

米德所说的也正是本书的基本主题：一个人的成长可以有许多不同的道路，而文化就是那种道路的决定因素之一。一个和许多家人生活在一起的非洲孩子，会知道什么是大家庭；一个在有很多老人的家里长大的墨西哥孩子，会知道该如何对待老人；一个在埃及长大的孩子每天看到父母祈祷五次，会学会安拉的意义。这些看来并不重要的生活经历，一旦和与家庭有关的成千上万条其他信息联系起来，就会把孩子们塑造成他们所在的那种文化的成员。麦戈德里克（McGoldrick）也表达了与此相同的观点，她写道：

> 家庭的规则、信仰和习惯不是在真空中形成的。你的所想所为，甚至语言，都是通过家庭从更广阔的文化空间传送给你的。这个文化空间包括你所在的和从先辈那里传下来的文化。[49]

麦戈德里克认为，同文化一样，家庭各式各样，从“家庭的含义”，到“人生不同阶段的划分以及相应的任务”，均有不同。[50]我们来看一些家庭差异，以便更好地领悟其对跨文化传播的影响。

家庭交流中的文化因素

在开始讨论家庭如何影响文化交流之前，我们需要做出三点免责声明。第一，我们声明某种文化中主要的体制都是互通互联的。此处，我们看似将家庭当成一个独立的社会体制来讨论，但

是你应该知道，家庭是与文化中的其他体制联系在一起的。豪斯克内克特与潘克赫斯特写道：“在看待家庭和宗教的时候，我们必须意识到，它们跟其他社会体制是联系在一起的。”[51]当一家人一起进行饭前祷告时，孩子同时学到了上帝与家庭的重要性；当孩子跟母亲参加美国独立日野餐并展开美国国旗的时候，他通过这一个举动就学到了两种深层体制的内涵。

第二，我们声明家庭交流差异不仅存在于不同文化之间，还存在于同一文化之中。在解释这种文化内与文化间的差异时，罗德里格斯和奥斯旺写道：“无论是同一文化内，还是不同文化间，各种社会对于孩子的表现有不同的期待，因而在培养孩子本文化的习性时，父母的理念与价值观可能存在差异。”[52]

第三，我们只是想让你更多地了解一个人成长所处的家庭环境与他为人处世的方式间的因果联系。所以，我们这一部分的基本理论就很简单了，那就是，家庭成员内部的交流模式为其外部的社会交往提供了指导。或许正如那句瑞典谚语所告诉我们的：“孩子们在村子里的所作所为，都是从家里学来的。” 44

性别角色

所有的家庭模式中的关键点之一——也是所有文化中都存在的——就是教人们如何正确地认识性别角色分工。伍德（Wood）写道：“在那些能够影响我们性别身份的人中，父母最为关键。”[53]小时候，孩子们就开始学习如何区分男性与女性的活动。事实上，有关研究表明，“在 24 个月大时，孩子就已经意识到，性别标签如男孩、女孩、妈妈和爸爸，分别指的是不同类别的人”[54]。这些观点为人们所了解，并且影响着一种文化中的成员如何进行男女两性交往。研究人员如今已经知道这方面的很多信息以及文化在这个过程中扮演的角色。贝里（Berry）及其同事写道：“在近期的跨文化研究中，育儿时的性别差异问题受到了较大的关注。”[55]了解这些差异，有助于我们解读人们的交流方式。比如，在医疗领域，性别角色方面的知识很重要。珀内尔和保罗安卡（Purnell and Paulanka）写道：“当需要做出关键的医疗决定时，如果知道家里谁说话分量重，就能迅速确定跟谁谈事情。”[56]

像文化中所有重要方面那样，性别角色这一问题的引人入胜之处在于，这方面的一些具体见解均可以追溯到本章前面谈及的深层结构问题。例如，历史事件与“变化中的因素都极大地影响了我们对于性别与家庭的看法”[57]。从 20 世纪初到 60 年代早期，多数女孩子长大之后成为家庭主妇。如今，事情不复如此。从最高法院职员到特警，再到战时卡车司机，女性充分融入社会，担任各种角色。历史的变革也影响到美国男性对家庭角色的看法。韦德和塔佛瑞斯（Wade and Tavris）指出：“如今，许多男人都乐意亲自照顾宝宝，而他们的父辈宁愿跳油锅，也不愿意给孩子换尿布。”[58]

文化的深层结构与性别角色之间的关系还可以在别处看到。在诸如日本、越南、中国和韩国文化中，这种角色分工的历史可以归结为儒教的影响。金在谈及韩国时说道：“儒教使男人在社会有机体中保持独立性，而妇女被置于附属地位。”[59]在早期的儒教式家庭中，男孩可以读书，可以玩耍，女孩却“被关在家里的内室中，接受有关女人该做的事情如做家务、刺绣和烹饪等方面的教导”[60]。扬科维亚克（Jankowiak）认为，生理与文化的因素造就了这些对于性别的见解，至少对于中国人来说是这样。[61]

直至今日，在亚洲的许多家庭中，如戴维斯和普罗克特（Davis and Proctor）所说，仍是“男人挑大梁，而女人只参加社交和文化活动”[62]。孩子们看到的是，吃饭时盛好的第一碗饭要给父亲，洗澡时第一个走进浴室的人是父亲，受家里其他人鞠躬致意的人也是父亲。然而，有意思的是，在大多数亚洲文化中，如亨德里（Hendry）所说，虽然在家里男人的地位要高于女人，但“照顾家庭的重任却天经地义地落在了女人身上，无论她

是生病、受伤，还是年老体衰”[63]。这在一个中国
45 成语中得到了验证：严父慈母。

在很多拉美国家，我们也可以看到文化对性别角色的影响。比摩尔与凡勒指出：“在拉美传统中，男性居于主导地位，是强有力的领导者。”[64]墨西哥文化把父亲放在主导地位，而把母亲置于琐碎的家务事中。联系我们上面所说的儒教对亚洲家庭中性别角色划分的影响，这一点并不难理解。也就是说，基督教对妇女角色的认识，部分来自把男性神当作“父亲”。[65]墨西哥的孩子很小的时候就知道，“在家里，父亲是毋庸置疑的权威，所有重大的决定都由他来做，并由他设立处世的准则。他的话起最终的决定作用，家里的其他人都把这些话当作行动指引和力量源泉”[66]。在墨西哥文化中，男性的力量是如此强大，以至于“当父亲不在时，长子便相当于权威”[67]。一家若无“主”，甚至会造成严重的后果。关于这一点，你可以品味一下这句西班牙谚语的含义：“母鸡欢叫而公鸡沉默的家庭是可悲的。”墨西哥家庭中妇女的角色定位是由传统和宗教造成的。施奈德与西尔弗曼写道：“女人作为母亲，属于神统治下的城邦，分散于各个被保护的和保护人的家中。在墨西哥，母亲这一身份是很神圣的。”[68]在西班牙，你可以找到同样的对女性的看法。“西班牙丈夫给予妻子一定的敬意，他们似乎认为女性扮演圣人的角色。”[69]女孩子们注意到了这一点，从小就开始“扮演母亲和家庭缔造人的角色”[70]。此外，她们还注意观察家庭中其他的女性角色。她们看到的是一个甘愿牺牲、坚忍不拔的母亲形象。如达娜（Dana）指出的，正是母亲的这些举动，“确保孩子能生存下来，并给予他们力量”[71]。

在印度，男性也被视为是高高在上的。男孩子被看作是由神托付给父母抚养的。甘农如此概括印度的性别观念：

> 重男轻女的观念跟印度社会一样古老。儿子保证家族血脉代代相传。当长者去世时，儿子进行最后的祭礼。在生命的轮回中，逝去的灵魂得到抚慰，新人接过前人的重任。梵语中，“儿子”（putra）的意思是“让你免下地狱的那个他”。[72]

印度人的性别观念还反映在其他地方：“大多数重要的决定由男人做出，遗产由男性后代继承，妇女在婚后要住在丈夫的村子里。”[73]很小的时候，男孩子就开始亲眼见证这种由观念变为现实的过程：男孩比女孩拥有更多的表达自由，男孩被鼓励参加各种宗教节日和活动，以此开辟他们走进那个精神世界的道路；女孩则被要求在家里做繁杂的家务，以使家庭能正常运转。

也许关于性别角色最早、最清晰的描述是在阿拉伯文化中，这种文化也把男性看作优越的性别。这种对男性的偏爱，如儒教和基督教那样，也可以追溯到文化的深层结构的问题上。安德森写道，“《古兰经》中只有对男人的称谓”[74]，并且告知人们“女性应该服从男性”[75]。家庭对男性的渴求是如此强烈，以至在婚礼上，新婚夫妇的亲戚朋友都祝福他们能生许多儿子。[76]一句阿拉伯谚语说：“财富带给你名望，儿子带给你喜悦。”赛特（Sait）写道：“巴勒斯坦传统社会主要从家庭、荣誉以及贞洁的角度来看待女性，那些违反社会规范的女性会受到责罚。”[77]性别的社会化甚至延伸到了断奶这一问题上。帕泰（Patai）就此说：“女孩断奶的时间比男孩要早得多。”[78]通过以上这些以及其他的活动，性别角色开始不断演化，并最终使妇女学会了屈从于男人。帕泰指出：“妇女的命运都差不多，尤其是在家庭这个范围内，她
们就是得服侍和服从于男人。”[79] 46

巴基斯坦文化也拥有伊斯兰的源流。在这种文化中，你可以看到对两性角色的区别对待。伊尔凡和科沃博（Irfan and Cowburn）如此解释巴基斯坦的家庭与性别：

> 在巴基斯坦文化中，男性比女性更受珍视。他们是一家之主、经济收入的主要来源、决策者以及纪律执行人。长兄或有时是幼弟接替父亲的角色，其地位不会被挑战。[80]

需要着重指出的是，性别角色同文化的各个层面一样，是在不断变化的。虽然这种变化通常很慢，但是你仍可以清楚地看到世界范围内性别角色的转换过程。在非洲，年轻妇女已开始质疑

割礼这一传统习俗。在中东的部分地区，妇女们正在要求得到投票权。经济全球化也有助于家庭中妇女角色的再次演变。南达和沃姆斯指出：“妇女正越来越多地被卷入到世界经济中来，尤其是那些在跨国公司工作的发展中国家的女性。”[81]如我们所说，这些新的经济角色当然也影响了家庭中性别角色的变化。例如，有关研究表明，当墨西哥裔的美国妇女在外谋到工作时，她们的家里也有了“夫妇二人共同对事情做出的决定，以及男女地位上更多的平等”[82]。

个人主义与集体主义

个人主义和集体主义这个维度对跨文化传播研究非常重要。第5章仍会用较大篇幅讨论这两个概念。在这里，我们主要关注它们对家庭育儿行为的影响。在开始之前，我们应该意识到，这两个概念居于一条线的两端。个人主义与集体主义是这条线上的两个参考点，它们在各种文化中的表现形式位于它们的连线上。特里安迪斯指出：“大多数文化都是各种个人主义与集体主义成分的混合物。”[83]那么什么是个人主义成分，什么是集体主义成分呢？通常来说，倾向于个人主义的文化认为个人高于集体，倾向于将个人当成一个独立的实体。韦斯特和特纳写道：“个人主义包括自我激励、自主空间以及独立思考。”[84]

集体主义文化与个人主义文化对世界的看法
47 存在差异。托马斯和英克森（Thomas and Inkson）这样概括集体主义：

> 在集体主义文化中，人们将自己视为集体中的一员，而非独立的个人。他们关心个人行动对集体的影响。他们通常通过具有公共意义的集体来开展活动。[85]

对于某个家庭来说，赞同个人主义还是集体主义，不是一个选择的问题，而是融入一种文化、成为其组成部分的问题。如果孩子身处的家庭重视集体主义，孩子就会受到影响；反之亦然。这种影响的结果有多种表现形式。我们选取其中一些表现形式，以便更好地理解我们的交流伙伴以及我们自身如何看待别人。

● 个人主义与家庭

正如本章所强调的，许多文化特性均可在文化的深层结构中找到根源。个人主义与美国家庭之间的联系，可以从美国历史的角度来考察。从西欧发源时候算起，到殖民时代，再到工业化时期，小家庭的观念贯穿了美国的家庭文化。早期到美国旅行的人说，美国父母对于他们那些“狂放不羁、自以为是的孩子”[86]不仅不以为耻，反而引以为傲。两百多年过去了，美国家庭并没有发生实质的变化。摩戈哈戴姆、泰勒和赖特（Moghaddam，Taylor，and Wright）指出：“在现代的北美国家，‘家’通常指的是仅由父母和孩子组成的独立的核心家庭或者叫小家庭。”[87]如前所述，这种家庭提倡“独立性与个人自主性”[88]。特里安迪斯这样解读这种理念与育儿之间的关系：“在个人主义文化中，人们期待并重视独立性，鼓励自我实现，鼓励孩子早日离家。母亲与孩子之间界限分明。”[89]由于这种独立性与自主性的要求，孩子必须尽早学会自立。诺缪拉（Nomura）及其同事们指出：“美国的孩子似乎被鼓励为自己做决定，他们要‘做自己的事情’、‘有自己的见解’或‘解决自己的问题’。”[90]埃尔森（Althen）也支持这一观点，他写道：“父母生养孩子的目的，就是为了培养一个有责任感的、自立的个人。他长到18岁左右时，就准备着要搬出父母的家，开始自己的人生之路了。”[91]在谈及美国家庭这个问题时，他又补充道：“关于独立、个性、平等和不拘小节等的理念，都可以在家庭生活中体现出来。”[92]第5章将详细讨论文化模式与价值观，我们会看到埃尔森提及的这些理念均能从家庭结构中找到答案。

● 集体主义与家庭

印度谚语说：“一个人不能离开家，就像手指离不开手一样。”沃珀特（Wolpert）很好地诠释了这句谚语的含义。他告诉我们，在印度，人们“共用财产和所有物品，分享食物、劳动果实和爱，一起举行宗教仪式，并且常常住在同一屋檐下”[93]。印度这种集体主义式的家庭观念跟美国大
48 相径庭。墨西哥文化也与美国文化形成鲜明对比。在看待家庭如何为其成员提供终生支持、情感依赖以及归属感等问题时，美国人可能会说：“我将有所作为，因为我本人有能力和动力。”而重视家庭的墨西哥人也许会说：“我将有所作为，因为我要光宗耀祖。”[94]即便在墨西哥裔美国人身上，我们也能看到这种强烈的家族观念。在谈及墨西哥裔美国家庭时，桑切斯（Sanchez）写道：“跟其他家庭不同，墨西哥裔美国人通常生活在大家庭中，包括父母、祖父母、兄弟姐妹、表亲以及其他拥有血缘关系的人。”[95]墨西哥家庭的这种集体主义观念还通过教父母关系得到巩固。虽然这种关系在大多数情况下并不基于血缘关系，但它延伸了大家庭的理念。辛和博克（Zinn and Pok）这样描述这种关系：“教父母体系建立了家庭之间的联系，从而扩大了家庭的关系网。”[96]教父母体系也是巴西文化中的一个重要社会体制。[97]

波多黎各文化中，个人的社会化过程也包含了集体主义导向。卡拉斯基略（Carrasquillo）写道：“对于波多黎各人来说，家庭是一个社会单位，它的内容无所不包。这个大家庭是个人融入社会的首要中介，是患难时刻的安全网，是获得保护、陪伴以及社会与商业关系的方式。”[98]

在法国文化中，大家庭的理念对个人生活同样发挥着重要的影响。阿塞林和马斯特罗（Asselin and Mastron）写道：“大家庭是一个积极主动的支持体系。包括教父母关系在内的亲戚体系提供了各种资源，可以用来找工作、租房子、租车以及寻求各种其他服务。”[99]

与集体主义这一概念直接相关的，就是对“支配”这个概念的理解：谁支配孩子？在阿拉伯世界中，孩子们知道是神在支配着他们，他们必须听命于神。在美国，孩子们主要听从于自己或父母。在非洲大多数部族中，许多人共同抚养孩子。佩尔策（Peltzer）这样写道：“在婴儿与儿童时期，几个人共同抚养孩子。”[100]非洲马赛族谚语甚至说：“孩子没有主人。”意思是说，部落里的全体成员共同承担抚养孩子的社会责任。在讨论俄罗斯文化时，特里安迪斯写道：“当孩子行为失当时，任何恰巧在场的成年人都可以责备与干预，这跟个人主义色彩浓厚的社会形成了鲜明的对比。”[101]

在学习什么叫自立和责任的同时，孩子也被大家庭教会什么叫效忠家庭。在沙特阿拉伯贝都因人（Bedouin）的部落中，“忠诚感与依赖感主要是通过家庭来支撑与维系的”[102]。在非洲的大家庭中，我们可以看到类似的对待忠诚的态度。里奇满和盖斯特林（Richmond and Gestrin）说：“非洲人的大家庭的确很大。它的成员既有父母与孩子、祖父母、叔伯婕婶、堂表姊妹，也有无血缘关系的人。”[103]我们在其他文化中也发现了这种庞大的家庭关系网。墨西哥人也“极其忠于他们的家，并对自己把家庭放在首位而感到自豪”[104]。这种对家庭的忠诚度是如此重要，以至影响到了生活在美国的墨西哥人。瓦伦瑞拉
（Valenzuela）写道，他们都有“强烈的对家庭的 49
忠诚感”[105]。

日本人也认为“家庭至高无上”[106]。“这意味着孩子们被培养成从他人而不是自身中获得满足感的人。”[107]中国的家庭同样采用这种方式，以使其成员获得对家的忠诚。对他们来说，对家的忠诚是第一位的。中国谚语说：“天高皇帝远。”这种对家的忠诚感非常强烈，父母常训诫孩子不要让家族蒙羞。所以，“在社会化的过程中，中国孩子关心别人对自己的看法，在做事情的过程中尽量获得别人的赞赏。”[108]楚和朱（Chu and Ju）写道：“中国文化一个重要的价值观就是孝顺。传统意义上，中国的孩子认为自己承担着孝顺父母的终生义务。他们毫无保留地奉献，尽可能地取悦父母。”[109]在阿拉伯文化中，尼德尔（Nydell）写道：“对家庭的忠诚和义务要优先于对朋友的忠诚或对事业的追求。”[110]

年龄

家庭是最早向孩子介绍“年龄分层”这个概念的社会机制。这个概念非常重要，极大地影响了人们对年轻与年老的态度。以年龄来划分人群是所有文化的通用做法。哈维兰德及其同事写道：“跟性别一样，年龄分层这个变量为众人所熟知，这两个变量非常重要，已经成为衡量人们社会地位的常用标杆。”[111]人们如何看待年龄？如何对待不同年龄的人？各种文化之间存在着极大的差异。这种差异尤其具体体现在对待老人的态度上。在美国，至少在主导文化成员中，人们青睐年轻人，嫌弃老年人。从染发到整形术，美国人总是试图让自己显得年轻。美国媒体也大力颂扬年轻人的价值观，警告人们变老带来的后果。对美国人来讲，变老是一件极其负面的事情。努斯鲍姆、汤普森以及罗宾森（Nussbaum，Thompson，and Robinson）写道：“研究表明，美国年轻人有时候不愿意跟老人交流。”[112]这种贬低老人的态度在美国表现得十分明显。退休之后，美国老年人通常在退休社区或者养老院里过着“与世隔绝”[113]的生活。

并非所有的文化都像美国主导文化这样对待老人。加德纳与科斯米斯基（Gardiner and Kosmitzki）指出：“北美文化对待老人的态度存在偏见，这些偏见影响了人们对衰老过程的社会观点。当我们把北美文化跟其他国家相对照时，会发现这些偏见更显荒谬。”[114]让我们看一下其他国家和文化对待老人的态度：

路特费亚（Lutfiyya）认为，在阿拉伯文化中，就存在着这样一种迥然不同的社会化进程：

> 孩子们常常被教导，在见到老人时，要亲吻他们的手；在有老人出席的场合，自己的言行举止要彬彬有礼，起身站立并给老人让座。年轻人被鼓励向老人学习，听取他们的建议。年轻人被告知，只有向经历过风雨的老人学习，他们才能学到有价值的东西。[115]

50 尊重老人还反映在阿拉伯谚语中：“家里没有老人，就像果园里没有水井。”

在大多数亚洲文化中，同样可以看到这种对老人的尊重。“孩子们阅读一些典型故事，被教导无论富贵还是贫贱都要孝顺父母。”[116]人们为什么推崇长者？在中国等地方，一个重要原因是人们尊重过去。当这种对过去的尊重转化到人际关系中的时候，就有了“喝水不忘打井人”等谚语。老人不仅受到尊重，而且在家庭内外都拥有影响力。文仲和克鲁佛（Wenzhong and Grove）写道：“相对来说，决定权力大小的主要因素……就是年龄。”[117]甘农说：“在某个组织中，马来西亚人经常询问长者的意见，他们通常在会议中最先发言。”[118]与年龄相关的等级制在这些文化中也体现得相当明显。在父亲之下，长子拥有最大的权威。在日本，由于儒家文化的影响，如亨德里所说，家里较小的孩子会被教导说“要感谢长辈的养育之恩”[119]。卡森（Carlson）及其同事指出：在日本，这种亏欠感导致人们“服从与尊重长辈”[120]。菲律宾文化是另一种在家庭里教育孩子要尊重热爱老人的典型。哥晨诺尔（Gochennour）说：“无论是在家里，还是在日常的学校、社会和工作交往中，年轻人差不多都很自觉地尊重老人。”[121]

法国文化教导年轻人“成熟稳重要好于年轻幼稚”[122]。在法语中，甚至没有专门表示“年轻”这个意思的词。如柯迪乌斯（Curtius）所说：“法国文明看重年老的价值。”[123]

在墨西哥裔美国人当中，“尊重老人是一个主要的组织原则”[124]。在讨论孩子与长辈之间的关系时，我们前面提到教父母在墨西哥家庭中的角色。这个角色之所以重要，是因为教父母在孩子尚小的时候就介入到孩子的生活当中，为他们实施洗礼与坚信礼等仪式。不仅如此，教父母还扮演了孩子成长过程中的其他角色。桑切斯写道：“教父母承担道德的义务，扮演监护人的角色，必要时提供经济资助，并在孩子的亲生父母去世后接过父母的责任。”[125]巴西文化对长辈持有相似的尊重态度。慈祥、责任、义务等关键词都能诠释这种关于年龄的思考方式。[126]

在美国原住民家庭中，这种对老人的尊重在幼年时就教给孩子了。斯蒂尔和霍金斯（Still and Hodgins）写道："人们对待纳瓦霍老年人时充满敬意。"[127]这种敬意属于该文化深层结构的一部分。耶洛博德与斯尼普（Yellowbird and Snipp）写道："历史上，美国印第安人家庭中，长者在决策方面占有特殊地位。"[128]"美国印第安人的老人通过'大家庭'体系来传承'智慧'与'秩序'。"[129]由于这种文化中"口口相传"的传统，老人便成了许多关键知识的"载体"。作为一名美国印第安人，阿诺德（Arnold）写道："老人肩负着传递人类几千年间积累下来的集体和个人智慧 51 的重任。"[130]

非裔美国人是美国的另一种群体文化，这种文化对待老人的态度也跟主导文化不同。坎皮哈-巴科特（Campinha-Bacote）如此概括："非裔美国人社区尊重老人。在非裔美国人家庭中，祖母占据核心地位。"[131]这同样源自尊重长辈的非洲传统。[132]

社交技巧

如前所述，对于所有文化来说，家庭的作用非常重要，原因各式各样。查伦指出跟本书主题最接近的一个原因："家庭是一个主要群体，这个群体的成员生活在一起，并引导孩子走向社会化过程。"[133]在查伦的定义中，社会化是个关键概念。换句话说，这是指教育孩子如何使用本文化的语言以及如何跟其他人进行交流。德福勒（DeFleur）及其同事这样概括家庭与交流的关系：

> 在所有人类群体中，家庭是最基本的单位。迈向交流的最初那几步是在家庭的背景中实现的。家庭教授各种符号与意义规则，这些均是开展社会生活的基础。人们经常在家庭中学习词汇，弄懂符号、意义以及称呼。这样，在融入社会之前，他们已经学会了最初的交流。[134]

仅仅通过个人经验，我们就能够意识到，家庭所传授的内容远远超过语言。加尔文和布罗梅尔指出，家庭教授孩子关于权力、自信、控制、谈判风格、角色关系以及反馈规则等方面的知识。[135]安德森写道："通过社会化，家庭教导孩子融入社会，发挥自己的潜能，并与他人形成稳定、有益的社会关系。"[136]安德森告诉我们，孩子在很小的时候就受到来自直系亲属的影响，这个时候他们便获得了对于社交能力的认识，其中包括讲礼貌、如何交友、"可以谈论什么样的话题以及如何表达喜怒哀乐"[137]。孩子们通过观察和参与家庭成员的社交活动，学会了这些社交能力。韦斯特和特纳就此指出："我们趋向于通过对家庭成员的社交活动方式的认识，来理解和营造出对家的感觉。因而，我们认为家应该具有或安静，或活跃，或令人愉悦等特点，而这些又取决于我们与别人交流时采取什么态度。"[138]

所有文化都传授相似的社交技巧。例如，所有文化都教导孩子讲礼貌，认为缺乏教养会带来紊乱与困惑。但是，在强调这些普遍的育儿理念时，各种文化在程度与强度上存在差异。如何处理"挑衅"行为显然在文化上受到"儿童时代经历的影响"[139]。一些研究表明，有些父母赞成、鼓励并奖赏孩子具有"攻击性"的行为。[140]波多黎各文化通常教导人们尤其是男孩子做出进攻性与外向的行为。[141]许多文化对于这种行为持有截然不同的态度。传统的墨西哥家庭强调心存敬重，极力教导孩子避免做出此类举动，要求"与人交往时要有一定的交际手腕和得体的言行"，马瑞楼（Murrillo）写道。[142]一项研究发现，"墨西哥的父 52 母对自己的孩子攻击别的孩子惩罚最为严厉，而美国的父母则对此表现出非凡的宽容度。"[143]我们前面提到，在中国的家庭里，孩子们必须学会必要的社交技能，以使自己有一个良好的、和谐的社会、家庭和人际环境，有体面的社会地位。[144]在阿拉伯文化中，孩子从童年开始就被要求听话，被禁止做出挑衅行为。[145]

关于一个家庭如何向孩子教授各种社交技能的典型例子，也可以在泰国家庭中看到。R. 库珀和N. 库珀（R. Cooper and N. Cooper）这样描述泰国家庭在教授交流技巧方面的作用：

> 通过表现自己对别人的关心、顺从、友善和尊重，孩子很快知道这样的行为可以使别人喜欢自己、对自己好。这样的行为可用一个泰语词来概括：Krengjai，通常表示关心、体谅的意思。[146]

各种文化背景下的家庭对于孩子参与谈话的重视程度存在差异。金写道：“在孩子很小的时候，美国父母就比较尊重孩子的观点，鼓励他们口头表达自己的观点。”[147]并非所有文化都像美国文化那样重视孩子们的口头表达。“从童年时期开始，亚洲人就学会了沉默、谦虚、含蓄与低调。除非人们保证自己能够言之有物，否则就应该保持沉默。”[148]有项研究表明，跟高加索家庭的孩子相比，中国孩子更少说话，更加内向。[149]在美国苏福尔斯土著文化中，麦戈德里克说：“在某些家庭关系中，谈话事实上是被禁止的。”[150]而关于这种行为的理论基础，她继续说道，就是“较少注重语言表达似乎使美国土著家庭拥有了更多的自由空间，使他们获得了另外一些生活体验——相互了解、亲近大自然、反省自我”[151]。

我们希望以上列举的这些例子能够论证家庭在文化适应过程中的重要性。家庭帮助每一代人塑造自身的价值观与信仰。这个组织经久不衰。中国谚语说：“数典忘祖，就好比是无源之水、无本之木。”从某种程度上讲，这种说法适合所有的文化。

接下来，让我们探讨另外一个经久不衰的文化深层结构。这个组织赋予文化以力量，并且“根深叶茂”。这个组织叫作国家或者民族。

历 史

西塞罗说：“历史是对过去的见证；它照亮了现实，激活了记忆，指导着日常生活，让我们明
53 晰历史的潮流。”西塞罗的话清楚地表明了历史对于文化研究的重要性。对于学习跨文化传播的学生来说，西塞罗的话别有深意。他告诉我们，“文化”一词可以被“历史”替代。两者都是导体，真切地传递对于某种文化来说至关重要的核心信息。史密斯解释了研究历史的特别动机：

> 我们沉浸在历史的潮流中，沉浸在文化的兴衰中，沉浸在人类生活的悲欢离合中。我们感到在浩瀚的宇宙中我们的星球如此之渺小。我们认识到，在由无数种社会形式组成的万花筒中，我们当前的文化仅仅是人类生活的一种表达方式。[152]

在我们开始讨论文化和历史是怎样交织在一起以前，我们的意图只是简单地为你展示一些历史事实，使你明白这样的观点：历史研究需要成为跨文化传播的一部分。余英时在写作时强调了这一点：“我们需要认识到，我们之所以研究某个社会或民族的历史，不仅是因为它是世界史的组成部分，还因为它本身具有的内在价值。”[153]

历史的影响难以尽述，难以判断。如前所述，54
深层结构的所有元素（家庭、宗教、历史）都交织在一起。当我们谈论历史时，我们所谈的不仅是历史事件和具体的年月日。显然，这些信息比较重要，但当我们将历史看成是一种文化的深层结构时，我们实际也是在谈论一种文化正式或非正式的管理职能、社区理念、政治体系、历史人物，甚至地理。所有这些结合在一起时，一种文化就给它的成员提供了身份、价值、目标和期望。比如，美国历史就告诉人们一切皆有可能的理念，一个普通人甚至可以成为总统。历史书充斥着林肯的“小木屋”背景和杜鲁门的小服装店伙计出

身。如今的书籍也会描述比尔·克林顿从阿肯色州的乡村走向白宫的故事。这些历史深植于美国人的心理意识之中。

某种文化的历史影响渗透着人们的观念和行为方式，这方面的例子不胜枚举。巴尔干半岛国家之间的激烈仇杀并非始于20世纪90年代，冲突的种子早在14世纪就已种下。[154]我们可以看到历史对于中东冲突的深刻影响。多个世纪以来，这个地方就一直充斥着争议，基督徒、穆斯林、犹太教徒为争夺各自心中认为的圣地而战。[155]如果我们知道这一点，我们就能更好地理解当前的争议、不信任、敌意，直至暴力行为。在伊拉克，逊尼派与什叶派穆斯林之间的紧张关系也并非20世纪萨达姆时代的产物。两者之间的冲突可以追溯到7世纪。[156]《卢旺达饭店》这部电影可帮助我们理解1994年胡图族与图西族之间的种族冲突。按照美国国务院发布的数据，这场冲突导致80万人丧命。[157]冲突的根源可以追溯到15世纪。[158]俄罗斯南部的车臣冲突则可以追溯到18世纪中期。[159]在美国，少数族群与主导文化之间的冲突也由来已久。人们已经熟知对美国土著与非裔美国人的残酷镇压。在美国西南部，墨西哥裔美国人同样曾被剥夺过财产权与原属权利。直到20世纪60年代早期，公民权利运动方兴未艾，这些少数族裔才开始获得平等与自决的地位。

我们对历史研究的兴趣建立在两个假设之上。第一，历史事件可以帮助我们解释文化特性。历史学家巴齐尔（Basile）写道：“对所有人来说，历史是集体意识的源泉。”[160]从早期的西进运动开始，到近期对外太空的探索，美国人已经确立了征服的历史。第二，一种文化力图留存并传达给下一代的东西表明了那种文化的特性。美国史书和民间传说都反复谈到个人是如何改变历史的。我们都知道罗莎·帕克斯如何发动民权起义，知道马丁·路德·金（Martin Luther King）如何几乎仅凭一人之力掀起民权运动。凯萨·查韦斯（Cesar Chavez）联合劳工，发起工人运动；比尔·盖茨（Bill Gates）给现代技术带来了革命；猫王埃尔维斯·普雷斯利（Elvis Presley）普及了摇滚乐。 *55*

美国历史

任何人想要讨论美国历史，都必须从创立美国的那些人开始分析。最早来到美国的这批移民为1607年至今的后来者定下了基调。这些移民带来的影响十分巨大，如麦克罗伊（McElroy）所说：“一批移民自愿走到了一起，组成了一个社会，这种情形亘古未有。他们的子孙在这个地方渐成规模，只要人们愿意努力工作，这个地方就能够提供无穷的机遇。”[161]麦克罗伊同时认为，“美国的文化信仰主要来自”最早的移民，这些人“打开了新的局面，将美国人自身行为与欧洲行为区分开来，经过后八代人的努力，塑造出一种崭新的美国文化”[162]。麦克罗伊认为，许多如今我们称作美国文化的东西均可追溯到最早的那一批移民。他们是美国历史的创立者，他们那时的价值观在当今时代得以发扬光大。这些价值观包括努力工作、进步、实用主义、自由、责任、平等以及个人主义精神。[163]

最早的这批移民主要由盎格鲁-撒克逊人组成，他们带来了一些16世纪英国的价值观念、法律体系和基本商业组织形式。很快，这批定居者就迎来了非盎格鲁-撒克逊人的移民浪潮，这些人也开始塑造美国文化。如前所述，美国社会至今仍在接纳“新公民”。这种持续的移民潮——无论是合法的还是非法的——使得世界上第一个多元文化国家得以诞生。

初始阶段文化的整合并不容易。但是美国人都有一种跟君权、神权以及英国教会相分离的强烈欲望，这便提供了寻求整合的动力。从一定程度上讲，这种动力将英国移民与德国人、爱尔兰人以及其他族群的人融合到一起，组成一个兼容并包的社会体系，接受天主教、浸礼宗和卫礼公会等组织，并将东西南北整合在一个国家框架之内。美国人将可让渡和不可让渡的权利分割得很清楚，前者是人们可以自愿让渡给政府的，后者是不可让渡而政府也无权剥夺的。[164]“追求生活、自由与幸福”成为美国人的基本信条。对于个体来说，这些自由必须得到保障，不能受到政府潜在力量的干涉。美国人对英国王室与英国教会充满敌意，故而产生了政教分离的信条。这样，政府既不能支持某种宗教，限制另一种，也不能禁止公民信仰某种宗教。[165]这个信条仍然处于美国的政治前线。在各级政府，人们仍在辩论堕胎权、校园祈祷、政府资助十诫展览等议题。

如前所述，早期移民迅速地将英国价值观跟一系列新的价值观念联系在一起。追求个人独立性、丢弃各种繁文缛节、讲求时效就是新形成的价值观念。几个世纪后，这些价值观念依然存在。从历史的角度来看，个人主义可能是这个新国家
56 最早的价值观。麦克罗伊写道：“移民们自愿离开欧洲来到美国，这种行为本身就表明了个人主义的价值观。在他们上船的那一刻，他们就已经成为个人主义者。”[166]这种对个人主义的情有独钟还深刻地影响了美国早期的政治生活。库恩（Cohen）认为，美国缔造者试图按照“政治自由、个人自由、法治、社会流动性以及平均主义”原则来打造一个新的国家。[167]因此，一个鼓励经济、宗教以及政治自由的政府得以确立。美国当时地大物博，物质基础雄厚，从而促进了这些理念的落实。个人自由的理念也成为当今美国社会的基石。通过民间故事以及流行媒体，这种珍视个人主义的价值观得到进一步的提升。丹尼尔·布恩（Daniel Boone）的父亲知道，当和新邻居近到可以看见对方壁炉里冒出的烟的时候，那就该搬家了。在美国，牛仔的形象深入人心，这也印证了个人主义价值观的魅力。牛仔是一种游侠形象，这种人在美国广袤的西部四处游荡，不受任何义务与人际关系的羁绊，并且能够单枪匹马地应对所有挑战。斯图尔特和贝内特（Stewart and Bennett）指出，这种早期开疆拓土式的个人主义形象在很大程度上类似于一种神话，而非现实。[168]早期的定居者也存在松散的、非正式的集体组织，他们以此互帮互助，完成某项具体任务之后就各奔东西。

人们厌恶繁文缛节，不喜欢浪费时间，这也属于殖民经历的一部分。要在一片未开垦的土地上生存下来，定居者就要专心从事日常劳作，确保生存无忧，避开烦琐的礼节，抛却依赖心理。人们没有时间可以浪费在欧洲和英国式的僵硬教条上。只有占有资源，并且意志坚定，人们才能生存下来。美国西部荒野艰苦的生存条件也给定居者留下了心理烙印。他们根据个人主义的原则形成了能够帮助他们生存的生活习惯，例如摒弃礼节、讲求实效。在此基础上，他们很快形成了跟周围环境相符的思维方式、信仰和价值观念。个人主义的原则得到进一步强调。人们为自己打算、自己做出判断和决定，任何侵犯这种权利的事情都会被认为是错误的。

同时，美国历史上也充斥着暴力与战争，这也塑造着美国文化。早期，美国曾经强制移民，奴役非洲人，暴力剥夺印第安人的土地。美国经历了无数次战争：独立战争、1812年战争、内战、美国—墨西哥战争。还有很多例证都能表明美国对于军事行动的态度。麦克罗伊如此概括美国当代历史中的战争成分：“20世纪的美国行为存在一个最明显的文化特性，那就是向遥远的大陆与海洋不断地布置大量的军队，向军事盟友提供大量的军事补给。”[169]稍微回顾一下美国历史就会知道，美国在1917年向欧洲派遣军队，在1942年再次这样做。美国在20世纪50年代介入朝鲜战争，在20世纪60年代发动越南战争，在1989年柏林墙被推倒之前派遣军队到世界各地“打”冷战。格林纳达、巴拿马、沙漠风暴行动、科索沃以及如今的阿富汗与伊拉克都是例证。枪支在美国历史中占有很重的分量。美国宪法保证个人拥有枪支的权利，这在其他国家是没有的。在此我们并不想讨论这一文化遗产的优劣，只想指出它对美国文化发展的影响。

美国人相信命定论（Manifest Destiny）。这 57
一理念兴起于19世纪早期，美国人以此来为美国西进运动与领土扩张寻找依据。本来，美国人想用这个理念来驱逐墨西哥人与原住民，但是后来这个理念强调，美国人“命中注定要把民主和自由的福祉赐予生活在该地区的其他族裔”[170]。此前，布什政府号召提升阿拉伯地区的民主水平，

我们同样可以看到命定论被再次付诸实践。

在美国国家形成时期，定居者通过西进运动不断地获得新的土地，自由与独立的理念也随之得到巩固与加强。在开发这些地广人稀的土地的过程中，诞生了一种喜欢变化与进步的文化。今天，这种变化主要指经济领域的进步。[171]提出新观点、创造新的办事方式最能获得人们的赞许，人们期待不断地提高产品的质量、改进程序、提升个人条件。这种求变的欲求曾经推动着早期的定居者开发美国的蛮荒之地，如今还形成了一种举国的愿望，实现载人航天、探索太空。美国的文化遗产强调平等、独立、变化以及不断应付未知，上述例子可以被视作这种文化遗产的表现形式。

58 ## 俄罗斯历史

俄罗斯联邦的前身是苏联的一个主要加盟共和国。1991 年苏联解体后，俄罗斯成为一个独立国家。俄罗斯是世界上最大的国家，领土面积相当于两个美国或者中国，拥有世界上最长的边境线。俄罗斯拥有许多亚洲与欧洲邻居，这对俄罗斯历史与文化产生了深刻的影响。

跟许多欧洲民族一样，俄罗斯人也经历过战争，遭受过侵略、压迫和苦难。在几千年里，这个国家一次又一次地被蒙古人、德国人、土耳其人、波兰人、瑞典人、法国人和英国人入侵以及占领过。俄罗斯的城市经历了粗暴的占领和高压统治，甚至发生过被屠城屠村的事情。因此，俄罗斯人发展出一种对世界的看法，即“俄罗斯母亲”总是遭受掠夺。大多数美国人都很难理解俄罗斯人的这种对外部世界的看法。历史学家丹尼尔斯（Daniels）总结了这些认知和历史方面的差异：

> 对美国人来说，认识到俄罗斯所处的国际环境同年轻的美国所处环境的巨大差异是很重要的。俄罗斯处在复杂多事的邻居间，而美国处于一个孤立的、相对安全的地理位置。同时面对着巨大的威胁和巨大的诱惑时，俄罗斯发展出一套军事化的集权主义传统，在这一传统之下，俄罗斯将其有限的资源优先用于对付威胁，利用那些诱惑。[172]

就像所有的国家和文化那样，历史和政治的遗产塑造了俄罗斯人。埃斯勒（Esler）曾如此描述这些遗产：“俄罗斯的政治传统历来都是专制主义的，从拜占庭君主的统治，历经彼得大帝的铁腕统治，一直到约瑟夫·斯大林的集权政体。”[173]

埃斯勒所描述的文化经历使得俄罗斯人较易服从指令，愿意接受其领导者的训示，并能够承受艰难困苦。在 1917 年布尔什维克革命中，俄罗斯人本想将自己解放出来，改变沙皇政权的经济不平等与压迫，给予工人阶级政治权利。然而，革命的成效在很大程度上事与愿违，斯大林的国家农工集体化政策打乱了成百上千万人的生活。“上百万人死于政治迫害、刑事与劳改体制或者政府导致的饥荒。”[174]为了抵抗法西斯德国，2 700 万苏维埃人民失去了生命，这带来了更多的伤害。[175]由于经济发展停滞，加之人民要求获得更多自由，苏联共产主义政权持续到 1991 年便分崩离析。

要理解俄罗斯文化，还要解读俄罗斯人与土地的关系。科安（Kohan）告诉我们：“任何对俄罗斯人的认识都不可避免地要从其占地球表面陆地面积 1/6 的领土着手。”[176]俄罗斯拥有大片的干草原和森林以及极其广袤的国土，这使得俄罗斯人“宁愿坐在温暖的火炉边，喝上一瓶伏特加， 59
冥想人生”[177]。

除此之外，俄罗斯历史遗产中还包括对表演与文化艺术的热爱。从 18 世纪初开始，波修瓦芭蕾就世界闻名，俄罗斯人以此为傲。在古典音乐方面，在一百多年时间里，俄罗斯奉献了柴可夫斯基与斯特拉文斯基（Stravinsky）。在文学领域，俄罗斯出现了契诃夫、陀思妥耶夫斯基、普希金以及托尔斯泰。《日瓦戈医生》的作者帕斯捷尔纳克获得 1958 年诺贝尔文学奖。索尔仁尼琴在 1970

年同获此奖。

今天的俄罗斯是一个转型国家。虽然苏联解体已经二十多年，但是这个国家在迈向“新世界”的路途上仍然步履艰难。由于缺乏民主与资本主义的传统，俄罗斯面临着很多问题。在新的世纪里，俄罗斯总统普京曾进行过一场社会革命。国企私有化改革、大量的腐败、民族冲突、车臣反叛都困扰着俄罗斯。如今，越来越多的迹象表明，俄罗斯正在背离自由、民主改革的初衷，回归威权式的中央政府。[178]考虑到俄罗斯的历史，这种迹象并不让人吃惊。

中国历史

中国谚语说：“温故而知新。”这清楚地表明了历史对于文化研究的重要性。每个中国人都从历史中获得对自己身份的强烈认同感。无论个人的特点与习惯怎样，无论生活环境或者政治倾向如何，也无论他们是生活在中国国内还是远离故国，对中国历史的自豪感联结着这一文化中的每个成员。J. 马修斯和 L. 马修斯（J. Mathews and L. Mathews）认为：“中国人之所以迷恋历史，原因之一在于中国历史的源远流长。”[179]事实的确如此。根据考古发现，中国社会的史前起源可以追溯到 5 000 年前。早在 3 000 多年前的商朝（公元前 1600—公元前 1046 年），中国人就开始记载历史。中国文明因此成为世界上最古老的无间断文明。[180]学习跨文化传播的学生要了解中国历史，不仅仅因为中国人以此为傲，还因为“中国人当前的许多价值观与信仰仍然植根于自身的历史传统中”[181]。让我们看一下这些信仰。

中国的许多特殊性要归因于中国人的世界观。首先，也是最重要的，中国在地理与文化方面长期与世隔绝。几个世纪以来，中国为巨大的天然屏障所隔绝。中国北面是荒芜的西伯利亚、蒙古大草原和戈壁滩。西面被称为“世界屋脊”的高山将中国与俄罗斯、中亚国家隔开。西南面高耸的喜马拉雅山将中国和印度、巴基斯坦隔开。南面的高山与深谷将中国与缅甸、老挝、越南隔开。东面与东南面则是海洋。这种地理版图既塑造了中国人的许多为人熟知的特性，也有助于中国人形成文化优越感。邦德（Bond）如此概括古代中国的这种世界观：

> 中国人形象地将自己的国家称为“中央王国”，这亦可理解为“地球的中心”。确实，在帝国主义时代之前，中国人在当地从未遇到过跟自己平起平坐的竞争对手，故可认为自己是东亚地区学问、发明、文化以及政治主权的发源地。[182]

中国人的这种自我优越感在其信念中得到了体现。中国人曾经认为，在语言、政治体制、艺术与学术创造力方面，没有国家可以跟中国匹敌。这种优越感跟中国实行闭关锁国政策有关。邻近国家定期向中国朝贡。中国政府相信，中国没有跟其他国家接触的必要，跟这些国家交流会“威胁到中国自身价值观的完整性”[183]。直到 19 世纪西方强权入侵中国，中国才开始“进行文化上的自我反思，思考如何跟外部文化打交道”[184]。埃斯勒认为，现代中国仍然受到过去的影响：

> 中国长期与世界隔绝，并且长期居于主导地位，这两个因素结合在一起，塑造了中国人特有的行为方式和态度。比如，这一独特的结合在很大程度上造就了中国文化的连续性，这是中国历史的特点。事实上，中国在 20 世纪使用的管理方式同两三千年前就出现的思想高度一致。[185]

中国人眼中另一个延续千年的历史观念就是宗族和家庭远比国家重要。家庭对于中国人来说至关重要，这印证了文化史与世界观之间的关系。最早时期，中国社会建立在农业的基础之上。文仲和克鲁佛指出：“历代的农民都被束缚在生于斯、长于斯、耕作于斯的土地上。除去战争以及饥荒外，几乎不存在任何迁徙——无论是社会意义上的还是地理意义上的。”[186]这是一种劳动力密集型的农业时代的生活方式，这种生活方式绵延千年，这解释了中国文化的集体主义特点。家庭与家族则是最基本的社会单位。楚和朱指出，在 20 世纪 60 年代末“文化大革命”时期，家庭成员曾被迫互相批斗，这虽然改变了家庭结构，但是中国家庭的稳定性仍然坚如磐石。[187]邦德说：“中国文化没有给个体留出空间。”[188]这表明了家庭的重要性。

中国人拥有重视美德与学习的价值观。这两种价值观有着很悠久的历史传统。早在汉朝（公元前 202—公元 220 年），中国人就设立太学，建立公共考试体系。类似的考试一直持续到 20 世纪初。利用这些考试，人们可以通过自身的才能提升自己的地位，有效地抵消了家族与政治关系的负面影响。即便一个卑微的农民，也可以通过考试体系进入上层社会。在这个考试体系获得成功是获得社会地位的基础。教育是取得这种成功的关键，因此，传统中国社会高度重视教育。如果有人通过了省一级的乡试，那么全家的地位都会
61 获得提升，进入官绅阶层，享有声望与特权。[189]

在当今的中国社会，教育依然扮演着重要的角色。虽然越来越多的学生可以拿到大学文凭，但是竞争仍然是这个学校体系的核心因素。邦德这样描绘中国香港的课堂：

> 课堂学生非常多，这不仅仅是因为资源稀少，更多的是因为中国人相信“一山难容二虎”。在竞争激烈的条件下，最好的学生能够最终脱颖而出，证明自己。[190]

中国当前的世界观深受过去两百年间历史事件的影响。在 19 世纪，西方列强在东亚地区获得强势地位，要求中国开放贸易。当时中国政府软弱无能，西方列强最终在中国各自建立了势力范围。实际上，这些势力范围类似于殖民地，外国人在这些地区享有特权与法外治权。直到第二次世界大战，中国才赶走这些强制占领中国的外国强权。

二战之后，中国仍然充满内部矛盾与战乱。为了改变落后的现状，共产党领导人曾经启动“大跃进”与“文化大革命”等一系列变革，但却给国家与人民带来更多灾难。在此期间，中苏关系恶化。亨廷顿写道：“中国作为第三世界的代表，反抗美苏强权。”[191]但在现实中，中国被发达国家孤立，经济发展停滞，进一步增加了中国人民的苦难。

20 世纪 70 年代早期，中国开始疏离令其衰落的“革命”活动，并对美国的示好姿态做出回应。1972 年，美国总统尼克松对中国进行了历史性的访问。1976 年，毛泽东去世，新一代领导人采取务实主义政策，认识到进行经济与政治改革的必要性。[192]中国逐渐融入国际社会，并迈向了现代化。20 世纪 90 年代早期，中国致力于建设社会主义市场经济，并且取得了巨大的成功。到了 2004 年，中国国内生产总值已排在世界前十位。[193]随着经济的增长，中国试图在国际舞台上发挥更大的作用，其他国家与中国之间的文化交流随之急剧增加。中国军事实力的增长也引起邻国与美国的关注。[194]中国重新崛起为一个现代大国，这印证了中国在亚洲地区的历史影响力。中国加强军事实力建设，这源自中国在 19、20 世纪饱受西方列强的欺凌。中国人为自己悠久的历史感到自豪，他们当然清楚地记得过去的教训。

日本历史

日本与中国在历史上联系密切，两者都深受儒家思想与佛教的影响。尽管如此，这两个国家仍具有不同的文化特性。造成差异的一个重要原因是日本的地理与文化之间的联系。日本国土较小，由四个大的岛屿与几千个小岛组成。在 20 世纪前期，只有通过海路才能到达日本。在这种地理隔离的环境下，日本发展出来独特的文化特征以及对自身的认识。赖肖尔和詹森（Reischauer and Jansen）写道：

> 这种地理上的隔离，加之人为的设计努62 力，导致日本人与世隔绝，并且在程度上超过世界上所有较大的国家与先进民族……天然的隔离加上人为的努力，使得日本人可以按照自己的方式独立发展。[195]

由于这种地理上的隔离，日本既没有大规模的移民从大陆进入，也免受外部的侵扰。社会人口的发展走向同质化，出现了“日式”的做事风格。换句话说，无论在衣食住行方面，还是在思考方式方面，日本人倾向于认为做事情只有一种正确的方式，其他行为均被认作不正确。[196]

由于日本文化的同质性，日本人对于外国人持有警惕态度。直到 19 世纪中期，这个国家仍然与外界绝缘。当西方列强打开日本大门的时候，日本人发展出对于国家的归属感以及对于外国人的警惕态度。各种隔离“使日本人产生了一种强烈的自我认同感，以及一种在面对外人时近乎痛苦的拘束感”[197]。日本人的这种拘谨性格至今仍存在。外国人在日本都市之外的地方旅行时，当地日本人要么好奇地对待他们，要么对他们不理不睬。这说明日本人不明白如何跟外国人打交道。日本文化虽然传授工作与社交规则，但是这局限于日本人内部。日本文化中没有发展出跟外国人打交道的“正确”方式。

还有一段历史影响到当今日本人的价值观，那就是德川幕府或称江户幕府时期（1603—1867）。17 世纪早期，在经历了一场痛苦的内战之后，日本进入军事色彩浓重的幕府统治时期。日本社会被分成四个等级与阶层：武士、农民、手工业者和商人。每个阶层又划分为更多等级与阶层。人们大部分主要生活在城下町中或其周围。中央政府制定严格的行为规范，管理个人与公共生活的每个细节。这种制度将个体置于更广的社会秩序中，目的是为了保证外部和平与内部稳定。社会稳定是其首要目标。至今，这仍然是日本社会活动的中心关注点。人们遵从已经确立的规范，抵制巨变。

城下町的生活依赖于封建领主的仁慈。封建领主提供保护并进行社会管理。民众效忠于领主。这段历史在现代日本社会关系中仍然留有痕迹。虽然存在一些变化，但是日本工人仍然效忠于学校、企业以及其他组织。如今的公司与政府，取代了封建领主制度，通常终生雇佣员工，为他们提供“从摇篮到坟墓”的社会保障。日本人从封建制度中学到纪律、奉献、顺从的重要性。在封建时代，按照不同的社会阶层，日本人在日常生活中的行为高度一致。现在，日本人忠于社会与组织，接受权威与地位差异，屈从于群体的 63 期待。[198]

如我们整章所述，对生活在某种文化中的人们来说，历史是影响其特性形成的诸多因素之一。这一观念在日本人对集体主义的看法中可以得到很好的证明。这里我们再看一下文化与地理之间的联系。日本的整体陆地面积略小于美国的加利福尼亚，并且 70%以上的土地为山地。自从此处有人类定居以来，这种地理状况就迫使大部分人口聚居在狭窄的峡谷中或者沿海有限的洪水冲积平原上。如今，大约 1.27 亿人聚居在一起。[199]在迈入现代社会之前，日本社会主要由一些半开放的村庄组成。人们集体劳作，从事劳动力密集型的稻米种植业。赖肖尔和詹森写道：“多个世纪以来，这种集体劳作塑造了日本人的集体意识与集体行动的习惯。”[200]日本政府的封建制度巩固了这种集体从属关系。这种制度兴起于 12 世纪，一直持续到 1868 年明治维新开始时。幕府统治者在 17 世纪早期引入的严格的阶层体系进一步加强了集体习惯。当前日本社会仍然具有这种集体倾向，人们的社会地位较少根据自身成就来认定，更多依赖于所上的学校、从事的职业或者侍奉的雇主。

二战是另一个深刻影响日本文化的历史事件。19 世纪中期，为了抵御西方列强的入侵，日本以美欧国家为模板，迅速开启了现代化与工业化的改革。伴随着经济工业化进程，日本领导人也建立了强大的军队，不仅保障岛国自身的安全，而且增加了日本在国际事务中的发言权。在 20 世纪上半叶，日本实现了举国军事化，并参加了二战。战后，日本的工业与军事能力几乎完全丧失，几百年的现代化与工业化努力成果荡然无存。但是，由于自律、坚韧以及强大的民族认同，日本在盟军的援助下开始大规模重建。[201]到了 20 世纪 80 年代中期，日本成为世界领先的经济体。[202]在过去二十多年间，日本经济经历了一些起伏，但是日本人继续努力，保持日本在全球舞台上的经济与政治地位。二战的确给日本留下了印记，尤其是广岛与长崎的原子弹轰炸。[203]多个世纪以来，我们前面讲到的文化特性长久不衰。不论社会兴衰，这些特性指导着日本的社会组织构建以及日本人的行为，并在全球化时代继续在日本社会发挥持续的影响。

64

墨西哥历史

我们认可格里斯·德尔·卡斯特罗（Griswold del Castillo）的以下说法："近些年来，美国人越来越意识到对墨西哥以及对美墨关系研究的重要性。"[204]这种研究包括对墨西哥历史的考察。正如本章已经谈到的，文化的深层结构（宗教、家庭、历史）可以为该文化中的成员构成提供有价值的参考。这一点尤其适用于墨西哥人。正如麦克肯尼斯和那特拉（Mckiniss and Natella）所指出的："墨西哥人对过去有清楚的认识，他们谈论历史事件仿佛在谈论当前的事。"[205]施奈德与西尔弗曼也持相同的观点："墨西哥人相信他们的历史是把握他们特性的一把钥匙。"[206]现在我们就回顾一下墨西哥的历史，以便更好地理解其文化。

墨西哥历史及其对墨西哥人的影响，可以分成六大部分：（1）前哥伦比亚时期；（2）西班牙入侵；（3）脱离西班牙独立；（4）美墨战争；（5）革命；（6）现代墨西哥。

有证据表明，墨西哥与中美洲有人类活动的历史可以追溯到五万年前，但是大多数历史学家从前哥伦比亚时期开始讲述墨西哥历史。[207]这个时期是指公元前 300 年至公元 1519 年。这时，墨西哥各地出现了奥尔梅克、托尔特克、阿兹特克这样伟大而繁荣的文明与部族。每一部族都对当时的墨西哥文化做出了独特的贡献，同时他们又是墨西哥对世界和自身认识的重要部分。这些部族所创造的文明可以和欧洲当时的任一文明相媲美。[208]直至今日，他们的传说、艺术遗产、建筑和食品，都是其"民族特征中不可缺少的组成部分"[209]。

值得注意的是，这一历史时期是墨西哥人最引以为傲的。比如，他们知道玛雅人精通天文和数学，在欧洲人之前他们就发展出了零的概念；他们的历法是世界上最早的历法之一。[210]墨西哥人对阿兹特克人所取得的成就也有清楚的认识。阿兹特克的艺术、社会以及信仰结构延续了数千年。阿兹特克人是一个有着自豪感的民族，他们认为自己是太阳和战神的选民。特别的自豪感直至今日仍然是墨西哥人普遍的特点。

西班牙人的征服结束了墨西哥前哥伦比亚时期。1519 年 4 月 22 日，在"上帝、荣誉、黄金"的叫嚣中，科尔特斯（Cortes）入侵墨西哥。科克罗夫特（Cockcroft）写道："欧洲对墨西哥与拉丁美洲原住民的殖民主义行为充满了暴力。"[211]福斯特（Foster）评述道："这是两种完全不同的文明之间的碰撞，在此之前它们对彼此都一无所知。"[212]由于拥有马匹、枪支和通晓西班牙语的向导，科尔特斯没费什么力气就击败了墨西哥原住民。据估计，到 1650 年，大约 90%的原住民遭到杀戮、饥饿、疾病、劳累的伤害。[213]西班牙对墨西哥的占领以及之后对墨西哥印第安人的征服，彻底地改变了这个国家及其人民。

我们可以看一下由西班牙军事胜利所带来的三点主要变化。第一，天主教被引入墨西哥。起初，西班牙军队清除印第安人所崇拜的偶像，并用十字架取而代之。然后，西班牙传教士取代西班牙军队，他们"散布到整个国家"，去教化被征服的印第安人。[214]事实上，这种皈依十分容易；印第安人适应了新的信仰以满足自身的需要；两种文化"都相信来世，并认为上帝创造了世 65
界"[215]。第二，西班牙统治导致了严格的社会阶层分化。许多历史学家认为，这对印第安人产生了负面影响。福斯特写道："西班牙的社会等级体系带来的是文盲、种族主义以及官员通过土地滋生的腐败，并在各个群体之间挑唆是非。”[216]第三，西班牙的占领使得墨西哥的大片土地归属于西班牙贵族、教士及士兵。社会上下阶层差距拉大，几百年来，这个魔咒一直困扰着墨西哥。

在长达300年的时间里，墨西哥在西班牙的统治之下，成为一个封建的天主教国家。拥有土地的贵族统治着众多的农民。[217]1810年夏天，地方牧师、土生白人伊达尔戈（Miguel Hidalgo y Costilla）带领着他的追随者开始为墨西哥的独立而奋斗。虽然他在1811年就遇害，但仍被奉为“墨西哥独立之父”。墨西哥于1821年2月24日公布《伊瓜拉计划》，此后宣布独立。[218]但实际上直到1824年墨西哥才在自己的宪法下建立起独立的联邦共和国。在此期间，墨西哥废除了贵族头衔，试图制定政策，建设民主社会。但是，约翰斯（Johns）指出：“无论是从西班牙手中获得独立，还是墨西哥革命，均没有改变社会关系的基本结构，少数西班牙精英仍然身居高位，剥削劳苦大众。”[219]

接下来的20年时间里墨西哥社会变化剧烈，人民试图适应新的政府形式。此时，得克萨斯宣布脱离墨西哥独立，这导致了1846年5月13日美墨战争的爆发。这一天，美国总统波尔克（Polk）对墨西哥宣战。除了得克萨斯之外，在美国人民的支持下，波尔克总统对相当于墨西哥领土的一半土地提出了要求。这一场“美国人几乎记不起来而墨西哥人永远也不会忘记”[220]的战争打了将近两年。《瓜达卢佩-伊达尔戈条约》的签署结束了这场战争。

瓜达卢佩-伊达尔戈是墨西哥首都北部的一个城市。随着美国军队的推进，墨西哥政府军逃到了这个城市，并在1848年2月2日签订上述条约。该条约条款呼吁墨西哥放弃55%的领土（如今美国的亚利桑那、加利福尼亚、新墨西哥、得克萨斯州以及科罗拉多、内华达、犹他州的一部分），以此换得1 500万美元的补偿款，支付墨西哥人民的财产损失。[221]

> 对于墨西哥人来说，这是一场让人痛苦的战争。对于美国人来说，这不过是履行其“天职”的又一个例子——“向这个大陆上少数族群传播民主的福祉。”[222]

关于这两个“邻居”间的战争所造成的影响，即使在今天仍能感觉到。对于这种冲突，历史学家萨莫拉和西蒙（Samora and Simon）写道：“美墨战争给墨西哥造成了深重的苦难以及对美国的敌对情绪。这种情绪不仅来自墨西哥，而且蔓延至整个拉丁美洲。”[223]他们进而说道：“即使在今天，拉美和美国的关系也常常由于怀疑和不信任而受到破坏。”[224]此处的原因可以追溯到100多年前。 66

墨西哥接下来的又一个历史时期和1910年革命有关。墨西哥人民受够了波菲里奥·迪亚兹总统（Porfirio Diaz）长期令人反感的专制统治，他们揭竿而起。在那个时代，“90%的墨西哥梅斯蒂索人和印第安人生活在令人绝望的贫困之中，受制于少数富裕地主与养殖主。”[225]革命正是“为所有的墨西哥人带来改变和平等的一种努力”，同时这也是一种回归当地风俗传统的努力，墨西哥可以借此摆脱“欧洲文化与标准”[226]。革命的结束以及1917年宪法的颁布，标志着墨西哥进入了一个新的历史时期。革命“推翻了封建及农奴制度，建立了工会并重新分配了土地”[227]。

墨西哥历史中最后一段被称为“现代墨西哥”时期，这段时期对于跨文化交流学习者来说也很重要。巨大的石油及天然气蕴藏量、制造业、农业、旅游业以及美墨边境线上数以百计的边境加工厂使墨西哥成为世界上的重要经济引擎。随着《北美自由贸易协议》的签署，墨西哥、美国、加拿大建立了自由贸易伙伴关系。

虽然时间的逝去以及经济协议的落实增进了墨西哥和美国之间的关系，但是历史的创伤仍然影响了跨文化交流。最近有两个例子值得注意。第一是对非法移民的不同看法。许多墨西哥人对美国许多边境州所设立的隔离障碍非常反感，这些障碍是为了阻止非法移民而设的。2001年“9·11”事件更是使事情雪上加霜，许多美国人呼吁华盛顿采取更严厉的措施，控制墨西哥非法移民的涌入。第二，1994年，在加利福尼亚州一次投票中，大多数美国人赞成“不对未持有正式证件的移民提供教育与医疗服务”[228]。虽然这个提议在法庭上受到挑战，进入法律程序之后，1999 年被新任州长否决，但是墨西哥的反美情绪随之高涨，许多墨西哥人将这看成是种族主义的象征。墨美关系依然充满争斗，根源既在于过去与现在的问题，也在于文化差异。

概　要

◉ 家庭、历史（国家）和宗教（世界观）构成了文化的深层结构。因为它们承载了一种文化最重要的信念，故而这些结构非常重要。这些深层结构所携带的信息经久不衰，被深刻地感知，并且塑造了一种文化的身份。

◉ 家庭在传承重要的价值观、文化身份以及交流技巧方面起着重要的作用。

◉ 家庭教授性别角色，带有个人主义与集体主义倾向，塑造对老年人的看法，并传授社交技巧。

◉ 历史与家庭是相互交织的。

◉ 跨文化交流研究与历史研究相辅相成。

◉ 历史是对过去的见证；它照亮了现实，激活了记忆，指导着日常生活，让我们明晰历史的潮流。

◉ 历史包含着文化深层结构的所有要素，故而历史的影响难以解释清楚。 71

◉ 一种文化的历史会影响到个人的感知与行为以及人们如何跟其他文化的成员打交道。

◉ 历史事件能够阐释一种文化的特性。

◉ 历史是个关键要素，它能够塑造一种文化的身份、价值观、目标以及期望。

【注　释】

[1] J. G. Pankhurst and S. K. Houseknecht, “Introduction,” in *Family, Religion and Social Change*, S. K. Houseknecht and J. G. Pankhurst, eds. (New York: Oxford University Press, 2000), 27.

[2] “Racist Sect, Activists Square Off at Rally,” *San Diego Union-Tribune*, July 5, 1999, A-8.

[3] Y. Ling-Ling, “Ethnic Strife Is Not a Geographically Distant Phenomenon,” *San Diego Union-Tribune*, June 10, 1999, B-11.

[4] J. Leo, “War Against Warriors,” *U. S. News and World Report*, March 8, 1999, 16.

[5] J. Kahn, “Dozens Die in Ethnic Violence in Central China,” *San Diego Union-Tribune*, November 1, 2004, A-16.

[6] “Frontiers of Death,” *Newsweek*, March 22, 2004.

[7] G. Gedda, “Congo Violence Pat at 3 000 Deaths a Day,” *San Diego Union-Tribune*, June 27, 2003, A 20.

[8] P. Marshall and L. Gilbert, *Their Blood Cries Out: The Untold Story of Persecution Against Christians in the Modern World* (World Publishing, 1997).

[9] S. P. Huntington, “The Clash of Civilizations,” *Foreign Affairs*, 72 (1993), 22.

[10] Ibid., 25.

[11] W. A. Haviland, H. E. L. Prins, D. Walrath, and B. McBride, *Cultural Anthropology: The Human Challenge*, 11th ed. (Belmont, CA: Wadsworth, 2005), 77.

[12] F. P. Delgado, “The Nature of Power Across Communicative and Cultural Borders” (paper delivered at the Annual Convention of the Speech Communication Association, Miami Beach, FL, November 1993), 11.

[13] F. Ajami, “The Ancient Roots of Grievance,” *U. S. News and World Report*, April 12, 1999, 20.

[14] J. M. Charon, *The Meaning of Sociology*, 6th ed. (Upper Saddle River, NJ: Prentice Hall, 1999), 27.

[15] S. P. Huntington, *The Clash of Civilizations and the Remaking of World Order* (New York: Simon and Schuster, 1996), 128.

[16] W. B. Gudykunst and Y. Y. Kim, *Communicating with Strangers*, 4th ed. (New York: McGraw-Hill, 2003), 27.

[17] S. Kakar, *The Colors of Violence: Cultural Identities, Religion, and Conflict* (Chicago: University of Chicago Press, 1996), 189.

[18] S. P. Huntington, 1996, 21.

[19] M. Guirdham, *Communicating Across Cultures* (West Lafayette, IN: Ichor Business Books, 1999), 63.

[20] E. L. Lynch and M. J. Hanson, *Developing Cross-Cultural Competence: A Guide for Working with Young Children and Their Families* (Baltimore: Paul H. Brookes, 1992), 358.

[21] D. E. Brown, *Human Universal* (New York: McGraw-Hill, 1991).

[22] E. Y. Kim, *The Yin and Yang of American Culture* (Yarmouth, ME: Intercultural Press, 2001), 159.

[23] Ibid.

[24] B. G. Farrell, *Family: The Making of an Idea, an Institution, and a Controversy in American Culture* (Boulder, CO: Westview Press, 1999), 5.

[25] F. I. Nye and F. M. Berardo, *The Family: Its Structures and Interaction* (New York: Macmillan, 1973), 3.

[26] D. E. Smith and G. Mosby, "Jamaican Child-Rearing Practices: The Role of Corporal Punishment," *Adolescence*, 38 (2003), 369.

[27] K. M. Galvin and B. J. Brommel, *Family Communication: Cohesion and Change*, 3rd ed. (New York: HarperCollins, 1991), 1.

[28] A. Swerdlow, R. Bridenthal, J. Kelly, and P. Vine, *Families in Flux* (New York: Feminist Press, 1989), 64.

[29] Haviland, Prins, Walrath, and McBride, 2005, 236.

[30] P. Noller and M. A. Fitzpatrick, *Communication in Family Relationships* (Englewood Cliffs, NJ: Prentice Hall, 1993).

[31] Haviland, 2002, 243.

[32] J. Yerby, N. Buerkel-Rothfuss, and A. P. Bochner, *Understanding Family Communication*, 2nd ed. (Scottsdale, AZ: Gorsuch Scarisbrick Publishers, 1995), 13.

[33] H. C. Triandis, *Culture and Social Behavior* (New York: McGraw-Hill, 1994), 159.

[34] Haviland, Prins, Walrath, and McBride, 2005, 243.

[35] Triandis, 1994, 159.

[36] R. M. Berko, L. B. Rosenfeld, and L. A. Samovar, *Connecting: A Culture-Sensitive Approach to Interpersonal Communication Competency* (Fort Worth, TX: Harcourt Brace Jovanovich, 1997), 331.

[37] L. Schneider and A. Silverman, *Global Sociology: Introducing Five Contemporary Societies* (New York: McGraw-Hill, 1997), 77.

[38] J. W. Berry, Y. H. Poortinga, M. H. Segall, and P. R. Dasen, *Cross-Cultural Psychology: Research and Application* (New York: Cambridge University Press, 1992), 22.

[39] W. B. Gudykunst, *Asian American Ethnicity and Communication* (Thousand Oaks, CA: Sage Publications, 2001), 6.

[40] K. J. Christiano, "Religion and the Family in Modern American Culture," in *Family, Religion and Social Change in Diverse Societies*, S. K. Houseknecht and J. G. Pankhurst, eds. (New York: Oxford University Press, 2000), 43.

[41] M. I. Al-Kaysi, *Morals and Manners in Islam: A Guide to Islamic Abab* (United Kingdom: The Islamic Foundation, 1986), 36.

[42] A. Burguiere et al., *A History of the Family* (Cambridge, MA: Harvard University Press, 1996), 9.

[43] K. K. Lee, "Family and Religion in Traditional and Contemporary Korea," *Religion and the Family in East Asia*, G. A. De Vos and T. Sofue, eds. (Berkeley, CA: University of California Press, 1986), 185.

[44] K. A. Ocampo, M. Bernal, and G. P. Knight, "Gender, Race, and Ethnicity: The Sequencing of Social Constancies," in *Ethnic Identity: The Formation and Transmission Among Hispanic and Other Minorities*, M. E. Bernal and G. P. Knight, eds. (New York: State University of New York Press, 1993), 106.

[45] T. K. Gamble and M. W. Gamble, *Contacts: Interpersonal Communication in Theory, Practice, and Context* (New York: Houghton Mifflin, 2005), 422.

[46] J. W. Whiting and I. Child, *Child Training and Personality* (New Haven: Yale University Press, 1953), 63-64.

[47] G. L. Anderson, "The Family in Transition," in *The Family in Global Transition*, G. L. Anderson, ed. (St. Paul, MN: Paragon House, 1997), ix.

[48] *Comparisons: Four Families* (Part I), film, I. MacNeill, writer and producer, National Film Board Production: McGraw-Hill Films, 1965.

[49] M. McGoldrick, "Ethnicity, Cultural Diversity, and Normality," in *Normal Family Processes*, F. Walalish, ed. (New York: Guilford Press, 1973), 331.

[50] M. McGoldrick, "Ethnicity and the Family Life Cycle," in *The Changing Family Life Cycle: A Framework for Family Therapy*, 2nd ed., B. Carter and M. McGoldrick, eds. (Boston: Allyn and Bacon, 1989), 69.

[51] J. G. Pankhurst and S. K. Houseknecht, 2000, 28.

[52] B. L. Rodriguez and L. B. Olswang, "Mexican-American and Anglo-American Mothers' Beliefs and Values About Child Rearing, Education, and Language," *American Journal of Speech-Language Pathology*, 12 (2003), 369.

[53] J. T. Wood, *Gendered Lives: Communication, Gender, and Culture*, 6th ed., (Belmont, CA: Wadsworth, 2005), 154.

[54] Ocampo, Bernal, and Knight, 1993, 14.

[55] Berry, Poortinga, Segall, and Dasen, 1992, 25.

[56] L. D. Purnell and B. J. Paulanka, "Purnell's Model for Cultural Competence," in *Transcultural Health Care: A Culturally Competent Approach*, L. D. Purnell and B. J. Paulanka, eds. (Philadelphia: F. A. Davis, 1998), 20.

[57] C. Wade and C. Tavris, "The Long War: Gender and Culture," in *Psychology and Culture*, W. J. Lonner and R. S. Malpass, eds. (Boston: Allyn and Bacon, 1994), 125.

[58] Ibid., 126.

[59] M. Kim, "Transformation of Family Ideology in Upper-Middle-Class Families in Urban South Korea," *International Journal of Cultural and Social Anthropology*, 32 (1993), 70.

[60] Ibid., 70.

[61] W. R. Jankowiak, *Sex, Death, and Hierarchy in a Chinese City: An Anthropological Account* (New York: Columbia University Press, 1993), 166.

[62] L. E. Davis and E. K. Proctor, *Race, Gender and Class: Guidelines with Individuals, Families, and Groups* (Englewood Cliffs, NJ: Prentice Hall, 1989), 67.

[63] J. Hendry, *Understanding Japanese Society* (New York: Routledge, 1987), 5.

[64] L. Beamer and Iris Varner, *Intercultural Communication in the Global Workplace*, 2nd ed. (New York: McGraw-Hill, 2001), 198.

[65] M. Ferguson, *Feminism and Postmodernism* (Durham, NC: Duke University Press, 1994).

[66] E. S. Kras, *Management in Two Cultures* (Yarmouth, ME: Intercultural Press, 1995), 64.

[67] C. H. Mindel and R. W. Habenstein, *Ethnic Families in America: Patterns and Variations*, 2nd ed. (New York: Elsevier Science Publishing, 1981), 275.

[68] Schneider and Silverman, 1997, 71.

[69] Gannon, 2001, 394.

[70] Mindel and Habenstein, 1981, 276-277.

[71] R. H. Dana, *Multicultural Assessment Perspectives for Professional Psychology* (Boston: Allyn and Bacon, 1993), 70.

[72] Gannon, 2001, 67.

[73] Nanda, 1994, 137.

[74] Anderson, 1997, 47.

[75] S. K. Houseknecht, "Social Change in Egypt: The Roles of Religion and the Family," in *Family, Religion and So-*

cial Change in Diverse Societies, S. K. Houseknecht and J. G. Pankhurst, eds. (New York: Oxford University Press, 2000), 79.

[76] Al-Kaysi, 1986, 41.

[77] M. S. Sait, "Have Palestinian Children Forfeited Their Rights?" *Journal of Comparative Family Studies*, 2 (2004), 214.

[78] R. Patai, *The Arab Mind* (New York: Scribner's, 1973), 31.

[79] Ibid., 1994, 32.

[80] S. Irfan and M. Cowburn, "Disciplining, Chastisement and Physical Abuse: Perceptions and Attitudes of the British Pakistani Community," *Journal of Muslim Affairs*, 24 (2004), 96.

[81] Nanda and Warms, 1998, 221.

[82] Lynch and Hanson, 1992, 161 - 162.

[83] Triandis, 1994, 172.

[84] R. West and L. H. Turner, *Introducing Communication Theory: Analysis and Application* (Mountain View, CA: Mayfield Publishing Company, 2000), 24.

[85] D. C. Thomas and K. Inkson, *Cultural Intelligence: People Skills for Global Business* (San Francisco: Berrett-Koehfer Publishers, 2004), 31.

[86] L. Veysey, "Growing Up in America," in *American Issues: Understanding Who We Are*, W. T. Alderson, ed. (Nashville, TN: American Association for State and Local History, 1976), 118.

[87] F. M. Moghaddam, D. M. Taylor, and S. C. Wright, *Social Psychology in Cross-Cultural Perspective* (New York: W. H. Freeman, 1993), 73, 98.

[88] K. McDade, "How We Parent: Race and Ethnic Differences," in *American Families: Issues in Race and Ethnicity*, C. K. Jacobson, ed. (New York: Garland Publishing, 1995), 283.

[89] H. C. Triandis, *Individualism and Collectivism* (San Francisco: Westview Press, 1995), 63.

[90] N. Nomura, Y. Noguchi, S. Saito, and I. Tezuka, "Family Characteristics and Dynamics in Japan and the United States: A Preliminary Report from the Family Environment Scale," *International Journal of Intercultural Relations*, 19 (1995), 63.

[91] G. Althen, *American Ways: A Guide for Foreigners* (Yarmouth, ME: Intercultural Press, 1988), 5.

[92] Ibid., 50.

[93] S. Wolpert, *India* (Berkeley, CA: University of California Press, 1991), 134.

[94] J. W. Santrock, *Life-Span Development*, 4th ed. (Dubuque, IA: Wm. C. Brown, 1992), 261.

[95] Y. Sanchez, "Families of Mexican Origin," in *Families in Cultural Context: Strengths and Challenges of Diversity*, M. K. DeGenova, ed. (Mountain View, CA: Mayfield Publishing Company, 1997), 66.

[96] M. B. Zinn and A. Y. H. Pok, "Traditional and Transition in Mexican-Origin Families," in *Minority Families in the United States: A Multicultural Perspective*, 3rd ed., R. L. Taylor, ed. (Upper Saddle River, NJ: Prentice Hall, 2002), 84.

[97] T. Novinger, *Communicating with Brazilians: When Yes Means No* (Austin, TX: University of Texas Press, 2003), 82.

[98] H. Carrasquillo, "Puerto Rican Families in America," in *Families in Cultural Context: Strengths and Challenges in Diversity*, M. K. DeGenova, ed. (Mountain View, CA: Mayfield Publishing Company, 1997), 159.

[99] G. Asselin and Mastron, *Au Contraire! Figuring Out the French* (Yarmouth, MA: Intercultural Press, 2001), 62.

[100] K. Peltzer, "Personality and Person Perception in Africa," in *Intercultural Communication: A Reader*, 11th ed., L. A. Samovar, R. E. Porter, and E. R. McDaniel, eds. (Belmont, CA: Wadsworth, 2006), 135.

[101] Triandis, 1995, 65.

[102] Gannon, 2001, 84.

[103] Y. Richmond and P. Gestrin, *Into Africa: Intercultural Insights* (Yarmouth, ME: Intercultural Press,

1998)，3.

[104] Schneider and Silverman，1997，73.

[105] A. Valenzuela，“Liberal Gender Role Attitudes and Academic Achievement Among Mexican-Origin Adolescents in Two Houston Inner-City Catholic Schools,” *Hispanic Journal of Behavior Sciences*，August 15，1993，294.

[106] R. Shorto，“Made-in-Japan Parenting,” *Health*，23 (1991)，54.

[107] Shorto，1991.

[108] J. J. Ponzetti，ed.，*International Encyclopedia of Marriage and Family*，2nd ed. (New York：The Gale Group，2003)，1207.

[109] G. C. Chu and Y. Ju，*The Great Wall in Ruins*：*Communication and Culture Change in China* (Albany，NY：State University of New York Press，1993)，9－10.

[110] Nydell，1989，75.

[111] Haviland，Prins，Walrath，and McBride，2005，285.

[112] J. F. Nussbaum，T. Thompson，and J. D. Robinson，*Communication and Aging* (New York：Harper and Row，Publishers，1989)，21.

[113] Haviland，Prins，Walrath，and McBride，2005，286.

[114] H. W. Gardiner and C. Kosmitzki，*Lives Across Cultures*：*Cross-Cultural Human Development*，2nd ed. (Boston：Allyn and Bacon，2002)，100.

[115] A. M. Lutfiyya，“Islam in Village Culture,” in *Readings in Middle Eastern Societies and Cultures*，A. M. Lutfiyya and C. W. Churchill，eds. (Paris：Mouton，1970)，55.

[116] Kim，2001，163.

[117] H. Wenzhong and C. L. Grove，*Encountering the Chinese*：*A Guide for Americans* (Yarmouth，ME：Intercultural Press，1991)，6.

[118] Gannon，2001，259.

[119] Hendry，1987，24.

[120] J. Carlson，et al.，“A Multicultural Discussion About Personality Development,” *The Family Journal*：*Counseling and Therapy for Couples and Families*，12 (2004)，113.

[121] T. Gochenour，*Considering Filipinos* (Yarmouth，ME：Intercultural Press，1990)，19.

[122] E. R. Curtius，*The Civilization of France* (New York：Vintage Books，1962)，225.

[123] Curtius，1962，226.

[124] A. J. Rubel，“The Family,” in *Mexican-Americans in the United States*：*A Reader*，J. H. Burma，ed. (New York：Canfield Press，1970)，212.

[125] V. Sanchez，1997，73.

[126] Novinger，2003，84.

[127] O. Still and D. Hodgins，“Navajo Indians,” *Transcultural Health Care*：*A Culturally Competent Approach*，L. D. Purnell and B. J. Paulanka，eds. (Philadelphia：F. A. Davis，1998)，430.

[128] M. Yellowbird and C. M. Sniff，“American Indian Families,” in *Minority Families in the United States*，3rd ed.，R. L. Taylor，ed. (Upper Saddle River，NJ：Prentice Hall，2002)，240.

[129] Ibid.

[130] G. Arnold，“Living in Harmony：Makah,” in *Stories of the People*：*Native American Voices*，National Museum of the American Indian，ed. (New York：Universe Publishing，1997).

[131] J. Campinha-Bacaote，“African-Americans,” in *Transcultural Health Care*：*A Culturally Competent Approach*，L. D. Purnell and B. J. Paulanka，eds. (Philadelphia：F. A. Davis，1998)，57.

[132] Peltzer，2006，136.

[133] J. M. Charon，*The Meaning of Sociology* (Upper Saddle River，NJ：Prentice Hall，1999)，202.

[134] M. H. DeFleur，P. Kearney，T. Plax，and M. L. DeFleur，*Fundamentals of Human Communication* (New York：

McGraw-Hill，2005）157.

[135] Galvin and Brommel，1991，22.

[136] Anderson，1997，265.

[137] Yerby，Buerkel-Rothfuss，and Bochner，1995，63.

[138] L. H. Turner and R. West，*Perspectives on Family Communication*（Mountain View，CA：Mayfield，1998），10.

[139] Berry，Poortinga，Segall，and Dasen，1992，67.

[140] Moghaddam，Taylor，and Wright，1993，125.

[141] Carrasquillo，1997，161.

[142] N. Murillo，"The Mexican Family，" *Chicanos：Social and Psychological Perspective*，C. A. Hernandez，M. J. Hang，and N. N. Wagner，eds.（Saint Louis，MO：C. V. Mosby，1976），19.

[143] Moghaddam，Taylor，and Wright，1993，124.

[144] McGoldrick，1973，341.

[145] E. W. Ferna，"Childhood in the Muslim Middle East，" in *Children in the Muslim Middle East*，E. W. Ferna，ed.（Austin，TX：University of Texas Press，1995），5.

[146] R. Cooper and N. Cooper，*Thailand：A Guide to Customs and Etiquette*（Portland，OR：Graphic Arts Center，1982），83.

[147] Kim，2001，181.

[148] Ibid.，182.

[149] A. Hunter and J. Sexton，*Contemporary China*（New York：St. Martin's Press，1999），150.

[150] McGoldrick，1973，336.

[151] Ibid.，1973.

[152] W. C. Smith，*Modern Culture from a Comparative Perspective*（New York：State University of New York Press，1997），vii.

[153] Y. Yu，"Clio's New Cultural Turn and the Rediscovery of Tradition in Asia"（keynote address presented to the 12th Conference of the International Association of Historians of Asia，June 1991），26.

[154] "How the Seeds of Hate Were Sown，" *San Diego Union-Tribune*，May 9，1993，G5.

[155] B. Lewis，*The Shaping of the Modern Middle East*（New York：Oxford Press，1994），11.

[156] B. Lewis，*The Middle East：A Brief History of the Last 2 000 Years*（New York：Scribner，1995），67.

[157] "Background Note：Rwanda，" U. S. Department of State，www. state. gov/ r/pa/ei/bgn/2861. htm（accessed October 31，2005）.

[158] Ibid.

[159] L. Banville. "Early History of the Region，" *Conflict in Chechnya：Russia's Renegade Republic*，PBS Online NewsHour，www. pbs. org/ newshour/bb/europe/chechny a/ history. html（accessed October 31，2005）.

[160] B. Kerblay，*Modern Soviet Society*（New York：Pantheon，1983），271.

[161] J. H. McElroy，*American Beliefs：What Keeps a Big Country and Diverse People United*（Chicago：Ivan R. Dee，1999），51.

[162] Ibid.，37.

[163] Ibid.，1999，220.

[164] Van Doren，1991，224.

[165] G. Althen，*American Ways*，2nd ed.（Yarmouth，ME：Intercultural Press，2003），120.

[166] J. H. McElroy，*Finding Freedom：America's Distinctive Cultural Formation*（Carbondale，IL：Southern Illinois University Press，1987），65.

[167] S. D. Cohen，*An Ocean Apart*（Westport，CT：Praeger，1998），141.

[168] E. C. Stewart and M. J. Bennett，*American Cultural Patterns*，rev. ed.（Yarmouth，ME：Intercultural Press，1991），136.

[169] McElroy，1987，143.

[170] R. G. Del Castillo，*The Treaty of Guadalupe Hidalgo*：*A Legacy of Conflict*（Norman，OK：University of Oklahoma Press，1990），4.

[171] Steward and Bennett，1991，119 - 123.

[172] R. V. Daniels，*Russia*：*The Roots of Confrontation*（Cambridge，MA：Harvard University Press，1985），55.

[173] A. Esler，*The Human Venture*，3rd ed.（Upper Saddle River，NJ：Prentice Hall，1996），668.

[174] "Background Note：Russia，" U. S. Department of State，www. state. gov/ r/pa/ei/bgn/3183. htm（accessed October 31，2005）.

[175] "The Uses and Abuses of History，" *The Economist*，May 7，2005，43.

[176] J. Kohan，"A Mind of Their Own，" *Time*，December 7，1992，66.

[177] Ibid.

[178] "Victory Day Remembered，" *The Economist*，May 7，2005，9.

[179] J. Mathews and L. Mathews，*One Billion*：*A China Chronicle*（New York：Random House，1983），11.

[180] "Background Note：China，" U. S. Department of State，www. state. gov/ r/pa/ei/bgn/18902. htm（accessed October 31，2005）.

[181] L. K. Matocha，"Chinese Americans，" in *Transcultural Health Care*：*A Culturally Competent Approach*，L. D. Purnell and B. J. Paulanka，eds.（Philadelphia：F. A. Davis，1998），164.

[182] M. H. Bond，*Beyond the Chinese Face*（Hong Kong：Oxford University Press，1991），108.

[183] S. Ogden，*China's Unresolved Issues*：*Politics*，*Development*，*and Culture*，2nd ed.（Englewood Cliffs，NJ：Prentice Hall，1992），19.

[184] Bond，1991，109.

[185] Esler，1996，86.

[186] Wenzhong and Grove，1991，1.

[187] G. C. Chu and Y. Ju，*The Great Wall in Ruins*：*Communication and Cultural Change in China*（Albany，NY：SUNY Press，1993），272.

[188] Bond，1991，7.

[189] "The Chinese Examination System，" *The Columbia Encyclopedia*，6th ed.，www. bartleby. com/ 65/ch/Chinesexa. html（accessed October 31，2005）. See also "Chinese Examination System，" *Britannica Concise Encyclopedia*，2005，Encyclopedia Britannica Online，www. britannica. com/ ebc/article? tocld=9360615（accessed October 31，2005）.

[190] Bond，1991，28.

[191] Huntington，1996，168.

[192] "Background Note：China，" March 2005.

[193] "China，" *The World Factbook*，www. cia. gov/cia/publications/ factbook/rankorder/2001rank. html（accessed October 31，2005）.

[194] "Muscle-flexing by China Not Called for：U. S.，" *The Japan Times*，June 5，2005，3.

[195] E. O. Reischauer and M. B. Jansen，*The Japanese Today*：*Change and Continuity*（Cambridge，MA：Harvard University Press，1995），31.

[196] B. L. De Mente，*Behind the Japanese Bow*（Chicago：Passport Books），1 - 2，12.

[197] Reischauer and Jansen，1995，32.

[198] T. S. Lebra，*Japanese Patterns of Behavior*（Honolulu，HI：University of Hawaii Press，1976）.

[199] "Background Note：Japan，" U. S. Department of State，www. state. gov/ r/pa/ei/bgn/4142. htm（accessed October 31，2005）.

[200] Reischauer and Jansen，1995，15 - 16.

[201] J. W. Dower，*Embracing Defeat*：*Japan in the Wake of World War Ⅱ*（New York：W. W. Norton，1999）.

[202] J. Hendry，*Understanding Japanese Society*，3rd ed.（New York：Routledge Cruzon，2003），18.

[203] D. McCargo, *Contemporary Japan* (London: Palgrave, 2000), 169.

[204] Del Castillo, 1990, xi.

[205] C. McKiniss and A. Natella, *Business Mexico* (New York: Haworth Press, 1994), 70.

[206] Schneider and Silverman, 1997, 60.

[207] J. D. Cockcroft, *Mexico's Hope: An Encounter with Politics and History* (New York: Monthly Review Press, 1998), 13.

[208] Schneider and Silverman, 1997, 60.

[209] L. V. Foster, *A Brief History of Mexico* (New York: Facts on File, 1997), 2.

[210] J. Norman, *Guide to Mexico* (Garden City: Doubleday, 1972), 53.

[211] Cockcroft, 1998, 11.

[212] Foster, 1997, 43.

[213] Cockcroft, 1998, 19.

[214] Foster, 1997, 65.

[215] Ibid., 66.

[216] Ibid., 96.

[217] H. B. Parkes, *A History of Mexico*, 3rd ed. (Boston: Houghton Mifflin, 1969).

[218] Foster, 1997, 111.

[219] C. J. Johns, *The Origins of Violence in Mexican Society* (Westport, CT: Praeger, 1995), 202.

[220] J. Eisenhower, "The War Nobody Knows," *On Air*, September 1998, 17.

[221] "The Treaty of Guadalupe Hidalgo," Library of Congress, www.loc.gov/exhibits/ghtreaty/ (accessed October 31, 2005).

[222] Del Castillo, 1990, xii.

[223] J. Samora and P. V. Simon, *A History of Mexican American People* (London: University of Notre Dame Press, 1977), 98.

[224] Ibid., 98.

[225] Esler, 1996, 613.

[226] O. Najera-Ramirez, "Engendering Nationalism: Identity, Discourse, and the Mexican Charro," *Anthropological Quarterly*, 67 (1994), 9.

[227] Foster, 1997, 156.

[228] D. J. Weber, "Conflicts and Accommodations: Hispanic and Anglo-American Borders in Historical Perspective," *Journal of the Southwest*, 39 (1997), 1.

活动

1. 问一个与你属于不同文化的人一些抚养小孩的问题，如管教孩子的方式，孩子玩的玩具、做的游戏、听的故事，以及在餐桌上讨论的话题等。

2. 尽可能搞清楚你的同伴所属的文化的历史，并尽量找出例子来说明历史事件是如何决定这种文化的价值观的。

3. 找到不同文化背景的人，组成小组，讨论下列问题：

（1）家庭对话如何影响性别角色？

（2）家庭对话模式如何影响年轻人与老年人之间的交流？

讨论观点

1. 一种文化的历史根源与眼下人们的言行有什么联系？
2. 描述家庭与历史之间的一些关系。
3. 家庭如何影响文化的认同？
4. 审视自身文化的某个深层结构，解释它对跨文化传播的影响。

第3章 世界观：生命与死亡的文化解释

每种宗教都教导人们向善。我不晓得任何教导人们作恶的宗教。

——托马斯·潘恩（Thomas Paine）

世界上只有一种宗教，但是这种宗教存在一百个版本。

——萧伯纳（George Bernard Shaw）

上一章我们指出，家庭、历史（国家）以及世界观（宗教）都是文化发展的早期标记。我们写道，这三个社会组织相辅相成，共同传递文化的最重要的信念，它们经久不衰，被人们深切感知，并且能够塑造文化身份。详细地解释了家庭与历史之后，我们将在本章讨论世界观问题。

世界观

世界观的重要性

世界观对于跨文化研究非常重要。某种文化的世界观可以帮助其成员理解现实。根据哈维兰德、普林斯、沃尔拉思、麦克布莱德的观点，世界观是“某种文化共同拥有的整体思想，这些思想关乎现实的最终面貌与内容”[1]。通过世界观，某种文化的成员“对社会世界进行建构、发展以及设想”[2]。这些

“社会世界”直接跟社会感知联系在一起，这是它们
73 的独特之处。胡贝尔和弗罗斯特写道：世界观是“一种内在观点，个人根据文化的预设观念，对事物进行美化、塑造和安排”[3]。对于本书来说，这些预设观念根植于文化当中。克拉夫特（Kraft）这样阐释这种观点：“每个社会组织都持有一种世界观，这种观点由一系列信念与价值观组成，据此，该组织对现实做出评价，并且赋予其意义。”[4]文化与世界观紧密地联系在一起。文化是一种自然而然的、无意识的过程，大多数世界观也是如此。B. J. 霍尔（B. J. Hall）写道：

> 世界观通常在无意识的层面运行，如果我们不知道看待世界的其他方式，这既是可能的，也是可以理解的。就像我们呼吸的空气一样，世界观是我们身份的重要组成部分，但我们通常并不对其进行反思。[5]

达娜给了我们一个极好的概括，表明世界观对于跨文化交流研究的重要性：

> 世界观为我们提供了一些未经验证的理论基础，说明同一种文化中的人对现实的感悟和体验。某种文化的世界观的作用是正确地解释人生经验，避免使其被说成是混乱的、偶然的、无意义的。世界观由集体智慧塑造，作为被认可行为的基础，帮助人们生存和适应周围的世界。[6]

世界观的表现形式

无论是关于世界本质的宏大观点，还是关乎生活琐事的细微视角，世界观无所不包，它是这些大事小情的基础。胡贝尔写道：“在选择日常生活的方式时，即使是最微不足道的事情，社会也会根据它自己的思维方式和偏好来选择。它的这种方式适合有关事物本性以及人的好恶的基本假设。”[7]

世界观的影响无所不在，因此，有学者写道：“一种文化的世界观甚至可以影响到一个国家的社会、经济和政治生活。”[8]因为世界观涉及一个人生存发展的所有阶段，所以谈及与之有关的话题时，我们通常从所谓“生活的意义”这样的问题开始。因此，世界观是一种文化对上帝、人道、自然、存在问题、宇宙、生命、苦难、疾病、死亡以及其他影响其成员感悟世界的哲学问题的看法。[9]这些关键问题的重要性已被潘宁顿（Pennington）确证：“如果一个人理解了一种文化的世界观和宇宙观，那么他在预测其他事物的行为和动机时，便能拥有一种正确的理性思维。”[10]世界观的各个维度可以表现为各种形式。例如，伊斯兰教的世界观便为伊斯兰文化对待妇女问题提供了指导。邦奎斯（Bianquis）指出：“一般说来，《古兰经》和伊斯兰教圣训都认为女人是从属于男人的。上帝用男人身体的一部分创造了女人，因此她理应服侍他。”[11]

关于世界观的知识甚至可以帮助你理解一种文化对自然的看法。美国印第安人认为人类应该跟大自然和谐相处。许多环保主义者都不承认圣经的传统说法，即上帝要求人们要主宰万物。《圣经》“创世记”中有这么一段话，可能鼓励人们蔑
视环境：“神就赐福给他们，对他们说：要繁衍众 74
多，充满这地，征服它；也要管理海里的鱼、空中的鸟和地上爬行的所有生物。”[12]其他的宗教则对此持不同的态度。神道教提倡把自然当作审美对象来看，因为它们关注的是使自然变得崇高的现实，而不是天堂。神道教宣扬一种对土地的美学之爱，每一座山、每一个湖、每一条河流都是风景如画的游览胜地，樱桃树、神龛、对上帝的忏悔都是完美生活所必不可少的。神道教的信徒认为他们的祖先曾在这些永恒存在的东西中生活和死去。在这里，他们祖先的精神依然存在，而他们的家人也仍将遵从这些传统。因而，人们爱护自然，反过来自然也会保护人类的家。[13]

世界观和人的行为之间的另一种联系体现于文化对商业竞争的理解。在两本经典性著作——韦伯（Weber）的《新教伦理与资本主义精神》和托尼（Tawney）的《宗教与资本主义的兴起》中，宗教、商业与生产力的结合得到了论证。结论是，

这三者有着直接的联系。巴特斯（Bartels）也重新确认了当今仍存在的这种联系，他告诉我们："一个国家的文化根基和社会商业行为的决定因素就是其人民的宗教与哲学的信仰，是它们决定了人们对自己所扮演角色的理解，其行为模式和道德准则，以及经济活动中制度化的运作方式。"[14]

甚至，一种文化如何切实解决商业问题也可以在世界观中体现出来。例如，如果一种文化看重"意识之外"的东西，并且注重凭直觉解决问题，那么它给事物下结论的方式与注重科学方法的文化就大为不同。豪威尔（Howell）用一个具体的例子论证了这一观点：

> 一个日本经理遇到棘手的问题时会把它彻底研究一下，即使他觉得自己弄明白了问题所在，他也不会忙着准备收集数据并做出假设。他会等待。他知道自己的"智慧核心"在下腹部，大概就是肚脐附近。在最后关头，锦囊妙计便会从这里一跃而出，带给他想要的答案。[15]

这个例子有趣的地方是，冥想是佛教传统中一种常用的方法，就是当一个人的"气"在丹田酝酿时，要注意自己的呼吸。在这里，你又可以看到世界观与人的行为之间的联系。

我们一直试图说明，世界观、感知和交流是紧密相连的。戈德（Gold）清楚地阐释了一个人的精神世界和世界观是如何决定人的生存方式的：

> 去问任何一个中国西藏人和美国纳瓦霍人，如何看待一个人在世间万物中的位置，他一定会回答说，我们必须恭敬地、理性地对待和看待他人。纳瓦霍人说我们都是人，是行走于地、遨游于水、飞翔于天的人。西藏人认为我们是人类、动物、尘世的神或半神半人、幽灵和地狱的鬼，并且是一群土著的土地神。抛开生物意义上的同属一个物种不说，我们彼此间还通过"因果论"这一系统紧密相连，它或者按宇宙固有的规律运转，或者不再按这种规律运转。[16]

75

作为世界观的宗教

我们已经说过，你的世界观源于你所处的文化，并通过多种渠道传送出去，表现为各种各样的形式。[17]有学者认为，这些形式可以归为三类：科学的、形而上学的以及宗教的。[18]科学的世界观是指人们称之为"真理"的科学规则。形而上学的世界观是指人们在不依靠实证论证的条件下做出的理论的与抽象的推理。第三种世界观是宗教。数千年来，宗教在每一种文化中都发挥着作用，帮助人们认识世界。哈维兰德及其同事指出："世界观与宗教信仰、实践之间存在着内在联系。"[19]所有文化都存在这种世界观与宗教之间的联系。南达和沃姆斯指出："宗教是遍布全人类的现象。"[20]人类需要共同面对的重大问题如此普遍，以至于哈维兰德指出："我们都知道，在过去的一万年中，地球上没有一个地方的人没有自己的宗教。"[21]跟所有深层结构因素相同，宗教的历史跟文化之间存在直接的联系。库根（Coogan）写道："人们认为，有一种超越人类本身的现实存在，界定并创造了所有文化。"[22]

宗教的重要性

不知为何，创造和保持世界观各因素的重任要么落在诸如天主教会等宗教组织的身上，要么落在诸如佛陀等精神领袖的肩上。无论是《圣经》、《吠陀》、《古兰经》、《摩西五经》，还是《易
经》，人们都可从中感受到有必要追求人们自身之 76
外的赖以生存的价值，以及指导人们如何观察和

解释世界的信条。从古代起，宗教便利用多种途径向世人提供忠告、价值观和指引。几千年来，数十亿的人似乎也都认同了那句拉丁谚语的说法："一个毫无宗教信仰的人就像一匹没上马嚼子的马。"大多数专家都承认宗教的持久存在有其必然性，因为它们可满足生命的各种必要需求，尽力解释永生与死亡、苦难、宇宙起源，以及无数其他问题。马莱菲基特（Malefijt）写道："宗教提供解答，当遇到无法解释的现象时，则赋予其意义。"[23]宗教指导人类行为的方方面面，提出对与错的判断标准，提供例证以指出哪些是可以接受的行为，让超自然的力量帮助个体做决定。

南达更详细地列举了宗教对个体的帮助，她观察到："宗教处理生与死、宇宙起源、社会与社会团体的形成、个人与群体的关系以及人与自然的关系等问题。"[24]你不难发现以上这些南达所强调的东西也恰恰支持了本章的基本主题，即文化的深层结构涉及那些对人们来说至关重要的问题。

无论是像万事万物的起源这样的抽象问题，还是像大自然中诸如彗星、洪水、雷电、旱灾、饥荒、疾病或者庄稼丰收这样的具体现象，人们都离不开宗教的解释。史密斯恰当地描述了宗教对于个人心理健康的重要性：

> 宗教一旦闯入人们的生活，便会爆发出惊人的力量。它成为主宰，而其余的一切都开始沦为配角……它召唤灵魂去进行最崇高的冒险，跨越人类精神旅途中的荆棘、山峰和荒漠。[25]

77

宗教与跨文化交流研究

宗教对跨文化交流研究很重要，不仅因为其处理"宏大"问题，还因为它关注个人问题。史密斯写道："要接近一个民族的灵魂，最有把握的途径就是宗教。"[26]我们可以补充一下这种说法：要理解一个民族的重要观念、价值观与行为，最有把握的途径就是宗教。希腊裔美国人葛吉夫（Gurdjieff）是一个宗教导师，他写道："宗教就是行为，人们不仅仅思考或者感知宗教，而且在生活中实践宗教。"通过研究这种"实践"，我们可以学习其他文化。例如，宗教可以帮助我们理解一种文化的社会要素。格隆多纳（Grondona）写道："从历史的角度来看，宗教是价值观念最丰富的来源。"[27]也就是说，宗教既关注社会交流层面的问题，也关注精神层次的问题。"在人类社会中，宗教是最强大、最能让人深刻感悟、最具影响力的力量。它塑造人际关系，影响家庭、社区、经济以及政治生活。"[28]哈维兰德拓展了这一观察：

> 宗教的社会功能并不比心理学的作用逊色。有着悠久传统的宗教可以强化社会道德，规范个人行为，并为社会稳定提供共同目的和价值观的根基。[29]

无论是神学还是日常的文化行为，宗教都使我们能深入了解身处某种文化中的人们。莱姆（Lamb）认为："非常明显的是，宗教与文化是紧密相连、密不可分的。"[30]格鲁治与莱姆持相同的观点，他们认为："在人类社会的不断演进中，宗教与文化令人感到它们似乎是相同的和相连的。"[31]研究宗教的相异性是很有帮助的，因为正是"相异性造就了个性"[32]。我们坚信帕登（Paden）所说的是对的："研究宗教，不仅使我们准备面对其他不同文化中心和历法，以及各式各样神圣的与世俗的事物，而且能帮助我们破译不同的语言和行为。在实现这一目标的过程中，了解宗教所扮演的不可或缺的角色是十分重要的。"[33]我们认为，宗教的作用变得越来越重要。从全球化问题到国内人口统计数据的变化，再到世俗主义者与福音基督教会之间的辩论，我们都可看到宗教的影响。有学者写道："我们的新邻居可能是基督徒、犹太教徒、印度教徒、穆斯林、耆那教徒，这种可能性越来越大。因此，在全球化的社会中，学习那些我们之前不知道的宗教是一件不可避免的事情。”[34]

选择宗教传统加以研究

世界上有成千上万的宗教、教派、运动、哲学理念以及世界观，我们如何从中筛选确定我们的关注对象呢？从不可知论者到无神论者，从万物有灵论到拜火教，再到美国拥有的大约 800 种宗教[35]，我们该关注哪些世界观？依据宗教学者的
78 研究成果，我们决定研究基督教、犹太教、伊斯兰教、印度教、佛教以及儒教。这并不是说其他宗教传统与世界观不重要，我们的选择主要依据三个标准：数量、传播广度以及相关性。

首先，虽然我们很难估算世界各种宗教的精确信徒人数，但是许多统计研究指出，世界范围内，基督教、伊斯兰教以及印度教各有超过十亿的信徒。[36]虽然佛教徒与其他中国传统宗教信徒的数量更难估算，但是这些传统深入渗透到东南亚、中国与日本地区。在数量方面，我们赞同这样的看法：“当谈及伟大的宗教时，我们指的是其悠久的传统，这些传统长达数个世纪，塑造了亿万人的生活，并以它们的深度与广度赢得人们的尊敬。”[37]

其次，在传播广度方面，我们是指一种宗教在世界范围内的分布范围。例如，如果仅仅从数量上看，犹太教徒数量非常少，世界范围内只有 1 400万人，但是犹太教徒在世界各地的分布甚广。事实上，只有三分之一的犹太教徒生活在以色列。基督教与伊斯兰教都有高度的传教热情，故而它们也是远播世界。在非洲，虽然许多非洲人（例如约鲁巴人与努尔人）仍然信仰传统宗教，但是由于殖民主义与传教士的作用，大多数非洲人信仰基督教或伊斯兰教。[38]

最后，我们选择这六种宗教进行研究是因为它们在当今跟在几千年前一样具有相关性。史密斯认为：“每个公民都要熟悉这些信仰，原因很简单，因为亿万人都以这些信仰为精神支柱。”[39]它们很重要，不仅仅因为它们在历史上就一直如此，而且，如我们所讲，它们在国内与国际层面都具有影响力。我们只需要看看伊斯兰教的全球分布图，只需要看看宗教团体在美国的政治影响力，就能够知道，宗教信息对于我们理解宗教信徒非常重要。

在详细介绍这些主要宗教传统之前，我们需要了解它们的相似性。正如我们反复所言，相似性比差异性更能促进各种文化之间的互相理解。

宗教的相似性

在世界主要的几大宗教中存在着许多相似点，这并不奇怪。每一个人从出生的那一刻起，直到死亡，都会提出许多相同的问题，同时也要面对相同的问题。例如，所有宗教都试图回答三个相同的问题：我来自何方？我为什么在这里？我死后会发生什么？而给这些普遍性问题提供答案的任务就落在了宗教的头上。各种宗教传统之间有很多相同之处，我们从中选择几处，来说明它们在对生活的意义和死亡的感悟上的相似之处。

神圣的经文

世界上所有主要宗教的核心中，都存在着神圣的智慧。克瑞姆（Crim）指出：“神圣的经文给人们以认同感、权威感和理想主义。”[40]每一种经文，无论它是口头的还是书面的，都能使一种文化把智慧经由一代代人传承下去。库根写道：“宗教经文是其根本原则的素材库，是形成律令的试 79

金石。”[41]在以后的内容中，我们将更多地谈到这些经文。在这里，我们只是简单地说一下其中一些重要的经文。

《圣经》是基督教最重要的著作，它由 39 卷《旧约全书》和 27 卷《新约全书》组成。前者是用希伯来语写的，后者则是用希腊语写就。对犹太人来说，希伯来语《圣经》或者说《旧约全书》是一本流传数千年，并给现在和将来提供指导的重要文献。伊斯兰教认为，由真主安拉口授给穆罕默德的《古兰经》，被用古阿拉伯语记载了下来。对穆斯林来说，“孩提时代背诵的《古兰经》经文同时也是知识的启蒙”[42]。在印度教中，我们可以在吠陀本集中找到神圣的经文。这些神圣的智慧是在许多用梵文写成的著作中表现出来的。依靠口授流传下来的巴利大藏经（Pali Canon），就蕴含着佛陀的教诲。“虽然巴利语成了许多国家佛教徒的标准语言，但是随着宗教的不断演变，类似的著作也以其他语言形式再现，如中文和日文。”[43]拥有儒家文化传统的人们则把目光投向《论语》。几个世纪以来，这本书已帮助数十亿人塑造了自己的思想和行为方式。

权威

在几乎所有的宗教中，都有一个为世人提供指导和教化的权威人物。所有的文化传统都让某一个人比其他所有人都伟大，使他可以为其他人指点迷津。这些人通常是宗教的创始人。对于犹太人来说，这些人是亚伯拉罕与摩西。对于穆斯林来说，这个人是真主安拉，他通过穆罕默德来传达他的信息。这个人可以是哲学家佛陀，还可以是圣贤孔子。对于基督徒来说，这个权威人物是耶稣，即“上帝之子”。这些权威人物之所以重要，通常“是因为他们发现过或者听说过一些 80
重要的信息或教导，这可以来自某个神、多个神或常人无法企及的人类智慧”[44]。不论这个人是谁，所有传统中都矗立着这样一个无与伦比的人物，人们可以从他那里获得情感与精神上的指引。

传统的宗教仪式

我们从孔子开始讨论宗教仪式的重要性与普遍性。孔子是我们在前面提及的“权威人物”之一。《论语·泰伯篇》讲到仪式（“礼”）的重要性：“恭而无礼则劳，慎而无礼则葸，勇而无礼则乱，直而无礼则绞。”[45]孔子与其他权威人物要求追随者付诸实践的宗教仪式是什么？从最严格的意义上，“仪式是指具有宗教色彩的、有象征意义的行为”[46]。马莱菲基特指出仪式对于宗教与文化履行的功能：“仪式重温过去的事件，保护与传承社会的基本理念。仪式的参与者跟神圣的过去建立关联，重建集体赖以生存的原则，从而延续传统。”[47]

跟文化的其他层面相似，仪式并非是自发产生的，因而需要代代相传，方能经久不衰。哈维兰德进一步论述了仪式的重要性：“仪式不仅能够增强集体的社会联系，缓解矛盾，而且还可用来庆祝许多重大事件，减轻危机给社会带来的破坏程度，帮助人们在亲人去世时尽量节哀顺变。”[48]仪式可服务于各种目标。从确认文化理念到表达身份，再到提供认知框架，仪式是所有文化的重要组成部分。

宗教仪式有多种多样的形式，从点蜡烛到穿特定的服装，再到祷告时是应该站着、坐着还是跪着，可谓是变化多端。有的仪式强调“空间”（如穆斯林祷告时要面向麦加圣地），有的仪式注重“时间”（如基督徒庆祝圣诞节和万圣节）。有些仪式设定的时间跟“太阳、月亮、行星、星辰等的宇宙韵律”[49]相符。有些仪式跟死亡有关，例如印度教徒“相信在恒河岸边进行火葬能够净化灵魂，带来更好的来世”[50]。

仪式是指具有宗教色彩的、有象征意义的行为。

过渡仪式是最常见的仪式。安格鲁斯诺（Angrosino）写道："过渡仪式是一些社会行为，用来纪念集体的成员从生命的一个阶段进入另一个阶段。在很多文化中，出生、青春期、婚姻、死亡都是重要的过渡时间点。"[51]

仪式也可能不是那么直接。最典型的例子就是日本的茶道。乍一看，茶道似乎仅是为喝茶而做的准备，但对佛教徒来说，它的重要性就大多了。帕登指出：

> 每一个细微的动作、每一次移动和每一个方位，都体现了谦卑、克制和悟性。这些对普通动作的设计，都旨在体现更深层的含义。在这个例子中，我们可以发现，在做普通的事情时，要体现出与禅宗佛教的"绝对"主义的哲学理念相一致的价值观，这也是宗教仪式的一个共性。[52]

道德

无论哪种传统，"宗教总是包含有伦理道德的
81 成分，讨论人们应该做什么，不应该做什么"[53]。在《马太福音》第 19 章第 16 节，我们通过一个提问就可以看到道德与宗教之间的关系：有一个人来见耶稣，问："先生，我该做什么善事才能得永生？"斯卡伯勒指出，这些关乎对与错的宗教教导影响了一种文化的核心价值观。[54]在具体的宗教律令中，我们都可以看到宗教与道德的关系，这方面的例子数不胜数。在犹太教中，"不仅有十诫，还有神赋予社会的 600 条以上的复杂律令"[55]。在伊斯兰教中，宗教、法律、行为之间的关系变得更为明显。斯马特（Smart）写道：

> 传统上，伊斯兰生活受制于律法。这些律法既在宗教与政治层面影响伊斯兰社会，也在道德层面影响个人的生活，告诫人们每天应该祈祷、应该施舍穷人等，告诫社会应该具备各种机制，如婚姻、信贷等。[56]

自远古以来，宗教就一直为人们提供有关对世界的忠告价值和指导。

有意思的是，几乎所有文化的伦理道德观都是一样的。按照史密斯的说法，所谓伦理，就是“不同文化间进行交流的过程”[57]。例如，所有的宗教都宣扬说，我们应力避谋杀、盗窃、欺骗和偷情。[58]除此之外，它们还着力强调“人道、仁慈和真诚”[59]的重要性。库根认为，所有宗教都致力于形成道德准则，“敦促信徒们实现宗教的最终目的——得救、赎罪、启蒙以及‘灵魂解放’”[60]。

安全

我们在其他章节已论述过，所有的宗教都能给它的信徒以被认同感和安全感。宗教通过要求人们信仰同样的图腾、价值观和数字，把人们的思想统一起来。一旦你知道自己属于某个宗教大家庭，要在同一天和教友们庆祝宗教节日，祷告时穿同样的服装，朝同样的方向鞠躬致敬，吃同样的圣餐，你便会有一种强烈的安全感。所有的传统都给人们提供生活的意义和目的，这能给人们提供安全感，这是一种相似的感受。马塞尼斯将这种相似性总结如下：

> 宗教信仰能给人这样一种欣慰感，那就是身陷囹圄、经历苦难是大有裨益的。正是有了这样的信仰，人们才有可能在遭遇挫折时不会因绝望而崩溃。[61]

六大传统宗教

在开始讨论世界六大宗教的时候，我们必须要明确三个问题。第一，宗教不过是一种世界观，从来不相信有上帝的人也会有自己对生、死、苦和社会关系这样的人生重大问题的见解。只不过这种世界观是一种世俗的世界观。民族主义就是世俗世界观的典型例证。斯马特认为，民族主义
82 是一种世界观，“拥有许多类似于宗教的成分”[62]。也就是说，民族主义拥有仪式、道德等维度。最重要的是，“要意识到，无论人们是否认识到，或者是否明说，每个人都有对世界的看法”[63]。

第二，亨得里写道：“宗教的足迹遍及许多我们称之为‘世俗’的领域，它绝不能轻易地与世俗区分开。”[64]要在宗教和各种微妙的宗教现象间画出界线，常常是很困难的。一个人称为宗教或世界观的东西，另一个人可能称之为哲学。有人喜欢通过直觉智慧来认识现实，而非通过“科学事实”，他们可以通过佛教或者印度教的教义来这样做。就我们的目的而言，表面的称呼并没有一种文化遗留下来的、处理无穷尽的重大问题的方式重要。

第三，我们的意图并非是给大家上一门有关世界观的课，而是找出世界观与宗教中影响跨文化交流的重要因素。因此，我们可以跳过世界上这些宗教传统中的大部分教义，集中论述宗教是如何被付诸实践的。库根写道：“世界上的这些主要宗教传统反映与塑造了各个社会的价值观，宗教是这些价值观的有机组成部分。”[65]简而言之，像史密斯那样，我们相信宗教在个人与人类交流中留有印记。[66]

基督教

基督教是世界上拥有信徒最多的宗教。基督教也是在北美洲占主导地位的一种世界观。基督教拥有成千上万的组织或教派。据《世界基督教百科》可知，世界范围内有 33 800 个基督教教派。[67]虽然天主教、新教、圣灵降临教、后期圣徒教、耶和华见证人等教派拥有各自的特征，但是它们的具体仪式、信念、传统、基本特性以及教义都属于基督教的范畴。多个世纪以来，基督教既保持了核心信条，也能够随机应变、因地制宜，这是基督教的一个重要优点。威尔森（Wilson）指出：“基督教从过去走到现在一直充满了变动，跟其他宗教一样，基督教的活力来自其多样性。”[68]

● 基本假设

本质上讲，基督教是一系列的信念，是一种生活方式，是一个信徒组成的社区。这三个共同特征来源于基督教神学。黑尔（Hale）如此概括其基本假设：

> 基督教是一神教，将所有信念集中于上帝，上帝是永恒的创造者，超越一切，并且活跃至今；将所有信念集中于耶稣基督，耶稣基督是人类的拯救者与救赎主。基督教认为，上帝化身为拿撒勒的耶稣。基督徒认为

> 耶稣死在十字架上并死而复生。在基督教传统中，圣父、圣子、圣灵这个三位一体的神圣信条占有核心地位。[69]

如上所述，基督教核心信念认为：“耶稣被钉
83 死在十字架上，之后被上帝救赎，以‘基督之身’置于教堂。”[70] 研究者进一步指出耶稣对于基督教的重要性：“人们相信基督是上帝品性的最真切的体现，基督教的其他教义都隐含在这个信仰中。”[71]

基督徒相信上帝无处不在、无所不能，将上帝视作仁爱的源泉。基督徒相信，只有通过这个仁爱的创世主，他们才能够得救。威尔森指出：“基督教教导人们，人的灵魂是不朽的，注定要升到天堂，跟上帝一起，得到永生。”[72] 安格鲁斯诺这样概括上帝与天堂之间的关系：

> 基督徒的目标是进入天堂，跟上帝在一起，获得永生。要达到这个目标，基督徒要具备三种具有神性的品德。这三种品德来自上帝，由上帝界定，并最终通向上帝。它们是信仰、希望与慈善。[73]

在耶稣和他的门徒们带给世人的成千上万条教律中，我们将挑选其中一些最具相关性的内容。它们最适合体现基督教精神，最适用于跨文化交流研究。应该注意的是，跟许多其他宗教信条一样，基督的许多教导都经过了修改。例如，从 16 世纪宗教改革运动以来，马丁·路德与新教改革深刻影响着现代基督教。但是，我们仍然可以考察基督教的早期特点，这些特点形成于宗教改革运动之前，它能够帮助我们看清宗教、感知与行为之间的联系。

● 有组织的宗教礼拜

对于基督徒来说，教堂的存在具有一系列的作用。教堂不仅是做礼拜的地方，还是忏悔之地。除此之外，教堂还是一个社区，人们聚在那里，分享共同的身份。对于跨文化交流来说，基督教具有社会维度，能够帮我们看清信奉这个传统的人们的交流方式。简单地说，基督徒们坚信，有组织的宗教崇拜是传达上帝旨意的一种方式。[74] 相关研究者指出：“耶稣关于‘自我’的观点是具有关联性的。‘自我’绝不是孤立地存在于世上的。”[75] 耶稣相信，“人们离上帝越近，彼此之间也就越近。”[76] 这种有组织的宗教信仰观念应归功于西方文化营造的社会氛围。美国人就是一群社会性动物，他们隶属于众多的俱乐部、委员会和其他社会组织。早在两百多年前，法国历史学家德·托克维尔（de Tocqueville）就指出，美国人有一套独立于家庭之外的运作良好的社会关系网。或许在基督教中，我们可以发现这种社会关系的原动力。在东方，一个人的精神世界是处于孤独中的；而在西方，上帝的“旨意”是与大家一起分享的。

● 伦理道德观

自耶稣诞生以来的两千多年间，基督教历史上宣扬了一系列的道德原则，为信徒的信仰提供指导。这些原则集中地体现在十诫中，也散见于《圣经》里。其中，最具影响力的原则可能体现在耶稣的生活中以及耶稣对爱的强调上。有人指出：“耶稣倡导的伦理观核心便是爱。”[77] 在《新约全 84
书》中，“爱”这个字有着惊人的出现频率。我们觉得，这句关于爱的道德准则是基督教历史上最经常被提起的语句：“爱人如己，你希望别人怎样待你，你就怎样待人。”[78]

仔细观察就会发现，现实中存在无数的例证，能够证实耶稣阐释的道德观点。耶稣说过下面的话：“黄金法则；如果有人打你的左脸，你就把右脸也给他；若有人与我们有什么不满，要先与那人和好；原谅他七十个七次；我饿了你们给我吃；谁若无罪，就可以先用石头打她。”[79] 这些关于爱与感情的观点体现出了各种道德准则，这些准则反映在美国人捐助的大笔善款中，也反映在他们想帮助素昧平生的外国人提高生活水平的愿望上。

● 个人主义

西方文化中对个人的重视——这也是我们整本书都在讨论的问题——可能与基督教有关系。大多数研究宗教的学者都意识到，基督教与犹太

教是最早“重视个人独立性与责任”的宗教。[80]基督教“是个动态的、多维的个人影像，它认为个人可以在某种程度上不断地改变自己与世界”[81]。信徒通过去教堂维持了一个社区，基督教也“发掘了个体的价值”[82]。个人的力量可以通过人们对得救的态度看出来。对于新教徒来说，这一点表现得尤其明显。救赎，“仅凭自己的行为就能达成，那么就会认为，个人的行为比祈祷更重要”[83]。《圣经》中也有很多强调个人主义的例子。伍德沃德（Woodward）指出：“福音书中到处是这样的场景：耶稣给女人治病，原谅男人的罪过并使他们都能认罪悔改。”[84]伍德沃德在此基础上补充道：“正是从强调自我反省这个角度来说，基督教发现了个体的真实存在。”[85]

另外，基督教神学一开始就认为，因为世界是上帝创造的，所以它是真实而富有意义的。人类也是被上帝按照自己的形象创造出来的，所以同样是重要的。基督教中的上帝是有人性的，他渴望与自己创造出来的万物紧密相连。[86]在一种崇尚个人主义的文化中，基督教也许是最合适的宗教，人们可以跟上帝保持一对一的联系。

- **行动**

西方文化中大多数“行动”的导向（我们将在第5章讨论这一点）都可以在耶稣一生的活动中找到。从一开始，“福音运动就是派出传教士”，将耶稣的消息带给所有愿意听的人。[87]信徒彼得曾这样说耶稣：“他周游四方行善事。”[88]人们心中的耶稣形象是乐于开展行动的。例如，由于惧怕死亡，罗马人一旦发现身染重疾的人，便会将其弃之于门外。而基督徒则会积极地行动起来，照顾这位病人。[89]这种例子绝非凤毛麟角。任何一个信奉基督教并牢记耶稣教诲的人都知道，耶稣是一个积极有为的人，他要求自己的追随者也是充满活力的。如前所述，《圣经》中充满了有关耶稣如何到处给人治病、教导有需要的人和其他人的描述。

- **未来**

本书将一直坚持探讨不同文化对于时间的态度。从这些讨论中，从我们自身的观察中，我们不难发现，美国人是以未来为行动导向的：他们总是关心下一步会发生什么，而非仅仅生活在当下。我们认为，出现这种情况的原因在于基督教信仰。与其他宗教相比，基督教更强调未来的重要性。 85
对基督徒来说，“无论过去发生了什么，未来都能给人以最大的希望”[90]。过失、追悔和仇恨都可以被上帝原谅。从这个意义上说，个人总是在“不断变化”的。甚至对“天堂”的定义，重点也在于对未来的强调上。[91]

- **性别**

对于信奉基督教的妇女来说，最悠久的传说便是《创世记》中伊甸园的故事了。这里表达了对于女性的观点，并界定了她们在家庭与社会中的地位。但这并非唯一的观点。保罗在《提摩太书前书》第2章中说道：“我不容许女人讲道，也不准许她管辖男人，只要沉静。因为先造的是亚当，后造的是夏娃；且不是亚当被引诱，乃是女人被引诱。”[92]保罗还写道，妻子应该“在家劳碌”，应该“顺服丈夫”[93]。这些例子常常被用来证明妇女从属地位的合理性，但近来，越来越多的学者重新阐释了《圣经》中有关妇女的部分，这些阐释或许更加符合耶稣的本意。近来发生的情况也在召唤这些重新释义的努力。例如，除了天主教之外，越来越多的妇女成为牧师。又如，一些研究《圣经》的学者认为，耶稣是一个女权主义者，并举出了以下这些实例来证明自己的观点。第一，早在耶稣出现之前，罗马社会就认为女人天生不如男人。丈夫可以休掉妻子，但妻子却不能与丈夫离婚。男人甚至可以娶一个十一二岁的小女孩。耶稣向所有这些男女不平等的事情提出了挑战。一位《圣经》研究者这样写道：“这种新宗教不仅在教堂里给了妇女们更高的地位，而且在现实中给作为妻子和母亲的她们以更多的保护。”[94]

第二，“虽然只是让男人成为自己的门徒，但耶稣也很欣然地接受女人成为自己的朋友和信徒。”[95]耶稣甚至蔑视传统，邀请妇女和他共同进餐。所有这些使莫菲（Mophy）写道：“作为一名牧师，他的职责使他很重视妇女。他在内心深处也承认，妇女在受着压迫。”[96]

第三，耶稣通过给予妇女更多的责任而赋予

她们新的角色。比如说，妇女们要“和男人一起担负教育孩子的重任，如那句谚语所说：‘我的孩子啊，你听从父亲的指令，但也不要忘记母亲的教诲’”[97]。

● **勇气**

基督教教义中重要的一条是勇气。如研究者所说：“耶稣是勇敢的。”[98]认真地研读耶稣的一生，你会发现他是一个绝不会被敌人的恐吓吓倒的人。我们一再谈到耶稣身上体现出的强烈的人性，他的力量和勇气也是所有基督徒们津津乐道的。而你根据自己的经验也知道，在美国文化中，力量和勇气也是两个有影响的价值观。你也会再次发现，世界观和交流方式之间是有着关联性的。

犹太教

犹太教徒的数量甚少，约有 1 400 万，少于世
86 界人口的 0.5%，约占美国人口的 2%。[99]尽管如此，犹太教徒的地域分布与他们对政治、艺术、文学、医药、金融以及法律的兴趣使他们变得重要，并具有影响力。如史密斯指出的：“据统计，西方文明中三分之一的部分被打上了犹太人祖先的烙印。”[100]犹太教是现今仍被信仰的最古老的宗教，也是主要宗教传统中信徒规模最小的宗教。犹太教大约创立于公元前 1300 年。那时，以色列人的 12 个支派从美索不达米亚来到迦南。当时，他们当中许多人在埃及沦为奴隶，直到公元前 1200 年，他们才在摩西的领导下逃到耶路撒冷。在摩西的指引下，犹太教逐渐成形。经过几千年的发展，犹太教与犹太教徒展示了他们非凡的韧性与连续性。犹太人熬过了多次试图剥夺他们信仰的斗争，有时，他们甚至面临性命不保之境。但是，由于文化与宗教的血脉从来没有间断过，所以犹太人也总能实现重新整合。

● **基本假设**

跟基督教与伊斯兰教一样，犹太教也信奉一神论。犹太教徒相信，以色列人是上帝的选民，跟上帝有约定。班克斯（Banks）说：“犹太教的核心在于神和人之间的这份契约。”[101]虽然犹太教相信神的恩赐是施与所有人的，但是其信徒仍坚持认为，上帝与以色列人之间订立的契约与众不同（更为正式）。这份契约是通过四个先知订立的：亚伯拉罕、以撒、雅各、摩西。在契约中，上帝承诺，要使以色列成为一个伟大的民族。为了回报上帝，以色列人应该遵从上帝的旨意。从割礼到安息日的保留，犹太文化和宗教中布满了契约的痕迹。[102]这种契约也是导致犹太人认为自己是上帝的“选民”的根本原因。在犹太教教义中，这种对以色列人的特殊待遇“不曾带来好处，反而给他们徒增责任和困难”[103]。

犹太教的世界观通过许多基本的概念表达出来：(1) 犹太人“认为上帝是独一无二的、永恒的，他创造并掌管一切”[104]；(2) 没有人是神圣的；(3) 人是自由的；(4)“人死后的光景如何取决于今生的所作所为”[105]；(5) 人是最高的创造物；(6) 犹太人属于旨在为上帝效劳的团体或国家；(7) 人必须听从上帝在“律法书”（《圣经》的前五卷）中表达的旨意，进而明确自身的责任；(8)“如果做出犹太文化赞许的行为，将在来生被奖赏，反之将被惩罚”[106]。这八个概念组成了一个信仰系统。在世俗生活中，如果犹太人要过一种集体生活，就必须保持合理的秩序。“律法书”中的十条训令也为社会世界提供了基本规则。[107]

犹太教的独特之处在于，它既是一种文化又是一种宗教。比方说，要找到不信奉它却又认同它的文化价值观的犹太人，是一件很平常的事情。费舍和路易斯特详细阐述了这一观点：“犹太教没有单独的创始人、核心的领导人或群体来做出神学上的决策；犹太教是一个民族，也是一个非常古老的家庭，这个家可以是宗教意义上
的，也可以是国家意义上的。”[108]犹太教无处不 87
在，给人们指出了沟通世俗世界与神界的方法。[109]它已不仅仅是给人们以精神慰藉的宗教，

而是人们进行宗教崇拜、举行宗教仪式、坚持正义、维持友谊、学习知识、保持谦恭和节食净身的精神向导。

● 压迫与迫害

从历史上来看，屡受压迫与迫害是犹太人留给世人的一种印象。欧利希（Ehrlich）写道："人们经常用一连串灾难来讲述犹太人的故事。"[110]范·多伦（Van Doren）也表达了同样的观点："犹太教与犹太人的故事又长又复杂，充满了血泪。"[111]普瑞格与特鲁施金（Prager and Telushkin）就犹太人遭受的长期迫害有一段精彩论述：

> 在这个世界上，只有犹太人的家园先后被破坏了两次，他们无处容身，遭到了史无前例的种族大屠杀（吉卜赛人除外），并几乎在每一个国家都成为不受欢迎的人。[112]

这个宗教群体经历了数千年的杀戮、流亡和歧视。这种遭遇影响至今，使许多犹太人至今仍不相信非犹太人。[113]范·多伦概括了宗教迫害给犹太人带来的其他影响：

> 犹太人至今没有变化。可能永远不会变化。他们仍然坚信三件事情：第一，他们相信"摩西五经"中的律令。第二，他们是上帝的选民，跟上帝定有契约。第三，他们是上帝存在并将永远存在的见证人。[114]

● 求知

除了以上提到的犹太人对世界的贡献外，犹太教还很重视求知。这一点非常重要，以至犹太作家艾利·威塞尔（Elie Wiesel）引用一句犹太谚语说："亚当选择知识，而非长生不老。"这种对知识的态度也决定了犹太人认识和改造世界的方式。数千年来，犹太人把研读《塔木德》（一本长达5 000 多页的书）作为生活中一件很重要的事。[115]在一些对"塔木德"这个词的翻译中，的确也包含了"学习"、"研究"和"教化"这样的意思。[116]对犹太人来说，求知非常重要，犹太教的圣书把此列为其信仰的三原则之一。[117]在犹太人的圣书中随处可见关于教育重要性的论述。"早在公元1世纪，犹太人就有了一套完善的义务教育体系。"[118]直到今天，仍有一句这样的犹太谚语："智慧胜过珠宝。"动脑的职业（教师、律师、医生、作家等）在犹太社会很受欢迎。

● 正义

犹太教也非常重视正义感。所有犹太教著作中，都指出个人对上帝与其他人负有责任与道德义务。诺瓦克（Novak）指出：对犹太人来说，"对正义的提倡是一个至关重要的方面"[119]。事实上，犹太法律的四大门类之一便是"确保人道地对待他人"[120]。古代的犹太著作印证了这一点。在20世纪60年代，犹太人积极参加公民运动，我们也可从中看到犹太人对正义的重视。这一准则的作用如此重要，以至史密斯认为，西方文明欠了犹太先知的债，他们把 88
正义作为维持"社会秩序"的主要原则。[121]

● 家庭

在上一章，我们知道，所有社会都重视家庭。犹太人认为，家庭是礼拜与奉献的地方。无论在家中，还是在犹太会堂里，无论在何种场合，家庭都是犹太人生活中的积极参与者。从割礼到逾越节，到受诫礼或女孩成人仪式，从结婚到死亡，家庭与宗教都紧密相连。罗斯顿（Rosten）在下面这段话中对这种联系有一个清晰的概括：

> 所有的犹太人都很重视家庭价值，这是因为犹太人的亲情关系蕴含着宗教和文化的双重含义。4 000 年来，犹太人的家庭是犹太教信仰的核心。灰泥浆和城堡，这是犹太民族之所以作为一个与众不同的民族生存下来的理由。按照犹太法律、习惯和传统的看法，犹太人的家便是一座庙宇。[122]

伊斯兰教

史密斯说："伊斯兰教是当今世界一股重要的力量。"[123] 贝尔特（Belt）写道："伊斯兰教也是世界上发展最快的宗教，大约 80%的信徒生活在阿拉伯世界以外的地区。"[124] 伊斯兰教在美国约有 700 万信徒[125]，很快将成为美国第二大宗教[126]。然而，尽管有这样庞大的统计数字，如贝尔特所指出的，"伊斯兰教也是世界上遭受人们误解最多的宗教"[127]。"9・11"事件，以及其他一连串涉及一小撮穆斯林的冲突，更增添了美国人对伊斯兰教的误解。

● 基本假设

虽然伊斯兰教的基本信仰体系庞大而复杂，但是该宗教有一条核心信条。简单来讲，穆斯林相信一个独一无二的真主。有学者如此概括这种基本理念："伊斯兰教一直教导信徒，安拉是'一'，真主只有一个。伊斯兰教信条前半段写道：'除了安拉，没有其他真主。'"[128]《古兰经》这样解释这种观点："他是安拉，独一的，是永恒的、受万物祈求的安拉，他不生，也不被生。没有可以与他比拟的。"[129]

● 起源

89 伊斯兰教的萌芽可以追溯到几千年前，伍德沃德概括道：

> 大多数阿拉伯人曾经是多神论者，相信部落神灵。跟其他中东人一样，他们没有信仰一个神的历史。他们之前也没有类似于《圣经》那样的经文。他们没有神圣的语言，而犹太人有希伯来语，印度人有梵文。他们以前也没有上帝派遣的先知，这不同于犹太教与基督教。[130]

在这段历史中，阿拉伯人信奉万物有灵的多神论，刻画多神的形象，用鲜血进行祭祀，这为一个新的宗教的开始奠定了基础。穆罕默德的到来大大促进了新宗教的产生。在穆斯林看来，穆罕默德就是上帝的信使。穆斯林相信，在过去，真主安拉曾经多次派遣其他先知跟人类对话，但是只有穆罕默德向人们传递了宗教信息，建立了后来成为伊斯兰教的社会秩序。那时，阿拉伯人信奉多个神，穆罕默德深受困扰。他还担心人们在审判日的命运。这两件事情让穆罕默德感到了很大的"精神压力"。经过一系列的启示之后，穆罕默德最终相信，世界上只有一个真主，这个真主就是安拉。从那时起，穆罕默德就开始传道，告诉人们安拉的力量。他相信国家与宗教是统一的，于是，他建立了著名的城邦麦地那。在穆罕默德时代，这种政教合一的体制是独特的。由于这个成就，加之无数其他成就，他的拥护者称赞他为"历史上最显赫的、最具号召力的人"[131]。

除了传递"真主的信息"之外，穆罕默德还传达一种后来被称为"特殊神宠论"的观点。麦圭尔认为："特殊神宠论带有对抗风格：人们认为自己信仰的宗教优于其他宗教。"[132] 这种优越感促进了伊斯兰教的传布。穆罕默德传达的信息非常强大，加上人们的传教热情，伊斯兰教在几个世纪的时间里，如戈登（Gordon）所说，迅速扩展到北非、波斯、耶路撒冷、大马士革、高加索、中亚、欧洲、埃及以及土耳其。[133] 直到今天，伊斯兰教仍然长盛不衰：穆斯林"在 50 多个国家成为当地宗教的主体，并在多个其他国家成为人数较多的少数族群"[134]。

●《古兰经》

对于穆斯林来说，《古兰经》是最神圣的经文。这是"真主最后传达的话"，是"每个穆斯林的信仰与功课的主要源泉"[135]。当安拉跟穆罕默德谈话的时候，先知将这些神圣的语句用传统阿拉伯文写在《古兰经》里。《古兰经》是伊斯兰教的圣书。对一个穆斯林来说，这本长达 114 章的书写满了安拉独一无二的言论。它是教导人们如何生活的指南。它讲述如何过神圣的生活，何为恰当的社会与经济行为规范。贝尔特这样讲述《古兰经》对于穆斯林的重要性：

> 对于穆斯林来说，《古兰经》是善与恶的试金石，是纯正阿拉伯语言的源泉，穆斯林儿童记忆它，穆斯林成人在结婚、葬礼、节日等重要的场合朗读它。由于伊斯兰教禁止立雕像，禁止崇拜其他神，因而这本书也是信仰的外在体现。伊斯兰世界中，每个店铺的掌柜的口袋里，都装有一本久经翻看的《古兰经》。[136]

跟希伯来语《圣经》和基督教的《新约全书》不同，《古兰经》很少使用讲故事的叙事方式；相反，它主要针对“法律、社会问题和生活行为”[137]发表评议。《古兰经》没有把宗教、社会和政治生活截然分开，因而其经文既为精神问题提供建议，也在生活层面提供看法。这种混合的方法跟伊斯兰文明的特点相符。由于《古兰经》这种不拘一格、兼容并蓄的手法，该经文也成为世界上被背诵最多的书。埃利亚斯写道：“人们以记忆经文为荣，那些能够全文背诵经文的人被称为‘卫士’。”[138]

在穆斯林看来，安拉在《古兰经》中说的话是毫无保留的，他再也不会讲话了。威尔森写道：这本书“可以被视为是真主的旨意的完美体现，是亘古以来天国中传世铭文的忠实再现”[139]。

● 一种完全的生活方式

须知，安拉的信使穆罕默德既是宗教生活的先知，也是政治生活的先知。在伊斯兰教中，宗教和社会生活是密不可分的，宗教也因此深入阿拉伯人生活的方方面面。里克特及其同事写道：“伊斯兰法律没有将社会与宗教分离开来，掌管所有公私事务。”[140]尼德尔进一步发展了这种思想，他指出：“一个阿拉伯人的宗教信仰可以影响他全部日常生活的方式。宗教进入了课堂，语言中充满了宗教术语，人们尽情地甚至有些炫耀地用各
94 种方式展示着宗教、热爱着宗教。”[141]诺瓦克说得也很清楚：“教导人们接近神的宗教教义，也是对人类生活方式的广泛领域——社会、政治和经济的指导。”[142]

穆斯林的大多数行为都跟宗教信仰联系在一起，这体现在穆斯林与非穆斯林之间的交流方式上。安格鲁斯诺指出：“伊朗的伊斯兰革命中，宗教以政治力量的面目出现，这是现代社会中政教合一现象的最典型的例子。”这说明：“‘政治伊斯兰’在我们当前这个时代成为一支重要的力量。”[143]伊斯兰教与所谓非宗教活动之间也存在着同样的联系。一些穆斯林对商业活动的认识带有宗教的烙印。例如，伊斯兰法律禁止穆斯林在发放贷款时收取利息，在伊斯兰国家做生意的西方人就遇到了这方面的麻烦。[144]

像许多完全作为一种生活方式的世界观一样，伊斯兰教从一个人幼年起便开始对其灌输教义。事实上，穆斯林小孩牙牙学语时学会的第一句话就是“世上除了真主安拉便再没有神了”。路特费亚把伊斯兰教归结为一种强调以下几点的哲学：“（1）对主的依赖感；（2）对主的恐惧感，害怕他对现世及将来生命的惩罚；（3）对传统和过去的顶礼膜拜。”[145]如果一个人准备为生死、为来世的幸福而奋斗的话，那么这种宗教观就为他指明了方向。因此，埃斯勒说，伊斯兰教的传统导致了“一个充满有关宗教、个人道德、社会行为和政治活动的要求和禁令的庞大体系的出现。商业及婚姻关系、法律、宗教活动及其他更多的方面都包含在这个体系中”[146]。伊斯兰教从诞生起直到今天的所作所为，就是要把“世间万物都约束在宗教、文明和历史模式之中”[147]。

● 性别

性别差异这个话题很难阐释。这里有几个原因。第一，西方人以“外人”的视角来看待这个主题。因而，我们必须小心行事，不要将西方的模式套用到穆斯林的现实中，去理解穆斯林理解与对待女性的方式。第二，世界范围内，人们对待性别的态度处于不断的变化当中，在对待穆斯林妇女方面尤其如此。在伊拉克，女性正在国民议会里扮演积极角色。在科威特，女性获得了选举权。第三，在性别主题上发表的一些鸿篇大论经常忽视了地域之间的差异。法拉赫写道：“一个阿富汗农村的妇女与一个巴勒斯坦受过良好教育

的、在政治与社会层面均活跃的、积极争取自己巴勒斯坦身份的妇女之间存在着巨大的差异。”[148]

尽管我们在讨论性别话题时存在上述限制，但是，如戈登所说：“伊斯兰社会的妇女问题是在伊斯兰世界内外均被广泛辩论的话题。”[149]人们从各种角度阐释《古兰经》与其他宗教条令在妇女问题上的看法，这也增加了辩论的热度。例如，伊斯兰学者认为，《古兰经》赞成结婚需经过妇女的许可，支持妇女拥有继承权，甚至表示“男女拥有平等的宗教权利与责任”[150]。当然，《古兰经》也有条文明确表示，“男人比女人优越”[151]。

妇女的着装方式表现出伊斯兰文化对性别的
95 看法。《古兰经》教导妇女们“不要露出装饰物”、“用面纱遮住胸部”[152]。她们被要求“在公共场合保持谦逊，隐藏自己的魅力，除非对自己的丈夫”[153]。这种对待妇女的态度还可用下面的谚语表示：“女人就像一件珠宝：不要让贼看到她。”在看待性别差异时，我们应该注意从主体文化的角度来考虑问题，不要让民族中心主义蒙蔽了自己的双眼。埃利亚斯写道：“尽管多数伊斯兰社会都已经建立了平等的社会结构，但是各阶层的妇女仍然支持而非排斥她们的宗教传统。”[154]

● 艺术与建筑

伊斯兰教与人类生活的息息相关推动了伊斯兰文化的形成，使它成了“像中国文明和古罗马地中海文明一样与众不同的”[155]辉煌灿烂的文明形式。在与伊斯兰教有关的艺术与建筑形式中，我们可以多少感受到这种文明。许多阿拉伯国家，如克瑞姆所说，“拥有丰富的绘画、雕刻和装饰艺术作品”[156]。有意思的是，阿拉伯艺术形式折射出了伊斯兰教的影子。《古兰经》“宣称物的内在与外在是统一的”[157]，这在某种程度上解释了为什么阿拉伯艺术中很少有表现力不强的作品这一问题。你会注意到，绝大多数阿拉伯艺术形式强调的是描绘、形式、风格和形象，而不是人物、风景画和其他对现实的描绘性作品。

印度教

印度教是世界上已知最古老的宗教，在某些方面，也是最源远流长的宗教。[158]尽管拥有众多的信徒与悠久的历史，但对于西方人来说，在多种宗教信仰中，印度教最难让人理解。埃斯勒写道：“印度教非常古老，非常复杂，在西方人眼里充满神秘的色彩。”[159]在讨论西方人对印度教的看法时，斯卡伯赫写道：“印度教无法用西方人那种直接的方式进行解读，它既非一种教义，也非一个体系，它包括大量的信仰与许多神。”[160]在讲述西方人对印度教的看法时，纳拉亚南（Narayanan）写道：“印度教本身难以界定。这个宗教不具有为全部印度人所接受的创立者、教义、导师、先知，没有所有人都认同的圣书。”[161]布尔斯汀（Boorstin）这样解释这一现象：

> 西方的宗教是以“一个”开始的——一个上帝，一本《圣经》，一个圣子，一个教堂，一个由上帝统领的国家，这比“许多个”要好，而被奇妙的万物搞得头晕目眩的印度教，却不这样认为。它觉得，对如此多姿多彩的世界来说，神越多越好！一个神怎么能管得了这么多的事情呢？[162]

因此，印度教让人捉摸不透、无法下笔。斯马特指出：“仅是谈到印度教这个词就会让人误解，因为印度教的名下包括多种风俗习惯、崇拜方式、神、神话、哲学理念、宗教仪式、宗教运动、艺术与音乐风格。”[163]

● 起源

印度教发展壮大的历史很难详细描述。如前
所述，由于没有创始人，也没有经文，因而我们 96
难以使用编年体的方式对其进行描述。[164]但是，多数历史说法将印度教的诞生追溯到大约 4 000 年前。一群肤色较浅的雅利安印欧部落侵占了如今的印度北部。[165]征服者带来了他们自己的宗教，并将之与印度河谷原住民的宗教信仰相混合。[166]因此，在印度教发展的早期，存在多种文化与神的混合。[167]这种宗教信仰与文明的混合产生了一种世界观。它既是一种社会体系，也是一种宗教信仰。[168]直到今天，印度教仍被称为一种完全的生活方式。

印度教诞生的历史上，“并没有记载惊天动地的人物（但肯定有过许多这种人物），也没有传教的运动，而只是合并了一些口口相传的神圣经文，它们表达了一些我们当前称为印度教的中心观念”[169]。我们先看一下这些经文表达的信息。

- **神圣经文**

前面我们说过，印度教没有类似于《圣经》或《古兰经》那样的单一经书。但是，这并不是说印度教没有圣书。《吠陀经》就是最古老、最根本的印度教经书。《吠陀经》“包括四部作品集，记载各种具有仪式色彩的内容”[170]。这四部作品非常重要。里克特及其同事写道：“‘印度教’是什么很难界定，但是有一点比较有用，就是接受《吠陀经》。”[171]《吠陀经》“传递古代的启示与知识，由歌曲、祭祀仪式以及神学思考组成，约从公元前1400年开始，跨度超过一千年”[172]。

还有一些重要的文献资料在《奥义书》(Upanishads)中可以找到。《奥义书》用梵文写成，约成书于公元前800年至公元前400年间。“《奥义书》传授神的知识，记载古代印度圣贤的精神体验。”[173]有学者称：“奥义书这个词就是‘专心地坐在旁边’的意思，我们可以想到一个虔诚的信徒如何向老师求教。”[174]

《薄伽梵歌》(Bhagavad Gita)写于公元前540年到公元前300年，是一首诗歌，记载了武士阿朱那与奎师那神的对话。[175]这本书由18个章节组成，“教导人们如何通过知识、专心致志、无私工作以及冥思苦想来实现跟超级现实的和谐相处”[176]。这本书有一个最重要的特点，我们可以据此深入理解印度教的核心思想。那就是神是我们体内一股神圣的、崇高的、鼓舞人心的力量。印度教徒认为，由于神在我们体内，故而我们可以突破凡人的限制，实现解脱。《薄伽梵歌》还写了四种实现这种解脱的路径。沙图克(Shattuck)将这些路径概括如下：

> 在《薄伽梵歌》中，奎师那列举了四种实现解放的路径：(1)智解脱道；(2)信解脱道；(3)业解脱道；(4)行瑜伽解脱道。[177]

- **重要教义**

跟所有宗教一样，印度教的神圣经文、导师、先知所传达的信息数不胜数，此处难以尽述。但是，印度教的确含有一些教义，在跟印度教徒打交道的时候，知道这些会很有用。

万物神圣

从许多方面来看，印度教是宗教思想、价值 97
观和信念的混合体。它没有一个单一的创始人，也不像天主教会那样拥有严格的等级制度。在印度教中，你可以发现法术、自然崇拜、动物崇拜和许多神的影子。这种多神崇拜也使得印度教成为世界上拥有最多信徒的宗教，因为信徒们随处可见神的踪迹。布尔斯汀指出：“印度教徒被世间圣洁的现象搞得眼花缭乱——不仅指人，还有像喜马拉雅山这样的神居住的圣地，或是从天上下凡的一伙人，以及许多不显眼的神或无名英雄显示神性的地方。”[178]在显示神的无所不在这一方面，宗教仪式是重要的。而在诸如燃香、洗浴、吃饭和举办婚礼这样的日常活动中，你也可以发现这种重要性。

一种完全的生活方式

正如许多宗教一样，印度教也渗入了现实存在的每一部分。牛津大学导师、印度第二任总统拉达里克希南(Radhakrishnan)认为：“印度教与其说是一种信条，不如说是一种文化。”[179]这种信条“形成了社会系统的基础，甚至决定着当代社会各种类型的交往方式。”[180]正是在这一层含义上，有研究者指出：“印度教不仅是一种宗教，它还包含了一种完全的文明和生活方式。之所以这样，其根源可以追溯到公元前3000年以前。”[181]纳拉亚南写道：“印度教传统中，不存在神圣与非神圣之间的界限。”[182]

另一种现实

印度教是建立在一个重要的假说基础之上的，

它认为我们能摸到和看到的这个物质世界，并不是唯一真实的东西。相反，世间还有其他现实，借助它们我们可以实现精神上的提升，可以看清生活、思想与精神上的本质。《薄伽梵歌》提出如下指导："具有信仰的人，极力追求智慧；感官保持克制，智慧方能胜出。"[183]按照印度教的观点来看，"我们看作现实的东西，不过是一种最模糊的幻觉、一个游戏、一场梦或一段舞蹈"[184]。印度教徒对他们的所见所闻不满足。印度谚语说："他，我们的眼睛看不到，舌头无法表达出来，心神无法捕捉。"这种注重其他现实的观念起源于印度教的信仰，印度教相信，外部世界充满了各种错觉。该教相信，物质世界中的满足的确会使我们获得心理上的持久快感，但最终这种"满足"是会"消失殆尽"的。一个人要体验涅槃和解脱，必须找到不被传统和现实束缚的精神存在。印度教徒认为，"涅槃能将人从生老病死以及所有其他束缚中解脱出来"[185]。因此，涅槃"是一种精神的启示"[186]。这种"启示"就是另一种现实。

婆罗门

婆罗门的概念进一步延伸了我们对各种现实的看法。虽然婆罗门这个词有各种含义，但是其核心含义是一种印度教信仰，即存在关于终极现实的某种宇宙法则。斯马特认为，这种最终的现实是"一种神圣的力量，既属于祭祀的过程，也处于宇宙当中"[187]。婆罗门是有关"万物真理"的一种特殊洞见，可助人获得启发。乌沙（Usha）认为，婆罗门是"无处不在和超脱一切的现实"[188]。贾因和库斯曼（Jain and Kussman）对这个重要概念做出了如下总结：

> 婆罗门是现实的最高境界、哲学上的最高权威、极致的幸福，它超越了所有伦理的或形而上学的界限。印度教关于神的基本观点包含了无限的人、意识和极乐的意味。[189]

发现自我

98 印度教的哲学始自一个前提："人们苦难的最根本原因是忽略了他们的真实本性，即自我，自我具有无所不知、无所不能、无所不在以及完美永恒的特点。"[190]《奥义书》开篇就通过这首诗来谈论自我：

> 要明白以下道理：
> 自我是战车的主人，
> 战车是肉体，
> 灵魂是战车（肉体）的驾驭者，
> 智力是缰绳。[191]

为了帮助人找到"自我"，印度教给它的信徒提供了一些具体的建议。非印度教徒也可以从这些古老的教导中，深入地理解这种世界观。第一，智慧没有直觉重要。真理并非从天而降，它早就存在于我们每个人之中。《薄伽梵歌》也表达了这样的观点："冥想超越知识。"第二，体验胜过教条。仅被告知有神是不够的，必须自己去体验神的存在。第三，表达不如内化。与神的交流不是通过表面的辞令，而是通过对神性的内化来实现的。第四，世界是虚幻的，因为没有任何东西是永恒不变的。所有的生物，包括人类，都不过是一个无休止的生死轮回的循环过程。第五，人类有可能打破这种生死轮回，体验涅槃的极乐世界。一个人在今世行善，在来世就可获得较高的精神地位。放弃对物质的追求，多多进行自我反省和冥思，可提高这种精神地位。另外，通往极乐世界的道路还受到因果报应的影响，这种伦理标准认为，"我们做过的每一件事情，甚至每一个想法和愿望，都会塑造我们以后的生活，影响通往极乐世界之路"[192]。如贾因和库斯曼所说："一个人今世的生活状况是他前世所作所为的结果，而他今世的所作所为，也决定着他以后的生活状态。"[193]

佛法

佛法所包含的观点和信条是印度教的重要概念。"佛法可能是印度文化和社会中最具影响力的概念，它是指以正义和责任为目标的行动。"[194]从这个定义可以看出，佛法具有宗教的和社会的双重意义。印度教徒认为，佛法威力无边，是宇宙的主要模式，反映"人类的道德和社会法则"[195]。如果人的行为违背了佛法这种宇宙法则，就会带来坏的因果报应，因果报应会影响当世和来世的生活，因而印度教徒追求道德自律，努力遵从佛法。

多条道路

也许，几个世纪以来印度教最吸引人的地方之一就是，它能给人们指出许多不同的道路，并能根据不同的需要变动自如。有学者指出，“可以通过多种路径到达神的地方”[196]。“真理只有一个，而通往真理的路有很多条。”[197]麦奎尔极好地总结了印度教的这种灵活性：

> 印度教是一种生活方式，它鼓励信徒接受神的多种表现方式、多种宗教职能、多种权威、多种对责任和忠诚的解读方式、多种 99
> 自主教会以及多种信仰方式和圣地。[198]

佛教

第五大能影响跨文化交流的宗教是佛教。跟基督教、伊斯兰教、印度教相比，佛教徒的数量虽然相对较少，但是其影响极大。德巴利（de Bary）指出：“佛教扩散到南亚和东亚的许多文化区域，因此，佛教要比世界其他地区的宗教具有更高程度的普适性。”[199]尽管佛教在亚洲地区具有知名度，但是许多西方人发现，要真正理解佛教是困难的。席拉（Thera）引述哲学家赫胥黎的话，来解释一些差异：

> 佛教是一个体系，在这个体系里，没有西方意义上的上帝，它否认人的灵魂，认为不存在永垂不朽，认为祈祷和祭祀没有意义，要求人们依靠自己的努力来自救。[200]

● 起源

佛教是由古印度一位名叫乔达摩·悉达多的王子于公元前6世纪创立的。关于他个人如何由凡人成为佛陀的故事，由三个重要的部分组成。这三部分对于佛教的研究工作都是很重要的。首先，悉达多王子生于奢华之家，他的父亲是无所不有的国王。悉达多自己写道：“我穿绸裹缎，仆从们给我打着白色的宝伞。”[201]

其次，尽管悉达多过着锦衣玉食的生活，但是他对自己的生活有着深深的不满。在他29岁时，悉达多突然意识到了人的命运即是受苦。正如范·多伦所说：“由于他深感悲伤，于是开始寻找能缓解痛苦的方法。”[202]经过冥想，他大彻大悟，找到了解决办法，并因此成为举世闻名的佛陀（觉悟者）。这产生了两种情感，有人认为这两种情感是佛教的核心。罗宾森、约翰逊以及谭尼沙罗（Robinson，Johnson，and Thanissaro）认为：“第一种情感是厌离（Samvega），这是少年悉达多王子在初遇老、病、死时的感觉。”[203]第二种情感是清净（Prasada），这是“一种明亮而清净的信心，悉达多王子在找到解脱生命之苦的办法时，体验到了这种感觉”[204]。

最后，“大彻大悟之后，佛陀在以后的45年时间里，游遍了恒河峡谷，向苦行者和普通人传道授业。”[205]大约在公元前230年，佛教传教士到达斯里兰卡（旧称锡兰）。[206]在之后的六七百年间，佛教扩散到东南亚、中国和朝鲜。当公元6世纪传到日本时，佛教在亚洲绝大部分地区已经牢牢地站稳脚跟。[207]

● 基本假设

如基督教一样，佛教有许多门类。虽然几种最流行的门类（小乘佛教、大乘佛教、藏传佛教）有一些具体的差异，但是它们都有同样的基本假设。让我们看几个基本假设。

这个世界观的核心有两个关键概念。首先，佛陀教导说，他并不是神，而是人。虽然由于帮助他人，他在某种意义上被当成救赎者，但是他的“力量”绝非至高无上。如德巴利指出，佛陀的救赎能力跟犹太—基督教传统存在很大的差异，存在于后者当中的造世主、审判者、选民的救赎者、圣父、圣子等观念在佛教中基本上不存 100
在。[208]佛陀曾被信徒问及他是否是神，他作出如下回答，这有助于我们深入理解佛教实践中这个关键概念的重要性：

> “你是神吗？”他们问。

> “不是。”
> “是天使吗？”
> “不是。”
> “是圣人吗？”
> “不是。”
> “那你是什么？”
> 佛陀回答道：“我是醒着的人。”[209]

“我是醒着的人”这个简单的回答告诉追随佛陀的人，生命的答案可以在简单的“觉醒”行为中获得，通过觉悟来理解真理。[210]

其次，佛陀教导说，每个个体都拥有自己找到真理的潜能。拉胡拉（Rahula）写道：“他教导、鼓励以及启发每个人开发自己的潜能，寻找解脱之路，因为他自己就是通过自身的努力和智慧将自己从所有束缚中解脱出来的。”[211]费舍和路易斯特说：“传统佛教的观点是，要从苦难中解脱，只有依靠自己的努力。佛陀教导我们，只有找到了苦难的根源，我们才能超度。”[212]西方人在理解这种导向方面比较有难度。许多西方宗教强调群体和牧师的指引，而佛教则正好相反，它鼓励每个个体进行宗教探索。著名的佛教格言说道：“自己做自己的明灯。”

● 四谛

佛陀的大部分教诲都体现在四谛中。学者们认为，通过这些真理，“我们可以比较精确地理解佛陀的基本教义”[213]。对于真理的解释多种多样，有比较简单的处方，帮助人们理解这个世界存在的谬误，也有比较高深的解释，解读真理发挥作用的方式。[214]史密斯写道：“四谛构成了佛陀思想
101 体系的基本原则，也是他其余教义的理论假说的来源。”[215]

第一谛是“苦谛”。佛陀在其早期的著作中写道：“生苦，老苦，病苦，死苦，爱别离苦，怨憎会苦，求不得苦，五蕴盛苦。”[216]苦的含义并非如其表面含义那样狭窄。“其不仅包括精神和肉体上敏感而明显之苦，还包括不同程度的不愉快、不舒服、不满意、焦虑以及不安。”[217]佛教教士可能指出，如果你的生活中没有某种程度上的苦，那么你只需环顾四周，去看别人之苦。跟西方的理解不同，佛陀的哲学并非悲观的。拉胡拉写道：“首先，佛教既不是悲观的，也不是乐观的。如果非要做出描述，那么它是现实主义的，对生活和世界抱持现实主义的观点。”[218]

第二谛是“集谛”。它揭示了人生苦恼产生的根本原因。佛陀认为，渴求、欲望、妒忌、贪婪以及无知是带来一切痛苦的根本原因。“无视现实的本质”而去追求财富和地位也是构成苦的原因。[219]佛陀认为，要克服渴求和无知，需要开发智力、认真思考和冥想。这三种实践能够带来真正的幸福和启蒙。[220]

第三谛是“灭谛”。它表明，消灭苦痛是可能的。史密斯这样描述灭谛：

> “灭谛”是由“集谛”发展而来的。如果人的苦恼是出于自私的欲望而形成的，那么要摆脱痛苦，就要克服欲望。如果我们能从狭隘的个人私利的圈子中解脱出来，投身到芸芸众生之中去，我们就能摆脱痛苦的折磨。[221]

第四谛是“道谛”。它指明通过“八正道”脱离苦海、实现涅槃的道路。[222]对于佛教徒来说，涅槃是“一种极乐和顿悟的状态，欲望和无知被彻底熄灭”[223]。克瑞姆解释说：“涅槃简单、直接、绝对地终结了普通人类存在中的那些问题。”[224]

拉胡拉解释了第四谛的重要性及其跟八正道之间的关系：“实际上，佛陀 45 年间为之奋斗的所有教义都在某种程度上跟这些路径有关。”[225]鉴于八正道与佛教世界观的重要关系，下面我们简单概括八正道的基本信条。

● 八正道

四谛主要关注造成不幸和痛苦的症状，八正道则指出治疗的方法。佛陀清楚地表示，这“并非一种外部疗法，并非由病人被动接受即可”[226]。佛陀指明，这个路径涉及八个步骤，它们均需被习得和练习。梭略里（Sole-Leris）写道：“虽然这八个步骤被依次列举出来以方便解释，但是这并
不是说需要按照这个次序来练习它们。”[227] 102

（1）“正见”是指要对现实的苦难及其根源有正确的理解，要知道摆脱苦难的方法和途径。

正见要求人们对四谛进行全面的理解。[228]正见是到达第八步冥想阶段之前的智识阶段。著名佛教教士浩信（Anzan Hoshin）解释道：“要获得正见，我们必须进行彻底的观察、聆听、生活以及提问。”[229]

（2）“正思维”是指戒除那些针对自己和别人的恶意、残忍和虚伪。佛陀认为，正思维会“净化思维”[230]。

（3）“正语”是指戒除四种不合适的说话方式：“不撒谎、不说人坏话、不出口伤人、不说闲话。”[231]佛陀强调，我们应该“通过交流来达到真善美”[232]。

（4）“正业”即某些人所说的佛教版本的“十诫”，这个准则“提倡道德、可敬、平和的行为”[233]。这个步骤要求戒除杀人、偷窃、乱性、撒谎和酗酒等行为，要求人们学会自律并且尊重别人的权益。

（5）“正命”是指避免从事“那些杀生的职业，如卖武器、卖酒、卖毒药、卖奴隶、卖牲畜”[234]。佛陀认为，这些职业无益于精神进步。

（6）“正精进”可以概括为“止恶修善、去恶从善、自觉努力”[235]。佛陀认为，这种正确的努力同时要求“开发思考和凝神的能力”[236]。

（7）“正念”是指“有意地、无偏见地观察所有现象，以期感知和体验它们的真实状态，不被感情和观念扭曲”[237]。这跟佛教中的解脱观点密切相关，这种观点认为，要实现解脱，需要针对某个时刻进行思考。浩信这样概括这种思考方式：

> 正念是指对现在保持敏感，对肉身、环境、感情以及思维保持敏感，对观、听、触、尝、闻以及思保持敏感，对形状、基本反应、象征、模式和意念保持敏感。[238]

（8）“正定”就是把全部精力都放在一件事上，并排除一切阻碍，达到崇高的思想境界。史密斯和诺瓦克指出：“佛陀提倡，要进行有耐心的、锲而不舍的努力，将全部注意力保持到某个点上。”[239]佛陀说，当心静不动时，“其义自现”[240]。

- **重要教义** 103

语言的荒谬

佛陀的各种教义中有一条会对跨文化交流产生重要影响。这种教义跟佛陀对语言的看法有关。佛教要求人们放弃用世俗语言表达的一些思想。佛教认为：“在引领人们追求真理方面，语言带有欺骗性和误导性。”[241]史密斯写道：“世俗的语言表达的是肉体和物质的世界，反映的是一般人的想法；然而佛教语言反映的是精神的、不可知的非物质的世界。”[242]这种观点可用两句佛家名言来表达：“要当心因言语而产生的错觉”，“不要轻信别人说给你听的话”[243]。这些说法表明，佛教相信有一个语言文字所不能触及的、崇高的、美妙的真理，它已超越了宗教仪式和语言所能表达的范围。一位佛家法师说道：“一种无须描绘的特殊表达；不依赖于任何语言文字；直至人的灵魂深处；找到了事物的本原，悟出了佛陀的真谛。”[244]

自悟

佛陀认为，人们可以从自身获得觉悟。佛教跟个体打交道。也就是说，每个人都有能力在此生当中找到真理和宁静。两句著名的佛家谚语分别说道：“让自己处于无外力可以借助的境地，依靠自己的勤奋，达到超脱的境界”；“你是自己的救赎，没有其他救赎”[245]。这种观点可解释如下：

> 佛陀认为，人们可以通过正确的方法来改变自身。人们并非注定要承受意念不断积累而形成的重量，通过自身的努力，人们可以抛开所有这些意念，实现彻底的纯净和超脱。[246]

暂时性

佛陀曾经写道：“雪花落入河流，白色转瞬间即灰飞烟灭。”[247]他用这种说法来表达所有事物的暂时性。他认为，万事万物，无论好坏，都处于不断变化之中，具有暂时性。佛陀认为，如果人们意识到没有任何事情是永恒的，就有助于帮助他们去理解某个时刻，接受生命的变化，并且善待他人。这种对于暂时性的认识转化成一种道德信条，佛陀告诉他的追随者：“人们忘记了他们的生命将很快终结，如果人们记得这一点，那么人们将不再争吵。”[248]二世纪佛教哲学家娜拉如那（Narajuna）精彩地描述了生命的不可预测性：“生命是如此脆弱，脆弱得还不如在风中飘舞的气泡。那些认为自己呼出的气就是刚刚吸进来的，睡了一觉后还会再醒来的人，是多么令人称奇啊！”

业

佛陀关于业的教义很重要，因为它为道德标准定下了基调。它指代一种因果报应：善行带来善果，恶行导致恶果。这一点和佛教的大部分教义是一样的，也就是说，决定一个人命运的，不是超自然的神力，而是他（她）的“业”。[249]因此，佛陀拒绝神化的观念，不从更高的来源寻求福报。佛陀说道：“所有的人都是自己行为（业）的主人和承担者；他们的行为就是孕育他们的母体……无论他们做了什么——善行还是恶行，都
104 要承担行为的后果。”[250]

人道主义

最后，在佛教的教义中，我们可以看到这样一种世界观：它涉及的与其说是超自然的权威或形而上学的臆测，不如说是人道主义和日常生活的艺术。谈及佛教的这种人道主义取向时，德巴利写道：

> 诸如智慧、热情、勇气、平和、无私等人类美德体现在佛陀及其追随者身上，并且通过绘画和雕刻等佛教艺术得到表达，这也启发了其他文化中所有拥有共同理想、喜欢冥想、勇于开展行动的人们。[251]

史密斯清楚地解答了佛陀的这种人道主义的诉求：

> 佛陀宣扬的是一种不需言语直接表达而需心领神会的宗教。他可能是世界上最伟大的思想家中的一员，但理论探索的灌木丛不是为他而生的。世界是永恒的还是短暂的，是有限的还是无限的，佛陀死后是否存在，对于这些问题，佛陀保持缄默。[252]

儒教

跟所有宗教传统一样，在几千年的历史中，儒教深刻地影响了其遵从者所在的文化和历史。[253]即便在今天，“东亚经济奇迹已经持续几十年，许多研究者认为，儒家价值观强调未来、工作、成就、教育、荣誉、节俭，在其中起到了关键的作用。”[254]古蒂昆斯特和金指出儒教对于跨文化交流的重要性，他们写道：“儒教影响大多数亚洲文化的行为方式，也影响了那些生活在非亚洲文化当中的亚洲人。”[255]

首先，我们需要意识到，儒教远远超过宗教的范畴。“孔子不主张祈祷。”[256]“孔子的言论也从来不想成为宗教信条。儒教没有神圣的启蒙经文，没有神职人员，没有关于来生的信条，不赞成禁欲和隐修。”[257]如果儒教不是宗教，那它是什么？克瑞姆在一定程度上回答了这个问题，他写道，儒教是“一种社会、政治、伦理和宗教思想体系，建立在孔子及其后继者的思想基础之上”[258]。虽然儒教对朝鲜、越南、日本文化都有深远影响，但几千年来受这种影响最大的还是中国。巴里、陈和沃特森（Barry，Chen and Watson）写道：“如果我们要用一个字来描述中国人过去两千多年来的生活方式，那么这个字就是‘儒’。”[259]儒教在中国的影响根深蒂固，中国领导人会利用儒教的无私、忠诚、顺从等概念，来实现对大众的引导。[260]从某种程度上来看，反而使其对人的控制变容易了。“儒教没有牧师，没有庙宇，没有宗教仪式。”[261]它是“一种有严格戒律、注重伦理道德的思想体系，强调对统治者的忠心，对父母的顺从和正确的行为”[262]。

- **孔子其人**

跟佛教一样，儒教是以特殊人物孔子的思想

为核心的。斯卡伯赫这样描述孔子的重要性，他写道："孔子大概是亚洲历史上影响力最大的人，并不仅仅是由于他对政府的观点，还由于他对恰
105 当人际关系和行为的描述。"[263]孔子于公元前551年出生在封建小国鲁国，位于现在的中国山东省。他早年涉足过许多行业，但在30多岁时他转而教书。麦克格瑞尔（McGreal）写道："人们被他的正直、诚实，尤其是令人愉悦的个性和为人师表的热情感染，3 000余人拜在他的门下，其中70多人成为了颇有建树的学者。"[264]孔子所传授的思想主要来自他对他所生活的时代的"人类状况"的观察。克瑞姆写道："孔子见证了封建统治瓦解、诸侯称霸以及连年战争的时代。"[265]根据这些观察，"孔子认为，政府必须建立在道德的基础上，所有人民必须各安其位"[266]。

● **基本假设**

如前所述，儒教的思想核心中并没有对于神的深刻信念，但是，儒教致力于促进社会和谐。儒教"重视个体的社会关系和责任胜过重视自我意识：人们通过自己所处的社会关系和责任来定位自己"[267]。这种观点的理由是："秩序并非居于某种宏大的超级存在中，而是居于社会的纽带关系中。"[268]尤姆（Yum）认为："儒教是一种关于人类本性的哲学，认为恰当的人类关系是社会的基石。"[269]这些"恰当"的关系包括爱面子、有尊严、自重，讲究名声、信誉和地位等。

● **《论语》**

孔子没有把他的思想记录下来。因此，关于他的教学的具体内容，我们只能通过他的门徒来获知。《论语》是最有影响的、最全面的孔子言论集。《论语》不是用系统的形式写就的，在写作时间上的跨度超过50年，共由20个部分组成。今天，它仍然深刻影响着中国乃至东亚的价值观和行为。它记录了一些他们自以为最能代表孔子思想的格言、谚语、警句等。[270]

● **重要教义**

如我们先前所述，儒教用一些稍微有些通俗的术语教导我们，社会正常运转的良好基础便是对人的尊严的尊重。这种尊重强调在家庭成员、社会和统治者间的社会关系中，存在一种规范的等级制度。孔子提出了五个理念，来表达他对这些关系的看法。理解这些教义，有助于我们认识亚洲人的交流方式。

"仁"（人道主义）

许多学者一致认为，仁是孔子思想的基石。仁带有"人心、人道、美德、仁慈、道德等方面的含义"[271]。孔子认为，仁是人类行为的终极指南，所有人的行为都应该符合仁的原则。不论地位高低，不分个性差异，人类只要据此行事，就能避免冲突，取得和谐。

"君子"（完人）

君子是指拥有完美个性的人，指那种通过修身养性，从而获得最大发展的人。[272]这种人"能够摒弃一己之私，能够充分地体贴别人"，因而"高人一等"[273]。

"礼"（仪式、典礼、礼仪、惯例）

礼是良好修养的外在表现，也是做事应有的方式。"孔子认为，必须拥有社会共同遵守的规则，指导社会秩序、宗教仪式以及其他习俗实践。"[274]发展到如今，礼还包括握手、鞠躬等简单
的问候行为。 106

"德"（操守）

仅从字面观之，德含有操守的意思。但是孔子在此处强调如何运用德行的问题。他坚信统治者必须拥有良好的品德，真心实意地为人民谋福利，具有令人肃然起敬的品格。[275]

"文"（艺术）

孔子非常崇尚文学艺术。甘农指出，孔子将艺术视为"获得和平的方式以及道德教育的工具"[276]。我们可以从以下一段中看到这种崇尚之情：

> 子曰："小子何莫学夫诗？诗可以兴，可以观，可以群，可以怨。迩之事父，远之事君，多识于鸟兽草木之名。"[277]

● **儒教与人际关系**

和我们考察过的所有世界观一样，儒教在许

多方面影响着人们对世界的认知和相互间的交往。首先，儒教常常直接或间接地宣扬“感同身受”。“仁”的部分含义就是“通过自己的心灵感受别人心情的能力”[278]。这显然也是移情的含义。

其次，与人交流时，信奉儒教的人会考虑到社会地位的问题。记住，孔子的目标是“使社会关系毫无摩擦地正常运转”[279]，这就体现在合理的地位关系当中。这一点无处不在，从差异化的语言符号（凸显敬意和等级的话语）[280]，到商业和教育领域中“家长式的权威”[281]，我们都可以看到社会地位的影子。

再次，要遵从儒教的原则，我们可能要更讲究礼仪。如我们先前所说，社交礼仪是儒家教义一个很重要的方面。诺瓦克提醒我们：“在孔子看来，专心实践社会规范和日常礼仪，有助于按照传统模式塑造人的品性。”[282]比摩尔和凡勒认为，这种对礼仪的重视也体现在商务语境中，中国人在谈判时“注重形式”[283]。中国人认为，坚持这些形式和正确的礼仪有助于维持谈判参与者之间的和谐。

然后，在孔子哲学中，家庭交流模式是大多数社会关系的样本。[284]这些关系界定了父子、夫妻以及长幼等家庭成员的等级特点。[285] 107

最后，儒教总是试图提倡使用含蓄的而非直白的语言。北美人常常喜欢直言不讳，经常直接拒绝别人，喜欢开门见山。然而，儒家哲学提倡含蓄的交流方式。“在中国文化中，出于‘和谐’和‘保全面子’的考虑，人们常常把自己的某种要求通过暗示而非直截了当的方式表示出来。”[286]尤姆这样表达儒教和交流之间的关系：

> 儒家文化提倡替别人着想和建立和睦的人际关系，巩固了“保全别人的面子”这种人际交往模式。含蓄的交流方式有助于避免遭人拒绝或非难的尴尬。[287]

在结束对儒教的讨论之前，我们再次重申儒教对于中国文化的重要性。作为一种跟宗教一样重要的生活方式，儒教延续千年，并且作为一种哲学，“深深地植根于中国文化，时至今日，其价值依然熠熠生辉”[288]。

宗教：最后的思考

在对待生死等宇宙观问题上，存在多种取向，这是本章关注的重点。弗里德曼（Friedman）说道：“上帝使用多种语言”[289]，也表达了同样的意思。但是，由于篇幅所限，我们只关注了这些“语言”中的几种。在本章的开头，我们就强调，世界上有无数价值观和宗教，我们没法一一关注。例如，西方还有数百万计的摩门教徒、耶和华见证人以及一神论者。也有人奉行新时代哲学，还有人练习巫术。在亚洲，我们没有关注道教、神道教和禅宗佛教。我们没有关注非洲、澳大利亚、太平洋岛屿等地的原始宗教以及南北美洲的印第安文化。如果我们有时间和机会去关注这些宗教和世界观，我们会意识到，世界观和交流之间存在更多关键联系。本章主要认为，几千年来，宗教对各个文化以及这些文化中的每个成员具有深刻的影响。今天，我们更加不能忽视这些影响。

问题很清楚：世界各大宗教能否和平相处？弗里德曼提出了同样的问题：

> 上帝在周五说阿拉伯语，在周六说希伯来语，在周日说拉丁语，他欢迎世界各地的人们通过各自的历史和语言文化传统去接近他，伊斯兰教、基督教以及犹太教能够认识到这一点吗？[290]

概 要

◉ 世界观是一种文化对上帝、人道、自然、宇宙、生老病死以及其他有关“存在”的哲学问题的看法。

◉ 虽然世界观可以用很多方式表现出来，但是我们的世界观主要汲取自宗教。

◉ 虽然所有宗教都具有特殊性，但是它们也具有相似性。这些相似性包括神圣的经文、具体的权威、传统仪式、道德条文以及为其成员提供安全感。 108

◉ 六种主要宗教传统包括基督教、犹太教、伊斯兰教、印度教、佛教以及儒教。

【注 释】

[1] W. A. Haviland, H. E. L. Prins, D. Walrath, and B. McBride, *Cultural Anthropology: The Human Challenge*, 11th ed. (Belmont, CA: Wadsworth, 2005), 340.

[2] N. Rapport and J. Overing, *Social and Cultural Anthropology: The Key Concepts* (New York: Routledge, 2000), 404.

[3] E. A. Hoebel and E. L. Frost, *Cultural and Social Anthropology* (New York: McGraw-Hill, 1976), 324.

[4] C. Kraft, "Worldview in Intercultural Communication," in *International and Intercultural Communication*, F. Casmir, ed. (Washington, DC: University Press of America, 1978), 407.

[5] B. J. Hall, *Among Cultures: The Challenge of Communication* (Orlando, FL: Harcourt College Publishers, 2002), 29.

[6] R. H. Dana, *Multicultural Assessment Perspectives for Professional Psychology* (Boston: Allyn and Bacon, 1993), 9.

[7] E. A. Hoebel, *Man in the Primitive World* (New York: McGraw-Hill, 1958), 159.

[8] R. O. Olayiwola, "The Impact of Islam on the Conduct of Nigerian Foreign Relations," *Islamic Quarterly*, 33 (1989), 19 - 26.

[9] For a summary of the elements associated with worldview, see S. Ishii, P. Cooke, and D. Klopf, "Our Locus in the Universe: Worldview and Intercultural Misunderstandings/Conflicts," *Dokkyo International Review*, 12 (1999), 301 - 317.

[10] D. L. Pennington, "Intercultural Communication," in *Intercultural Communication: A Reader*, 4th ed., L. A. Samovar and R. E. Porter, eds. (Belmont, CA: Wadsworth, 1985), 32.

[11] T. Bianquis, *A History of the Family*, Vol. 4, A. Burguiere, gen. ed. (Cambridge, MA: Harvard University Press, 1996), 618.

[12] *The Holy Bible: The New King James Version* (New York: American Bible Society, 1990), 1.

[13] M. P. Fisher and R. Luyster, *Living Religions* (Englewood Cliffs, NJ: Prentice Hall, 1991), 153 - 156.

[14] R. Bartels, "National Culture-Business Relations: United States and Japan Contrasted," *Management International Review*, 2 (1982), 5.

[15] W. S. Howell, *The Empathic Communicator* (Belmont, CA: Wadsworth, 1982), 223.

[16] P. Gold, *Navajo and Tibetan Sacred Wisdom: The Circle of the Spirit* (Rochester, VT: Inner Traditions, 1994), 60.

[17] S. Ishii, D. Klopf, and P. Cooke, "Our Locus in the Universe: Worldview and Intercultural Communication," in *Intercultural Communication: A Reader*, 11th ed., L. A. Samovar, R. E. Porter, and E. R. McDaniel, eds. (Belmont, CA: Wadsworth, 2006), 32 - 38.

[18] H. Helve, "The Formation of Religious Attitudes and Worldviews," *Social Compass*, 38 (1991), 373 - 392.

[19] Haviland, Prins, Walrath, and McBride, 2005, 340.

[20] S. Nanda and R. L. Warms, *Cultural Anthropology*, 6th ed. (Belmont, CA: Wadsworth, 1998), 275.

[21] W. A. Haviland, *Cultural Anthropology* (Fort Worth, TX: Harcourt Brace Jovanovich, 1993), 346.

[22] M. D. Coogan, "Introduction," in *The Illustrated Guide to World Religion*, M. D. Coogan, ed. (New York: Oxford University Press, 1998), 6.

[23] A. Malefijt, *Religion and Culture : An Introduction to Anthropology of Religion* (Prospect Heights, IL: Waveland Press, 1968), 145.

[24] S. Nanda, *Cultural Anthropology*, 5th ed. (Belmont, CA: Wadsworth, 1994), 349.

[25] H. Smith, *The World's Religions* (New York: HarperCollins, 1991), 9.

[26] H. Smith, *The Religions of Man* (New York: Harper and Row, 1986), 13.

[27] M. Grondona, "A Cultural Typology of Economic Development," in *Culture Matters : How Values Shape Human Progress*, L. E. Harrison and S. P. Huntington, eds. (New York: Basic Books, 2000), 47.

[28] M. B. McGuire, *Religion : The Social Context*, 5th ed. (Belmont, CA: Wadsworth, 2002), 1.

[29] Haviland, 1993.

[30] C. Lamb, "The Claim to Be Unique," in *Eerdmans' Handbook to the World's Religions*, R. Pierce Beaver et al., eds. (Grand Rapids, MI: Eerdmans, 1982), 358.

[31] A. W. P. Guruge, "Survival of Religion: The Role of Pragmatism and Flexibility," paper presented at the Religious Studies Department, George Washington University, Washington, DC, November 1, 1995, 30.

[32] R. L. Monroe and R. H. Monroe, "Perspectives Suggested by Anthropological Data," in *Handbook of Cross-Cultural Psychology : Vol. 1 Perspectives*, H. C. Triandis and W. W. Lambert, eds. (Boston: Allyn and Bacon, 1980), 259.

[33] W. E. Paden, *Religious Worlds : The Comparative Study of Religion* (Boston: Beacon, 1994), 170.

[34] K. E. Richter, E. M. Rapple, J. C. Modschiedler, and R. Dean, *Understanding Religion in a Global Society* (Belmont, CA: Wadsworth, 2005), 10.

[35] "One Nation Under Gods," *Time*, vol. 142, issue 21, Fall 1993, 62.

[36] www.adherents.com/Religions_By_Adherents.html (accessed March 3, 2005).

[37] D. L. Carmody and J. T. Carmody, *In the Path of the Masters : Understanding the Spirituality of Buddha, Confucius, Jesus, and Muhammad* (New York: Paragon House, 1994), Preface.

[38] N. Smart, *The World's Religions*, 2nd ed. (New York: Cambridge University, 1998), 541 - 546; 319 - 321.

[39] Smith, 1991, 3.

[40] K. Crim, *The Perennial Dictionary of World Religions* (New York: HarperCollins, 1989), 665.

[41] Coogan, 1998, 9.

[42] D. Crystal, *The Cambridge Encyclopedia of Language* (New York: Cambridge University Press, 1987), 384.

[43] Ibid.

[44] Richter, Rapple, Modschiedler, and Peterson, 2005, 92.

[45] Ibid., 224.

[46] McGuire, 2002, 17.

[47] Malefijt, 1968, 193.

[48] W. A. Haviland, *Cultural Anthropology* (Belmont, CA: Wadsworth, 2002), 274.

[49] Coogan, 1998, 10.

[50] Richter, Rapple, Modschiedler, and Peterson, 2005, 231.

[51] M. V. Angrosino, *The Culture of the Sacred : Exploring the Anthropology of Religion* (Prospect Heights, IL: Waveland Press, 2004), 97.

[52] Paden, 1994, 96.

[53] Richter, Rapple, Modschiedler, and Peterson, 2005, 255.

[54] J. Scarborough, *The Origins of Cultural Differences and Their Impact on Management* (Westport, CT: 1998), 3.

[55] Smart, 1998, 18.

[56] Ibid., 19.

[57] H. Smith, *The Illustrated World's Religions: A Guide to Our Wisdom Traditions* (New York: HarperCollins, 1994), 210.

[58] Ibid.

[59] Ibid.

[60] Coogan, 1998, 10.

[61] J. J. Macionis, *Society: The Basics*, 4th ed. (Upper Saddle River, NJ: Prentice Hall, 1998), 319.

[62] Smart, 1992, 23.

[63] F. Ridenour, *So What's the Difference* (Ventura, CA: Regal Books, 2001), 7.

[64] J. Hendry, *Understanding Japanese Society* (New York: Routledge, 1987), 103.

[65] Coogan, 1998, 13.

[66] W. C. Smith, *Modern Culture from a Comparative Perspective* (New York: State University of New York Press, 1997), 32.

[67] *Newsweek*, April 16, 2001, 49.

[68] B. Wilson, *Christianity* (Upper Saddle River, NJ: Prentice Hall, 1990), 16.

[69] R. D. Hale, "Christianity," in *The Illustrated Guide to World Religions*, M. D. Coogan, ed. (New York: Oxford University Press, 1998), 54.

[70] K. L. Woodward, "2000: Year of Jesus," *Newsweek*, March 29, 1999, 55.

[71] D. S. Noss and J. B. Noss, *Man's Religions*, 7th ed. (New York: Macmillan, 1984), 412.

[72] Wilson, 1999, 105.

[73] Angrosino, 2004, 151.

[74] *Prime Time School Television: The Long Search* (Chicago, 1978).

[75] Carmody and Carmody, 1994, 116.

[76] Ibid.

[77] M. P. Fisher and R. Luyster, *Living Religions* (Englewood Cliffs, NJ: Prentice Hall, 1991), 228.

[78] Smith, 1994, 212.

[79] P. Novak, *The World's Wisdom: Sacred Texts of the World's Religions* (New York: HarperCollins, 1994), 242-243.

[80] McGuire, 2002, 302.

[81] Ibid.

[82] Woodward, 1999, 56.

[83] H. T. Blanche and C. M. Parkes, "Christianity," in *Death and Bereavement Across Cultures*, C. M. Parkes, P. Laungani, and B. Young, eds. (New York: Routledge, 1997), 145.

[84] Woodward, 1999.

[85] Ibid.

[86] B. Storm, *More Than Talk: Communication Studies and the Christian Faith* (Dubuque, IA: Kendall/Hunt, 1996).

[87] Wilson, 1999, 26.

[88] Smith, 1994, 210.

[89] Woodward，1999，55.

[90] T. C. Muck，*Those Other Religions in Your Neighborhood ： Loving Your Neighbor When You Don't Know How* (Grand Rapids，MI：Zondervan，1992)，165.

[91] Blanche and Parkes，1997，145.

[92] C. Murphy，"The Bible According to Eve，" *U. S. News and World Report*，*August* 10，1998，49.

[93] J. L. Sheler，"Editing Peter and Paul，" *U. S. News and World Report*，September 11，2000，88.

[94] Woodward，1999，58.

[95] Ibid.，57.

[96] Murphy，1998，50.

[97] Ibid.，49.

[98] Carmody and Carmody，1994，104.

[99] D. Crystal，ed. *The Cambridge Factfinder* (New York：Cambridge University Press，1994)，343.

[100] Smith，1991，271.

[101] R. Banks，"The Covenant，" *Eerdmans' Handbook to the World's Religions*，278.

[102] D. J. Boorstin，*The Creators* (New York：Random House，1992)，43.

[103] D. Prager and J. Telushkin，*The Nine Questions People Ask About Judaism* (New York：Simon and Schuster，1981)，112.

[104] C. S. Ehrlich，"Judaism，" in *The Illustrated Guide to World Religion*，M. D. Coogan，ed. (New York：Oxford University Press，1998)，16.

[105] Malefijt，1968，69.

[106] Ibid.

[107] Smith，1991，287.

[108] Fisher and Luyster，1991，175.

[109] *Prime Time School Television*，1978.

[110] Ehrlich，1998，39.

[111] C. Van Doren，*A History of Knowledge* (New York：Ballantine Books，1991)，16.

[112] Prager and Telushkin，1981，29.

[113] Ibid.

[114] Van Doren，1991，16.

[115] F. E. Peters，*Judaism，Christianity and Islam ： The Classical Texts and Their Interpretation* (Princeton，NJ：Princeton University Press，1990).

[116] Crim，1989，732.

[117] L. Rosten，*Religions of America* (New York：Simon and Schuster，1975)，143.

[118] Rosten，1975.

[119] Novak，1994，179.

[120] Prager and Telushkin，1981，46.

[121] Smith，1994，189.

[122] Rosten，1975，575.

[123] Smith，1991，267.

[124] D. Belt，"The World of Islam，" *National Geographic*，January 2002，77.

[125] J. Blank，"The Muslim Mainstream，" *U. S. News and World Report*，July 20，1998，22.

[126] J. L. Sheler，"Muslim in America，" *U. S. News and World Report*，October 29，2001，51.

[127] Belt，2002，76.

[128] E. E. Calverley，"World-Center of Islam，" in *World-Center ： Today and Tomorrow*，R. N. Anshen，ed. (New

York: Harper and Brothers, 1956), 65.

[129] *Qur'an*, 112: 1-4.

[130] K. L. Woodward, "In the Beginning, There Were the Holy Books," *Newsweek*, February 11, 2001, 52.

[131] Van Doren, 1991, 20.

[132] McGuire, 2002, 216.

[133] M. S. Gordon, "Islam," in *The Illustrated Guide to World Religion*, M. D. Coogan, ed. (New York: Oxford University Press, 1998), 92.

[134] Ibid., 91.

[135] www.islam-guide.com/ch3-7.htm (accessed April 11, 2005).

[136] Belt, 2002, 82-83.

[137] Novak, 1994, 282.

[138] Elias, 1999, 21.

[139] C. Wilson, "The Quran," *in Eerdmans' Handbook to the World's Religions*, 315.

[140] Richter, Rapple, Modschiedler, and Peterson, 2005, 366.

[141] M. K. Nydell, *Understanding Arabs: A Guide for Westerners* (Yarmouth, ME: Intercultural Press, 1987).

[142] Novak, 1994, 282.

[143] Angrosino, 2004, 208.

[144] L. Beamer and I. Varner, *Intercultural Communication in the Global Workplace*, 2nd ed. (New York: McGraw-Hill, 2001), 93.

[145] A. M. Lutfiyya, "Islam in Village Culture," in *Readings in Arab Middle Eastern Societies and Cultures*, A. M. Lutfiyya and C. W. Churchill, eds. (Paris: Mouton, 1970), 49.

[146] A. Esler, *The Human Venture*, 2nd ed. (Englewood Cliffs, NJ: Prentice Hall, 1992), 257-258.

[147] Ibid., 250.

[148] Farah, 2003, 415.

[149] Gordon, 1998, 122.

[150] Elias, 1999, 105. See also Smith, 1994, 166-167; and Farah, 2003, 417.

[151] Elias, 1999, 105-106.

[152] Novak, 1994, 306.

[153] Farah, 2003, 417.

[154] Elias, 1999, 107.

[155] Esler, 1992, 250.

[156] Crim, 1989, 57.

[157] L. Schmalfuss, "Science, Art and Culture in Islam," in *Eerdmans' Handbook to the World's Religions*, 328.

[158] www.geocities.com/Athens/ Forum/9410/hindu 1.html (accessed November 7, 2004).

[159] Esler, 1992, 80.

[160] Scarborough, 1998, 131.

[161] V. Narayanan, "Hinduism," in *The Illustrated Guide to World Religion*, M. D. Coogan, ed. (New York: Oxford University Press, 1998), 126.

[162] Boorstin, 1992, 5.

[163] Smart, 1998, 44.

[164] C. Shattuck, *Hinduism* (Upper Saddle River, NJ: Prentice Hall, 1999), 17.

[165] Ibid., 1998.

[166] Ridenour, 2001, 89.

[167] Richter, Rapple, Modschiedler, and Peterson, 2005, 89.

[168] Scarborough，1998，31.

[169] Narayanan，1998，130.

[170] Shattuck，1999，20.

[171] Richter，Rapple，Modschiedler，and Peterson，2005，114.

[172] Crim，1998，785.

[173] B. Usha，*A Ramakrishna-Vedanta Handbook*（Hollywood，CA：Vedanta Press，1971），79－80.

[174] S. Prabhavanda and F. Manchester，*The Upanishads*：*The Breath of the Eternal*（Hollywood，CA：Vedanta Press，1978），xvii.

[175] www. religioustolerance. org/ hinduism2. htm（accessed April 21，2005）.

[176] Usha，1971，17－18.

[177] Shattuck，1999，39.

[178] Boorstin，1992，4－5.

[179] R. Hammer，"The Eternal Teaching：Hinduism，" in *Eerdmans' Handbook to the World's Religions*，170.

[180] R. S. Hegde，"Passages from Tradition：Communication Competence and Gender in India，" paper presented at the Annual Convention of the Speech Communication Association，Miami Beach，FL，November 1993，5.

[181] T. K. Venkateswaran，"Hinduism：A Portrait，" in *A Source Book for Earth's Community of Religions*，J. D. Beversluis，ed.（Grand Rapids，MI：Co Nexus Press，1995），40.

[182] Narayanan，1998，128－129.

[183] D. Jurney，ed.，*Gems of Guidance*：*Selections from the Scriptures of the World*（Kidlington，Oxford：George Ronald，Publisher，1992），48.

[184] G. Kolanad，*Culture Shock*：*India*（Portland，OR：Graphic Arts Center，1994），56.

[185] Usha，1971，52.

[186] Ibid.，1971.

[187] Smart，1998，87.

[188] Usha，1991，21－22.

[189] N. Jain and E. D. Kussman，"Dominant Cultural Patterns of Hindus in India，" in *Intercultural Communication*：*A Reader*，9th ed.，L. A. Samovar and R. E. Porter，eds.（Belmont，CA：Wadsworth，2000），83.

[190] Hammer，1982.

[191] Jurney，1992，87.

[192] Jain and Kussman，2000，84.

[193] Ibid.，2000，85.

[194] M. K. DeGenova，*Families in Cultural Context*：*Strengths and Challenges in Diversity*（Mountain View，CA：Mayfield Publishing Company，1997），174.

[195] Smart，1998，87.

[196] S. Prabhavanda，*The Spiritual Heritage of India*，2nd ed.（Hollywood，CA：Vedanta Press，1969），335.

[197] Ibid.

[198] McGuire，2002，166.

[199] W. T. de Bary，*The Buddhist Tradition in India*，*China and Japan*（New York：Random House，1972），vii.

[200] N. Thera，*An Outline of Buddhism*（Singapore：Palelai Buddhist Temple Press，n. d.），19.

[201] H. Smith and Novak，*Buddhism*：*A Concise Introduction*（New York：HarperCollins，2003），4.

[202] Van Doren，1991，21.

[203] R. H. Robinson，W. L. Johnson，and T. Bhikku，*Buddhist Religions*：*A Historical Introduction*，5th ed.（Belmont，CA：Wadsworth，2005），7.

[204] Ibid.

[205] Crim, 1989, 124.

[206] M. D. Echel, "Buddhism," in *The Illustrated Guide to World Religion*, M. D. Coogan, ed. (New York: Oxford University Press, 1998), 166.

[207] www. buddhanet. net/e-learning/ history/bchron. htm (accessed November 3, 2005).

[208] De Bary, 1972, xvii.

[209] Smith and Novak, 2003, 3-4.

[210] Ibid., 4.

[211] W. Rahula, *What the Buddha Taught* (New York: Grove, 1974), 1.

[212] Fisher and Luyster, 1991, 103.

[213] Rahula, 1974.

[214] Richter, Rapple, Modschiedler, and Peterson, 2005, 131.

[215] Smith, 1991, 99.

[216] W. Metz, "The Enlightened One: Buddhism," in *Eerdmans' Handbook of the World's Religions*, 231-232.

[217] A. Solé-Leris, *Tranquility and Insight: An Introduction to the Oldest Form of Buddhist Meditation* (Boston: Shambhala, 1986), 14.

[218] Rahula, 1974, 17.

[219] Ridenour, 2001, 101.

[220] www. buddhanet. net/e-learning/ buddhism/bs-s04. htm (accessed April 26, 2005).

[221] Smith, 1994, 71.

[222] Eckel, 1998, 171.

[223] Crim, 1998, 450.

[224] Ibid., 1998, 540-541.

[225] Rahula, 1974, 45.

[226] Smith and Novak, 2003, 39.

[227] Solé-Leris, 1986, 19.

[228] Smith and Novak, 2003, 42.

[229] www. wwzc. org/translations/ TheEightfoldPaths. htm (accessed April 27, 2005).

[230] www. dusers. drexel. edu/~ buddha ? Buddhism/Concepts/ 8FPath. htm (accessed April 27, 2005).

[231] Robinson, Johnson, and Thanissaro, 2005, 30.

[232] Fisher and Luyster, 1991, 110.

[233] Rahula, 1974, 47.

[234] Robinson, Johnson, and Thanissaro, 2005, 30.

[235] Crim, 1998, 236.

[236] Solé-Leris, 1986, 19.

[237] Ibid., 1986.

[238] www. wwzc. org/translations/ TheEightfoldPaths. htm (accessed April 27, 2005).

[239] Smith and Novak, 2003, 48.

[240] Fisher and Luyster, 1991.

[241] W. B. Gudykunst and Y. Y. Kim, *Communicating with Strangers: An Approach to Intercultural Communication* (New York: McGraw-Hill, 2003), 217.

[242] R. Brabant-Smith, "Two Kinds of Language," *The Middle Way: Journal of the Buddhist Society*, 68 (1993), 123.

[243] Smith, 1994, 68.

[244] Thich-Thien-An, *Zen Philosophy*, *Zen Practice* (Emeryville, CA: Dharma, 1975), 17.

[245] Jurney，1992，90.

[246] B. Bodhi，*Nourishing the Roots and Other Essays on Buddhist Ethics*（Sri Lanka：Buddhist Publication Society，1978），7.

[247] Smith and Novak，2003，56.

[248] Ibid.，112.

[249] www. sgi-use. org/buddhism/faqs/ karma. html（accessed April 28，2005）.

[250] Novak，1994，67.

[251] De Bary，1972，xix.

[252] Smith，1994，68.

[253] Oldstone-Moore，"Chinese Traditions，" in *The Illustrated Guide to World Religion*，M. D. Coogan，ed.（New York：Oxford University Press，1998），200.

[254] L. E. Harrison，Promoting Progressive Cultural Change，in *Culture Matters：How Values Shape Human Progress*，L. E. Harrison and S. P. Huntington，eds.（New York：Basic Books，2000），296.

[255] Gudykunst and Kim，203，80.

[256] Malefijt，1968，197.

[257] www. Ubfellowship. org/archive/ readers/601 _ confucianism. htm（accessed November 2，2005）.

[258] Grim，1989，188－189.

[259] W. T. Barry，W. T. Chen，and B. Watson，*Sources of Chinese Tradition*（New York：Columbia University Press，1960），17.

[260] Z. Lin，"How China Will Modernize，" *American Enterprise*，2（1991）.

[261] Schneider and Silverman，1997，15.

[262] Ibid.，1997.

[263] Scarborough，1998，27.

[264] I. P. McGreal，*Great Thinkers of the Eastern World*（New York：HarperCollins，1995），3.

[265] Crim，1989，192.

[266] J. Oldstone-Moore，1998，205.

[267] S. Dragga，"Ethical Intercultural Technical Communication：Looking Through the Lens of Confucian Ethics，" in *Intercultural Communication：A Reader*，11th ed.，L. A. Samovar and R. E. Porter，eds.（Belmont，CA：Wadsworth，2006），421.

[268] Angrosino，2004，148.

[269] J. O. Yum，"Confucianism and Interpersonal Relationships and Communication Patterns in East Asia，" in *Intercultural Communication：A Reader*，9th ed.，L. A. Samovar and R. E. Porter，eds.（Belmont，CA：Wadsworth，2000），64.

[270] Oldstone-Moore，1998，212.

[271] www. wckfc. com/article/ ANALECT/analect. htm（accessed April 29，2005）.

[272] McGreal，1995，4.

[273] M. J. Gannon，*Understanding Global Cultures：Metaphorical Journeys Through 23 Nations*（Thousand Oaks，CA：Sage Publications，2001），423.

[274] www. wckfc. com/article/ ANALECT/analect. htm（accessed May 2，2005）.

[275] Smith，1994，111.

[276] Gannon，2001，424.

[277] Smith，1994.

[278] Ibid.，110.

[279] M. Soeng，*Trust Your Mind*（Boston：Wisdom Publications，2004），42.

[280] Yum，2000，68.

[281] G. Chen and J. Chung，"The Impact of Confucianism on Organizational Communication，" *Communication Quarterly*，42（1994），97.

[282] Novak，1994，120.

[283] Beamer and Varner，2001，251.

[284] Soeng，2004，43.

[285] Gannon，2001，147.

[286] G. Gao and Ting-Toomey，*Communicating Effectively with the Chinese*（Thousand Oaks，CA：Sage Publications，1998），75.

[287] Yum，2000，70.

[288] www. geocities. com/tokyo/ springs/6339/Confucianism. html（accessed May 3，2005）.

[289] T. L. Friedman，"A War We Can't Win with Guns Only，" *San Diego Union-Tribune*，November 28，2001，B-8.

[290] Ibid.，2001.

活　动

1. 在小组中讨论这个问题：为什么宗教对人类一直很重要？

2. 去一座不属于自身文化的教堂，寻找那些能够了解这座教堂成员的感知模式的仪式和信息。

3. 在小组中讨论这个问题：宗教的哪些方面跟感知和交流直接相关？

讨论观点

1. 了解一种文化中的宗教成分，对于你了解那种文化的价值观有何帮助？

2. "宗教仅仅是世界观的一种"，如何理解这句话？

3. 一种文化的宗教和价值观之间有何联系？

4. 你可以从本章讨论的六大宗教传统中找到哪些共同的道德准则？

第4章

文化与个人：文化身份

我们身处其中的独特人类文化链条是个体身份的核心。

——伊丽莎白·斯通（Elizabeth Stone）

身份的价值理所当然往往表现在它与生俱来的目的性上。

——理查德·格兰特（Richard Grant）

我是谁？停下来思考一下再来回答这个问题。简略记录一下你的想法。一些人会认为这个问题比较简单，随随便便就能列出一张长长的清单。也有一些人会犹豫不决，只能写出很少的几项。不管你的清单有多长，透过这些答案，都可以窥探你的很多特质。

身份是一个抽象的、多层面的概念，它在交际传播中扮演着重要的角色。在21世纪，全球化、跨文化通婚和移民模式使得文化身份更加复杂。从这个视角出发，我们将通过本章来探讨身份特性的多个方面。[1]这在跨文化交际与传播中尤其重要。在前面的第2章和第3章中，我们探讨了深层文化结构是如何影响个体身份的。身份特性这个话题非常重要，它将贯穿本书的始终。

既然这个概念无处不在，那么我们有必要细致地了解一下它的内涵。为了解释这个概念，我们首先要指出，在当今文化多样的社会中，越来越需要理解身份特性所扮演的角色。本章整个脉络将这样展开：身份特性在理论上的定义、个体多种身份的类型学研究以及获得身份特性的多种途径。接下来探讨建立并扮演自身文化身份的途径分类，以及文化身份在交际与传播中的作用。最后一个部分将介绍在全球化推动下，二元文化和多元文化身份特性的日益凸显。

110 理解身份特性的必要性

理解自己身份特性的必要性不证自明。身份特性的发展是每个人心理上获得幸福的关键。根据平尼（Pinney）的观点，青春期里，人的一个主要目标就是形成身份特性，“那些没有获得稳妥身份特性的人就会陷入混乱，他们不能明确自己是谁以及未来生活中自己将扮演怎样的角色”[2]。

理解身份特性也是跨文化交流与传播学习和实践所必需的。[3]日益频繁的国际交流使身份特性在跨文化环境中更加重要。这种国际交流是由诸多因素推动的，如全球化进程、武装冲突（主要指一定程度上由文化差异引起的）以及由移民、跨文化通婚及有分歧的价值观念所造成的国内文化多样性。

从 2000 年人口普查中可以看出，美国公民对文化身份越来越重视。普查期间，受访对象首次可以选择多个选项，来显示他们的种族身份。大约有 2.4%的受访者选择两个及两个以上的种族，这个数字代表了将近 700 万美国公民。[4]2000 年人口普查中的另外一个问题是让受访者写出自己的“祖先血统或者种族本源”。调查结果出现了大约 500 个不同种类的答案[5]，其中 90 多种答案选项是由 10 万人填写的[6]。人口普查局报告称，这些信息有助于“提供各种服务以适应文化差异”，以及“应对和处理不同种族间语言和文化的多样性”[7]。这同样有助于估测美国的多样性以及人们对自身身份特性的认知水平。

我们所生活于其中的这个不安定世界某种程度上也受到对身份特性不同理解的影响。布鲁克斯（Brooks）在《纽约时报》中提到，“各种身份之间剧烈重组，新身份不断出现，常常相伴的还有更多刻板僵化的团体身份”[8]。他认为，尽管信息技术的影响力无远弗届，全球化更是威力十足、势如破竹，“但是旧有的民族身份特性却越发显示出令人惊讶的张力”[9]。布鲁克斯认为，人们面对与自己文化特性不同的群体，也就是与自己有着不同政见、信仰和生活方式的人，无论从社交上还是从心理上都会愈加自我隔离。这种不确定性源于日新月异的世界秩序，传统社会结构的颠覆也使很多人感受到高度的不确定性。于是，数以百万计的人们相信他们最大的确定性和安全感来源于与自己有着相似的种族、共同的信仰、经济利益和政治上志同道合的群体。[10]换言之，就在人们努力适应现代社会生活的变动不居的时候，身份特性成为一个越来越重要的因素，它决定了人们怎样生活以及和哪些人交往。

跨文化交流和传播研究中一个直接关注点就是除了提供个人与他人交流的指导纲要外，还关注身份特性如何影响并指导对个人与他人社会角色的期望。[11]举例来说，美国课堂上教授与学生之间互动的文化模式已经有了清晰的界定。上课期间，学生可以自由提问，并且礼貌地质疑教授的看法。学生意识到教授会就课堂内容提问，这样的预知使他们有提前准备的动机。教授和学生的身份认知决定了课堂行为的整体表现。但是这里所说的整体表现只是就美国课堂而言的。在集体主义的文化里，比如日本，身份角色与美国是相同的，但是预期却大有不同。日本的学生通常不期望被提问，并且在课堂上也很少向教授提问。这个例子的说服力在某种程度上过于简单化，但是它表明了在跨文化环境中理解身份角色的重要性。

认识和了解身份特性以及它对跨文化交流和传播的影响是必要的，这背后还有很多原因。然而，我们相信上面的讨论会使你相信我们需要熟知自己和他人的身份特性。为了帮助你完成这个 111
任务，我们将从身份特性的定义入手。

定义身份特性

正像我们先前提到的，身份特性是一个抽象的、复杂的、动态的概念。因此，身份特性不易定义，也因此传播学学者们对身份提出了多种描述。例如，叶普（Yep）把身份特性看作是“在特定社会、地理、文化、政治环境下，人对自我的认识……身份特性提供给个体对自我和人格的认识”[12]。汀·图梅（Ting Toomey）认为身份特性的“自我意识和自我形象的反映，源于我们的家庭、性别、文化、种族和个人的社会化过程。从本质上来说，身份特性是指我们对自我的认知以及关于自我形象的其他认知”[13]。马丁和中山（Martin and Nakayama）则给出了更加简洁的定义，他们将身份特性描述为“我们的自我认识，也就是我们认为自己是谁”[14]。马修斯认为“身份特性就是如何理解自我，如何标记自我”[15]。但是这些都是广义上的概念，一些学者从更为专业的角度阐述了文化身份。

冯主张：“在跨文化关系研究中，文化和文化身份成了把种族特性囊括其中的一个大而无当的涵盖性术语。”[16]鉴于此，她将文化身份定义为：

> 共享体系内对象征性言语行为和非言语行为交际传播的识别，这些行为对于团体内成员具有意义，而这些成员之间又拥有共同的归属感，共享一种文化传统、历史遗产、语言文字，并且对行为的判断具有相似的判定规范。文化身份是一种社会建构。[17]

拉斯提格和科斯特（Lustig and Koester）认为文化身份是“一个人对特定文化和种族群体的归属感”[18]。汀·图梅和常（Chung）把文化身份定义为“一种情感意义，也就是把这种情感归属于或从属于一种大的文化范畴”[19]。

上面所列举的有关文化身份的概念并不是要使你感到困惑，而是要表明文化身份的抽象性。这种抽象性决定想要建构一个单一精准的、所有人都能够认同的概念是非常困难的。这种困难一部分源自身份特性这个概念很早就成为心理学和社会学领域感兴趣的话题[20]，之后才成为跨文化交流与传播学学者们的研究主题，这些学者较晚才开始研究身份特性的文化构成。因此，一些概念称其为“身份特性”，另一些则称之为“文化身份特性”。而本章自始至终所抱持的一个观点就是，我们相信文化会影响一个人的身份特性的方方面面。

身份特性不仅处于动态中，而且表现多样 *112*
化。也就是说，它不是静态的，而是随着生活阅历的增加而变化。[21]此外，你有不止一个身份。试想在小学、中学和大学，你都是如何定义自己的。那时候，你不断获得新的身份，舍弃旧的身份。比如，你舍弃了高中生的身份，获得了大学生的身份。但是，你依然保持着家乡和国家的地域身份以及你的种族身份。也许，你放弃了高中运动队队员的身份，比如游泳队或者是排球队队员，而获得了女生联谊会或男生联谊会会员的身份。由此可以看到，你的身份特性是多种不同身份的复合体，它们是统一的——它们不是孤立存在的，而是根据环境的变化而变化的。[22]举例来说，你在教室里的时候，你突出的身份是学生，但是你仍然是一个男性或女性、你同学的朋友、一个兼职者、儿子或女儿，甚至是妻子或丈夫，不一而足。

为了减少复杂性，帮助大家更好地理解人们的多重身份，一些研究人员建构起不同的范畴以对不同的身份进行分类。特纳提出了三种相近的分类范畴。[23]人类身份是这样一种自我认知观念：它将你与其他人相联系，与其他生命形态相分离。社会身份由你所归属的不同团体所代表，比如人种、种族、职业、年龄、家乡等。社会身份是一些社会团体间成员身份的比照，而非其他（比如团体内和团体外的分类)。个人身份则将你与团体内其他成员进行区分，它使你与众不同，或者说独一无二。这些可能包括一些内在的天分，比如能够通过自学弹奏一门乐器；或是一项特别的成就，像独自一人航行世界；或是一些像性格一样无形的东西。

霍尔提出了对身份的一种近似范畴划分方法。他提出："我们每个人都有三个层次的身份，随着环境的变化，可能（或不能）成为人际交往中凸显的特性。这三个层次是个人、关系和社区。"[24]个人身份使你独一无二，而与他人相区分。关系身份是你与他人关系的产物，诸如丈夫/妻子，老师/学生，主管/经理。社区身份的典型特征在于"其与更大的社区相联系，例如民族、种族、性别或是宗教、政治隶属"[25]。

霍尔的社区身份基本上与泰勒的社会身份相同。古蒂昆斯特对于这种身份提出了一个更进一步的分类，这个分类在跨文化交流与传播中最为重要。

> 我们的社会身份可以基于人口统计学意义上的成员身份（比如国别、种族、性别、年龄和社会阶层）、我们扮演的不同角色（如学生、教授、家长）、我们在正式或非正式团体中的各种成员身份（如政党、社会俱乐部）、我们不同的职业（如科学家、艺术家、园艺师），或是一些受到社会歧视的"烙印"(stigmatized）群体的成员身份（如流浪者、艾滋病患者）。[26]

本节对身份特性这一抽象概念做了一些理论上的理解阐释，并试图说明个体的身份特性是"由大量重叠的层面或者诸多次身份（Sub-identities）构成的"[27]。我们也讨论了在更为宏大的分类范畴下对个人的多种身份特性的分类方法。因为这些分类与跨文化交流与传播的互动和研究最为相关，我们现在来看一下不同的社会身份，并且探究它们是如何受文化影响的。

113 身份的类型

虽然我们在行文中交替使用身份（identity）和多种身份（identities）两个术语，但是我们也指出，实际上一个人的身份也包含了多种身份，这些身份相互调适、协调作用。每种单一身份的重要性及其凸显与否取决于具体的环境。当环境发生变化时，人们就会选择去强调一种或多种身份。上课的时候，你作为学生的身份就会凸显；工作的时候，你的职业身份就会成为最重要的。但是在这两种环境中，你的一些诸如种族、生理性别身份等也会呈现出来，即便是作为第二角色。无论是哪种角色在起作用，所有这些都不同程度地由文化来调节。本节将要讲到人们众多身份中的一些身份，并且逐个证明文化是如何影响它们的。

人种身份

我们先要给出这样的解释：人种是一种社会建构，这一建构基于我们试图要把人类划分为不同群体的想法。依据克莱尔（Collier）的理论，学术界、政府和政治机构一直以来都在使用人种这一概念以确认本团体以外的其他团体。[28]持有这种观点的研究人员把人种看成一个社会建构意义范畴下的术语，这一术语与权力相互关联。艾尔波特（Allport）指出，人类学家最初提出了三个独立的人种——蒙古人种、高加索人种和尼格罗人种，但是随后又增添了一些。[29]这些分类仅仅依据外貌将人分成不同人种。而今，人种身份通常与外貌特征相关联，如肤色、发质、面部形态或是眼睛形状。[30]然而现代科学已经发现，人类进化中很少存在遗传变异，这就掩盖了人种分类作为划分人类的精确性。这个概念进而也受到了几个世纪以来人种间基因杂交的侵蚀[31]，这种现象在当今社会，由于不同人种的通婚而更加凸显。人种身份的概念在美国作为一个社会结构的观念，毫无疑问受到以往历史事件支柱的，诸如奴隶制度、早期对原住民的迫害、民权议题以及近期越来越多的移民涌入。

种族身份

“在文学上，人种和种族这两个术语之间的区分一直不明晰”[32]，因此，人种身份和种族身份的区别也不甚清楚，容易混淆。这个问题也因为人们“根据特定场合和环境极其主观随意地”[33]阐释自己的种族身份而更加错综复杂。然而，依据我们的观点，人种身份与生物遗传相关联，这种遗传创造了相似的、可辨认的外貌特征。种族或种族身份源自共同的文化遗产、历史、传统、价值观念，相似的行为、种族发源地，在一些情况下还包括语言。[34]

一些人的种族身份源自地域，例如：

- 巴斯克人，他们居住在西班牙和法国的交界地带。
- 贝都因人，他们属于阿拉伯游牧民族，生活在从横跨北非的东撒哈拉以及阿拉伯半岛一直到沙特阿拉伯东海岸地带。
- 库尔德人，他们是伊拉克东北部的一个大的族群，并且在土耳其、伊朗和叙利亚也有分布。
- 罗姆人（通常称作吉卜赛人），他们散布于
114 东欧和西欧。

这些种群的种族观念都跨越了国界，已经拥有了共同的文化信仰和实践。

很多美国公民的种族身份和他们那些移民美国之前的祖先发源地相联系，比如德国、意大利、墨西哥或是中国。最初的移民到达美国之后，他们的后代通常称自己为德裔美国人、意裔美国人、墨西哥裔美国人或华裔美国人。像陈（Chen）所说的那样，这样的称呼使两种文化分离又相联系。[35]

在早期的美国，移民经常聚居在一个特定的地点形成种族社区。在这些地方，人们的民族身份感依然强烈，因为传统文化实践和信仰都得以传承。但是随着时间的流逝，新生一代移居到了民族多样性更明显的地区，并和其他种族通婚。对于一些人来说，这就冲淡了他们的种族身份感。当今社会，在美国有件事很常见，那就是听美国公民说起他们的种族身份时会列出一个长长的历史清单，来述说他们家族种族融合的故事。其他人会简单地称自己“就是美国人”或者说“一个白种美国人”。通常他们植根于美国主导文化，这种文化源自西欧引进的基督教传统，而西欧各民族的血统也是在多年间种族间的大规模通婚中形成的。马丁和中山写道：很多与“白人”相关的文化实践都超出了实际参与者的意识范围，仅仅为少数文化群体所识别。[36]因此，“白人”通常与特权阶层相联系。

性别身份 115

不同于生理性别（sex）或两性（sexual）身份，这里说的性别（gender）身份是指一种文化如何区分男性和女性的社会角色。正如汀·图梅所说：“简单地说，性别身份是指我们对于自我形象和其他‘女性’与‘男性’形象的理解和解释。”[37]

文化影响性别美的构成要素，性别美的表现形式也因文化而异。在美国，尽管有患皮肤癌的危险，许多年轻女性仍希望在她们所参加的美丽疗养夏令营中将皮肤晒成棕褐色。然而，在东北亚、东南亚文化中，暗色皮肤是社会经济地位低下的标志，人们也尽量不在日光下曝晒。一些文化体系通过语言措辞来表达性别差异。在日本，某些词语传统上是女性专用的，而男性用不同的词语表达与之相同的意思。在英语中，女性和男

性所使用的词语基本上没有区别。性别身份的文化差异在时装方面也非常显著。詹姆斯发现：

> 在丹麦，男人比女人更在意自己的体重。女性通常穿宽松的衣服，很少能看到有人穿迷你裙——即使在青少年中也是这样。这是因为在丹麦，穿着过分性感不是女性提升自己魅力的主要方式。[38]

与美国和许多西欧国家相比，这样的穿着习惯有极大的反差。

国家身份

国家身份与国籍有关。对于大多数人来说，国家身份是指他们的出生国。但国家身份也可以通过移居和同化获得。从非出生国获得公民身份的人最终会开始吸收一些或者全部的国家身份特性，而这取决于他们对新家园的情感是否足够深厚。与此相反，在一个国家永久居住的人，可能对祖国怀有一种强烈的情感。美国的一位作家曾了解到，许多在日本长期居住和工作的侨民，一直都认为其出生国才是自己的国家身份——如澳大利亚人、美国人或秘鲁人。当一个人远离自己的祖国时，其国家身份通常愈加明显。当被问及来自哪里时，外国游客的常见反应都是其国家身份——如“我们来自加拿大”。然而，有很多例子显示，人们有时对一个地区的感情比对国家的感情更加深厚。以得克萨斯人为例，当问到他们来自哪里时，他们往往回答说来自得克萨斯而非来自美国，这种回答屡见不鲜，已成为该地人们的一大特点。此外，国际体育盛事或国际危机也会
116 激发人们强烈的国家身份情感。[39]

正如我们前面指出的，身份是动态的，会随着时间的变化而变化。一个能体现动态性的特别有趣的例子出现在欧盟：年轻一代正逐渐脱离他们父母一代的国家身份，而接受一种跨国身份。托马斯·瑞德（Thomas Reid）的报告称，欧盟国家的年轻人趋向于“认为‘欧洲’是他们的祖国”[40]。为了验证这个说法，一位作者询问了两位留学博士生关于其国家身份的问题。她们一位来自奥地利，一位来自德国，在美国的一所大学读书。来自奥地利的女学生认为自己是欧洲人而非奥地利人。另一位女生指出，她仍认为自己是德国人，但她的很多同学都对自己的国家身份感到迷惑。

大多数国家都有着大量不同的文化群体，但通常只有一个群体行使最高权力。他们通常被认为是这个国家最为主流的文化群体，因为其成员掌管控制着经济、政治和各种组织机构。这种控制造成“国家性格”的生成，艾尔波特将其定义为：

> “国家性格”意味着一国成员，不分民族、种族、宗教或个人的差异，在某些特定的基本信念和行为上保持一致性，并且远远超过与其他国家成员的相似度。[41]

在美国，主导文化被认为由那些来自西欧民族的成员控制，因此从西欧的文化传统中生成的文化特征被认为是全美国所共享的，并且也被指认为“国家性格”。

区域身份

除了一些非常小的国家如摩纳哥，或者教廷（如梵蒂冈城）以外，每个国家都可以划分出一些不同的地理区域，这些区域也通常反映出各种各样的文化特色。这些区域的文化差异或许能通过种族渊源、语言、口音、方言、风俗、习惯、饮食、衣着或不同的历史政治遗产得以体现。这些区域的居民通过以上一项或多项特色来展现其区域身份。

在美国，许多区域身份由州边界线划定，而几乎所有人都为本州感到自豪。得克萨斯州和加利福尼亚州的居民在区域身份方面是最好的范例。

路易斯安那州由于法国历史遗产而拥有不寻常的文化传统。区域身份也可以以更大的地理范围为基础，如美国东北部六州、南半球国家、“美国东部”（back east）或美国中西部。

在日本，区域身份是以各种不同的方言区为标志来划分的（如东京、关西、京都），其中一些方言，该地区外的人很难听懂（如鹿儿岛方言、冲绳岛方言）。侨居海外的日本人通常依据其国内所在的地区成立俱乐部，并举办定期聚会庆祝其传统节日。尽管已完成了重新统一，东德（原民主德国）和西德（原联邦德国）仍保有各自的区域特色。当墨西哥人告诉别人他们来自锡那罗亚、米却肯、瓦哈卡或墨西哥城时，就是在展示自己的区域身份。由战争导致的政治性分裂将区域身份强加给了朝鲜和韩国的民众。

组织身份

在一些文化体系中，个人的组织附属性可以说是一种重要的身份。在集体主义文化体系中尤其如此，但在个人主义文化体系中却不尽然。为了说明这种巨大的差别，我们将日本和美国的组织身份文化习俗进行对比，其中日本是集体主义文化，美国是个人主义文化。

尽管组织身份的文化习俗在年轻雇员中正趋淡弱，但受雇于日本大型企业的商人传统上有佩戴翻领别针的衣着文化，以象征他们所服务的公司身份。而在美国的经理和执行官中，却没有相同的文化习俗。虽然他们中的一些人偶尔会穿戴有公司标志的保罗衫或打领带，但在美国这并不是普遍或习惯性的文化习俗。在日本，一个人的组织身份非常重要。在见面的寒暄介绍中，日本人都会将公司名称放在个人的名字之前。例如，在介绍铃木女士——东京银行的一位职员时，会称之为东京银行的铃木女士。[42]在名片上，日本商人会把其公司名称和职位列在他/她的姓名上方。美国人的名片上，公司名称通常在最上方，个人姓名以大写粗体字列在公司名称下方，而其在组织中的职位则以小体字列在姓名下方。以上这些简单且似乎普通的例子会引发我们进一步思考——集体主义文化是如何强调团体的集体成员，而个人主义文化是如何强调个人的。

117 ## 个人身份

在本章前面的内容中我们曾提到，个人身份包括那些使一个人在其群体内与他人不同，甚至是独一无二的特征，以及一个人是如何看待自我的。在确定个人身份时，文化也会发挥诸多影响作用。马库斯和北山（Markus and Kitayama）的研究报告称：“不同文化体系中的人对自己、他人以及两者之间的相互依存都有截然不同的解释。”[43]来自美国和西欧等个人主义文化体系中的人，努力体现自己与他人的不同，而来自集体主 118
义文化体系中的人则倾向于强调自己的成员身份或与他人的联系。尽管酷爱追逐时尚，多数美国人仍努力通过自己的着装和打扮来彰显自己的个人身份。在日本这样的集体主义文化中，人们则趋向于穿风格类似的衣服，因为这对融入集体很重要，通常也很必要。

网络及虚拟身份

因特网让我们在全球范围内快捷简便地获取和交流信息。正如心理学家苏勒尔（Suler）所说，网络提供了机会，使我们能够摆脱每天各种身份的束缚：

> 网络很有趣的一点就是，它给人们提供了机会，使人们能用各种不同的方式表达自己。你可以使自己的风格稍稍有所变化，也可以通过改变
> 119 年龄、经历、性格、外表甚至性别而在网络上无节制地放纵自己。你所选择的用户名、透露的以及未透露的个人细节、网页上所显示的个人信息、网络中所扮演的人物角色——这些都是网络中身份管理的重要方面。[44]

网络允许个人挑选并改善其身份特征使之更完美，删除任何负面因素，甚至塑造自己崭新的身份。根据苏勒尔所言，一些网络组织要求参与者扮演"虚幻的人物"，对这些虚拟人物身份的痴迷程度逐渐加深后，甚至可以让这些虚拟的人物呈现出"属于自我的新生命"[45]。对于一些网络游戏玩家，虚幻人物的身份诱惑过于强大，以至于他们逐渐痴迷其中无法自拔，并最终放弃了自己的真实人物性格。[46]

另外一个跨文化的虚幻身份形式以科学虚幻小说、漫画和动画片中的人物为中心。每年，人们都会参加此类主题的国内国际会议。比如，2005 年在中国香港举办的"游戏动漫展销节"预计接待参观者 40 万人。[47] 自 1970 年开始，"国际动漫博览会"每年都会在加利福尼亚州的圣迭戈举办。2005 年，该博览会吸引了包括参展人在内的 10 万余人。[48] 在这些聚会中，一些参加者或以个人或以集体的形式身着自己喜爱的虚幻人物形象服装。在几小时或几天之中，他们装扮和表演着自己喜爱的媒体人物身份。

在人们的日常生活中，还有一些其他的身份形式在扮演着重要的角色。比如，我们还未提及的年龄、宗教、社会经济群体、身体素质或少数民族身份等都是个人身份的组成部分。这些也都为文化所影响。

身份的获得与培养

如前所论，个人身份在很大程度上是团体成员作用下的产物。认同这一观点的汀·图梅曾写道："在一个特定的文化背景下，个体通过与群体中的其他成员交流，获得并培养了个人身份。"[49] 于是，培养身份的过程便成了融入家庭、社会文化的过程，对其他文化的接触过程以及自身的发展过程。考虑到家庭因素对个人身份的巨大影响，在第 2 章中，我们针对家庭因素做了些许探讨，得出以下结论：一个人对身份的最初认识源于家庭。通过家庭，我们了解到了与文化相符合的信仰、价值观以及社会角色[50]；通过家庭，我们开始了解基于个人、团体的身份意义。从孩子幼年起，父母的教导让其明白了什么是正确的行为方式，并使其对性别身份产生了最初的认识；与家庭中其他成员共处，让孩子知道了对长辈、兄妹等不同年龄的人所分别适用的语言、行为。总之，是家庭首先教会了孩子关于个体和团体身份的相关概念。

步入学校，作为学生的个体明白了文化为这一身份所下的定义，并以此为准则，指导自身的实际行动。与此同时，媒体对身份的培养也发挥着不容忽视的作用。与媒体中人物形象频繁的近距离接触，让一个人逐渐明白了如何让外形、穿着、举止与自己的年龄和性别相适合。人们利用媒体来教化并借此为不同的团体——诸如对于同性恋、堕胎、伊拉克战争等特定行为或支持或反对的团体——遴选了新的成员，新的成员因此获
得和培养了一种新的身份。 120

为了更好地理解身份的发展过程，菲尼（Phinney）提供了"三阶段"模式来帮助理解身份的培养。[51] 尽管该模型着眼于青少年民族认同感的获得与培养，但它同时也适用于文化认同感。第一阶段，未经检验的民族身份其个体"尚未对民族群体的观点进行积极或消极的调查探索"[52]。在此阶段，个体不会在探索、实践其个人民族感上表现出特殊的兴趣。此种兴趣缺乏，从少数群体角度考虑，可能源于他们对自身民族身份的压制以求融入大

众群体文化；而从多数群体考虑，以美国社会中的该人群为例，他们似乎认为自身的种族身份即为整个大的社会背景下的规范准则，因而很少思考他们自身的种族身份。[53]

第二阶段——寻求民族认同——始于个体对自身民族身份所产生的兴趣，此兴趣包含学习和理解两个层面。实际上，从第一阶段到第二阶段的过渡是多种因素共同作用的结果。两种群体在某个方面的碰撞引起对少数群体的歧视可能会引起个人对自身民族的思索探究，引发少数民族个人意识到多数群体的某些信仰、价值观对其自身会演化成严重的伤害[54]，并最终导致捍卫本民族身份的群体性运动。以生长在新墨西哥州北部的西班牙女孩杜勒瑞斯·塔诺（Dolores Tanno）为例，在离开新墨西哥州之前，她一直将自己视为西班牙人，但离开之后，当被人们反复误认为是墨西哥人后，她开始在自己的民族归属上进行探究。[55]实际上，有关民族认同的兴趣可通过多种途径予以激发、培养：参加一次文化方面的活动、聆听一堂文化类的课程或者某件激发其文化传承意识的事件等。第三阶段是文化认同的形成，要达到此阶段，要求一个人对自己本民族的文化有一个清晰明确的认识。对于少数民族的个人，还需增加一个条件——能够灵活处理民族碰撞中的差异以及某些陈规陋习。[56]此外，民族认同感的形成还能增强个人信心并提升自我价值。

与菲尼不同，马丁及中山分别为少数、多数群体构建了“四阶段”的民族认同形成模型。有关少数民族认同模型，第一阶段是未经审视的认同。此阶段与菲尼的解释基本一致。处于此阶段的个体，对民族认同感并未形成明确的观念。第二阶段是对强势文化的顺从。此阶段，少数民族个体努力使自己与大众保持一致，反倒形成了某些消极的个人形象。第三阶段是对强势文化的抵制与分离。该阶段往往是在某些大的文化觉醒中形成的，此时的个体对本民族文化已产生了强烈的兴趣和依附感，对强势文化的抵触感也随之增强。这种抵触性或体现在强势文化的某个方面，或其方方面面。最后一个阶段是不同文化的融合。此时的个体已能以理性的态度对待二者，既有对本民族文化的自豪感，又有对其他文化的包容性。[57]

对于多数群体的“四阶段”模型建构，马丁及中山做了如下解释。第一阶段与少数民族的极为相似，同样是“弥撒的民族认同”——民族认同并非此阶段个体的关注对象。第二阶段是接受。“接受”主要体现在在自身尚未察觉的情况下，对社会现存的不公正现象的默许服从。第三阶段是反抗。此时，处于强势文化下的个体已充分认识到社会中的不公平现象，并开始对本族文化产生怀疑，随之增强了与少数民族群体间的联系。第四阶段，即最后阶段是再度审视与重新融合。强势文化下的个体对本族文化有了进一步的理解，同时以欣赏的眼光看待少数民族文化。[58]

根据个人民族认同感获取方式的不同，也可将其简单地归为非自愿与自愿两类。[59]像种族、民族、性别等，与生俱来，归于前类。在阶级文化背景下，社会地位通常在一个家族中世代沿袭。以墨西哥为例，姓名是一个人自我社会认同的重要来源。而一个人的大学生身份则归为后类，原因在于选择上大学，是其自愿行为，当事人拥有选择决策权。不过，虽说大学生是一种自愿性的身份认同，但一个人所处的社会文化已为“大学生”设定了得体的社会行为。在扮演此角色的过程中，身为大学生的个体已自觉或不自觉地做出与社会期望相适的种种行为。[60]

121 文化身份的建立与履行

到目前为止，你应该已清晰地理解了身份的构成因素、自身众多身份中的某些身份、非自愿与自愿民族认同感间的差别。这些背景知识将有助于你更好地理解文化身份是如何被确立并履行的。

在我们的日常生活中，随着不同场景的转换，我们实际上都在随时建立、重建并且履行着不同的文化身份。通过与他人的互动，我们在交流传播当中不断地产生、重新产生自身的文化认同。[61]正如摩尔登（Molden）所言："正是通过交流与传播，我们得以向他人表达（并最终使人明白）我们与他人的相似点及不同点。"[62]通过交流与传播，我们得以产生和扮演各种不同的文化身份，这种交流与传播包括多种形式——"谈话、历史方面的纪念活动、音乐、舞蹈、仪式、各种类型的社会戏剧"[63]。

如前文所提及的，最初的身份发展及扮演是与家庭成员互动的产物。家庭是所有故事的来源，这些故事将我们与过去、将来衔接在一起，并赋予我们"身份感及与世界的联系"[64]。这些故事充满着文化信念与文化价值，而这些信念与价值终将成为我们自身文化身份的一部分。

122 我们可以从比较美国和日本的学生在学校的不同互动风格看到文化在建立个人身份上的影响。美国文化背景强调的是个人主义，即使是小孩子，从小也受到独立、自我身份培养等方面的教育。美国学校鼓励课堂上、操场上的竞争精神。所以，学生很快就学会如何说出自己的想法并自如地用自己的观点去挑战他人的观点来维护自己的身份。这在美国是一个广为接受的价值观念。这与集体主义背景下的南美、非洲西部、亚洲东北部等国家文化形成了鲜明对比，在这些地区的文化背景下，孩子们学到的是家庭的重要性，以及家庭成员之间的相互依存。其身份被定义为"各种关系以及对各种团体、单位的成员的隶属关系"[65]。这种观念必然造成在集体主义文化背景下，人们更多的行为与活动是为了把自身身份与团体单位等更好地融合到一起。在日本的小学，班主任通常将班级分成若干组，每组四到五人。学校鼓励学生通过集体的智慧，而非一个人的努力来解决困难。[66]在日本，青年学生的身份由其所在的学习小组及学校决定。老师教导他们要避免与众不同，谨记"树大招风"。

文化身份也可以通过文化仪式得以建立和表现。文化仪式常被用来帮助逐渐迈入成年阶段的青年人，使他们逐渐树立起"我是谁"的身份意识。[67]在某些不发达的社会，该仪式可能涉及一些痛苦的生理经历，比如男女的阉割；但在某些发达国家，这种仪式通常不怎么严酷，通常表现为一些欢宴庆典。例如，犹太人通常为步入成年的男孩在酒吧举行庆典仪式，宣示犹太教教义与戒条，以使步入成年的男孩在宗教义务上担负更多的责任。在墨西哥文化背景下，女孩子们都期待其 15 岁的成人礼。通过这种仪式，女孩子们被认为已经成长为发育成熟的成年人，随时可以承担更多的家庭和社会责任。此外，这种仪式也是对宗教信仰、道德、家庭传统美德的一次重申。[68]在欧美文化中，成人礼仪式通常没有特别严格的内涵界定，但这种仪式一般都表明孩子作为一个个体拥有了更大程度的独立能力。[69]例如伴随高中或大学毕业而来的更多自信心及一种新的身份认同。

一旦身份得以建立，那么从童年到青年再到成年，这些身份就会以多种方式得以呈现。几乎所有文化中的人都有不同的方式来展现他们的宗教或精神身份。比如，大多数犹太人会佩戴别具一格的圆顶小帽或穿着其他与众不同的服饰；基督徒佩戴的个人饰品通常都以十字架的样式出现；穆斯林女人会系传统样式的围巾，因为围巾是她们宗教身份的一部分[70]；印度教中，一些男人和女人会在前额点上一个小红点以示对宗教的虔诚。每个标志都显示了持有者对于特定宗教组织的归属感。此标志既是包容又是排斥。

文化身份经常通过纪念活动得以显示。美国 7 月 4 日的"独立日"、法国的"巴士底之日"、墨西哥的"独立日"都是对民族身份的认同的庆祝。纽约市一年一度的圣·帕特里克节游行庆典是爱尔兰后裔借以展示其民族认同与自豪感的机会。德国的啤酒节让本族人重温民族身份认同感。春节让中国人及许多亚洲文化回顾传统，并借此重新强化他们的身份认同。每年夏天，在日本，无论城市还是农村都举办神道教传统文化中的祭神仪式。所有这些庆典仪式都使一个共同体内部增加了凝聚感，同时也为庆典仪式的参与者们提供了一个场合来展示他们的区域性身份。

尽管许多与身份认同相关的习俗惯例都为传统的文化所囿，但不断发展的环境能够催生诸多 *123*

新的表现方式。戴维和阿尤毕（David and Ayouby）通过在密歇根州底特律地区对阿拉伯少数民族所做的一项研究发现了这一变化。研究发现，早期移民者和近期迁入者对阿拉伯身份的理解存在分歧。[71]前者乐于“以一种仪式性的方式来寻找和展现自身的民族身份和认同，比如品尝阿拉伯食品，或者欣赏阿拉伯音乐，甚至尽可能地用不怎么熟练的阿拉伯语交谈”[72]。然而后者则持有一种“更政治化的身份”[73]，这与后者对中东地区诸多国内战争以及政治骚乱的经历记忆有关。他们认为，作为一名阿拉伯人就得为他们祖国的事情扮演更加积极的角色，比如说向国内汇款，或是更多地关注政治。[74]

除了上文讨论过的方法，肯定还有更多建立和展现身份的途径。比如说，我们并没有提及如语言、口音、姓氏等与身份建立和展现有密切关系的文化身份符号。但是本节的概述大约可以说明关于身份认同的复杂性，以及文化是如何塑造身份认同的。

文化身份和跨文化交流传播

我们已经指出，身份是经由与他人的交际互动得以形成的。赫克特（Hecht）和他的同事们认为，身份同样“在社会交往中得以维系或得以修正。然后身份通过对期望的塑造和对行为的激励开始影响人们之间的交流互动”[75]。如上所述，当人们和其他人互动时，要不停地在不同的身份之间切换。每切换一个新的身份，人们就会使用一系列与身份和环境相适应的交流方式。至于在不同的社会环境中——如教室、医院或销售会议上——什么是正确的交际与传播行为，你所处的文化背景想必早已使你形成对该问题的理解力和期望值。然而，上述理解力和期望值又为文化所囿。[76]在一种文化环境中恰如其分，或许在另一种文化中大相径庭。我们已经讨论过师生互动这一行为在美日两国的不同。对于怎样在课堂中交流、活动这一问题，两国师生的理解可谓有天壤之别。这是因为他们都依据自身的文化背景建立起一套行为准则。但是，如果人们把一个日本学生放到美国课堂中，或把一个美国学生放到日本课堂中，又会怎么样呢？

在一次跨文化会议中，人们对身份展示和交际传播方式的预期也不同，这简直就是焦虑、误解甚至冲突滋生的温床。这就是为什么埃姆豪利和科帕奇（Imahori and Cupach）认为“文化身份是跨文化交流与传播的焦点”[77]的原因。让我们继续以师生互动为例阐述。试着想象一下，如果一个学生来自并不重视交际自信能力的文化背景，那么他在一个典型的美国课堂里会作何感想？由于对老师提问学生这一行为感到不适，他们很可能不太乐于举手回答问题，并且可能认为那些质疑老师的美国学生无礼甚至傲慢。为了避免在跨文化交流中可能出现的问题，你必须要培养克莱尔所谓的“跨文化能力”。 124

> 当需要将自身认同的身份和他人对此种身份的认同结合时，就凸显了跨文化交际能力的重要性。比如说，你认为自己的身份是自信、坦率的美国人，和你交谈的人自认为是恭敬、谦虚的越南人，那么你就必须意识到和你对话的人是恭敬、谦虚的，与你交谈的人也必须意识到你是自信、坦率的。你们必须得共同商谈什么样的关系使双方都满意。一定程度上的调整和适应是必不可少的。[78]

克莱尔认为，为了在跨文化环境中更有效地交流传播，个体认同的文化身份和交际方式应该与交谈另一方对此的判定相符。但由于对话参与者的交际方式有可能不同，他们就得找到一个中间地带。这一寻找的过程充满灵活性和适应性。现以一简单的例子加以阐述。依据传统习惯，日本人通过彼此鞠躬来问好道别。但是，在日美商业会议上，日本人已经学会了在握手的同时微微倾身。日本人通过这种方式调整日常问候行为，从而使美国人更易于接受。美国驻日本的长期商务代表也模仿这一行为。由此，一个双方都满意的社会契约得以形成。在这一案例中，参与者已展示了跨文化交际能力的主要组成部分——动机、知识以及技巧——这将在第 11 章中得到验证。

身份与多元文化主义

1989 至 2003 年间，美国跨国领养案例由 8 102件激增至 21 616 件。[79]《经济学人》杂志在一项关于美国的调查中指出，在 2000 年，美国每 15 对夫妻中就有一对是异族通婚[80]，而且少数民族人口现在占到新郊区人口的 25%[81]。在第 8 章中，我们将谈到如何在国际环境中从事全球贸易。这些案例进一步说明，诸如全球化、移民以及跨文化婚姻等因素日益使得不同文化交流、融合。这种文化间的杂糅也塑造了拥有多重文化身份的"新新人类"。有学者指出，"伴随着文化融合、双文化交互、异族通婚以及相互调整的进程，文化身份变得模糊难辨"[82]。马丁、中山和弗罗瑞斯(Flores) 同意这一观点，并进一步指出，"越来越多的人在多种文化身份的夹缝中生存。也就是说，他们认为自己属于两个或更多的民族、种族或宗教"[83]。为了进一步探讨这一现象，我们将观察跨国收养案例中——我们将这一日益增长的跨国收养现象称为"民族购物"（ethnic shopping）——人们对于身份这一问题的态度的转变，以及所谓的跨文化旅客（intercultural transients）现象的崛起。

美国家庭过去抚养跨国收养的子女时，一般不重视或很少重视他们的本土文化。[84]荣膺 2002 年奥斯卡奖提名的纪录片《美国女儿越南妈妈》(*Daughter from Danang*) 印证了这一观点。该片讲述了一位在美国生活了 22 年的越裔美国女性为寻找自己的身份而重返越南的故事，可谓波折重重。[85]她想要寻找更多关于生身父母和自己的信息。这一渴望驱使她重返越南。但由于她从未接触过越南文化，这次家庭团圆不啻为一场灾难。许多家长越来越认同文化身份的重要性，开始培养所收养子女的本土文化传统。这样才会减少像上述案例那样的不幸会面。[86]下面的案例可能有点儿极端。媒体大量报道女演员安吉丽娜·朱莉(Angelina Jolie) 决定在柬埔寨修家筑院的事件。她这样做是为了使其养子得以接触自身的文化遗产。

在充斥着移民、异族通婚和混血儿的社会环 125
境中，许多美国年轻人认为文化多样性本来就是社会生活的组成部分。[87]在美国"人们越来越热衷于跨文化生活，其能力也不断增强。不仅如此，而且与其说个体身份是由肤色和民族遗产塑造的，还不如说是由文化偏好成就的。这体现了一个国家的进化。"[88]社会学家将这种进化趋势称为"民族转换"或"民族购物"，并且"越来越多的美国人乐于脱掉本土身份的旧服，换上使他们更感舒适的民族特性的新衣"[89]。为阐述这一民族身份的偏移现象，黑蒂提到 2004 年爱尔兰—加拿大游行盛会中，蒙特利尔地区被选出的女王就是爱尔兰和尼日利亚混血儿。[90]因特网使得人们有机会进行深入的谱系研究。其研究结果之一就是越来越多的美国人现在认为自己是美洲印第安人的后裔。[91]有些学者认为，美国公司也使种族、民族的界限变得模糊难辨。[92]许多娱乐领域都体现了这一点。比如说，嘻哈乐和饶舌乐的乐迷散布各个民族、种族；产品，特别是服装产品，一旦受到卓越的运动明星赞扬，各个文化范畴的追捧者都会购买。美国体育迷喜欢的队员遍布中国、古巴、加勒比海、拉丁美洲、日本、韩国、立陶宛以及许多其他国家和美国的少数族裔。

全球市场催生了"跨文化旅客"。"跨文化旅客"指的是"那些定期在本国和外国之间变换住处的人”[93]，他们必须处理好频繁的文化变更和不同身份间的转换[94]。过去十年间，越来越多的国家承认双重国籍，这也增加了跨文化旅客的数量。卡洛斯·加森（Carlos Ghosn）就是跨文化旅客的典型。加森出生于巴西，在黎巴嫩和法国求学，可以说五种语言。他是黎巴嫩的公民，同时也是尼桑（日本公司）和雷诺（法国公司）的首席执行官。[95]为了履行自己的职责，加森不得不把时间分摊给日本、法国和美国。同时，他也得适应各种错综复杂的文化。加森是这样解释自己的过渡转换能力的：“我一直相信，你能从和你截然不同的人身上学到更多。从其他人的视角中了解问题是非常有指导意义的。”[96]运输技术使人们更易于触及远方，跨文化旅客所属的阶层也会扩大，甚至本书的作者之一也属于这一阶层。他每年三四次往返奔波于美国和日本之间，也不得不成功地处理文化之间的调整和身份之间的转换问题。

当代社会越来越以文化多元性为特色，身份问题有可能仍然——或更加——复杂。然而，毫无疑问，关于固定文化身份或民族的陈词滥调已经过时，身份迅速成为“本身认同的自己和他人认同的你这两者之间的角力”[97]。但不管你的身份披上怎样的外衣，它仍将是文化的产物。

概　要

◉ 之所以需要理解身份概念是有许多原因的，这其中就有个人心理健康的需要。身份概念同样是跨文化交流的焦点。由于全球化和美国本土多样化，跨文化交流与传播的重要性日益凸显。

◉ 身份是高度抽象的、动态的、多视角的概念，它能够定义你本身。特纳将身份划分为三大类——人类身份、社会身份、个人身份。霍尔将身份划分为三个相近的范畴——个人的、关系的、社区的。

◉ 每一个个体都拥有多重文化身份——例如种族、民族、性别、国别、地域、组织、个体、网络/幻想——这些身份彼此合作。任一单个身份的重要性都是环境的产物。

◉ 身份是通过和同一文化团体成员之间的互动而建立的。家庭是影响早期身份概念形成的主要因素。菲尼、马丁与中山已经建构起身份发展模式。

◉ 多重身份经由团体成员建立，并通过多种途径施行，包括成年礼、个人相貌、参与纪念活动。随着时间的推移，同一团体中的身份概念会发生改变。 126

◉ 身份在跨文化交流传播中举足轻重。一旦参与者找到自身认同的身份和他人对此种身份的认同的相同点，进行跨文化交流与传播就变得举重若轻。

◉ 社会日益变得文化多元化，文化身份的新概念也在酝酿之中。

【注　释】

[1] D. Tanno and A. Gonzales, “Sites of Identity in Communication and Culture,” in *Communication and Identity Across Cultures*, D. Tanno and A. Gonzales, eds. (Thousand Oaks, CA: Sage Publications, 1998), 7.

[2] J. S. Pinney, “A Three-Stage Model of Ethnic Identity Development in Adolescence,” in *Ethnic Identity: Formation and Transmission Among Hispanics and Other Minorities*, M. E. Bernal and G. P. Knight, eds. (Albany, NY: State University of New York Press, 1993), 62.

[3] J. N. Martin and T. K. Nakayama, *Experiencing Intercultural Communication: An Introduction*, 2nd ed. (Boston: McGraw-Hill, 2005), 80.

[4] E. M. Greico and R. C. Cassidy, *Overview of Race and Hispanic Origin*, *Census 2000 Brief*, www.census.gov/

prod/2001pubs/ c2kbr01-l. pdf, p. 2 (accessed November 2, 2005) .

[5] A. Brittingham and P. de la Cruz, *Ancestry: 2000, Census 2000 Brief*, www. census. gov/prod/2004pubs/ c2kbr-35. pdf, p. 9 (accessed November 2, 2005) .

[6] Ibid. , 3.

[7] Ibid. , 9.

[8] D. Brooks, "All Cultures Are Not Equal," *New York Times*, August 11, 2005, A23.

[9] Ibid.

[10] H. Cleveland, "The Limits to Cultural Diversity," in *Intercultural Communication: A Reader*, 11th ed. , by L. A. Samovar, R. E. Porter, and E. R. McDaniel (Belmont, CA: Thomson-Wadsworth, 2006), 405.

[11] M. L. Hecht, R. L. Jackson, II, and S. A. Ribeau, *African American Communication: Exploring Identity and Culture*, 2nd ed. (Mahwah, NJ: Lawrence Erlbaum, 2003), 62.

[12] G. A. Yep, "My Three Cultures: Navigating the Multicultural Identity Landscape," in *Readings in Intercultural Communication*, J. N. Martin, T. K. Nakayama, and L. A. Flores, eds. (Boston: McGraw-Hill, 2002), 61.

[13] S. Ting-Toomey, "Identity Negotiation Theory: Crossing Cultural Boundaries," in *Theorizing About Intercultural Communication*, W. B. Gudykunst, ed. (Thousand Oaks, CA: Sage Publications, 2005), 212.

[14] Martin and Nakayama, 2005, 81.

[15] G. Mathews, *Global Culture/ Individual Identity* (London: Routledge, 2000), 17.

[16] M. Fong, "Identity and the Speech Community," in *Communicating Ethnic and Cultural Identity*, M. Fong and R. Chuang, eds. (Lanham, MD: Rowman and Littlefield, 2004), 6.

[17] Ibid.

[18] M. W. Lustig and J. Koester, *Intercultural Competence: Interpersonal Communication Across Cultures* (Boston: Allyn and Bacon, 2003), 140.

[19] S. Ting-Toomey and L. C. Chung, *Understanding Intercultural Communication* (Los Angeles: Roxbury, 2005), 93.

[20] E. Jung and M. L. Hecht, "Elaborating the Communication Theory of Identity: Identity Gaps and Communication Outcomes," *Communication Quarterly*, 52, 2004, 265. See also J. -C. Deschamps and T. Deves, "Regarding the Relationship Between Social Identity and Personal Identity," in *Social Identity* by S. Worchel, J. F. Morales, D. Pāez, and J.-C. Deschamps (Thousand Oaks, CA: Sage Publications, 1998), 1, which states "Identity is a central concept in social psychology, probably because it is one of the main concerns of the field."

[21] Lustig and Koester, 2003, 145.

[22] Martin and Nakayama, 2005, 82.

[23] J. C. Turner, *Rediscovering the Social Group: A Self-Categorization Theory* (Oxford: Basil Blackwell, 1987), 45.

[24] B. J. Hall, *Among Cultures*, 2nd ed. (Belmont, CA: Thomson -Wadsworth, 2005), 108-109.

[25] Ibid. , 109.

[26] W. B. Gudykunst, *Bridging Differences: Effective Intergroup Communication*, 4th ed. (Thousand Oaks, CA: Sage Publications, 2004), 77.

[27] T. T. Imahori and W. R. Cupach, "Identity Management Theory: Face Work in Intercultural Relations," in W. B. Gudykunst, ed. , *Theorizing About Intercultural Communication* (Thousand Oaks, CA: Sage Publications, 2005), 196.

[28] M. J. Collier, "Researching Cultural Identity: Reconciling Interpretive and Postcolonial Perspectives," in *Communication and Identity Across Cultures*, D. V. Tanno and A. Gonzalez, eds. (Thousand Oaks, CA: Sage Publications, 1998), 127.

[29] G. W. Allport, *The Nature of Prejudice* (Reading, MA: Addison-Wesley, 1954), 111.

[30] Fong, 2004, 14.

[31] T. Sowell, *Race and Culture: A World View* (New York: Basic Books, 1994), 6.

[32] K. A. Ocampo, M. E. Bernal, and G. P. Knight, "Gender, Race, and Ethnicity: The Sequencing of Social Constancies," in *Ethnic Identity: Formation and Transmission among Hispanic and Other Minorities* (Albany, NY: State University of New York Press, 1993), 15.

[33] A. D. Buckley and M. C. Kenney, *Negotiating Identity: Rhetoric, Metaphor, and Social Drama in Northern Ireland* (Washington, DC: Smithsonian Institution Press, 1995), 212.

[34] Collier, 1998, 38; See also Ting-Toomey, 2005, 96-97.

[35] V. Chen, "(De) hyphenated Identity: The Double Voice of The Woman Warrior" in *Our Voices*, 4th ed., A. Gonzãlez, M. Houston, and V. Chen, eds. (Los Angeles: Roxbury, 2004), 20.

[36] Martin and Nakayama, 2005, 102.

[37] Ting-Toomey, 2005, 213.

[38] O. James, "Media's View of Beauty Is Not Good for Women," *Japan Times*, July 23, 2005, 19.

[39] M. Fong and R. Chuang, *Communicating Ethnic and Cultural Identity* (Lanham, MD: Rowman and Littlefield, 2004), 30.

[40] T. R. Reid, *The United States of Europe* (New York: Penguin Press, 2004), 200.

[41] Allport, 1954, 116.

[42] H. Hirayama, *Breakthrough Japanese* (Tokyo: Kodansha, 2004), 15-16.

[43] H. Markus and S. Kitayama, "Culture and the Self: Implications for Cognition, Emotion, and Motivation," *Psychological Review*, 98 (1991), 224.

[44] J. Suler, "Identity Management in Cyberspace," *Journal of Applied Psychoanalytic Studies*, 4 (2002), 455.

[45] Ibid., 457.

[46] "On-line Identity—Your 'Avatar,'" *On-Line Gamers Anonymous*, www.olganon.org/Gamer/Ideas_to_Help/Identity/identity.html (accessed November 2, 2005).

[47] "Real-Life Character," *Japan Times*, July 30, 2005, 4.

[48] *Comic-Con 2005*, www.comic-con.org. Attendance for 2005 was obtained by an August 18, 2005, phone call to the Comic-Con headquarters in San Diego.

[49] Ting-Toomey, 2005, 211.

[50] Ibid., 212.

[51] Phinney, 1993, 61-79.

[52] Ibid., 66.

[53] J. N. Martin, R. L. Krizek, T. K. Nakayama, and L. Bradford, "Exploring Whiteness: A Study of Self Labels for White Americans," *Communication Quarterly*, 44 (1996), 125.

[54] Phinney, 1993, 69.

[55] D. V. Tanno, "Names, Narratives, and the Evolution of Ethnic Identity," *Our Voices*, 4th ed., A. Gonzãlez, M. Houston, and V. Chen, eds. (Los Angeles: Roxbury, 2004), 39.

[56] Phinney, 1993, 76.

[57] Martin and Nakayama, 2005, 97-98.

[58] Ibid., 99-100.

[59] Hall, 2005, 117. See also Jung and Hecht, 2004, 265.

[60] Hall, 2005, 119.

[61] Yep, 2002, 63. See also Jung and Hecht, 2004, 266.

[62] D. Molden, "Seven Miles from Independence: The War, Internee Identity and the Manzanar Free Press," dissertation, University of Minnesota, 1998, 21-22.

[63] A. D. Buckley and M. C. Kenney, *Negotiating Identity: Rhetoric, Metaphor, and Social Drama in Northern Ireland* (Washington, DC: Smithsonian Institution Press, 1995).

［64］J. A. Drzewiecka and N. Draznin，“A Polish Jewish American Story：Collective Memories and Intergroup Relations，” in L. A. Samovar，R. E. Porter，and E. R. McDaniel，*Intercultural Communication*：*A Reader*，11th ed.（Belmont，CA：Thomson-Wadsworth，2005），73.

［65］H. C. Triandis，*Individualism and Collectivism*（Boulder，CO：Westview Press，1995），71. See also Martin and Nakayama，2005，84.

［66］Y. Nemoto，*The Japanese Education System*（Parkland，FL：Universal Publishers，1999），47.

［67］H. W. Gardiner and C. Kosmitzki，*Lives Across Cultures*，2nd ed.（Boston：Allyn and Bacon，2002），74.

［68］R. Resendes，*The Celebration of the Quinceañera*，gomexico. about. com/ cs/culture/a/quinceanera. htm（accessed November 2，2005）.

［69］Gardiner and Kosmitzki，2002，74.

［70］A. Rajji-Kubba，“Living at the Crossroads of Cultures—East and West，” *Salt Lake Tribune*，February 16，2003，AA4.

［71］G. David and K. K. Ayouby，“Being Arab and Becoming Americanized：Forms of Mediated Assimilation in Metropolitan Detroit，” in *Muslim Minorities in the West*，Y. Y. Haddad and J. I. Smith，eds.（Walnut Creek，CA：Altamira Press，2002），131.

［72］Ibid.

［73］Ibid.

［74］Ibid.

［75］Hecht，Jackson，and Ribeau，2003，61.

［76］Hall，2005，104.

［77］Imahori and Cupach，2005，197.

［78］M. J. Collier，“Cultural Identity and Intercultural Communication，” in *Intercultural Communication*：*A Reader*，11th ed.，L. A. Samovar，R. E. Porter，and E. R. McDaniel，eds.（Belmont，CA：Thomson-Wadsworth，2006），59.

［79］J. Brooke，“Embracing the Differences，” *San Diego Union Tribune*，December 4，2004，E-1.

［80］“A Survey of America：The Americano Dream Forces，” *The Economist*，July 16，2005，8.

［81］“A Survey of America：Centrifugal Forces，” *The Economist*，July 16，2005.

［82］R. Chuang，“Theoretical Perspective：Fluidity and Complexity of Cultural and Ethnic Identity，” in *Communicating Ethnic and Cultural Identity*，M. Fong and R. Chuang，eds.（Lanham，MD：Rowman and Littlefield，2004），65.

［83］J. N. Martin，T. K. Nakayama，and L. A. Flores，“Identity and Intercultural Communication，” in *Readings in Intercultural Communication*，J. N. Martin，T. K. Nakayama，and L. A. Flores，eds.（Boston：McGraw-Hill，2002），33.

［84］Brooke，2004，E-4.

［85］*Daughter from Danang*，www. daughterfromdanang. com（accessed November 2，2005）.

［86］Brooke，2004，E-1.

［87］J. Kotkin and T. Tseng，“Happy to Mix It All Up，” *Washington Post*，June 8，2003，B-01.

［88］Ibid.

［89］J. Hitt，“The Newest Indians，” *New York Times Magazine*，August 21，2005，38.

［90］Ibid.

［91］Ibid.，39.

［92］L. E. Wynter，*American Skin*：*Pop Culture*，*Big Business and the End of White America*（New York：Crown，2002），1-10.

［93］C. Onwumechili，P. O. Nwosu，R. L. Jackson II，and J. James-Hughes，“In the Deep Valley with Mountains to Climb：Exploring Identity and Multiple Reacculturation，” *International Journal of Intercultural Relations*，27（2003），42.

［94］Ibid.，40，50.

［95］“A Spin with Carlos Ghosn，” www. businessweek. com，October 4，2004，www. businessweek. com/ magazine/ content/04_40/ b3902020. htm（accessed November 2，2005）. See also “Nissan's Boss，” www. businessweek. com，October 4，2004，www. businessweek . com/magazine/content/04 _ 40/ b3902012. htm（accessed November 2，2005）.

[96] C. Ghosn，“Creating Value Across Cultures，” www. globalagendamagazine. com，www. globalagendamagazine. com/2004/carlosghosn. asp（accessed November 2，2005）.

[97] Hitt，2005，40.

活　动

1. 尽可能地列出你各个身份的清单。利用此清单画一个饼状图，每一个身份占据的空间要与其重要性成比例。将你的表格与其他同学的进行对比。一般而言，少数族裔的同学倾向于将民族特性所占的比例画得更大。

2. 与一个同学组合，并互相提问下列问题：

（1）描述你的民族背景。

（2）民族特性的哪一个方面使你感到最自豪？

（3）描述一些和你本民族相关的习俗、仪式和（或）典礼。

（4）描述你本民族中的一个榜样，家庭成员除外。

（5）描述一个由于与他人不同而使你感到格格不入的情境。

3. 选择一个与你不同的民族，并试着回答上一题中的五个问题。

讨论观点

1. 为什么说身份意识在你个人生活中是重要的？在哪些情境中该意识对你有所助益？

2. 你如何定义身份？你怎样向其他人解释你的各个身份？

3. 你有哪些不同的身份？这些身份是如何形成的？你的各个身份在另一种文化背景下会有什么不同的表现方式？

4. 你是怎样形成一些身份的？你怎样展现它们？

5. 哪些自身身份习以为常的因素可能会在跨文化交流中催生问题？

第5章

现实的不同视角：文化价值

信念生成思想，思想催生话语，话语指导行为，行为变成习惯，习惯形成价值，价值决定命运。

——圣雄甘地（Mahatma Gand Hi）

不同理论形成一个学派；而不同的价值则可形成一种文化，一种文明，一种人们聚居生活的新方式。

——里格内西奥·西隆（意大利作家）（Iganzio Silone）

前面几章里介绍了文化的基本要素，阐述了多种文化认知的途径，并剖析了一种文化的内部成员如何看待世界的多种相关因素。现在，对于文化如何影响生活的方方面面，你应当已有大致的评定和了解。诸如家庭、历史（国家）、宗教（世界观）以及文化身份等因素都深刻地影响着你的思维和行动的种种判断。这些影响力量可以琐碎到究竟什么才是一顿适宜的午餐——是一块汉堡还是由海苔包裹的米饭团；也可以复杂到究竟该如何看待美国的学校祈祷与堕胎权利，或是如何看待不发达国家的艾滋病预防等议题。某种程度上，正是长久以来你所生活于其中的文化带给你的那些信念和价值观决定着你的态度和行为。

由于不同价值观对于跨文化传播研究的重要性，因此我们将讨论下列问题：（1）文化如何形塑认知观念；（2）文化如何形成不同的价值观念；（3）这些不同的价值观念在不同的文化中的差异何在。我们将用很大的篇幅研究不同的文化模式如何影响跨文化传播。在此之前，首先探讨一下认知、信念和价值观。

认　知

128 在研究认知之前，我们先来看几个有趣的问题。众所周知，月球本身是一个围绕地球运转，由成片的山石和贫瘠的土地构成的物理空间。然而当人们观看月球时，很多美国人常常说月球上有一个男人；很多土著美国人和日本人一样，则看到月球上有一只兔子；而中国人认为，月球上住着和丈夫分手的嫦娥；萨摩亚人则认为那里有一个织布的女人。这是为何？[1]在日本和中国，人们讨厌数字 4，而美国人讨厌数字 13。在美国，竖起两个手指摆出“V”形表示胜利与和平；在日本，高中生把它看成是幸福与好运的象征；可是在澳大利亚与英国，如果这个手势摆成手心向里，会被看作是等同于美国人竖起中指一般极端不雅的行为。这又是为何？很多亚洲人十分忌讳白色的花，因为它代表死亡；在秘鲁、伊朗和墨西哥，黄色的花为当地人所忌讳。这又是为何？以上几个事例中，外在的事物（月亮、手势、花）都是一样的，然而人们却有着不同的反应。其原因就在于，我们的认知不同——不同文化中的人们形成看待世界的不同方式。那么接下来我们将具体论述这样几个问题：（1）认知的概念；（2）认知与文化的关系；（3）简要探讨信念和价值观念；（4）不同的文化认知如何影响跨文化传播活动。

认知的概念

所谓认知即借以认识自然世界和人类社会的途径和方式。正如德国小说家赫尔曼·黑塞（Hermann Hesse）所说：“除了我们自身感知的真实，世上没有任何真实可言。”黑塞所谓我们自身感知的真实某种程度上正是受制于我们身处其中的文化。辛格也指出，内化于我们自身的世界“包含了象征符号、事物、人物、事件、观念、意识形态，甚至还有信仰”[2]。所以，外部事物的意义全部来自我们自身的认知。正如 T.K. 甘博与 M. 甘博指出的：“认知是以一种使得我们能够感知和理解我们周围世界的方式来选择、组织，以及阐释我们所感受到的数据的过程。”[3]换句话说，认知是人们将外部自然力量转化为有意义的个体经验的过程。但是，由于外部世界包含了一切，因此我们不可能对其穷尽了解。所以辛格写道：“我们所体验到的世间的一切并非其本来面貌——不过仅仅是通过我们自己的感觉器官认知出来的世界。”[4]虽然自然维度是认知的重要阶段，但必须意识到只有心理上的认知层面才能帮助我们深入理解跨文化传播。 129

认知与文化

不同的文化对食物的不同认知决定了人们对于吃牛肉、猪肉、鱼肉、狗肉或者蛇肉所表现出的高兴赞许或讨嫌敌意的态度；目睹一头公牛被刺入几把钢制的倒刺短梭镖和一柄锋利的长剑，不论你的内心是否生出憎恶之情，或者你认为这是一项有着悠久历史的传统体育活动，或者你仅仅把这视为一项激动人心的艺术形式，这些都取决于不同的文化认知。有着相同体验和经历的一大群人，他们必然也会生发出具有相同认知意义和相同行为方式的文化来。当然，这并不意味着在某种特定文化中的所有人都毫无差异，我们将在本章后面的部分对此予以讨论。

由于本书讨论的主题是文化，所以我们来看一个文化如何作用于认知和传播的例子。在拜科比（Bagby）的经典案例研究中，他分别让来自墨西哥乡村的孩子们和那些来自美国主导文化圈的孩子们在短暂的瞬间观察同一幅立体视图。其中一只眼睛看到的是一幅垒球比赛的图片，另一只眼睛看到的则是一幅斗牛的图片。最后，孩子们报告观察结果：墨西哥的孩子们看到的是斗牛，而美国的孩子们看到的则是垒球比赛。[5]该经典研究表明，孩子们的不同选择取决于他们不同的文化背景，他们倾向于选择那些他们比较熟悉的事物。

在另外一项实验中，同样表明了文化是如何影响认知的。高加索的母亲们往往把孩子们过分自信、激动、有趣的言行举止看作是积极的，然而相同的行为在纳瓦霍部落（美国最大的印第安部落）的母亲眼里却是孩子淘气、缺乏教养的表现。在纳瓦霍部落的母亲眼里，过分自信的言语和行为反映了孩子的无礼、坐立不定、以自我为中心和缺乏教养；而在高加索母亲的眼里，同样的行为却反映了孩子的自我节制，因此被看作是一种良好的品格。[6]

个人的信任度是受文化影响的另一种认知方面的品质。可信度高的人通常值得信赖，他们知道自己该说什么，该做什么。美国人一般认为将自己的观点畅所欲言是一种良好的品质。因此，善于表达、坦率的人往往会受到大家的尊重与信赖。然而在日本，安静不语或是聆听多于表达的人往往有更高的威信。这是因为，在日本，喋喋不休被认为是一种肤浅的体现。在美国人眼中，可信度高的人往往是直接的、理性的、果断的、刚强的以及自信的；而在日本人眼中，可信度高的人一般都是含蓄的、有同情心的、谨慎的、温顺的以及谦逊的。[7]在日本，社会地位是可信度的一个主要指标，但在美国，社会地位并不说明什么。然而文化对于认知的影响岂止这些，像眨眼这样微小的事竟也受文化影响。“来自不同文化的人们根据各自文化中的准则对同一个事物产生不同的理解。在听别人说话时眨眼，这在北美大概没人会注意，但在中国台湾则会被认为是十分不礼貌的行为。”[8]

正如我们在第 2 章里强调的，人们对于“老 130
龄”概念的认知也受到文化的影响。在美国，文化“灌输”的是年轻人的价值和对衰老的拒绝。事实上，在美国“比起老年人来，年轻人更愿意选择年轻人或者中年人作为自己的合作伙伴”[9]。然而，并非所有的文化都秉承这种对“老龄”的消极观点。比如在阿拉伯、亚洲、拉丁美洲和美国印第安文化中，年长的人所承载的积极意义则要多很多。让我们看看哈里斯和莫兰（Harris and Moran）如何描述非洲的“老龄”问题。

> 人们相信，一个人年纪越大，所拥有的智慧也就越多——生活赋予了他（她）丰富的人生经历。因此，在非洲，年龄便是财富。年纪越长，则受到社会的尤其是年轻人的尊重也就越多。[10]

从上述这些例子我们可以清楚地发现，文化总是深刻地影响我们对现实的主观感受，因此文化、认知和行为之间存在着直接的联系。正如特里安迪斯指出的：“文化元素不仅为认知提供了意义，而且因此密切地影响着认知过程。”[11]

文化如何影响认知过程可以归结为两点：第一，认知具有选择性。所谓选择性，即同一时刻面临多种刺激意识的信息时，人们“仅选择一种经过认知到达有意识的头脑中的信息”[12]。你的“选择”部分取决于你的文化。第二，你的认知模式是通过后天习得的。正如我们反复指出的，每个人降临到这个世界上时，本无所谓认知的意义，正是文化赋予我们后天的体验和经历以不同的意义。阿德勒（Adler）曾指出：“文化决定认知。我们在我们各自的文化背景上形成了看待世界的方式。”[13]不论在哪种文化中都一样，认知在每个人身上都以信念或价值观的形式存在。这两种概念共同作用，形成了我们所谓的“文化模式”。

信　念

西班牙诗人安东尼奥·马查多（Antonio Machado）曾经指出："我们一切思想的深处是我们的信念，好像我们精神最底层的面纱。"罗杰斯和斯坦法特（Rogers and Steinfatt）也认为："信念好似我们过往所体验和经历的存储系统，包括思想、记忆以及对事情的看法。个体的文化决定信念。"[14]珀内尔和保罗安卡指出，信念尤为重要，因为它"被看作等同于真理"[15]。你的行为和交际活动往往表明你的信念。比如，若是你认为蛇是又黏又滑的，你会避之唯恐不及；但如果你相信只有通过驯服蛇才能让你感知上帝（正如一些宗教团体所认为的那样），你便会触碰驯服蛇，并且相信你的信念会保护你不被蛇咬。如果你拥护《纽约时报》、CNN（美国有线电视新闻网）、福克斯新闻频道甚至是美国音乐电视，你会认为它们都是传播真理的声音。如果你崇敬伊斯兰文化，你会相信《古兰经》才是知识的源泉，从而接受它上面所说的奇迹与诺言。不论你所相信的真理和知识的源泉是《纽约时报》、《圣经》、《古兰经》、羊内脏、茶树叶、达赖喇嘛或是仙人掌现象、道家《易经》中的特殊现象，还是帕丽斯·希尔顿，这一切都取决于你的背景文化和生活经历。如果有人相信长时间静坐可以引导他（她）走向正确的道路，你不能仅仅因为这与你的信念不符就举手反对。你必须要意识到世界上不同的文化存在于许多不同的现实和信念体系之中。在以基督教为主导的文化中，人们相信救赎只有基督才能完成。而犹太教、伊斯兰教、佛教、神道教和印度教的人们却并不这么认为，他们对于救赎——或者说肉体死亡时精神的归宿——有他们自己的阐释信念。信念的魅力在于它们深深地扎根在我们的文化之中，以至于我们从不会对信念产生怀疑或需要求证它。我们仅仅是接受，因为我们"认为它们是对的"。

131

价值观

信念最重要的功用之一即它是我们价值观形成的基础。价值观是"人们后天习得的指导人们做出选择、解决纷争的一整套规则"[16]。南达和沃姆斯指出："价值观是不同的文化模式下指导人们对周围的自然和社会环境做出判断，以界定正确、真实、美好的共享观念。"[17]本书既然是关于文化的，在这里我们必须强调，南达和沃姆斯在描述中用到了"共享"这个词，这是因为价值观不仅仅存在于个人观念之中，更为重要的是价值观意味着一个集体的价值承载。[18]阿尔伯特（Albert）着重强调了价值观的重要性。他指出："一种价值体系代表了那些被期待的、被盼望的、被要求的或是被禁止的。它并非实际行为的宣告，而是对行为评定和对制裁实施的参照标准体系。"[19]尽管描述"行为"的列表永远无法穷尽，霍夫斯泰德还是为我们简要列举了一些价值观。

- 邪恶与善良
- 危险与安全
- 丑陋与美丽
- 异常与正常
- 非理性与理性
- 肮脏与纯洁
- 正派与猥亵
- 做作与自然
- 矛盾与逻辑
- 道德与失德[20]

你的认知结构包含多种价值观。这些价值观念的排列高度有机有序："按照其相对重要性存在于连续统一之中。"[21]价值观可以分为一级、二级、三级价值观。一级价值观最为重要，它们特指那些我们可以为之放弃生命的事物。在美国，一级价值观包括民主、自我防卫和家庭近亲。同样，二级价值观也非常重要。大多数美国人眼中的二级价值观包含缓解他人的疼痛和痛苦以及保障物质财产安全。二级价值观虽然很重要，但人们不会将其与一级价值观并列。三级价值观属于最底层的价值观。在美国，热情地招待客人以及保持清洁都属于三级价值观。尽管人们会努力践行这些价值观念，但它们却远不及一级、二级价值观念意义深远和重要。

正如我们在第2章中所指出的，如文化所有的重要层面，价值观通过不同的渠道（家庭、谚语、媒体、学校、教堂、国家等）得以传递，因此它有着广泛的基础，影响持久、深远并且相对稳固。此外，霍夫斯泰德提醒我们注意，如文化的诸多方面所表现的一样，“价值观念的诸多层面也是早早便根植于我们的生活当中”[22]，因此往往并非理
132 性的。

回到霍夫斯泰德为我们列举的反映价值观的例子，我们发现，价值观总的来说是规范的且可被评估的。换句话说，价值观通过对好坏、对错的标识告知其文化成员何为常态。文化价值观界定了哪些是值得我们牺牲生命去捍卫的，哪些是值得我们全力保护的，哪些是让我们感到恐惧的，哪些是需要我们审慎思考的，而哪些又是我们所鄙夷和不齿的。正如前文提及的，价值观是在特定的文化背景下后天习得的。比如，如何表达喜爱之情，这在不同的文化价值观念中有着不同的表现形式。在美国，人们总是鼓励他人勇敢地表达自己的心迹，即使被别人知晓自己很失落也不可胆怯。想想这句美国谚语所传递的意思就明白了：“吱吱响的轮子才能得到润滑油。”美国人对这种勇于表达喜爱之情的积极评价在中国却很难找到。高和汀·图梅指出：“中国人的文化是不要公然表达个人感情，尤其是强烈的反感。”[23]邦德也指出，中国人的文化语境中，“毫无约束的情感表露是一种具有破坏性和危险性的让人无法承受的奢求”[24]。中文表达中甚至有这样的谚语：“恶言一出，六马难追。”价值观的重要意义还在于，它们可以转化为行动。举个例子来说，如果你知道日本的文化价值观念中有对细节和礼貌的强调，那么当日本的商务代表递给你他们的名片时，你就应该仔细阅读以示尊重，而不应该胡乱扫一眼，然后塞进口袋或钱包。

关注文化价值观，还可以为商务交往提供一些指导。亨廷顿搜集的数据显示，20世纪60年代，韩国和加纳的经济情况非常相似，但到了90年代，韩国的经济已跻身于世界十四强，而加纳却仍维持原样。根据亨廷顿的观点，导致这种情形的原因十分简单：“韩国重视节俭、投资、努力工作、教育、组织和纪律，加纳人却有着不同的价值观。简言之，文化决定一切。”[25]这个事例很好地反映了文化特征与价值观念的内在联系。

文化模式研究

人类与文化的关系极其复杂，是由无数内部相互关联的文化取向所组成的。可以让我们全面地探讨价值观、信念和其他群体取向的一个有用的概括性术语便是文化模式（culture patterns）。你可以将文化模式理解为信念和价值观综合作用的系统，为我们理解世界提供了一致的但可能并不总是连贯的一种范式。这些文化模式不仅有助于人们认知和理解现实世界，而且有助于人们认识和理解该以何种目的和方式生活于这个世界。可能正如你所猜想的，这些文化模式对于我们学习跨文化传播是很有用的，因为它们是有机的系统，而不是随机的、无规律的。[26]正因为文化模式具有这种有机和系统的特质，所以我们才可以分别对其加以研究。

研究文化模式的障碍

在讨论文化模式之前，为了在本章的后面部分更好地使用文化模式这一个概念，我们先来看几种说法。

133 ● **我们不仅仅是自身文化的表征**

首先，再次重申第 1 章的一个重要观点。简言之，一种文化内部的主流价值观或许与该文化范畴内所有个体的价值观有所不同。多种因素，例如，年龄、性别及并存文化之从属关系（co-cultural affiliations），再加上“社会经济地位、教育水平、职业、个人经历”[27]，共同影响着人们对所属环境的看法。尽管我们认可人类行为以及个人的禀赋极其复杂，千差万别，但由于我们的经历完全被置于一个特定的文化背景之下，因而文化对人们的传播行为存在最深刻的影响。此外，正如之前所述，人的文化学习与认知萌生于一个人的青少年时期，就像里奇和汉森所说的那样：“一个人的早年经历会成为其未来思想和行为中不可或缺的一部分。”[28]

● **各种文化模式彼此关联**

从本质上来说，语言具有线性特质，因而我们不得不逐个来探讨各种文化模式。然而，我们必须意识到，这些模式并非相互孤立，而是相互关联、共融共通的。这些文化模式好比是一块巨石，一旦被掷入水中，便立即激起层层涟漪。此种比喻或许会对理解这一概念有所帮助，有例为证：如果一种文化模式重视精神生活而非物质主义（所谓一块巨石），那么这种模式也会指导诸如年龄、地位、社会关系以及时间的使用等价值观点（所谓层层涟漪）。此类例子不胜枚举，随处可见。再比如，各种文化模式之间彼此关联的特征亦可在人们对所谓“礼节”的不同观点中显现出来（巨石）。对“礼节”的不同理解也会使人们对“服饰、语言、问候方式、空间使用和年龄”（涟漪）的看法有所不同。

● **异质性影响文化模式**

由于几乎所有的社会都存在异质性特征，因而，那些试图把任何文化简单并抽象地描述为某种民族文化或典型文化模式的尝试都是极端危险的。比如，据相关数据统计，仅美国和俄罗斯两国中就生活着 125 个民族人群。《美国宗教百科全书》指出，美国国内的宗教派别将近 1 200 种。当然，美国还拥有多种群体文化，与主导文化价值观有很大不同。里奇在下面的段落中清晰地陈述了一观点。

> 美国是一个崇尚竞争的国度，然而在很多土著、拉美、亚洲、太平洋岛和东南亚族裔中，却恰恰相反。在以上族群文化中，竞争是“自私自利”的表现，其强调更多的是团结和协作。在这些文化中，竞争蕴含着消极特征，被贴上“竞争力强”的标签会令人颜面尽失，而“富于合作精神”则使人引以为傲。[29]

美国以其丰富的文化多样性著称。这在世界上也是家喻户晓的。但我们敢保证，很多其他国家也同样存在大量各具特色的少数族裔。根据《中情局世界概况》可知，仅罗马尼亚一国就生活着很多匈牙利人、罗马人、乌克兰人、德国人、俄罗斯人和土耳其人。秘鲁生活着美洲印第安人、混血儿（印第安人和白人的混血儿）、白人、黑人、日本人、中国人和其他人种。尽管汉族人占中国人口的大部分，但中国境内也分布着壮族、维吾尔族、回族、彝族、藏族、苗族、满族、蒙古族、布依族、朝鲜族等其他少数民族。即使是在以民族单一化著称的日本，也生活着很多朝鲜人、韩国人、中国人、巴西人、菲律宾人等。古德森（Goodson）指出，在阿富汗，“伊斯兰群体内又由数以百计的派系”、地区政治力量以及基于共同信仰的“部落社群”组成，因此很难说阿富汗是由单一的民族或文化构成的。[30]此外，伊拉克内部的逊尼派、什叶派和库尔德人之间的派系纷争、势不两立如今也早已众所周知。因此，一国 134
赖以维系的共同文化模式也只是局限于国内主流

文化之中。

● **文化模式的变动**

纵览一系列国际事件，你会发现我们在第 1 章的评述已经得到了印证——文化是变化的，与之如影随形的则是文化价值的改变。以美国为例，妇女运动已经极大地改变了美国的社会组成形态和一些价值体系。随着获得大学文凭的女性逐渐多于男性，我们可以发现，过去 20 年中，美国的工作场所和学校课堂有了不小的变化。[31]随着全球化将西方资本主义和文化介绍到世界各地，如今看到某些传统国家的年轻人穿着李维斯伴着美国流行音乐摇摆已经不再稀奇。诚然，从本质上讲，文化和价值体系具有动态性的特点。但我们也提醒大家一点，尽管文化模式处于变动之中，但其深层次的结构依然难以撼动。

● **文化模式往往自相矛盾**

在很多情况下，我们会发现某种特定文化内部存在着自相矛盾的价值观。在美国，人们崇尚“人人生而平等”，但针对少数群体的种族歧视和针对同性恋者的暴力倾向仍然随处可见。个人主义是美国文化的核心所在，但同时美国又是具有人道主义精神的国家，2004 年 12 月环印度洋国家遭遇海啸后，美国的慷慨表现就集中展现了这一点。美国宣称自己是一个崇尚道德和荣誉的民族，但同时它又是世界上最具暴力色彩的社会之一。事实上，美国当今面临的最具分裂色彩的政治议题就集中表现了这些文化价值观念的对比与冲突，如堕胎、同性恋婚姻和政教分离等。这些自相矛盾的价值观念在所有文化中都有表现。《古兰经》教导人们众生皆为兄弟姐妹，但在很多阿拉伯社会中，贫富差距却越拉越大。尽管对于上文所述，大家必定会有不同意见，但我们仍认为学习文化模式裨益良多，这会为我们提供对其他文化的价值观念、行为和传播方式的诸多洞见。

选择文化模式

决定探讨何种文化模式并非易事。我们之前提到过这样一个观点——文化由诸多要素组成。在这种观点的影响下，我们就研究和排除何种文化模式做出抉择。笔者绝非开启“选取和排除某些特定文化模式”先河的人。跨文化传播领域的诸多领头学者早已提出了多种多样的分类方法。我们在此简单叙述一下几位学者有关主要文化模式的见解，尽管其中明显具有诸多重复的地方，但熟悉他们的观点将会有助于我们更好地意识到与主要文化模式密切相关的许多问题。

甘农认为，利用他所谓的由四个阶段组成的分析模型会有助于实现跨文化传播，其中他采用了文化暗喻的方法帮助我们了解不同文化。[32]托姆皮纳斯和汉普登·特纳（Trompenaars and Hampden Turner）认为，我们应该利用他们所建立起的八个不同类别对文化进行分析和比较。[33]尽管格隆多纳善于就经济发展著书立说，但他也提出了一个包括 17 种文化模式在内的特别好的分类体系（他称之为价值体系），从而能为我们了解文化提供很多洞见。[34]唯弗（Weaver）认为，文化可以通过八种不同的文化维度进行研究和比较，同时这
八大文化维度又能细分为无数的维度子集。[35] 135

我们对这几位学者提出的文化模式分类方法做了简单的概括，相信这将有助于读者认识到研究和了解其他文化的复杂性和困难度。然而，有两点显而易见。首先，对于跨文化传播领域的大多数学者来说，各种文化模式是一脉相承、连续统一的点。其原因非常简单——文化差异往往是就程度而言的。其次，就文化模式的任何探讨和研究而言，必然存在大量的重复和交叉。事实上，我们所选取的用于具体讨论的文化模式都是由甘农、托姆皮纳斯和汉普登·特纳、格隆多纳

以及唯弗所提出的不同分类方法的一部分。

美国的主导文化模式

我们之前向读者指出，用一种具体的文化模式概括一种文化的全貌会面临很多困难。然而，当我们分析美国及其多种族和多民族文化时，这一问题更加明显。正如查伦所指出的，“列举美国价值观会面临很多困难，因为其中有很多例外和自相矛盾的地方”[36]。然而，查伦又说：“从总体来看，美国人确实生活在同一个价值体系之下。”[37]金也同意这种说法，她写道：“不管年龄、种族、性别或民族的差异如何，所有美国人共享某些共同的文化价值观念。”[38]

尽管本书主要着眼于研究其他文化，但我们相信，用一点篇幅来提供有关美国文化的模式对读者会有所裨益。对于那些主导文化圈之外的人们来说，我们认为，有关文化模式的探讨将有助于他们更好地了解该文化。相反，对于主导文化中的人们来说，我们之所以对其进行分析，主要出于三点原因。其一，正如本书通篇反复强调的那样，文化与人的移动如影随形，而文化又影响到该如何对我们的所闻所见作出反应。要想更好地了解你所参与的传播交流事件，你必须真正了解你在该事件中所扮演的角色。其二，研究我们所属的文化模式有助于揭示通常被忽略的文化信息。正如人类学家爱德华·霍尔曾经说的那样：“文化所隐藏的东西要比其展示的东西多得多，但奇怪的是，该文化的参与者往往是最易被蒙蔽的，正所谓当局者迷。”其三，对个人所属的文化模式的研究可以为不同文化之间的对比和比较提供参考。

我们对美国文化模式的分析主要局限于对其主导文化模式的探讨，在第 1 章中我们已对此有所论述。我们讲过，不管研究何种文化，主导文化是指控制并主导主要经济和社会制度并决定信息流动和内容的文化。在美国，主导文化群体一直以来都是并且未来也将会是欧洲裔的白人男性群体。[39]

个人主义

个人主义是美国最为重要的文化模式。一般来说，17 世纪英国哲学家约翰·洛克（John Locke）最早提出这一理念，即每个人都是独一无二的、特别的，并且是与众不同的，每个个体都是“自然的基本单位”[40]。洛克的观点简单易懂：个人利益至高无上，所有的价值观、权利和职责都来源于个体的人。个人主义价值观具有统领一切的特点，以至于很多其他重要的美国价值观都能从个人主义那里找到活水源头。甘农在下文中
136 强调了个人主义和其他价值观之间的关系：

> 纵观美国历史，机会均等、独立自主、首创精神和自力更生依旧是最基本的美国理想。这一切都集中体现了个人主义的价值观念。[41]

正如甘农指出的，个人主义是美国文化的基石，尽管在世界其他地方，个人价值也不同程度地得以推崇，但都远不及美国。亨廷顿也指出，这种“对个人主义价值观念的彰显和强调以及个人权利和自由的传统在所有的文明社会中都是独具一格的”[42]。个人主义价值观已经有很长的历史了，并且这种价值观念得到了许多人的拥护和捍卫。本杰明·富兰克林（Benjamin Franklin）对美国同胞说：“自助者天助之。”总统赫伯特·胡佛（Hebert Hoover）也提醒美国人：“美国体系基于

顽强的个人主义。”不管是在性、社会或道德方面的议题上，个人主义在美国人心目中一直占据着主导地位。这种观念根深蒂固，以至一些美国人甚至认为，如果某人没有充分展示个人主义精神的话，那么这个人肯定是有什么问题。从前任最高法院大法官费利克斯·法兰克福特（Felix Frankfurter）的话中就可见一斑：“任何寸有所长的人都是与众不同的。”不管在文学、艺术，抑或在美国历史上，道理都是一样的：个人成就、独立自主、自由权利都是最具荣耀、最受推崇的美德。

137 美国人的行为榜样——不管是老西部的牛仔，还是当今电影、录像或视频中的动作英雄——都被描述为独立的个体，他们都是在几乎没有别人的帮助下完成任务的。这一切就使得多数美国人坚信，每个人都有属于自己的独特身份认同，这种身份认同应该不断得到认可和强化。正如金所说：“在美国，评价一个人，看的是一个人本身，而不是他周遭的人。一个人的个人能力是衡量他的唯一准则。”[43]

通过利用空间的方式可以看出个人主义对美国人的重要性。

平等

在美国的主流价值观中，与个人主义密切相关的是人人平等。正如汉森所指出的那样，“美国是基于‘人人生而平等’的原则而建立的”[44]。从政府（人人都有选举权）到社会关系（请叫我名字就好），着重凸显平等价值观的例子比比皆是。美国人相信，所有人都有权取得成功，而政府也通过法律和平等的教育机会确保人人都有这一权利。不管在主要的还是在次要的社会关系当中，人人平等的价值观普遍存在。例如，家庭中的主要社会关系更倾向于提倡人人平等，而非等级结构。形式并不重要，孩子们也被当作成年人来看待。在次要关系中，你会发现朋友间和同事间也都推崇平等的价值观。然而，对于来自等级森严的社会结构的人们来说，当他们与美国人一起工作时会感到十分不安，并对美国人反对等级结构价值观的看法不以为然。当然我们的意思并不是说美国人完全忽视等级结构。埃尔森认为，美国依靠一些略显微妙的方式来象征地位的高低，如“语调、发言顺序、措辞，以及座位安排”[45]。

在描述美国主导文化时，如果不提到个人主义和人人平等价值观中存在某些相互矛盾的地方，将是我们的疏忽。正如马塞尼斯所述：“尽管个人主义和自由平等的思想在美国蔚然成风，美国人依旧根据性别、种族、族裔和社会阶层对人进行评价。”[46]他还指出：“尽管我们声称美国是一个平等的国度，但是这里的平等更多是说‘相比其他一些国家更加平等’。这一点是毋庸置疑的。”[47]诚然，很多美国人经历过不平等的时代，正如汉森指出的：“纵观美国历史，并不是所有美国公民都能与其他人地位平等。但美国人高度重视这一理念，并为了这个理想而不懈努力。”[48]汉森的说法是对的。

物质主义

对大多数美国人来说，物质主义一直都是人们生活当中非常重要的一部分。正如斯图尔特和贝内特指出的那样，“美国人认为，保障物质上的富足和身体上的舒适几乎已经成了一项权利”[49]。埃尔森也认同这一看法。他认为，对美国人来说，物质主义是“理所应当、自然而然”[50]的价值观，该理念甚至被呈现在了汽车保险杠的贴纸上——“真正的赢家是那些死后留下最多玩具的人”。美国人期待着拥有快速、便捷的交通工具（能自己控制尤佳），期待能随意享受丰富的食品，期待拥有适合各种场合的服装，期待住在装有空调的舒 138
适房屋，更期待拥有无数节省劳力的设备、工具。

科学和技术

对于大多数美国人来说，科学和技术——或者用克拉克（Clark）的话说是“专业知识的价值”[51]——在某些特性方面与半个神明密切相关。美国首都华盛顿哥伦比亚特区国家历史博物馆中的题词——“科学技术为现代文明之母”，就表达了同样的理念。克拉克表示，美国人认为科技知识与生存紧密相关。[52]这一强大的理念使大多数美国人都相信——当科学家、工程师和发明家集思广益时，一切皆有可能。从改善人际关系到登上月球，所有问题在科学技术领域都可以得到解决。美国人之所以崇尚科学，原因在于，他们相信，人类可以借由理性改变现实，人们通过科学手段可以预知和控制未来和生活。总的来说，美国人重视科学的这种精神反映了根植于西方文明中的崇尚理性主义和个人主义的传统观念。从约翰·洛克到弗朗西斯·培根（Francis Bacon），从勒内·笛卡尔（Rene Descartes）到伯特兰·罗素（Bertrand Russell），再到阿尔伯特·爱因斯坦（Albert Einstein），西方文化长久以来一直相信，所有的问题都可以通过科学来解决。马塞尼斯认为，我们崇尚理性和科学，这就有助于“解释我们的某种文化倾向（特别是在人类中），即知识应该与情感和直觉无关”[53]。西方人一般重视理性、客观性、实验证据和科学方法，但这往往很容易与那些崇尚宿命论、主观主义、神秘主义和直觉的文化产生冲突。

进步和改变

正如汉森所述，在美国，“人们高度重视改变、新事物和进步”[54]。从自我性格的改变，到高频率的搬家，我们可以从中认识到，美国人不喜欢保持现状。一直以来，他们都不安于现状。“美国的先祖们砍伐森林，排干沼泽，改道河流，为的是‘建设’家园。当代美国人登陆月球，某种程度为的只是证明自己的能力。”[55]19世纪，法国作家阿历克斯·德·托克维尔在拜访美国之后，也得出了类似的结论。他写道，美国人“认为社会是处在不断改变当中的，人性也是如此”。伴随着一个崭新的合众国的诞生，美国文化就一直秉承不断进步的信念和态度——乐观向上，愿意接受改变，重视未来而非过去和现在，坚信自己有能力掌控生活，对普通人拥有这种认知能力深信不疑。从美国人对环境的看法中，你就可以发现他们对改变和进步的强大信念。汉森对此作出了总结：“这一信念培养了美国人在与环境和他人的互动中对力量使用（use of force）的文化传统，从某些短语中就可见一斑，如‘驯服旷野’、‘开发
西部’和‘征服太空’。”[56] 139

美国人对于进步的热情和向往不仅让他们善于接受变化，更让他们相信变化总是朝着好的方向发展的。每一代美国人都希望自己能成为变化中的一部分。这一信念着实强大，所以很多美国人敢于冒险。作家亨利·米勒（Henry Miller）捕捉到了这一美国精神，他写道：“生活中的很多改

变和进步不是由于适应，而是缘于冒险，甚至是盲目的欲望。”在这一章后面部分我们将谈到，许多见证了辉煌和衰败的古老而传统的文明对宿命主义深信不疑，往往不敢以变化求进步，更谈不上冒险精神。所以这些文明的国民很难理解美国人的行为方式。正如埃尔森所言：

> 美国人对进步和更好的生活的坚定信念与宿命论国家的人完全相反（宿命这个词在美国文化中具有贬义或是批评的内涵）。宿命论国家大多在拉丁美洲、亚洲和阿拉伯地区，这些国家的人们相信未来是由命运、由神或者至少也是在社会中有权势的人或家族决定的。那种人们可以自己决定自己未来的观念，在这种文化中往往被认为是天真、自大甚至是亵渎神明的。[57]

工作与休闲

正如几种主要的文化模式情形一样，工作的概念在美国也有着悠久的历史。在谈到工作的历史以及工作对于美国人的意义时，有学者这样写道：

> 美国人最初的文化信念来源于那些欧洲移民在殖民地时期的经历，他们普遍认为工作是在自然界生存的首要条件。正是这种工作的独特经历——比如工作类型、工作主体，以及工作回报——才将美国人的行为与欧洲人的行为区分开来，并且在接下来的八代人中逐渐形成了新的美国文化。[58]

美国人对工作极为看重，有着极高的工作价值观念，所以，在美国，人们初次见面往往都会问起这个常见的问题：“请问，在哪行高就?”这样一句简单的询问也从一个侧面表明美国人认为工作（或做事情）是很重要的。对大多数美国人来说，工作具有极大的道德和情感吸引力。反之，主观自愿的（故意的）游手好闲、无所事事给社会带来的只能是严重的威胁和巨大的破坏。美国人的另一个重要价值观便是，辛勤工作必然会有回报，而休闲则是主要的回报之一。绝大多数的美国人似乎都信奉诗人、哲学家乔治·桑塔耶纳(George Santayana)的话：一个文明的民族，为了工作得更好，一定要休闲娱乐得好。对美国人来说，休闲是他们用工作赚来的奖励，是在常态化工作下的间歇和放松。人们正是在休闲和娱乐中才发现生活中真正的快乐。美国人对娱乐、放松和休闲的强调表现在多种方式上——每到周末人们就迫不及待地驾车远游、打高尔夫球或网球、滑雪、骑山地车，或是去赌场或赛车跑道上寻求“放松”。

140

竞争

已故知名美式职业橄榄球教练文斯·隆巴蒂(Vince Lombardi)曾经说过：“胜利不代表一切，但胜利都是唯一。”[59]这一面对竞争的态度，也是诸多美国人从小就被教育灌输的一个理念。不论是在体育竞技场上追求胜利，还是在班级中为了取得比同桌更高的成绩，人们总会鼓励并激发你的竞争天性。在美国，每个人都会被排名、被打分、被分类、被评价，所以人人都会知道自己是不是最好的。如果年轻人面对失败却无动于衷，那么他会被认为是“问题少年”。正如金指出的那样：“对争强好胜、拒绝失败的美国人来说，生活中的一切都是一场要赢得的比赛。”[60]正如一种文化中的所有模式一样，竞争这一观念也具有悠久的历史。早在公元1世纪初，罗马哲学家奥维德(Ovid)就曾对竞争有过肯定性的描述：“马儿只有在追赶和超越前面的马匹时才能跑出最快的速度。”这句话所要传达的意思——无论在过去还是在今天——非常明确，即你需要超越其他所有人。金指出：“竞争以其最完美的形式促使美国人变得更好。”[61]

然而，竞争这一文化模式也往往使得美国人在与其他不崇尚竞争的民族交流时产生麻烦。比如说，“亚洲人就认为，一味纠结于胜利是没有必要的，也是无益的”[62]。哈里斯和莫兰则提供了另外一个例子：当法国人面对一个竞争意识强烈的人时，往往会认为他怀有敌意、冷酷无情，并对权力充满欲望。“法国人会因此感到威胁，于是可能造成讨论的过激反应或是选择退出。”[63]

多样的文化模式

至此，我们已经讨论了美国主导文化中的一些文化特性，接下来我们要做一些文化间的比较。在本章的开头，我们曾提到许多人类学家、社会心理学家和传播学学者设计了分类系统，以对各种文化模式下的行为进行分析研究。虽然文化模式多种多样，但在跨文化交流与传播的研究中，有四个核心的分类系统。第一种分类是由荷兰学者霍夫斯泰德提出的受文化影响和形塑的五大价值维度（个人主义和集体主义、不确定性规避、权力距离、阳性主义与阴性主义、长期与短期的价值取向）。第二种分类是由克拉克洪和斯托贝克（Kluckhohns and Strodtbeck）在他们的人类学著作中提出的几个倾向（人的本性导向，人与自然导向，时间导向，行为导向，社会关系导向）。第三种是由霍尔提出的，即从高语境文化和低语境文化的角度来看如何回应不同的信息系统。第四种文化模式则是由跨文化传播学者汀·图梅提出的，它着重强调“面子”以及“面子工程”在跨文化交流与传播中的作用。

霍夫斯泰德的价值观维度

霍夫斯泰德在其著作[64]的第二版前言中明确阐述了价值观维度研究的理性意义：

> 本书深入研究了当今世界 50 多个现代民族国家的人民在思维和社会行动上的不同。本书认为，人们的“心智程序”形成于童年，受到家庭影响，并在学校以及各种组织体制中得到强化。这些心智程序的内核就是民族国家文化的组成成分，不同民族国家中人们的思想行为中的不同价值观就是受到这些成
> 141 分的支配。[65]

霍夫斯泰德是最早一批尝试借助大量统计数据来研究文化价值观念的。霍夫斯泰德本人在研究过程中，对 53 个国家和地区超过 10 万名在跨国公司工作的经理人进行了调查。在对调查数据仔细分析后，霍夫斯泰德借助于四大价值维度（个人主义和集体主义、不确定性规避、权力距离、阳性主义与阴性主义）把每一项研究都按顺序排列。随后的研究还包括对 23 个国家从第五种维度（长期与短期的价值取向）上进行的顺序排列。这些排序不仅清晰地展现了各国文化的价值取向，也能够帮助你了解跨文化比较。

个人主义和集体主义

在第 2 章研究社会组织这一话题时，我们首次提到了个人主义和集体主义这一文化维度。现在

我们再次回到这个话题，进行更深入、更全面的讨论。多年来，研究人员都认为“以自我为中心与以集体为中心是决定人类行为的最基本的模式变量之一”[66]。正如汀·图梅所指出的：“个人主义价值倾向和集体主义价值倾向在我们的日常生活中时常展现，比如在家庭、学校或是工作场所中。”[67]

尽管霍夫斯泰德以其对个人主义和集体主义概念的研究而享誉，但就研究这些关键的跨文化维度的议题方面，他并非唯一有建树的学者。比如，特里安迪斯也曾以这些概念为核心而设计出一个跨文化研究的全盘议程。[68]尽管在这里我们把个人主义和集体主义看作是两个分开的实体来讨论，但是必须记住，在现实生活中，所有个体以及所有文化都兼具个人主义和集体主义两方面的特征。布里斯林进一步阐述了这一观点：“尽管没有任何一种文化可以完全忽略个人主义或集体主义倾向，但正是在认为哪一个更为关键的态度问题上，人们把不同文化明显区分开来。”[69]

安德森和他的学术同仁对如何界定个人主义和集体主义的主要特征给出了非常到位的总结：

> 集体主义文化看重社团集体、合作、共同利益、和谐、传统、公共利益和维护脸面。个人主义文化则看重个人权利和责任、隐私、表达个人观点、自由、创新和自我表达。[70]

在以上总结的基础上，我们接下来进一步探讨个人主义和集体主义这两种文化价值维度。

● 个人主义

我们先前在介绍美国文化时已经讨论过个人主义，那么现在我们只需要了解个人主义的组成部分：(1) 在任何社会环境下，个体是唯一的最为重要的单位实体。(2) 强调独立而非依赖。(3) 个人应当获得奖励。(4) 每个个体的独特性具有至高无上的价值。[71]根据霍夫斯泰德的研究成果（见表5—1）可知，美国、澳大利亚、英国、加拿大、荷兰、新西兰等文化最倾向于个人主义价值观念。戈尔曼（Goleman）尤其强调指出了尊崇个人主义价值观念的文化所具有的一些特点：

> 人们的个人目标优先于对如家庭或雇主等集体组织的忠诚。个人对集体的忠诚度相对较弱，他们认为自己属于多个不同的群体。在需要的时候，他们会不断地改变自己所属的成员身份，比如更换教堂去做礼拜或是离 142
> 开某位雇主从而改变工作。[72]

在倾向于个人主义的文化中，人们鼓励的是竞争而非合作，个人目标优先于集体目标，人们很少从感情上依赖某个组织或机构，每个个体都享有私人财产权、言论和自由表达权。这些文化强调个人动机和个人成就，同时尊重个人决策。每当遇到需要做出决策的情况时，来自个人主义文化的人往往会与来自集体主义文化中的人意见相左，福斯特对此这样说道：

> 在谈判桌上，因个人主义和集体主义价值维度带来的不同明显会引发严重分歧。在个人主义文化看来，个体为决策负责是很正常的，但在集体主义文化中则相反。美国人往往期盼日本人能在谈判桌上拍板做出决定，而日本人总是惊讶于美国谈判团队中的个体成员在谈判桌上直接表述他们个人的想法、看法和观点，有时候团队成员之间甚至公开争执。[73]

之前我们曾使用石头在水塘打水漂激起涟漪 143
做了一个比喻，那么在个人主义文化中，扔进水塘里的石头就制造出了一堆各不相同的涟漪。在一些小的群体里，个人主义激励“个人完全为了自己而工作”[74]。在空间使用的问题上，安德森指出：“个人主义文化背景下的人与人之间的关系往往更显疏远。”[75]在关涉家庭的情况下，汉森指出，个人主义更多地表现为自决（self-determination）、自立和强调隐私。[76]在生意场上，刘易斯认为强调个人主义的美国人“喜欢独自行事”[77]。而当场景转移到学校的教室里时，霍夫斯泰德指出，教师往往会针对不同的学生个体因材施教，并能鼓励学生们主动进取，发挥首创精神。[78]

表 5—1　　53 个国家和地区个人主义/集体主义价值观排序表

排名	国家或地区	排名	国家或地区
1	美国	28	土耳其
2	澳大利亚	29	乌拉圭
3	英国	30	希腊
4/5	加拿大	31	菲律宾
4/5	荷兰	32	墨西哥
6	新西兰	33/35	南斯拉夫
7	意大利	33/35	葡萄牙
8	比利时	33/35	东非
9	丹麦	36	马来西亚
10/11	瑞典	37	中国香港
10/11	法国	38	智利
12	爱尔兰	39/41	新加坡
13	挪威	39/41	泰国
14	瑞士	39/41	西非
15	德国	42	萨尔瓦多
16	南非	43	韩国
17	芬兰	44	中国台湾
18	奥地利	45	秘鲁
19	以色列	46	哥斯达黎加
20	西班牙	47/48	巴基斯坦
21	印度	47/48	印度尼西亚
22/23	日本	49	哥伦比亚
22/23	阿根廷	50	委内瑞拉
24	伊朗	51	巴拿马
25	牙买加	52	厄瓜多尔
26/27	巴西	53	危地马拉
26/27	阿拉伯国家		

注：排名越靠前，表明该国家或地区越崇尚个人主义。排名越靠后则该国家或地区越崇尚集体主义。

资料来源：Geert Hofstede，*Cultures Consquences*：*Comparing Values*，*Behavior*，*Institutions and Organizations Across Nations*，2nd ed.（Thousand Oaks，CA：Sage Publications，2001）。

● 集体主义

集体主义的一大特征是在社会中存在着严格区分群体内和群体外的框架体制。人们期望群体内的人——如亲属、部族或是组织——来照顾他们，作为回报，人们会对该群体表现出忠诚。特里安迪斯给出了集体主义文化中人们常见的一些行为方式：

> 集体主义更多强调下列内容：（1）群体内而非个人的观点、需求和目标。（2）由群体内界定的社会规范与责任，而非追求个人享乐的行为。（3）群体共享的信念，而非与群体不同的个人信念。（4）随时准备与群体内成员合作的态度。[79]

在集体主义的文化社群中，如巴基斯坦、哥伦比亚、委内瑞拉、中国台湾地区、秘鲁和大部分非洲和亚洲地区，人们往往出生于大家庭或氏族中，这些大家庭和氏族支持并保护其家族成员，并以此换来他们的忠诚。特里安迪斯认为，家庭 144
所扮演的角色及其拥有的权力是集体主义文化的基础，对此他给出了很好的总结：

> 典型的集体主义社会关系就是家庭。家庭成员彼此之间维系着深厚的情感纽带，并

且家庭成员都明显认可“相互拥有”的情感。这种关系是长期的（往往是一生），并且家庭成员往往有着共同的目标。这种情况下的合作就显得非常自然，个人的地位是由其在群体内的位置决定的。[80]

正如你想的那样，在集体主义文化下，人们常说“我们”而不是“我”。里奇满和盖斯特林在研究非洲社会时得出如下结论：“与西方社会相比，这里的个人需求和成就是排在集体需要和集体成就之后的。”[81]学者对此做出了阐释：

如果一定要筛选出非洲社会文化价值的唯一特征，那么个人从属于群体一定是最佳选项。任何认为个体拥有自治权、自主权和自我负责的观念在非洲文化中都是不被接受的。[82]

在非洲和其他一些集体主义文化中，个人身份取决于其背后的社会组织体系。个人在情感上依赖各种组织和机构，并且强调对组织和机构的归属。组织观念侵入到人们的私生活以及个人所属的各种团体。个人信任团体的决策，甚至会牺牲自身的权利来拥护团体的决定。梅耶（Meyer）认为中国也属于集体主义文化，在中国“团体行为是中国社会的一大特色”[83]。集体主义的行为方式有着悠久的历史根源。《论语》有言：“己欲立而立人，己欲达而达人。”另一条中国谚语讲述的也是这种集体主义文化的价值：单梁难撑房。

集体文化，是他们最重要的社会存在。

美国的很多群体文化也被认为具有集体主义特征。有研究认为非裔美国人就有集体主义社会的特征。[84]卢克曼（Luckman）将美国的拉丁文化也归于此类，如墨西哥裔美国人、古巴人、萨尔瓦多人、危地马拉人、波多黎各人等都属于此类。这些群体文化都非常看重家庭，一般都将家庭的需求置于个人需求之上。[85]

正如所有的文化模式一样，集体主义也影响到了诸多交际传播中的变量。有学者在调查研究了韩国文化之后，认为韩国人具有的非直接交际传播、要面子、为他人着想以及集体合作等行为都与集体主义文化倾向有关联。[86]研究还发现，集体主义和个人主义在矛盾和冲突的解决或管理风格上也存在着文化方面的影响。[87]

集体主义也是与语境或情境相关的。比如，在集体主义文化下的教室中，如墨西哥，课堂学习往往强调和谐与合作而非竞争。[88]正如墨西哥谚语说的那样：“人手越多，成事越快。”医疗环境的情境中也反映了集体主义和个人主义下不同的模式。施奈德和西尔弗曼在研究了埃及的健康护理环境后发现："生病的埃及人依然渴望与众人在一起。一大群朋友或是亲属会带着苏打水、食物、阿司匹林甚至是各种善意的建议来探望一个头痛或是发烧的病人。埃及的医院往往被探访的人围得水泄不通。"[89] 在生意场上，"在集体主义文化下，决策是由集体做出的，因此决策过程会耗时较长"[90]。

145

不确定性规避

不确定性规避的核心原则即未来的不确定性。虽然你尽力了，但你还是无法确切地说出下一分钟、下一小时、明天或是下一个十年将要发生的事情。正如美国剧作家田纳西·威廉斯（Tennessee Williams）写的那样："未来的别名是'未定'，这是唯一可以用来解释未来的词语。"正如霍夫斯泰德用"不确定性规避"这一术语来"描述一种文化中的人们在面对他们所感知到的不确定、不清晰或是无法预测的环境时所产生的不安程度。为了避免这种高度不确定性环境，人们自然会严格遵循固有的行为模式并保持对绝对真理的信仰"[91]。

● 高度不确定性规避

高度不确定性规避的社会文化以向社会成员提供稳定性、建立更多正式规则、不容忍偏离正统轨道的观念和行为、追求一致性，并且信仰绝对真理、专家与权威等方式来规避不确定和模糊性。这些文化也因此以高强度的压力和焦虑感为其主要特征。这一文化下的人们认为生活本身隐藏着一系列潜在的风险。

为了避免或减少这些风险，这种社会文化非常强调成文的规则、计划、管制、典礼和仪式，并建立起诸多的交流准则，这些都会使得生活呈现出更多的条理性和秩序。具有不确定性规避程度较高倾向的国家有希腊、葡萄牙、比利时和日本等（见表 5—2）。

● 低度不确定性规避

在维度的另一端，我们会发现像丹麦、瑞典、爱尔兰、美国、挪威、荷兰以及芬兰等不确定性规避程度较低的国家。这些国家的人易于接受生活中固有的不确定性，能够容忍生活中那些与众不同的事物，对于与自己观点不同的人不会产生威胁感。他们崇尚个人主动性，不喜欢等级科层结构。他们乐于冒险，处事灵活，认为规则越少越好，更多地信赖自己而非专家权威。总体来说，低度不确定性规避社会中的人们比较放松，没那么紧张。

和其他价值维度一样，不确定性规避程度的高低也影响着跨文化交流与传播。比如，在一个不确定性规避程度较低的文化范畴中的课堂上，孩子们都非常喜欢没有太多秩序约束的自由学习环境，喜欢追求不同解题方式的孩子们也会因此获得老师的嘉奖。[92] 而在不确定性规避程度较高的课堂上，霍夫斯泰德指出，"那里的学生们更喜欢有秩序和有管理的学习环境以及有正确答案的教学试题"[93]。

它还会影响谈判桌上的双方，特别是当双方来自不确定性规避程度不同的社会文化时。高度不确定性规避社会的成员一般倾向于一步一步来，进展较慢，并且要求大量的细节和计划工作。有些年长的成员甚至很不习惯面对年轻的谈判对象。对于谈判安排的正式要求，不同文化之间存在不同程度的认知。此外，刘易斯也指出，高度不确定性规避社会中的成员在生意场上"喜欢按照既定的议程设置开展工作，循规蹈矩"[94]。在谈判桌上，双方对风险的看法也存在不同。美国人很少被未知性束缚手脚，相反，他们勇于接受风险。哈里斯和莫兰在提及美国商业实践时写道："细品美国历史，粗犷的个人主义认知以及资本主义的回报理念，所有这些都使得美国人一直以来勇敢面对风险，而非刻意回避风险。"[95]

表 5—2　　53 个国家和地区的不确定性规避程度排序表　　146

排序	国家或地区	排序	国家或地区
1	希腊	27/28	厄瓜多尔
2	葡萄牙	29/30	德国
3	危地马拉	29/30	泰国
4	乌拉圭	31	伊朗
5/6	比利时	32	芬兰
5/6	萨尔瓦多	33	瑞士
7	日本	34	西非
8	南斯拉夫	35/36	荷兰
9	秘鲁	35/36	东非
10/15	西班牙	37	澳大利亚
10/15	阿根廷	38	挪威
10/15	巴拿马	39	南非
10/15	法国	40	新西兰
10/15	智利	41	印度尼西亚
10/15	哥斯达黎加	42/44	加拿大
16/17	土耳其	42/44	美国
16/17	韩国	42/44	菲律宾
18	墨西哥	45	印度
19	以色列	46	马来西亚
20	哥伦比亚	47/48	英国
21/22	委内瑞拉	47/48	爱尔兰
21/22	巴西	49	中国香港
23	意大利	50	瑞典
24/25	巴基斯坦	51	丹麦
24/25	奥地利	52	牙买加
26	中国台湾	53	新加坡
27	阿拉伯国家		

注：排名越靠前，不确定性规避程度越高；排名越靠后，不确定性规避程度越低。

资料来源：Geert Hofstede，*Cultures Consequences：Comparing Values*，*Behavior*，*Institutions and Organizations Across Nations*，2nd ed.（Thousand Oaks，CA：Sage Publications，2001）。

权力距离

霍夫斯泰德提出的另一个文化价值维度是权力距离，即根据权力距离的大小对文化予以分类。所谓权力距离，就是在一个特定文化范畴中社会成员与权力之间的距离。他对这一概念有如下定义："权力距离作为一种文化特征，指的是社会中最底层的人民接受和认同权力不平等的程度。"[96]这一维度的前提是，某一社会对于人际关系层面、社会制度层面以及社会构架层面的权力分配在什么程度上被人们认为是公平的或是不公平的。尽管所有文化体都会有高、低两种权力关系，但只会有一种主导倾向。福斯特对此有清晰的论述。

> 根据霍夫斯泰德的发现，在某些文化中，掌权阶层和受权力影响的阶层之间的距离在很多方面都比较大（即权力距离大的社会）。但是在其他文化体中，掌权阶层和受权力影响的阶层的距离则比较小（即权力距离小的社会）。[97]

147 **● 较大的权力距离**

古蒂昆斯特对崇尚较大权力距离的文化有以下精辟的总结："在权力距离较大的文化中，个体会认同权力是社会的一部分。所以，当权者会认为他们的下级与他们不同，下级同样也认为自己的确不如上级。"[98] 在印度、非洲、巴西、新加坡、希腊、委内瑞拉、墨西哥和菲律宾这类权力距离巨大的国家和地区，公民会认为权力和特权是生活的一个方面（见表 5—3）。无论是有意还是无意的，这些国家和地区的人们一直以来就被灌输着人生而不平等、人分三六九等、各安其位这一类观念。社会阶层不但广为划分，甚至变成毫无公平可言的制度。有些学者用这一观点分析非洲的情况时认为："例如非洲这样的纵向划分阶层的社会，下级会觉得上级与他们不同，所以拥有特权。"[99]

你会发现，这种权力距离较大的文化所产生的社会组织，显示出高度的集权性，更为强调社会地位和等级排序，人事监管方面所占比率很大，有严格而僵化的价值评估体系来确定每一个工种的贵贱优劣，下级人员要遵循严格的等级科层管理制度。[100]

表 5—3　53 个国家和地区的权力距离评估排序

排序	国家或地区	排序	国家或地区
1	马来西亚	27/28	韩国
2/3	圭地马拉	29/30	伊朗
2/3	巴拿马	29/30	中国台湾
4	菲律宾	31	西班牙
5/6	墨西哥	32	巴基斯坦
5/6	委内瑞拉	33	日本
7	阿拉伯国家	34	意大利
8/9	厄瓜多尔	35/36	阿根廷
8/9	印度尼西亚	35/36	南非
10/11	印度	37	牙买加
10/11	西非	38	美国
12	南斯拉夫	39	加拿大
13	新加坡	40	荷兰
14	巴西	41	澳大利亚
15/16	法国	42/44	哥斯达黎加
15/16	中国香港	42/44	德国
17	哥伦比亚	42/44	英国
18/19	萨尔瓦多	45	瑞士
18/19	土耳其	46	芬兰
20	比利时	47/48	挪威
21/23	东非	47/48	瑞典
21/23	秘鲁	49	爱尔兰
21/23	泰国	50	新西兰
24/25	智利	51	丹麦
24/25	葡萄牙	52	以色列
26	乌拉圭	53	奥地利
27/28	希腊		

注：排名越靠前，说明该国家或地区的权力距离越大；排名越靠后，说明该国家或地区的权力距离越小。

资料来源：Geert Hofstede，*Cultures Consequences：Comparing Values，Behavior，Institutions and Organizations Across Nations*，2nd ed.（Thousand Oaks，CA：Sage Publications，2001）。

148 ● **较小的权力距离**

权力距离比较小的国家——如奥地利、芬兰、丹麦、挪威、美国、新西兰和以色列——认为社会的不公平应该减到最小。或者如布里斯林所说："所谓'权力距离较小'的文化，通常是指那些受到法律条例、规范以及人们日常行为约束的文化，这种文化中，权力的差距被尽可能地最小化。"[101]这些国家的人民认为他们和权力之间的距离不大，而且拥有获得权力的途径。对于他们而言，等级是不公平的角色设定，不过是权宜之计。上下级都觉得彼此没什么不同。所谓的上级，即监管者、经理人或者政府官员，常常和他们的下级沟通交流，并且尽力不去显摆自己手中的权力。

这种维度的迹象几乎在所有的交际传播场合都可见到。在教育方面，几个学者给出了以下总结：

> 权力距离较大的社会，教育过程是以老师为中心的。老师控制全部的交际沟通，罗列出学生应该遵循的学习途径。学生从不会当众批评或者质疑老师。权力距离较大的社会强调老师个人的"才智"。然而，权力距离较小的社会强调的却是非个人化的"真理"，任何有能力的人都可能发现真理。[102]

根据霍夫斯泰德的观点，在权力距离较小的社会，你会发现生意场上的商业决策不是由上级单独完成的，他们也会询问下级的意见，老板的决策要依靠团队的支持，而地位象征则被压缩到最小。[103]

阳性主义与阴性主义

霍夫斯泰德用阳性主义和阴性主义这一对术语来形容在不同文化中对于男性特征或女性特征的推崇与展示。他的一个推论得到了大多数人类学家、心理学家以及政治科学家的支持，其大意是：许多阳性主义或者阴性主义的行为是后天习得的，并且根据相应的文化准则和传统进一步调整。阿德勒认为，"阳性主义"和"阴性主义"这两个术语并没有完全展现这种维度背后所蕴含的意义，因此要用"事业成就"和"生活质量"[104]这两个术语来表达。尽管阿德勒此处的评论颇为中肯，但是我们将在以下的讨论中继续使用霍夫斯泰德的术语，如果你觉得阿德勒的两个术语更有利于理解这一维度的话，你也不妨一试。

● **阳性主义**

阳性主义是指整个社会的主流价值观以男性为导向的程度。霍夫斯泰德对此做出过极好的总结：

> 阳性主义的文化根据两性的生理存在，为男性和女性安排不同的社会角色。阳性主义文化认为男性应当刚毅自信、野心勃勃、好勇斗狠，并且追求物质，崇尚一切巨大、强壮和快捷的事物。[105]

根据霍夫斯泰德的分析，爱尔兰、菲律宾、希腊、委内瑞拉、奥地利、日本、意大利和墨西哥都属于阳性主义文化的国家（见表 5—4）。例如，爱尔兰尽管经济发达，但是在 2002 年的上议院和下议院的选举中，226 个席位中只有 32 席是女性。[106]

阿德勒指出，阳性主义文明不仅明确区分两性差别，而且提倡重视事业成就。在人际交往中，它大量强调"刚毅自信和对于金钱物质的追求（即物质主义）"[107]。

149 表 5—4　53 个国家和地区文化的阳性主义程度评估排序

排序	国家或地区	排序	国家或地区
1	日本	28	新加坡
2/3	奥地利	29	以色列
2/3	委内瑞拉	30/31	印度尼西亚
4/5	意大利	30/31	西非
4/5	瑞士	32/33	土耳其
6	墨西哥	32/33	中国台湾
7/8	爱尔兰	34	巴拿马
7/8	牙买加	35/36	伊朗
9/10	英国	35/36	法国
9/10	德国	37/38	西班牙
11/12	菲律宾	37/38	秘鲁
11/12	哥伦比亚	39	东非
13/14	南非	40	萨尔瓦多
13/14	厄瓜多尔	41	南非
15	美国	42	乌拉圭
16	澳大利亚	43	危地马拉
17	新西兰	44	泰国
18/19	希腊	45	葡萄牙
18/19	中国香港	46	智利
20/21	阿根廷	47	芬兰
20/21	印度	48/49	南斯拉夫
22	比利时	48/49	哥斯达黎加
23	阿拉伯国家	50	丹麦
24	加拿大	51	荷兰
25/26	马来西亚	52	挪威
25/26	巴基斯坦	53	瑞典
27	巴西		

注：排名越靠前，说明文化的阳性主义程度越高；反之，则程度越低。

资料来源：Geert Hofstede，*Cultures Consequences*：*Comparing Values*，*Behavior*，*Institutions and Organizations Across Nations*，2nd ed.（Thousand Oaks，CA：Sage Publications，2001）。

● 阴性主义

重视阴性主义特质的文化强调行为的培养。女性化的世界观认为男性不应该刚愎自用，或者自认为男性高人一等。除此之外，这种世界观还强调两性平等，认为人和环境非常重要。而且，阴性主义文化强调“超越性别的社会角色设定”[108]。此种文化还认为人们应该互相依赖，不分男女，对不幸者要有同情心。瑞典、挪威、芬兰、丹麦和荷兰等国家大多抱有阴性主义世界观。例如，瑞典在表 5—4 中排名最后，在 2002 年瑞典立法机构大选中，349 位立法委员有 45%是女性。[109]

性别角色在工作场合也颇为明显。在阳性主义社会里，女性一般在家做全职主妇，因为社会不鼓励女性去从事一些专业的工作。正如金指出的：

> 在日本、德国以及其他的欧洲和亚洲国家，女性想获得工作场合的平等待遇还有很大的阻碍。人们认为女性生来就是辅佐男性的，所以比起男性，她们的工资更低、工作更不稳定，并且提升机会寥寥无几。[110]

150 与之截然相反的是，在阴性主义的社会文化中，女性工作是受到鼓励的，并且还有必要的社会保障体系。例如在瑞典，政府不仅给母亲也给父亲提供“休假回家照顾新生婴儿，而且政府还提供日托母亲（day-mothers）来照顾家里年龄稍长的孩子”[111]。

长期与短期的价值取向

几年来，霍夫斯泰德的观点也屡遭诟病。其中最主要的一种观点认为，霍夫斯泰德搜集的数据具有明显的西方偏见。[112]针对这一指责，霍夫斯泰德提出了一种新的价值倾向评判标准：长期价值取向与短期价值取向。这一新的研究涉及 23 个国家，所运用的评估方法被称为“中式价值调查”（CVS）——“由身在中国香港的邦德根据中国学者所提出的价值取向发展而来”[113]，又被称为“儒家动态模式”[114]。霍夫斯泰德梳理了他提出的第五组对立的价值取向和儒家思想的关系：

> 长期与短期的两极价值导向维度与孔子的学说有很多关联。相对于短期导向而言的长期价值导向就包含了孔子学说的精神：贵在恒久、俭以持家、崇尚传统。[115]

这些文化模式会对各种场合下的交际和传播产生明显的影响。例如，在商业机构中，崇尚长期价值取向的（中国、日本、韩国）机构的职员，绝大多数都会努力工作、尊重上司。处在这种文化中的个体，重视社会秩序，注重长远目标。根据霍夫斯泰德的分析，在长期价值取向排序表中排名比较靠后的文化体（美国、英国、加拿大和菲律宾），通常对于社会地位并不十分看重，它们更关注的是短期价值取向，追求自身需要的快速满足。[116]

151

克拉克洪和斯托贝克的价值观导向

接下来的分类来自文化人类学家克拉克洪和斯托贝克的研究（见表 5—5）。他们根据研究提出，任何个体无论处于何种文化之中，都要处理五个基本问题。尽管克拉克洪和斯托贝克用了“价值观导向”这个词来描述这五个问题，但是他们实际上谈论的正是我们在本书中所称的“文化模式”。这些模式教导该文化的所属成员什么才是重要的，以及如何度过自己的人生。[117]自从克拉克洪和斯托贝克得出研究结果后，其他一些学者也在他们的基础上进行了进一步研究。[118]在分析了无数个文化体之后，他们得出一个结论：所有人都根据自身所处的文化来回答以下五个基本问题：

（1）人的本性是什么？

（2）人类与自然的关系是什么？

（3）人们对待时间的倾向是什么？

（4）人们对行为的价值观是什么？

（5）人与人之间的关系又是什么？[119]

在详细介绍由克拉克洪和斯托贝克推出的关于五种文化分类维度之前，有两点必须要提前申明。第一，与霍夫斯泰德把 50 多个国家和地区的调查研究予以排序的效果一样，克拉克洪和斯托贝克的五种文化导向分类方法同样具有视觉上的连续性与整体性。第二，在接下来要谈及的五种文化导向分类中，无疑，我们会看到有不少与霍夫斯泰德分类方法中的特征相重叠的地方。这也是可以理解的，因为两种研究讨论的都是在人类全部的文化中发现的有意义的价值观导向，只不过其导向的程度不同而已。故此，两种研究方案必定会有许多相同的模式。

人的本性导向

几乎所有的关于人类行为的评论，无论是在道德层面还是在法律层面，都以这个核心问题开始："人的本性是什么？"安妮·弗兰克（Anne Frank）在《安妮日记》中写道："不论怎样，我仍然坚信人性本善。"哲学家康德曾说过："人性这根扭曲之木，决然打造不出正直的东西来。"两者究竟孰对孰错？

表 5—5　　克拉克洪和斯托贝克的五种价值观导向

价值观导向	价值以及行为		
人的本性导向	人性本恶	人性善恶兼具	人性本善
人与自然导向	人类从属于自然	人类与自然和谐共处	人类控制自然
时间导向	重视过去	重视现在	重视未来
导向行为	存在	存在是为了改变	实干
社会关系导向	威权主义	集体主义	个人主义

资料来源：F. R. Kluckhohn and F. L. Strodtbeck，*Variations in Value Orientations*（New York：Row and Peterson，1960）。

涉及人性的问题困扰了宗教领袖及哲学家多
152 个世纪。如果你读了保罗曼（Borrowman）所罗列的与人性相关的简要问题清单，你就会认识到这些问题的重要性：

> "恩典"、"意愿"、基因遗传、地理条件、社会制度和历史事件对于个体行为究竟有怎样的影响呢？在和他人交往时，一个"自然人"究竟是会崇尚爱与利他主义，还是会变得贪婪而残忍？理性究竟是决定人类行为，还是在贪得无厌的本我和不可动摇的超我之间进行调停？[120]

对于保罗曼提出的这些问题，我们的答案代表了一种强烈的意愿，即我们打算如何去过我们的人生。斯蒂文森和哈勃曼（Stevenson and Haberman）告诉我们："正是对于人性的不同认定，才有了我们对于应该做什么和如何做的不同观念。"[121]尽管所有人都在个人层面上回答了关于人的本性的问题，但是对于人们的不同行为方式还有文化层面的解释。

大多数关于人性的讨论通常可分为人性本恶、人性善恶兼具和人性本善三种。接下来我们将分别讨论这三个方面，以及它们在不同文化中的不同体现。

● 人性本恶

有些文化认为人性本恶。在美国，这种文化倾向可以追根溯源至他们的清教徒祖先，之后多年广为大众接受。然而，在 20 世纪，美国人认为自己是善和恶的结合体。如今很多美国人相信自己"可堪雕琢"。根据一些规则，他们可以改变、提升自己乃至"被救赎"。根据这个观点，我们可以通过努力工作、自我控制、教育和自律来行善积德。在基督教中，我们也能看到这种具有明显自助倾向的生活观。对于基督徒来说，上帝如父，人类如子。如对待孩子一样，上帝虽然会引领人类，但是人类还得自己做选择。根据基督教教义，"我们是理性的存在，我们有自主意识，而且有自由的选择"[122]，我们可以通过这些选择防止堕落，获得新生。

● 人性善恶兼具

持道教思想的人们认为，世界是由阴阳组成的，处在一个相互对立又相辅相成的永恒动态系统之中，这两种力量在宇宙的代表就是善和恶。因为人性是宇宙的一部分，所以这些力量会自然地显现在人类身上。这种理念很明显地体现在阴阳理念中。阴阳循环不息，跟随自然保持平衡，时增时减。“阳”在增长的同时，必然伴随着“阴”在削弱减少；反之亦然，“阴”在增长的同时，“阳”必然消减。这种关于人性本质的善恶观更说明了人们不能消除邪恶，因为它是宇宙中一个自然且必要的部分。换句话说，善只有在恶的衬托下才能够显现出来，反之亦然。

153 需要补充的一点是，许多欧洲人由于各种不同的原因，在对人性的认识上也具有两面性（善与恶）。然而，他们相信人们生下来就是有罪的，通过后天的学习和教育恶可以转化为善。

● 人性本善

也许在儒教和佛教的哲学中能找到最为支持人性本善的观点。大多数对于孔子所述的翻译和解释都认为孔子对人性的本质“非常乐观”[123]。几百年之后，我们从中国哲学家王璐“人性本是善的”的话语中得出了相似的观点。佛教也认为人们刚刚来到这个世界时是纯洁的，并且最接近所谓的“仁爱”。因此，人性是善的。但是人们所处的环境（文化）使他们有了罪恶。

人类本性中的基本问题千百年来一直是跟与人性善恶相关的讨论互相抵触的。纵观历史，相信命运及神秘力量的人们与相信智慧可以解决问题、发现真理的人们总是冲突不断。如果你是一个有着典型的笛卡尔哲学思想的使用推理研究法的法国人，抑或是一个相信外部力量控制着你的大多数想法和行为的印第安人，甚至是一个需要借助神秘主义、直觉和精神意识来了解现实的本质的印度人，请想象一下，那么你对现实的认知将会如何？相信命运的人与重视自由意志的人，必定会得出不同的结论。

自然导向

● 人类从属于自然

对人与自然关系的不同定义也就产生了解释人类欲望、态度和行为的不同参照框架。克拉克洪和斯托贝克认为这些参照框架的一端认为人类从属于自然。赞同这种导向的文化认为，人生中的许多强大力量无法控制。不管这种力量是神、命运还是魔力，人们都无法克服它，因此必须学会接受它。这种文化主要分布在印度和南美洲的部分地区。对印度人来说，因为所有事物都是整体力量的一部分，所以“由各种各具特色而又不同的物体和过程组成的世界是一种更为本质的且不可分割的和无条件的现实反映”[124]。这种和世界的“一体性”有助于创造出一种和谐的世界认知感觉。墨西哥人和墨西哥裔美国人有一种强烈的天主教情结，认为命运控制着人身和自然界。正如珀内尔指出的，这种世界观的核心是“一种对事物本身的坚忍的接受”[125]。

● 人类与自然和谐共处

现在一种折中的或者是所谓的和谐观正广泛
传播，尤其是在东亚和东南亚。在日本和泰国， 154
人们认为自然并不是一种等待被人类征服的敌对力量，而是生命的一部分。这种定位文化认为人们应该尽一切可能与自然和谐相处。印第安人一直非常希望成为自然的一部分而不是控制它。学者指出：“部落的民族一直教育后代要尊重土地并且禁止亵渎祖先传下来的土地。这些部落还举行各种宗教典礼和仪式来确保与土地的和谐，并以此来保护土地（大地之母）。”[126]这种人与自然和谐共处的导向由华盛顿州索瓜米西（Suquamish）印第安人首领西雅图酋长（Chief Seattle）在一份声明中生动形象地总结了出来：“人类从没编织出生命之网，我们都只是这网中的一根丝而已。我们对网做了什么就意味着对自己做了什么，因为所有的事物都是联结在一起的，都是相互关联的。”

- **人类控制自然**

参照框架的另一端就是鼓励人类为了自身的利益而征服自然、控制自然的力量。这种价值导向是典型的西方式思维导向。我们在前面的章节中已经提到，这种导向有着悠久的重视技术、变化和科学的历史。历代美国人都相信自然是能够而且必须被人类掌控的。早期移民去北美洲的人们发现，那里是一块需要他们“驯服”的巨大的、环境恶劣的蛮荒之地。甚至人们的语言也反映了这种价值导向。早些年，人们建造大坝来“驯服”河流，今天我们讨论如何“征服”太空。有着这种价值导向的人们与自然有着清晰的界线。

因为在如何与自然相处的观点上有分歧，因而文化冲突的例子比比皆是。这方面的一个例子就是占统治性地位的美国文化与一些美国土著印第安部落的持续不断的论战，这些部落的人们反对大规模地进行露天采矿，因为这种行为损毁了地貌，并且惊扰了他们崇拜的神灵。美国控制自然的价值导向还表现在很多其他的事例中，阿德勒强调了其中的一些：

> 其他反映北美人控制自然的价值导向的例子包括宇航员征服太空、经济学家调节市场、销售代表企图影响消费者的购买决策，以及也许是当今最具争议的生物工程和基因规划。[127]

时间导向

作为一个物种，人类对时间的执迷和偏爱以及赋予它的力量是不言而喻的。两千多年前，希腊剧作家索福克勒斯（Sophocles）说：“时间是仁慈的上帝。”和本书讨论的许多问题一样，各种文化向“上帝”妥协的方式各不相同。不同之处即对过去、现在和未来的重视程度和这三者互相影响的方式。因此，文化对时间的使用非常重要，我们在第 7 章会详细阐述，但是现在我们只简单地介绍一些主要的文化在对时间认知上的差异。

- **过去导向**

定位于过去的文化坚信历史事件的影响。历史、国家宗教和传统对这些文化来说非常重要，因此人们深信过去是做决策和判断真理的参照指导。在中国能够发现这种文化导向，因为它有着悠久辉煌的历史，可以让人们对历史抱持敬仰的态度。楚和朱发现，中国人最重要的传统价值观
155 就是对历史遗产的尊重。[128]中国甚至有句谚语说：“过去像镜子一样明亮，未来像漆器一样黑暗。”在日本，神道教对祖先的尊重非常重要，过去仍旧是至高无上的。延续君主政体的大不列颠对传统无限热爱，试图依赖过去而拒绝改变。法国则是另一个通过了解其对过去的观点就可以认知的文化，许多不同阶级的法国人都尊崇过去，就像霍尔夫妇告诉我们的那样：

> 法国历史的重要性对于普通法国人来说一点都不夸张，他们生活在成千上万的缅怀光荣的过去的纪念碑之中。巴黎的每个地区都有具有历史意义的重要雕塑、建筑和喷泉。这些东西每天都在提醒法国人铭记过去的辉煌和成就。法国的乡村也有纪念当地英雄和重要政治领导人的雕塑。由于这种持续的历史洗礼，法国人倾向于用历史的眼光看待事物，并把当代的事件与他们的起源联系起来。[129]

在美国，某种程度上由于印第安人强大的口头传诵的传统，他们也重视过去。许多印第安人的故事事实上是利用过去来为今天树立榜样，并且“提供生活中人们应该遵守的道德准则”[130]。

过去导向的文化十分珍视传统。

一种文化对于过去的看法在各种情形中都是非常明显的。比如，与有过去文化导向的人们做生意时，最好“讨论历史”，“对其祖先、前辈和老人充满敬意”[131]。刘易斯说：“做出决定之前要研究所有的问题”。[132]

- **现在导向**

现在导向的文化认为当下最重要。对他们而言，未来是模糊的、不明确的和未知的，而真实存在于
156 此时此刻。这些文化认为，现在需要享受，菲律宾人和大多数拉丁美洲国家的人们多有这种观念，墨西哥裔美国人也“更喜欢完全体验当下的生活和了解身边的人”[133]。卢克曼认为这种导向是非裔美国人群体文化的典型特征。[134]

- **未来导向**

未来导向的文化——例如美国的主导文化——强调未来的重要性，并且期望它能比现在更美好。大多数美国人都会对未来要发生的事情持有美好的想象，因为我们当下做的事情远不如我们将来能做的事情。这并不意味着美国人一点都不思考过去和现在，而是他们中的大多数人总是着眼于未来，不管是思想上还是行动上。

像其他许多文化导向一样，我们对时间的观念与一些其他的价值观相互联系。例如，美国人对未来的观念使得他们非常乐观，有一句最常用的谚语说：“初试不成功，努力勿懈怠。”通过这种对未来乐观的观念可以看到美国人认为自己可以掌控未来的信念。美国前任总统林登·约翰逊（Lyndon Johnson）曾向全美人民清晰传达出掌控未来的力量和信念：“昨天一去不可回，但是明天属于我们，我们要么赢要么输。”

行为导向

所谓行为导向即文化对行为的看法。克拉克洪和斯托贝克细分了三种常见的行动导向方式：当

下的存在导向、未来的存在导向以及实干家导向。

- **当下的存在导向**

当下的存在导向指的是对人的存在的即时表达。“在以当下的存在为导向的文化中，人们把生活中的人物、事件以及观念等看作是自然流动的。他们强调享受当下的生活，看重休闲和娱乐，工作也只是为了当下的需要。”[135]大多数拉美文化都认为当前进行的活动才是最重要的。在墨西哥，人们会从与家人和朋友的聊天交流中获得巨大的满足感，他们会与同伴们连续几个小时聊天，因为他们相信这种“当下存在”的行为是生活的主要目标和乐趣。甘农发现，沙特阿拉伯人也大都抱持同样的生活态度。他说，在那些国家“服务员会同时招待几位顾客，一间办公室里会同时进行几个不同的商务谈判。这些行为是以当下的存在为导向的文化中的典型例子”[136]。

- **未来的存在导向**

以未来的存在为导向的文化强调行为的发展与成长的观念。该导向强调的是对于作为一个整体的个体在方方面面的发展都有促进作用的行为或活动。这种行为导向的文化常常与那些更多重视精神生活而非物质生活的民族相关。比如，信仰印度教和佛教的人们会用他们人生的好多时间进行冥想和沉思，为的是净化和圆满他们自身。

- **实干导向**

实干导向认为行为的成就应该以个体外在的标准来衡量。这种导向的关键在于人们对于强调行为和行动的价值体系尽量予以形象化和具体化。美国主导文化很大程度上就是以实干家导向为主要特征。想一想下面两个耳熟能详
157 的谚语对“实干”和“行动”这两个词语的强调：“先做后说，人的价值才能展现”，“懒惰的双手是魔鬼的作坊”。

金根据美国人对待实干和行动的态度做出了如下非常到位的总结：

> 美国人是以行动为导向的，他们积极、能干，志在必得。他们随时准备出发，完成任务，又继续向前。在美国，人们聚集起来是为了行动——一起打篮球、跳舞、去演唱会等。当大家聚集到一起时，他们会玩游戏或看视频。许多美国人没有足够的耐心坐下来谈心……生活就是不停歇的运动。[137]

甘农认为，以色列也是以实干为导向的文化。他解释说：“以色列是一个典型的‘实干’社会，人们积极地采取行动来控制各种不利情形、克服环境带来的困难。”[138]

实干家导向的文化也影响了其他一些信仰和价值观。对行为的定义会影响对工作、效率、变化、时间和进步的认识。甚至连你生活的节奏——从你走路的快慢到你做出决断的速度——都与你是存在导向还是实干导向的态度相关。美国人一直以来都崇敬和奖赏能够快速做出决定和直截了当、“开诚布公”的人，他们甚至会对反应太慢的人失去耐心。纽曼（Newman）在研究美国教育的论著中写道：

> 老师提出问题，能够做出回答的孩子会得到奖励，那些沉思的孩子会被认为是孤僻的、有问题的。整个教育体系倾向于肯定那些能够立即给出答案的孩子，而不是那些花时间考虑其他问题的孩子。[139]

这种对待行为的态度与道教文化培养出的态度形成了反差。在道教文化中，个人不是活化剂，人们只要保持冷静，真理自然会浮出水面。无法想象这两种文化的人们坐在一起开商务会议的情形，或者是坐在同一间教室里学习的样子。美国黑人也是以实干为导向的，他们的文化阅历，包括情感的生命力、行为、开放的感情和富于表现力的特点都有着实干导向的文化特征。[140]

社会关系导向

这种价值导向与人们认知其人际关系的方式相关。前面我们在探讨霍夫斯泰德对个人主义和权力距离所划分的维度时，对社会关系导向背后的基本观念已经有详细的陈述，所以这里只做进一步的简单阐释。

- **威权主义导向**

价值观导向分类范畴可以从威权主义、集体主义排列到个人主义。尽管大多数美国人难以相信，但事实是，许多国家只有威权式的领导人，而他们的人民也认为这种社会关系是规范标准的。在非洲的一些地方以及阿拉伯世界的大部分地区，人们相信有人生下来就是领导者而其他人则要服从他的领导。在这些文化里，人们接受威权主义导向的人际关系——不管是那些掌权的统治家族，还是掌权的教堂领袖。阿拉伯谚语“眼睛高不过眉毛”就表明了这种接受的态度。

- **集体主义导向** 158

像我们前面说过的那样，集体主义文化（比如中国、印度、非洲、印第安、韩国和拉丁美洲的文化）视集体为社会实体中最重要的部分。对集体的从属关系高于个人目标。例如，在印度，个人教育、婚姻和职业的选择会受到整个家庭的影响。一些非洲部落里的集体主义特征非常明显，“让马赛族的学生在正式的课堂教学里举手参与课堂交流几乎是不可能的”[141]。这种消极的、不愿意自己被关注的情况在日本也相当普遍。

- **个人主义导向**

我们已经在个人主义这个话题上用了好多笔墨了，现在只简单地提醒你，重视个人主义的文化相信人们都拥有平等的权利，都应该能够完全掌控自己的命运。大多数美国人都认为凡不符合上述个人主义精神的其他一切都是对上帝意志和宪法精神的违背。

霍尔的高语境和低语境导向

人类学家爱德华·霍尔给我们展示了另外一种通过认知和交际来研究文化异同的有效方法。依据交际中所传达的意义是来自交际的场合还是来自交际的意义，他将文化分为高语境和低语境两种。[142]霍尔的这种分类假定“文化的功能之一是在人和外部世界之间设定一个具有高度选择性的屏障。在文化的诸多形式里，它给我们指明什么是我们应当关注的，什么是我们可以忽视的”[143]。

如果要体会语境和交际之间的关联，首先要理解“语境”这个词的意思。语境可以被定义为“围绕事件的信息，它与事件的意义密不可分”[144]。虽然所有的文化都包含高语境和低语境变量的一些特征，但是根据高、低语境的特定测量维度，大多数文化还是可以进行排序的（见表5—6）。为了引起你对这一事实的注意，我们把大量不同的文化作为一个连续的区间进行排序，而不只是僵硬地分成两个类型。霍尔对高语境和低语境的定义如下：

> 高语境（HC）的交际和信息指的是大多数信息已经由交际者或传播者本人体现出来，只有很少一部分信息是经过编码的方式清晰地传递出来的。低语境（LC）的交际传播正好相反，即大部分信息都以清晰的编码方式传递出来。[145]

高语境

在高语境文化里（例如日本文化、中国文化、朝鲜文化、土著美国文化、非裔美国文化、阿拉伯文化、拉美文化），人们相互之间交际和传播所传递的诸多意义是不需要借助于话语的。高语境文化的人们在交际传播时很少借助于语言来传递意义，原因之一是这种文化的人们具
159 有很高的同质性。他们有着相似的经历、信息网络资源和喜好等。出于传统和历史原因，高语境文化很少随着时间的流逝而发生变化。霍夫斯泰德指出，高语境文化“更常见于传统文化之中”[146]。在这些文化中，一致的信息会产生对外在环境的一致反应。霍尔因此说：“这使得在大部分的日常交流中，他们并不需要也不期待详尽深入的背景信息。”[147]因为意思并不总是需要包含在话语中，在高语境文化中，信息可以通过推理、手势甚至是沉默来传递。高语境文化对周围的事物和环境比较敏感，不借助于话语表达也能传递情感信息。

安德森指出：“高语境文化更加依赖和喜爱非语言交流。”[148]高语境文化中交际和传播的意义经常“借助于地位（年龄、性别、受教育程度、家庭背景、头衔、从属关系）以及通过个人的朋友或同事来传递”[149]。因为根据古蒂昆斯特所说，高语境文化中所有的微妙“信息”都会“用间接的含蓄方式交流”[150]。

表 5—6　按照从高语境向低语境过渡的顺序排列出的各种文化

高语境文化
日本文化
中国文化
朝鲜文化
非裔美国文化
土著美国文化
阿拉伯文化
希腊文化
拉美文化
意大利文化
英国文化
法国文化
北美文化
斯堪的纳维亚文化
德国文化
德裔瑞士文化
低语境文化

资料来源：基于爱德华·霍尔的调研。参见本书第 5 章的注释。

低语境

在低语境文化（德裔瑞士文化、德国文化、
160 斯堪的纳维亚文化和北美文化）中，人们之间的同质性不高，因此造成他们人际交往的生疏。共同经历的大量缺乏意味着“每次交际，他们都需要知道对方详细的背景知识”[151]。在低语境文化中，口语信息包含了所要传达的大部分信息，语境和谈话参与者本身并没有隐含太多信息。这一特征在以下方面体现得很明显。比如，亚洲人的

交流方式（高语境）比较隐晦，不直接，十分含蓄，而西方人的交流方式（低语境）则开门见山，直接、明了。除此之外，正如林奇指出：“低语境交流者往往说的更多、更快，还常常提高声音。”[152]埃尔森很好地概括了美国人对语言表达的钟爱：

> 美国在传递信息时更加依赖说出来的话语，而不是非语言行为。他们认为“说出来”和“说出心里话”很重要。那些词汇量较大、能清晰而巧妙地表达自己的人备受美国人欣赏。[153]

两种语境文化在交际传播中的另一个引起差异的地方在于双方对可信度的认知不同。高语境文化认为那些主要依赖话语语言来获取信息的人可信度不高。他们相信沉默常常能比话语语言更好地传达信息，而那些需要借助于话语语言的人并没有什么信息需要传达。正如印度尼西亚谚语所说，“空罐子往往比较响”。这种交流维度的差异甚至能改变人们认知冲突和对冲突做出回应的方式。汀·图梅观察到高语境文化和低语境文化之间在交流方面上的差异突出表现在双方对待冲突的方式上。比如，由于高语境文化不太开放，他们认为冲突对于交流基本上是有害无益的。汀·图梅说道：“对他们而言，应该谨慎而巧妙地处理冲突。”[154]

哈里斯和莫兰对于高、低两种语境文化在生意场上可能出现的碰撞做出如下总结：

> 除非全球领导者们能够意识到这种微妙的差异，否则高语境文化和低语境文化在交际传播之中的误解还会出现。日本人喜欢含蓄间接的交流方式，而美国人则恰恰相反，他们喜欢“明确直接地表述出来”。前者更多在话语之外揣摩对方可能传递的意义——比如非语言交流或肢体语言、沉默以及停顿、关系和情感等。而后者更注重使用规范的话语和文字来直接传递信息，希望接收确切的信息。[155]

面子和脸面工作

我们的最后一个文化模式是“面子”和“脸面工作”。这里的“面子”是一个比喻，它意味着你想更好地向别人展现自我。既然“面子”表达的是你想让别人如何看待你，因此“面子”也就成为社会交往的一种产物，既可以失去，又可以获得。[156]“脸面工作”指的是面子的建构和交际传播。换言之，脸面工作是指你想获取面子或给
161 别人面子时所做的各种行为。对于求职者而言，“面子”或许指穿着最好的裙子或西装，并要确保在约定时间之前的几分钟到达；在应聘过程中，你会注意坐姿端正，保持眼神交流，回答问题时经过深思熟虑，措辞尽量正式，避免使用俚语。这种维护自己的脸面以及为此所付出的努力是为了给招聘的人事经理留下好的印象。如旧时的谚语所说，你要“展现出最好的面貌”。夸奖朋友的新发型和泳衣也是脸面工作的一种。

汀·图梅对跨文化交际中——特别是引发冲突环境下的跨文化交际中——面子和脸面工作所扮演的角色展开了大量的调查。她的研究假定所有文化中的人都努力“在所有交际场合下顾全脸面”[157]。然而，面子和脸面工作都会受到不同文化价值观的影响，并且每种文化中的面子和脸面工作各不相同。[158]比如，个人主义文化中的人更关心保全自己的面子。斯图尔特和贝内特告诉我们：“在美国，对自我的评价和定义主要由个人成就决定。”[159]这意味着一个人的面子常常取决于个人努力，与他人无关。美国人通常不依靠对团体或单位的附属来提升自我身份或获得社会支持，所以他们不大会考虑自己是否会影响他人的面子。这样就产生了一种直截了当的交流风格。美国人常见的口头语，如“别拐弯抹角，实话实说，坦诚相告”都表明了他们注重开放、直接的交际方

式。在一些场合，坦诚并不总是有助于维系人际关系。古蒂昆斯特和聂士达告诉我们：“北美洲人视信誉和个人形象面临的威胁为面子上的威胁”，而所谓的丢面子更多是由个人失败所致。[160]

在集体主义文化中，团体或单位的成员身份——包括家庭、宗派、学校、工作场所——通常是自身身份和社会地位最主要的来源。这种文化下的人们非常重视建立和维持团体内部人与人之间稳固和谐的人际关系。这一点在集体主义社会中尤其体现在面子的构成要素上。以日本为例，面子包括“荣誉、礼节、表现和对他人的影响”[161]。在中国人当中，高先生和汀·图梅都认为，“面子的获得和失去与社会自豪、荣誉、尊严、侮辱、耻辱、丢脸、谦恭、信任、疑心、尊重、权威都紧密相连”[162]。正如预想的那样，礼貌到极致也是挽回面子的一部分，而粗鲁和轻狂会使他人感到颜面尽失。

不同的文化对于面子的构成有不同的态度认知，而这些不同的态度对于一种文化如何看待和解决冲突又会有很大的影响。金告诉我们：“在集体主义文化中，团体或单位内的冲突会被视作有损面子以及对社会和谐关系的破坏，因此应该以最大限度来避免。”[163]所以，在集体主义文化中，互相留面子要比看重自己的面子更为重要。比如，在日本，个人的行动如果使得团体内其他成员丢脸，或者是破坏了原本和谐的人际关系，那么那个人也会丢自己的脸。[164]

对面子看重程度上的不同，面子的构成，如何获取、维持和保全面子等都对脸面工作有着显著影响。如果以集体主义和个人主义模式为分析背景，汀·图梅指出，当面临潜在冲突时，集体主义文化模式的个体更倾向于尽力避免冲突并且积极采取措施应对。[165]集体主义的这种行为方式正是在考虑团队集体的和他人的面子，以自己的行为来影响他人。马奇（March）以一个在日本广为接受的事例来解释这一顾全他人面子的文化价值——日本人在商店付账前很少检验账单，因为检验账单会使商店员工和商店本身丢脸。[166]然而个人主义者更加关注自己的面子，更倾向于使用 *162*
正面的和解决问题的方法来化解冲突。[167]因此，在美国，付账前检验账单再平常不过了。

这些对于冲突的截然不同的态度产生了基于交际传播风格的明显的文化差异。在跨文化交际传播事件中，这些不同的交际方式可能导致困惑、误解甚至是参与者的敌对行为。在那些有信仰个人主义价值观的人参与的谈判中，为了保持友好关系而坚持使用非直接的交际方式实际上会产生适得其反的效果。同样，开门见山、直截了当的交际方式可能会使信仰集体主义价值观念的人感到粗鲁、莽撞，他们会把这种交际方式视为不留面子。

不同文化下的面子和脸面工作之间的区别正是由不同文化模式与不同价值观念导致的。正如我们在本章通篇所讨论的一样，不同文化价值的变量直接并且持续影响着我们对世界、行为以及交际传播的认知。在本章结尾之际，我们将对各种文化模式下的变量予以总结，以便大家能够理解、预测甚至适应不同文化模式下人们的不同行为。

概　要

◉ 文化和交流传播彼此相依，所以很容易理解文化就是交流传播，而交流传播就是文化。

◉ 文化试图告诉其成员应该从生活中得到什么，所以它可减少我们的困惑，帮我们预测未来。

◉ 文化的基本要素是历史、宗教、价值观、社会组织以及语言等。

◉ 文化是一种对后天习得行为的共享，这种行为代代相传，为的是更好地提升个人和社会的生存、适应、成长和发展的能力。

◉ 文化更多的是直接影响交流和传播，因为文化具有以下特征：（1）文化是习得的；（2）文化是代代相传的；（3）文化以表征符号为基础；（4）文化是动态的；（5）文化是一个整合协调的过程。

◉ 认知还可以定义为："认知是以一种使得我们能够感知和理解我们周围世界的方式来选择、组织，以及阐释我们所感受到的数据的过程。"

◉ 认知是我们形成我们自身世界观的最基本的渠道。

◉ 信念是我们对某些事情真实程度的信仰——无论它能否被证实。

◉ 价值观念是指相对于其他信念而言，人们对某种信念的恒久态度。

◉ 有多种文化模式需要加以检验：甘农所谓的跨文化交流和传播中的四个阶段，托姆皮纳斯和汉普登·特纳提出的文化差异基础，格隆多纳的文化类型学观点，唯弗提出的鲜明的文化连续性特征。

◉ 美国主导文化模式包括个人主义、公平、物质主义、科技、进步与变化、工作与休闲，以及竞争。

◉ 在解释认知和交际传播差异性上最为卓越也最为多样的文化模式是霍夫斯泰德的价值观维度，包括五个方面：（1）个人主义和集体主义；（2）不确定性规避；（3）权力距离；（4）阳性主义与阴性主义；（5）长期和短期的价值取向。

◉ 克拉克洪和斯托贝克的价值观导向包括以下 163
几个方面：（1）人的本性导向；（2）自然导向；（3）时间导向；（4）行为导向；（5）社会关系导向。

◉ 爱德华·霍尔的语境导向模式包括两个维度：（1）高语境导向；（2）低语境导向。它描述了个人对内化信息的依赖程度。

◉ 在汀·图梅看来，面子和脸面工作在不同文化中表现出不同的形式和不同的价值观念。在集体主义文化中，面子是对团体依附的一种功能展现，而在个人主义文化中，面子则更多的指自我的获得和感受。在出现冲突的环境下，集体主义文化更多地关注他人的以及集体的面子，而个人主义文化更看重自己的面子。

【注　释】

[1] N. Dresser, *Multicultural Manners* (New York: Wiley, 1996), 89 - 90.

[2] M. Singer, *Intercultural Communication: A Perceptual Approach* (Englewood Cliffs, NJ: Prentice Hall, 1987), 9.

[3] T. K. Gamble and M. Gamble, *Communication Works*, 5th ed. (New York: McGraw-Hill, 1996), 77.

[4] Singer, 1987, 9.

[5] J. W. Bagby, "A Cross-Cultural Study of Perceptual Predominance in Binocular Rivalry," *Journal of Abnormal and Social Psychology*, 54 (1957), 331 - 334.

[6] G. Guilmet, "Maternal Perceptions of Urban Navajo and Caucasian Children's Classroom Behavior," *Human Organization*, 38 (1979), 87 - 91.

[7] S. W. King, Y. Minami, and L. A. Samovar, "A Comparison of Japanese and American Perceptions of Source Credibility," *Communication Research Reports*, 2 (1985), 76 - 79.

[8] R. B. Adler and G. Rodman, *Understanding Human Communication*, 5th ed. (Fort Worth, TX: Harcourt Brace Jovanovich, 1994), 37.

[9] W. B. Gudykunst, *Bridging Differences: Effective Intergroup Communication*, 2nd ed. (Thousand Oaks, CA: Sage Publications, 1994), 67.

[10] P. R. Harris and R. T. Moran, *Managing Cultural Differences: Leadership Strategies for a New World of Business* (Houston, TX: Gulf, 1996), 274.

[11] H. C. Triandis, "Cultural Influences upon Perception," in *Intercultural Communication: A Reader*, 2nd ed., L. A. Samovar and R. E. Porter, eds. (Belmont, CA: Wadsworth, 1976), 119.

[12] N. J. Adler, *International Dimensions of Organizational Behavior*, 4th ed. (Cincinnati, OH: South-Western College Publishing, 2002), 77.

[13] Adler，2002，78.

[14] E. M. Rogers and T. M. Steinfatt，*Intercultural Communication*（Prospect Heights，IL：Waveland Press，1999），81.

[15] L. D. Purnell and B. J. Paulanka，"Transcultural Diversity and Health Care，" in *Transcultural Health Care：A Culturally Competent Approach*，L. D. Purnell and B. J. Paulanka，eds.（Philadelphia：F. A. Davis，1998），3.

[16] M. Rokeach，*The Nature of Human Values*（New York：Free Press，1973），161.

[17] S. Nanda and R. L. Warms，*Cultural Anthropology*，6th ed.（Belmont，CA：Wadsworth，1998），49.

[18] G. Hofstede，*Culture's Consequence：Comparing Values，Behaviors，Institutions，and Organizations Across Nations*，2nd ed.（Thousand Oaks，CA：Sage Publications，2001），5.

[19] E. Albert，"Value System，" in *The International Encyclopedia of the Social Sciences*，vol. 16（New York：Macmillan，1968），32.

[20] Hofstede，2001，6.

[21] Rokeach，1973，5.

[22] Hofstede，2001，6.

[23] G. Gao and S. Ting-Toomey，*Communicating Effectively with the Chinese*（Thousand Oaks，CA：Sage Publications，1998），39.

[24] M. H. Bond，*Beyond the Chinese Face：Insights from Psychology*（New York：Oxford University Press，1991），41.

[25] S. P. Huntington，"Cultures Count，" in *Culture Matters：How Values Shape Human Progress*，L. E. Harrison and S. P. Huntington，eds.（New York：Basic Books，2000），xiii.

[26] L. Damen，*Culture-Learning：The Fifth Dimension in the Language Classroom*（Reading，MA：Addison Wesley，1987），110.

[27] E. W. Lynch，"Conceptual Framework：From Culture Shock to Cultural Learning，" in *Developing Cross-Cultural Competence：A Guide for Working with Young Children and Their Families*，2nd ed.，E. W. Lynch and M. J. Hanson，eds.（Baltimore：Paul H. Brookes，1998），27.

[28] Ibid.，24.

[29] Ibid.，25.

[30] L. P. Goodson，*Afghanistan's Endless War：State Failure，Regional Politics and the Rise of the Taliban*（Seattle：University of Washington Press，2001），12－13.

[31] J. Challenger，"Career Pros：Women Taking Over by Degrees，" *California Job Journal*，www.jobjournal.com/article_full_text.asp? artid=935（accessed November 3，2005）.

[32] M. J. Gannon，*Understanding Global Cultures*，3rd ed.（Thousand Oaks，CA：Sage Publications，2004），11－14.

[33] F. Trompenaars and C. Hampden-Turner，*Riding the Waves of Culture：Understanding Diversity in Global Business*，2nd ed.（New York：McGraw-Hill，1998），8－11.

[34] M. Grondona，"A Cultural Typology of Economic Development，" in *Culture Matters：How Values Shape Human Progress*，L. E. Harrison and S. P. Huntington，eds.（New York：Basic Books，2000），44－55.

[35] G. R. Weaver，"Contrasting and Comparing Cultures，" in *Culture，Communication and Conflict*，2nd ed.，R. G. Weaver，ed.（Boston：Pearson，2000），72－77.

[36] J. M. Charon，*The Meaning of Sociology*，6th ed.（Upper Saddle River，NJ：Prentice Hall，1999），99.

[37] Ibid.

[38] E. Y. Kim，*The Yin and Yang of American Culture：A Paradox*（Yarmouth，ME：Intercultural Press，2001），xv.

[39] For a more detailed discussion of American values，see Adler and Rodman，1994，388－389；J. J. Berman，ed.，*Cross-Cultural Perspectives*（Lincoln：University of Nebraska Press，1990），112－113；G. Althen，*American Ways*，2nd ed.（Yarmouth，ME：Intercultural Press，2003），3－33；Kim，2001；J. L. Nelson，*Values and Society*（Rochelle，NJ：Hayden，1975），90－95；E. C. Stewart and M. J. Bennett，*American Cultural Patterns：A Cross-Cultural Perspective*（Yarmouth，ME：Intercultural Press，1991）；Trenholm and Jensen，1992，156－158；R. M. Williams，*American Society*：

A Sociological Interpretation, 3rd ed. (New York: Knopf, 1970) .

[40] Stewart and Bennett, 1991, 133.

[41] Gannon, 2004, 209.

[42] S. P. Huntington, "The West Unique, Not Universal," *Foreign Affairs*, November/December 1996, 33.

[43] Kim, 2001, 35.

[44] M. J. Hanson, "Families with Anglo-European Roots," in *Developing Cross-Cultural Competence: A Guide for Working with Children and Their Families*, 2nd ed., E. W. Lynch and M. J. Hanson, eds. (Baltimore: Paul H. Brookes, 1998), 103.

[45] Althen, 2003, 15.

[46] J. J. Macionis, *Society: The Basics*, 4th ed. (Upper Saddle River, NJ: Prentice Hall, 1998), 37.

[47] Ibid.

[48] Hanson, 1998, 104 - 105.

[49] Stewart and Bennett, 1992, 119.

[50] Althen, 2003, 27.

[51] M. E. Clark, "Changes in Euro-American Values Needed for Sustainability," *Journal of Social Issues*, 51 (1995), 72.

[52] Clark, 1995, 72.

[53] Macionis, 1998, 36.

[54] Hanson, 1998, 105.

[55] Althen, 2003, 18.

[56] Hanson, 1998, 105.

[57] Althen, 2003, 19.

[58] J. H. McElroy, *American Beliefs* (Chicago: Ivan R. Dee, 1999), 37.

[59] "Winning isn't everything, it's the only thing," *The New Dictionary of Cultural Literacy*, 3rd ed., www. bartleby. eom/59/3/ winningisnte. html (accessed November 3, 2005) .

[60] Kim, 2001, 40.

[61] Ibid.

[62] Ibid., 42.

[63] Harris and Moran, 1996, 316.

[64] G. Hofstede, *Culture's Consequences: International Differences in Work-Related Values*, 2nd ed. (Beverly Hills, CA: Sage Publications, 2001) . See also G. Hofstede, *Cultures and Organizations: Software of the Mind* (London: McGraw-Hill, 1991) .

[65] Hofstede, 2001, xix.

[66] J. O. Yum, "The Impact of Confucianism on Interpersonal Relationships and Communication Patterns," in *Intercultural Communication: A Reader*, 8th ed., L. A. Samovar and R. E. Porter, eds. (Belmont, CA: Wadsworth, 1997), 78.

[67] S. Ting-Toomey, *Communicating Across Cultures* (New York: Guilford Press, 1999), 67.

[68] H. C. Triandis, *Individualism and Collectivism* (Boulder, CO: Westview Press, 1995) . See also H. C. Triandis, "Cross-Cultural Studies of Individualism and Collectivism," in *Cross-Cultural Perspectives*, J. J. Berman, ed. (Lincoln: University of Nebraska Press, 1990), 41 - 133.

[69] R. Brislin, *Understanding Culture's Consequence on Behavior*, 2nd ed. (Fort Worth, TX: Harcourt College Publishers, 2000), 53.

[70] P. A. Andersen, M. L. Hecht, G. D. Hoobler, and M. Smallwood, "Nonverbal Communication Across Cultures," in *Cross-Cultural and Intercultural Communication*, W. B. Gudykunst, ed. (Thousand Oaks, CA: Sage Publications, 2003), 77.

[71] Triandis, 1995.

[72] D. Goleman, "The Group and Self: New Focus on a Cultural Rift," *New York Times*, December 22, 1990, 40.

[73] D. A. Foster, *Bargaining Across Borders* (New York: McGraw-Hill, 1992), 267.

[74] S. P. Morreale, B. H. Spitzberg, and J. K. Barge, *Human Communication: Motivation, Knowledge and Skills* (Belmont, CA: Wadsworth, 2001), 311.

[75] P. Andersen, "In Different Dimensions: Nonverbal Communication and Culture," in *Inter cultural Communication: A Reader*, 10th ed., L. A. Samovar and R. E. Porter, eds. (Belmont, CA: Wadsworth, 2003).

[76] Hanson, 1998, 105.

[77] R. D. Lewis, *When Cultures Collide: Managing Successfully Across Cultures* (London: Nicholas Brealey, 2000), 167.

[78] Hofstede, 2001, 236.

[79] Triandis, 1990, 52.

[80] H. C. Triandis, "Collectivism and Individualism as Cultural Syndromes," *Cross-Cultural Research*, 27 (1993), 160.

[81] Y. Richmond and P. Gestrin, *Into Africa* (Yarmouth, ME: Intercultural Press, 1998), 2.

[82] D. Etounga-Manguelle, "Does Africa Need a Cultural Adjustment Program," in *Culture Matters: How Values Shape Human Progress*, in L. E. Harrison, ed. (New York: Basic Books, 2000), 71.

[83] M. Meyer, *China* (Totowa, NJ: Rowman and Littlefield, 1994), 54.

[84] M. L. Hecht, M. J. Collier, and S. A. Ribeau, *African American Communication: Ethnic Identity and Interpretation* (Newbury Park, CA: Sage Publications, 1993), 97.

[85] J. Luckmann, *Transcultural Communication in Nursing* (Albany, NY: Delmar Publishers, 1999), 29.

[86] M. Kim, W. F. Sharkey, and T. Singelis, "Explaining Individualist and Collective Communication— Focusing on the Perceived Importance of Interactive Constraints," paper presented at the Annual Convention of the Speech Communication Association, Chicago, October 1992.

[87] S. Ting-Toomey and J. G. Oetzel, "Cross-Cultural Face Concerns and Conflict Styles," in *Cross-Cultural and Intercultural Communication*, W. B. Gudykunst, ed. (Thousand Oaks, CA: Sage Publications, 2003), 134-136.

[88] G. Hofstede, "Cultural Differences in Teaching and Learning," *International Journal of Intercultural Relations*, 10 (1986), 301-319.

[89] L. Schneider and A. Silverman, *Global Sociology: Introducing Five Contemporary Societies* (New York: McGraw-Hill, 1997), 48.

[90] E. Marx, *Breaking Through Culture Shock* (London: Nicholas Brealey, 1999), 51.

[91] Hofstede, 1986, 308.

[92] Ibid., 301-319.

[93] Hofstede, 2000, 169.

[94] Lewis, 2000, 65

[95] Harris and Moran, 1996, 217.

[96] G. Hofstede, "The Cultural Relativity of the Quality of Life Concept," in *Cultural Communication and Conflict: Readings in Intercultural Relations*, 2nd ed., G. R. Weaver, ed. (Boston: Pearson, 2000), 139.

[97] Foster, 1992, 265.

[98] W. B. Gudykunst, *Asian American Ethnicity and Communication* (Thousand Oaks, CA: Sage Publications, 2001), 41.

[99] D. Etounga-Manguelle, 2000, 68.

[100] Adler, 2002, 56-57.

[101] Brislin, 2000, 288.

[102] C. Calloway-Thomas, P. J. Cooper, and C. Blake, *Intercultural Communication: Roots and Routes* (Boston: Allyn and Bacon, 1999), 196.

[103] Hofstede, 2001, 107-108.

[104] Adler, 2002, 61, 70.

[105] Hofstede, 2001, 280.

[106] "Ireland," *Global Database of Quotas for Women*, www.quotaproject.org/ display Country.cfm? Country Code= IE (accessed November 3, 2005).

[107] Adler, 2002, 61.

[108] Hofstede, 2000, 139.

[109] "Sweden," *Global Database of Quotas for Women*, http: //www.quotaproject.org/ display Country.cfm ? Country Code= SE (accessed November 3, 2005).

[110] Kim, 2001, 50.

[111] Adler, 2002, 61.

[112] Gudykunst, 2001, 47.

[113] Hofstede 2001, 251.

[114] Chinese Culture Connection, "Chinese Values and the Search for Culture-Free Dimensions of Culture," *Journal of Cross-Cultural Psychology*, 18 (1987), 143-164. See also G. Hofstede and M. H. Bond, "Confucius and Economic Growth: New Trends in Culture's Consequence," *Organizational Dynamics*, 16 (1988), 4-21.

[115] Hofstede, 2001, 351.

[116] Ibid., 360, 366-367.

[117] F. R. Kluckhohn and F. L. Strodtbeck, *Variations in Value Orientations* (New York: Row and Peterson), 1960.

[118] Stewart and Bennett, 1991.

[119] R. L. Kohls, *Survival Kit for Overseas Living* (Chicago: Intercultural Network/SYSTRAN, 1979), 22.

[120] M. L. Borrowman, "Traditional Values and the Shaping of American Education," in J. H. Chilcott, N. C. Greenberg, and H. B. Wilson, eds., *Readings in the Socio-Cultural Foundations of Education* (Belmont, CA: Wadsworth, 1968), 175.

[121] L. Stevenson and D. L. Haberman, *Ten Theories of Human Nature*, 3rd ed. (New York: Oxford University Press, 1998), 4.

[122] Ibid., 1998, 74-75.

[123] Ibid., 1998, 28.

[124] N. C. Jain and E. D. Kussman, "Dominant Cultural Patterns of Hindus in India," in *Intercultural Communication: A Reader*, 9th ed., L. A. Samovar and R. E. Porter, eds. (Belmont, CA: Wadsworth, 2000), 89.

[125] L. D. Purnell, "Mexican Americans," in *Transcultural Health Care: A Culturally Competent Approach*, L. D. Purnell and B. J. Paulanka, eds. (Philadelphia: F. A. Davis, 1998), 411.

[126] J. R. Joe and R. S. Malach, "Families with Native American Roots," in *Developing Cross-Cultural Competence*, 2nd ed., E. W. Lynch and M. J. Hanson, eds. (Baltimore: Paul H. Brookes, 1998), 137.

[127] Adler, 2002, 25.

[128] G. C. Chu and Y. Ju, *The Great Wall in Ruins* (Albany, NY: SUNY Press), 222-223.

[129] E. T. Hall and M. R. Hall, *Understanding Cultural Differences* (Yarmouth, ME: Intercultural Press, 1990), 87.

[130] A. C. Wilson, "American Indian History or Non-Indian Perceptions of American History?" in *Natives and Academics: Researching and Writing About American Indians*, D. A. Mihesuah, ed. (Lincoln, NE: University of Nebraska Press, 1998), 24.

[131] Trompenaars and Hampden-Turner, 1998, 142.

[132] Lewis, 2000, 65.

[133] Ting-Toomey, 1999, 62.

[134] Luckmann, 1999, 31.

[135] N. J. Adler and M. Jelinek, "Is 'Organization Culture' Culture Bound?" in *Culture, Communication and Conflict: Readings in Intercultural Relations*, 2nd ed., G. R. Weaver, ed. (Boston: Pearson, 2000), 130.

[136] Gannon，2004，74.

[137] Kim，2001，115.

[138] Gannon，2004，282.

[139] R. Newman，"The Virtues of Silence，" *Time*，June 2，1997，15.

[140] Hecht，Collier，and Ribeau，1993，102 - 103.

[141] L. Skow and L. A. Samovar，"Cultural Patterns of the Maasai，" in *Intercultural Communication：A Reader*，8th ed.，L. A. Samovar and R. E. Porter，eds.（Belmont，CA：Wadsworth，1997），110.

[142] E. T. Hall，*Beyond Culture*（Garden City，NY：Doubleday，1976），91.

[143] Ibid.，85.

[144] Hall and Hall，1990，6.

[145] Hall，1976，91.

[146] Hofstede，2001，30.

[147] Hall and Hall，1990，6.

[148] P. Andersen，"Cues of Culture：The Basis of Intercultural Differences in Nonverbal Communication，" in *Intercultural Communication：A Reader*，8th ed.，L. A. Samovar and R. E. Porter，eds.（Belmont，CA：Wadsworth，1997），253.

[149] Foster，1992，280.

[150] Gudykunst，2001，32.

[151] Hall and Hall，1990，7.

[152] Lynch，1998，69.

[153] Althen，2003，42.

[154] S. Ting-Toomey，"Managing Intercultural Conflicts Effectively，" in *Intercultural Communication：A Reader*，8th ed.，L. A. Samovar and R. E. Porter，eds.（Belmont，CA：Wadsworth，1997），394.

[155] Harris and Moran，1996，25.

[156] S. Ting-Toomey and A. Kurogi，"Facework Competence in Intercultural Conflict：An Updated Face-Negotiation Theory，" *International Journal of Intercultural Relations*，22（1998），187.

[157] S. Ting-Toomey，"The Matrix of Face：An Updated Face-Negotiation Theory，" in *Theorizing About Intercultural Communication*，W. B. Gudykunst，ed.（Thousand Oaks，CA：Sage Publications，2005），73.

[158] B.-A. K. Cocroft and S. Ting-Toomey，"Facework in Japan and the United States，" *International Journal of Intercultural Relations*，18（1994），469.

[159] Stewart and Bennett，1991，138.

[160] W. B. Gudykunst and T. Nishida，*Bridging Japanese/North American Differences*（Thousand Oaks，CA：Sage Publications，1994），79.

[161] R. M. March，*Reading the Japanese Mind*（Tokyo：Kodansha，1996），28.

[162] G. Gao and S. Ting-Toomey，*Communicating Effectively with the Chinese*（Thousand Oaks，CA：Sage Publications），54.

[163] M.-S. Kim，*Non-Westem Perspectives on Human Communication*（Thousand Oaks，CA：Sage Publications，2002），65.

[164] Gudykunst and Nishida，1994，79.

[165] S. Ting-Toomey and A. Kurogi，"Facework Competence in Intercultural Conflict：An Updated Face-Negotiation Theory，" *International Journal of Intercultural Relations*，22，（1998），202.

[166] March，1996，108.

[167] Ting-Toomey and Kurogi，1998，202.

活　动

1. 分成小组，列举本章涉及的美国的文化价值观。试着列举课文中没有提到的价值观，然后以美国广告为例来诠释这些价值观。比如，运动鞋生产商的一句广告词“现在就行动”，体现了美国关于成就的价值观。

2. 与他人结成小组，使用霍夫斯泰德的价值观维度，列举美国文化中可以体现个人主义、不确定性规避等价值观的行为方式。

3. 结成小组，列举那些能反映美国人价值观念中人性本恶、人性善恶兼具以及人性本善的典型行为，并回答这些行为在美国文化中被接受和认可的程度。

4. 检查你的行为方式，看看你本人属于时间导向中的哪个划分范畴。

讨论观点

1. 学习一种文化是如何帮助我们了解其他文化的？

2. 那些来自不同行为导向文化中的人们在行为表现上有什么不同？

3. 复习高语境文化和低语境文化。当你和一个语境文化不同于你的人交流时，你会遇到哪些问题？

4. 社会认知中的文化多样性是如何影响跨文化交流和传播过程的？

第6章

词语与意义：语言和文化

语言对我们的存在如此重要，很难想象没有语言我们如何生活。语言又是如此紧密地织入我们 164
的人生体验，在地球的任何地方只要有两个或两个以上的人相聚，他们就很有可能在以某种方式交流。

——史蒂芬·平克（Steven Pinker）

不同的语言意味着不同的人生观。

——费德里科·费里尼（Federico Fellini）

语言与交流

语言是人们用来相互交流的主要方式，这个事实显而易见。然而，语言与交际的动态关系与我们的日常生活与行为密不可分，尽管我们可能没有意识到它们的存在。邦维兰（Bonvillain）在下面这段话中清楚地指明了这样一种关系，她认为：

语言是人们交际的主要方式。说话者用语言向他人表达自己的思想、情感、目的和欲念。语言将交际双方置于一个动态的、反射的过程。我们通过人们说什么、怎么说来了解他们，通过他人对我们话语的反应来了解自己，通过这交际中的一对一答来了解我们与他人的关系。[1]

语言不仅是我们与外部世界联系的主要纽带，而且是将我们与生活在同一世界的其他动物区分开来的标志。关于这一点，托马斯的表述非常到位。

> 语言是我们唯一的、独有的特征，它将我们与其他生物区分开来，鸟有鸟巢，蜂有蜂巢，人类则有语言，这是全人类特有的生物活动。我们都在不可避免地、不知不觉地使用语言。没有语言，我们不能成其为人。离开了语言，我们的思想就会死亡，就像离开蜂巢的蜜蜂一样。[2]

上面两段引文对于所有跨文化传播学科的学
165 生来说都非常重要。因为有了使用语言的能力，你才能“在对方头脑中形成准确的新概念连接”[3]。平克写道：“在大自然的才艺展示中，我们只是具有某种技能的灵长类生物，这种技能让我们能够在呼气时调整我们的发声，传递关于谁对谁做了什么等信息。”[4]下面这段话巧妙地表述了这种技能或能力：

> 有了语言，许多聪明的灵长类动物才能够共同完成一项任务——无论是修筑中国的长城，还是打第二次世界大战，抑或是飞向月球。有了语言，我们就可以建构和交流文学中的奇思妙想和神话中的深刻寓意。语言让我们超越“死亡”，因为我们能够将我们的知识、梦想、记忆传递给后人。语言还能够在我们自己的头脑中创造壮举，因为我们通过大量思考与自己无声地交流。没有语言，我们可能就是一群长着奇怪的双脚和灵活的双手、可以直立行走的黑猩猩。有了语言，我们则是这个星球当仁不让的主人。[5]

166

语言的交际功能

分析至此，我们可以得出一点：语言是人类推动社会运行的基本工具。“语言，无论其是否完全有效，其本质就是人类用来与他人交流观点、思想和情感的工具。”[6]有学者进一步阐明了这样的观点：

> 在个人和群体互相交流的层面，交际功能与参与者的目的和需要有关。这些功能包括表情（传达感觉或情感）、指令（请求或命令）、诗意（审美）、同感（移情和同情）和元语言（指语言本身）。[7]

语言还能让我们跨越时空，与声音不可及的时空的人们共享知识、相互交流，这样我们就不需要重复他人的劳动。因为语言的存在，社会进步才成为可能。虽然祖先已远离我们，但我们却可以继承祖先的智慧成果。[8]

语言具有文化、团体和社会功能。首先，从文化角度讲，语言是文化传承的主要工具。其次，语言通过将“个人与同一身份的群体联系在一起”[9]建立并扩大了社群。最后，从社会角度讲，语言对人类交际的方方面面都非常重要。

> 语言往往与政治目的相连，其功能是设定或强化群体间的界限，将同一语言群体的人团结在一起，将其他人拒之于群体内部交流之外。同时，在一个社会内部，语言具有社会识别功能，语言符号或强化社会层级划分或维持群体间的权力差异。[10]

可以看出，语言是一种多功能的工具，能够满足多种需求。下面我们简要介绍其中的一些功能，揭示语言在日常交际以及在跨文化交流的研究与实践中所起的重要作用。

语言将我们和其他人类联系起来。

谈话

谈话为我们提供了完成人类事务的方式，是交流的最基本形式。谈话是思想与观点交汇的过程，而这个过程并非为了寻求真理或证明观点。“我们基本上通过谈话来进行社交。通过交谈，管理政治经济大事的机构得以运行；通过交谈，我们的日常生活得以进行。”[11]语言的对话功能还能体现人类文化的成果以及我们留给未来社会的遗产。[12]因此，谈话是语言许多基本功能的基础。在我们下面的讨论中你就会看到，这些功能为我们个人和集体的需要提供了各种各样的服务。

表达情感

167 有了语言，你就可以将你内心的情感状态表达出来。表达形式可以是一句简单的叙述，如“我感觉很糟糕”，也可以是因为事与愿违而大声诅咒，或者是表达个人的惊奇或快乐。“不管是否有他人在场，你有压力时，情感的表达能够帮你消除紧张。”[13]有趣的是，虽然所有文化中语言都有表情功能，但如何用语言将感情表达出来则有文化差异。也就是说，在有些文化中，例如在泰国，人们在表达情感时不会过多地使用语言。然而在中东和拉美文化中，人们表达情感的语言则非常生动。本章的后半部分我们会就这一点进行文化比较。

思考

根据事情不同或个人倾向，人类可以进行视觉思考，也可以进行语言思考。然而，“语言思考在人类交际中扮演着极其重要的角色，因为当你将想法大声说出来以帮助解决问题或帮助思考时，语言就成了思想的工具”。[14]语言的这一功能非常重要，我们在本章后半部分会详细讲述。

控制现实

语言还有控制现实的功能。那些超自然信仰的祈祷或祈福，都会使用语言去控制主宰人一生的力量。例如，在罗马天主教弥撒，说出“这是我的身体”这句话时就象征圣餐面包变成基督的躯体的时刻。[15]

保存历史

美国哲学家爱默生（Emerson）这样写道：“语言就是历史档案。”他说得非常正确。这也是为什么我们在第1章就指出所有文化都通过符号完成文化的代代相传。语言用来记录过去的事件和成就，这一功能体现在各种各样的文字记载中，从历史记录、地理考察、商业记录、科学报告、法律条文到公共的数据银行等。学者指出：“这个领域是语言的重要部分，因为这些资料构成了后人的知识基础，这又成为社会发展和文化延续的先决条件。”[16]

168

社会教化

布里斯林认为，社会教化就是“儿童参与社会体验最终成为能干而负责的成人的过程”[17]。语言与文化的关联显而易见，因为在教导社会成员学习其所在文化能够接受的社会习俗和行为，与自然环境以及看不见但能感知的超自然环境之间建立恰当关系方面，语言是主要的工具。简言之，正是有了共同的或相似的世界观和价值体系，才会形成社会共同语言交际的能力，以及共同文化制约下的其他交际形式。[18]

表达身份

在第4章，我们综括了文化如何帮助构建个人的多重身份。的确，语言是构建以文化为基础的个人和群体身份的主要机制。没有语言，身份就不会存在。语言能够提供有关身份的信息，而身份的语言表达则能够通过强化群体身份团结民众。足球赛上的欢呼、效忠誓言、公共集会上高喊的名字或口号不仅能够强化集体身份，还能够揭示人的许多方面，特别是他们的文化、宗教信仰、社会背景、文化程度、职业、年龄、性别以及性格。[19]

在喊口号或欢呼之时，语言的功能还在于表达和保持人们的社会身份。每个人都属于等级分明的社会团体或阶层，社会语言身份就源于这种分类。人们的谈吐很大程度上揭示了其社会地位和受教育程度。[20]日语在这一方面表现尤其明显。在日语中，年幼者在称呼年长者时通常要使用敬语；相反，年长者则可以使用非敬语称呼年幼者，以此显示自己的权威。

到目前为止，我们从宏观上探讨了语言，但语言在多样文化中所起的具体作用则触及很少。因此，接下来的部分我们就会考察在说话和思考的过程中语言与文化的关联，以及美国群体文化中语言的多样性。

语言与文化

语言的使用和风格能够反映一个人的个性，同样，它也能够反映一种文化的个性。研究者指出：

> 关于人、机构和社会关系的文化观念与有关语言的文化约束紧密相连。也就是说，有关语言的规定和信念与更广泛的文化编码相呼应，如人类如何正确行事，个人如何与社会单元建立合适的联系。[21]

萨维尔·特罗伊克进一步强调了语言和文化的这种关系：“毋庸置疑，一种语言的形式与内容 169
有对应关系，与该文化中体现的人们的信仰、价值观和需要也有关系。”[22]

语言与文化的关系让爱德华兹（Edwards）相信，语言与文化能够保持民族与文化身份。他认为，由于语言具有强烈的、显而易见的象征性，它对种族和民族主义情感非常重要。它是一种核心符号，具有凝聚力。[23]

语言将一种文化同另一种文化清晰地区分开来。

作为民族身份的重要象征，语言的影响在巴斯克（Basgue）的历史中可见一斑。巴斯克是西班牙北部的一个民族。据研究，从 1937 年到 20 世纪 50 年代中期，西班牙政府一直试图通过禁止使用巴斯克语来毁灭巴斯克文化。学校不允许教授巴斯克语，媒体、教堂仪式及公共场所都禁止使用这种语言，用巴斯克语写成的书籍被公开焚毁，在洗礼仪式中也不能使用巴斯克名字，官方文件中的所有巴斯克名称都被译成西班牙语，建筑物和墓碑上的巴斯克名称也被抹去。[24]然而，巴斯克人的文化身份与巴斯克语紧密相连，西班牙政府的努力最终失败。现在，西班牙有 100 多万人在说巴斯克语，70 多万人的母语是巴斯克语。

由于意识到语言与文化不可分割，许多政治家和国家领导人经常会采取措施限制或禁止语言的变化，因为他们认为这个变化威胁到了他们的文化。[25]例如，哥斯达黎加 1977 年通过了一项限制使用外语的法令，并对违反规定的人处以罚款。在该项规定中，用外语做广告的公司必须同时配有更大字号的西班牙语译文。[26]同样，伊朗也禁止公司使用西方的名称。土耳其政府对在广播中使用外文名称的人处以罚款。法国列出了不能在学校、政府和公司中使用的 3 500 个外文单词。[27]法国则把这种“纯化”语言的行动做到了极致。

> 法国成立了官方语言科学院对语言的发展进行监督和规范。一旦他们认为外语（尤其是美式英语）对法语造成了“污染”，他们就会采取严厉的措施加以制止。[28]

现今法国对语言的控制战略是“为大众传媒规定完全使用法语进行制作和发行的比例，即规定文化比率”[29]。

除了认识到各国在保护语言和语言使用上的努力外，我们也要看到语言之间的相互借鉴。比如，世界各国语言都从美洲土著语中借用大量词汇，如 avocado（鳄梨树），chocolate（巧克力），coyote（草原狼），sequoia（红杉），caribou（北美驯鹿），chipmunk（花栗鼠），Chinook（切努克人），以及 tomato（土豆）。虽然这些词最初出现在美式英语中，但如今它们为很多其他语言所使用。

言语过程

我们已经提及，要把语言从文化中剥离出来是不可能的。从本质意义上讲，“语言是一系列字母、符号及它们的使用规则”[30]。这些字母符号具有文化多样性。也就是说，它们因文化而异。不仅这种符号系统中的符号（词语）和发音不同，而且使用这种符号和发音的规则也各不相同。

各种语言中用来指代事物的词语差异非常明
170 显。如在英语中，你说你有一只“pet dog or cat”（宠物狗或猫），但在西班牙语中，“pet”就变成了“perro”或“gato”；你说你住在一个“house”（房子）中，而泰国人则说住在“bans”里。虽然词汇差异非常明显，但有些语言差异则不太显明。音韵——语言发音的种类和声调——也因文化而异。英语有 21 个辅音和 5 个元音，它们构成了 38 个不同的音素。菲律宾语中有 16 个辅音和 10 个元音，并组成 26 个音素。阿拉伯语中仅有 20 个字母，在一定程度上限制了词汇的数量，因此要表达英语中一个词的意思，阿拉伯人可能需要使用 6 个左右的阿拉伯词语。

各种语言的语法结构也不同。英语中，名词和代词既有单数也有复数；而在朝鲜语中，“单复数的区别由上下文决定”[31]。英语中，动词时态有过去、现在和将来的区别；而在越南语中，同一个动词可以反映 3 种不同的时态，从上下文中便可推测出动作发生的时间。[32]句法是指词语顺序和句子结构，也因语言而异。菲律宾语中，简单句的正常语序是主语在谓语之后。[33]比如说，英语句子“The teacher died”（老师去世）在菲律宾语中会被表达成“Died the teacher”（去世老师）。在日语中，谓语动词出现在句子末尾，如“I went to Tokyo”（我去了东京）会被表达为“I Tokyo went to”（我东京去了）。英语中的所有格用撇号来表示，如“Rosemary's house”（罗斯玛丽的房子）。而西班牙语中，这个所有格则用“case de Rose Maria”（罗斯玛丽的房子）来表示。这些列子告诉我们，如果你想使用另外一种语言，你不仅要知道这种语言的表示符号，也要知道它们的使用规则。

词汇和发音的多样性

有些文化语言相同，但词的意义和发音却不同。语言不仅是用来与人交流的符号和规则体系，也是人们思考和建构现实的方式。正如南达和沃姆斯指出的那样：“语言不仅能反映文化，也是个人进入自然和社会环境秩序的一种方式。因此，语言对于个人如何感知和认识世界起着至关重要的作用。”[34]

通过美式英语与英式英语的比较，我们会找到词汇与发音不同的典型例子。有学者用下面的话解释这些不同。

> 这些年来，美式英语与英式英语各行其道，词汇差异足以威胁英语跨文化交流与传播的顺畅进行。这些差异或来源于改进现有表达的需要，或来源于对新词汇的需要，或来源于其他外来词汇。距离和交流不畅也导致了差异的产生：一方保持着对方已经抛弃或修改的陈旧表达。词汇差异可以归为四类：表达相同，文体、内涵和使用频率不同；表达相同，部分词意相同或不同；表达相同，词意却大相径庭；表达不同，词意相同。词汇的这些差异影响了我们对英语各种变体的理解。[35]

下面的对话是我们在伦敦金融中心无意中听
171 到的，但却反映了美式英语与英式英语的不同。

"Yes, it is a pity that Ian's in queer street."（是的，伊恩深陷债务，真是可惜。）

"Too much hire purchase was the problem, wasn't it?"（太多的分期付款造成的，你说呢？）

"Yes, and too many purchases of bespoke clothes and other things."（是的，他购买了很多定制服装以及其他东西。）

"And now his personal and business current accounts are badly overdrawn?"（现在他的个人和商业账户已严重透支了吗？）

"Precisely. He's been forced retain a solicitor, and his position as commercial traveler is in jeopardy."[36]（是的。他已被迫请了律师，旅行推销员的职位也岌岌可危了。）

这是认识伊恩的两个熟人之间的对话，从对话中我们得知伊恩深陷债务困境，无力偿还，他不得不请律师帮助他渡过难关。

两种文化共用一种语言会产生混乱。除此之外，在公共场所的公告中，当一种文化试图将一种语言翻译成另外一种语言时，一些喜剧化的情境就出现了。下面这些例子就是在世界各地发现的英文广告牌。

在一个日本旅馆：You are invited to take advantage of the chambermaid.（我们邀请您享受房间服务生的服务。）

在巴黎的服装店外：Dresses for street walking.（出售上街走路穿的衣服。）

在罗马的洗衣店：Ladies, leave your clothes here and spend the afternoon having a good time.（女士们，把你们的衣服留在这儿，好好地享受这个下午。）

这些例子显示出词汇选择和句法错误会造成什么样的问题。

发音的多样性同样会造成误解和尴尬。斯温（Swain）讲到一位妇女"很纳闷为什么澳大利亚人很高兴母亲去世。她说他们在说到'mother's die'（母亲去世）时总是微笑着"[37]。这位妇女不知道，在澳大利亚英语中"day"（白天）的发音与英式英语或美式英语中的"die"（去世）很相似。这样的差异，虽然有时很有趣，但却说明了语言的多样性常常会造成误会、迷惑和尴尬。

语言、文化与意义

小时候你可能经常问父母："这个词是什么意思？"这个问题反映了人类认识语言的方式。它表明，人们倾向于从词语中寻找意义。但是，认为词语自身具有意义的观点是错误的。准确的说法是，意义存在于我们的大脑中，词语只是按要求让我们意识到这个意义而已。同一个词语可以表示不同的意义。比如，在一个人看来，"cool"（凉爽）的意思大约与天气有关；在另一个人看来，它可能表示某事很好、很时髦或"潮"。所有人都依靠自身的背景判断一个词的意思。人们只有在交流或拥有共同经验时，才会对词语的意义有相似的理解。如果你有打棒球的经验，那么"rope"（绳子）是击出边线得分的意思；如果你有爵士乐的背景，那么"ax"（斧头）就不是指用来砍木头的工具，而是指一种号或木管乐器；病人或病人的亲属与内科医生对单词"cancer"（癌症）的理解也可能不同。

如此说来，一个词语可以衍生出许多意义。 172

语言学家估计，英语中最常用的500个单词有1.4万多种意思。单词“cat”（猫）不仅可以指一种毛茸茸的宠物，还可以指一名爵士乐音乐家、一种拖拉机、一种鱼、一种帆船，或者一种鞭子。一个简单的词如“lap”可以表示跑道的一圈、骨骼的一部分、猫或狗的喝水方式，或水拍打海岸的声音。这些表明尚待描述的思想、感情记忆事物远远多于用来描述它们的词汇。因此，碰到一个词时，人们必须运用个人的背景和体验从中抽象出意义来。英国诗人阿尔弗雷德·丁尼生（Alfred Tennyson）说：“词语像大自然一样，对其灵魂半遮半掩。”我们认为，“隐匿的一半”通常比显示出来的那一半更重要。

在把意义抽象化的过程中，如果将文化当作一个变量加以考虑，那么问题就会更加棘手。因为文化教给我们的既有符号（“狗”），还有其指代意义（一种长毛的、可以驯养的动物）。当你和本文化内的成员交流时，你用词语表达自己感受的过程会比较简单，因为在同一种文化中人们会有许多相同的经历。但是，当不同文化的人进行交流时就会涉及不同的经历，交流过程就会比较复杂。事物、事件、经历和情感之所以有它们现在的名称，是因为社会中的人们凭主观去决定如何给它们命名。如果将这一观念应用于跨文化传播中，你就会发现，不同的文化可能会有不同的符号和反应。如果你试着把你所知道的每个词及其意义都放到文化背景中去考察，你就能看到文化对我们发送和接收信息的影响。想想看，以下这些词语在不同文化中的各种含义：自由、性感、侵犯、财富、自然、领导、武断、安全、民主、太空以及艾滋病。

关于文化对词语意义的影响，可以再举夏威夷语和萨摩斯语两个例子。夏威夷语中只有大约2万个词，而且只有1.5万个词被收录在词典里。对外族人来说，夏威夷语非常模糊，因为有些词的意义多达5种，还有一些词的用法很多、使用的语境也很广。有学者在强调夏威夷语的复杂性时说：“只有了解一个单词的各种意思，说话者才能正确理解它的含义。”[38]

斯隆（Sloane）指出驯鹿是萨摩斯地区主要的经济动物，下雪天则是瑞典基律纳地区最常见的天气。如此一来，在萨摩斯语（北斯堪的纳维亚人的语言）中有500个单词解释“雪”，还有几千个词表示“驯鹿”，却没有关于“计算机”的词语。[39]例如，萨摩斯语中有一个词这样描述雪：雪是“驯鹿曾经在那儿打洞、进食，后来又离开的地方，因此没必要再去那儿狩猎”[40]。“雪”对萨摩斯文化意义重大，所以萨摩斯语中有许多词表
示它。而计算机对萨摩斯人猎鹿没有丝毫用处，173
因此萨摩斯语中没有词来形容英语中那些再平常不过的词语，如计算机、打印机或硬盘。

即使是英、美两国的语言，在单词的意义上也有所不同。虽然一些单词的拼写和发音相同，但它们的意义却不同。比如，英式英语中的单词boot（汽车行李箱），bonnet（汽车引擎），lift（电梯），biscuit（饼干）译成美式英语则分别是car trunk，car hood，elevator，cookie。在商业用语中也有很多有趣的差别。例如，英式英语中annual gunnel meeting（股东年会）译成美式英语时是annual meeting of shareholders，英式英语billion（10亿）译成美式英语为trillion，英式短语superannuation scheme（养老金计划）译成美式英语为pension plan。[41]

从这些例子中，你可以看到文化对语言产生的巨大影响，因为文化不仅教给我们语言符号及其使用规则，更重要的是教给我们这些符号的相关含义。更进一步说，文化还影响着人们思考和感知现实的方式。在下一部分，我们将探讨文化如何影响语言和思想。

语言与思想

你可能会简单地认为，除了语言符号不同，每个人都用几乎相同的方式说话和思考，但事实

并非如此。语言行为因文化不同而不同，思维过程和对现实的感知也一样。人们如何思考、如何说话在很大程度上是由文化决定的。这种文化动力就是语言相对性。

语言相对性的精髓可用本杰明·李·沃夫（Benjamin Lee Whorf）创立的公式来证明，他认为，语言和思想水乳交融，一个人的语言决定了他（她）的思想范畴。沃夫指出："我们通常分割和组织事件的传播与流通，这是因为通过母语沟通，我们都认同这种做法，而不是因为事物本身就是如此。"[42] 人们熟知的萨贝尔-沃夫（Sapir-Whorf）假设，语言不单单是一种记录经历的方式，更是一种界定经历的方式。沃夫的学生萨贝尔写道：

> 人类并非单独生活在客观世界之中，也不像我们通常认为的那样单独生活在社会活动之中，而是在很大程度上受到某种语言的支配。这种语言是人们与社会沟通的中介。真实的世界很大程度上是由社会群体的语言习惯积累起来的。在描述同一个社会现实时，从来没有两种非常相近的语言。不同社会所处的世界是完全不同的，而不是贴上了不同标签的同一世界。[43]

寇迪士（Kodish）对语言相对性有更深入的见解，他写道："语言相对性就是将语言看作与行为、意识不可分割的语言观。"[44] 邦维兰提出，语言相对性的一个结果就是文化先入之见。

> 这些文化先入之见是人们通过他们一生
> 174 的社会经验或在被社会接纳过程中积累起来的。所有人类经验都带有文化属性，因此我们总不断拥有大量逐渐积累但未言明的知识。[45]

罗杰斯和斯坦法特给语言相对性提供了另外一种解释，他们指出，"语言相对性是指语言影响人类思想与意义的程度"[46]。他们认为，人在思考时，语言是中间因素，在符号与其所指之间进行干预。关于萨贝尔-沃夫假设在实践中的应用，南达举了一个很好的例子。

> 如果我的语言中只有一个词——brother-in-law 来表达"我姐妹的丈夫"、"我丈夫的兄弟"、"我丈夫的姐妹的丈夫"，受语言的引导，我会用同一种方式去认识这些亲戚。词汇可以将相同的东西组织起来，也可以将不同的东西区分开来。词汇也是一种途径，语言通过它来塑造我们对世界的看法。[47]

同样，在印度语中也没有专门的词语与英语中的"叔叔"、"阿姨"相对应，据罗杰斯和斯坦法特所说，印度语中有另外的词语表示"父亲的哥哥、父亲的弟弟、母亲的哥哥、母亲的姐妹的哥哥等"[48]。

在纳瓦霍语中也可以看到语言界定经验的例子。对纳瓦霍人来说，表达动作的属性与方向非常重要。[49] 因此，如果表示"一个人穿衣服"，纳瓦霍人会说"一个人钻到布里"。如果表示"一个人年轻"，他们会说"一个人崭新地走来走去"[50]。这两个例子反映出纳瓦霍人对于运动的关注已嵌入纳瓦霍语中。纳瓦霍人对人的权利和个体自主性也非常重视。[51]

邦维兰用下面一组句子来显示不同语言对个体自主性的关注。

> 英语："我必须得去那儿。"
>
> 纳瓦霍语："只有我去了那儿，事情才能顺利。"
>
> 英语："我让马跑起来。"
>
> 纳瓦霍语："马为我跑起来。"[52]

杨（Young）进一步解释了这种语言观念，他指出英语和纳瓦霍语"表达了人们对人类或其他生物个体自主性不同的看法"[53]。英语中有很多表示"敦促"的词语，如 cause，force，make，compel，order，must，have to，ought to。而在纳瓦霍语中（使用纳瓦霍语的有亚利桑那州、科罗拉多州、新墨西哥州和犹他州）则没有表达"敦促"和"迫使"的动词。这样一来，纳瓦霍语的人不会用"我必须去那儿"、"我不得不去"，而是说，“只有我去了那儿，事情才能顺利”。这个句子“没有不得不做的强制力”[54]。邦维兰进一步解释道：

> 英语中表达一个人将自己的意志强加给另外的生命的词汇处处可见，纳瓦霍语却没有直接表示“强制”的词汇。[55]

虽然是否要完全接受语言相对性还有待商榷，但是它在语言和文化中的应用却非常明显：“语言和思想之间的联系最为紧密……语言可能不能决定我们的思维方式，但它的确影响着我们感知和记忆的方式，它也很容易影响人们的智力活动”[56]。因此，你可以清楚地看到，文化通过符号、规则和我们对宇宙的感知影响着语言。另一个事实也很重要，即当一种文化转换到另一种文化时，你要表达的意义也会呈现出不同的形式。 175

语境构建

认知过程中的文化差异同样体现在语境构建过程中。语境构建指的是如何通过将所在环境中支离破碎的形象连接起来在头脑中形成更完整的形象，从而创造意义。情境构建与心理学上的概念“闭合”相近。学者将这个过程解释为：“看到毛、后腿和大耳朵，你就会形成‘兔子’的意象。”[57]欧美人与东亚人在如何使用词汇构建语境方面表现出很大的认知差异。“美国人与东亚人的认知差异反映了东西方人在世界观上的巨大差异。”[58]

东亚人倾向于整体思维，很少运用分类与形式逻辑。西方人则主要关注事物本身及其所属范畴，他们注重运用规则（包括形式逻辑）去理解事物。[59]另外，“亚洲人的‘领域关注’要高于美国人”[60]。有两个例子可以说明文化差异在语境构建方面的表现。一是让亚洲人和美国人将“海鸥、天空与狗”这三个词中的两个归为一类。美国人选择将“海鸥”和“狗”归为一类，因为它们都是动物，而亚洲人则把“海鸥”与“天空”放在一起，表示鸟与天空的关系。第二个例子则是将“钢笔、笔记本和杂志”中的两个词归类，亚洲人将“钢笔”与“笔记本”归为一类，而美国人则将“笔记本”与“杂志”归为一类。[61]同样，这两个例子也反映了文化对语境构建的影响。

文化与交际规则

人类语言常常被看作是唯一能用无意义的元素创造出有意义的结构的交流系统。[62]有些学者则认为：“没有任何东西能够像语言那样清楚地将各种文化区别开来。”[63]关于这种区别有一个有趣的例子：各种文化会以不同的方式来标示一台坏了的自动售货机。在英国会这样写：“这台机器不接收10分的硬币，请谅解。”在美国可能会是：“不接收10分硬币。”日本的版本则可能会是对机器不能接收10分硬币表示难过，并向消费者致歉。虽然外语的使用规则对非本语种的人来说常常显得有些随意和不合理，但对本国人来说，这种规则比其他语言的规则更合理，更符合逻辑。为了理解跨文化传播中的语言多样性，我们将探讨语言的四个特点，它们是：（1）直接与间接；（2）维系社会关系；（3）情感表达；（4）谈话的价值。

176 直接与间接

语言的使用反映了一种文化的许多深层价值观念。一种文化对“直接”或“间接”的重视程度体现在这种文化的语言风格中。例如，大部分美国人非常熟悉“直接表达”，因为这种风格是美国主导文化的交际特征。根据你的自身经验，你知道美国人说话很少有所保留。的确，大部分美国人的语言风格是直接、坦率和清晰的。美国人都极力避免模糊和模棱两可，而是直接切中主题。如果意思是“不”，他们就毫不犹豫地说出来。

东亚文化则认为美国人的直接和坦率是不顾及他人感受、对他人的不尊重，可能引起尴尬，伤及感情。在东亚文化中，说话间接是为了维护他人的尊严，尊重别人的情感，给别人留“面子”。佛祖教导他的弟子避免使用“厉言”，因此亚洲谚语中有“开弓没有回头箭”的说法，反映了他们对“直接”表达的否定态度。

东亚语言的另一特征是“不多言，点到为止”。在很多方面，东亚文化崇尚模糊美学。说话者更注重交流过程中的总体感觉，而较少注重某个词、句的意义。学者解释说：“由于东亚文化的集体主义特征，许多东亚语言中通常不使用人称代词，以强调集体比个人重要。而且，在中国、日本、韩国和泰国文化中，人们使用语言较为审慎，因为他们喜欢中庸，不想公开反对别人的意见。”[64]

在大多数东亚文化中，语言表达的主要功能就是维护社会和谐。中国谚语“祸从口出”就反映了这种价值观。因此，间接表达自己的意见有助于互留情面，有助于维持社会和谐。“这种高语境文化的成员希望他们的交流伙伴能够听懂言外之意，从整体、语境的角度来理解信息。”[65]

北美人与东亚人（比如中国人）交往过程中的一个主要语言障碍就是对“是”的使用和理解。多数北美人都用“是”或“不”来表达个人观点。但是，在注重集体的中国，人们通常用“是”或“不”来表达自己对别人的尊敬。“换句话说，为了表示尊敬，他们可能用‘不’来代替‘是’，或者用‘是’来代替‘不’。这是间接交流的反映。通过这种方式，他们可以避免一些伤情面的人际交流。”[66]亚洲语言的这种“与本意相反”的情况常令北美人不解。

间接语言除了表现在“是”和“不”的使用上以外，还表现在其他方面。比如，在听到别人恭维自己的厨艺时，美国的男主人或女主人可能会说：“哦，我很高兴你喜欢它，我专门为你做的。”相反，中国的男、女主人则会连连道歉说：“没给您准备什么可吃的饭菜，不成敬意，您多包涵。”[67]

再举一个中国人使用间接语言的例子，这表现在他们使用冒犯性语言的方式上。对许多美国人来说，创造“即刻效果”是修辞的主要目标。
在侮辱别人时，你希望取得即刻效果。中国人更 177
喜欢创造持久的、长时间的“强烈影响”。对中国人来说，最有力的侮辱是让受辱者在挨骂之后很久都无法入睡，因为他或她越想越生气。[68]

对韩国人而言，语言行为也要为他人着想。“保全面子非常重要，因为韩国人不想引起别人的羞愧感。”[69]韩国哲学家韩永安（Han Yongun）认为，人与人之间的和谐共处是社会良性运转的关键。在美国人看来，韩国家庭、同事和朋友间的交往让人费解。在第 3 章你已经了解到，很多韩国人的人际交往受儒家道德观支配。这里的一个基本前提是，合理的人际关系是社会的基础。合理的人际交流包括温文尔雅的语言、人际关系高于个人利益。[70]

在尊重和维护他人尊严这点上，墨西哥人非常在意。含蓄和留面子的价值观在他们使用的语言中表现得非常明显。他们认为直接争论是粗鲁的表现。墨西哥人通常力图使每一次合作都融洽进行，为了做到这一点，他们可能经常表示同意他人的意见。事实上，如果墨西哥人不了解某个人，或者认为没有足够的时间在不伤情面的前提下解释自己的观点，他们就不会说出自己的意见。北美人常常将这种含蓄的礼貌视为不诚实和冷淡，而实际上，它是一种尊重他人、给他人面子的举动。

在非洲许多部落语言中，含蓄和模棱两可是一种语言艺术，不精确是其首要表现。说话者常常使用间接的语言，试图维护他人的尊严、情感和颜面。关于非洲的语言行为，里奇满和盖斯特林这样写道：

> 非洲人说话随心所欲、滔滔不绝、毫不犹豫，但是他们的用词和数字往往都不精确，每一次人际互动都变成一场关于如何建立双方关系的讨论。西方人应该心平气和地询问细节，直到理解其全部意思为止。[71]

亨利·米勒根据她在肯尼亚获取的经验，告诉我们如何理解非洲人的说话风格。

> 在肯尼亚的集体文化中，公众演讲不再是一个成熟演员的表演，而是一种集体体验。观众经过思考理解演讲的意义并与自己建立联系，从而与演讲者之间形成共同理解，进而建立更加紧密的关系。[72]

维系社会关系

在维系文化成员的合理地位和加强文化成员间的关系方面，语言起着很大的作用。下面是一个语言维持文化深层结构的例子。

比如说，西班牙语通过使用动词的不同词形来表示讲话的正式性。另外，西班牙语有正式和非正式的代词来表示英语中的“你”。在正式谈话中，经常使用代词“usted”（您），而在比较随意的谈话中，代词“tu”（你）更合适。

178 日本人的交流方式和西方人的最明显区别在于，其语言的使用反映了人的社会地位。日语的语言结构要求说话人重视人际关系，西方语言则重视事物以及它们之间的逻辑关系。日本文化和社会拥有严格的规则，这些规则支配着社会关系和人们各方面的社会地位。因此，日语在不同场合的使用存在很大区别。称呼上级、同级和下级时，要使用不同的词。当日本人与比自己社会地位低的人说话时，他或她必须采用某种特定的方式。如果对方的社会地位比自己高，就必须采用另外一种方式，即便表达的内容一样。[73]

在日语中，大量的词语在不同的情境下会有不同的形式。这种变化有时要根据说者和听者之间的关系或谈论的对象而定。比如说，日语中有许多表示“你”的词：omae，kimi，kisama 和 anata-sama。而且有些词只限男性使用，有些词只限女性使用。举例来说，在与自己的熟人交谈，或想用粗鲁或生气的态度称呼其他人时，日本男性会用 omae（你这个家伙）。这样看来，同一个词（omae）在不同的情况下，意义截然相反。还有一些特定的词只适用于夫妻间表达微妙的婚姻关系。比如 anata 通常被翻译成英语中的“you”（你），但如果妻子这样称呼自己的丈夫，它的意思相当于英语中的“dear”或“darling”（亲爱的）。[74]

泰国文化非常重视个人在社会等级中的地位。为了便于区分，泰语中有许多不同形式的称呼与不同的社会等级相对应。不同的社会阶层使用不同的代词、名词以及动词表示级别和亲密程度。泰语中的代词至少有 47 种，其中表示“我”的有 17 个，表示“你”的有 19 个。因为在泰语中不同阶层使用不同的语言形式，所以泰语可以分成 4 种语言：皇室语言、教会语言、普通语言和俚语。

语言还可以界定一种文化中的性别角色及其关系。从语言中我们可以找到许多男性和女性讲话风格不同的例子。发音、语法、词汇以及语境的使用都受到讲话人性别的影响。这一点在日语中特别明显。女性使用一种叫女性语（joseigono）或女性语言（onnakotoba）的说话风格，这种风格源自上流社会的女性，是她们社会地位的标志。日本女性有意地控制自己的说话风格。当女性想突出她们的女性气质时，她们会使用相应的女性讲话方式；在其他场合，她们则会使用中性的表达方式。在与其他女性谈论孩子时，日本女人可能使用女性的讲话方式；而在和同事说话时，她们则采用中性的方式。

男性主导是墨西哥文化的一个特征。西班牙

语中表示性别的名词和代词的用法就体现了这一点。比如说，一群男人被称呼为 ellos，一群女人则被称为 ellas，以字母 o 结尾表示男性，以字母 a 结尾表示女性。如果一群人中只有一个女人，则将这群人称为 ellos，即用男性的性别代词来代指其中的女性；如果一群人中只有一个男人，则仍用男性的性别代词来指称这群人，称之为 ellos。一群女孩被称为 ninas，但是如果这群女孩中有一个男孩，则这群人会被称为 ninos。

179 情感表达

情感表达的方式是语言行为多样性的又一表现。比如，韩国人比美国人矜持得多。在语言上，他们不会自由、开放地表达感情，示爱也不会像美国人那样热烈而奔放。举例来说，在机场韩国妻子不会冲上去拥抱自己的丈夫，她会表现出犹豫矜持，哪怕他们已经几年不见。[75]

英式英语中也有一些委婉的说法，说话者从而可以避免一些强烈的情感表达。比如，当英国人不赞成某人时，他们倾向于用下面的话为自己的评论做开场白："我可能错了，但是……"或者"刚才你所说的话里只是有一点我不大明白"。另一个说话审慎的例子是，在提出自己的要求前，先不厌其烦地表示感激。比如说，"我会非常感激你，如果……"或者"真的很感激你"。美式英语和英式英语在选词上也鲜明地体现了这种克制的不同。让我们比较下面这些在美国和英国常见的标语：

美国："禁止狗入内。"

英国："出于卫生考虑，禁止狗入内，为此我们表示歉意。"

美国："有录像监控。"

英国："请注意：为了顾客的利益，建筑内现已安装中央安全闭路电视。"

美国："请勿扶门。"

英国："堵门会引起延误，也很危险。"

表达愤怒也有文化差异。美式英语的使用者一般通过提高音量来表示生气，而在其他文化中，愤怒则有其他表达方式。"纳瓦霍语通过强调一个动词来表达愤怒，而其他语言不会将其视为情感标记；中国人在大街上的一个友好的问候，对说英语的人来说，可能就是他们生气时的表达。"[76]

谈话的价值

在许多文化中，人们从谈话和公共演讲艺术中得到了许多乐趣。了解哪些文化可从口头玩笑和辩论中获得乐趣对于深刻理解口头交际的文化差异有重要意义。

在整个非洲，较文字而言，口语通常是一种更重要的交流方式。里奇满和盖斯特林写道："正如坦桑尼亚国父朱利叶斯·尼雷尔（Julius Nyerere）所说，'非洲民主的根源在于普通的口头讨论——老人们坐在树底下聊天，直到达成一致意见'。"[77]不管说的是什么语言，非洲人总是像天才的演说家。作为一名访客，你应该有受邀做即兴演讲的心理准备。如果你事先准备了几个有趣的小故事来论证自己的观点，那么你的演讲会大受欢迎。[78]

由于这种口语传统，非洲人喜欢辩论和交流观点。米勒指出，肯尼亚人认为做公众演讲是不可推卸的责任。[79]人一生中会不断有各种各样的仪式需要你去进行公众演讲。比如，在婚礼上，伴郎、新郎和新娘的父母、祖父母、叔叔婶婶，还有很多其他人都要做好演讲的准备。[80]

作为一个讲故事的人，非洲的演说家会刻意
使用大量谚语来抓住听众的注意力，这不仅能使 180
演讲增色，而且表现了演说家对特定事物的深刻见解。[81]大量使用谚语不仅是一种有力的修辞方式，而且也是教育后代、传承文化的方式。下面这段话很好地说明了这一观点：

> 与讲故事一样，在交谈中谚语和寓言故事扮演着一个很重要的角色，它们将先辈的智慧传递下去。谚语最能接近非洲社会生活和思想。和其他非洲文化习俗相比，谚语更准确地表达了非洲智慧的本质。[82]

有学者这样描述谚语对西非阿肯人的重要性："谚语的修辞力量很大程度上源自它的权威性，或者说，它的来源具有权威性。"[83]外来者难以理解这种现象，因为要弄明白一条谚语的意思，必须要知道这个部落的文化历史和传统。

谚语代代相传，它们体现了语言的权威性和可信性。谚语揭示了最普遍的真理，这些真理也存在于西方文明和传统中。为了促进跨文化交流与传播，在与非洲人交流时，西方人也应该多多使用谚语，让非洲人能够理解和欣赏，并不时发现双方谚语中的异曲同工之处。[84]

阿拉伯人有一种对语言的挚爱。他们坚信阿拉伯语是"上帝的语言"，因此他们对自己的语言无比尊重和倾慕。有一句阿拉伯谚语说："一个人的舌头就是他的剑。"阿拉伯语对其使用者具有无法抗拒的影响。阿拉伯人的语言说服力很强，描述事件的语言比事件本身更重要。人们常为了用词而用词，而不是为了表情达意。阿拉伯人期望别人吹嘘自己的能力、经历和朋友。他们通常不会在公共场合承认自己的缺陷，但会花上几个小时描述别人的失误或失败。

几乎每个沙特人都说阿拉伯语，那些从事国
181 际事务的沙特人通常还会讲一口流利的英语。在社交场合，阿拉伯人喜欢使用在美国人看来很夸张的说话风格。因为在沙特人和西方人之间的跨文化交流与传播绝大部分都用英语，所以有必要了解阿拉伯人说英语的风格。最常见的是语调的改变，这种语调固执、重复、夸张、逻辑性强。有些语调和重读方式可能会给英语听众造成理解上的困难。如果听者比较敏感，那么这种交流方式听起来会带有侵略性和威胁性。有些阿拉伯语的语调比较平，用这种语调说英语会比较单调，听者会以为说者对话题不感兴趣。在各种形式的交流中，阿拉伯人都希望得到很多的肯定和重复。比如，"当主人请客人再多吃些或再多喝些时，一句简单的回答'不需要了'是不够的。为了表达自己确实已经吃饱喝足了，客人必须重复几遍'不需要了'，此外还要带上比如'以上帝的名义'或者'我向上帝发誓'之类的誓言。"[85]

希腊文化欣赏修辞技巧，这一点有着悠久的、丰富的历史传统。希腊大部分文化可以用各种重要的俗语来表达。从某种意义上说，这些俗语就是谚语，因为它们反映了希腊的道德，是用短语表达意义的一般表达形式。比如说，希腊人蔑视知恩不报的人，当一个希腊人觉得受到怠慢时，他会说："我教会他如何游泳，他却想把我淹死。"当一个希腊人犯了错并找不到开脱的借口时，他可能会说："我想变成一个圣人，但是魔鬼不让我那么做。"希腊男人说话比较傲慢、爱吹牛。如果一个人成功地制止了另外一个人的吹嘘，他会说："我治好了他的咳嗽。"希腊人对待真理的态度有点随意，这表现在一些俗语中，如"谎言是生活的调味品"，"只有从傻子和孩子那里才能学到真理"等。

考察西班牙语在墨西哥的使用情况，有助于你理解墨西哥文化。首先，墨西哥人喜欢交谈和开玩笑。比如说，在宴会上，如果向客人的妻子介绍北美男人和墨西哥男人，北美男人可能会说"我非常高兴能见到你"，墨西哥男人则可能会说"见到你让我感到陶醉"。在日常谈话中，墨西哥人广泛使用双关语，总能说出一些智慧的短语，并能在适当的时候插入一些古老的引语。[86]只要有谈话的机会，墨西哥人通常愿意加入其中，即便在偶然结识的人中间也是这样。一旦建立起了一种感情联系，他们就会非常开放热情、大方好客，愿意向对方袒露心扉。[87]

在美国，非裔美国人的群体文化也高度重视说话和交谈。从很多口头游戏中可以看出美国黑人享受口头交流的乐趣。正如韦伯（Weber）所说："黑人语言以及众多发展成熟的语言风格是美国黑人崇敬口头表达的明证。"[88]必须指出，韦伯所说的"崇敬"不应该由主导文化来界定，而应由符合美国非裔社区的语言使用定义来界定。

本部分我们的意图是想论述语言离不开文化这个事实。文化影响着语言符号及使用这些符号的规则。我们看到，词语的意义是由文化决定的。

182 美国的语言多样性

语言多样性已经成为美国社会的一个显著问题。有 4 700 万美国居民在家里讲英语之外的语言，高达 1 200 万人在家里从来不说英语。在加利福尼亚、新墨西哥和得克萨斯，说西班牙语的居民占很大比例，他们在家里不说英语。说西班牙语的人口还不只局限于这些地区。“甚至在艾奥瓦州苏城都有西班牙语报纸印刷发行。”[89] 此外，在美国居住的说汉语的居民达 240 万。其中，80%的人喜欢在家里说汉语。[90] 说韩语与越南语的居民在美国的很多地区也随处可见。

> 在美国一些小城，如亚拉巴马州的汉茨维尔、康涅狄格州的梅里登、威斯康星州的沃萨、得克萨斯州的埃尔赛尼索，人们惊异地发现很多新居民英语很差，有些人甚至认为根本没必要去学英语。[91]

因为有这么多不说英语或不全说英语的人口，所以语言的多样性成为美国的一个政治课题。各级政府不断提出立法提案，建议将英语当作美国
183 的官方语言。虽然美国没有批准将英语作为官方语言的提案，但是，美国人相信掌握英语以及具备英语交流的能力对美国社会非常重要，“不会讲所在社会的语言，是产生误会的第一步，因为偏见的产生就是由于缺乏交流”[92]。显然，问题的解决方法就是确保所有人都有机会适当地学点英语，同时，也允许他们有保留本国文化和语言的自由。

然而并非所有人都同意让英语成为官方语言。埃尔金（Elgin）就是其中一位，他指出了这些提案中的矛盾之处：

> 联邦政府和一些州政府正在努力建立“只讲英语”的法律，这将会大大限制外语在美国的使用。我们用纳税人的钱办班教说英语的学生学习西班牙语，却不允许说西班牙语的人使用西班牙语，这不是有点荒唐吗？这只是目前关于语言的争论中众多怪事之一。[93]

在接下来的这部分，我们将考察一些人的观念，虽然生活在相同的地理区域中，但是这些人使用语言的方式却和主导文化不同。具体来说，我们将探讨美国一些群体文化中的语言使用情况。

群体文化的语言

在讨论萨贝尔-沃夫假设时，我们指出，语言是应对和理解社会的现实向导。从这个观点出发能得出这样的结论：文化为适应自己的特殊需要形成了不同语言。南达和沃姆斯指出：

> 所有人类群体都有语言，所有语言都同样精深奥妙，都能满足讲话者的需要。人不会因为使用某种语言而增减智慧、产生性别歧视或谙于世故。个人掌握的词汇知识可以不同，个人的交流技巧可以不同，但是所有

的人都必须遵循同样的语法规则。[94]

南达和沃姆斯要说明的是，虽然每个语言群体有各种不同的语言符号，但伴随这些语言符号的语法规则却是同样精妙复杂的。这并不意味着语言群体中的每个人对这种语言的使用一样好，你肯定知道有些人语法非常糟糕。

群体文化几乎存在于所有社会，但是，正如我们之前指出的那样，它们的影响遍及主导文化内外。绝大多数群体文化的成员都同时属于两个或更多不同群体。因此，他们的文化经历可能与主导文化截然不同。主导文化对待他们的态度会形塑其语言进化过程。在许多群体文化中，许多命名反映了它们感知主导文化并与之交流的方式。通过对群体文化语言的研究，你会了解这些群体的很多经历、价值观及行为。为加强对此问题的理解，下面我们考察一下拉美裔美国人、非裔美国人以及妇女群体文化的特殊语言行为。

一种文化通过使用语言往往能加强集体的团结性和凝聚力。

184

拉美裔美国人

目前美国讲西班牙语的人口数量居世界第三位，仅次于墨西哥和哥伦比亚，70%的拉美裔美国人在家里主要讲西班牙语。[95]这些人当中很多人不能说流利的英语。然而，“虽然拉美裔美国人的需求不尽相同，但大多数人都需要交通、驾照和语言训练”[96]。拉美裔美国人在有关公共机构，如医院和12所重点学校等的事务中会出现交流问题。[97]同样，学生也有语言障碍，以及缺乏合适的语言课程与材料。[98]

为促进拉美群体与主导文化的融合，拉美社区与公共机构必须共同开展互惠行动来实施帮助。学校、医院、执法机构以及银行等公共机构都应该学习如何接纳拉美群体。这种接纳能够帮助拉美移民成为社会生产者，而他们贡献的大量经济财富则能让主导社会从中受益。

我们可以轻松地对拉美裔美国人说，你们只要学英语就可以了。然而这个美好目标未必切合实际。那些忙于生计或家庭事务的父母未必有时间和精力去学习英语。一些公立学校的孩子可能根本没有英语训练的课程。然而英语语言教育非常必要：

> 毋庸置疑，语言是在群体乃至整个社会中生活和交流的先决条件。而对于只需用母语交流或只说一种语言的国家的人来说，这个事实经常被忽略或忘记，但对于母语与所居住的国家的语言不同的移民来说，这个事实就变得非常真切和重要。[99]

非裔美国人

毫无疑问，美国黑人和白人说话风格不一样，从而形成了不同的语言群体。谢德（Shade）给这些不同做了文化解释：

> 这些群体使用不同的说话方式，遵循不同的交流规则，拥有不同的核心文化要素以及世界观。不同的文化要素影响了白人与黑人的交流行为，而不同的世界观则解释了白人和黑人在交流以及理解、加工信息方式上的差异。[100]

几个世纪以来，非裔美国人已经形成了一种特别的语言，即非裔美国人英语方言（African American English Vernacular，AAEV）。[101]这种方言使他们能够创造、维持并表达自身的文化，以及应对欧裔美国人对他们的文化歧视。[102]一些非裔美国人在所有交际中都使用这种方言；另一些人只在某些场合，如朋友和家人中间使用，而在学校或工作中则使用标准英语。在任何讲话中，非裔美国人都可以根据话题、态度、参与者的不同在两种语言形式之间自由切换。[103]

● 非裔美国人英语

185 非裔美国人英语方言是一种非常生动、富有想象力的语言。它不仅仅是词汇发生了改变、具有说唱艺术家的韵律和口音，它还是一种特别的语言形式，拥有特殊的句法、语义系统、语法和节奏。其语言规则与英语差异很大，并且形成了一套独立于主流英语的逻辑系统。非裔美国人英语还包括各种社会场合的说话方式，每一种说话方式都具有其独特的风格和功能。南达和沃姆斯认为，非裔美国人英语“绝不比别的语言差，与其他语言一样，它适合抽象思维，具有系统性、语法性和象征性”[104]。

学者们指出，非裔美国人英语的句子结构和语义学主要受早期非洲部落语言的影响，形成了一种具有鲜明特征的语言风格。[105,106]我们借鉴其他学者的著作，总结出非裔美国人英语的一些语言特征。

（1）现在时中第三人称省略“s”，如“He walk（他走路），She go（她走了），He talk（他说话）”等。[107,108]

（2）用动词to be表示持续行为，如“He be gone”指“He is gone frequently/all the time”。[109]

（3）现在陈述语气中省略to be，如“He tired”指的是“He is tired”（他累了）[110]。“She the first one started us off”指的是“She was the first one who started us off”（她是第一个让我们

开始的人)。[111]

(4) 用 done(有时再加上 been)表示完成,如"They done been sitting there for a whole hour"(他们已在那儿坐了一小时了)。[112]

(5) 重读 been 强调事情的持续,如"He been married"表示"He has been married for a long time (and still is)"(他已结婚很久了)。[113]

(6) 用 Uhm 和 Ima 代替 am 和 am going to。如"Uhm really tired"就是"I am really tired"(我真的很累)。"Ima show everybody up"就是"I am going to outdo everyone else"(我要胜过所有人了)。[114]

(7) 使用双重和三重否定,如"Won't nobody do nothing about that."(没有人会做什么。)"He ain't got no money."(他不会拿不到钱。)[115,116]

(8) 省略单词结尾的辅音,如 door 变成 do[117],Last 变成 las'[118]。

(9) 发音时省掉 ng 中的 g,如"talking"变成"talkin"。[119]

(10) 词头的 th 音变成 d:如"them"变成"dem"。[120]

(11) 词尾的 th 有时用 f 代替,如"with"变成"wif"。[121]

(12) 用 x 发音替代 s 的发音,如"ask"变成"axe"。

(13) R 的发音改变:如"Carol"变成"Ca'ol"。[122]

以上仅是美国黑人英语特征的简要举例。你可以参考我们上文给出的书目,更多地了解这种生动、充满想象力的语言,包括给听众带来生机和活力的街头语言。

186

女性与语言

男女使用语言是否真有系统性差异?相信从下面的例子你可以看出说话者是男是女:

> "你开得有点快,是不是呀?"
> "嗯,我猜这个大约高 4 英尺。"[123]

邦维兰认为这两个句子"是典型的女性语言"。通常,女性和男性属于两类语言群体,因为"男女的社会教化要求他们用不同的方式表达自己以遵循文化规范,而这些规范就是灌输和加强男女性别差异"[124]。女性交流与男性交流的目的和规则不同。[125]"不同的话语,不同的世界。"艾里姆(Elium)补充道:"女人更重视交谈,而且交谈的侧重点不同。"[126]

● 女性交流的目的是什么?

了解了女性交流与男性交流有不同的风格,现在我们首先从女性交流的目的来考察。伍德认为,对大多数女性来说,交流是建立和维持同他人关系的一个主要途径。[127]伍德对性别问题进行了深入研究之后,得出了女性交流的六大特征,这些特征使得女性之间能够"建立联系"、"互相支持"、"产生亲近"和"互相理解"。[128]这六大特征如下:

平等

女性交流的第一重要特征是平等。女性通过互换经验达到平衡和平等。比如说,有人打翻了饮料,一个妇女就会说:"这种事我也做过很多次。"这句话让打翻饮料的人感觉到他或她的感受别人也有过,这样就形成了一种平等的感觉。这样的谈话会产生互动,而不是你问我答的僵硬对话。

表示支持

表示对其他女性的支持是文化传输的一个重要的互动特征。女性通常使用女性语言的典型词汇表达对他人的支持,如"噢,你肯定觉得很难过",以及"我觉得你做得对"等反馈都表示出支持、理解和同情。[129]

情感理解

第三个文化特征是女性喜欢表达理解和同情。很多情况下她们通过提问以寻求理解别人的感受。"当事情发生时你是什么感觉?""你认为这件事是蓄意的吗？”这些问题不仅有关实质内容，更关注到当事人的情感。[130]

维持谈话

通过鼓励别人说话、给出更多解释等维持谈话的进行是女性交流的另一个特点。维持谈话常用的话语是“告诉我今天过得怎么样”，以此促使别人讲话或进行说明。此外，女性通常会问“你们职工会议有趣吗”等问题来引出话题、维持互动。[131]

迅速反应

女性谈话的另一特征是反应迅速。女性善于关心别人，让别人产生受重视的感觉。别人说话时，她们一般会做出反应。她们可能说“这很有意思”，或者点头表示她正在听。[132]

亲密关系

伍德提到的最后一个女性交流的特征是私人
187 化和具体化。人与人的亲密关系是通过“细节、自我表露、逸事以及具体的询问”[133]等建立起来的。女性谈话的亲密语气有助于发展人际关系，强调并理清交流者的感情。

- **含糊性**

霍姆斯（Holmes）发现了女性交流风格的另外一个特征——含糊性。含糊性表现为多种形式。语言上的含糊其词表现在使用“我想”、“我认为”、“我觉得”、“我猜测”、“我了解”和“我怀疑”等。[134]限定性的语言有“呃”、“你晓得”、“某种”、“大概”和“可能”等。限定性表述的一个例子是：“对此我可能做不出最好的判断，但是……”语调也能表达含糊性。通过使用邦维兰所说的附加疑问句将回答变成提问。说话者一般先说一个肯定句，之后加上一个问句，如“简今天看上去很美，是不是啊”或者“这儿很冷，是吧”[135]，附加疑问能够暂时保持谈话的状态。“这部电影很不错，你觉得呢？”这样就为继续谈话留下了空间。

关于含糊语言的目的何在存在很多争论。早期的研究认为，这些含糊的交流手段比较低级，是缺乏自信、确定性和自尊的表现。拉考夫（Lakoff）认为这种说话方式缺乏分量，是妇女在交往中处于从属地位的反映。[136]上面的说法虽然可能有一定的可信度，但最近的研究表明，女性讲话的含糊性有更多不同的解释。[137]

正如伍德和霍姆斯列举的七大特征里提到的那样，这种含糊交流并不代表女性说话缺少分量或低级，而是“表达了女性希望谈话更具开放性和包容性的态度”[138]。一些研究者还发现，女性说话的含糊性建立在情境的基础上。虽然一些女性可能用屈从的或礼貌的含糊性交流方式，但是这些特征通常只是指女性说话方式的成规，而不是她们实际说话的样子。她们实际上交流的方式很大程度上受情境影响。例如，在有男性的场合，女性可能更多地用含糊的说话方式，而在女性多的场合会少些。在董事会议上，这种含糊的交流方式对于建立信任可能是有益的，但在法庭上却不是这样。霍姆斯称，一个研究甚至还发现，像女性一样，男性也会根据情境来使用这种交流方式。[139]因此，在武断地给女性含糊的交流方式贴上一个否定的标签之前，应该考虑一下情境。

女性交流模式与男性交流模式对比

女性交流的特征同男性交流特征形成鲜明的对比。在解释这些不同时，有学者说：“男性交流的主要目的是控制他人，维持自己的独立，提高地位。”[140]伍德在其性别研究中总结了五条男性的谈话原则。第一，男性强调谈话的工具性，不大涉及感情。谈话通常为了解决问题、收集数据、征求解决问题的意见。男性谈话强调内容而非情感。第二，男性谈话是为“表达优越性，保持控制权”[141]。虽然男性嘲笑女性话多，但是他们通常占据谈话的支配地位。他们说话多，时间长。[142]他们按自己的利益改换话题，像控制者和
挑战者一样打断谈话。[143]第三，男性大都固执己 188
见。他们的语言通常直接有力，很少含糊其词。第四，男性在谈话中喜欢使用抽象的和个人经验

相去甚远的话语。[144]第五，男性谈话缺少回应、同情和理解，自我表露很少，因为在男性谈话的规则中，回答就是屈从，会使自己处于弱势地位。[145]

总的来说，女性交流时主要关心人际关系，男性则只关心“完成工作”。女性似乎更多地谈论关系和情感。但有学者表示，这是否真正反映了性别差异或交流的社会背景还有待探讨，因为“女性谈话最常见的地点是家庭而不是公众场合”[146]。

在谈话中，女性希望照顾到每个人，而男性则只想巩固自己的地位。女性具体的说话方式通常与男性的抽象的说话方式发生冲突。女性可能使用含糊的话语，男性则通常会很肯定。女性交流会有很多回应，男性交流则回应很少。显然，男性和女性说话的不同规则和特征是造成两性误解和冲突的潜在因素。

理解多样的信息体系

了解了语言的性质以及语言与文化的关系，你应该明白语言在跨文化交流和传播中扮演着何等重要的角色。但仅仅知道这些并不能让你成为一个成功的跨文化交流者。要想在跨文化交流中建立有效的使用语言，你必须能够将你新获得的知识运用到不同的文化场景中。

要获得跨文化交流的能力，美国诗人埃兹拉·庞德（Ezra Pound）提醒我们：“人类知识的总和不单独存在于任何一门语言中。”所有文化都有语言和非语言编码，这些编码将意义传递给大脑，这些意义其实是每个人文化经验和观点的反映。因此，如果你与你的交谈对象所用语言不同，那么你们很难形成一致的编码。为了克服这个困难，我们给大家提供一些使用语言与非语言编码的有益建议。

学习其他文化的语言

我们给你的第一条建议显而易见。全世界有6 000多种语言，要建议你一一去学很不切合实际。我们的建议是，如果你打算与某种文化的人进行交流，你要尽可能地学习他的语言。如果你在墨西哥做生意，能说西班牙语肯定让你进展顺利。由于世界上很多人说英语，许多美国人觉得他们不需要学习外语。既然那么多人在努力学习你的语言，你也应该答谢一下。当访问另外的国家时，知道一些简单的表达如“你好”、“谢谢”、“再见”等，能够给你创造很多机会，因为这表现了你对对方国的兴趣。

即使在美国国内也需要第二语言的技能。189
卢克曼已经阐明：“大批其他语言群体的人们正在涌进南加利福尼亚州、新墨西哥州和亚利桑那州。在洛杉矶，除英语之外有100多种语言在使用。”[147]

在使用语言时了解文化差异

如果你与交谈对象语言不同，有很多办法可以促进双方的理解。记住，语言不仅是一种交流的工具，它还教给我们文化生活的方式、思考和感知世界的方法以及不同的交流模式。以下这些例子说明了不同文化如何使用语言，它们能帮助你欣赏在交际中遇到的各种语言模式，使你成为更加合格的交流者。

犹太文化大量使用故事、比喻和寓言等。人们用生动的叙述来讨论人、事和情况。对许多犹太人来说，故事本身与要说明的道理同等重要。如果你与阿拉伯人交流，了解一些他们的语法特点同样非常有帮助。尼德尔指出：

> 很多情况下，出于礼貌你需要说话。看到别人的小孩你要加以赞美并小心奉上祝福。最常见的祝福是“愿上帝佑护他”或者“这真是上帝的意志”。这些话让小孩的父母感到放心，因为里面没有嫉妒。（当然，你千万不能再加上“多么希望我也有个这样的孩子啊”！）[148]

中国人使用和理解语言的方式与很多美国人不同。“中国人说话比较谨慎，对言语的重视程度不强。”[149]对说话不重视表明中国人“认为话语有局限性，意义常在话外”[150]。明白了这一简单事实，你可以得到两方面的帮助。第一，你会理解为什么在中国文化中“猜测和挖掘隐含意义被大家推崇”[151]。第二，了解了中国人的语言观，你就知道如何与来自中国文化的人传递和接收信息，也会知道如何应对“沉默”。我们会在第 7 章讲非言语交流时讨论“沉默”的问题。

最后一个来自法国的例子同样证明了语言的使用方式取决于其所在文化。阿塞林和马斯特罗写道：“在谈话中，法国人喜欢直接表述观点，论证严密，不容置疑。但美国人却不能理解这一点，他们听到的是（对他们来说）对方粗鲁而直白的观点。”[152]

190 记住：语言“戴着文化的锁链”

在世界的大部分地区，英语被作为第二语言来教授，因此我们无数次面对英语并不流利的交谈对象。但请你记住，在美国，英语只是 3 100 万移民的第二或第三语言，而非其母语。因此，为了更好地与非英语母语的人们交流，我们要教给大家一些方法。我们要了解习语、歧义和特殊文化用语。

● 习语

习语是指一些词组合起来的意思和单个词的意思不一样。比如，It is raining cats and dogs（倾盆大雨），give me a ring（打电话给我），或者 biting off more than you can chew（贪多嚼不烂）都是习惯表达，它们的文化意义与字面意义不同，因此不能直译。记住，很多词汇都受文化约束，在使用习语时要特别小心。

现在你想象一下，以下是一些美国人常用的习语，而一个以英语为第二语言的人在试图理解它们的字面意思。

- “Now just hold your horses，you are acting like a bull in a china shop.”（等一等，你可别莽撞行事。）
- “Of course it is true，I had my eyes and ears peeled and got it from the grapevine.”（这当然是真的，我好不容易才得到的小道消息。）
- “Let's put this plan to the acid test by looking at the nuts and bolts of the deal.”（让我们考验一下这个计划，仔细地看看这事儿的方方面面。）
- “If we stop beating our heads against a brick wall，we would not appear to be such wimps.”（如果我们停止徒劳的努力，我们就不会显得这么没用了。）
- “We need to be careful that the tail doesn't wag the dog.”（千万可不要不自量力啊。）
- “Don't listen to John—he's got an ax to grind and often makes waves.”（不要听约翰的，他图谋不轨，总是惹是生非。）
- “She's not the least bit funny—in fact，she's just laid an egg.”（她说的一点都不好笑，事实上，她刚才讲了个失败的笑话。）
- “John dropped the ball on this one，and he's sure ticked off.”（约翰这次犯了一个错误，

他肯定被批评了。）

- “If you think we're on the same wavelength, just give me a buzz, or we can play it by ear.”（如果你觉得我们意见一致，给我打电话，或者我们见机行事。）
- “We need to stop dilly-dallying and get off the dime.”（我们不要再犹豫了，开始吧。）

● 歧义

“歧义”是与母语为非英语的人交流过程中遇到的另一问题。歧义表达指的是词、短语或句子有多重意义，可产生不同的理解。歧义的产生受文化制约，具有多重意义的语篇对于不熟悉该文化的人会造成很大困扰。想象一下，一个英语不是其母语的人遇到下面这些句子会多么迷惑。

- “At our school we have cut dropouts in half.”（我校辍学的学生已减少了一半。）
- “It appears that red tape is holding up the new bridge.”（看来，官僚作风阻碍了新的可能。）
- “The new vaccine may contain rabies.”（新疫苗中可能含有狂犬病毒。）
- “At our school, kids make nutritious snacks.”（在我们学校，孩子们有营养食品。）
- “The new study of obesity is looking for larger test groups.”（关于肥胖症新的研究成果需要在更多人身上做实验。）

● 特殊文化用语

我们再次强调，你使用的词汇和你传达的意义都是文化体验的一部分。有不同文化体验的人会使用不同的词汇，表达不同的意义。同样，如果你的表达不在另一文化的参照系，困惑就会产生。无数国际学生告诉我们，他们不能完全明白这些词或短语，如“dialoguing”（对白），“being stressed out”（压力重重，精疲力竭），“affirmative action”（平权行动，反歧视行动），“interfacing”（界面），“prolife”（反堕胎的），“networking”（人际网），“uptight”（紧张不安的）或者“sexual harassment”（性骚扰）。要成为一名好的交流者，避免造成困惑，在跨文化交流中你必须要谨慎选词。

191 对不同编码体系要敏感

一个成功的跨文化交流者必定对其周围的环境和人比较敏感。跨文化敏感是“为了更有效地进行跨文化交流，理解和欣赏文化差异，个人产生的一种积极情感”[153]。我们的建议是你要了解不同的编码体系，增强对其他文化使用的信息体系的敏感度。如果你是白人，一般不要使用非裔美国人英语方言。如果与残障人士交流，你需要避免使用一些“禁忌语”（no-no words），这些词缺乏文化意识，如 crippled（拐子），gimp（瘸子），deaf and dumb（聋哑），deaf mute（聋哑），abnormal（不正常），unfortunate（不幸的）或者 victim（受害者）等。[154]

如果你称呼一个群体的词与他们自己称呼自己的词不一样也是一种“不敏感”。使用“Asian”而不是“Oriental”，用“gays”而不用“homosexuals”，用“Latino”而不是“Mexican”，用“African Americans”而不是“Negroes”，都可以表达你对群体文化的尊重。但是必须注意，我们刚刚提到这些名称不一定对群体文化的所有成员都适用。比如，有些同性恋者不喜欢被称为“gay”，一些墨西哥人不希望被称为“Latino”。因此，我们就按照里奇和汉森所教导的：“界定和描述任何文化、民族、语言或种族的个人与界定和描述家庭一样，我们使用哪些词要根据其个人的喜好。”[155]

确保清晰度

这一节我们始终在强调，跨文化交流中的“清晰度”取决于你理解不同信息体系的能力。

如果你的信息体系与交流对象的不同，你可以使用下列检查表做参照[156]：

- 清晰准确地表达观点；
- 在不贬低别人的情况下，迁就别人的理解水平；
- 使用习语要小心；
- 在不让人觉得受辱的情况下，放慢语速；
- 句子不要太长；
- 重复关键点；
- 鼓励别人提问；
- 查看是否理解。

192

概　要

- 语言是人类特有的，它将我们与其他生物区分开来。
- 语言是我们与他人交往的工具，对人类活动非常重要。
- 语言的功能是帮助我们表达情感，进行思考，实现社会教化，控制现实，保存历史，表达身份。
- 语言是保留与传播文化的主要工具。
- 符号（词汇）和符号的发音具有文化差异。使用符号的规则（如音韵、语法、句法和语调）也因文化而不同。
- 语言是一种文化感知现实的向导。
- 我们对词语意义的理解取决于身处的文化。
- 各文化在语言使用上有差异，体现在言语是否“直接”、如何“保持社会关系”、“表达情感”，以及“社会习俗和交谈”等方面。
- 所有文化和群体文化都有形成词汇用法和意义的特殊经验。
- 许多非裔美国人有自己的语言风格，他们的语言被称为“非裔美国人英语方言”。
- 女性交流是为了建立联系、互相支持、产生亲近和互相理解。
- 当与其他文化的人进行交流时，你应该尝试学习他们的一些用语。
- 在使用语言时，了解文化差异非常重要。
- 习语是指一些词组合起来的意思和单个词的意思不一样。
- 与将英语作为第二外语的人们交流时，为了表达清楚，应避免使用习语、有歧义的词语、特殊文化用语，要培养对他们的文化的敏感。

【注　释】

[1] N. Bonvillain, *Language, Culture, and Communication: The Meaning of Messages*, 4th ed. (Upper Saddle River, NJ: Prentice Hall, 2003), 1.

[2] L. Thomas, *A Long Line of Cells* (New York: Book-of-the-Month Club, 1990), 68.

[3] S. Pinker, *The Language Instinct: How the Mind Creates Language* (New York: Harper Perennial Classics, 2000), 1.

[4] Ibid., 5.

[5] M. Cartmill, "The Gift of Gab," *Discover*, November 1998, 56.

[6] M. P. Orbe and T. M. Harris, *Interracial Communication: Theory into Practice* (Belmont, CA: Wadsworth, 2001), 50.

[7] M. Saville-Troike, *The Ethnography of Communication: An Introduction*, 3rd ed. (Madden, MA: Blackwell Publishing, 2003), 13.

[8] S. I. Hawakawa and A. R. Hawakawa, *Language and Translation*, 3rd ed. (Orlando, FL: Harcourt, 1990), 6.

[9] G. Philipsen, "Speech and the Communal Function in Four Cultures" in S. Ting-Toomey and F. Korzenny, eds.,

Language, Communication, and Culture: Current Directions, International and Intercultural Communication Annual, vol. 13 (Newbury Park, CA: Sage Publications, 1989), 79.

[10] Saville-Troike, 2003, 12 - 13.

[11] P. Drew, "Conversation Analysis" in K. L. Fitch and R. E. Sanders, eds., *Handbook of Language and Social Interaction* (Mahwah, NJ: Lawrence Erlbaum, 2005), 74.

[12] N. Rapport and J. Overing, *Social and Cultural Anthropology: The Key Concepts* (New York: Routledge, 2000), 88.

[13] R. D. Coertze, "Intercultural Communication and Anthropology," *South African Journal of Ethnology*, 23, nos. 2 - 3 (2000), 117.

[14] D. Crystal, *The Cambridge Encyclopedia of Language*, 2nd ed. (Cambridge, NJ: Cambridge University Press, 1997), 10.

[15] Ibid., 13.

[16] Ibid., 12.

[17] R. Brislin, *Understanding Culture's Influence on Behavior*, 2nd ed. (Fort Worth, TX: Harcourt College Publishers, 2000), 112.

[18] Crystal, 1997, 12.

[19] Ibid., 13.

[20] Ibid., 38.

[21] G. Philipsen, "Speech and the Communal Function in Four Cultures" in S. Ting-Toomey and F. Korzenny, eds., *Language, Communication, and Culture: Current Directions*, International and Intercultural Communication Annual, vol. 13 (Newbury Park, CA: Sage Publications, 1989), 81.

[22] Saville-Troike, 2003, 28.

[23] Edwards, *Language, Society, and Identity* (Oxford, UK: Blackwell, 1985), 15.

[24] Crystal, 1997, 34; *Wikipedia*, 2005, http://en.wikipedia.org/wiki/Basque_language (accessed November 8, 2005).

[25] J. Andrews, "Cultural Wars," *Wired*, May 1995, 134.

[26] *San Diego Union-Tribune*, February 13, 1997, A-20.

[27] *Newsweek*, February 3, 1997, 4.

[28] Andrews, 1995, 134.

[29] Ibid.

[30] B. D. Rubin, *Communication and Human Behavior*, 3rd ed. (Englewood Cliffs, NJ: Prentice Hall, 1992), 92.

[31] Honig, *Handbook for Teaching Korean-American Students* (California Department of Education, 1992), 66.

[32] California Department of Education, *Handbook for Teaching Vietnamese-Speaking Students* (California Department of Education, 1994), 29.

[33] B. Honig, *Handbook for Teaching Filipino-Speaking Students* (California Department of Education, 1986), 27.

[34] S. Nanda and R. L. Warms, *Cultural Anthropology*, 6th ed. (Belmont, CA: Wadsworth, 1998), 69.

[35] J. C. Scott, "Differences in American and British Vocabulary: Implications for International Business Communication," *Business Communication Quarterly*, 63 (4), 2000 (*extracted from Proquest* database March 23, 2003), 1 - 2.

[36] Ibid., 2.

[37] Swain, "How to Communicate with People Who Speak English as a Second Language (ESL)", *Et Cetera*, Summer 2000, 140, 12.

[38] I. Reineke, *Language and Dialect in Hawaii* (Honolulu: University of Hawaii Press, 1969), 28 - 30.

[39] W. Sloan, "Lapps' Ski-Doos Put Rudolph in Back Seat," *Christian Science Monitor*, December 7, 1995, 7.

[40] Ibid.

[41] W. V. Ruch, *International Handbook of Corporate Communication* (Jefferson, ND: McFarland, 1989), 174.

[42] B. L. Whorf, *Language, Thought, and Reality: Selected Writings of Benjamin Lee Whorf*, I. B. Carroll, ed. (Cambridge, MA: MIT Press, 1940/1956), 239.

[43] D. G. Mandelbaum, ed., *Selected Writings of Edward Sapir* (Berkeley and Los Angeles: University of California Press, 1949), 162.

[44] B. I. Kodish, "What We Do with Language—What It Does to Us," *ETC: A Review of General Semantics*, Winter 2003—2004, 383-384.

[45] Bonvillain, 2003, 61.

[46] E. M. Rogers and T. M. Steinfatt, *Intercultural Communication* (Prospect Heights, IL: Waveland Press, 1998), 25.

[47] S. Nanda, *Cultural Anthropology*, 4th ed. (Belmont, CA: Wadsworth, 1991), 120.

[48] Rogers and Steinfatt, 1998, 25.

[49] Nanda, 1991, 121.

[50] Bonvillain, 2003, 46.

[51] Nanda, 1991, 121.

[52] Bonvillain, 2003, 46.

[53] R. Young, "English as a Second Language for Navajos," in *A Pluralistic Nation*, M. Lourie and N. Conklin, eds. (Rowley, MA: Newbury House, 1978), 168.

[54] Ibid., 121.

[55] Bonvillain, 2003, 16.

[56] Crystal, 1997, 15.

[57] C. Shea, "White Men Can't Contextualize," *Linguafranca*, 11 (6), 2001, 44.

[58] Ibid.

[59] Ibid., 46.

[60] Ibid., 47.

[61] Ibid., 49.

[62] E. Chaika, *Language: The Social Mirror*, 2nd ed. (New York: Newbury House, 1989).

[63] C. Arensberg and A. Nichoff, *Introducing Social Change: A Manual for Americans Overseas* (Chicago: Aldine, 1965), 30.

[64] E. S. Kashima and Y. Kashima, "Culture and Language," *Journal of Cross-Cultural Psychology*, 29 (1998), 461-487.

[65] R. Ma, "Saying 'Yes' for 'No' and 'No' for 'Yes'" A Chinese Rule, *Journal of Pragmatics*, 25 (1996), 257-266.

[66] Ibid., 260.

[67] M. B. Marks, "Straddling Cultural Divides with Grace," *Christian Science Monitor*, November 15, 1995, 16.

[68] R. Ma, "Language of Offense in the Chinese Culture: The Creation of Corrosive Effects," paper presented at the 92nd Annual Convention of the Speech Communication Association, November 23-26, 1996, San Diego, California.

[69] M. Park and K. Moon-soo, "Communication Practices in Korea," *Communication Quarterly*, 40 (1992), 200.

[70] Ibid., 398.

[71] Y. Richmond and P. Gestrin, *Into Africa: Intercultural Insights* (Yarmouth, ME: Intercultural Press, 1998), 85.

[72] A. N. Miller, "Public Speaking Patterns in Kenya" in *Intercultural Communication: A Reader*, 11th ed., L. A. Samovar and R. E. Porter, eds. (Belmont, CA: Wadsworth, 2006), 238-245.

[73] P. Matsumoto and M. Assar, "The Effects of Language on Judgments of Universal Facial Expression of Emotion," *Journal of Nonverbal Behavior*, 16 (1992), 87.

[74] Crystal, 1997, 21.

[75] Park and Moon-soo，1992，399.

[76] Saville-Troike，2003，12.

[77] Richmond and Gerstin，1998，75.

[78] Ibid.，77.

[79] A. N. Miller，"An Exploration of Kenyan Public Speaking Patterns with Implications for the American Introductory Public Speaking Course，" *Communication Education*，51，(2) 2002，58.

[80] Ibid.，59.

[81] Richmond and Gerstin，1988，77.

[82] J. Knappert，*The A-Z of African Proverbs* (London，UK：Karnak House，1989)，3.

[83] K. Yankah，*The Proverb in the Context of Akan Rhetoric：A Theory of Proverb Praxis* (New York：Peter Lang，1982)，71.

[84] Richmond and Gerstin，1988，77.

[85] A. Almaney and A. Alwan，*Communicating with Arabs* (Prospect Heights，IL：Waveland Press，1982)，84.

[86] J. C. Condon，*Interact：Guidelines for Mexicans and North Americans* (Chicago：Intercultural Press，1980)，37.

[87] A. Riding，*Distinct Neighbors：A Portrait of Mexico* (New York：Knopf，1985)，8.

[88] S. N. Weber，"The Need to Be：The Socio-Cultural Significance of Black Language，" in *Intercultural Communication：A Reader*，7th ed.，L. A. Samovar and R. E. Porter，eds. (Belmont，CA：Wadsworth，1994)，224.

[89] B. Wallraff，"What Global Language?" *The Atlantic Monthly*，November 2000，54.

[90] Ibid.，54.

[91] Ibid.，54.

[92] D. M. Brown，*Other Tongue to English：The Young Child in the Multicultural School* (London：Cambridge University Press，1979)，37.

[93] S. H. Elgin，*The Language Imperative：How Learning Languages Can Enrich Your Life and Expand Your Mind* (Cambridge，MA：Perseus Books，2000)，xi-xii.

[94] Nanda and Warms，1998，78.

[95] I. R. Carlo-Casellas，"Marketing to U. S. Hispanic Population Requires Analysis of Cultures，" *National Underwriter*，January 14，2002，9.

[96] L. R. Arpan and L. S. Arpan，"Hispanic Connections，" *Business and Economic Review*，October-December 2001，3.

[97] Ibid.，5.

[98] Ibid.，6.

[99] A. Bron，"From an Immigrant to a Citizen：Language as a Hindrance or a Key to Citizenship，" *International Journal of Lifelong Education*，22 (6)，November-December 2003，606.

[100] B. L. Shade，"Afro-American Cognitive Style：A Variable in School Success，" *Review of Educational Research*，52 (1982)，219－244.

[101] Bonvillain，2003，159.

[102] M. L. Hecht，M. L. Collier，and S. A. Ribeau，*African American Communication：Ethnic Identity and Cultural Interpretation* (Newbury Park，CA：Sage Publications，1993)，5.

[103] Bonvillain，2003，159.

[104] Nanda and Warms，1998，78.

[105] G. Smitherman，*Talkin that Talk：Language，Culture，and Education in African America* (New York：Routledge，2001).

[106] Hecht，Collier，and Ribeau，1993，85.

[107] J. R. Rickford，"A Suite for Ebony and Phonics，" *Discover*，18 (1997)，3.

[108] Crystal，1997，35.

[109] Rickford，1997，3.

[110] Ibid.

[111] Bonvillain，2003，161.

[112] Smitherman，2001，23.

[113] Rickford，1997，3.

[114] Smitherman，2001，23.

[115] Crystal，1997，35.

[116] Rickford，1997，3.

[117] Ibid.

[118] Bonvillain，2003，160.

[119] Crystal，1997，35.

[120] Smitherman，2001，24.

[121] Crystal，1997，35.

[122] Bonvillain，2003，161.

[123] Bonvillain，2003，181.

[124] Ibid.

[125] D. Tannen，*You Just Don't Understand*：*Women and Men in Conversation*（New York：William Morrow，1990）.

[126] L. Elium and D. Elium，*Raising a Daughter*（Berkeley，CA：Celestial Arts，1994），21.

[127] J. T. Wood，*Gendered Lives*：*Communication，Gender，and Culture*（Belmont，CA：Wadsworth，1994）.

[128] Ibid.，142.

[129] Ibid.

[130] Ibid.

[131] Ibid.

[132] Ibid.

[133] Ibid.

[134] J. Holmes，"Hedges and Boosters in Women's and Men's Speech，" *Language and Communication*，10（1990），185－202.

[135] Bonvillain，2003，192.

[136] R. Lakoff，*Language and Woman's Place*（New York：Harper and Row，1975）.

[137] B. Bate，*Communication Between the Sexes*（New York：Harper and Row，1988）；Holmes，1990；J. T. Wood and L. F. Lenze，"Gender and the Development of Self：Inclusive Pedagogy in Interpersonal Communication，" *Women's Studies in Communication*，14（1991），1－23.

[138] Wood，1994，143.

[139] Holmes，1990.

[140] Tannen，1990.

[141] Wood，1994，144.

[142] E. Aries，"Gender and Communication，" in *Sex and Gender*，P. Shaver and C. Hendricks，eds.（Newbury Park，CA：Sage Publications，1987），149－176.

[143] A. T. Beck，*Love Is Never Enough*（New York：Harper and Row，1988）；L. P. Steward，A. D. Steward，S. A. Friedley，and P. I. Cooper，*Communication Between the Sexes*：*Sex Differences and Sex Role Stereotypes*，2nd ed.（Scottsdale，AZ：Gorsuch Scarisbrick，1990）.

[144] Wood，1994，144.

[145] Ibid.，145.

[146] S. Romaine，*Communicating Gender*（Mahwah，NJ：Lawrence Erlbaum，1999），165.

[147] J. Luckmann, *Transcultural Communication in Nursing* (Albany, NY: Delmar, 1999).

[148] M. K. Nydell, *Understanding Arabs: A Guide for Westerners* (Yarmouth, ME: Intercultural Press, 1987), 21.

[149] G. Geo and S. Ting-Toomey, *Communicating Effectively with the Chinese* (Thousand Oaks, CA: Sage Publications, 1998), 36.

[150] Ibid.

[151] Ibid., 36.

[152] G. Asselin and R. Mastron, *Au Contraire: Figuring Out the French* (Yarmouth, ME: Intercultural Press, 2001), 37.

[153] G. Chen and W. J. Starosta, "Intercultural Communication in the University Classroom," in *Intercultural Communication: A Reader*, 9th ed., L. A. Samovar and R. E. Porter, eds. (Belmont, CA: Wadsworth, 2000), 408.

[154] J. Johnson, "The Press Should Show More Sensitivity to Disabled People," *Editor and Publisher*, February 22, 1986, 64.

[155] E. W. Lynch and M. J. Hanson, *Developing Cross-Cultural Competence: A Guide for Working with Young Children and Their Families* (Baltimore: Paul H. Brookes, 1992), 44.

[156] M. Guirdham, *Communication Across Cultures* (West Lafayette, IN: Purdue University Press, 1999), 243.

活　动

1. 报名参加一个外语学习班或者到图书馆借外语教学光盘，学习一门外语，看看这门新语言与你的母语在语法和句法上有何不同。

2. 找一个母语不是英语的人，与他讨论他们语言中的俗语、谚语和习语。看看哪些俗语、谚语和习语很难翻译成英语，并且看看两种语言中是否有相似的表达。

3. 与说话比较间接的人交谈，并询问一下他们对美国人的直接交流风格怎么看。

4. 在与女性或男性交流时，尝试使用与对方性别一致的语言形式。你是否觉得这种交流很容易？使用对方的语言风格是否觉得舒适？

讨论观点

1. 语言的多样性如何成为美国的一大问题？对这个问题你有何解决方法？

2. 语言怎样影响我们对世界的感知与看法？

3. 文化因素怎样帮我们判断词汇的意思？哪些文化因素对词汇的意思影响最大？

4. 美国男性和女性之间如何才能更好地交流？

5. 哪些文化因素决定言谈流露出的情感？

第7章

非语言交流：行动、空间、时间和沉默所传达的信息

沉默是一种伟大的交流艺术。

——西塞罗（Cicero）

生活中感人至深的时刻难道不是在无言中度过的吗？

——马塞尔·马索（Marcel Marceau）

在美国，摇头通常表示“不”、不同意的意思，而在印度则是“同意”的意思。西方文化中，人们问候时通常要握手，阿拉伯人问候时要亲吻双颊，日本人问候时要鞠躬，墨西哥人问候时则经常相互拥抱。在大多数中东和亚洲国家，用食指去指人是不礼貌的行为。在泰国，示意某人走过来，需要手掌向下，手指前后摆动；而在美国，让某人过来则手掌向上，手指向自己身体方向移动；在越南，美国这种手掌向上的手势只用来唤狗。汤加人在长辈面前应该坐下，而在西方国家晚辈则应该站着。在美国，两腿交叉而坐是放松的标志，而在朝鲜则是社交中的禁忌。在日本，交换礼物要用双手。佛教认为，在沉默中人可以大彻大悟，美国人则认为交谈可以出真知。

之所以选用以上实例，主要有两个原因。首先，我们希望能够引起大家对非语言交流的注意；其次，我们想让大家明白，虽然大多数非语言交流是普遍存在的，但许多非语言交流行为都是文化潜移默化的结果。因此，本章着重研究文化与非语言交流之间相互作用的种种情形。

日常生活中的非语言交流 195

想一想一天中你无数次地发出和接收各种非语言信息，你便可以认识到非语言交流对人类交往是何等重要。巴恩伦德就为何这种交流形式对研究跨文化交流十分重要强调了几个原因。

> 人类交往中的许多甚至绝大多数关键的意义是由触摸、眼神、声音的细微差别、手势、说话或无言时的面部表情传达出来的。从认出对方的那一刻起到相互告别，人们利用所有的感官观察对方：注意话语的停顿、语调的变化，留意着装、仪表，观察眼神、面部表情，乃至注意其遣词造句、话语背景等。每一个信号的协调与否关系到能否理解对方转瞬即逝的心情或其持久不变的品性。通过对动作、声音和语言等信号的理解，人们做出不同的决定：是争论还是同意，是报之以微笑还是面红耳赤，是放松还是抵触，是继续还是中断谈话。[1]

为什么非语言交流是人类行为中不可或缺的因素，巴恩伦德对此有大量的例证，最明显的例子当属小孩大约在六个月大小也就是开始理解话语之前便能精确地理解非语言交流。因此，非语言交流是人从出生到生命结束这一生中非常重要的信号系统。这一点，纳普和 J. A. 霍尔（Knapp and J. A. Hall）给予了证明，他们说："非语言交流至关重要的例证不胜枚举。"[2] 认识到非语言交流无所不在这一点并不够，非语言交流的一些主要用途还值得一提。我们来看一看为什么跨文化交流不能没有非语言交流知识。

非语言交流普遍存在 196

非语言行为受文化影响，在不同文化下会有不同含义，但在具体分析这二者关系之前首先需要知道的是，所有人，不管是哪种文化背景，都在使用非语言交流。非语言交流是人类主要的、最基本的感情表达方式。纵然文化或个性存在差异，但是人们在进行规划、攻击、恋爱约会、喜怒哀乐等行为时要体现感情、发出信息，这在每一种文化里都有。另外还需要补充一点，就是非语言交流的普遍性还体现在，许多相同行为不论在哪种文化、哪个国家中都代表着某种意思。微笑、招手、触摸或用手指指示，这些都是每个国家用来传递意思的非语言表达方式，甚至你迷失于北京市市中心时脸上掠过的一丝迷惑之情也会让中国的过路人前来帮忙，因为他/她领会了你的表情所表达的意思。

判断心态

两千多年前赫拉克利特说得对："更准确的见证者是眼睛而不是耳朵。"他是想告诉我们非语言交流很重要，因为人们利用这个信息系统来表达态度、感情和情愫，无论是有意还是无意，人们都会自觉地去判断别人的内心状态——经常是不用语言表达的状态。如果看到某人紧握拳头、表情忧郁，那么无须交谈你就知道他不高兴。如果听到某人声音发颤，看到他双手发抖，那么不管他说什么你都能推断出他很恐惧或焦虑。你的感情，不论是惧怕还是欢乐，无论是气愤还是悲哀，都无声地反映在你的举止中，写在你的脸上，闪现在你的眼睛里。无须言传，你就能让人领会到这些感情。因此，大多数人过度依赖眼睛所见。实际的调查研究表明，当非语言信息和语言信息二者互相矛盾时，你会相信非语言信息。[3]

你甚至可以通过非语言信息来判断人与人之间的亲密程度。你可以从和伙伴说话时的语调到彼此之间保持的距离和触摸次数，知道你们之间关系的密切程度。非语言交流是十分微妙的，哪怕变换一下姿势也在传递着信息。见面问候从握手到第一次以触摸来表示，这传递着一种信息；如果你触摸了对方，对方也以触摸回应，那么这意思就不同寻常了。

第一印象

非语言交流之所以在人际交流中具有重要作用，有一部分原因是非语言交流可以使人形成第一印象。如在应聘面试中，前十秒钟往往起着重大作用。有学者在一次有关黑人和白人话题的咨询会上对第一印象和种族的影响作用做过研究，发现咨询家们会因肤色做出完全不同的反应。我们每个人都有这方面的经历，如根据肤色、表情、着装、仪表或者对方是否坐在轮椅上等做出第一印象判断[4]，甚至择友和选择性伙伴也是建立在第一印象基础上的。你往往会因为某人很有魅力而主动去接近他（她），当然也会根据别人的外表迅速做出避开的决定。请用一分钟的时间，快速回想一下自己在街上碰到无家可归者时产生的第一反应。

控制相互作用

197

瞬间反应显示，控制（人际的）相互作用是利用非语言交流的又一重要用途。在与别人谈话时，不管是有意还是无意，你的非语言行为都会向对方传递有关此次谈话的信息。这些信息除了别的，还可能包括诸如“什么时候开始谈话、该谁说话了、如何得到讲话机会、如何示意别人多讲一点以及如何收住话头”[5]之类的信息。

为了帮助你更好地了解非语言交流及其在跨文化交流中的作用，这里将介绍以下几个方面的内容：（1）非语言交流的定义；（2）非语言交流的功能；（3）非语言交流学习指导；（4）非语言交流与文化；（5）非语言交流的分类。需要指出的是，我们讨论各种非语言交流时先从美国主导文化中基本的非语言行为入手，然后再谈其他文化的。了解美国人在交流时表现出来的行为，有助于理解美国人遇到别人时的反应。

非语言交流的定义

本章主旨是探讨人们进行非语言交流的原因、方式以及在跨文化背景中会产生什么影响。我们先给非语言交流下个定义。前几章中我们已经知道，文化和交流的定义颇多，非语言行为的定义也为数不少。我们选用的定义应该适应本领域当今的思潮，并能反映本书的文化导向。

我们认为，非语言交流涵盖了某种交流情境下的所有非语言刺激因素，这些刺激因素是通过信源及其对环境的利用产生的，并且对信源或信宿具有潜在的信息价值。诚然，这个定义很长，但是它不仅界定了非语言交流的范围，而且反映了它是如何进行的。这个定义还同时把无意行为和有意行为囊括到整个交流事件中。这种方法具有现实意义，因为你不自觉地发出大量的非语言信息，但丝毫没有意识到这些信息对他人会有意义。在语言交流中，你可以做到在遣词造句上谨小慎微。在日常生活中有时你只是想笑一笑或者在商场里选件珠宝首饰，但这些行为不经意间却已发出许多别的信息。举例来说，阳光刺眼时皱皱眉，别人则以为你生气了；头发上残留一点洗发液，别人认为你傻里傻气；长时间地握着别人的手，对方以为你在调情。这些例子表明，你的行动可以无意间向别人发出信息。

198 社会学家戈夫曼（Goffman）是这样描述有意行为和无意行为的混合情况的：

> 个体的表达能力（以及由此产生的魅力）涉及两个截然不同的信号活动：个体的主动表达和个体留给别人的印象。前者是指语言符号或者双方皆知的传达信息的语言替代物，这是传统意义上和狭义上的交流；后者涉及更广泛意义上的行动，别人认为这些行动就是发出者（交流者）的象征，这种行动理应发出有因，而不是为了以这种方式发出信息。[6]

非语言交流的功能

现在应该清楚的一点是，非语言交流是多维的。非语言交流的多维性体现在非语言交流和语言交流之间经常相互作用、相互影响上。这种交叉运用拓展了非语言行为的功能和用途。[7]这里，我们考察其中五项功用：（1）重复；（2）补充；（3）替代；（4）调控；（5）冲突。

重复

人们经常使用非语言信息重复要阐述的观点。例如，告诉某人其观点不妥，就会一边说“不好”，一边摇头。我们在举手示意别人停下来的时候，会同时说“停下”这个词。我们在说“新图书馆就在那幢楼的南面”的时候，手指也会同时指向那里。手势和话语的意义相似，相互强调。

补充

与重复紧密相关的是补充。要重复的信息本身可以独立存在，但补充一般可以增加额外信息。举例来说，你告诉某人你对其表现很满意的时候，如果同时拍拍他的肩，那么这个信息就有额外的含义了。身体接触对所说的话语附加上一层含义。研究非语言交流的许多学者认为，这是一种强调，因为它强调了说话者要表达的思想。如果你在说“很抱歉”的同时脸上有歉意，那么这种道歉会更加恳切。而你用比平时大的声音说话则更能表明你很气愤。

替代

人们做某些事情时不说话，取而代之的是非语言交流。比如，见到一位特殊朋友，你会笑容满面地张开双臂欢迎他来代替表示同样感情的话语表达。面对一群吵吵嚷嚷的人，你可以把食指放在嘴边，而不用直接说：“请安静，听我说。”你可以竖起大拇指来表达一切正常或某人做得很好。

调控 199

利用一些非语言行为可以调整和控制交流。例如，向对方点头表示你同意他的观点，他可以继续讲下去；保持片刻沉默可以表示你在给别人讲话的机会；父母“严厉”地直视孩子意在“告诉”孩子别再淘气。简言之，非语言行为有助于控制交流状况。

冲突

有时，非语言行为发出的信号与语言的字面意思截然相反。你告诉别人你很放松、不紧张，可你的声音却在颤抖，两手在发抖；你告诉对方很高兴见到他，可同时你却闷声不说话，不断转移目光，这也是自相矛盾的。因为接收到相互冲突的信号时，人们多依赖非语言信息，你必须知道发出相反信息的潜在危险。正如奥地利精神分析家西格蒙德·弗洛伊德（Sigmund Freud）所说的：“我们可能口出谎言，但我们身上的每一个毛孔都渗透出背叛的信号。”

学习非语言交流：指导原则和局限

近年来对非语言的学习和研究蔚然成风，由于非语言交流本身比较复杂而且具有多面性，因此经常引起误解。鉴于此，在深入、详细探讨之前，我们先来看一看与此研究领域密切相关的一些潜在问题和错误概念。

非语言交流经常是意义模糊的

前面在谈到非语言交流的有意性和无意性时，我们已经涉及非语言交流研究的第一个问题。简言之，非语言交流具有意义模糊性。比如，你随意地扇去落在胳膊上的一只苍蝇，正巧被别人看见而且还以为你在向他招手示意。伍德强调这一点说：“我们永远也无法确保他人能够理解我们用非语言行为所表达的意思。”[8]非语言行为之所以具有模糊性，部分原因在于非语言交流是依赖于具体情境的。具体情境的模糊性，通过电梯上发生的这种现象看得很清楚：有人蹭了你一下，这仅仅是偶然的动作呢，还是在有意调情？我们的观点很清楚：进行非语言交流时，应该认识到这种交流方式的模糊性。也许正如学者们所说的：“非语言行为的含义和诠释总是不可靠的。”[9]

我们不仅仅是文化的产物 200

下一个相关问题是个性差异，这个问题我们在第 1 章中已经详细地探讨过，我们认为人的行为往往是动态的，而不仅仅是文化的。关于非语言行为，比摩尔和凡勒这样说：“影响非语言交流的有一系列因素，包括文化背景、社会经济背景、教育、性别、年龄、个人喜好和特质。”[10]简言之，同一种文化背景中，并不是所有人的非语言行为都是一样的，因此，对于非语言交流的解释和理解必须在详细探究的基础上方可进行概括和总结。

非语言交流与文化

我们已经讲过，虽然非语言交流很大程度上是基于“普遍认可与理解的代码”[11]，但它离不开具体文化，其中很大部分是根植于具体文化中的。对于这一重要内容，有学者表述如下：“有什么样的情感，如何表达这种情感以及人们如何理解这些情感，这些都是文化范畴的东西。”[12]因此，我们有理由说非语言交流“在不同文化背景的人际交往活动中起着必不可少的、关键性的作用”[13]。

跨文化交流专业的学生，了解一些有关文化与非语言行为之间联系的知识，有助于使用得体的跨文化交流行为。爱德华·霍尔着重指出了学习非语言交流的必要性：

> 我相信，同外国人交往的大多数困难在于我们对跨文化交流知之甚少。……对别国语言、历史、政体、风俗习惯等诸方面的正规学习仅仅是这一综合工程的第一步。了解世界各国和国内各文化群体的非语言行为具有同等的重要性。大多数美国人几乎意识不到这种沉默语言，尽管他们每天都在使用。[14]

了解非语言行为中的主要文化差异，有助于我们掌握非语言行为背后所隐含的态度和价值观。非语言交流往往体现着一种文化的基本特征。微笑和握手行为，显示其文化崇尚友好；鞠躬体现出这是一种注重正式、等级和社会地位的文化；印度人打招呼时双手合十举在胸前、微微低头，这种招呼方式绝非随意之举，它反映的是神灵不只存在于简单的形式中，而且存在于每个人心中。

对于非语言交流与文化之间的关联，回顾一下第1章就更加明显了。第1章中提到，文化是无形的、普遍存在的和可习得的。非语言交流与文化一样，也具有同样的特点。霍尔使用“沉默的语言”和“隐藏的空间”等词语提醒大家注意文化和非语言交流二者均属于无形的这一面。安德森的观点也基本如此，他说：“个人几乎注意不到自身那些不经意的、自发的、潜意识的非语言行为。”[15]两位学者的观点如出一辙，都在说大部分非语言行为同文化一样，是隐含的、自发的，而且常常是无意识的。我们也要提醒大家，文化具有普遍性、多元性和无边际性，它存在于任何地 201
方、任何事物中。非语言行为也是如此[16]。

文化和非语言行为的另一个相同之处是二者都是后天形成的。尽管我们的大部分外在行为与生俱来（如微笑、感动、触摸、目光交流），但是我们并非生来就知道这些行为与非语言信息表达之间的相互关系。在阐述学习与非语言交流之间的关系之前，我们需要事先说明一下例外情形：调查研究表明，因为人类都是由同一物种进化而来的，相同的遗传基因使得人们的大多数基本情感（如恐惧、幸福、气愤、惊讶、厌恶和悲哀）的脸部表情普遍一致。[17]然而，大多数学者却认为，“文化确定了非语言行为在何时进行、如何进行和产生什么后果的表现规则。”[18]马塞尼斯对此重要原则给予概括如下：

> 全世界的人们都拥有同样的基本情感。但是什么事情会引起某一情感，人们在什么地方、以什么方式表达这种情感，以及人们如何界定情感等都因文化而异。因此，从全球的角度来看，日常生活千差万别不仅体现在人们的思想、行为方面，而且体现在人们如何用情感来充实生活方面。[19]

非语言交流的分类

在对非语言交流进行系列分类之前，需要再一次提醒大家的是，各种分类是分而不散的，还是一个统一体。正如学者们指出的那样：“每一种类别所表达的信息并不是孤立存在的，而是与其他类别、语言信息、情境以及作为信息受体的人共同存在。”[20]大多数分类法是把非语言信息分成两大类：一类是主要由身体行为发出的信息（外表、动作、面部表情、目光接触、触摸、味道和副语言），另一类是个体同环境相结合所发出的信息（空间、时间和沉默）。

身体行为

● 外表

从喷发剂到假发，从节制饮食到24小时康乐中心的兴起，从假睫毛到蓝色隐形眼镜，从用塑料对身体各部位进行外科整形到可能导致癌症的日光浴，都显示出人们对外表的极大关注。外表对人有很大的影响：“交流中外表所产生的威力与语言一样大。”[21]许多人在人生早期就意识到“要通过性别、衣服样式、种族、年龄、民族、身份、体形、情绪等外化出来的表象来反映某人的基本特征”[22]。略加思考便可知道，我们平时是如何根据外表、着装、随身携带的物品和身上佩戴的饰物来判断他人的。研究结果表明：在美国，肥胖者的收入较低，结婚率低，受教育程度较低。[23]此外，是否要同一个陌生人交谈常常取决于这个人的外表。一项研究成果指出，人们判断相亲是否成功完全取决于外表。[24]鲁本说，我们倾向于利用一个人的吸引力、着装及个人小饰品来推断这个人的“知识、性别、年龄、亲和力、财政状况、阶层、品位、价值观和文化背景等”[25]（经常是错误的）。

202 **肤色**

肤色也许最能说明人们是如何根据外表形成看法，进而影响到交流的例证。“肤色是孩子可识别的第一个种族标记，是最显著的表面特征。”[26]这个标识之所以在跨文化交流中十分重要，原因在于肤色让人感到差异与不同的存在。[27]纳普和霍尔提到，“我们文化中的许多方面，永久性肤色一直以来都是决定人际反应的最有力的身体刺激物”[28]，肤色“也可能成为主导文化中重要人物所享有的与特权等级相对应的个人经济特权和心理特权的分配基础”[29]。

美的判断标准

关注个人外表由来已久，而且普遍存在。早至上古旧石器时代（约4万年前），祖先们便把骨头制成项链和身体其他部位的饰物。自那时起至今，历史遗迹和考古证据都表明，人们非常关注自己的身体之美。人们曾经因为美而去文身，在身上佩戴饰物，穿衣，裸身，甚至整形。如人类学家基辛所述：“修饰身体具有文化普遍性。”[30]在非洲部分地区、南美洲和北美洲的土著部族，面部彩绘仍然很常见。在埃塞俄比亚和厄立特里亚国，许多妇女仍然使用面部刺花作为“美的标志”[31]。在印度，大多数女人在额头点上红点来表示自己已经结婚。当然，美国的许多女人也用各种化妆品甚至是美容用品来修饰自己的容貌。

外表在跨文化交际中很重要，因为像加德纳和科斯米斯基提到的那样：“对一个人身体的印象及满意程度，是以文化中所隐含的理念和种种标准为依据的。”[32]这些标准可能因文化而不同。比如，美国人喜欢的女性是身材高而苗条，男性是肌腱发达而健壮者。[33]可是这种高而苗条的准则并不适用于所有文化。在日本，人们认为小巧玲珑的女性最具魅力；在非洲，对魅力又有不同的解释。里奇满和盖斯特林观察发现：

> 非洲关于美的观念不同于欧洲和美洲。在传统的非洲社会里，丰满是美丽、健康和富有的标志，而纤瘦则是不幸、疾病或受丈夫虐待的标志。[34]

在中国，女性美又有不同的文化标准。正如文仲和克鲁佛所言：“多数女子发式简单（梳一两根小辫），很少通过化妆或戴五颜六色的围巾、珠宝首饰等来修饰自我以引人注目。”[35]

203 也许大家会想到，不同文化对美的判断其实就是在民族优越感引领下成熟起来的一种观点。雷姆兰德（Remland）提醒我们说：“在一种文化中被视为美的东西，在另一种文化中却可能是令人憎恶的”[36]，这就是体现这种民族优越感的绝佳例子。他又补充道：

> 我们经常在美国公共广播公司的新闻纪录片中或《国家地理》杂志中看到许多异国仪式或活动，如伸长脖子、丰唇、耳钉、锉齿等，在世界许多地方都是一样的，是美的象征。当然，像脂肪吸除术、植发、面部祛皱、激光手术以及诸如此类对许多西方国家来说司空见惯的活动，对世界其他国家和地区的人来说却似乎并不怎么让人喜欢。[37]

因为文化是动态的、一直处于流动状态的，所以观察日本、非洲、俄罗斯、中国甚至阿富汗人的审美观你会觉得非常有意思，随着同西方媒体接触的增多，这些国家和地区人们的审美观也开始发生变化。

服装

穿衣戴帽之意图已不再局限于驱寒蔽体，而常常被用作一种交流方式。在美国，“从人们的穿着打扮可以看出一个人的经济状况、教育程度、社会地位、道德标准、审美能力和（或）情趣嗜好、信仰体系（政治的、哲学的和宗教的）以及综合教养水平”[38]。从文化视角来看，我们还可以说着装可以反映一种文化价值取向。服装，不管用作军装还是用作体现社会地位的标志、戏服，都能反映出一种文化的世界观。[39]例如，阿拉伯人崇尚端庄稳重，在大多数情况下，“女孩子不能上 204
游泳课，因为不许她们裸露身体”[40]。

阿尔·凯斯在说到穆斯林妇女的稳重与着装之间的联系时，更加详细地叙述了这一点：“外穿长袍必须是宽松流畅的，即妇女绝不能穿紧紧绑在身上的衣物来凸显其体形或身体的任何部位，如胸部、双腿或双臂。”[41]阿拉伯妇女还要用围巾包住头发，在一些正统地区，甚至要遮住整个脸。阿拉伯男人在公开场合不穿短裤或不系扣子的衬衣。

衣着与文化价值观有关，这在菲律宾也可以看到。“同地位、权威相关的价值观是菲律宾人正确着装的基础。”[42]至于德国文化，霍尔夫妇写道：

> 恰当的行为体现在得体而又保守的服装上。男士的职业装通常是这样的：刚刚熨好的深色西服和领带，配以浅色衬衫和深色鞋袜。对于举止和服装的保守态度是重要的。德国人像重视他们的房屋外观一样重视个人外表。[43]

西班牙人也把人的外表同其社会地位联系在一起，“历史上，服装代表着社会地位”[44]。在西班牙，地位高的人在大热天里穿西服打领带不足为奇。也许世界上没有哪个国家像日本那样，把服装和文化价值观如此明显地结合在一起。有学者对这种结合描述道：“服装款式和颜色的保守倾向加强了该国的集体主义观念，同时减少了因为着装不统一造成社会不和谐的可能性。”[45]

在世界上许多地区，人们仍然穿着传统服饰。“对阿拉伯人来说，恰当的职业装应该是身穿宽松长袍（叫作 dishdasha 或 thobe），头戴白色的头巾（叫作 kaffiya），并用黑色丝带（叫作 egal）系住。”[46]

世界上许多地区，人们仍然穿着传统服饰。

穆斯林的服装不仅仅是用来遮盖身体的。“在阿拉伯文化中，袍子经常是重要价值观的反映。”[47]与文化的许多方面一样，文化性行为通常都有一个“隐含”的原因（“below the surface” reason）。学者有力地阐释了阿拉伯世界这种深层结构及其同服装的联系：

> 无论何种外观样式，服装总是镌刻着真理与欺骗的意识形态，重复着经文上的话语，揭示并阐明：只有穿在身上的每件长袍都象征着荣誉、每一件衣服都充满神圣，你才能得到他人的尊敬。[48]

不论是面对戴白色头巾的印度锡克教徒，还是身穿和服的日本人、戴蓝色圆顶小帽的哈西德派犹太人、穿白色短袖套衫的非洲人，抑或是身穿黑色服装的美国孟诺教徒，你得学会去接纳这些外表上的差异，这样才不会妨碍你同他们的交流。

● **身体动作：身体语言学**

众所周知，蚂蚁也能交流。本杰明·富兰克林就把蚂蚁作为勤奋的典范，说道：“蚂蚁最善于讲道，却什么也没说。”研究动作是如何进行交流的学问叫作身体语言学。关于这一重要信息系统的基本原理，学者们已经有明确的阐述：“人们以什么样的姿态出现、如何站立、如何坐以及如何走路等均会发出强烈的非语言交流信息。无论是否有意，你的每一个动作都会潜在地向别人传递某种信息。”[49]身体语言学信号，指那些看得见、能发出信息的身体姿势变动或身体部位的移动。这些信息包括以下几个方面：（1）对他人的态度（与朋友面对面地站着，这叫直接身体取向；或微微向前倾斜，表明你可能很轻松）。（2）你的情感状态（敲桌子或玩弄硬币，表明你很紧张）。（3）控制环境的欲望（让某人靠近，表示你想与他/她说话）。

学者们已经指出人们可做出 70 万种明显的动作，想给这些动作分类不仅困难，同时也是不可能的。我们的目的就是让大家意识到，所有人都使用动作进行交流，文化会教你如何使用和理解这些动作。在下面几部分里，我们分别看一下站姿、坐姿和传达具体意义的肢体运动（手势）几方面的文化差异。在此之前，需向大家指出：大多数情况下，身体运动所传达的信息只有同其他信息结合起来才有意义。人们总是对朋友一边微笑一边问好。墨西 205

哥人的做法更好地印证了这一点：在说“等一下”（Un momento，por favor）时，说话者先握拳，然后伸出大拇指和食指成侧U形。

● **姿势**

姿势反映了文化的深层结构。下面，以日本、泰国和印度文化为例，看一下姿势与文化以及价值观的内在联系。在日本和其他亚洲国家的文化里，鞠躬不仅仅是问候，它还表达了该文化对地位和等级的重视。比如，在日本，深鞠躬表示尊敬。[50]鞠躬的礼节在外人看来很简单，实则相当复杂。地位低的人先向地位高的人鞠躬，幅度还要比后者更大。地位高的人决定何时鞠躬完毕。当双方地位相同时，他们以同样的姿势鞠躬，同时起身。泰国人的问候方式（叫作 wai）与此相似，即双手合十于胸前，再将手指移至颈部——这个动作表示尊敬，头离手越近表示越尊敬。[51]在印度，见面打招呼又是另一番情景。人们问候时的姿势直接与印度人“上帝存在于万物（包括其他人）之中”的这种信仰有关。印度人的问候方式是合十礼：相互微鞠一躬，双手合十置于胸前、手指抵下颌。[52]

● **坐姿**

听起来似乎有些古怪，人的坐姿通常也是文化特征的一种反映。美国人崇尚随意和友好，人们的坐姿有意无意地反映着这种价值观念。诺汶格（Novinger）这样描述道：“男性有时随意地躺下或侧卧，手脚伸开，占用很大的空间。”[53]在德国和瑞典等许多国家，生活方式就不那么随意了，无精打采地站着是粗鲁、缺乏教养的行为。实际上，“德国现在仍教育小孩要坐直、站直，这是好性格的象征。随意被视为是没有教养的标志”[54]。萨摩亚人则通过坐的位置来反映对别人的尊重。例如，年轻人通过坐在比长者座位更低的位置以示对长者的尊重。[55]

甚至连坐时双腿如何摆放也含有文化意义。下面的这个例子说明了这一点：两腿交叉，将一只脚踝放在另一条腿的膝盖上，这是美国男人典型的坐姿，但在沙特阿拉伯、埃及、新加坡或泰国这会被误认为是一种侮辱（给人看足底的姿势）。[56]这个看上去很简单的动作，在戛纳和土耳其商务领域也是极其得罪人的。[57]在泰国，人们相信足底有比较特殊的文化内涵，对他们来说，脚是身体中最低的部位，绝不可以指向任何人。[58]在泰国人眼里，双脚的意义重大，应避免跺脚。

在美国，人们交流时的一举一动、站姿、坐 206
姿都各不相同。同男性相比，女性双臂抱在胸前抱得更紧。有异性在场时，她们常双腿紧靠而很少交叉。女性的姿势比男性受到的限制要多，远不如男性轻松。许多性别交流方面的调查研究都断定，这些差别同他们的地位、权力、派别等有关。[59]站姿在非裔美国文化这一群体文化中起着重大作用。这一点最鲜明地体现在许多非裔美国青年的走路姿势上。“他们走路缓慢而随意，头上抬，侧倾，一只胳膊前后摆动，另一只轻轻地抬起。”[60]《圣迭戈联盟论坛报》写道：“走路的姿势表明美国主导文化中人们的那种自豪感、优越感，不管其社会地位如何。”[61]

● **手势**

手势这种交流形式的力量具体体现在美国聋哑人群体文化丰富而广泛的手势语汇中。城市帮派使用的手语就是手势语言威力的较严格意义上的例子。某一手势的些许变化有可能掀起轩然大波。很明显，手势语在跨文化交流中具有非常重要的作用，因为有些手势语在某些文化中表达的是肯定的、幽默的或无害的意思，而在别的文化中却可能具有相反的意思。[62]例如，用手指来指人，在美国没有什么负面的意思，而在中国则被视为粗鲁的表现。

每一种文化中都有成千上万种手势，我们并不打算发明一种全能的、可以涵盖一切的分类法，也不想用整本书的版面全部将它们列出。我们只想选择几个例子，帮助你理解手势语和文化之间的关联。我们着重看一下以下几点：（1）用手指；（2）特殊手势；（3）召唤；（4）接受与理解；（5）与手势语使用数量和幅度大小有关的一些变异。

在美国，用手指来指向很普遍，用食指来指东西、指人，甚至指方向。德国人用小指指向，日本人手掌向上、用整个手掌来指，纳瓦霍人用下颌，而在中国用食指指人则是粗鲁的表现。[63]

我们已经说过，每一种文化中都有无穷无尽

的特殊手势语，这些手势语的意思具有文化特殊性。在中国，把右手放在心口表示保证说话算数；法国人把右眼皮先下拉表示“我不相信你”；在阿根廷，人们捻搓想象的胡须表示“一切顺利”。在美国，大拇指和食指圈成圆圈，其他手指伸开，表示“OK”这个词；在日本（和朝鲜），这个手势传统上指“钱”（okane）；在阿拉伯国家，这个手势则通常伴随着咬牙切齿的动作，表示深恶痛绝[64]；突尼斯人用这个手势表示“我要杀了你”。

207 许多表示“性”的手势也与文化密切相关。在美国可以用中指发出具有侵犯性的淫秽手势，但这并不代表全球范围内都是一样的。例如，上述用大拇指和食指形成的 O 形手势在一些拉丁文化中具有淫秽的含义。[65]在意大利文化中，暗示一个人为同性恋者的手势是将中指移至耳朵后面。[66]

示意别人走过来的惯用手势也因文化而异。在美国，示意朋友走过来，要掌心向上，手指并拢，向自己所在处挥动。朝鲜人表达这个意思却是手掌成杯状，掌心向下，手指回握。[67]看到这个手势，许多美国人会以为是在挥手告别呢。菲律宾人是快速向下点一下头来表示这个意思。在德国和斯堪的那维亚的多数地区，向后甩头就是让某人过来。许多阿拉伯国家示意别人过来的手势是伸出右手，手掌上抬，手一开一合。[68]在西班牙，让某人过来时，伸出手臂，手掌向下，用手指向身体方向做抓挠动作。

表示接受和明白的头部动作差异是手势与文化密切联系的又一例子。在美国，点头表示明白和赞同的意思。这个动作在不同的文化中有不同的含义。“这个手势在许多其他文化中有不同的解释。在亚洲、美国土著、中东和太平洋岛屿国家，点头经常表示‘我听见你在说’，而没有表示听者听懂或赞成的意思。”[69]希腊人点头表示同意，这一点与美国人一样；而表示“不”时，希腊人则扬起脸向后甩头，他们把一只手或两只手同时高举到肩部表示“坚决不”。

交流中使用手势的多寡和幅度亦有文化差异。普遍认为，意大利、南美、非洲、大多数拉美国家以及中东地区的人们交流时使用手势语的幅度和数量多于日本、中国、芬兰和斯堪的那维亚人。[70]有几个具体事例可以说明这一点。“用手说话，事实上是用整个身体说话，这与意大利人酷爱舞台表演艺术以及本地人对社交的热衷是一致的。”[71]关于这一点，贝里及其同事也有同感，他们说意大利人说话时总是带有“活灵活现的手势”，给人一种“兴高采烈的印象”[72]。有学者在描述巴西人的手势语生动活泼时写道：“巴西人说，如果把手捆住，他们就不会说话了。他们说话时使用手势语和大幅度的臂部动作。”[73]智利人对手势语也有同样高的热情。在智利文化中，手势语可以给讲话增添色彩，并且能起到强调关键点的作用。[74]阿拉伯人也喜欢用手势语来帮助表达意思，“阿拉伯人的每一句话都伴有挥动着手臂的手势语”[75]。许多亚洲成员不大喜欢这种张扬的手势，认为这是缺乏教养和自律的表现。[76]“北欧人说话时很少会动用手臂。”[77]德国人也对这些看来有炫耀、轻浮之嫌的手势感到局促不安。鲁克向在德国公司工作的美国行政人员（董事们）提出如下建议：

> 使用双手要适度而有分寸，手不应该作 208
> 为交谈中强调要点的工具，整个谈话应表现出压力下的镇定。[78]

看一下各种各样的群体文化，你也可以从中领略到手势的重要意义。例如，同男人相比，女人的手势要少，幅度要小。[79]非裔美国人崇尚活泼且有表现力的交流形式，因此交流时比美国白人使用的手势样式更多。[80]

面部表情

早期的希腊剧作家和日本的歌舞伎演员对情绪的变化和脸部表情所表达的含义了如指掌。这两种表演都是用面具和夸张的化妆来展示每一位演员的性格和态度差异。不管是墨西哥格言“面孔是心灵的镜子”，还是意第绪谚语“面孔能泄密”，都说明各地的人们都极为重视面部表情。面孔研究有趣的是，通常我们所谈的有三种面孔：第一种是与生俱来的面孔。虽然这种面孔可能因年龄、健康状况甚至是美容化妆和外科手术等变化而出现变化，但这仍然是静态的面孔。第二种是可用意志操控的面孔，你可以决定笑、眨眼、蹙眉，等等。第三种是环境和外部信息可以改变的面孔，不管是不是你自己的意愿，这是那种能够显露恐惧、幸福、悲伤之情感的面孔。

学者们对这三种面孔的重要性已经进行了翔实的研究。例如，面部表情可以反映行为过程[81]，可以传递出社会地位的从属性和主导性信息[82]，可以告诉别人你的兴趣有多大、参与程度如何，显示你对当时话题的理解程度，透露出你的反应是自发的还是受操控的等信息[83]。

面部表情在任何跨文化交流的研究中都起着十分重要的作用，然而，这些面部表情的具体文化内涵却难以正确把握。对这一问题悬而未决的学术争辩之核心在于，是否存在一种近乎世界通用的面部表情语言。一种观点认为，从解剖学意义上讲，每个人的表情都相似，但被赋予的含义却因文化不同而不同。[84]本章前面已提到这个主要观点，即人们对于一般的面部表情都给予相似的含义。埃克曼（Ekman）认为：“在全世界，不论是对于还没有使用文字的新几内亚的部族而言，还是对日本和美国的大学生而言，做鬼脸都表示相同的意思。达尔文（Darwin）对此自始至终深信不疑，而且现在已经有无可争辩的证据表明，文化无法控制面孔。”[85]这里还要提出一个理论，即“全世界有一套基本的面部表情，其中至少有六种都是与生俱来的，具有普遍性，在世界上的基本含义相同”[86]。这些泛文化的、普遍的六种表情就是快乐、悲哀、恐惧、气愤、厌恶和惊讶。

面部表情固然有其生物特性，但是文化规范如何决定面部表情的表露时间、地点、方式和对象似乎在不同的文化中有不同的体现。[87]正如一位学者指出的那样：“各种文化都认识到了面部表情的力量，因而制定出许多规则来规范社交中面部表情的使用，以及如何注意交流中他人的面部表情。”[88]

下面几个具体的例子可以阐明文化在塑造、
诠释面部表情中起到的作用。 209

在许多地中海文化里，人们总爱夸大悲痛之情，在这些地区，看见男人当众大哭不是新鲜事。而在美国，白人男性是要极力抑制这种情感的。日本男人走得更远，他们甚至以大笑或微笑来掩饰生气、悲伤、厌恶等感情。[89]在一项研究中，日本人和美国人单独看一部令人压抑的电影时，表露出同样的面部表情。然而，看电影时如有他人在场，日本人则面无表情。韩国人也是属于压抑自己感情的民族，一般不会用真实生动的面部表情。[90]中国人也不轻易流露感情，这有着根深蒂固的文化原因——中国人要面子是其中最主要的原因。对中国人来说，过分流露情感很没面子，会破坏和谐，引起冲突。[91]

微笑是另一种与文化有关的情感流露方式。每个人生来就会笑，但是在笑的多少、笑的原因甚至笑传达的信息等方面，不同文化之间都有所不同。文化对笑的影响，“既可以表现在阐释事件方面，这涉及高兴的原因；又可以表现在制定情感显露的规则方面，这些规则决定着该文化中什么时候笑才是合宜的”[92]。在美国，笑是幸福和友好的标志，通常需要谨慎使用。“在德国文化中，微笑需要慎之又慎。一般来讲，德国人，只对熟悉的或者真正喜欢的人笑。”[93]在日本文化中，微笑还可以掩饰情感或者用来避免回答提问。[94]在日本，地位低的人也许会使用微笑来“表示接受地位高的人下达的命令或要求，可实际上他们确实非常愤怒或者鄙视所下达的命令或下达命令的人”[95]。在韩国文化中，笑得多就是肤浅。有研究者写道：“韩国人的不苟言笑经常被误解为带有敌意。”[96]泰国人却笑口常开，因此，泰国有“笑的国度”[97]之美誉。

当然，无数异质的面部表情大多为某一种具体的文化所独有。下面的几种可以清楚地反映一些面部表情的独特性质。

> 在沙特阿拉伯，我们可以通过快速地将舌头伸出、缩回来表示某人为骗子；在希腊，我们可以通过抬高、降低眉毛一次来表达“不”；在中国南方和西藏，如果我们说了不

> 合时宜的话要表示“道歉”时，就伸出舌头尖，然后再立马缩回。[98]

即使在同一文化内部，也存在部分群体，他们使用的面部表情不同于主流群体。有学者对性别差异进行了调查，最后总结道：“同男性相比，女性的面部表情更加丰富，更具有表现力，也更多地对人报以微笑，并且更易为笑者所吸引。”[99]

目光接触和凝视

在戏剧、小说、诗歌和音乐里，眼睛总是个令人神往的主题，职业扑克牌玩家在重要的比赛中总是戴着一副墨镜，从这里边你可以看出目光接触或不接触的威力所在。为什么将眼睛用作一种交流方式呢？爱默生曾说过这样的话：“当眼睛说的是一件事，而嘴巴上却是另一件事时，老练的人一般信赖第二种语言”。

210 莎士比亚也深知眼睛的这种威力，他写道：“你在告诉我，我眼中暗藏杀机。”鲍伯·迪伦（Bob Dylan）在其抒情诗里有“那晚你的眼睛，比你的嘴巴告诉我的更多”。甚至连“凶眼”（evil-eye）也不只是一种表达法而已。在一项研究里，罗伯特（Robert）仔细研究了全世界 186 种文化，发现其中 67 种相信有“凶眼”存在。[100]在墨西哥和波多黎各，“凶眼”（mal ojo）具有很大的魔力：“mal ojo 是一个人对另一个人过度赞美和存有强烈欲望的结果。母亲可能会因为怕自己的孩子成为凶眼的受害者而隔离他们。”[101]韩国人是用另外一种方式来强调目光接触在人际交流中的重大意义，他们使用“nunch'i”这个词，表示用眼睛去交流的意思。目光交流法确实是一种非常重要的交流方式。罗宾森坚持认为：“目光交流会导致西方人和亚洲人误解彼此的交流信息。”[102]

眼睛之所以是非常重要的交流工具，是因为眼睛可以传达的信息数不胜数。我们经常听到人们用如下词语描述人的眼神：直接的、色情的、讽刺的、会说话的、智慧的、有穿透力的、悲哀的、愉快的、世故的、顽强的、可信赖的、可疑的。大量的证据表明美国人的眼睛具有六种重要的交流功能：“（1）表示关注、感兴趣和兴奋的程度；（2）改变他人的态度和说服他人；（3）调控交流过程；（4）交流情感；（5）表明权力和地位；（6）影响自己给别人留下何种印象。”[103]也有证据证明人在行骗时目光的接触方式会发生改变。[104]

如本书中所讨论的大多数交流行为一样，目光接触及其种种变异均是文化和交流研究中一个十分重要的变量。[105]特里安迪斯说，美国人直视别人很普遍[106]，主导文化中多数人都推崇目光接触，这是一种行为规则[107]。事实上，西方社会的大多数人都希望交流对象能直视他们的眼睛。在北美甚至有这样一种倾向：人们对那些不遵照目光接触文化规则的人持怀疑态度。目光交流是人际交流中一个十分重要的技巧，有一本很受欢迎的有关交流的著作建议读者说：“在与别人谈话时，你可以通过有意识地看着别人来提高目光接触的技艺；如果你的眼睛偏离了谈话的另一方，努力重新去直视他/她。”[108]上句中的关键词语是“直视”。直视并非是全球普遍的传统。在许多文化中，直视是一种禁忌或侮辱。如在日本，长时间的目光接触被视为粗鲁、恐吓和不敬的表现。[109]日本人在交谈中向下看、看别处，甚至闭上眼睛都是正常的，美国人如果不了解日本的这种文化就会提出许多有意思的问题。如里奇满及其同事所指出的那样，许多美国人经常将日本的目光接触或根本没有目光接触误解为“不同意、不感兴趣或拒绝的标志”[110]。地中海文化对待目光接触却是另一种景象，刘易斯对其中一些特征这样描绘道：

> 地中海地区的人们利用眼睛来体现表达效果有许多不同的方式，其中包括瞪视（表示生气）、眼光闪烁（表示真诚）、眨眼（在西班牙和法国非常普遍，表示怀疑）、抖动眼

睫毛（妇女们用来增强说服效果）。[111]

211 “拉丁美洲文化和加勒比海文化也避免目光接触，以示尊敬。”[112]非洲人对目光接触有同样的看法，里奇满和盖斯特林告诉我们：“在非洲许多地区，目光向下表示尊敬。同年长者或地位较高者交流时，直视对方是失礼的行为，甚至有挑衅之嫌。”[113]祖鲁（Zulu）甚至有句谚语说：“眼睛是挑衅的器官。”目光接触经常反映一个地方人们的文化价值观。印度和埃及就是很好的例子。根据卢克曼所说，“在印度，适宜的目光接触次数依个人的社会地位而定（不同社会经济等级的人们彼此之间要避免目光接触）。”[114]而在埃及，使人们避免目光接触的不是社会经济地位，而是性别：“陌生的男女之间出于对宗教教规的谦逊和尊敬而避免目光接触。”[115]

长时间目光接触的文化行为，在亚洲和西方人们的交谈中可能会产生许多问题。例如，郎勒和马帕斯指出：“在中东，男士在交流过程中会长时间地凝视交谈伙伴，这是适宜的。”[116]他们认为，这种目光交流是表示对对方的关注，而且有助于评估对方话语的真实性。[117]德国人在交谈时也有目光直视。关于这一点以及这种行为可能产生的问题，尼斯指出，德国人在交谈中会直接看着对方的眼睛，而美国人对此却隐隐约约地感到有些讨厌或不安。以德国人的观点，这是一种诚实和真诚的表现，而在美国人看来这样未免太强烈、太直接了。[118]

在美国，彼此长时间凝视是男同性恋群体文化常用的非语言信号。长时间地凝视一个相同性别的人，外加其他的非语言信息是表示对此人感兴趣，是一种性暗示。[119]美国使用目光交流的其他几点差异值得我们考虑。霍皮人（Hopi）认为直接的目光交流令人不快，因此竭力避免这种行为。纳瓦霍人极讨厌那种不间断的目光接触，他们甚至把它写进了神话创作中，这个神话讲的是关于一个可怕的怪物的故事，这个怪物叫作“眼睛杀手”。该故事教导纳瓦霍的孩子们：“从字面意义上讲，凝视是恶毒的目光，有性暗示和挑衅的意味。”[120]墨西哥文化中也存在这种对直视和长时间直接目光接触感到不舒服的现象，如珀内尔和保罗安卡解释道：“墨裔美国人认为说话时长时间直视别人是粗鲁无礼的；直视长者可能被认为是傲慢无礼的行为，避免直视长者是尊敬长者的表现。”[121]

目光交流的方式在主导文化成员中也存在着性别差异。例如，“男士和女士都用目光接触来表达自己的兴趣以及对对方的关注，除此之外，男士还会通过目光接触来表示对别人的挑战或炫耀自己的地位和权力。”[122]另外，研究表明，在多数情况下，女人运用目光交流比男人多；女人之间的相互注视比男人之间更频繁而且注视时间更长。[123]还有一点需要补充的是，目光接触的性别特征也因文化而异。例如，在印度和沙特阿拉伯等地，性别隔离是一种道德规范，男女之间需避免直接的目光接触。[124]

你可能会想到，同聋哑人交流时目光接触也是需要考虑的一个重要因素。离开视觉接触，手
势语就失去了用武之地，因为背对打手势的人无 212
异于不理睬对方。目光接触的使用是非常微妙的，对于一些微小的变化你几乎无法意识到。比如说，下次你和一个残疾人（可能是一个坐着轮椅的人）说话，你会发现你们之间的目光接触和与一个健全人谈话时的目光接触相比少之又少。

触摸

被触摸或触摸是一种强有力的交流手段。美国剧作家田纳西·威廉斯在明辨触摸之力量时写道：“用手去触摸手或接吻，可以帮助驱除心中的恶魔。”

无论是否有意，触摸都是当时情感和心理的反映。因此，掌握如何理解被人触摸和为什么要去触摸别人，这些都会帮助你洞悉交流的深层内涵，如美国名著《麦田里的守望者》一书中的人物形象——卡尔菲尔德（Holden Caulfield），生动形象地描述道：

> 我一直握着她的手，这听起来好像没什

么大不了的，但是她感觉却非常美妙。对于大多数女孩子来说，如果你握着她们的手，不管这该死的手是死一样地静止不动还是别的什么情况，她们都认为应该保持手不停地动，否则似乎担心会让人生厌。[125]

触摸有助于表达思想感情。

213 触觉是最早发育成熟的感觉，它在胚胎期的最后阶段产生，并早在眼睛、耳朵和高层中枢大脑开始发挥作用之前就已经形成。婴儿出生后不久，开始用其他感官来理解现实世界。在此期间，婴儿感觉到了各种触摸行为：别人用鼻子蹭他们，搂抱、轻拍、亲吻他们，给他们洗澡，用母乳喂养他们。触摸对人类交流至关重要，研究人员已经发现那些没得到“关爱式触摸”的孩子存在着严重的生理和情感问题。[126]从婴儿到幼儿，你会慢慢学会各种触摸规则。你会懂得应该去触摸谁，触摸哪些部位。到青年时期，文化体系已经教会你如何利用触摸去交流。根据社交礼貌原则，针对不同性别、不同意图（安慰、支持或是控制）选用不同的触摸方式。[127]在美国，握手几乎可以和每个人进行（确保是紧握），可以拥抱的是其中一部分人（但倾注的热情有所不同），关系密切的又是一部分人（事先就非常清楚你可以接触身体的哪些部位），而做爱只同一个人进行（了解文化和性手册中规定的性区域）。

只要看看电视新闻或站在国际机场，你就可以发现不同文化在使用触摸上存在哪些主要差别，这些差别甚至体现在简单的问候或告别动作中。在一项关于国际机场上不同文化背景的夫妇的触摸行为的研究中，安德森叙述了部分调查的结果：

前往汤加王国的一家人围成一圈，相互

> 手搭着背，一起祈祷、唱歌。一个返回波斯尼亚，眼泪汪汪的男士一次又一次地试着离开他那泣不成声的妻子；每当他再次转向妻子时，两人都紧紧地握着对方的手，深情而又有力地拥吻对方，泪如雨下。一对韩国夫妇分别时，没有任何形式的身体接触，尽管摆在他们面前的是漫长的别离。[128]

下面几个文化方面的例子进一步说明了文化与触摸的关系。触摸行为是阿拉伯式交流风格的组成部分。[129]我们前面已经提到，由于宗教和社会传统方面的原因，穆斯林用右手吃饭、做事，用左手问候他人是侮辱他人的礼节，左手用来履行基本的生物功能。许多亚洲人也看到，触摸与其宗教意思之间存在一定的联系。有学者就触摸头部这一动作发表如下见解："许多亚洲人认为头是灵魂的寓所，触摸他们的头会置他们于危险当中。外来人应该小心谨慎，避免触摸他们的头部和上半身。"[130]许多非裔美国人会对白人拍他们的头这一行为感到恼火。他们认为，这不亚于对方以居高临下的姿态告诉他们：你们是好孩子。

亲吻这种用作招呼和其他社交性的触摸方式也因文化而异。东欧、西班牙、希腊、意大利、葡萄牙、以色列和阿拉伯大部分地区的人们在遇到朋友时要亲吻。在墨西哥和西班牙也有更多的同性触摸方式。男人们会相互拥抱（abrazo）以示问候。"在墨西哥，拥抱、拍背和其他形式的身体接触是交流的重要形式。"[131]在哥斯达黎加，女士见面时将一只手搭在肩膀上去亲吻一下双方的一
214 面脸颊来打招呼。[132]在东南亚大部分地区，人们见面时，不仅避免触摸，而且在整个谈话过程中几乎没有任何形式的身体接触。在中国，公共场合里男士和女士之间很少表露"身体上的亲密"[133]。有学者在描述日本的商务习俗时说："在日本，触摸同事是很少见的，人们不会去拍别人的肩或将胳膊搭在别人身上以示友好。"[134]即使是亲吻这个简单的动作也有其文化含义。尽管在大多数情况下，性行为的一种——接吻是司空见惯的，但在大部分亚洲地区，这种接吻却不普遍。事实上，几个世纪以来，日本人一直将颈、背视为性感区。日语中无"亲吻"这个词，其相应的词"kisu"是从英语中借用来的。

在美国，如何使用触摸以及对触摸作何反应存在着性别和种族差别。一般而言，男人的触摸行为比女人的少。[135]"男人通过触摸来表示权力和性欲，在这一点上男人比女人触摸的次数多。"[136]当然，男女两性在如何使用触摸这种行为上还有别的差异。贝茨写道："女人主动拥抱其他女人、男人和孩子的次数远远多于男人。"[137]

在跨文化交流中，文化差异也体现在性别上。"正统犹太人或者基本教义派穆斯林见到女人或被介绍给女人时不与她们握手或触摸她们，因为这是其文化禁忌，他们不许与非本家族的女性握手或有身体接触。"[138]

美国境内某些群体文化经常以本群体独有的方式使用触摸。非裔美国人彼此问候时，"主动触摸对方"（give skin），同时"接受他人的触摸"（get skin）。但是，当他们问候美国白人时，一般不会有身体接触，除非是好友之间。数量有限的研究表明，非裔美国男性之间比美国白人之间的身体接触更多。[139]有研究表明，"黑人女性的身体接触几乎是白人女性的两倍"[140]。

副语言

德国诗人克劳普斯多克（Klopstock）写道："人类说话的语调比琴弦和铜管乐器更能打动灵魂。"他的意思是说，我们发出的声音常常比话语本身传达的内容多。许多人常看有英语字幕的外国电影。在屏幕上没有字幕的间隔期，你会听到演员在说一种你不熟悉的语言，但你仍然能据其声音理解其大意，你会推断出演员在表露愤怒、悲伤、快乐或者其他的感情，也许他们说话的声音可以告诉你谁是英雄，谁是坏蛋。声音的高低起伏也可能会告诉你有人在提问，有人在发表声明或在发号施令。不管在什么情况下，声音信号总会暗示你一些信息，你可以根据这些信息对人

物的性格、情感状态、种族背景和语言表达能力做出判断。确切地说，你只能猜测话语的确切含义，但声音的变化还会告诉你许多正在发生的事情。莎士比亚一语中的，他写道：“我理解你话语里的愤怒，但不理解你的话语。”我们这里所探讨的就是人们常说的“副语言”，它涉及讲话的语言要素，也就是说话的方式，而不是指所说话语的实际意义。人们通常将副语言分为三种：（1）声音修饰词（音量、音高、音律、音频、共振、音调）；（2）声音特征词（笑、哭、喊、呻吟、哀鸣、打嗝、打哈欠等）；（3）声音区分词素（如 un-huh，shh，uh，oooh，mmmh，humn）。

215 ● **音质**

从人们发出的声音可以推断出许多有关讲话内容及讲话者特征的东西。举例来说，副语言可以帮助你推断出一个人的情绪状态、社会经济地位、身高、民族、体重、年龄、智力、种族以及地区背景和教育水平。[141]我们先来看一些特定文化中具有信息价值的副语言信息。

音质由许多要素组成，不过在音量的使用上文化差异是最明显的，有几个例子可以证明这一点。阿拉伯人说话时声音很高，因为他们认为声音高意味着有力量和真诚。正如特里安迪斯所说：“阿拉伯人深信声音高是‘真诚’的象征，而柔声细语则是‘迂回’的代名词。”[142]对于巴西人来说，大声说话表示“感兴趣和关注”[143]。德国人做事时“总是用发号施令的口吻，这折射出德国人的权威和自信”[144]。有些文化与此截然相反，他们对洪亮而坚定的声音有完全不同的看法。“与欧洲其他文化相比，大不列颠人一般说话时声音比较低而且温和。”[145]一位在美国的泰国游客曾经问本书的作者：“美国人高声说话是否意味着他们感到不安或是发疯的表现？”这个问题很有意义。R. 库珀和 N. 库珀提出，在泰国“高声说话是不礼貌的”[146]。日本人认为提高嗓门说话是缺乏自制力的表现，轻声细语表示有教养并且有助于维系社会和谐——这是日本文化中两个重要的价值观。

群体文化使用音质的方式也很微妙、独特。例如，非裔美国人独特的交流风格之一，就是说话时音调变化比大多数美国白人多，说话更用劲、更有力，表现的感情范围更广。[147]美国主导文化对此不屑一顾。[148]副语言差异也体现出男女两种性别的交流模式不同。几项研究表明，女性说话时语速较男性快，而且沉默停顿次数更少。[149]佩尔森、韦斯特和特纳在阅览过大量关于声音使用的性别差异的研究成果之后总结道：女性说话时比男性声音更高、更柔和、更有表达力，她们会完整地发出词尾的“ing”，更接近于话语标准。[150]另外，女人在说话时声音变化比男人多。[151]

● **声音特征**

前面已经提到，声音特征词就是发出的各种言语，在特定文化中传递着约定俗成的意思。例如，看似自然的打喷嚏，“在伊斯兰教中却被视为是来自上帝的祝福”[152]，原因是这个声音带有宗教色彩的信念已深入穆斯林心中，所有行为都是上帝的意志，打喷嚏是按照上帝的意志发出来的行为。实际上，穆斯林在打完喷嚏后会说一句赞扬和感谢上帝的话（Al-hamdu illah）。笑所传达的信息/意思也因文化而异。林奇和汉森对这方面差异的研究非常出色，他们写道： 216

> 大笑和咯咯地笑对于大多数美国人而言是快乐的表现，体现的是轻松、愉快的状态。……但在其他文化背景中，如东南亚，同样的行为却是极度尴尬、不舒服或者是美国人所谓的极端条件下的“紧张的笑”的标志。[153]

● **声音区分词素**

此类副语言，与声音特征词素很像，可以听得见，但实质上并不构成词。有时候这些声音是没有什么意思的，只是代替说话的，许多美国人常在找不到确切词语时使用“uh”，就属于这种情形。不过，在许多文化里这些声音却是有特殊意思的。例如，马赛人使用许多具有特殊意义的声音，其中最常见的是“eh”声，马赛人发出这个声音意思是“是的”、“我知道了”、“继续”[154]。在肯尼亚，人们发“iya”声时是在告诉他人“一切都好”。在牙买加，“嘶”或吮吸声表示生气、恼怒或者尴尬。日本人谈话时也大量地使用“各种声音或杂音”。里奇满、麦克罗斯基和佩恩说：“人与人讨论时，日本人同别人谈话时会不时地发出‘嘘’声或不时地吸气以表示尊敬。”[155]日本人还发出一些声音（如 hai 表示“是的/当然了/好吧/很好”，so 表示“是这样”，e 表示“那么，让我想想”）来表示他们在洗耳恭听。[156]

本章第一部分探讨的非语言交流主要集中在对身体行为的研究上，接下来我们将探讨人们是如何利用时间、空间和沉默来进行交流的。虽然这些因素对于交流者来说是外在的，但是我们可以通过利用和操纵这些外在因素来传递信息。想一想，如果一个人离你太近，如果一个人去赴一个重要约会迟到了，或者是当你透露了一些个人信息后对方却保持沉默，遇到这种事情你的反应是什么？你会发现在这三种情形下，你都会通过理解对方对空间和距离、时间、沉默的使用来解读其中的意思。

空间和距离

与人交流时，交流双方彼此之间的距离及距离变化与交谈的话语一样，是整个交流过程的组成部分。请留意：在什么情形下，你允许一个人站得离你很近，却让另一个人与你保持一定的距离。对这种信息系统进行研究的学问叫“人际距离学”，它主要研究三个方面的内容：（1）个人空间；（2）座位安排；（3）家具摆放。这三个因素对跨文化交流都会产生影响。

● 个人空间

你的个人空间即你所占据的一块天地，并且为你所有，是你周围的一块无形的领域。你是这个领域的主人，有权决定谁可以进入这个领域，谁又不可进入。这样的空间被人侵入时，其反应是多种多样的：退缩或坚持不动，两手却紧张得直冒冷汗，有时甚至做出过激的反应。人们学习使用个人空间，酷似学习使用交流行为，既是有意识的，也是无意识的。

人类学家爱德华·霍尔试图通过提出以下四种类别来划分北美人使用个人空间的方式类
217 别：（1）密切距离；（2）个人化距离；（3）社交距离；（4）公共距离。[157]这四种类别中的每一种都可以显示空间是怎样用来交流的。密切距离是指从零距离接触到 18 英寸（1 英寸约为 0.025 4 米）之间，一般只用于十分个人化的关系，是伸手就可以触到对方的距离。个人化距离，是指 18 英寸到 4 英尺（1 英尺约为 0.304 8 米）的距离，这个距离一般不可能触到对方，说话用正常音高即可。社交距离，即 4 英尺到 12 英尺，一般是主导文化中大多数人谈生意时的距离。公共距离，一般在公共场合发表讲话时使用，距离从相对亲密到非常远不等。

同大多数交流方式一样，对空间的使用方式也与文化密切相关。举例来说，强调个人主义的文化（英国、美国、德国和澳大利亚）比强调集体主义的文化需要的空间大，而且当自己的空间受到侵犯时，“常采取更主动积极的立场”[158]。安德森认为，在集体主义文化中，人与人更加相互依赖，“工作、玩耍、生活、睡觉等彼此之间的距离都比较近”[159]。根据特里安迪斯的研究，阿拉伯人、拉美人和西班牙裔美国人应该归于这一类。[160]肯登（Condon）告诉我们：“墨西哥人交谈时的距离比美国人近得多。”[161]谈到阿拉伯人，鲁克写道：“典型的阿拉伯谈话中，双方的距离很近。接近是不可避免的。”[162]里奇满和盖斯特林说：“非洲人同陌生人之间的距离很靠近，交谈时会靠得更近。”[163]

我们已经看到了，我们对空间的使用与我们的文化价值体系直接相关。在一些亚洲文化里，学生不会与老师坐得很近，也不会站在领导近旁。这段有意拉开的距离表明尊重和敬意。人与人之间保持距离也是苏格兰和瑞典文化的一部分，对他们来说，这是尊重个人隐私的表现。霍尔夫妇告诉我们：在德国，私人空间是神圣的。[164]甘农表示，对于德国人来说，“这个距离是保护性屏障，是家一样的心理防线”[165]。在巴西文化中，你看到的正好相反，“在那里，很明显人们彼此之间靠近而有温情”[166]，因此，谈话者占用的空间较少。

218 ● **安排座位**

在许多文化中，安排座位除了是一种实际动作之外，也是一种非语言交流方式。稍加留意你会发现，美国人常同坐在对面的人谈话，而不是同坐在旁边的人交谈。这种模式也影响了他们在群体中选择领导的方式：在大多数情况下，坐在桌子首位的人被选为领导（或者领导者直接坐在桌子的首位）。在美国，领导者习惯性地同他人分开坐，因而常坐在桌子两头。在中国，座位的安排则截然不同。中国人直接面对某人或者同桌子对面的人相视而坐时，总有一种被隔离开来的不舒服的感觉。中国人通常喜欢坐在别人旁边。[167]如果看美国政治家和中国官员会晤的新闻报道视频，你会发现他们的会谈是并排坐在长沙发上进行的。在韩国，座位的安排也反映了地位和角色差别，在汽车上、办公室里或家里，人们都以右边的座位为尊。

对日本人来说，“正式或半正式集会上的座位安排也基于等级之上”[168]。在商务或外交谈判中，日本人将最重要的人物安排坐在中央，左右依次坐的是地位次要的人，级别较低的人坐得离桌子较远，一般坐在其他代表的后面。在斐济文化中，座位安排也是表示社会等级的一种方式。[169]靠近房屋中央支柱的座位是尊者的位置。在斐济文化中，女人的座位要低于男人的座位，在家里长辈的座位高于晚辈的座位。

强调个人主义的文化比强调集体主义的文化需要更多空间。

● **家具摆放**

与座位安排模式密切相关的是家具摆放这个概念。这种交流方式的重要性可在中国传统风水观念中看得一清二楚。对于中国人还有近年来的许多欧洲人来讲，风水已经“成为操纵客观世界，建立人与自然的和谐世界，实现幸福、繁荣和健康目标的一门艺术”[170]。从一些中国人在桌子边就座的模式上，你可以看出这种信念的表现方式。在签订买卖协议时，中国人总是坐在一个他们认为与周围协调一致的位置上。[171]

与非语言交流的所有方面一样，家具摆放也

是文化价值观的反映。在美国，家具摆放注重突出私密性，也“可用以避开人与人的互相影响”[172]。但世界其他地方却不尽如此。比如说，前往美国的法国人、意大利人和墨西哥人，经常奇怪地发现，美国人客厅里的家具都朝向电视机摆放。而在他们看来，谈话是重要的，把椅子朝向电视机会妨碍谈话。

办公室的用品摆放也能反映出民族性格和价值观。霍尔夫妇说：“法国的空间是法国文化和法国制度的反映。所有的一切都高度集中化，整个国家在空间上都围绕着中央向四周分布。”[173]因此，办公用具围绕着经理周围布置，经理坐在办公室中央。德国人强调个人隐私，因此办公用具的摆放较分散。[174]日本人鼓励集体参与，他们在一个宽敞的、没有隔墙的公共休息室中央，按等级依次摆放桌椅。[175]监督者和管理者坐在离窗户最近的地方。这种方式便于交流信息，更容易完成多项任务，符合儒家思想里讲的通过无声的观察来学习的观念。

219 群体文化也有自己的空间使用方式。例如，妓女有强烈的地盘占有欲。她们在心理上划定一块属于自己的地盘后，即使划定的地盘是一条街道或是一间旅馆大厅，她们也会把这块地盘当成她们自己的私人财产而竭力赶走其他妓女。[176]监狱里，空间是极其有限的，而且要受人控制，所以空间非常昂贵，这样空间和领地便成为重要的交流方式。通过了解如何使用空间，新来的犯人能很快了解监狱文化。他们很快知道什么时候进另一间牢房，知道空间的缩小是一种惩罚，这些规则适用于所有活动。同男人相比，女人通常允许男人和其他女人站得离自己更近一些。[177]在空间使用上还有其他的性别差异：

> 男人把空间视为支配女人的一种手段，比如：(1) 他们要求比女人更多的个人空间；(2) 他们的领地往往比女人的大得多，在自己领地受到侵犯时更加积极主动地反抗；(3) 在人口密集的情况下，他们会更加努力地去获取想得到的私人空间；(4) 与女人相比，男人经常走在女伴的前面，而不是女人走在男人的前面。[178]

与聋哑人交往时，空间距离也是一个交流变量。例如，使用美国手语时，打手语的人必须在彼此的视觉范围内。两个打手语的人隔的距离在听觉正常的人看来可能比较疏远，这种情况并不鲜见。[179]

时间

三百年前，荷兰数学家霍根（Christiaan Huygens）研制出第一个钟摆，人们从此可以计时、计分，但他并不知道他的发明对人们的生活会产生如此巨大的影响。现在，人们将手表戴在手腕上、把钟挂在墙上，让它们来控制从情绪到各种关系中的一切。有人类学家在强调时间对人的行为具有重要作用时写道：“如果将生命切成一小段、一小段的时间，或切成一小块一小块的，那么对于每个人来说就相当于拥有了一种手段，通过各种具有重大意义的方式来填补、塑造和改造那段生命。”[180]时间具有自我反映性，这一点可以揭示时间是如何进行交流的。在参加一个重要的约会时，你迟到了 30 分钟却不道歉，这会传达出你的某种信息；如果你告诉别人你对自己的迟到感到多么不好意思，这也会传达出你的某种信息。研究甚至表明，人们在一起度过的时间长短，是相互间建立亲密无间关系的特征之一。[181]显而易见，从双方如何看待和利用时间上，可以看出彼此之间相互在意的程度如何。当然，时间的功能不仅仅局限于说明人们之间的关系，它具有多维性：“人们一时的观点，对许多心理过程具有影 220
响作用，从动机、情感和自发行为到冒险、创造性和解决问题，都会有影响。”[182]经验告诉我们，在北美，多数人遵从本杰明·富兰克林“时间就是金钱”的忠告。“犹豫不决就会坐失良机”、“给我截止日期”等这些常用说法，讲的也都是对时间的使用。

同非语言交流的所有特性一样，文化在对人们看待和使用时间方面也起着相当大的作用。正如刘易斯指出的那样：“宿命论、职业道德、再生、苏苏（susu）、儒家思想、悲观主义、都莎，等等，揭示的都是人们对待时间的不同观点。”[183]另有两位学者构建的文化与时间之间的联系与此大体相同，他们说：“用于测量时间的客观而独立的装置，其产生与推广本身就是文化的副产品；看上去是由钟表测量出来的那些统一的时、分和秒，也含有文化因素在内。”[184]甘农在强调美国文化与时间之间的这种关联性时写道：

> 在美国，时间也是非常有限的，因为一个人一生中有多少事要做啊！社会科学技术在一日千里地发展，追赶这种速度难度很大，每个人都必须不停地工作。这就是美国：几乎没有时间思考、没有时间冥想。[185]

你可能会想到，各种文化以不同的方式使用时间会引起某些问题，正如有些学者陈述的那样：“两个不同文化背景的人以‘不同的’方式使用时间，可能会造成彼此之间的误会、误解，甚至产生恶意。”[186]一种文化的时间观可以从三个不同的角度来分析：（1）非正式时间；（2）对过去、现在和未来的观点；（3）霍尔的单维时间模式和多维时间模式。

● 非正式时间

准时

在多数情况下，非正式时间规则，如准时和节奏，并不是明确地教授的，如文化的大多数特性一样，这些规则通常在人们没有意识到的情况下悄悄地发挥作用。人们在守时准则上存在着文化差异，下面这段话阐述了这一观点：

> 多么迟才算“迟”呢？这中间存在着巨大的差异。在英国和美国，赴商业性约会你可以迟到 5 分钟，但不可以迟到 15 分钟，更不能迟到 30 分钟。而在阿拉伯国家，迟到 15 分钟到 30 分钟是完全正常的。在英国，应邀赴宴可以迟到 5 分钟到 15 分钟。意大利人赴宴则可能迟到两个小时，埃塞俄比亚人也许两小时以后才到，而日本人也许根本就不去赴宴了——当时接受邀请只是为了给主人一个面子。[187]

对守时准则的反应根源于人们的文化经历。在美国，我们都知道，老板参加会议迟到了，其他人丝毫不会感到惊讶，而秘书迟到，就会受到责怪——人们要给予严厉的一瞥。对于摇滚明星或医生，人们会等的时间久一点，但热身乐队和餐厅服务员最好要准时。在拉丁美洲，迟一点赴约表示尊敬。事实上，在智利，人们甚至认为准时参加社交活动是粗鲁的表现。[188]西班牙也有同样的时间观念。莱维斯表示，在西班牙有一种信念，认为“准时会扰乱程序”[189]。在非洲，人们“赴约、出席会议和社交活动总要迟一些去”[190]。尼日利亚甚至有这样的说法：“不是手表发明了人。”这两种拖延时间的观点在德国人看来却是粗鲁无礼的行为。霍尔夫妇说：“在德国，准时是理所当然的，事实上，德国人对守时简直达到了痴迷的程度。”[191]

节奏 221

我们通过仔细观察人们做事的节奏就可以知道这些人之所在文化对待时间的态度。美国人由于生活节奏快看上去总是匆匆忙忙的。金观察说：“生命处于永恒的运动中，除非做些事，否则时间就会浪费掉或失去。”[192]快餐店、一站式加油站、微波炉等这些便利条件有利于人们快速做完事情，正如安德森和王（Andersen and Wang）指出的那样：“在美国，时间被视为商品，是一种可以被浪费掉、花费掉，也可以节省下来聪明地使用的商品。”[193]对待时间的这种态度表明美国人要快速地做完事情。美国人一直在不停地研制速度更快的电脑、汽车。美国人听着别人告诉他们“不要浪费那么多的时间”和“行动胜于雄辩”这类话语长大，这是大多数美国人对待时间的态度。其他文化，由于人们对待时间的态度不同于美国人，因而其节奏也不同于美国。“法国人不像美国人那么急于完成任务。”[194]中国和日本的时间观与美国的格格不入。中国有句谚语就是例子：“步子疾，体面失。”布瑞斯林以日本文化为例，阐述了节奏在谈判过程中是如何得以反映的：

> 在和日本人谈判时，美国人喜欢开门见山、直入主题。他们的社会文化让他们相信“时间就是金钱”。他们可以接受大约15分钟的关于天气、旅行、棒球之类的寒暄，但是超过15分钟就不合情理了。而日本人很想了解其生意伙伴，其中最好的办法就是与美国的生意伙伴海阔天空地长谈。日本人乐于几个小时甚至成天地交谈。[195]

然而，印度尼西亚人是另一种节奏缓慢的群体。他们认为时间之池无边无际。哈里斯和莫兰表示：“在印度尼西亚甚至有一个短语描述这种时间观，即‘橡皮时间’，时间既可以延伸也可以收缩，因而富有弹性。”[196]在拉丁美洲也有一种时间观，在此指导下人们做事的节奏远远慢于美国人。在这两种文化中，人们相信“总是存在另一天”。在非洲，缓慢即为规则。“匆匆忙忙的人会被认为有行骗之嫌疑。”[197]

我们在其他地方已经提到，非语言行为与文化的宗教和价值取向直接相关。这一点在阿拉伯文化中可以得到验证。我们在第3章谈论伊斯兰教时看到，大多数阿拉伯人相信他们的归宿由命运来决定。阿拉伯人将时间与生活节奏相联系的模式，下面这段话很好地予以说明了。指出：

> 在整个阿拉伯世界，对时间和截止日期漠不关心：生活节奏比西方更加悠闲自得，社交活动和约会一般没有固定的开始和结束时间。[198]

对节奏的阐述形式多种多样。例如，一项研究指出，连人们走路的步速也反映了文化的时间观。英国人和美国人走路要比中国台湾人和印度尼西亚人快得多。[199]

222 **● 过去、现在和未来**

究竟一种文化是如何看待过去、现在和未来的这个问题，我们在第5章介绍文化价值观时已经讨论过，现在再来回顾一下其中一些研究成果，进而了解时间不仅与文化价值观有关，同时也与非语言交流密不可分。

过去取向

正如“过去”这个词所示，带有这种取向的文化十分注重过去，将过去发生的事作为衡量现在的人和事的标准。里奇满、麦克罗斯基和佩恩很好地总结了过去如何影响着对现在的理解这一现象：“有以过去为导向理念的文化，会借古喻今。在这样的群体里，人们尊敬年长者，听取长者对过去的客观评判。”[200]前面已经提到，明白了一种文化是以过去为导向的这一特点，可以帮助我们深入了解这一文化中人们看待世界和其他文化群体的方式。如英国文化，强调传统，反对变化。在英国，当有人问起君主政体是怎么回事时，你常听到的答复是“我们一直都这样做”。中国人和日本人有着崇拜祖先的传统和对几千年悠久文化的强烈自豪感，也是以史为鉴，用过去指导现在的文化典范。中国有句谚语说明了这一点：“思古可以知今。”爱尔兰人以及爱尔兰裔美国人也颇以其过去为豪，也是以过去为导向文化的一种。正如威尔森所说：“爱尔兰裔美国人，带有强烈的传统意识，是典型的过去导向型。他们忠于过去，忠于其祖先，忠于其历史。过去经常是爱尔兰人故事的焦点。”[201]美国印第安部落也是一个以过去为导向的群体。

> 美国印第安部落是不以未来为导向的民族，他们很少计划未来，因为他们认为许多事非他们可以掌控，并且可能对未来造成影响或者改变未来。事实上，纳瓦霍语言中没有将来时态动词。时间被视为是变化不居的或者是人们无法控制的东西，总是随个人而异。因此，为将来做计划是愚蠢的行为。[202]

现在取向

在这种时间取向的文化中，过去不及现在重要。持现在取向观的人们认为将来模糊不清、变化无常。菲律宾人和拉丁美洲人属于这种文化群体，他们强调享受现世的生活。这类文化比其他文化行事更加贸然冲动，生活方式更加随意轻松。墨西哥裔美国人的文化也是“注重现在，对待时间的态度更加随意灵活”[203]。基于此，“与其花费时间陪伴朋友，不如注重高质量的人际关系更重要”[204]。这种时间观经常会将关注现在误解为懒惰和效率低下的表现。

来来取向

在未来取向的文化中，人们非常重视将要发生的事情。变化、把握机会和乐观主义是未来取向文化观基本特征的组成部分。绝大多数美国人属于这一类。整个美利坚民族都在不停地筹划未来，大人给小孩们玩的玩具（布娃娃、小汽车、枪等）都在为孩子们进入成年做准备。许多人迫不及待地做完手头的事情，以便去做其他的事情。在我们讨论节奏时已经看到，着眼于未来的人很难容忍拖延或推迟。想要做的事情现在就做，这样就可以处理好这件事情，去做下面的事情。此外，未来取向的文化崇尚创新和变化，“较少关注过去的社会或组织机构的那些风俗传统”[205]。

223 如同非语言交流的所有特点，时间取向上的明显不同会造成交流中出现差异。通过下面这则对话，我们可以发现三种不同的时间导向的观点。

> **过去导向：**为什么不看一看五年前我们与一家日本公司类似的兼并是多么成功呢？
>
> **现在导向：**等一等，五年前我们做了什么并不重要，关键是我们现在要做什么。
>
> **未来导向：**仅仅担心现在进展如何是目光短浅。要想让公司赚钱，我们需要考虑这次兼并对公司的将来意味着什么。

● 单维时间（M-time）和多维时间（P-time）

对于时间这种交流形式，人类学家爱德华·霍尔提出了另一种分类法。霍尔提出，文化以如下两种方式中的一种安排时间：单维时间或是多维时间。[206]霍尔的分类法代表了两种截然不同的时间观。

单维时间

单维时间，顾名思义，是视时间为线性的、可分割的。具体地说，“单维时间观相信时间是一种稀缺资源，人们必须通过合理计划、约定，通过一次瞄准一件事情来对其进行合理分配、严格控制。”[207]诺汶格在总结文化的单维特征时说道：“单维文化，是对时间预先进行线性、按序安排，具有理性，排除自发性，一次只集中精力完成一件事情。”[208]当然，具有这种导向的文化一般推崇准时、严密组织，主张精明有效地使用时间。英国自然主义者达尔文（Charles Darwin）的观点与此不谋而合，他写道：“如果他胆敢浪费一个小时，那说明他还没有发现生命的价值。”时钟记录了你必须工作的时间，校园钟声让你上了一节课又一节课，日历上标明了你生活中的重要日子和重大事件。

单维时间是德国人、奥地利人、瑞士人和美国人的时间观念特征。霍尔解释说：“西方世界的人们，尤其是美国人，往往认为天定时间，时间存在于我们周围，我们无法逃避时间，它是环境的无处不在的一个组成部分，同我们呼吸的空气一样。”[209]根据托姆皮纳斯和汉普登·特纳的观察，在商务环境里你会看到持单维时间顺序观的人们是如何提前制作计划的，他们不会迟到，“非常喜欢按照开始制订好的计划办事”[210]。

多维时间

来自多维时间文化的人们的生活截然不同于来自单维时间文化的人们。人和人际关系被置于多维时间文化的中心，正如史密斯和邦德指出的，“多维时间观视维护和谐关系为首要重任，因此应该灵活机动地使用时间，这样便于我们合情合理地顾及我们应该关照的人”[211]。这类文化通常为 224
集体性的。对多维时间的文化来说，时间是看不见、摸不着的，因此浪费时间之感也就不像单维时间文化中那么明显。多维时间文化的人们可以同时与多人打交道，同时干几件事情。甘农在谈土耳其文化时提到的一个例子可以很好地说明多维时间的多维特性：“‘多维性’是土耳其人具有同一时间可以关注工作上、家庭中或咖啡厅里几件不同事情的能力的最好描述。”[212]瑞塞认为这种多维时间观“解释了为什么来自阿拉伯、亚洲和拉丁美洲文化的人们在谈话中会有更多打断、插话的情况”[213]。非洲文化也重视眼前发生的事情，更加强调人而不是日程安排。里奇满和盖斯特林写道："非洲人界定时间是以事件而不是以钟表或日历。"[214]"在非洲人看来，同他们在一起的人比不在场的人更重要。"[215]当然，这会让外来人觉得他们率性而为、生活没有定律。

美国国内，群体文化的时间观与主导文化的时间观大不相同。墨西哥裔美国人经常说到"拉美时间"，他们的计时方式与主导文化不同。夏威夷的波利尼亚文化采用"夏威夷时间"[216]，这是一种轻松的时间观，反映了土著夏威夷人不拘小节的生活方式。萨摩亚群岛中，有种叫作"椰子时间"的时间观，这种观点认为不必去摘椰子，因为椰子到时候自然会掉下来。非裔美国人常常使用"BPT"（黑人时间）或"松懈时间"[217]。这种时间观根源于非洲的多维时间文化，对正在发生的事情常给予优先考虑，诸如"喂，怎么回事"这样的话语反映了此时此地的重要性。

表 7—1 是霍尔夫妇总结出的单维时间和多维时间的基本特点，他们高度浓缩了我们这里提到的许多概念并将其转换为具体的行为。

表 7—1　　单维时间文化与多维时间文化比较

单维时间观人	多维时间观人
一次只干一件事	同时干多件事
专注于工作	工作时易于分心、易受干扰
严格对待时间规定（截止日期、日程安排）	认为可能的话，时间规定只是需要达到的目标
情境影响性低，需要信息	情境影响性高，已经拥有信息
忠于职守	关心人和人际关系
按计划行事	经常而且轻易改变计划
尽量不打扰别人，遵循私密规则	更加关心的是与自己关系亲密的人（家人、朋友、亲密的生意伙伴），而不是注意私密性
高度尊重私人财产，很少借入或借出	经常性且轻易借入借出
强调及时性	在保持关系的基础上再考虑及时性
习惯于建立短期关系	倾向于追求建立终生关系

资料来源：Edward T. Hall and Mildred Reed Hall, *Understanding Cultural Differences: Germans, French, and Americans* (Yarmouth, ME: Intercultural Press, 1990), 15.

沉默 225

非洲有句谚语说："沉默也是话语。"我们认为，沉默能够传递交流场合中的一些非语言信息。若仔细观察便会发现，古典作曲家巧妙地安排管弦乐曲中的间隔，恰当地使用沉默，使这些紧接其后的沉默在表现形式上形成了鲜明的对比效果。沉默确实是一种强有力的信息。有个故事讲了美国哲学家爱默生同英国著名作家卡莱尔（Thomas Carlyle）在沉默中"交谈"了数小时的逸事。故事中，爱默生旅欧期间与他的偶像卡莱尔见面。爱默生说，他们俩默默地坐了几个小时，分别时，双方都热情道别，并对富有成果的会面互相道贺。

沉默对人际交流产生影响是通过在交流中稍加停顿，给参与者时间去思考，去检验或压制情感，去编制很长的答复内容或开始一个新的话题。沉默也有助于反馈信息——在整个交流过程中，告知交谈双方某个意思是否表达清楚，或者提示双方某个问题的重要性。沉默可以解释为同意、缺乏兴趣、感情受到伤害或者是一种轻蔑。沉默也可以超越言语渠道，揭示话语中的隐含内容。沉默作为一种解释正在进行的言语交流方式，其跨文化含义同其他非语言信息一样，也是多种多样的。

> 何时讲话、何时保持沉默或某个具体的沉默是何意义等问题都存在着广泛的跨文化差异。“你愿意嫁给我吗？”回答这一问题时，在英语中，沉默表示犹豫不决；在日语中，沉默可以理解为接受。对伊卜人（Igbo）来说，如果女方仍然站在那里不动就表示拒绝，如果她跑开则表示接受。[218]

了解各种文化如何使用沉默，是任何一个跨文化交流人员的必备知识。

> 语言和文化能力的基本构成成分之一，就是知道在某一具体场合什么时候不能说话。因此，弄明白在什么时候、什么地方保持沉默，以及沉默的意思是什么，就是认清楚了该地人们交流的基本模式。[219]

沉默并非美国主导文化中多数人生活的重要部分。谈话、看电视、听音乐和从事各种有声活动使我们远离沉默。许多研究指出，大多数美国人认为，谈话是一个重要的活动，事实上他们很喜欢谈话。[220]比摩尔和凡勒指出，美国人“经常会觉得有责任引起话题或者使谈话继续下去，即使是陌生人也不例外”[221]，其原因是，他们认为沉默是对别人不注意、缺乏兴趣的表现。其他一些文化对谈话也有类似的积极肯定的观点。刘易
226 斯指出，在商务环境中，“对商业建议保持沉默，在美国、德国、法国、欧洲南部国家和阿拉伯国家的执行总裁看来就是否定的意思”[222]。崇尚社交的民族（犹太族、意大利人、法国人、阿拉伯人，等等）和他们看待、使用沉默的观点之间似乎有一定的关系。实际上，这些民族推崇谈话。希腊人确信，与人为伴、与人交谈是幸福生活的标志。这些民族根本不提及独处、沉默等概念，倒是在历史和文学作品中处处可见华丽的辞藻和精美的对话。产生亚里士多德、柏拉图、苏格拉底的文化绝不认为沉默这种交流方式有魅力，这与崇尚寂静平和环境的文化形成了鲜明的对比。现在，我们看一下沉默的几种文化差异，以便更好地了解沉默是如何影响交流结果的。

第一，东方传统中的沉默观与西方的截然不同。东方人与他人在一起时，不会因为没有说话声而感到不安，也不必想尽办法来避免话语间断。许多东方传统的观念都认为，话语破坏了一种氛围，那种内在的平静和智慧只有通过沉默才能够获得。巴恩伦德这样认识佛教：“佛教的信条之一是话语具有欺骗性，无声的直觉才是面对世界的更真实的方式；通过话语进行的思想与思想的交流不如凭直觉把握事物而进行的心与心的交流来得可靠。”[223]佛教教导说，真实的东西说出来就不真实了。中国哲学家孔子对沉默持有相似的观点。对于许多亚洲人来说，沉默常常是避免冲突的一种方式。“许多亚洲人，当个人在某一具体问题上不能接受别人的态度、看法或思维方式时，典型的做法就是拒绝再说下去。”[224]

日本文化中的沉默是非常复杂的，其原因是沉默的用途很多。第一，在家庭成员中，沉默实际上是一种交流方式。下面这个例子很有趣，解释了日本人如何利用沉默取代话语。

> 当人们说“父母和孩子之间没有交流”时，这是美国人的看法。在日本，父母和子女之间不需要言语交流。在脸上瞥上一眼，回看一下，这就够了，意思就明白了。[225]

第二，沉默经常与信用联系在一起，也就是说，沉默的人经常被看作比说话多的人信誉更高。有研究者解释这一点时说：“人们信任沉默的人，认为他们诚实、真诚、坦率。沉默是一种积极的状态，说话则是拖延的借口。”[226]日本人还使用沉默来避免冲突和尴尬。[227]日本有很多谚语也反映了日本人的这种沉默观，如“被打中的总是爱呱呱叫的鸭子”，“话语多内容少”，“花朵不说话”，“嘴是用来吃饭的，不是用来说话的”，等等。把这些谚语和美国的谚语“吱吱叫的车轮有油润”比较，不难想象，两种风格迥异的人们走到一起时，沉默会产生什么样的交流问题。在美、日商业谈判中，对同一段时间的沉默，两国人会产生

不同的理解，日本人利用这段时间“考虑美国人的提案，而美国人则以为日本人是在拒绝自己的提案”[228]。

沉默在印度文化中起着重要的作用。印度人认为：“自我实现、拯救、真理、智慧、和平和幸福，都是在沉思内省中即内部交流中获得的。”[229]能想得到，完成这些事情你不得不保持安静，避免说话。

227 许多斯堪的那维亚文化，像亚洲文化一样，其沉默观不同于美国主导文化中的沉默观。例如，在芬兰、瑞典、丹麦和挪威，沉默表示感兴趣和思考。实际上，你的沉默意思是告诉对方继续说下去。[230]

在沉默的运用上，美国的一些群体文化也和主导文化不同。许多美国土著人认为，沉默，不说一个字，是伟人的标志。著名印第安领袖约瑟夫酋长（Chief Joseph）曾说：“真理的表白不在话语的多少。”在讨论沉默对美国印第安人的意思时，有学者说道：“就这种群体文化而言，沉默造就了人的基本性格以及自制、勇气、耐心和尊严等品质。”[231]美国印第安人用沉默来表示对权威、长者和智者的尊敬。在纳瓦霍人中，如果有人被问及一个问题时没有沉默，而是立即作答的话，这个人就会被认为不成熟。[232]在社交场合，如美国本地人遇到了陌生人、处于哀悼期间、与特别生气的人打交道或者与一位离开很长时间的朋友打招呼等，要求沉默，这是规则。[233]

基于上述讨论，我们应该明确两点。首先，不要认为只有通过谈话才能进行交流。美国作曲家约翰·凯芝（John Cage）说：“没有空洞的空间或者空白的时间，总有可看可听的东西。实际上，不管我们多么努力地保持沉默，总是徒劳无功的。”其次，鉴于这种交流形式存在着文化差异，你应当明白不同的文化对谈话、杂音和沉默有着不同的看法。在跨文化交流中，这些知识可以帮助你摆脱焦虑，避免种族中心主义。

概　要

◉ 我们根据别人的非语言行为对他们及其情感状态做出重要的判断和决定。

◉ 非语言交流是具有文化性的。

◉ 非语言交流涵盖了某种交流情境下的所有非语言刺激因素，这些刺激因素是通过信源及其对环境的利用产生的，并且对信源和信宿都具有潜在的信息价值。

◉ 非语言信息可能是有意的，也可能是无意的。

◉ 非语言交流具有五项基本功能：重复、补充、替代言语行为、调控、与某个交流事件冲突。

◉ 非语言行为很少孤立出现。

◉ 非语言交流与文化的相似性在于二者都是可习得的，二者都可代代相传，二者都有意思相同的部分。

◉ 研究非语言行为可以帮助我们发现文化中暗含的态度和价值观。

◉ 研究非语言行为也有助于我们消除自身的种族中心主义。

◉ 你的身体是非语言信息的主要来源。这些信息通过外表、服饰、身体动作（身体语言学）、面部表情、目光接触、触摸和副语言等传达出来。

◉ 文化差异体现在对个人空间、座位安排和家具摆放的看法和使用上。

◉ 了解一种文化的时间观，是通过了解这种 228
文化中人们看待非正式时间、过去、现在和将来的方式以及他们的时间取向是单维还是多维而进行的。

◉ 沉默的使用因文化而异。

【注 释】

[1] D. C. Barnlund，*Interpersonal Communication：Survey and Studies*（Boston：Houghton Mifflin，1968），536-537.

[2] M. L. Knapp and J. A. Hall，*Nonverbal Communication in Human Interaction*，5th ed. （Belmont，CA：Wadsworth，2002），230.

[3] J. K. Burgoon，D. B. Buller，and W. G. Woodall，*Nonverbal Communication：The Unspoken Dialogue*（New York：Harper and Row，1989），9-10.

[4] N. Pauronit，"The Role of Verbal/Nonverbal Cues in the Formation of First Impressions of Black and White Counselors，" *Journal of Counseling Psychology*，29（1982），371-378.

[5] L. K. Guerrero，J. A. DeVito，and M. L. Hecht，*The Nonverbal Communication Reader：Classic and Contemporary Readings*，2nd ed.（Prospect，IL：Waveland Press，1999），9.

[6] E. Goffman，*The Presentation of Self in Everyday Life*（New York：Doubleday，1957），2.

[7] L. A. Malandro and L. L. Barker，*Nonverbal Communication*（Reading，MA：Addison，Wesley，1983），13-15；see also P. Ekman and W. Friesen，"The Repertoire of Nonverbal Behavior：Categories，Origins，Usage and Coding，" *Simiotica*，1（1969），49-98，and M. L. Knapp and J. A. Hall，2002，12-18.

[8] J. T. Wood，*Communication Mosaics：A New Introduction to the Field of Communication*（Belmont，CA：Wadsworth，1998），105.

[9] S. Osborn and M. T. Motley，*Improving Communication*（Boston：Houghton Mifflin，1999），50.

[10] L. Beamer and Iris Varner，*Intercultural Communication in the Global Workplace*（New York：McGraw-Hill，2001），160.

[11] J. K. Burgoon，D. B. Buller，and W. G. Woodall，*Nonverbal Communication：The Unspoken Dialogue*，2nd ed.（New York：McGraw-Hill，1996），5.

[12] P. C. Rosenblatt，"Grief in Small-Scale Societies，" in *Death and Bereavement Across Cultures*，C. M. Parks，P. Laungani，and B. Young，eds.（New York：Routledge，1997），36.

[13] B. Vlandenabeele，"The Need for Essences：On Non-verbal Communication in First Inter-Cultural Encounters，" *South African Journal of Philosophy*，21（2002），1.

[14] E. T. Hall，*The Silent Language*（New York：Fawcett，1959），10.

[15] P. Andersen，"Cues of Culture：The Basis of Intercultural Differences in Nonverbal Communication，" in *Intercultural Communication：A Reader*，9th ed.，L. A. Samovar and R. E. Porter，eds.（Belmont，CA：Wadsworth，2000），258.

[16] Andersen，2000.

[17] P. Ekman and W. Friesen，*Unmasking the Face：A Guide to Recognizing Emotions from Facial Expressions*（Englewood Cliffs，NJ：Prentice Hall，1975）. Also see P. Ekman，R. Sorenson，and W. V. Friesen，"Pan-Cultural Elements in Facial Displays of Emotion，" *Science*，64（1969），86-88.

[18] Burgoon，Buller，and Woodall，1996，23.

[19] J. J. Macaronis，*Society：The Basics*，4th ed.（Upper Saddle River，NJ：Prentice Hall，1998），92.

[20] V. P. Richmond，J. C. McCracken，and S. K. Payne，*Nonverbal Communication in Interpersonal Communication*，2nd ed.（New Jersey：Prentice Hall，1991），13.

[21] C. E. Keating. "World without Words：Message from Face and Body，" in *Psychology and Culture*，W. J. Lonner and R. S. Malpass，eds.（Boston：Allyn and Bacon. 1994），175.

[22] P. A. Andersen，*Nonverbal Communication：Forms and Functions*（Mountain View，CA：Mayfield，1999），31.

[23] "Obesity：A Heavy Burden Socially，" *San Diego Union-Tribune*，September 30，1993，A14.

[24] J. Berg and K. Piner，"Social Relationships and the Lack of Social Relationships，" in *Personal Relationships and Support*，S. W. Duck and R. C. Silver，eds.（London：Sage，1990），104-221.

[25] B. D. Ruben，*Communication and Human Behavior*，3rd ed.（Englewood Cliffs，NJ：Prentice Hall，1992），213.

[26] L. A. Vazquez, E. Garcia-Vazquez, S. A. Bauman, and A. S. Sierra, "Skin Color, Acculturation, and Community Interest Among Mexican American Students: A Research Note," *Hispanic Journal of Behavioral Sciences*, 19 (1997), 337.

[27] T. Novinger, *Intercultural Communication: A Practical Guide* (Austin, TX: University of Texas Press, 2001), 73.

[28] Knapp and Hall, 2002, 200.

[29] G. E. Codina and F. F. Montalvo, "Chicano Phenotype and Depression," *Hispanic Journal of Behavioral Sciences*, 16 (1994), 296-306.

[30] F. Keesing, *Cultural Anthropology: The Science of Custom* (New York: Holt, Rinehart, and Winston, 1965), 203.

[31] G. Griffen, "Laser Treatments Remove Immigrants' Tattoos, Stigma," *San Diego Union-Tribune*, June 26, 2001, E-7.

[32] H. W. Gardiner and C. Kosmitzki, *Lives Across Cultures: Cross-Cultural Human Development*, 2nd ed. (Boston: Allyn and Bacon, 2002), 145.

[33] Gardiner and Kosmitzki, 2002, 146.

[34] Y. Richmond and P. Gestrin, Into *Africa: Intercultural Insights* (Yarmouth, ME: Intercultural Press, 1998), 45.

[35] H. Wenzhong and C. L. Grove, *Encountering the Chinese* (Yarmouth, ME: Intercultural Press, 1991), 135.

[36] M. S. Remland, *Nonverbal Communication in Everyday Life* (New York: Houghton Mifflin, 2000), 113.

[37] Remland, 2000, 113-114.

[38] R. B. Adler and G. Rodman, *Understanding Human Communication*, 8th ed. (New York: Oxford University Press, 2003), 171.

[39] N. Joseph, *Uniforms and Nonuniforms: Communication Through Clothing* (New York: Greenwood Press, 1986), 1.

[40] N. Dresser, *Multicultural Manners* (New York: Wiley, 1996), 58.

[41] M. I. Al-Kaysi, *Morals and Manners in Islam: A Guide to Islamic Arab* (London: The Islamic Press, 1986), 84.

[42] T. Gochenour, *Considering Filipinos* (Yarmouth, ME: Intercultural Press, 1990), 59.

[43] E. T. Hall and M. R. Hall, *Understanding Cultural Differences: Germans, French and Americans* (Yarmouth, ME: Intercultural Press, 1990), 53.

[44] W. V. Ruch, *International Handbook of Corporate Communication* (Jefferson, NC: McFarland, 1989), 166-167.

[45] E. McDaniel, "Nonverbal Communication: A Reflection of Cultural Themes," in *Intercultural Communication: A Reader*, 9th ed., L. A. Samovar and R. E. Porter, eds. (Belmont, CA: Wadsworth, 2000), 274.

[46] Ruch, 1989, 242.

[47] S. M. Torrawa, "Every Robe He Dons Becomes Him," *Parabola* (Fall, 1994), 21.

[48] Torrawa, 1994, 25.

[49] S. P. Morreale, B. H. Spitzberg, and J. K. Barge, *Human Communication: Motivation, Knowledge and Skills* (Belmont, CA: Wadsworth/ Thomson Learning, 2001), 125.

[50] S. Ishii, "Characteristics of Japanese Nonverbal Communication Behavior," *Communication*, 2 (1973), 163-180.

[51] R. Cooper and N. Cooper, *Culture Shock: Thailand* (Portland, OR: Graphic Arts Center, 1994), 14.

[52] G. Kolanad, *Culture Shock: India* (Portland, OR: Graphic Arts Center, 1997), 114.

[53] Novinger, 2001, 64.

[54] G. Ness, *Germany: Unraveling An Enigma* (Yarmouth, ME: Intercultural Press, 2000), 93.

[55] D. C. Thomas and K. Inkson, *Cultural Intelligence* (San Francisco: Berrett-Koehler Publishers, 2004), 114.

[56] Remland, 2000, 229.

［57］ Ruch，1989，279.

［58］ Cooper and Cooper，1994，22-23.

［59］ For a more detailed account of posture and other nonverbal differences between males and females，see P. A. Andersen，1999，106-129；L. P. Arliss，*Gender and Communication*（Englewood Cliffs，NJ：Prentice Hall，1991），87；J. A. Doyle and M. A. Paludi，*Sex and Gender：The Human Experience*，2nd ed.（Dubuque，IA：Wm. C. Brown，1991），235；J. C. Pearson，R. L. West，and L. H. Turner，*Gender and Communication*，3rd ed.（Dubuque，IA：Wm. C. Brown，1995），126；L. P. Steward，P. J. Cooper，and S. A. Friedley，*Communication Between the Sexes：Sex Differences and Sex Role Stereotypes*（Scottsdale，AZ：Gorsuch Scarisbrick，1986），75；J. T. Wood，*Gendered Lives：Communication，Gender and Culture*，6th ed.（Belmont，CA：Wadsworth，2005），138.

［60］ M. L. Hecht，M. J. Collier，and S. A. Ribeau，*African American Communication：Ethnic Identity and Cultural Interpretation*（Newbury Park，CA：Sage Publications，1993），102.

［61］ *San Diego Union-Tribune*，May 20，1992，D4.

［62］ Thomas and Inkson，2004，115.

［63］ Dresser，1996，19.

［64］ R. G. Harper，A. N. Wiens，and J. D. Matarazzo，*Nonverbal Communication：The State of the Art*（New York：Wiley，1978），164.

［65］ E. W. Lynch and M. J. Hanson，*Developing Cross-Cultural Competence*，2nd ed.（Baltimore，MD：Paul H. Brookes，1998），74.

［66］ A. Falassi and R. Flower，*Culture Shock：Italy*（Portland，OR：Graphic Arts Center，2000），42.

［67］ *Handbook for，Teaching Korean-American Students*（Sacramento，CA：California Department of Education，1992），95.

［68］ M. K. Nydell，*Understanding Arabs*（Yarmouth，ME：Intercultural Press，1987），46.

［69］ Lynch and Hanson，1998，74.

［70］ R. D. Lewis，*When Cultures Collide：Managing Successfully Across Cultures*（London：Nicholas Brealey，1999），135.

［71］ Falassi and Flower，2000，42.

［72］ J. W. Berry，Y. H. Poortinga，M. H. Segall，and P. R. Dasen，*Crosscultural Psychology：Research and Applications*（New York：Cambridge University Press，1992），87-88.

［73］ T. Novinger，*Communicating with Brazilians*（Austin，TX：University of Texas Press，2003），173.

［74］ J. K. Winter，*Cultures of the World：Chile*，2nd ed.（New York：Benchmark Books，1994），52.

［75］ Beamer and Varner，2001，166.

［76］ M. Kim，"A Comparative Analysis of Nonverbal Expression as Portrayed by Korean and American Print-Media Advertising，" *Howard Journal of Communications*，3（1992），321.

［77］ R. D. Lewis，1999，138.

［78］ Ruch，1989，191.

［79］ See P. A. Andersen，1999，118；Pearson，West，and Turner，1995，127.

［80］ Hecht，Collier，and Ribeau，1993，112.

［81］ M. Patterson，"Evolution and Nonverbal Behavior：Functions and Mediating Processes，" *Journal of Nonverbal Behavior*，3（2003），205.

［82］ Keating，1994，181.

［83］ D. G. Leathers，*Successful Nonverbal Communication：Principles and Applications*，2nd ed.（New York：Macmillan，1992），32.

［84］ F. Davis，*Inside Intuition*（New York：Signet，1975），47. See also Ray L. Birdwhistell，*Kinesics and Context*（Philadelphia：University of Pennsylvania Press，1970）.

［85］ Ekman，"Face Muscles Talk Every Language，" *Psychology Today*，September 1975，35-39. Also see P. Ekman，W. Friesen，and P. Ellsworth，*Emotion in the Human Face：Guidelines for Research and an Integration of the Findings*

(New York: Pergamon Press, 1972); Berry, Poortinga, Seagall, and Dasen, 1992, 81-86.

[86] Andersen, 1999, 35.

[87] R. E. Porter and L. A. Samovar, "Cultural Influences on Emotional Expression: Implications for Intercultural Communication," in *Handbook of Communication and Emotion: Research, Theory Applications, and Contexts*, P. A. Andersen and L. K. Guerrero, eds. (San Diego, CA: Academic Press, 1998), 454.

[88] D. Matsumoto, *Unmasking Japan: Myths and Realities About the Emotions of the Japanese* (Stanford, CA: Stanford University Press, 1996), 54.

[89] Matsumoto, 1996, 18-19.

[90] Kim, 1992, 321.

[91] Wenzhong and Grove, 1991, 116.

[92] R. E. Kruat and R. E. Johnson, "Social and Emotional Messages of Smiling," in *The Nonverbal Communication: Classic and Contemporary Reading*, 2nd ed., L. K. Guerro, J. A. De Vito, and H. L. Hecht, eds. (Prospect Heights, IL: Waveland Press, 1999), 75.

[93] Nees, 2000, 93.

[94] E. R. McDaniel, "Japanese Nonverbal Communication: A Review and Critique of Literature," paper presented at the Annual Convention of the Speech Communication Association, Miami Beach, FL, November 1993.

[95] Matsumoto, 1996, 54.

[96] Dresser, 1996, 21.

[97] Cooper and Cooper, 1994, 18.

[98] Remland, 2000, 193.

[99] Pearson, West, and Tumer, 1995, 123.

[100] "The Evil Eye: A Stare of Envy," *Psychology Today*, December 1977, 154.

[101] M. E. Zuniga, "Families with Latino Roots," *Developing Cross-Cultural Competence*, 2nd ed., E. W. Lynch and M. J. Hanson, eds. (Baltimore, MD: Paul H. Brookes, 1998), 231.

[102] J. H. Robinson, "Communication in Korea: Playing Things by Ear," in *Intercultural Communication: A Reader*, 9th ed., L. A. Samovar and R. E. Porter, eds. (Belmont, CA: Wadsworth, 2000), 74.

[103] D. Leathers, *Successful Nonverbal Communication: Principles and Applications* (New York: Macmillan, 1986), 42.

[104] Remland, 2000, 274-275; also see T. K. Gamble and M. W. Gamble, *Contacts: Interpersonal Communication in Theory, Practice and Context* (New York: Houghton Mifflin, 2005), 184.

[105] P. A. Andersen and H. Wang, "Unraveling Culture Cues: Dimensions of Nonverbal Communication Across Cultures," in *Intercultural Communication: A Reader*, 11th ed., L. A. Samovar and Richard E. Porter, eds. (Belmont: Wadsworth, 2006), 250-266.

[106] H. Triandis, *Culture and Social Behavior* (New York: McGraw-Hill, 1994), 198.

[107] E. W. Lynch, "From Culture Shock to Cultural Learning," in *Developing Cross-Cultural Competence: A Guide for Working with Young Children and Their Families*, E. W. Lynch and M. J. Hanson, eds. (Baltimore, MD: Paul H. Brookes, 1992), 19-33.

[108] K. S. Verderber and R. F. Verderber, *Inter-Act: Interpersonal Communication Concepts, Skills, and Context*, 9th ed. (Belmont, CA: Wadsworth, 2001), 140.

[109] H. Morsbach, "Aspects of Nonverbal Communication in Japan," in *Intercultural Communication: A Reader*, 3rd ed., L. A. Samovar and R. E. Porter, eds. (Belmont, CA: Wadsworth, 1982), 308.

[110] Richmond, McCracken, and Payne, 1991, 301.

[111] Lewis, 1999, 137.

[112] Dresser, 1996, 22.

[113] Richmond and Gestrin, 1998, 88.

[114] J. Luckmann, *Transcultural Communication in Nursing* (Albany, NY: Delmar, 1999), 57.

[115] A. E Meleis and M. Meleis, "Egyptian-Americans," in *Transcultural Health Care : A Culturally Competent Approach*, L. D. Purnell and B. J. Paulanka, eds. (Philadelphia: E. A. Davis, 1998), 221.

[116] Lonner and Malpass, 1994, 180.

[117] Beamer and Varner, 2001, 163.

[118] Nees, 2000, 93.

[119] For a discussion of homosexual nonverbal communication, see J. P. Goodwin, *More Man than You'll Ever Be* (Indianapolis, IN: Indiana University Press, 1989).

[120] "Understanding Culture: Don' t Stare at a Navajo," *Psychology Today*, June 1974, 107.

[121] L. D. Purnell, "Mexican-Americans," in *Transcultural Health Care : A Culturally Competent Approach*, L. D. Purnell and B. J. Paulanka, eds. (Philadelphia: F. A. Davis, 1998), 400.

[122] Morreale, Spitzberg, and Barge, 2001, 127.

[123] For a more detailed account of gender differences in the use of eye contact and gaze, see P. A. Andersen, 1998, 106-128; M. L. Hickson and D. W. Stacks, *Nonverbal Communication : Studies and Applications*, 3rd ed. (Dubuque, IA: Brown and Benchmark, 1993), 20; D. K. Ivy and P. Backlund, *Exploring Gender Speak : Personal Effectiveness in Gender Communication* (New York: McGraw-Hill, 1994), 226; Remland, 2000, 158-159; J. T. Wood, *Gendered Lives : Communication, Gender and Culture* (Belmont, CA: Wadsworth, 1994), 164.

[124] D. C. Herberg, *Frameworks for Cultural and Racial Diversity* (Toronto, Canada: Canadian Scholars' Press, 1993), 48.

[125] J. D. Salinger, *The Catcher in the Rye* (New York: Grosset and Dunlap, 1945), 103.

[126] M. L. Knapp and J. A. Hall, *Nonverbal Communication in Human Interaction*, 3rd ed. (Fort Worth, TX: Harcourt Brace Jovanovich, 1992), 230.

[127] P. A. Andersen, 1999, 46-47.

[128] Ibid., 78.

[129] W. B. Gudykunst and Y. Y. Kim, *Communication with Strangers*, 4th ed. (New York: McGraw-Hill, 2003), 256.

[130] Dresser, 1996, 16.

[131] J. Condon, *Good Neighbors : Communicating with the Mexicans* (Yarmouth, ME: Intercultural Press, 1985), 60.

[132] C. Helmuth, *Culture and Customs of Costa Rico* (Westport, CT: Greenwood Press, 2000), 61.

[133] L. K. Matocha, "Chinese-Americans," in *Transcultural Health Care: A Culturally Competent Approach*, L. D. Purnell and B. J. Puulankal, eds. (Philadelphia: F. A. Davis, 1998), 184.

[134] D. Rowland, *Japanese Business Etiquette* (New York: Warner, 1985), 53.

[135] Adler and Rodman, 2003, 170.

[136] Morreale, Spitzberg, and Barge, 2001, 128.

[137] B. Bates, *Communication and the Sexes* (New York: Harper and Row, 1988), 62. See also Pearson, West, and Turner, 1995, 129; Wood, 1994, 162-163.

[138] Novinger, 2001, 66.

[139] Hecht, Collier, and Ribeau, 1993, 97. See also Burgoon, Buller, and Woodall, 1996, 230; Knapp and Hall, 2002, 293.

[140] Leathers, 1986, 138-139.

[141] V. P. Richmond, J. C. McCracken, and S. K. Payne, *Nonverbal Communication in Interpersonal Relations*, 2nd ed. (Englewood Cliffs, NJ: Prentice Hall, 1991), 94-109. See also M. L. Knapp and J. A. Hall, 2002, 386-402.

[142] Triandis, 1994, 202.

[143] Novinger, 2002, 183.

[144] Ruch, 1989, 191.

[145] Remland, 2000, 227.

[146] Cooper and Cooper, 1994, 31-32.

[147] Hecht, Collier, and Ribeau, 1993, 113.

[148] M. Houston, "When Black Women Talk with White Women: Why Dialogues Are Difficult," in *Our Voices: Essays in Culture, Ethnicity, and Communication*, 2nd ed., A. Gonzalez, M. Houston, and Victoria Chen, eds. (Los Angeles: Roxbury, 1997), 187-194.

[149] A. W. Siegman and S. Feldstein, *Nonverbal Communication and Behavior*, 2nd ed. (Hillsdale, NJ: Lawrence Erlbaum, 1987), 355.

[150] Pearson, West, and Turner, 1995, 131. See also Wood, 1994, 164-165; Ivy and Backlund, 1994, 162-163.

[151] M. Argye, "Nonverbal Vocalizations," in *The Nonverbal Communication: Classic and Contemporary Reading*, 2nd ed., L. K. Guerro, J. A. De Vito, and H. L. Hecht, eds. (Prospect Heights, IL: Waveland Press, 1999), 144.

[152] Al-Kaysi, 1996, 55.

[153] Lynch and Hanson, 1998, 26.

[154] L. Skow and L. Samovar, "Cultural Patterns of the Maasai," in *Intercultural Communication: A Reader*, 9th ed., L. A. Samovar and R. E. Porter, eds. (Belmont, CA: Wadsworth, 2000), 97.

[155] Richmond, McCracken, and Payne, 1991, 302.

[156] McDaniel, 1993, 18.

[157] E. T. Hall, *The Silent Language* (New York: Fawcett, 1959). See also Remland, 2000, 148-149.

[158] W. B. Gudykunst, S. Ting-Toomey, S. Sudweeks, and L. P. Steward, *Building Bridges: Interpersonal Skills for a Changing World* (Boston: Houghton Mifflin, 1995), 325.

[159] P. Andersen, "In Different Dimensions: Nonverbal Communication and Culture," in *Intercultural Communication: A Reader*, 10th ed., L. A. Samovar and R. E. Porter, eds. (Belmont, CA: Wadsworth, 2003), 239.

[160] Triandis, 1994, 201.

[161] Condon, 1985, 60.

[162] Ruch, 1989, 239.

[163] Richmond and Gestrin, 1998, 95.

[164] Hall and Hall, 1990, 38.

[165] M. J. Gannon, *Understanding Global Culture*, 2nd ed. (Thousand Oaks, CA: Sage Publications, 2001), 165.

[166] Ibid., 122.

[167] L. K. Matocha, 1998, 167.

[168] McDaniel, 2000, 274.

[169] N. Berkow, R. Richmond, and R. C. Page, "A Crosscultural Comparison of Worldviews: Americans and Fijian Counseling Students," *Counseling and Values*, 38 (1994), 121-135.

[170] F. E. Jandt, *An Introduction to Intercultural Communication: Identity in a Global Community*, 4th ed. (Thousand Oaks, CA: Sage Publications, 2004), 140.

[171] Chen and Starosta, 1998, 96.

[172] A. L. S. Buslig, "Stop Signs: Regulating Privacy with Environmental Features," in *The Nonverbal Communication: Classic and Contemporary Reading*, 2nd ed., L. K. Guerro, J. A. De Vito, and H. L. Hecht, eds. (Prospect Heights, IL: Waveland Press, 1999), 243.

[173] Hall and Hall, 1990, 91.

[174] Beamer and Varner, 2001, 175.

[175] McDaniel, 2000.

[176] L. A. Samovar, "Prostitution as a Co-Culture: Speaking Well for Safety and Solidarity, Part II," paper presented at the Western States Communication Association Convention, Vancouver, 1999.

[177] M. S. Remland, T. S. Jones, and H. Brinkman, "Interpersonal Distance, Body Orientation, and Touch: Effects of Culture, Gender and Age," *Journal of Social Psychology*, 135 (1995), 282.

[178] Leathers, 1986, 236. Also see Andersen, 1998, 115; Remland, 2000, 157-160; Richmond, McCracken, and

Payne, 1991, 132; Wood, 1994, 160-162; Pearson, West, and Turner, 1995, 121.

[179] L. A. Siple, "Cultural Patterns of Deaf People," *International Journal of Intercultural Relations*, 18 (1994), 345-367.

[180] N. Rapport and J. Overing, *Social and Cultural Anthropology: The Key Concepts* (New York: Routledge, 2000), 261.

[181] K. L. Egland, M. A. Stelzner, P. A. Andersen, and B. H. Spitzberg, "Perceived Understanding, Nonverbal Communication and Relational Satisfaction," in *Interpersonal Communication Process*, J. Aitken and L. Shedletskv, eds. (Annandale, VA: Speech Communication Association, 1997), 386-395.

[182] A. Gonzalez and P. G. Zimbardo, "Time in Perspective," in *The Nonverbal Communication: Classic and Contemporary Reading*, 2nd ed., L. K. Guerro, J. A. De Vito, and H. L. Hecht, eds. (Prospect Heights, IL: Waveland Press, 1999), 227.

[183] Lewis, 2000, 53.

[184] D. I. Ballard and D. R. Seibold, "Time Orientation and Temporal Variation Across Work Groups: Implications for Group and Organizational Communication," *Western Journal of Communication*, 64 (2000), 219.

[185] M. J. Gannon, *Understanding Global Culture*, 3rd ed. (Thousand Oaks, CA: Sage Publications, 2001), 216.

[186] Novinger, 2003, 160.

[187] M. Argyle, "Inter-cultural *Communication*," *in Cultures in Contact: Studies in Cross-Cultural Interaction*, Stephen Bochner'ed. (New York: Pergamon Press, 1982), 68.

[188] S. Roraff and L. Camacho, *Culture Shock: Chile* (Portland, OR: Graphic Arts Center Publishing, 1998), 131.

[189] Lewis, 2000, 56.

[190] Richmond and Gestrin, 1998, 108.

[191] Hall and Hall, 1990, 35.

[192] E. Y. Kim, *The Yin and Yang of American Culture: A Paradox* (Yarmouth, ME: Intercultural Press, 2001), 115.

[193] Andersen and Wang, 2005, 252.

[194] G. Asselin and R. Maston, *Au Contraire! Figuring Out the French* (Yarmouth, ME: Intercultural Press, 2001), 233.

[195] R. Brislin, *Understanding Culture's Influence on Behavior* (Fort Worth, TX: Harcourt Brace Jovanovich, 1993), 211.

[196] P. R. Harris and R. T. Moran, *Managing Cultural Differences*, 4th ed. (Houston, TX: Gulf, 1996), 266.

[197] Ruch, 1989, 278.

[198] P. Abu Gharbieh, "Arab-American," in *Transcultural Health Care: A Culturally Competent Approach*, L. D. Purnell and B. J. Paulanka, eds. (Philadelphia: F. A. Harris, 1998), 140.

[199] R. Levine, "Social Time: The Heartbeat of Culture," *Psychology Today*, March 1985, 35.

[200] Richmond, McCracken, and Payne, 1991, 190.

[201] S. A. Wilson, "Irish-American," in *Transcultural Health Care: A Culturally Competent Approach*, L. D. Purnell and B. J. Paulanka, eds. (Philadelphia: F. A. Harris, 1998), 357.

[202] O. Still and D. Hodgins, "Navajo Indians," in *Transcultural Health Care: A Culturally Competent Approach*, L. D. Purnell and B. J. Paulanka, eds. (Philadelphia: F. A. Harris, 1998), 427-428.

[203] J. Carlson et al., "A Multicultural Discussion About Personality Development," *The Family Journal: Counseling and Therapy for Couples*, 12 (2004), 115.

[204] Ibid.

[205] N. J. Adler, *International Dimensions of Organizational Behavior*, 2nd ed. (Boston: PWS-KENT, 1991), 30.

[206] E. T. Hall, *The Dance of Life: Other Dimensions of Time* (New York: Anchor Press/Doubleday, 1983), 42.

[207] P. B. Smith and M. H. Bond, *Social Psychology Across Cultures: Analysis and Perspective* (Boston: Allyn and

Bacon, 1994), 149.

[208] Novinger, 2003, 161.

[209] E. T. Hall, The *Silent Language* (New York: Fawcett, 1959), 19.

[210] F. Trompenaars and C. Hampden-Turner, *Riding the Waves of Culture: Understanding Diversity in Global Business*, 2nd ed. (New York: McGaw-Hill, 1998), 143.

[211] Smith and Bond, 1999, 147.

[212] Gannon, 2004, 84.

[213] Dresser, 1996, 26.

[214] Richmond and Gestrin, 1998, 109.

[215] Ibid., 110.

[216] K. Burgoon and T. Saine, *The Unspoken Dialogue: An Introduction to Nonverbal Communication* (Boston: Houghton Mifflin, 1978), 131.

[217] J. Horton, "Time and the Cool People," in *Intercultural Communication: A Reader*, 2nd ed., L. A. Samovar and R. E. Porter, eds. (Belmont, CA: Wadsworth, 1976), 274-284. Also see A. L. Smith, D. Hernandez, and A. Allen, *How to Talk with People of Other Races, Ethnic Groups, and Cultures* (Los Angeles: Trans-Ethnic Education, 1971), 17-19.

[218] D. Crystal, *The Cambridge Encyclopedia of Language*, 2nd ed. (New York: Cambridge University Press, 1997), 174.

[219] C. Braithwaite, "Cultural Uses and Interpretations of Time," in *The Nonverbal Communication: Classic and Contemporary Reading*, 2nd ed., L. K. Guerro, J. A. De Vito, and H. L. Hecht, eds. (Prospect Heigts, IL: Waveland Press, 1999), 164.

[220] J. Wiemann, V. Chen, and H. Giles. "Beliefs About Talk and Silence in a Cultural Context," paper presented at the Annual Convention of the Speech Communication Association, Chicago, 1986.

[221] Beamer and Varner, 2001, 184.

[222] Lewis, 1999, 13.

[223] D. C. Barnlund, *Communicative Styles of Japanese and Americans: Images and Realities* (Belmont, CA: Wadsworth, 1989), 142.

[224] S. Chan, "Families with Asian Roots," in *Developing Cross-Cultural Competence*, 2nd, ed., E. W. Lynch and M. J. Hanson, eds. (Baltimore, MD: Paul H. Brookes, 1998), 321-322.

[225] A. Kerr, *Dogs and Demons: Tales from the Dark Side of Japan* (New York: Hill and Wang, 2001), 105.

[226] A. Jaworski, "The Power of Silence in Communication," in *The Nonverbal Communication: Classic and Contemporary Reading*, 2nd ed., L. K. Guerro, J. A. De Vico, and H. L. Hecht, eds. (Prospect Heights, IL: Waveland Press, 1999), 161.

[227] Ibid.

[228] N. J. Adler, *International Dimension of Organizational Behavior* (Cincinnati, OH: South-Western, 1997), 217.

[229] N. Jain and A. Matukumalli, "The Functions of Silence in India: Implications for Intercultural Communication Research," paper presented at the Second International East Meets West Conference in Cross-Cultural Communication, Comparative Philosophy, and Comparative Religion, Long Beach, CA, 1993, 7.

[230] Smith and Bond, 1999, 141.

[231] R. L. Johannesen, "The Functions of Silence: A Plea for Communication Research," *Western Speech*, 38 (1974), 27.

[232] Still and Hodgins, 1998, 427.

[233] K. Basso, "'To Give Up Words': Silence in Western Apache Culture," *Southwestern Journal of Anthropology*, 26 (1970), 213-230.

活　动

1. 从杂志和报纸上找出带有如下面部表情的照片，将这些照片出示给来自不同文化背景的人们，看看他们对这些表情作何解释。

（1）生气；（2）高兴；（3）悲哀；（4）恐惧；（5）反感或厌恶。

2. 请一位来自不同文化背景的信息调查员提供、展示其文化中使用身体动作（身体语言学）进行交流的例子，看看哪些与你的文化中的身体交流动作相似，哪些不同？可能造成什么样的误解？

3. 分小组罗列美国常用手势语。例如，其中一个“OK”手势：大拇指与食指形成O形，其余指头成拱形位于O形之上方。还有什么手势语？与班里其他同学的进行对比，最后制作一个完整的清单。

4. 看一部外国电影，找一些在空间关系、触摸和面部表情等方面存在差异的例子，将这些差异与北美主导文化进行比较。

5. 以小组的形式阅读以下段落，解释错出在哪里。

简去巴西出差。她的一位巴西同事西诺邀请简去参加他和妻子举办的家庭宴会。请柬上写着“本周五晚八点左右”。简于八点整准时到达了西诺家。西诺和他的妻子正在穿衣打扮，还没有开始准备食物。

6. 选择一个有多种文化背景的人来往的机场、超市或购物中心，从以下几方面观察人们的交往情况：

（1）你所观察的人，他们之间的平均距离是多少？是否存在与文化有关的差异？

（2）你观察到的身体接触行为中有什么不同？

讨论观点

1. 为什么了解一种文化中的非语言交流非常有用呢？

2. 在何种情况下需要解释来自另一文化背景的人的非语言行为？不了解这些非语言行为方面的差别会引起什么问题？

3. 用你的文化解释下列非语言行为：

（1）两个人一边大声说话，一边挥舞着胳膊，还使用着大量的手势。

（2）在某家餐厅里，一位顾客的手在头上方挥来挥去，并且打着响指。

（3）一位全身穿着黑色衣服的老太太。

（4）一位全身都是黑色衣服的年轻男士。

（5）一位成年人拍一个小孩的头。

（6）两个男人在公共场合亲吻。

4. 如何通过学习非语言行为的跨文化特点帮助你认识自己的种族中心主义？举例说明。

5. 在以下场合，你可以迟到多长时间？

（1）上课；（2）上班；（3）应聘面试；（4）宴会；（5）与朋友的约会。

现在用同样的问题向拉丁美洲人和亚洲人提问。

6. “非语言交流是受规则支配的”这句话是什么意思？

7. 分小组讨论以下题目：

跨文化交流中相同的非语言行为和不同的非语言行为，哪一种更多？

第8章 文化对环境的影响：商业领域

生活中情同手足，生意场上形同陌路。

——阿拉伯谚语

生意场上见人心。

——苏格兰谚语

文化与环境

有一句广为流传的谚语："每个人都有其归属。"本章所要讨论的就是这些归属——交流发生的环境。交流离不开外界环境的影响——它不存在于真空中：所有人的交流在某种程度上都受到所处环境中的文化、社会、物质因素的影响。这些情境叫作交流环境（意指商业、交易法则处在受文化极大影响的环境中）。

很大程度上，你的文化在多数环境下（文化、物质因素的影响），通过制定在具体的交流情境中实施的规则来明确适宜的交流行为。与同质文化的人交流时，规范在该环境中的行为的文化规则已经内化到人们身上。这些规则能够使你们沟通无阻，它们就好像同质文化的一个产品，你甚至不必考虑规则如何使用，就可以不假思索地进行交流。但是进行跨文化交流时，却是另一回事，因为交流双方可能拥有两种截然不同的文化背景。想要驾轻就熟地掌握跨文化交流的规则，你就必须了解文化影响交流环境的方式，否则就会遇到各种各样出其不意的事情——有些是极其尴尬的，有些则造成严重的后果，有些甚至两者都不可避免。

230 交流与环境

要想认识环境对跨文化交流的重要性，我们需要先来回顾一下关于人类交流的三个基本假设：(1) 交流受规则支配；(2) 环境确定交流规则；(3) 交流规则因文化而异。

交流受规则支配

人们有意或无意地期望自己的交流遵循文化固有的规则和行为模式。社会环境通常制定具体情境下的规则，但是其实是文化因素决定了规则的形成。例如，在沙特阿拉伯有这样的一条规定：禁止异性在公共场合有任何亲密接触，即使是夫妻也不例外。[1]然而美国的社交场合对此却不以为然。交流规则的施用对象既包括语言行为又包括非语言行为，不仅决定说什么，而且决定该怎么说。如第 7 章所谈到的，非语言规则适用于触摸（触摸对象和触摸部位）、面部表情（何时、何地面带微笑）、目光交流（凝视得当与否）和副语言（何时轻声细语，何时高声呼喊）。

语言规则一般规定谈话次序、音量、语言的正式性等。显而易见，这些规则因情境不同而迥异。在工作面试中回答未来的老板的提问时，我们常用到"先生"、"女士"这类尊称。而足球场或篮球场上的语言就不需要那么正规了，面对对方球队和官员使用的语言里常夹杂着行话（俚语），有时甚至是带有贬损和讽刺意味的话。面试时，你可能会穿上美国人所谓的"正装"（对于男人来说，这种组合就是深色西装搭配白色或者蓝色的衬衫，并打上显得很稳重的领带；女人则同样是一套深色套装，搭配一件浅色的条纹衬衫）与准上司见面，然而在运动场上，牛仔裤、短裤与 T 恤的搭配才是比较适合的。你的非语言行为也会因为情境而有所不同。在面试中，你会和你未来的老板握手，然而在运动场上，你可能会拥抱你的朋友，拍拍他们的肩膀，或者是"击掌"（一种手势）来作为问候的一种方式。

环境确定交流规则 231

关于交流的第二种假设是环境确定适当的规则。想一想，教室、银行、教堂、医院、法庭、婚礼、葬礼或海滩一日游是如何确定具体的交流规则的。设想一下，当你的行为背离常规时，他人可能做出的反应。极端的背离行为会受到社会制裁，这些惩罚包括无人理睬、被逐出剧院，甚至会因为蔑视法庭而被传讯。

交流规则因文化而异

第三种假设是指交流规则因文化而异。虽然不同的文化有许多相同的社会领域或环境，但是它们通常遵循不同的规则。因此，在服饰、时间、语言、礼节、非语言行为等诸多概念和对交流的多寡的把握等方面，不同的文化存在着很大的差异。例如，在土耳其做生意时，你的土耳其伙伴会执意支付所有的娱乐花费。土耳其人的热情好客由来已久，你甚至不用付分文伙食费。[2]美国的商业娱乐规则与此截然不同。就餐、娱乐费用一律均摊。真可谓，不同的文化，不同的规则。

要成功地进行跨文化交流，不仅要谙熟自己的文化规则，还要了解与你交往的人的文化规则，这一点很重要。知道这些规则，你就会更加理解对方的行为，也就能够适当地控制和调整自己的行为以符合对方的期望。

许多交流都是在规则的支配下进行的。

本章我们将阐释文化是如何影响商业领域的交流的。在下一章，我们将讨论教育环境问题，在第10章探讨文化在医疗保健领域的影响。我们之所以这样选择是因为这三个领域代表了可能与不同文化的人打交道的典型环境。

环境评估

在开始对具体环境做更细致的分析之前，我们需要深入研究一下贯穿在每个社交场景中的常见的三个交流变量。也就是说，撇开交流的环境不谈，下面三个变量都与人们如何应对他们个人以及集体关系的环境息息相关：(1) 非正式与正式；(2) 自信果断和人际和谐；(3) 身份和地位关系。

非正式与正式 232

文化往往不仅存在于非正式的事件和人物当中，也存在于那些感觉上相当正式的范畴当中。非正式与正式以多种形式出现，体现在人们不同的行为中：着装方式、言谈举止，甚至是用什么风格的说话方式进行交流。

- **非正式**

一直以来，笃信个人主义和生而平等的美国

人被视为非正式文化的代表。“在北美，人们更愿意以一种不拘小节、以诚相待的方式相处。在和他人的交往中，他们避免使用行为、头衔的正式形式，也避免使用带有尊敬意味的、非常礼节性的仪式举止。”[3]

美国式的非正式体现在很多方面。比如，无论拥有什么样的社会地位，绝大多数美国人都会很快在与陌生人会面或是在商业投资初见的场合中称呼其名字。就连最简单的打招呼方式“嗨”，都可以视作是美国式的非正式性与其他文化中反差。下面这段话总结阐明了美国文化中的非正式表现形式：

> 地道的习语和俚语在多数场合随处可见，正式的演讲多在公开活动或者较为正式的场合中出现。各个阶层的人们在日常生活里公然地穿着牛仔裤、凉鞋或者其他非正式服装。人们在说话时，不会保持一个庄重的站立姿势，而是慵懒地坐在椅子里或者靠着墙、家具。[4]

美国人文化中所体现的非正式性和开放性往往让来自更正式文化背景的外国人士感到困惑、误解甚至尴尬。下面这些相关事例印证了这一观点。

> 类似于美国人的交流模式中这种非正式程度在其他国家的文化中是罕见的。例如，在绝大多数拉丁美洲和欧洲社会中，都会依据不同的社会身份和地位而表现出不同的交流中的正式性。在亚洲文化中，在与长者、辈分较高的前辈交往中，正式的礼节性的交流是必要的。在日本，正式的礼节同样也体现在与陌生人打交道中。正式礼节可不是闹着玩的，因为，如果你没有遵循适宜的礼节形式，往往会让人认为你的品格有严重缺陷。[5]

● **正式**

和美国的不拘礼节相比，很多文化都对礼节给予了极高的重视。比如，在埃及、土耳其、日本，师生关系是非常正式的。正如埃及的一句谚语所说的那样：“一字之师，当终生侍奉。”在这些国家中，当老师步入教室后，学生要起立问好。学生在街上遇见老师，要向老师鞠躬以示尊敬。这和美国那种宽松、非正式的师生关系是完全不同的。 233

正式性还体现在一种文化中称呼的运用上。如果在跨文化交流中不了解这些差异就会造成不必要的麻烦。例如，德国人，不论是称呼别人还是为人处世都非常正式，有时候美国人会认为他们过于极端。霍尔夫妇这样写道：“美式的不拘礼节和直呼其名的习惯让德国人非常不舒服，特别是年轻人或者权位较低的人直呼长辈或上司的名字。”[6]大量、频繁地使用头衔来称呼他人以及他人的社会身份恰恰体现了德国人的这种正式性。比如，如果赫穆特·施罗德既是教授也是医学博士，那么他很可能被称为“尊敬的教授，博士施罗德先生”。德国并不是唯一一个直接将称呼的形式与人们的感受和价值相连的国家。有学者发现印度也存在这种现象，只有亲密的朋友间才能直呼其名。[7]施奈德和西尔弗曼的研究发现，墨西哥也是十分强调正式性文化的国家。

> 墨西哥人同样也会频繁地使用尊称来显示对他人的尊重。在一场派对认识的新朋友会被称为先生、小姐、女士。在商业领域，人们通常用董事、博士、工程师或学士等（一些有很高学历的人）这样的头衔来称呼商业经理们。[8]

交流中的正式与非正式的意义远远超越了文化中的语言含义。朋友的多寡、亲疏程度、交谈内容也与交流的正式与非正式有诸多关联。在一段对跨文化友情的研究中，有学者这样写道，“不同于美国人那样的好相处”，德国人往往更正式，更具私密性，甚至在他们的朋友面前也是这样。[9]这个现象十分恰当地诠释了德国的那句谚语：“和谁都能成为朋友，意味着和谁都不是朋友。”

金贴切地用桃子和椰子来比喻美国和日本的人际关系的巨大反差。美国的不拘礼节使得人们对彼此都很友善，因此很容易建立关系；但是富有个性、感情细腻也容易使得个人比较脆弱，因此很少向别人坦露自己。这就好比一个桃子，柔软的外表下却有一个坚硬的内核。日本人却正好相反，就这一点来说他们更像椰子，有着坚硬的、难以穿透的外表。日本人通常将正式性作为保持距离的保护盾，并以此考量这段关系是否值得维持。然而，一旦这个表壳被刺穿，日本人就会变得感情外露、慷慨大方、热情似火，个人的脆弱和伤害就被抛在脑后了。[10]

如果在第一次会面时，美国人就提供他们的个人信息给对方，采用一种不拘礼节的非正式说话方式，并且直呼对方姓名，而对手日本人则完全相反，这种跨文化商业活动会产生什么样的结果恐怕不难预料。

自信果断和人际和谐

影响交流环境的第二个重要的文化标尺就是人们如何向他人展示、表现自己。虽然交流方式有很多种，但是自信果敢和人际和谐会直接影响跨文化交流的环境——不论是在商业、教育领域，还是在医疗领域。

● 自信果断

美国文化以自信果敢的交流风格而闻名。对于美国人来说，报名参加一个培养自信的训练班是再正常不过的了。这种课程鼓励人们与他人相处时要坦率、开放、直接。只要想一想 MSNBC（微软全国有线广播电视公司）或是 FOX（福克斯）电台播出的政治类脱口秀就知道了，节目参与者常会在节目结束时相互喊叫、对骂，以努力使自己的观点站得住脚。在运动场上，不论是大学联赛还是专业比赛，"脏话"在两家对峙的队伍中更是常见的。虽然这两个背景之下的交流方式有夸大的嫌疑，但它们却被用来阐明美国文化中
234 交流自信的积极价值。

很多美国人果断和激进的行为表现，就像文化的各个方面，并不是偶然形成的。美国文化向来有崇尚与众不同、个人至上、竞争合作、言论自由的传统，甚至某种形式的抗争和反叛就是用来鼓励这种行为的。美国人十分看重自信的交流方式，北美的个体都会勇于争取自己的权利，而这经常引起对抗。[11]这种观点也是文仲和克鲁佛所认同的。

> 在美国这种高度崇尚个人至上理念的文化中，人们会为了自身的利益和发展抢占先机，在与他人的交往中往往会采取直接和果断的交流方式。社会与地理环境的高度流动性，以及很多人际关系相对表面化的本质特征，使得在这样的文化中不仅容忍甚至鼓励人与人之间的竞争以及适度表现出的易怒和烦躁。[12]

● 人际和谐

虽然美国和一些西方文化中，例如德国和以色列[13]，将直率坦诚视为优点；其他文化中却认为它是破坏和危及和谐人际关系的。在东北亚和东南亚文化中，互相认同、忠信笃敬、义务互惠都在人际和谐中有着举足轻重的作用。

为了更好地理解一些人赋予人际和谐的价值，我们来看看菲律宾文化。就如格塞诺尔对菲律宾集体文化的解读：" 最终的理想状态就是个人之间、家庭成员之间、社会不同群体间、和上帝同在的一切生命体的和谐统一。"[14]菲律宾人通常用两个词语来表达他们对和谐的概念：amor propio，pakikisama。amor propio 是英语中"和谐"的意思，特指来自个人价值和个人自尊的一种脆弱感。和别人相处的时候，用心去对待，而不是将之当作使用物品一样粗暴。这样的价值观使得菲律宾人对可能影响他们社会地位的消极言论格外敏感。所以，菲律宾人鲜少评价或者与人对峙，如果非要如此，他们也会采用最得体的方式。[15]他们将坦率直白视作不文明的表现。因此他们看重 pakikisama（指维护和谐关系），或者说，是温和的人际关系。[16]

不论是在个人交往中还是在工作的背景下，维系和谐的人际关系也是日本人的一个主要考量因素。对于日本人来说，和谐更多表现为一种对大家所公认的行为模式的认同，而非一种带有强迫性的原则。因为冒尖而叛逆的行为被认为具有危险性和破坏力，所以绝大多数日本人在社交和工作交往中通常愿意接受和采取标准的规范化的思维。这样，至少在表面上才会确保一个组织的顺利运转，展现出一派和谐、和睦的集体气氛。[17]

正如施奈德和西尔弗曼指出的那样："在他们的社会里，不同的价值规范都极力要求个人做到自我控制，避免发生直接的个人冲突。"[18] 因此，为了在组织内、市场内，甚至是在整个国家，避免分裂、维系和谐，日本的商业高管们有时会把企业利益放在次要的位置进行考量。[19] 跟菲律宾和日本人一样，中国人往往也将争端和对抗视作不愉快和不受欢迎的事。[20]"毫无疑问，和谐是儒教和中
235 国文化中的基本价值观。"[21]

墨西哥人也看重愉快的个人交际关系而且试图避免面对面的争端，但是原因与在亚洲国家发现的有所不同。下列情形在墨西哥是有真实写照的：为了维持积极的人际关系或者让其他人感觉良好，墨西哥人可能会将实情稍作修改，或者隐瞒重要的负面信息。遮掩事实的现象在墨西哥非常普遍，甚至已经制度化。墨西哥人竭力避免出现不愉快的局面在很多场景中都可以见到。[22] 比如鲁克（Ruch）在商业环境中所提到的："当一个访问者要求墨西哥方面提供他们所没有的信息时，墨西哥人总会竭力编造以取悦访问者。"[23]

从以上事例中，你可以推断出一个以果断直率为重的文化，以及一个看重和谐的文化之间会出现哪些沟通上的问题。试想，当一组并不了解中国文化的德国商人和一位不了解德国文化的中国代表协商谈判会发生什么？

身份和地位关系

影响交流情境的第三个变量就是不同身份和地位关系中的文化视角差异。每个社会和团体组织都会专门根据价值观和礼仪来引导不同社会地位的人们进行交流。用一个宽泛的分类标准来看，文化可以划分为平等范畴和科层范畴。前者很少考虑社会阶层的差异性，而后者则非常强调不同社会身份和地位的排列。

● 平等

平等主义的理念推动并且鼓励在上下级关系中实现非正式的交往互动，尽可能减少双方之间不必要的客套和礼节。通常，一个人身份地位的获得需要个人努力，而不是与生俱来、委任世袭的，也不是论资排辈。这样，由于每个人都相信有机会来提高自身的社会身份和地位，就会创造出一种社会流动性的环境。然而，那些位高权重的人常常又习惯性地对于他们不断增加的权力和威望的外在形式不屑一顾。

美国、澳大利亚、新西兰是十分看重平等的国家。大多数美国人不太在意社会身份和权力的差异。这可能部分归因于美国是一个有开拓传统的国家，早期的定居者们迫于生计必须艰苦劳作。而在那时，社会礼仪僵化、规定繁缛的欧洲却不屑于在寸草不生的殖民地或者是西部边疆地区进行开拓。[24] 所以，平等，或者说是平等的表象，便成为一个文化价值观并延续至今。

这个价值观可以在美国总统们是如何度过闲暇时间的报道中轻松解读出：里根总统喜欢伐木，比尔·克林顿总是在慢跑后穿着 T 恤和短裤走进麦当劳餐厅，乔治·W·布什在他得克萨斯的农场里总是在清理林区后拍照。这些日常活动都让总统们放
低身份，并且证明白宫之外他们和普通人无异。 236

质疑权威人物（不论是在教室、员工会议中，还是在总统记者招待会中）是另外一个体现社会平等的标志。在美国的商业环境中，平等彰显在大家相互之间直呼姓名、员工可以方便地接触上司上。同样，个人会因能力而被赋予更高的价值地位，而不是论资排辈。

● 科层

按科层划分社会地位的文化与平等文化截然不同。在日本和西班牙这样的国家，不同身份和地位的差异性表现得很明显。这种差异性主要通过有组织的个人和集体活动中的行为规范，甚至所使用的语言风格表现出来。上下级之间、长幼之间关系分明且正式，有关头衔的称呼比比皆是。长者通常在年轻人的遵从中扮演着绝对权威的男权角色。

在亚洲文化中，这种科层分明的传统深受起源于中国的儒教的影响。[25]儒教构建了一个特有的、科层分明的社会结构，并且包含一套明细的长幼尊卑的关系准则。这种儒教式的社会科层符号在中国、日本、韩国、越南以及新加坡都是很明显的：教师备受尊崇，学生通常情况下不敢质疑自己的老师。在日本，晚辈见到长辈们总是要鞠躬敬礼。同样，年轻人要使用正式的敬语，长辈却可以使用非正式用语。这种因科层而区分语言使用的现象不仅仅存在于亚洲。比如，在西班牙、墨西哥，以及很多使用西班牙语的国家，不正式用语 tu（你）在家人、朋友、熟人中使用，但是当和其他外人相处时，人们使用正式用语 usted（您）。印度也同样有来自种姓制度的科层结构。尽管这个制度已经被法律废除[26]，但是“种姓之间有质的差别的信念”[27]仍然相当强烈并且持续影响着印度的人际关系。

在商业环境中，如果参与者因平等还是科层化这样的观点发生冲突，不愉快的关系就会迅速产生。来自科层化文化的代表们的行为举止通常都要受到附着在其身份地位上的文化规则的支配[28]，这一点与深信平等理念的那些自由行为是截然不同的。然而，崇尚平等理念的群体，非常享受行为上的自由和个性化，可能认为与他们相反的信仰科层化的群体中那种结构性的、体系性的程序是不必要的和过于正式的。但是，仔细想想，当一群将身份与地位等同于资格辈分的日本代表和一个作为谈判方领导的澳大利亚年轻人相遇，其见解会多么不同。

在分析了非正式性和正式性、果断自信、人际和谐以及身份地位这些主要变量的潜在影响后，让我们准备开始将这些变量放入其他的更多元化的跨文化情境中进行应用。我们首先来看看国际商业情境。我们将会考察沟通是如何被国际商业环境影响的，这之中包括协议、管理、谈判、裁决以及冲突管理。为了更好地说明全球化效应，我们列举信息技术是如何影响一些日本的以礼仪为本的商业文化的实例。最后我们会简要概括一下美国国内的商业环境，并重点关注美国的文化差异性。

不断变化的商业环境中的跨文化交流 237

第一例跨文化交易可能已经无法在古籍中觅得踪迹，但是可以确信的是，这类交易在史前时代十分昌盛。考古研究发现，距今三千多年前，在今伊朗境内就已经存在因贸易而迁徙或者散居的人。[29]在公元前 1200 年到公元前 700 年，腓尼基人就从现今的黎巴嫩的港口出发并探寻了途经地中海、远至西班牙的大西洋航线。来自中国的物品漂洋过海到中亚，再通过丝绸之路辗转到罗马宫廷。在那之后，马可·波罗，一个被公认足迹遍布中国的人，在 13 世纪末带着奇珍异宝和奇风异俗回到意大利。[30]16 世纪葡萄牙人的海上探险路线也推开了印度、东南亚以及中国通往西方贸易世界的大门。实际上，贸易和开发是欧洲殖民者在非洲、美洲、东南亚以及太平洋海岛上的主要业务。不论是早期的农业社会还是工业社会，都通过 19 世纪末的工业革命发展和促进了跨文化贸易。生产方式的巨大变化同样也对原材料提出了更大的需求，而且最后商品的输出也需要更广阔的海外市场。所以 20 世纪的前半时期已经完成工业化的欧洲国家在全球范围内上演着争夺国际资源和市场的无硝烟的战争。

第二次世界大战的结束给这个世界划分了三个政治范畴——共产主义、民主政体、不结盟。然而，除了这些意识形态差异，国际贸易仍然以它前所未有的速度不断扩大着。1989 年柏林墙倒塌宣告存在了 40 余年之久的两极分化结束了，建立了一个崭新的多极的政治秩序，这个多极的世界为经济融合所支撑，并被愈加高精尖化的科技革命驱动着。现代交通系统、通信技术，还有迅速发展的产品物流已经带来了所谓的“距离的消失”[31]——通过极大地缩减甚至消除距离与时间的壁垒。通过国际合资企业、企业合并、许可协议、外资投资、境外生产，国家地理边界的重要性被极大地削弱，而且上述种种也使得各国之间的经济发展越来越相互依存。

所有的发达国家和发展中国家现在都和经济相互依存的国际体系紧紧捆绑在一起，而且绝大多数国家在本国境内都至少会有一种其他国家需要的资源。仅 2004 年，美国在面向它的主要贸易伙伴的物品和服务出口额上就达到了 1.15 万亿美元。[32] 然而，其进口额却达到了 1.76 万亿美元，产生了约 6 177亿美元的贸易逆差，这要比 2003 年同期多出了 24 个百分点。[33] 2004 年，美国与中国的贸易逆差超过了 1 610 亿美元[34]，与包括 25 个国家在内的欧盟的贸易逆差额总计为 1 100 亿美元[35]。美国的经济依赖表现在 2004 年进口石油量增长了 35%。[36]

但是 21 世纪的国际经济依赖性不仅局限在原材料和制成品上。现在，如果你想要查询你的电话账单或者想要申请信用卡，你可能会和某个印度人、爱尔兰人、巴哈马人或菲律宾人交谈。如果你是美国的一家会计师事务所，准备报税，表格可能是由印度的班加罗尔来完成的。通信技术已经允许其服务产业外包范围从会计到诊断医学上的 X 射线的各领域。[37] 境外服务中心已经普遍存在，以至有时本地的员工甚至需要进行“口音培训”[38]，为的是要抵制他们的母语口
238 音，或者是影响某个特定地区的美国口音。[39]

美国的公司越来越依赖国际市场。举例来说，可口可乐公司已经在超过 200 个国家投资运营，美国市场仅占年收益的 30%左右。[40] 麦当劳在 119 个国家[41] 有超过 28 000 个分店。其中的黑马——星巴克已经发展出“在北美之外的 31 家卖场有超过 1 500 个咖啡分店”[42] 的势头。

国际公司同样也在美国广泛存在。比如，鲁思婴儿糖的制造商就是一家瑞士公司。芭斯罗缤冰激凌和斯纳普是英国公司的子公司。雷朋太阳镜总部在意大利。美国广播公司是一家德国集团的分支。以英国为总部的新闻集团，却掌控着洛杉矶的道奇公司。当你下次在高速公路上见到普利茅斯、道奇、吉普，或者是克莱斯勒这样的车子，请记住它们都是由戴姆勒·克莱斯勒——一家德国公司出品的。[43] 你的电视机、DVD 机、电脑、iPod 很有可能是在中国组装的。诺基亚手机是由一家芬兰公司制造的，而电信提供商却是英国的一个集团。想要知道商业现在变得有多么国际化，那么就去看一台崭新的 iPod Nano 的操作说明。你会发现这张说明书被译成了超过 20 种语言。

上述例子说明了跨国公司的兴起以及越来越多的国际商业的融合。就像托马斯说的那样，“实际上，今天所有的贸易都是全球性的”[44]，这就造成了商业和文化更密切的接触。这种接触反过来就需要关于怎样才能在进行贸易时表现得体并适应各种不同的文化规则的知识和理解。在全球化市场中，跨文化团队协作和合作对于一个组织的成功来说是十分重要的。更重要的是，全球化普遍地导致了来自不同文化的人一起共事。这种情况往往是十分棘手的，就像哈里斯和莫兰所指出的那样，在异国环境下工作或者生活会产生很多问题。逾越文化界限的交流是很难的。风俗、行为、价值观的差异导致的问题只能通过有效的跨文化交流和互动来解决。[45]

跨国商业环境

跨国市场环境中不断发展的商业交流技巧表明这是一项充满挑战的冒险。诸如管理、谈判、决策、冲突管理这样普遍的概念，却因文化的不同而经常表现出不同的内涵。现在我们来看看以下几种概念在跨国商业环境中的不同文化圈里是如何界定的：（1）商业礼仪；（2）管理；（3）谈判；（4）决策；（5）冲突管理。

不同文化常常有不同的做生意的规则。

商业礼仪

美国一则流行的汽车保险杠贴条上写道：“规则是给傻子制定的。”这充分说明美国人崇尚个人主义和独立，但是在与其他文化的人做生意时，我们不鼓励大家遵循这种说教。在世界上绝大多数的地方，合宜的文化礼仪是为人所期望并受到他人尊敬的。下面介绍礼仪中的一些差异，我们先从建立商业关系的各种要素谈起。这些要素包括以下几个方面：（1）初步接洽；（2）问候礼；（3）个人形象；
239 （4）赠送礼物；（5）办公空间设计。

● 初步接洽

初步接洽和会晤的形式很多，可以打个简短的电话，写一封正式的邀请信，或是让“中间人”试着来牵线搭桥。与其他文化的人做生意时，你必须考虑以下两个关键因素：初步接洽的方式，取得联系与正式会晤的时间间隔。

下面举几个例子来阐明这一点。在萨尔瓦多和包括墨西哥在内的拉丁美洲大部分地区，会晤必须至少提前一个月通过邮件或电话与对方预约，并在会晤前一星期确认。在拉丁美洲文化中，你所联系的人在组织内部的职位越高就越好办事。利用“在当地关系很广的人帮你介绍和联系”[46]，这种方式很有用。

尽管“贸然拜访”（cold call，指未事先约定的拜访）在美国和印度等文化中很普遍，但在很多其他文化中，更普遍（通常也很有必要）的做法是利用值得信赖的中间人。比如，与埃及人会晤，事先发一封介绍信给中间人将有助于会晤的成功。在埃及，那些愿意与人们合作的中间人在商场上对我们是有帮助的。“在埃及，通过‘你认识的人’做生意是取得成功的重要因素。”[47]

在非洲经商利用中间人也是十分必要的，有一句刚果（金）谚语说得好：“朋友的朋友是我们共同的朋友。”中间人可以领你入门，使你受到热情的接待，并协助评估你的提议。在非洲，要拜见地位高的人，中间人是必不可少的。[48]

“在中国，办事喜欢依靠关系。”[49]甚至有一条谚语是这样说的：“踏破铁鞋无觅处。”中国人相当依赖这种个人联系，在中国，这叫作“关系”。关系起初是通过家庭、亲属、朋友之间的责任义务来建立和维系的，直至扩展到组织、集团关系。一个国际商人来到中国首先要建立他的个人关系网，这可能要花费很长时间，有时甚至要几年的工夫。但是这个过程却可以通过中间人而大大缩短，这个人一定要在中国的企业组织中有广博的人脉。[50]在沙特阿拉伯做生意，也得有个扮作中间人的好帮手来实施预约、安排会晤等事宜。同样，在意大利，最好能有一位中间人代表你安排预先的引荐。即使有了这样的代理人，也应该用意大利语把初步接洽的事宜记录下来，这一点很重要。

与其他文化的人初次接洽，选择合适的日期很重要。很多文化都有自己独特的国家法定节假日以及宗教节日，成功的国际经理人一定要牢记这些节假日的日期。举例来说，在中国，许多企业在春节前一个星期和节后的一个星期都不上班。在沙特阿拉伯，伊斯兰教年的第九个月（斋月）月底开斋的三天和盛宴祭祀的三天，所有的部门都停止经 240
商。[51]日本的新年、黄金周（4 月末到 5 月初）、盂兰盆节（8 月中旬）期间，因为许多人去祭祖，所以商家停止经营。在以色列，犹太人的圣日——安息日，从星期五的日落开始，至星期六日落时结束，所以只有周日到周四是经商时间。人们是不工作的，周五同样也是穆斯林的圣日，在很多伊斯兰国家，这一天也是非工作日。

问候礼

日程安排好并确定了日期后，还有一点要注意：遵守东道主文化的问候礼节是非常重要的。美国人的问候礼仪比较随意、友好，男女见面或分手时都可以握手。除非称呼长辈或在正式场合，人们通常彼此直呼名字。在商业场合，人们彼此交换名片，但在社交场合就不必。这些北美人的典型问候行为在许多其他的文化中不太常见。比如，在沙特阿拉伯，问候时要多次握手，表情丰富。沙特男士经常互相拥抱或者互吻双颊，沙特女士很少出现在商务会场上，即便偶尔在场，也一般不做介绍。沙特人很注重头衔，也经常使用头衔。他们常常互换名片，这些名片通常印有阿拉伯语和英语两种语言。 241

问候行为受文化的影响。

中国的例子也可用于对照。中国的商业社会可要比美国正式得多，使用头衔是必要的，因为它能反映出该文化中所强调的等级观念。实际上，中国人使用头衔是十分普遍的，而且经常会附加在工作岗位上，比如总工程师、总会计师、部门经理，甚至是领班。[52]同样要记得的是，在中国，名字的顺序是与西方相反的。中国人往往先说姓后说名。比如，王锦涛，王就是他的姓，而锦涛是他的名；在英语中，对其正确的称呼是王先生。很多西方人都错误地将对方的姓当作他们的名来称呼。

中国人现在已经逐渐接受了西方人初次见面以及随后会晤时的握手问候。但是，这并不意味着西方人问候中常见的拍背、搂肩是十分合适的。点头致意或短暂握手在中国是较为合宜的见面问候礼仪。[53]同样的非语言姿势代表的含义在中国和西方是完全不同的。比如，中国人的点头这个动作是代表赞同对方的观点，并不是同意签署合同。和中国人讨论事情时必须保持双脚直立地面，因为“让对方看到自己的鞋底是十分不雅的”[54]。中国文化中的等级观念还认为，会晤时最好避免双目直视。在讨论过程中和对方保持频繁的目光接触，中国人会认为这样是粗鲁无礼和十分不尊重人的。[55]

在芬兰，异性之间紧紧握手是一种正常的问候方式。芬兰人习惯于先问候女士。紧紧地握手对芬兰人来说非常重要，他们甚至鼓励孩子们握手。而拥抱和亲吻只限于好朋友和家人之间。介绍时，要说出被介绍人的名和姓，或者在姓前加上头衔。和中国人不太一样，芬兰人喜欢在交流过程中有直接的眼神交流。[56]最后以印度、孟加拉国、尼泊尔为例来说明问候行为中的文化差异。那里传统的问候方式是合十礼，双手合十于下颌，手指向上，亦可再轻鞠一躬以示敬意。[57]

无一例外，国际商业代表们都被鼓励去尝试和实践这些东道主国家文化中的商业礼仪。我们现在就来特别关注其中一项礼仪：众所周知，日本人在会晤时有鞠躬的礼节。但很少有人知道，在日本人之中，鞠躬是一个高度精确包含很多细微差别的动作，比如先向谁鞠躬、怎样鞠躬、鞠多久。其中的千差万别是日本人在孩提时代就需要开始学习的。对于一个外国人来说，想要成为这方面的专家是很难的，甚至是不可能的。

> 日本人自己也知道这种复杂性，所以他们并不期望外国人会鞠躬。除非你已经完全掌握了这项礼仪，否则最好不要尝试去模仿日本人鞠躬，因为你的这种好意很有可能导致一个很不得体的鞠躬，冒犯了其他人。对于外国人来说，一个充满敬意的微微点头或屈肩的问候行为在绝大多数情况下都是适宜的。[58]

个人形象 242

我们都时常被提醒第一印象的重要性，我们的个人形象如何将会成为影响自身形象的首要大事。在国际商业环境中，语言可能会阻碍你充分表达自己能力的发挥，所以个人形象才成了为你加分的砝码。

就像我们在之前的篇章里讨论过的，美国文化是一种非正式的文化。这种非正式性可以反映在“悠闲星期五”这项政策上，很多美国的公司会提倡员工在这一天穿休闲装。硅谷的很多网络公司就以这种休闲着装而闻名，我们经常可以见到很多年轻的创业经理人穿着保罗衫和牛仔裤在谈生意。然而，在我们刚才提到的一些比较正式的文化中，正式的态度也延伸到其个人形象中，特别是商业合作中。举例来说，在日本，一套深蓝色的剪裁合身的西装是日本公司职员的标准套装。特立独行的着装是不被大众接受的。尽管日本的年轻一代开始穿得更加绚丽多彩并且着装风格各异，但是保守风格的着装依然是高级主管人士的着装准则。[59]德国的男女商人们也同样着装保守，深色套装、白色衬衫是他们的不二选择。[60]在绝大多数的国际企业中，保守的着装再加上一件外套和一条领带才是合宜的，尤其是初次会晤时。

实际上，在拉丁美洲，成功是和个人形象紧密相连的。商业主管们着装考究，同样他们希望对方也是如此。在印度尼西亚、菲律宾、马来西亚，当地的商人们着装的标准比较宽松，通常不穿外套也不打领带。然而，国际商业代表们却不适合采用这样的着装方式，除非双方已经建立了深厚的关系。在伊斯兰国家，和穆斯林做生意的西方商业女士必须要着装保守，衣服要是高领的，袖口要在肘部以下，裙边要过膝。裤子和长裤套装是不能单穿的。

很容易想象一个穿着宽松的西裤和开领运动衫的美国人与一个穿着深色套装、打着领带的德国人在会议上相见是怎样尴尬的场景。在这样的情景下，给人的第一印象恐怕就显得不是那么礼貌了。

赠送礼物

有这样一句古老的格言："当心兜里揣着礼物的希腊人。"但是在许多文化中，尤其是在集体主义文化中，送礼是商业礼仪正常的一部分。送礼用来维持关系、偿还人情，甚至确保日后良好的合作关系。礼物（包括直接拿金钱送礼）被看作是创建和维持一种终究可以获得回报的人情债的手段。[61]个人主义的西方文化，尤其是美国文化，认为在生意场上送礼近乎贿赂。美国对于生意场的贿赂是如此厌恶，以至它在《反海外腐败法》中明文规定："贿赂国外政府机关来获得或者留住生意是不合法的。"[62]中国也有类似性质的法案来禁止商场交易中的贿赂。2002 年出台的条例规定，超过 180 美元的礼物就算是贿赂。[63]

但互赠礼物仍然是一种正常的商业礼仪，国际商务代表必须要能够区分礼物和贿赂的区别。以美国为例，对于国际企业的员工而言，合适的礼物应该是小巧的，相对不那么贵重，能够合情合景并能表达个人欣赏和敬意的东西。"小礼物——例如印有公司商标的钢笔、杯子、钥匙链——不仅广为接受，确实在跨国公司中也是十分必要的。家居和办公室的装饰品、书籍、杂志
243 也是十分受欢迎的。"[64]

一个要出国的商业人士，不仅要知道赠送礼物的礼仪，还要知道在各种不同的文化中送何种礼物、在什么时候送出比较合适。举例来说，在日本，任何一段新的商业关系开始之初，双方都会交换礼物。"礼物的价值和类型都依据未来生意的规模和关系的状态来定。"[65]相反，在智利，直到双方建立良好的生意关系之前，彼此都不会赠送礼物；在丹麦，根本没有赠送礼物这种说法。[66]

了解赠送礼物的禁忌和何时送礼物一样重要。在危地马拉和日本，白色花卉是不能作为礼物的，因为它们通常和葬礼联系在一起，如意大利的菊花一样。[67]在伊斯兰国家，也不能向对方赠送酒精类的饮品。另外，如果真的要向穆斯林赠送礼物，你不能用左手，因为左手被视为不洁净。在日本，"以钟表作为礼物无异于说'我真希望你死了'"[68]，因为它提醒接受者时间在流逝。跟美国人认为 13 这个数字不吉利一样，带有数字 4 的礼物在中国也是不合宜的，因为在汉语中数字 4 和"死"这个词的发音是一样的。

如上所述，赠送礼物因文化而异。在开始你的国际旅程之前，尽量了解和学习东道主国家赠送礼物的风俗是十分重要的。你需要了解是否需要礼物、什么是合适的礼物、何时赠送礼物，以及如何赠送礼物。这些似乎是微不足道、无关紧要的，但是如果真的不了解这其中的门道，那么很有可能你的国际商业还未启动就已夭折。

管理风格

我们以下面这个案例开始我们对管理风格是如何影响商业环境的分析。

> 詹姆斯作为经理在微技公司工作了八年之久，被公认为在管理层面上进入了一个快速轨道。大约六个月前，他从西雅图的总部

> 调离，担任日本分公司的负责人，这是他的第一次国际委派。到达日本不久，他就开始实施在美国取得了成效的管理方案：在一项工作方案中，每个月每个部门都评选表现优异者。仪式上，每个部门的优异者都会在他们的同事面前佩戴勋章，得到一张价值100美元的礼物券，并在办公大楼的走廊里陈列其照片。然而，最近詹姆斯注意到生产效率急剧下降，而且公司士气似乎十分低落，有些员工甚至已经开始抱怨每个月都不得不参加所谓的评选。

就像上述的案例所展示的一样，一个企业经理的任务是多面的、随时需要变动的，其最终目标是要鼓励员工们团结一心并能为达到某一特定目标而保证有效率地工作。[69]对于一位国际经理人来说，这些复杂的任务因为文化的影响而变得更加艰巨[70]，这更需要我们加强对领导风格、交流行为、决策流程、谈判程序、主管/下属关系、个人鉴别和奖励、晋升等的考量，以及了解工作所在地的方方面面。对文化差异有所了解会增强国
244 际经理们成功满足各方要求的能力。[71]

在前面的案例中，很明显，詹姆斯在他开始接任日本分公司负责人之前并没有花工夫去了解相关的文化知识。略微考察一下就会发现，日本文化有重视集体荣誉感的传统，并且十分避讳个人功绩。詹姆斯针对员工个人的这项甄别和奖励措施，和日本人的认知是完全相反的。日本人认为，所有的成绩都是集体努力的成果，任何个人都不应该单独受表扬。每月举行的表彰仪式只会让每个收到通知的员工尴尬，也会让其同伴们不悦。在美国这项奖励措施卓有成效，在日本只会影响士气，降低生产力。

中国人在这方面也是如此，但是与更倾向于集体主义文化的日本人还有所不同。在中国，家庭被认为是最重要的社会单元。这种价值观通常体现在中国的家族企业上，很多经理和主管的位置往往都是家庭成员和挚友。[72]在一位美国经理人看来可能属于裙带关系的任人唯亲，在中国的商业文化中却是普遍受到认可的。

商业会议是国际经理人必须考虑的有关文化差异的另外一种情形。在美国，会议旨在传递信息，一旦有必要，会议会进行决策。所以，会议只在有绝对必要的条件下才会召开，并且开会准点，散会准时，会议进程按照预先制定的议程进行。正如你可能想的这样，并不是所有的文化都是如此看待会议的。比如，法国人认为会议是一个交换信息的论坛，或者是为确认已经被高级主管们定好了的决策。和他们的美国同行比起来，法国人的商务会议无论在形式上还是在语言使用上都更为正式，严格遵循企业组织的等级制度。[73]

会议上的演讲陈述也是国际经理人需要注意的一个重要方面。美国和英国的经理们由于文化所致都会简明扼要、条理分明的与主题直接相关的演讲文稿。意大利人从小就善于辩论，充分考虑各种可能性，而且不受规定时间的限制。[74]英国的经理人通常不愿多提及他们的个人资历，然而美国的经理人则相反，唯恐自己的教育背景和商务经验不为人所知。很容易想象，在这场跨文化商业交流中，这三国的代表们会遭遇怎样的挫折、尴尬和误解。

在准备和履行商业合同时，国际经理人也同样面临着文化差异。在美国这种高度个人主义和低语境的文化中，合同被认为是具有法律效力的文件，它应该详列和解释合同的各个方面。所以，美国的合同通常都比较长，内容详细、丰富，精确地说明了双方的责任，什么应该做、什么不应该做，并尽量列出出现意外事故时的赔偿条款。合同的任何一点修改都需要双方的同意，并且需
要所有参与方的同意，经常还需要补录或者是对 245
整份合同进行再商榷。类似中国、日本、韩国这样重视集体主义的高语境文化，却将合同看成另外一回事。在这些文化中，最大的担心来自合作双方的关系而不是那些企业合同的条约。合同是一个非正式的、灵活的、只是大致理出合同框架的文件，重点是参与方彼此如何取得信任。

从东北亚文化的角度来看，一份合同不能承担所有风险，也不能预见未来的变化。当有事故发生时，签订合同的一方或者多方为了符合之前制定好的要求，就不得不做出艰难的抉择。如果碰见这样的情况，参与方就会考虑当下的环境，并努力找到一个大家都满意的解决方案。对于中

国人、日本人、韩国人来说，合同并不是一个保证签署方完成条约上所列义务的保险文件，而是双方依据信任建立起彼此关系的一个符号，是一份对彼此责任的承诺。[75]

作为一名国际经理人，你将不得不面对各种各样有关商务合同方面的文化差异。举例来说，在德国，合同都是需要经过反复推敲的，要考虑到每一个细节；签约方需要严格遵守合同规定。然而，在阿拉伯世界，一个人的口头表达要比书面条款有分量，有些时候，过分强调合同可能被视为一种侮辱。[76]想要成功解决这些根本的交流冲突，需要通过不断增加的文化认知自觉和相互宽容的谈判协商。下个小节我们要谈的恰好表明跨文化谈判是一项十分复杂且具有挑战性的任务。

谈判风格

只要你去任何一家邦诺或者是博德书店的企业区域，你就会发现无数关于谈判的文章。在亚马逊网上搜索“谈判”你会得到超过 3 000 条搜索结果。将范围缩小，搜索“国际谈判”，你会发现超过 1 000 条搜索结果。谈判在国际贸易中所扮演的关键角色由此可见一斑。这个过程是如此重要，以至于有评论认为国际商务主管们会花费超过 20％的时间在谈判活动上。[77]这很可能是一个非常保守的估计，如果考虑到谈判在整个国际商业合并、合资企业、原材料进口、制成品出口、专利许可协议，以及任何其他跨文化的商业交易中所扮演的是一个不可缺少的角色，这个数据可能会更高。

不论国内还是国际的商业谈判，都会有来自不同组织的谈判代表，为了达到双方认可的协议而一起工作，并同时努力去减少分歧、误解、冲突。为了达到这些目标，他们都需要沟通。沟通的作用十分重要，甚至可被称为“谈判的命脉”，它是一块能俯瞰跨文化谈判的研究圣地。[78]

可能你会有所怀疑，当来自不同国家的代表们准备竭力让双方达到一个可接受的协议时，文化是否在其中扮演了关键的角色。由于参与方拥有不同的文化价值观、理想、信念和行为，因而国际谈判为解决误解和摩擦提供了一块肥沃的试验田。一名经验丰富的谈判者这样描述道：“跨文化和国际背景就是最大的挑战。”[79]这样的挑战是因为跨文化谈判的参与方都受他们各自文化的谈判风格的影响。这种风格通常由截然不同的历史遗产、不同的文化价值观、不同的决策过程，以及对待冲突的不同态度来形成。在谈判中，这些不同往往加剧，并且因此常常会遮蔽商务谈判中要考虑的真正议题。 246

为了更好地展示文化是如何影响国际商业谈判的，我们将会详细阐述与谈判流程相关的三个方面：（1）参与者视角；（2）外部因素；（3）预期结果。

● 参与者视角

文化会在整体上影响人们看待谈判过程的观点，对同行的感受，以及他们如何讨价还价。举例来说，美国的谈判方式完全承袭了古希腊传统中修辞与口才的精髓：富于雄辩，说服有力。[80]继承亚里士多德的衣钵，美国的贸易和公司代表经常会用直接的、有一些对抗意味的方式来进入谈判。他们通常都将谈判过程在本质上看成一场敌对战，就是为了胜利而战。同样，美国文化也强调尽快出结果，这样就能利益最大化，并由此导致了短期的视角。和谈判对手的关系，尤其是长期关系，如果还有所考虑的话，通常放在次要的考虑当中。

美国的谈判方式很容易和集体主义文化的谈判方式发生冲突。比如，日本和中国的谈判者都会对企业发展与合作持长期视角。他们的首要目标是先建立双方关系，取得一定的信任，并在此基础上决定是否有必要与对方建立进一步的合作关系。这种方式更加温和，并强调彼此的利益，因而形成“双赢”的预期[81]，这一点是和美国文化中的“生意就是生意”这种比较激进的观点截然相反的。对于俄罗斯人来说，谈判仅仅是一个争论的平台，一个让对方承认自己对的机会。俄罗斯人通常认为让步就是显示懦弱。俄罗斯人很少愿意妥协，他们会不断重申自己最初的观点，并希冀谈判对手最终同意。[82]

谈判者的年龄也是一个影响因素。中国人特别尊敬他们的长辈，认为长辈比年轻人更有智慧。但是在西方社会中，尤其是在美国，年龄可不是专业和能力的代名词。派一群年轻而又活泼的美国工程师去和一个中国公司谈判技术转让项目的细则，这群年轻人可能会因为他们的年轻而遇到难题。中国的谈判者，一般都在50岁左右，他们可能会质疑美国团队的可信度和能力。[83]成员的性别在谈判中也扮演着一个重要的角色，尤其是在伊斯兰国家。在沙特阿拉伯，女人被认为附属于男人，会受到许多文化方面的社会约束，沙特阿拉伯的谈判者在面对女性谈判者的时候就会遭遇尴尬。这个话题十分敏感，以至有些专家强烈建议在和沙特阿拉伯谈判时，不要在谈判队伍中安排女成员。[84]

● **外部因素**

所有的谈判者都会抱有文化方面的期待：应该如何主导和把握谈判中讨价还价的进程，哪些行为可能是适宜的，哪些又是不适宜的。这就涉及诸如对文化正式和非正式层面的把握、成员的社会地位、时间观念、政府角色、道德标准、情
247 感表露、交流风格这样的概念。

在本章的前面部分，我们讨论了正式的和非正式的文化价值观念是如何影响人们的穿着、行为和交往方式的。这成为影响谈判的诸多因素中很重要的一个方面。美国的文化是一种高度非正式的文化，所以其谈判者往往避免使用头衔，而且在初次见面后很快就直呼其名。这样的举动在诸如法国、德国、英国等欧洲国家中是十分不合宜的：正式性在这些文化中扮演了一个相当重要的角色，头衔是个人身份很重要的一部分。来自中国、日本、韩国的代表可能要比来自澳大利亚这样非正式文化的代表更加渴望谈判的正式性。即使在自己人当中，韩国人也希望对方能以头衔而不是名字称呼自己。[85]

谈判团成员的社会地位和在公司的身份也是一个重要的文化考量。美国文化非常强调平等性，更倾向于挑选那些具有真正的管理才能和技术能力的成员，而很少考虑他们的社会地位。然而，在其他文化中，团队中成员的社会地位却是非常重要的。公司高级职员和来自有影响家庭背景的个人，这样的组合通常会让人认为公司十分看重谈判并想取得成果。在东亚，团队成员的数量也是展现洽谈级别的一个信号——参与者越多，重要程度越高。

过去，由于国际商务谈判对跨文化认识不够，美国商人们总是在周一抵达东京，并且预订一周的房间。他们的计划是在周二开始谈判，在周五签合同，然后周末就可以回家了。美国人这种速战速决的文化观念，常给商务谈判带来厄运，有时谈判双方还未见面就已注定了谈判失利。美国人向来将时间视为一种特定的商品——一种不应该被浪费的东西。所以，他们总是急不可耐地从一项目标匆匆步向下一个目标，之间不会有任何滞留。这种开门见山的西方谈判方式在日本和中国可不受欢迎。有一句亚洲谚语是这样说的："耐心就是力量。只要功夫深，铁杵磨成针。"在这些文化中，对时间的认识和西方截然不同。在商场上，他们的首要目标就是要对另一方有所了解。日本人和中国人将商业谈判的开始看作是步入一场婚姻。这是一种需要耐心维系和对双方都有益的关系。所以，他们愿意在这上面花费时间来确保双方的关系呈现出和谐共容、共赢互利的局面。为了达到这个目的，增进了解，他们将大量的时间花费在娱乐和参观活动上。初次会晤时，他们会更关注对方的大体背景，而不是未来商业洽谈中的细节。

政府在商业谈判中扮演的角色同样也是国际谈判中的重要因素。美国公司的谈判者认为，政府和商业洽谈是不发生关系并且应该保持独立的。政府的职责就是建立和强化法制以为经济活动的展开创造一种公平竞争的环境。如果政府过于活跃而参与到商业谈判中，那么将被认为有碍双方
达成协议。这一点在中国则非常不同。[86] 248

文化也在个人和国家层面塑造了道德观。就像早前讨论过的那样，在商业交易中，美国颁布法律禁止贿赂或是赠送超过180美元金额的礼物。然而，在某些国家，小恩小惠和赠送礼物被视作

“润滑剂”，是做生意中再自然不过的一部分，并且充斥在社会的各个层面。国际商务交往中由于对相互赠送礼物的标准和观念不同，也很容易造成不同文化间商务谈判的失利。

谈判者的情感释放同样也关系到国际商业谈判的结果。比如，西方的企业代表们通常将他们的亚洲同行形容成“深不可测”的，因为亚洲人在谈判桌上一般面部表情不那么丰富。人们会用大量的肢体语言和面部表情来外化个人情感，这在美国十分常见，而且人们通常也习惯于如此。美国文化认为通过肢体语言来表达欢愉、厌恶、愤怒或是其他情感是社会交往中很自然的一部分。然而，在中国、日本、韩国，情感外露却让人感觉破坏了气氛，是需要竭力回避的。所以，一位韩国代表会认为美国同行在谈判桌上皱眉的表现是相当不成熟的。在其他文化中，比如墨西哥或中东国家，表露感情是司空见惯的，并被认为是强调和重申自己个人的位置。[87]比摩尔和凡勒这样解释了一名科威特谈判者的情感作用，以及潜在的不利反应：

> 这位科威特谈判者由于喜爱玩弄文字游戏，并过分强调交往中的情感表露，因此他在谈判中的措辞所传递的信息对于一个低语境文化（如美国或加拿大）的交流者而言似乎有些做作和夸张，因为这种文化不喜欢含糊其词，其追求的是直来直去、简洁明了。[88]

谈判者的交流风格同样也会成为国际商业中的难题来源。诸如中国、日本、韩国以及印度尼西亚这样奉行集体主义的国家，会相当重视与他们的谈判同行维系良好的关系。为了实现这种关系，他们往往会使用委婉的交流方式。可能引起争端或者导致不和的敏感话题，他们都要谨小慎微地对待，通常用委婉间接的方式表达出来。中国人和日本人往往不愿意做出直接的否定，会用诸如“这可能有点难度”，“我们需要再观察一段时间”，或者是“我们会给予考虑”这样的答复来表达“不”的意思。印度尼西亚人相当希望维系和谐的关系，他们会有“十二种说‘不’的方法”[89]。这种委婉可能会成为习惯于“直截了当”和“不绕圈子”的西方谈判者惊慌、迷惑、误读的来源。举例来说，一个日本谈判者如果这样回复其美国同行——“这会有些棘手”，他实际是在说“不”，而且不会对这个议题有任何进一步的考虑。然而，美国的商业代表却有可能认为这样的陈述是暗示对方会有所考虑，日后可能会有一进步的答复。等待一个根本不会有的结果会很快导致一段“拧巴”的关系。

● 预期结果

正如谈判的其他方面，文化同样会以这样的期望影响参与者：应当达到怎样的谈判结果？为达到这一结果应采取什么样的谈判形式？我们在本章的前面部分讨论过商业合同中的不同文化观念，但是这些议题的重要性在谈判的情境中更值得研究。由于来自一个高度的法治社会[90]，美国谈判者将最终成功签订的合同视为有约束力的。

> 对于他们（美国人）来说，合同是一套固定的严格约束双方的权利和义务，控制双方日后的行为，决定谁应该做什么事，何时以及如何做。如此，双方的协议就是他们的合同。[91] 249

这些期望就要求签订内容翔实的合同，所以美国谈判者经常会将律师或者是法律咨询也纳入谈判团队。这种观念和奉行集体主义的国家是截然不同的。在集体主义国家，商业谈判被视作维系长期关系的一种方式，而不是签订一份法律文件用以限定双方从事某种特定的商业交易行为。从中国人的观念来看，谈判旨在建立关系的维度，合同只不过是作为一个指导原则而已。[92]同中国人一样，日本人和沙特阿拉伯人也不喜欢过于详细的合同。[93]日本人这样认为：既然未来的事件是不可预测的，合同就应该是灵活可变的，以适应形势上和结构上的变化。

决策制定

尽管谈判过程中涉及持续不断的决策过程，国际商务主管们还是需要在多种其他和商业相关的领域制定、管理、执行决策事务。这可能涉及下列议题：人事管理、新产品研发、市场拓展、销售计划、提议的接受和反对，以及许多其他议题。为了更有效率，国际商业经理们必须知道是谁在做决策，以及这些决策在不同的文化语境下是如何制定出来的。在某些国家，例如法国，所有的决策都是由少数位高权重的人来制定的。[94]但是在其他文化中，团体成员会积极地参与决策过程的每一个环节。在某些集体主义文化中，例如日本，高度一致才是必要的。然而在其他团体文化导向的社会中，比如墨西哥，成员们则倾向于
250 依赖那些精英来制定决策。[95]

这些文化差异在比较美国和日本的决策制定当中更加明显。在美国的公司中，决策通常都是自上而下流程的产物，通过一个权威或半权威的结构发布下来。几位领导人或经营主管在对影响因素和各种各样的利害关系深思熟虑后，决议就会被下达。这种决策过程正是强调平等和独立、反对僵化、勇于面对冲突与问题的美国文化传统的产物。在美国公司，制定政策的权力掌握在级别高的少数精英手中，一旦适宜的——通常是被法律授权的——研究报告（比如市场分析、环境调查等）完成，就会迅速进入决策环节。虽然美国的经理层通常都希望公司的决策层能听取他们的意见，但这一点并不能得到保证。有时即便给予他们发言机会，这也很难影响最终结果。虽然决策出台很快，但执行却可能非常缓慢。因为执行决策的相关公司员工事先并不知情，通常需要时间来领会、接受并适应这种新的变化和要求。有时，如果员工不同意或不接受决策带来的变化，他们的反对会减慢甚或终止决策的执行。[96]

在以高度一致为基础的日本文化的决策过程中，强大的团体导向和强调社会稳定才是其重要的考量。日本大公司中的决策制定和美国那种自上而下的模式截然不同，尤其是在贸易公司，决策制定通常是从中层经理人开始的一个自下而上的过程，被称为“禀议决策制”（ringi seido）。在这个流程中，一个或者几个雇员需要准备一份采用“下级恭请上级意见”[97]形式的书面提案（ringi sho）。甚至通常在接到正式文件之前，所有参与其中的组织部门都会对这个提案进行“根回”（nemawashi）式的谈论。在每一个阶段，提案的优势和潜在的影响因素都会被深入讨论，如果每个人都意向一致的话，经理就会签署这项提案，然后向下进行。批准之后，这份文件最终会在管理和执行高层发布。当一个没有异议的合议达成后，这项提案就会变成政策。

这个流程的关键因素在于必须获得一个完全没有异议的高度一致的看法。每个人都必须意见一致，或者至少在表面上承认这份协议。很自然地，让每个人都同意需要花费很多时间和精力。有关提案的各个方面详细而有深度的信息必须被众人获知、传播、研究和讨论。如果有异议产生，就需要更多的时间进行进一步的讨论，这些可能会发生在白天的工作地点，也可能会在规定的工作时间结束后在饭店和酒吧进行。然而，一旦一个一致性的决议产生，执行流程就会迅速地被贯彻起来，这是从头至尾由广大雇员参与决策流程的结果。每个人都在最终结果下达之前被赋予了发表意见和讨论提案的机会。所以，雇员们已经对提案本身，对其负面影响及所蕴含的行动必要性很熟悉了。

日本和美国在决策制定流程上的不同让我们认识到文化的影响以及文化观念在国际企业中所扮演的重要角色。但是单单意识到这种差异还不能够提供必要的文化能力来胜任一项国际业务，这种文化能力不仅要求熟悉不同文化的差异，还要求理解造成这些文化差异的背后的文化因素。在日本和美国的决策制定中，导致巨大差异的主
要原因在于，两个国家对于冲突概念持截然不同 251
的态度。美国模式意味着对冲突和争端的接受和积极面对，然而日本模式却力图避免争端。我们下面将主要讨论不同文化是如何处理冲突和争端的。

冲突管理

冲突是关系当中不可避免的一面，如果处理不当的话就会导致双方关系出现不可修复的裂痕——个人会出现分居或者离婚的现象，国家之间则会发生战争，或者是在商场中失去机会。正如你所想，文化决定了如何定义和处理冲突。因为在本书第 11 章中我们会具体讨论文化在冲突中所扮演的角色，所以我们在这里主要将讨论放在国际商业领域。

跨文化企业以参与者不同的价值观、理想、信念以及行为为特点，为争议分歧提供了一块肥沃的试验田。集体主义文化排斥公开的、直接的冲突，这被视为是对集团成员中和谐和稳定关系的威胁。这和个人主义文化是截然相反的，在个人主义文化中，异议和反对是生活中自然和有价值的一部分。[98]通过比较中国人和澳大利亚人处理争议与分歧的方式就可以很明显地看出这种差别。因为在中国争议并不是公开处理的[99]，所以当中国人开始在商业合作中有所退缩的时候，西方代表很有可能还没有意识到问题已经酿成。这和个人主义的澳大利亚文化完全不同，澳大利亚人对分歧习以为常。

> 澳大利亚人在他们生活中的多数场合期望出现争议与分歧。他们对此非常熟悉，因为他们深知只要有联合就必会有分歧。不过，争议和分歧并不能阻挡他们，他们甚至可以享受争议和分歧。有时，他们甚至故意制造争议和分歧，仅仅为了吸引对方注意。他们羡慕那些能够娴熟处理分歧化解危机的高手。由争议和分歧激发的消极反应，不会对他们造成任何干扰。[100]

这种对待争议和分歧的态度与存在于美国市场上的十分相似——争议和分歧被视作是达到可能的最佳解决方案的一种自然而有力的方式。

对不和谐的危害十分敏感的集体主义国家的企业和公司已经创建了许多方式来防止或者降低引发争端的概率。在日本，这些方式包括鼓励员工们将企业视为“他们事业和自我实现”的一部分。[101]因为在某种程度上来说，个人的认同与企业是不可分的，这对于企业活动来说是一种动力。日本企业还会组织一些小型的团体商谈，以期利用可信任的中间人来协助预防和处理一些分歧和冲突。其他方式包括在正式会晤前让顾问和权威机构介入。可能引发分歧与冲突的批评则以间接的、委婉的方式和风格表达出来。因为分歧和冲突可能使人丢面子，所以日本人和中国人更愿意保持沉默或者用肢体语言来表示不赞成。抱
怨可能会通过幽默、玩笑或者通过第三方表示 252
出来。

与集体主义文化形成鲜明对照的是，在类似于美国等个人主义的文化中，体制内争议恰恰促成了解决分歧与冲突的很多不同方案。多数统治和少数决策，自上而下垂直管理是美国公司通用的管理规则。如果雇员对一个决定有异议，那么他们会通过各种方式表达出来：公开表达他们对上层决定的不满，尝试通过法律或仲裁的渠道反对决策，组织群众性的游行来抵抗政策，或者辞职，另谋高就。很显然，上述种种选择无一例外与团体和谐及企业向心力无过多关联。在美国，个人自我利益的重要性超过团体和组织的延续与稳定。在美国，处理争端的一个常见方式就是通过法律程序。这就是为什么美国的合同通常都由律师来起草而且包含每个能够想到的细则。

信息技术对国际交流的影响

在本章开头，我们讨论过全球化因素，诸如发达的交通体系以及通信技术，已然促进了跨文化贸易的巨大增长，创建了空前的国际经济的互相依赖性。其中，全球化因素中对商业最有影响力的力量之一就是因特网络。“全世界范围的信息流通转移的成本惊人地骤降”[102]已经使得商业不得不从全球视

角来思考和行动。这种全球视角带来了由于企业组织的透明和融合所促进的跨境贸易为主的市场渗透。换句话说，网络助推并创造了国际贸易采纳统一标准和惯例的需求，这与国家边界和文化差异无关。网络全球化提出了一个新的问题，即在极其依赖信息技术的全球市场上，一些商务惯例是否正在强迫一些国家改变其在自己文化范畴内建立的企业组织交往模式。这个问题在一项有关信息技术对日本企业组织交往传播影响的调查研究中找到了确定的答案。[103]虽然这项研究仅仅集中在一个国家（日本），但是研究结果所蕴藏的思想却已经应用在其他国家和文化中。

这项调查研究表明，全球市场对语境和信息技术日益激增的依赖正在带来变化，尽管在传统的日本企业中的交往与传播中，这些变化是很微妙的。举例来说，在此前讨论过的“根回”(nemawashi）进程，已经渐渐由于IT系统的介入而更加现代化。企业员工可以利用IT系统去发布和讨论相关议题，而不需要面对面地交流。一些组织同样也利用IT系统发布“书面提案”（ringi）的制定过程，可为公司节约统一意见的时间达六至十天。另外，员工之间电子邮件的广泛使用已经使得传统的日本人不直接的交流变得更为直接。一些日本人发现电子邮件提供了“鼓励人们使用随意和直率的语言”的匿名机会。[104]部分原因是电子邮件的信息给予了接收者更宽的语境，包括非语言暗示，这对于日本的高语境交流环境是非常关键的。在某些情况下，这种直接的介入在员工之间制造了一些个人纠纷。然而，这项研究也解释了为什么年轻的日本员工更倾向于使用直接一点的方式。另外，对于这种职场摩擦的根源，IT技术的采纳和运用已然带来了沟通上的新挑战。[105] 253

电子邮件确实加速了操作进程，然而，由于不同的语言表达，这种交流上的提速也造成了跨国企业之间的问题。这类问题会在下面这种情况下升级：当多封邮件在被发送给多国员工就特定问题交换意见时，第一语言使用者在阅读、理解和回应方面都要比第二语言使用者快很多。随着这种交换的深入，第二语言使用者的理解将更加滞后，而且他们最终会发现自己已慢慢从讨论中脱离。

从以上的例子中不难看出，由于科技革命所带来的全球化的发展，不同文化环境下的企业交流模式正在承受着各种各样的压力。正如我们在文中不断强调的，文化的变化非常缓慢，但是为了在国际市场上保持竞争力，企业必须要么适应全球化语境，要么被淘汰。

现在，你可能已经对国际商务交流动态的艰难有所体会。这是一个极其需要良好的跨文化交流技巧的领域。但是美国国内对跨文化交流能力的培养同样也有着前所未有的需求，现在我们就来关注这一方面。

美国国内商业环境

正如我们一直在全书中指出的那样，由于人口出生率和移民政策的影响，美国已经成为一个以多元文化著称的国家，几乎有18%的人口在自己家里不讲英语。[106]少数族裔现在是美国人口结构中增长最快的人群。[107]2003年美国人口普查局发布的调查显示，美国的拉美人口已经达到了3 990万，几乎占总人口的14%。见微知著，从坐落在加州南部洛杉矶市的人口结构中可以很明显地看出美国文化多元化的复杂性[108]，超过55%的人口在自己家中有五年以上没有使用过英语[109]。这就造成美国的学校方面不得不想方设法来应对操着92种不同语言的学龄儿童所带来的问题。[110]

据美国劳工部相关报告，与人口增长率一样，少数族裔的劳动力增长速度也是美国劳动力增长速度中最快的。[111]尽管非拉美籍的白种人仍然占了美国工人的大多数，但是他们在劳动力中的占有率正在降低而且还会持续降低。据预测，白种非拉美籍的劳动力将会从 2000 年的 73%降低到 2050 年的 53%。同一时期，拉美裔美国人所占的比重将翻番：从 2000 年的 11%增加到 2050 年的 24%。非裔美国人所占的比重同样也会增加：从 2000 年的 12%增加到 2050 年的 14%。亚裔美国人是此时劳动力中增长最快速的部分，到 2050 年，有望从 2000 年的 5%提高到 11%。[112]

少数族裔企业家的数量同样也在逐年增长。2001 年，美国商务部宣称："从 1992 年到 1997 年，归少数族裔所有的公司的增长速度已经超过
254 美国公司总体增速的四倍多。"[113]

这些庞大的数据背后所展示的正是美国国内劳动力现在以多元文化人口为主的特点，这种趋势还会以更显著的速度持续增长。想要成功地管理这些多元化的劳动力将越来越需要对不同文化价值观的理解和接受，需要掌握更有效的跨文化交流能力。美国经济的所有层面都必须对有可能产生跨文化争端的诸多议题有所了解，并做出反应。在这具有文化多样性的工作场所，管理者们也必须时常对产生摩擦的争端保持警惕，它们会以多种形式出现，这将在第 11 章中进行具体讨论。由于劳动力变得更加多元，出现种族、民族、语言、宗教排斥等问题的概率也会增多。

种族和民族问题不断增加的复杂性给企业带来了各种各样的文化信仰、价值观、态度问题，并且这些文化差异会增加员工之间出现性别和性骚扰问题的概率。不同文化对妇女和性偏好自由的态度有所不同。这种不同的态度有时候就会被理解为对男女性别或性偏好不同的同事们的歧视性待遇。越来越多的美国公司已经认识到员工之间保持文化多元化的重要性，并且设立了旨在提升员工对多元文化差异进行理解的培训课程。未来，成功的机构应该强化措施，确保员工在工作领域享有平等，消除对种族、血统、性别或者性偏好的歧视。

本章旨在帮助你们意识到文化对国际或国内商业行为的重要性。对于这种意识，我们已经有所省察，因为商业环境一旦与文化勾连、糅合在一起，在很多重要层面就会有我们不熟悉的地方。所以，我们希望你能谨记约翰·肯尼迪总统的话："我们获得的知识越多，我们显露出的无知也就越多。"

概　要

◉交流语境是指交流发生的文化环境。

◉文化多元规则通过规定在具体情境中的适宜行为来指导跨文化交流行为。

◉关于非正式与正式、自信果断和人际和谐以及社会身份与地位的规则可以在任何交流场合发现。

◉在跨国贸易中，不同文化决定了礼仪、管理、谈判、决策、处理争端的方式的不同。

◉在跨国企业和公司中，IT 技术的普及正在改变原有的跨文化交流行为和惯例。

◉美国商业社会中迅速增加的文化多样性将需要更多的跨文化理解和技巧。

【注　释】

[1] M. K. Nydell, *Understanding Arabs : A Guide for Westerners* (Yarmouth, ME: Intercultural Press, 2002), 65.

[2] T. Morrison, W. A. Conaway, and G. A. Borden, *Kiss, Bow, or Shake Hands : How to Do Business in Sixty Countires* (Avon, ME: Adams Media Corporation, 1994), 393.

[3] A. Javidi and M. Javidi, "Cross-Cultural Analysis of Interpersonal Bonding: A Look at East and West," in *Intercultural Communication : A Reader*, 8th ed., L. A. Samovar and R. E. Porter, eds. (Belmont, CA: Wadsworth, 1997), 89.

[4] G. Althen, *American Ways* (Yarmouth, ME: Intercultural Press, 2003), 17.

[5] E. C. Stewart and M. J. Bennett, *American Cultural Patterns: A Cross-Cultural Perspective* (Yarmouth, ME: Intercultural Press, 1991), 160.

[6] E. T. Hall and M. R. Hall, *Understanding Cultural Differences: Germans, French, and Americans* (Yarmouth, ME: Intercultural Press, 1990), 48.

[7] Morrison, Conaway, and Borden, 1994, 171.

[8] L. Schneider and A. Silverman, *Global Sociology: Introducing Five Contemporary Societies* (New York: McGraw-Hill, 1997), 70.

[9] E. Gareis, *Intercultural Friendships: A Qualitative Study* (New York: University Press of America, 1995), 27.

[10] E. Y. Kim, *The Yin and Yang of American Culture: A Paradox* (Yarmouth, ME: Intercultural Press, 2001), 143.

[11] L. B. Nadler, M. K. Nadler, and B. Broome, "Culture and the Management of Conflict Situations," in *Communication, Culture and Organizational Processes*, W. B. Gudykunst, L. R Stewart, and S. Ting-Toomey, eds. (Beverly Hills, CA: Sage Publications, 1985), 109.

[12] H. Wenzhong and C. L. Grove, *Encountering the Chinese: A Guide to Americans* (Yarmouth, ME: Intercultural Press, 1991), 63.

[13] L. Beamer and I. Varner, *Intercultural Communication in the Global Workplace* (Boston: McGraw-Hill Irwin, 2001), 199. See also, Morrison, Conaway, and Borden, 1993, 191.

[14] T. Gochenour, *Considering Filipinos* (Yarmouth, ME: Intercultural Press, 1990), 23.

[15] Ibid., 25.

[16] Ibid., 24.

[17] N. Yoshimura and P. Anderson, *Inside the Kaisha: Demystifying Japanese Business Behavior* (Boston: Harvard Business School Press, 1997), 83.

[18] Schneider and Silverman, 1997, 9.

[19] "Japan on the Brink," *The Economist*, April 11, 1998, 15.

[20] G. Gao and S. Ting-Toomey, *Communicating Effectively with the Chinese* (Thousand Oaks, CA: Sage Publications, 1998), 61.

[21] G. Chen and X. Xiao, "The Impact of Harmony on Chinese Negotiations," paper presented at the Annual Convention of the Speech Communication Association, Miami Beach, FL, November, 1993, 4.

[22] J. Condon, *Good Neighbors: Communicating with the Mexicans* (Yarmouth, ME: Intercultural Press, 1985), 44.

[23] W. V. Ruch, *International Handbook of Corporate Communication* (Jefferson, NC: McFarland, 1989), 75.

[24] G. P. Ferraro, *The Cultural Dimensions of International Business* (Upper Saddle River, NJ: Prentice Hall, 2002), 106.

[25] Beamer and Varner, 2001, 118.

[26] Ibid.

[27] Morrison, Conaway, and Borden, 1994, 168.

[28] C. Engholm, *When Business East Meets Business West* (New York: John Wiley and Sons, 1991), 10.

[29] P. D. Curtin, *Cross-Cultural Trade in World History* (New York: Cambridge University Press, 1984), 65.

[30] "Marco Polo and His Travels," Silk Road Foundation, www.silkroad.com/artl/marcopolo.shtml (accessed November 21, 2005).

[31] F. Cairncross, *The Death of Distance* (Boston: Harvard Business School Press, 1997), 1.

[32] M. Crutsinger, "Trade Deficit Hits All-Time Record." CBS News, February 10, 2005, www.cbsnew.com/stories/2005/02/10/ap/business/printable672878.shtml (accessed November 21, 2005).

[33] "Trade Deficit Increased in 2004," U. S. Census Bureau: Foreign Trade Statistics, www.census.gov/foreign-trade/www/index.html (accessed November 21, 2005).

[34] "Top Ten Countries with which the U. S. Has a Trade Deficit," 2005, U. S. Census Bureau: Foreign Trade Statistics, www. census. gov/foreign-trade/top/dst/2004/12/deficit. html (accessed November 21, 2005).

[35] Crutsinger, 2005.

[36] Ibid.

[37] T. L. Friedman, "The Unseen Forces of Globalization," *San Diego Union-Tribune*, March 5, 2004, B8.

[38] T. L. Friedman, "A Better World Through Outsourcing," *San Diego Union-Tribune*, March 2, 2004.

[39] G. J. Bryjak, "Outsourcing the American Dream," *San Diego Union-Tribune*, February 4, 2004.

[40] "Coca-Cola: Our Company, Around the World," www2. coca-cola. com/ourcompany/aroundworld. html (accessed November 21, 2005).

[41] McDonald' s FAQ, www. mcdonalds . com/corp/about/mcd _ faq. html (accessed November 21, 2005).

[42] Starbucks Coffee International, www. starbucks. com/aboutus/international. asp (accessed November 21, 2005).

[43] T. R. Reid, *The United States of Europe* (New York: Penguin Press, 2004), 112-116.

[44] D. C. Thomas, *Essentials of International Management* (Thousand Oaks, CA: Sage Publications, 2002), 3.

[45] P. R. Harris and R. T. Moran, *Managing Cultural Differences : Leadership Strategies for a New World of Business*, 4th ed. (Houston: Gulf Publishing, 1996), 19.

[46] Morrison, Conaway, and Borden, 1994, 168.

[47] D. Endicott, "Doing Business in Egypt," *Bridge*, Winter 1981, 34.

[48] Y. Richmond and P. Gestrin, *Into Africa : Intercultural Insights* (Yarmouth, ME: Intercultural Press, 1998), 128-129.

[49] B. Zinzius, *Doing Business in the New China* (Westport, CT: Praeger, 2004), 182.

[50] Ibid., 71.

[51] Morrison et al., 1994, 326.

[52] Zinzius, 2004, 53.

[53] Harris and Moran, 1996, 256.

[54] Zinzius, 2004, 62.

[55] Ibid., 47.

[56] Morrison et al., 1994, 118-119.

[57] R. Desai, *Indian Business Culture* (Oxford: Butterworth-Heinemann, 1999), 112. See also S. Dunung, *Doing Business in Asia*, 2nd ed. (San Francisco: Jossey-Bass Publishers, 1998), 416, 435.

[58] Dunung, 18-19.

[59] E. McDaniel and S. Quasha, "The Communicative Aspects of Doing Business in Japan," *Intercultural Communication : A Reader*, 9th ed, L. A. Samovar and R. E. Porter, eds. (Belmont, CA: Wadsworth, 2000), 315.

[60] Morrison et al., 1994, 134.

[61] F. L. Acuff, *How to Negotiate Anything with Anyone Anywhere Around the World* (New York: American Management Association, 1997), 103.

[62] Foreign Corrupt Practices Act (FCPA), www. usdoj. gov/criminal/fraud/fcpa. html (accessed November 21, 2005).

[63] Zinzius, 2004, 63.

[64] Acuff, 1997, 104.

[65] K. Nishiyama, *Doing Business with Japan*(Honolulu: University of Hawaii Press, 2000), 61.

[66] Morrison et al., 1994, 54, 87.

[67] Ibid., 145, 208.

[68] Dresser, *Multicultural Manners* (New York: Wiley, 1996), 94.

[69] J. Scarborough, *The Origins of Cultural Differences and Their Impact on Management* (Westport, CT: Quorum, 1998), 5.

[70] D. Thomas, *Essentials of International Management* (Thousand Oaks, CA: Sage Publications, 2002), 27.

[71] P. C. Earley and S. Ang, *Cultural Intelligence: Individual Interactions Across Cultures* (Stanford, CA: Stanford Business Books, 2003), 231.

[72] Scarborough, 1998, 64.

[73] C. Gordon, *The Business Culture in France* (Oxford: Butterworth-Heinemann, 1996), 164.

[74] J. Mattock, ed., *Cross-Cultural Communication* (London: Kogan Page, 2003), 164.

[75] Information on contracts comes from a number of sources: Acuff, 1997, 86; N. J. Adler, *International Dimensions of Organizational Behavior*, 4th ed. (Cincinnati, OH: South-Western: Thomson Learning, 2002), 65; C. Cellich and S. C. Jain, *Global Business Negotiations* (Mason, OH: South-Western: Thomson, 2004), 38-39; D. W. Hendon, R. A. Hendon, and P. Herbig, *Cross-Cultural Business Negotiations* (Westport, CT: Quorum Books, 1996), 113; S. C. Schneider and J.-L. Barsoux, *Managing Across Cultures*, 2nd ed. (New York: Prentice Hall, 2003), 30; Zinzius, 2004, 72.

[76] Acuff, 1997, 87; see also Hendon, Hendon, and Herbig, 1996, 114.

[77] Hendon, Hendon, and Herbig, 1996, 3.

[78] L. Drake, "Negotiation Styles in Intercultural Communication," *The International Journal of Conflict Management*, 6 (1), 1995, 76.

[79] M. Spangle and M. Isenhart, *Negotiation: Communication for Diverse Settings* (Thousand Oaks, CA: Sage Publications, 2003), 97.

[80] A. Goldman, *Doing Business with the Japanese* (Albany: State University of New York Press, 1994), 153.

[81] C. Cellich and S. Jain, *Global Business Negotiations* (Cincinnati, OH: South-Western; Thomson Learning, 2004), 12.

[82] Hendon, Hendon; and Herbig, 1996, 12. See also R. Lewis, *When Cultures Collide*, 2nd ed. (London: Nicholas Brealey, 1999), 314; and Thomas and K. Inkson, *Cultural Intelligence: People Skills for Global Business* (San Francisco: Berrett-Koehler, 2004), 119.

[83] Zinzius, 2004, 48.

[84] Hendon, Hendon, and Herbig, 1996, 174.

[85] Lewis, 1999, 399.

[86] L. Pye, *Chinese Negotiating Style* (New York: Quorum, 1992), 23.

[87] Beamer and Varner, 2001, 262.

[88] Ibid., 257.

[89] Hendon, Hendon, and Herbig, 2004, 140.

[90] Pye, 1992, 23.

[91] J. W. Salacuse, *The Global Negotiator* (New York: Palgrave Macmillan, 2003), 20.

[92] Zinzius, 2004, 72; Pye, 1992, 23.

[93] Hendon, Hendon, and Herbig, 2004, 173.

[94] Thomas, 2002, 94.

[95] Hendon, Hendon, and Herbig, 24.

[96] E. R. McDaniel and S. Quasha, "The Communicative Aspects of Doing Business in Japan," in *Intercultural Communication: A Reader*, 9th ed., L. A. Samovar and R. E. Porter, eds. (Belmont, CA: Wadsworth, 2002), 318.

[97] T. Kume, "Managerial Attitudes Toward Decision-Making," in *Communication, Culture, and Organizational Processes*, W. B. Gudykunst, L. P. Stewart, and S. Ting-Toomey, eds. (Newbury Park, CA: Sage Publications, 1985), 232.

[98] Beamer and Varner, 2001, 236-237.

[99] Zinzius, 2004, 190.

[100] Hendon, Hendon, and Herbig, 210.

[101] E. S. Krauss, T. P. Rohlen, and P. G. Seinhoff, "Conflict and Its Resolution in Postwar Japan," in E. S. Krauss, T. P. Rohlen, and P. G. Steinhoff, eds., *Conflict in Japan* (Honolulu: University of Hawaii Press, 1984), 382.

[102] F. Cairncross, *The Company of the Future* (Boston: Harvard Business School, 2002), 5.

[103] E. R. McDaniel, *Changing Japanese Organizational Communication Patterns* (San Diego, CA: SDSU Center for International Business Education and Research, 2004), CIBER Working Paper Series -Publication No. C04-016.

[104] R. J. Fouser, " 'Culture,' Computer Literacy, and the Media in Creating Public Attitudes toward CMC in Japan and Korea," in C. Ess, ed., *Culture, Technology, Communication: Towards an Intercultural Village* (Albany, NY: State University of New York, 2001), 269.

[105] McDaniel, 2004, 17.

[106] "Ability to Speak English, 2000," U. S. Census Bureau: American FactFinder, http://factfinder.census.gov/servlet/QTTable (accessed November 21, 2005).

[107] "Hispanic and Asian Americans Increasing Faster than Overall Population," U. S. Census Bureau News, www.census.gov/Press-Release/www/releases/archives/economic_census/000372.html (accessed November 21, 2005).

[108] "Los Angeles County, California, 2003 American Community Survey," http://factfinder.census.gov/servlet/SAFFFacts, then search for Los Angeles data (accessed November 21, 2005).

[109] Ibid.

[110] "Bossing the Big Tortilla," *The Economist*, May 14, 2005, 31.

[111] "Working in the 21st Century," U. S. Department of Labor: Bureau of Labor Statistics, www.bls.gov/opub/working/page4a.htm (accessed November 21, 2005).

[112] M. Toossi, "A Century of Change: The U. S. Labor Force, 1950-2050," *Monthly Labor Review*, May 2002, 16.

[113] "Minority-Owned Firms Grow Four Times Faster Than National Average, Census Bureau Reports," U. S. Census News: U. S. Department of Commerce, www.census.gov/Press-Release/www/releases/archives/economic_census/000372.html (accessed November 21, 2005).

活　动

1. 去你所在城市的不同区域的几台 ATM 机，看看它们提供了什么语言。小组讨论为什么 ATM 机可能会提供两种以上的语言。如果语言因位置而有所不同，尝试判断一下原因。

2. 选择以下话题进行讨论：

（1）美国是否应该仍以英语作为官方语言？

（2）平权法案应该废除吗？

（3）美国应该对不合法移民采取更强硬的措施吗？

将班级分成四到五个讨论小组。统计每组成员对以上的问题的回答，看有多少人达成了一致意见。在这之后，探讨在小组获得一致意见的过程中遇到的困难。

3. 在讨论小组中，列举跨国劳动力会导致的不同问题。讨论一些可能有助于解决这些问题的措施。

4. 尽可能列举你所能想到的有可能会在工作场合引发文化问题或性骚扰问题的用语和措辞。

讨论观点

1. 怎样理解“沟通为规则所限”这句话？在教室中，限制你的沟通规则是什么？当你想要买一套新衣服的时候，限定你的行为的规则是什么？这些规则在其他国家有何不同？

2. 现已构建的规定美国商务贸易的礼仪是什么？当与其他文化的商务代表做生意时，这些礼仪会引发什么问题？

3. 美国式的谈判风格中有哪些普遍元素会在跨文化谈判中导致出现问题？为了减少或解决这些问题，你有什么好建议吗？

4. 在过去十年中，IT技术给你的生活带来了哪些变化？又如何改变了我们与商业的关系？

5. 为了适应越来越显著的美国人口结构多元化，企业应该做出哪些改变（比如，产品推介、管理风格、广告方面等）？

第9章 文化对环境的影响：教育领域

教育能够帮助人们摆脱对陌生环境的恐惧。

——玛雅·安琪罗（Maya Angelou）

倾听学生说什么就能学会如何对他们说。

——保罗·弗莱雷（Paulo Freire）

文化与教育具有不可分割的联系。人们正是根据自身文化的需要，通过教育在多元文化中得到提高。尽管人们大体具有生理上的相似性，但是由于拥有不同的文化经历，他们的成长便有着社会上的不同。学校即提供着一种最重要的背景。学校作为一种环境，使学生实现了社会化和学习的过程。基于学校在跨文化交流中的深刻影响，这就是本章关注的主要内容。

课堂是一个重要的跨文化场所，对其进行研究是出于如下几点考虑：首先，通过研究某种文化对教育的理解和其教育的方法，我们可以深入地了解该文化。对于中国人来说，教育异常重要。中国有一句俗语就反映了这一观念：学习使人终身富有。相较而言，拉美人对教育与学校的密切关系的理解则有所不同。大多数拉美人对教育的理解超出了正规的学校范畴，认为教育是获得经济报酬的途径。拉美人还认为教育有道德教化功能："拉美人认为评价什么是好教育的标准，就是儿童对长者和权威的尊重，以及好的举止和对他人的体贴。"[1]

其次，学校必须教授正规的知识与文化：语言、历史、政治、科学、艺术和音乐，以及学会如何在社会中生存。无疑，这一点不论是在美国那样庞大而复杂的国家，还是在南美中部热带雨林中的部落，概莫能外。比如在美国，正如在教育体系中所体现出来的，生存的基础就是要获取必需的知识与技能，以获得一份收入不菲的工作与舒适的生活。在森林中，生存的技能包括如何设置捕捉动物的陷阱、制作一副可用的弓箭，如何取火，以及如何识别可食的植物与有毒的植物。掌握了如何从不同的文化中学到不同的知识，你就可以学会洞察来自其他文化背景的人。

257

学校必须教授正规的知识与文化。

再次，了解文化对教育的影响，认识某种文化的非正规内容。萨维尔·罗伊克（Saville Troike）表达了这样一种见解：假定儿童受到他们自己文化内在的基本价值和利益的影响。他们已经学会了与自身居住社区里的角色相适应的行为规则，并开始融入这个社区。[2]在学校里，孩子们学习正当的品行规范、各种文化价值观、如何对待他人、如何与他人交往、如何认识性别角色、如何表示尊重，以及文化中所有的其他非正规的内容。

最后，各种形式的教育在美国成为最大的产业之一。作为一名教师，你可能会在教室里遇到各种文化的学员，不论是在传统的教室里进行商务培训课程讨论，还是为初为父母的家长提供育儿指导。教育中那种内在的多元文化的意识，有助于人们理解存在多元文化的教室中特有的交流方式。此外，作为父母或即将成为父母的人，你应当认识到存在多元文化的教室中具有的活力。

应当承认，尽管在符号和数据的应用上具有很大的不同，但是大多数文化交流有着基本相同的社会结构、需要和诉求。从本质上说，所有的文化教授的都是同样的内容：通过其自身的历史和传统，对文化中具有永久价值的事物进行传承。每种文化体系，不论是正规的还是非正规的，都在力求满足社会的需要。[3]因此，在每一种文化中，学校都发挥着多方面的作用。首先，学校有助于塑造个性。随着孩子们的成长，他们所学到的知识和他们的学习方式都影响着他们的思想和行为。在孩子们看来，教育为他们提供了掌握事实的方法，它教给每一个孩子一套行动指南和价值观。英国哲学家斯宾塞（Herbert Spencer）写道：“教育的目的就是塑造品格。”亨利（Henry）进一步解释这一观点：“学校也在塑造着孩子，使他们意识到，为了过上富足、成功和满意的生活，需要学习哪些知识。”[4]

文化对教育具有广泛的影响。然而，由于群体文化具有多样性，这种影响在多元文化的社会中就显得尤为重要。基于这个原因，我们相信一个卓有成效的教师或教育者必须是一位有效的跨文化交流者。

在教学中首先需要具有多元文化的交流能力， 258
理解文化与教育相结合的活力。下面我们将探讨以下这些内容：（1）文化与教育的关系；（2）文化多样性和教育；（3）多元文化中的教育；（4）多元文化教育中的语言多样性；（5）如何成为一个成功的多元文化的沟通者。

文化与教育

在本书中我们已知晓，全球化和多元文化正在成为一种引导以及改变国际和国家内部关系的强大力量。这种改变也影响着教育并创造了一种改变和改革教育实践的需要，以求其自身在多样的教育环境中，显示出新的文化活力。

全球化

全球化的影响正使传统的人们之间的距离被缩小或消除。有学者指出，全球化成为一种推动世界经济、军事、环境、社会以及文化多样性联结成一体的力量。全球化形成了一种国际资本与商品、信息与观念的流动。[5]全球化也鼓励人们跨过国家边界自由地流动，这使得包括成人和儿童在内的移民涌入美国。移民儿童来自不同的文化背景，这也对美国的学校功能产生了影响。正如布兰农（Brannon）指出的那样：“与世界的交往，意味着与来自不同背景和地方的人交往，而不是自身的交往。”[6]

近来全球化对美国教育的影响源自其他国家的教师。许多美国高中学生可能是在和来自诸如印度科钦的老师远程交流，这已经取代了他们和自己的老师面对面的互动。如今美国学生学习可能是头戴耳机或拿着手机和远在千里之外的老师联系。

多元文化

从民主的视角看，多元文化是一种哲学或意识形态。它承认每一个人都是有价值和有尊严的个体，不管他的文化、伦理、种族、宗教、性别或国家性质如何。多元文化已经成为一种对因全球化带来的移民的回应。“多元文化是关注移民对社会的影响，是群体文化与主导文化和其他文化
259 互动的结果。”[7]

移民使得某一社会中一种群体文化得以形成。虽然存在一些普遍的社会价值[8]，但在一些文化群体内部也存在为他们所共享的独特价值观。然而，辛格（Singh）认为，在群体文化中，将会看到一个社会群体与主导文化[9]既相区别又相关联的价值系统、态度、行为方式和生活方式。这种文化特性将会融入美国的教育体系。多元文化在文化多样性的社会中提供了一种全方位的观点，并作为一种价值观念被主导文化和各种群体文化分享。[10]

多元文化影响教室的活力，也势必影响教育过程。当一种群体文化的移民成员进入教育体系时，他们也将文化的多样性带入课堂。对此不能忽略，需要正视并把它融进教育体系中。在多元文化的社会，对伦理、种族、语言的多样性，以及身心残疾与贫穷，都应给予适当的关注。[11]然而，这并不容易做到。文化的惰性和经济因素，往往是发展真正的多元文化教育体系的两个障碍。整个社会，尤其是教育工作者，必须为学校的发展以及满足所有人的需要而努力。如辛格指出的，为了自我实现，作为一个理性的存在，每个人都应得到平等的尊重和机会，以激发他们人性的优点和潜能。[12]

面对辛格那样的教育工作者，我们确信，教育体系必须进行变革以适应多元文化的挑战。在地球村凸显的时代，学校必须将提高学生的学识水平和充分的参与度当作首要目标。有学者认为，这种变化正在深刻地影响着如何定义教育、教育

为谁服务以及如何评价教育的问题。[13]

文化多样性和教育

我们认同中国哲学家谢德怡（Tehyi Hsieh）的观点，他写道：“一个国家的学校是这个国家未来的缩影。”因此，理解和认识“学校”的使命，是非常重要的，不论这所学校开办在你的社区还是在其他地方。

众所周知，在正规的教育体系中，文化教授着相似的内容：识字、数学、历史、宗教等。然而，在以下两个方面各文化也有很大的不同：（1）文化教什么？（2）文化如何教？因为不同的文化对教育有不同的定义。下面我们将对这些问题进行探讨。

文化教什么

为了有助于理解文化对教育的影响，我们首先考察一下文化教授的内容。一则中国古代习语说得好：“性相近，习相远。”（《三字经》）人之间的不同主要源于文化对世界诸种教育体系的影响。如我们在前几章所强调的，文化影响着我们每一代人的世界观、价值观和感知选择。作家保罗·古德曼（Paul Goodman）写道：“无论教育的方法是什么，在基本的文化结构中，只有一门课程：什么是人类基本和普遍的经验与实践？因此，在一种文化中教授的内容对维系和传承该文化非常
260 重要，而这往往也是正规的教育体系的职责。”

所有的文化都教授历史，但是各种文化强调的却是自身的历史。强调自己文化的历史，这是很自然的倾向。有学者明确地写道：“一个国家总是根据自身理想化的图景书写本国的历史。”在美国，这些理念涉及独立宣言、美国革命、工业革命以及美国在战场上的诸多胜利等。然而，墨西哥关注的更多的是哥伦布之前的文化传统、印第安土著和墨西哥革命。同样，所有文化都教授语言，但首先要教授的是自身文化的语言，这和教授历史是一样的。当教授在校生该文化的历史和语言时，该社会通过自身的文化强化了它的信念
261 和价值观，连同它的成见。

每种文化无论有意或无意，都在美化自身的历史、科学、经济和艺术方面的成就，常常贬低其他文化的成就。因此，所有文化的学校都在传授着种族中心主义。比如，你看美国出版的世界地图，就会发现美国居于地图的中心位置。当然，中国或俄罗斯出版的地图则与此不同。许多美国学生在被问及哪些算是世界名著时，会列举由西方的男性白人作家写的书。这种微妙的种族中心主义，或者说对文化的价值观、信念乃至对文化偏见的强化，并非美国独有的现象。巴基斯坦的学校只教授《古兰经》，以色列的课堂上只学习《旧约》，这些都是一种潜在的种族中心主义。

在学校课程设置中什么文化内容被强调，即表明了它的文化特性。比如，西班牙学生除了学习读写、算术这些基本技能之外，还要通过某种模式学习“民族精神”或通过宗教教育来学习其他的技能。西班牙人对自己的文化深感自豪，这种自豪感很大程度上来自“民族精神”在教学中的灌输。

如前文所述，中国文化是典型的集体主义文化。所以中国教育强调社会群体的目标，培养从属性，要求合作与相互依靠，强调道德行为与社会和谐。“儒家传统要求教师不仅要教授知识，而且要培养学生强烈的道德感和正直的品行。在中国文化中，教师通常扮演着道德权威以及学生在道德行为准则方面的导师的角色。”[14]

像中国人一样，日本人也是强烈的集体主义者。对此，在日本谚语中有个恰当的描述：“一支箭易

折断，一捆箭折不弯。”像中国学生一样，日本学生要学会合作、和谐和相互依靠。日本人坚信，为了社会的和谐，正确而得体的社交行为是绝对必要的。有日本学者对此做了概括：“这种状况表明，日本人主张教育包含塑造特性和道德教育的过程，他们认为这是教育最基本的部分。”[15] 对于西方人来说，正确的社会行为是所有学生必须习得的，这在日本的教育体系中也是最为重要的。[16]

尽管日本课程强调阅读、写作和算术，但是和美国不同的是，日本不重视口语交流。如果日本学生在美国学校上学，那么缺乏有效的口语交流技能训练将会使他们遇到各种麻烦。在美国，学校鼓励大学使用熟练的口语进行交流。

日本的教育体系以高度标准化和统一著称。二战后日本实现的国家繁荣得益于学校的成就。日本创造了一个集权的教育部和一套标准化的学校课程。[17] 据研究，日本教育部为所有公立学校——从幼儿园到高中——设置了标准化课程，以确保教育标准化。[18] 一般来说，全日本同一年级的学生几乎在同一类课堂、在大致相同的时间里
262 以同样的进度学习相同的内容。

墨西哥学校在国民教育方面的侧重点给了我们另一种见识。熟悉墨西哥的教育对美国的教师来说特别重要，因为大量来自墨西哥的学生在美国学校就读。

墨西哥的教育体制在许多方面与美国、中国、日本、韩国或其他国家都有区别。墨西哥的教育体制要求学生必须完成 12 年的学业。然而，墨西哥部分地区的经济状况常使学生无法实现这一目标。尽管一些墨西哥的课堂和北美的大体相同，但是，对于其农村的学生来说，拥有自己的教科书以及使用录像机和计算机简直是一种奢望。农村学校的教师不得不诵读唯一的一本教科书，让学生跟着复述，或者把教师说的话记在笔记本上。[19]

像大多数教育体制一样，墨西哥教育体制强调历史教育。不过，学生们也被教授墨西哥的文化价值观以及艺术、贸易和职业技能。墨西哥的孩子们在强调家庭关系与合作的氛围中长大，学校强化了这种合作胜于竞争的价值观。这种强烈的合作意识，使墨西哥的学生蔑视公开的竞争，因为他或她害怕竞争会招致同学的嫉妒心理或受到伤害。[20]

从以上我们讨论的例子可以看出，文化教育的本质是教授那些具有传统文化的精髓和代代相传的东西。在很多情况下，尤其是在工业文化中，科学和数学领域是相似的。然而，在历史、哲学和社会价值等领域，教授的内容通常是大相径庭的。

文化如何教

正如你所看到的，在不同的文化教育体制中，教什么是各不相同的。那么，在教育系统中如何学习和教授也各不相同，就不足为奇了。通常的情况是，用什么文化教授，你就领悟什么文化。而了解文化教授的方法同样重要。因为它可以帮助你理解文化的本质，理解学生之间、师生之间的人际关系，理解文化在教育中的重要地位。

在一般正规的教育过程中，教育和文化价值观、文化特性密切相关。在有些文化中，教师的讲解占用了大量的时间，而在另一些文化中，学生使用大量的时间进行讨论。有些课堂的特征是比较安静、发言者不多，而另一些课堂则比较吵闹、活跃。在一些文化中，学生听讲并记下老师说过的内容，而不是通过使用各自的教科书来学习。这种情况在经济状况不允许每个人都拥有教科书的国家，更加普遍。后面我们可以看到，不同的文化赋予教师的权威也不尽相同。甚至像空间、距离、着装等非语言的因素，都会影响到课堂行为。我们下面会
在一些文化的课堂上看到许多独特的行为。 263

西班牙课堂的特征是缺乏竞争。西班牙学生不像美国学生那样为分数而竞争。观点和信息并不由哪位学生独自占有，而是被大家分享的。课堂真实地反映了这句西班牙谚语所说的内涵：“三个互助的人所做的事和六个单干的人做的同样多。”西班牙学校并不重视课外活动。西班牙学生花费在学习上的时间大约是美国学生的两倍。正如我们在第 5 章所说的，在文化价值方面，西班牙文化具有很高的不确定性。因此，西班牙的课堂学习习惯于采用一种

特定的结构以减少不确定性，让学生感到舒服。为此，教师会将一天的教授内容进行概括，强调学习纪律，清楚地讲解作业。西班牙文化认为，教师就是专家，学生在任何时候都要同意老师的观点，反之就是不敬。学生在考试和写作时，都希望复述老师的观点，因为这胜过自己的见解或创造性的回答。

在西班牙的课堂上，对学生成绩的奖励总是滞后的。老师要求学生按时完成家庭作业和其他内容，但是学生必须等到期末考试才能得到分数。作业的评估强调的不是学生做得如何好，而是在哪些方面需要改进。

在日本，一个人的社会地位在很大程度上取决于他所受教育的水平以及所在学校的声望。日本创造了一种既有充分的竞争又能重视团结和合作精神的教育体制。在日本学校中，一个重要的教授方法就是让学生机械地记住客观知识。在教室里，老师花费大部分时间把讲述的内容写在黑板上，学生们则记下老师讲授的内容。例如，在地理课上，学生们要记住所有重要国家的名称和首都，大的河流、山脉、岛屿和海洋的位置；在世界史课上，学生们必须记住重要的事件，比如美国内战、独立宣言、马歇尔计划，但是他们并
264 不去分析它的原因和事件的社会内涵。[21]

韩国的教育过程与日本相似，教师在社会价值观、公民意识和责任的培养以及学术研究方面起主导作用。如果学生在家里做了错事，家长有责任告诉他们的老师。

韩国学生的大多数课程是在同一个教室中完成的，教师则轮流去上课。这就使班主任承担起生活顾问和学术顾问的双重角色，也使得老师很容易处理好纪律问题。团结一致与循规蹈矩是韩国教育体制的重要目标。学生的全部课程集中讲授、在学校穿校服，都是为了实现这一目标。此外，为实现这些目标，学校对学生的装扮还有严格的规定，如限制男孩头发的长度、不准女生化妆等，甚至在往返学校的途中，学生都要严格遵守相关规定。

在墨西哥的课堂上，许多文化价值是被强调的。例如，汀·图梅认为："墨西哥是一种合作文化，它倾向于以一种考虑他人感受的方式对待冲突。"[22]高度合作性在墨西哥的课堂上也表露无遗。根据有关学者的说法，墨西哥学生之间可以一起做家庭作业和分享答案，以体现他们的团结、慷慨和互助精神。[23]在墨西哥课堂上，分组讨论是主要的学习方式；但也有老师一直讲授，而学生始终在座位上静静听课的情况。墨西哥文化重视交谈，当学生们分组讨论时，他们会积极地参与到课堂讨论中。几个人同时讲话并不是无礼行为，多组讨论也可同时进行。在此期间，教师可能在教室里来回走动，与学生近距离接触，不时拍拍学生的背部以示称赞或鼓励。

最后，正如我们已经提到的，墨西哥的价值观是重视当下。如墨西哥著名作家奥克塔维奥·帕斯（Octavio Paz）所说："现实是一个不会上下移动的楼梯，我们在原地没动，今天就是今天，永远是今天。"墨西哥的课堂里弥漫着这种关注当下的观念。如海顿提示的，从一个主题转到另一个主题，最简单的原因是规定的时间到了。墨西哥学生是在一种松弛的节奏下做功课的，他们关注的是完成作业，并不在乎是否花费了更多的时间。[24]

从我们探讨的几种典型的教育体制中，你会清楚地看到文化极大地影响着学习进程。从某一文化教授的实例中，不难看到这种文化独特的历史和传统。教授方法因文化而不同——讲课与讨论、合作与竞争、安静与吵闹、主动与被动、教授与复述等方面各有不同。甚至教师的地位以及教育所受到的尊重程度也反映了某种文化的价值观。下面我们看一下美国多元文化教育这个复杂问题，以及满足多元文化课堂内各类学生的需求所面临的挑战。

多元文化中的教育

如第 1 章所述，世界正经历着人口爆炸。到 2025 年，世界人口预计将达到 83 亿。美国并不能

免受人口爆炸的影响。由于全球化作用，移民政
265 策已使来自不同文化的人们将美国当作自己的家园。美国人口正经历着戏剧性的变化。人口统计学家哈罗德·霍奇金森（Harold Hodgkinson）预言："再过 25 年，非裔美国人口将缓慢增长，而亚裔、拉美裔和土著美国人口会迅速增长。"[25]

文化多样性已经以它的方式进入美国的教室，对此你不必感到惊讶，随着新移民的到达，一个相应的移民儿童群体和学校将成为他们的接纳者。[26]因此，我们应探讨美国学校将如何应对文化多样性的挑战。首先是解释多元文化教育的挑战，其次是探讨文化的学习方式，最后是研究文化的互动方式。

多元文化教育的挑战

建立一种有效的多元文化教育，无疑是教育机构必须要面对的。无论是对学生的本土文化，还是对群体文化成员，多元文化教育的目的都是要把学生培训成有用的、为社会工作的一员。这是一种挑战，因为多元文化教室里的学生有着不同的学习方式，以及不同的学习目的、学习经历和交流方式。面对这种挑战，教育体制需要接受来自美国课堂的不断变化着的文化多样性。其挑战的实质如下所述：

> 今天教育面临着十分巨大的挑战。那些来自不同文化背景并生活在一个迅速变化的社会与世界的学生，有着不同的经历、种族、性别、阶级、语言、宗教、才能以及年龄。未来学校的文化多样性将迅速增长。不仅如此，教育还要面对来自种族多样性的挑战。在过去 35 年中，来自世界各地的新移民如潮水般涌入美国。对于许多美国人来说，他们是陌生的，而这些人的宗教信仰比其本身更令美国人感到陌生。[27]

正视这种挑战是第一步，然而，正如下文指出的，应对这种挑战是一个艰巨的任务。

> 来自亚洲、中东、拉丁美洲、东欧和非洲的移民与来自西欧和北欧的早期移民有很大的不同。这些陌生的群体、文化、传统和语言，会在那些不了解新移民的人中间产生不安、敌对、偏见和种族歧视等情绪，这些人甚至把新移民看作是对自身安全与稳定的威胁。[28]

然而，当面对这些问题时，多元文化的精神是所有人共有的，是被所有人认可和肯定的。为实现这一目标，

> 学校将会给学生的人生带来巨大的差异。对于一个自由和民主的社会，这是十分关键的。民主社会在运转中是脆弱的，它的存在取决于富有思想的公民即那些相信民主理念并愿意在这个国家付诸实践的公民。[29]

布罗夫进而说："学校应当探索一种方式，以保证不同文化的学生与他人进行有效的理解与交往。"[30]

根据这种观点，如果学校要面对多元文化教 266
育的挑战，就必须确保自身有助于学生智力的开启和成长。一种多元文化的教育经历对主导文化与群体文化的学生同样是重要的。"这需要在跨文化的教室和学校环境中对不同文化背景的学生实施一种教育战略。这种战略支持和拓展了正规学校教育中的文化多样性、平等、社会公正和民主的观念。"[31]

在多元文化的国家，教育学生是困难的，不易解决的。美国教育面临着两个复杂的且相互关联的问题。一是教育体制。如埃尔森指出的："美国的教育体制是基于使尽可能多的人受到尽可能多的教育这一理念。"[32]这意味着教育体制必须适应各种不同层次和能力的学生，并能满足各种不同兴趣的学生。二是不断增加的学生的文化多样性。有学者这样表述道：

> 教育在本质上不可能公平。没有一种教育

> 体制可以脱离它的社会与历史基础而发展与存在。政治、现实、主导文化都影响着教育的内容和方式。因为没有一个社会的结构是同质的。为了维系和培育主导文化，少数族裔的“文化产品”通常会被牺牲掉。[33]

根据上述对教育目的的描述，学者们主张，多元文化教育的实践应基于这样一些假定：

- 文化多样性是有优势和价值的；
- 学校应当成为允许表达人权和尊重文化差异的样板；
- 社会正义和平等对每个人都是同等重要的，这在课程的设置与教授中是至关重要的；
- 学校可以推动民主社会的态度和价值需求的延续；
- 学校通过提供知识、培养品格和技能，可以在不同的群体之间重新分配权力和收入；
- 教育工作者与家庭和社区共同努力，有助于创造一种支持多元文化的环境。[34]

认同多元文化教育的目的，只是成为一个成功的教育工作者的第一步。接下来我们将关注文化与学习的关联，以便理解两者的关系与用途，这将有助于我们更有效地理解多元文化的教室中的信息。

文化和学习

亚里士多德曾写道：“学习是一种天生的乐趣，这不是仅指哲学家，而是指所有的人。”虽然学习对于人类来说是与生俱来的，但并非所有的人都以同样的方式学习。同时，不同文化采用不同的学习方法，是为了更好地适应学习的独特需要。学习方式因文化的不同而相异，并影响着人们学习和处理信息的方式。[35]文化与学习之间有着密切的联系。有调查表明，文化和民族特性对学习的影响要比
267 社会阶层的影响大得多。[36]

虽然不同的文化影响着学习的方式，不过重要的是，这并不意味着学习方式有好坏之分。[37]实际上，对于教育来说，不同的学习方式都有各自的优势。盖伊认为，学习方式是学校教育多样化学生的工具，以便在教或学的过程中创造更和谐的文化。[38]进一步的研究表明：“当学生以他们喜欢的学习方式去学习难懂的知识、信息或技能时，他们的考试和能力测试分数，往往比用他们不喜欢的方式学要更高和更令人满意。”[39]

学生进入多元文化的教室学习，他们文化多样的背景，带来了不同的教育观念。这里涉及多元文化教育的两个相关的问题：（1）文化的类型；（2）学习和认知。这两个问题影响着学生在教育中如何学习与实践。

● 文化类型

文化类型对教育群体的文化取向是至关重要的，而这种文化取向对个人的行为模式有着重要的影响。[40]一个群体所具有的独特的文化模式与行为，总是建立在相似的人群中。应当记住，文化模式或相似的行为方式，未必意味着所有的人或某种特定文化的大多数人具有相同的文化反应或分享相同的特性。如学者们所观察到的：“我们所描述的是一种风格各异的行为模式，这种模式是某种特殊的文化或群体文化中的多数人所持有的。”[41]

文化分类具有模式化的风险，即试图将所有的成员套进狭隘的分类表中。有学者警告说：“把世界的文化或群体文化放入有限的分类是困难的、不准确的。不过，它可以帮助教育工作者理解一种文化与另一种文化的不同。”[42]记住这些告诫，我们将探讨由刘易斯定义的三种基本的文化类型及其特性[43]，以及由耶西勒和盖雷提出的对描述人们行为中的文化多样性有益的报告。刘易斯的三种文化类型分别为线性—能动文化、多维—能动文化和被动文化。关于这些文化类型及其特性，描述如下。

线性—能动文化

- 价值取向是事实和数据；
- 赞赏组织计划；

◉ 线性思维；

◉ 使用明确、直接的交流方式；

◉ 基于任务的探索；

◉ 推崇理性和科学超过宗教。

线性文化的典型包括美国白人和西欧人。

多维—能动文化

◉ 价值取向是情感、亲密度、同情心、热情和感觉；

◉ 与线性—能动文化的人及反应相比，行为更冲动；

268 ◉ 喜欢面对面交流；

◉ 使用直接的、热烈的交流方式；

◉ 对沉默感到不舒服；

多维—能动型文化的典型有非裔美国人、非洲人、阿拉伯人、犹太人和拉美人。

被动文化

◉ 价值取向是含蓄的交流：先听，再回应；

◉ 崇尚和谐、人性和一致；

◉ 使用间接的交流方式；

◉ 容忍沉默并发掘它的含义。

被动文化的例子是亚裔美国人、太平洋岛屿人和土著美国人。[44]

如果你留意一下这些行为就会发现，它深深地影响着文化结构或群体文化的信仰、价值观和世界观。这些文化类型也影响着人们的学习方式，因为它影响着学习和认知的方式。

● 学习和认知的方式

为了确定多元文化背景下的儿童如何学习，教育研究者对学习与教学的方法做了调查。下面我们简要地介绍下这十种学习方法。尽管每种方法都是独特的，但是你也会看到它们之间有所重叠。这些描述将有助于你增强这样一种意识，即人们是如何从不同的文化或群体文化中学习的。

环境敏感型与环境独立型

这种学习方式反映了人们感知周围环境的方式是重视整体还是重视局部。“环境敏感型的个体对他们周围的环境有一个较全面的认识，对社会领域更加敏感。”“环境独立型的个体往往更具分析能力，更关注环境中那些抽象的与人无关的刺激因素。”[45]环境敏感型的学生喜欢与他人一起工作，希望得到老师的指导，并依靠群体的关系获得奖励。而环境独立型的学生喜欢独自工作，以任务为中心，并乐于通过个体的竞争获得奖励。

在像美国这种低语境的、高度工业化的、个人主义的社会，环境独立型占据了主导地位。在高语境的、传统的、集体主义的社会，像墨西哥和日本则倾向于环境敏感型。根据学者考察，非裔美国人、亚裔美国人、西班牙裔美国人往往是环境敏感型的、重视整体的学习者。[46]此外，越来越多的证据表明，在传统的墨西哥环境中长大的孩子，在学习方式上对环境有很强的依赖性；而被盎格鲁文化同化了的墨西哥裔美国人的孩子在学习方式上更有独立性。[47]

合作型与竞争型

合作型与竞争型是指学习者是喜欢在合作的氛围中一起工作，还是喜欢在与他人竞争的氛围中独立工作。来自合作型文化的学生，喜欢并接受团体的工作，事实上他们在团体中工作往往比单独干更努力。来自个人主义文化环境的学生则期望个人的工作被肯定。在强调合作与竞争的程度方面，文化之间各有不同。“拉美文化教育孩子们要具有合作意识，要在集体中工作。相反，北美文化教育青年要独立工作，彼此竞争。”[48]除了拉美文化之外，非裔美国人、亚裔美国人、环太平洋国家裔美国人、菲裔美国人和夏威夷美国人，往往也会培养孩子们的合作精神。在教室里孩子们一起做作业就表明了这一点。例如，在夏威夷家庭里，通常年龄大的孩子就成了多重的看护人，要抚养小孩。根据学者们的观察可知，“这一行为延伸到课堂上，便是同龄人之间频繁的互动，为同学提供帮助或从他人那里寻求帮助”[49]。此外，“土著美国人在合作的学习环境中学习往往比在竞争的环境中学习更有成效”[50]。 269

尝试犯错法与先看后做法

一些人喜欢在做事情的过程中，通过尝试或犯错学习。另一些人愿意先看别人示范并进行观察，然后再去做事情。美国主导文化的许多学生，乐于在尝试和犯错中解决问题并得出结论。做事的方式在不同的文化中不尽相同。许多文化“要求个体在做某事前只要有可能就要不断地观察某项任务，直到他们感觉可以做的时候为止”[51]。在教学活动中，许多美国土著学生就喜欢先看，直到他们觉得有能力去做的时候为止。[52]

对模糊性是否容忍

对模糊性是否容忍反映的是人们如何对待模糊性事物。一些文化的学生，对矛盾、差异和不确定性是可以接受的。而另一些文化的学生则喜欢条理的、几乎没什么变化的可控的环境。虽然美国文化一般对模糊性有很高的宽容度，然而在课堂上却例外。美国学校的日程安排得很有条理，学生们根据上课时间和课程内容变换教室。对模糊性容忍与否，也影响到课堂上的教学内容。例如，美国文化强调对或错、正确或不正确，回答是或不是，强调逻辑、理性和因果关系。相较而言，许多非西方文化较少关注逻辑和理性。例如，美国的印第安文化在描述事实时，很少用确定的术语。

下面谈到的这六种学习方式，反映的是人们在文化学习中使用的一些其他方式。这些不同的学习方法，并不适合所有的学生。因此，重要的是，为多元文化的课堂安排好课程。

听和接受

这是一种被动的学习方式。学生依赖同伴、家长或其他权威，指望他们告诉自己该如何思考、持什么观点以及如何回答。亚洲和一些亚裔美国学生得益于这种学习方式。“在课堂上，这种学习方式是，老师只是为学生提供知识，学生被动地听讲、
270 记笔记并完成作业。”[53]

分析的学习法

在这种学习方法中，学生运用推理或归纳的方法去发现知识。学生习惯于用一些公式、算法去推论那些事实或经验，去发现一个概念或通过归纳获得知识。[54]

直觉法。在这种方法中，学生喜欢通过对某种情况或观点的领悟或顿悟来获取知识，而回避使用观察或证明的方法。学习者在认识上一下跳跃到结论或某种他们自我确证的观念。[55]因而，这种学习法会与神秘主义和唯灵论相关。

审美法。在这种学习法中，学生喜欢通过所感受的视觉图像、节奏、韵律、时间和环境、范式等获得对周围世界的感知。他们的学习与知识来自知觉——看、感觉、触摸和经历。这种学习方法时常被当作创造或创造性思考的基础。[56]

建构学习法。习惯于建构学习法的学生，倾向于创建他们自己的观念模型、理论或描述。他们将那些重要的信息加以整合，并与他们自己的经验或世界观联系在一起。[57]

触觉/运动觉。在这种学习方法中，学生得益于实地考察、角色扮演、自己动手的训练、使用工具，以及在实验室做实验。这些经历使学习者能够通过身体的接触更好地完成工作。因为他们需要触摸对象，所以这有助于学生们用所学的方法形成确切的描述。[58]

- **相关性学习法**

这是一种人们彼此相互联系的方法。和人类行为的其他方面一样，人们在文化中学会如何与他人接触。个体的关系类型，带进教室里，就影响着课堂里的交流。虽然关系的种类繁多，但我们主要讨论多元文化教育中的五种类型。

依赖/独立

这种类型反映了学生依靠教师的支持、帮助及见解的程度。格罗斯曼强调，不同文化对此有不同的看法：“与欧裔美国学生不同，那些（并不是全部）非欧裔的美国学生，特别是西班牙裔美国学生、土著美国学生以及东南亚裔美国学生，往往更乐于从老师那里获得指导和反馈。”[59]如果一个教师意识到其学生的这种对外部依赖的需要，他就可以针对那些缺少个性和独立性的学生制定出积极有效的指导策略。

参与和被动

一些学生喜欢在学习过程中表现出主动性，而另一些学生则表现得较为被动。在一些文化里，老师鼓励孩子们积极参与学习过程，多提问题，多进行讨论。在另一些文化里，老师掌握所有的信息并将其传递给学生，学生们仅仅是被动地听课和记笔记。许多拉美文化、亚洲文化和太平洋岛屿文化期望学生通过听课、看（观察）和模仿来学习。然而，美国的学校体制鼓励学生批判性地思考、判断问题，
积极主动地参与讨论，鼓励学生间进行互动。 271

冲动与慎思

来自不同文化背景的学生，花多长时间思考问题并得出结论也是不同的。美国文化教育学生要快速回答问题。“冲动型的学生总是快速回应课

业，他们总是最先举手回答老师的问题，率先完成试卷。”[60]在其他的文化中，比如日本，其学生却是很慢地作出反应或回答问题。有两个日本俗语表明了这种慎思的理念：“慎重再慎重”，以及“追二兔而不得一兔”。在这种强调慎思的文化里，学生想不到或做错事，被认为是没有用足够的时间去寻找正确的答案。在许多亚洲文化里，这种行为会让人很丢面子。例如，亚裔美国人被告知，在回答问题前，要考虑到问题的各个方面及所有可能的含义。[61]就冲动与慎思这一点而言，墨西哥文化和北美文化有很多相似之处。这两种文化都教育孩子要独立思考，对问题快速应答，并做出推论。这两种文化的主要差异在于回答问题的动机。在格罗斯曼看来，墨西哥裔学生快速回答问题的动机是为了取悦老师和自我的愉悦，而北美学生快速回应则是基于个人对成功与成就的渴望。[62]

听觉、视觉和口语表达

不同的学生在课程学习中对听觉、视觉和口语刺激的反应各异。例如，一般来说，北美学生既是视觉学习者，又是口语表达者。他们喜欢把视觉学习和口头表达结合起来，尽管他们更侧重视觉学习。[63]这就是说，他们更习惯于通过直接的观察或视觉图像来学习。然而，美国印第安文化有强烈的口语学习倾向，许多印第安人都是口语文化学习者。在美国印第安人中，始终有着口语学习传统的影响。

> 美国印第安人强大的口语传统始终对其学生的学习有着潜在的影响，尽管这些学生中许多人的第一语言是英语，尽管他们实际上并没有受到传统口述者的直接影响。[64]

对听觉文化的重视，似乎是印第安学生的优势。但是因为他们只是听，而没有更多的反馈，因而教师常常认为他们并没有用心学习或参与到学习中去。有些文化则把听觉看得高于其他学习方式。格罗斯曼指出了几种群体文化喜欢的学习方式：“许多学生（包括非裔美国人、西班牙裔美国人、海地裔美国人、赫蒙族美国人）往往是听觉学习者。”[65]

作为教师，应预料到多元文化课堂会同时存在着视觉学习者和口语学习者。因此，要创造一种有效的
学习环境，教师必须注重多感官的教学方法。 272

活跃与安静

一些学生喜欢活跃的课堂氛围，另一些学生则喜欢安静的课堂环境，这同样基于某种文化。例如，非裔美国学生往往比其他文化的学生更喜欢被激励。有学者对这种学习方法作了说明。

> 许多非裔美国孩子生长在充满活力、生活节奏快的家庭环境中。那里伴随着各种各样的刺激（如电视和音乐播放的刺激、人们在房间里不停地谈话和走动），因此缺乏活力的、单调的环境（就像在许多传统的学校环境里经常看到的）缺少刺激……应采用多样的教学方法，给学生的学习注入活力和激情。[66]

了解各种不同的学习和相关的学习方法，将有助于摆脱教学中潜在的混乱，否则教师会以为所有的学习方法都可以起到激励作用。学校必须创造一种多元文化的学习环境，必须找到有益于各类学生学习的、最合适的学习方法，以适应他们不同的文化背景。

● 文化动机类型

各种文化都有独特的学习方法，都在强调各自的学习理由。这些理由可被称为动机类型，它们也是促使学生学习的潜在原因。多元文化的教师必须了解什么是激励学生的重要因素，必须意识到要使用与学生文化背景相一致的激励方法。这里我们将讨论影响多元文化课堂的四类动机类型：内在动机、外在动机、需求动机以及兴趣动机。

内在动机

有些学生希望获取成功是来自一种内在的驱动，这被称为内在动机。学业上的某种成功，对他们来说就是一种激励。欧裔美国学生在学习上一般是源于这种内在的动力。北美学生总是渴望学业上的成就，这样他们就可以赢得好工作，赚更多的钱——
这显示了在第 5 章讨论过的物质主义价值观。 273

外在动机

有些学生缺乏内在动力，而需要外在力量的激励。亚洲学生就习惯于受到外在动力的影响。如学

者所述："亚洲儿童经常受父母和亲属等外部因素的激励，他们努力学习是想让父母高兴或给亲属留下好印象。"[67]格罗斯曼说："美国印第安学生通常受外部力量的激励，其学习的动机是想让他人高兴，以免惹人不悦或使他人受到伤害。"[68]

根据需要学习

根据教学中设置的课程需要学习，要求学生学习课表上安排的课程，而不考虑其特殊的兴趣。在这种教学环境中，课程需求胜于一切。格罗斯曼记录了这种动机类型，说道："这种文化要求所有的孩子都去学习许多相关内容，无论他们愿意不愿意。"[69]例如，日本要求所有的孩子要记住像数字、数学中复杂的列式、冗长的公式等社会和自然科学方面的知识。每个学生不论有没有音乐才华，都需要学会一种乐器，这通常从小学一年级开始。[70]

根据兴趣学习

一些文化强调学生应该学习有用的和自己感兴趣的内容，而不是仅仅为了学习知识本身。这种文化中的学生倾向于学习那些他们感兴趣的、与自身关系密切的内容。

以拉美文化和土著美国文化为例，其学生重视学习的相关性和实用性。下面这段话表述了土著美国学生的学习方法。

> 土著美国学生喜欢学习那些个人感兴趣的知识。因而，兴趣是他们学习的关键因素。当学生对一门课程不感兴趣时，他们不会控制自己的注意力非要把它引到自己没有兴趣的课程，而是把注意力引向个人感兴趣的事情上。[71]

我们考察的大量例证表明，多元文化教育工作者，应当注意到课堂上复杂的学习与动机类型，适应所有学生的激励机制大概是不存在的。但是，如果老师能够意识到多种学习方式，他们就能更好地选择针对某一特定课堂的最适合的教学方式。

文化影响学生在课堂上的主动程度。

● 文化互动方式

在教育过程中，交流是一个具有重要意义的活动，因为它是一种学习发生的途径。勒鲁说：“没有教育可以离开人际交流而存在。有效的教学，是和教室里教学的品质适当地联系在一起的。有效的教育，也是以有效的交流技巧为前提的。”[72]而且，学生来自不同的背景，对老师在课堂上所说的和所做的往往有不同的领悟和反应，因为他们有着内在的不同文化和不同的互动方式。

所谓互动交流方式，是指口语、非语言以及在社区中使用的语言交流类型，互动交流具有文化的多样性。社区成员教他们的孩子接受语词的指导，知晓什么信息是重要的，哪些是适当的倾听方式和获得关注的方法，什么是适当的语气和声调，以及如何解读活跃的暗号。[73]

在多元文化的教室中，认可多样的互动方式是重要的，因为它提供了人们与他人交流的方式。同样重要的是，这也有助于人们熟悉人际互动中的文化多样性。因为学生在课堂交流中带入了各自的学习方式，所以这里我们将讨论在群体文化中，即在
274 多元文化教室里出现的最相关的类型。

在传统的美国课堂上，学生们表现出的是互动交流中的被动接受方式：老师讲课时，他们安静地听讲；只有当老师讲完话，学生们才跟着回应，提问或回答问题，证实或赞同老师所说的，并按照老师的要求轮流发言。学生个人要得到不同的参与讨论的机会，需要得到老师的许可。[74]

与被动接受这种互动方式不同，非裔、拉美裔和当地夏威夷美国人这些共文化群体，实施的是参与式互动。在这种特殊的方式中，说者希望听者在他们讲话时通过声音、手势和动作进行回应。在这种会话过程中，说者和听者是相互启发的、互动的同伴。非裔美国人习惯于表达或口语交流的方式，这是他们群体文化的特性。[75]非裔儿童和成人在谈论事情或谈论某物像什么时，喜欢使用声音、视觉、手势、信号和身体语言。[76]在其他文化中，这种方式被看作是不友好的、无礼的和伤害他人感情的。但是，在非裔美国社区，这种方式却被看作是勇敢、坦诚和不想追求完美的体现。[77]

美国印第安人使用的交流方式，反映了一种与自然和他人和谐共处的文化活力。学者们指出：“社区中的个体密切地关注着环境的一切细微变化，他们注视和观察着手势、面部表情或身体的变化。在社区的对话中，个体甚至可通过这种方式辨别和发现远处物体和人物在环境中的活动。”[78]

阿拉斯加印第安人在与白人交流时，常常遇到问题。因为他们的交流方式是，在两句话中，常常要有很长的停顿。据观察，一个白人问个问题，然后停顿，等待印第安人回应。当他们以为听者没有什么要说后，就开始接着说。印第安人希望回应白人，他们习惯于在两人的谈话中有长时间的停顿，但白人却没有给予他们适当的说话机会。这在白人与印第安人在教室的互动中，无疑是很明显的。如果白人教师在教学中不能意识到印第安人的这种交流方式，他就难以做好教学工作。[79]

许多墨西哥裔美国人使用这样一种交流方式，即在交流时运用笑话和幽默。这和非裔美国学生的情况相似。这种方式缓和了在口头上作出拒绝时的紧张气氛。“争论被认为是粗鲁的和失礼的。交际手
法和机智是口头交流中使用的技巧。”[80] 275

最后一个交流方式上的群体文化多样性的例子来自夏威夷的原住民，他们保留了许多传统文化的实践。据介绍，夏威夷原住民运用的是一种和非裔美国人相似的参与式的互动方式，也就是所谓的“讲故事”或“共同叙述”，在这种方式中，几个学生在一起谨慎地讨论，共同创造一种想法、编一个故事或完成一个学习任务。[81]

多元文化教育中的语言多样性

在多元文化的课堂上，语言是一种重要而显著的社交动力。正如我们在第 6 章指出的，语言是

一种替代符号的系统，它能使你与他人分享自身的经验与内在的感觉。在理想的环境下，使用一种通用的语言，会帮助创建相互之间的理解，使得事物的含义更容易被分享，便于处于相同水平的人们之间的互相沟通。然而，移民带来的冲击已经引起美国学校中通用语言使用逐渐式微。正如盖伊指出的，当今进入学校的学生们，使用多样的语言与方言，他们来自不同的地区、社区和社会阶层。[82]

多样化的程度

2003 年，全美国范围内，19%在城市中公立学校上学的学生，第一语言并不是英语。在这些学生中，64%的亚裔和 68%的拉美裔儿童在家中除了说英语外还说另一种语言。[83]美国人口调查局估计，有 4 500 万学龄儿童在国家的公立学校学习，大约 990 万或大约 22%的学生家庭中除了英语还使用其他的语言。[84]在纽约的公立学校，孩子被教授十种不同的语言，在佛罗里达的达迪市，学生们说着不少于 56 种语言；而在加利福尼亚，每三个学生中就有一人在家中不仅说英语。如莱帕特（Leppert）所预料，如果现在的趋势持续发展下去，到 2040 年，美国人口的一半将把西班牙语当作第一语言。[85]这种人口变化会使得一些进入学校的孩子只讲英语，一些学生则受限于他们的英语能力，而其他的学生则至少使用双语。在许多城市内的学校，多样性已经使得主导族群的概念逐步消失。

在美国的课堂上，缺少通用语言的问题，即语言的多样性问题，阻碍了教育的进程。下面这个细节反映出这一问题的严重："那些不具备基本英文读写技能的学生，当他们来到美国的主流课堂中，会发现他们连很简单的阅读和写作都难以应付。"[86]

然而不幸的是，教育系统对这个问题的应对并不总是适当的。首先感觉到的往往是挫败和失败感。对那些使用非标准语言的学生的歧视在许多政策和学校实践中都很常见，即使这些政策都被冠以语言学上宽容的名义。[87]在下面的段落中勒鲁概括了这些问题：

> 在很多学校，与文化相关的语言运用在不同族群或文化团体中表现得往往不很平衡，但这恰恰被学校用来作为评估和衡量学生思想与表现的唯一因素。缺乏适当的英语词汇，严重影响了许多来自非主导文化或非主导语言族群学生的学术进度。这个现象的危害在于，在多元文化教学中，评估的是学生语言的熟练程度而不是学术能力。[88] 276

如果想要不同文化背景、不同语言的学习者接受成功的教育，教育者就必须理解和尊重那些把英语作为第二语言的学生。金建议，这需要教育者展示出耐心，尊重学生在课堂上的贡献。因此，教育者需要起到模范作用，向那些不同语言和学习方式的学生展示其挑战性的沟通与提问技巧。[89]此外，教育者必须认识到学生的民族身份与他们的母语直接相联系。

语言与身份的辨识

在教育环境中，语言在帮助个体保持种族身份/认同方面起着重要作用。正如迪克尔（Dicker）所指出的："无疑，我们的自然语言常常被视作自己的'母语'，这是一个能够激起我们最早期的记忆与所受影响的术语。"[90]一个人的母语，有着十分重要的意义，因为它好像一颗身份辨识的种子，会伴随着童年一同开花、成长。[91]语言帮助个体建立起一种与他们的成长族群（in-group）相联系的身份，同时与其他可能比较的族群区分开。[92]当非英语或英语能力有限的学生们进入美国学校系统，他们被鼓励同化，以融入讲英语的文化中。这种同化行为能够像楔子一般存在于学生们固有的文化身份、社会系统与他们即将进入的文化环境之间。教师们能够通过显示对学生母语的尊重并以此减轻学生们适应英语文化环境的压力，弱化这个过程的困难。

英语水平有限的学生

很明显，那些英语熟练度有限的学生，或者称之为 LEP 学生（Limited English Proficiency Students），在学校里日子并不好过。他们在认知和语言方面都有困难。麦肯（McKean）指出了带来困难的四种原因。第一，LEP 学生必须关注学习中的认知问题和语言学习问题，必须在内容被理解前，辨别语言的结构与功能。[93]他们不仅要理解问题的含义，而且需要用他们正在学习的新的语言表达出来。因此，LEP 学生必须比说英语的同学具有更高水平的认知与语言能力，而那些说英语的同学只需要对付学习方面的认知问题即可。

LEP 学生面对的第二个问题是研究能力的不足。由于学习成绩的拖累，他们发展更高的语言和认知能力面临许多困难。许多第一次进入美国学校的学生，也缺乏用母语进行研究的能力。这导致他们很难达到规定的等级水平，更不用说达到更高的认知和语言水平了。[94]

LEP 学生面临的第三个问题，是在美国学校注册时所面对的不同学习阶段——幼儿园、小学、中学等等。在麦肯看来，问题是“年级升得越高，英语熟练程度越有限”，因为在更高的学习和认知 277
以及语言层面，学生的负荷也更重。[95]

LEP 学生的第四个麻烦是来自不同国家的学生对课程序列（进度）、学习目的和教学方法的要求不同。演绎推理的方法在美国被普遍运用，亚洲文化通常使用归纳法。美国学校重视写作教育。相反，非洲和中东的学校强调口语教育。如前所述，美国的文化价值重视论证、辩论、直率和自信。由于许多其他文化强调一致、和谐和合作，因此来自这些文化的学生难以掌握口头辩论的技巧，而这是在北美课堂上所必需的。

教室中的多元文化能力

在多元文化教育中，我们曾强调了几个关键问题，这样做的目的不是要创建一种教育体系的图景，这无助于解决复杂的问题。取而代之的是确认文化对多元社会教育的影响，说明和考虑并关注涉及的问题。我们希望提供一种多元教育的对话。

现在一个很明显的重要结论是：“在学习环境中的交流是受文化、心理、上下文语境的影响，包括人际关系与人际价值。”[96]在教育工作者创造出有效的信息前，他们必须拥有对当今学校中语言、道德、文化和社会等级的深刻理解。正如班克斯及其同事指出的：“教师应当成为一个博学的、了解自己学生文化背景的人。他们也必须掌握一种技巧，去转化知识，达到有效的教育并改进必修课程。”[97]

教师应当认识到文化可以锻造出教师和学生适当的行为，并找到“最好的”学习方式。此外，教师必须获得更连贯的教学方法。它不仅为个人提供一种教学能力，而且提供一种认识真实的大千世界的图景。[98]正如怀特-克拉克（White-Clark）指出的：

> 教育工作者必须学会特定的交流策略，这将提高多元文化学生的文化成绩。这意味着教师与赢得尊重、尊重学生相关。为了让所有学生达到更高的学业和行为标准，严格而人道的要求是必要的。教师不仅应当关注学生认知的发展，而且应当关注学生本身：

> 学生的感情、社交和情绪的发展，以及一种与文化相关的教育素养。[99]

这种策略的发展，如怀特-克拉克所述，需要具备多元民族文化的知识、多元化的视角、对多种族社会不平等的认识、应对不平等的观念，以及为保护多种族文化、为在多种族环境中民主地生活所需要掌握的观念与技巧。[100]

由于学校中充满了文化多样性，教师、学生和家长必须学会与其他人交流、一起工作并共同寻找解决问题之道。根据学者们一种乐观的看法，我们所关注的四个问题，相信会有助于文化的发展和在课堂上的交流：（1）培养多元文化能力；（2）多元文化课堂；（3）多元文化交流能力；（4） 278
发展多元文化交流战略。

培养多元文化能力

当你进入多元文化的教育环境，你应当准备好去处理固有的相互冲突的文化价值观与做事方法。你也应当做好准备去帮助回答这样的问题：“在一个多元文化的社会里，学校的核心目的是传播文化，然而谁的文化应当被传播，谁的文化价值观与办法应该被用来指导该国学校的教育过程呢?”[101]你想要做好准备以适应这样的环境，首先应当认识自我，其次要理解多样性。

● 认识自我

希腊哲学家苏格拉底曾经写道：“认识自己。”对于工作在多元文化环境中的人们来说，这是个极好的忠告。具体而言，教育者必须意识到他们在课堂上带来了什么。霍林斯解释了这种需要：

> 作为课堂上的老师，你将自身的文化规范带入到职业的工作中。你的教学行为将在何种程度上，独自或以融入的方式影响你所教授的学生，会由你对文化与学校实践间关系的看法、政治信仰，以及关于学校的教育理念所决定。[102]

认识到这点很重要，因为正如勒鲁所指出的，教师们往往没有意识到自身的偏见会导致无意中形成的种族主义。[103]一种坦诚、直率的评价能够帮助你发现固有的偏见。有学者建议我们可以从问自己几个问题入手，比如：“我有哪些优势?”“我的弱点何在?”“怎样能够增强我的优势来弥补我的缺陷?”“我有没有种族或者是性别方面的偏见?”“这些偏见以怎样的形式出现在我的课堂上?”“种族与性别身份的区分是否影响了课堂教学?”“我是否做好去准备面对那些针对我或学生们种族背景的攻击?”“我可以寻求什么新知识或经验来协助解决这些问题?”[104]你对这些问题的回答，可以启发你丰富多元文化学习环境中的教学方法。你将获得如何做得更好的信念，更重要的是，你将会知道有哪些方面还需要改进。

● 理解多样性

所有与教育相关的工作者，应当做到尽可能地没有偏见，并且尽可能多了解其学生的文化背景。其中包括熟悉学生的文化传统与教育结构，以及他们特殊的学习方式偏好、语言规则、非语言行为、对性别角色的期望等。正如班克斯和他的同事所提到的：“教师要充分了解自己学生的文化背景。他们也需要掌握技巧把它们转换成有效的教学知识和丰富的课程内容。”[105]虽然这是一个值得称道的目标，却并不容易达到。万（Wan）描述了一些阻碍达成这个目标的因素：“当人们处于一种新的文化环境时，他们很可能会体验到自己的文化倾向与东道主国家的价值观、信仰与见解之间的冲突。”[106]虽然获取这类认识的新的文化环境起初对于你来说是个负担，但这些认知将有助于你在课堂上的理解和学习。尊重多样性与传统教育，与探索和改变学生生活，这两者的目标是
一致的。[107] 279

下面列举了几种称职的多元文化教师所必备的基本能力：

◉ 评估文化。了解你自身的文化背景和它可能对你课堂上学生产生的影响。学习学校中以及学生的文化，预测他们之间将会怎样互动，有哪些冲突，以及学生之间如何互相促进。

◉ 尊重多样化。欢迎不同群体的学习者进入你的课堂，并欣赏由多样化带来的挑战。你将与你的学习者共同分享这种评价，并发展与他们共同学习的圈子。

◉ 掌控差异动态。将冲突视为生活中自然、正常的一部分。提高技能，以积极的方式应对冲突。帮助学生了解这样一种知识，即那些看起来发生在人与人之间的冲突其实来自文化间的碰撞。

◉ 力争使文化知识制度化。致力于影响你所供职的学校的文化，使其政策与行为成为文化方面的指导原则。充分利用教育的机会去分享来自教育者、管理者、学习者以及来自社区的文化知识。你能够创造许多机会促进不同群体之间互相学习，让人们接受挑战，互相学习、互相尊重，使他们的能力变得更强。[108]

在教育方面，文化能力引导着社会环境的发展，社区意识必不可少。据研究者报告，通过与少数民族学生讨论其学习经历，他们发现这些学生感觉自己在课堂上并不自在。学生缺乏作为其中一员的感觉，这是高水平的跨文化教师需要了解的主要问题之一。[109]

多元文化课堂

人们很容易想象课堂上的沟通，诸如这样的表达：“翻开数学课本第 137 页，解答第 1～8 题。”多元文化教学中，有效的表达方式则要比它涵盖更多的内容。多元文化教育的主要目标，即让所有的学生感觉在他的学习环境中像在自己家里一样自如与受欢迎。这一点非常重要：

> 为了确保学校成为学生们所向往的地方，它首先应该是一个能认可和鼓励学生的个性的地方。多元文化课堂成功之处在于它的包容，它在允许学生保持个性的同时，为有着不同经历的学生提供了一个与他人融合、建立联系的环境。[110]

交流这种信息的方法之一，是建立一个反映多元文化的课堂。

● 建立社区型的课堂

为了解决学生在类似于社区的课堂上的孤独感，研究者建议教育工作者必须摆脱那种排斥和
280 忽视多样化的教学实践，而采取一种在教学各个方面认同差异并力图协调差异的教学方法。[111]

讨论具有社区感的课堂，需要关注社区的几个重要问题。利曼建议，教育者必须建立课堂成员间有共同价值观的环境。他同时也建议教师在学生之间，学生与教师之间，营造一种人人参与的气氛，利用学生认可的公正的方式，公开地解决争端，积极鼓励在校学生参与活动，并且强调学生之间的互动。[112] 为了建立社区型的课堂，学者们建议应当履行几项原则：

◉ 一个学习型的社区应该是有吸引力的。

◉ 作为学习型社区的领导者，教师必须发出个人有魅力的信息。

◉ 一种有吸引力的课堂氛围应该稳固、协调，充满爱意。

◉ 一个有吸引力的学习型社区，能够为学生提供一种自信的感觉，即他们可以完成交付他们的任务。[113]

一个成功的有社区感的课堂，学生们应该会说：“在学校里，我感觉可以很安心地去……”

◉ 做我自己；

◉ 表达我的见解；

◉ 选择我所想做的事情并着手去做；

◉ 去任何我想去的地方。[114]

本章的大部分内容探讨了文化多样性的问题。在这一主题上投入如此多时间的原因在于，我们希望为你提供一种背景与视角去发展多元文化的沟通能力，并建立有效的多元文化的传播方法。

多元文化交流能力

教师需要保持与学生开放地对话。这并不意味着学生应当主导学习环境。相反，这意味着教师与学生应当讨论并协商学习、交流方式和预期。这要求学生们在课程内容与他们偏好的学习方式之间建立联系。学生们的诉求应当通过公开讨论或教师/学生们的讨论来定期履行。[115]

然而，具备沟通能力要求的不仅仅是教师或学生之间敞开对话的大门，它还需要了解什么因素决定了特定课堂上的内容。勒鲁为我们提供了几个重要的观点，你可以把它融入自身的教学中来，从而成为一个有效的多元文化交流者。

> 同一个文化群体内的差异也许与不同群体间的差异一样大，甚至更大。必须要强调的是，当分歧或潜在冲突出现在不同的环境中时，文化因素既不是唯一的，也不是最重要的变量。社会经济地位、教育背景、宗教信仰、性别、年龄以及世界观才是决定我们是谁和我们是怎样的人的重要因素，同时也是为什么在特定情况下，我们会作出特别的反应的原因。[116]

多元文化交流策略

有效的传播要求发展恰当的沟通策略。首先需要考虑提高有效沟通的技巧，去思考那些由不同信息构成的文化。举例来说，在一个传统的美国课堂上，当教师面对一个有纪律问题的学生时，他或她会警告学生，若其再有不当的行为，他就要到副校长办公室走一趟。然而，在遥远的阿拉斯加村庄，不同的信息如“今晚我将与你母
281 亲蒸个桑拿”也许更合适。在这种文化背景下，村庄中的个人家里没有自来水，在男女分开的公共蒸汽浴室淋浴被视为一项集体活动。对于学生而言，这则信息会被解读为：“今晚我会见到你妈妈，所以不要再捣蛋了，否则我会把你的事告诉她。”

更为普遍的、有效的沟通策略应该建立在大量事实和假设上。我们的讨论仅限于两种具体的因素：亲近与移情作用。

● 亲近

教师们也许可以使用亲近的技巧，使用这种方法可以规避不喜欢的行为，加强教师与学生的沟通，并且增强他们之间的信任。约翰逊和米勒指出，学生会被那些他们评价高的、他们喜欢的事情或人吸引，他们会避开那些不喜欢的事物、负面的评价或不讨人喜欢的选择。[117]

研究揭示了亲近与认知学习之间的良性互动关系，以及亲近与跨文化信任之间的关系。即使在高权力距离文化（high power distance cultures）中，例如在肯尼亚，正如约翰逊和米勒所说，学生们似乎依然能够从他们平易近人的老师那里学到很多东西。[118]此外，有报告提到，“亲近对学生对教师的有效认识的影响程度，在墨西哥、挪威、中国、日本和澳大利亚与在美国是一样的”[119]。

● 移情

在社区型的课堂中，教师与学生之间发展移情能力，是另一种需求。移情是一种能力，即去设想他人所扮演的角色，想象世界在他人眼中的样子，准确预测他人的动机、态度、感觉与需求。移情包括两个步骤。第一，具备移情感情的教师能够想象，移民学生必须面对和接受的课堂，与他们先前的语言环境、行为通常是不同的，是他们所不熟悉的。第二，移情，包括沟通的方式，应当有助于学生改变对事物的预期。[120]

正确的预期需要接受这样的人：他们有怎样的认识，什么能够被他们真正地接受。你接受其他人，并不意味着你必须认同他们所说的和所做的。尽管你真诚地接受了学生的感觉、思想，但你却不必完全认同他们。然而，学生对移情做出

的正面反应，移情唤起的他们的理解——真实的，不是评价或判断，而是根据他们自己的认识做出的——胜过了从其他人那里得到的。[121]

移情的能力需要特殊的学习与训练，它不是自动发生的。库珀和西蒙兹提供了四个指导，以利于你成为一个移情交流者。

传递一种鼓励的气氛。社区型课堂应当营造一种鼓励的氛围。为培育这种氛围，你必须传递出这样的信息，以显示你对学生们感受与需求的
282 了解，胜过你对学生们行为的评价。

像关注学生的语言交流那样，关注他们的非语言行为。对信息的有效诠释，需要你回应认知信息的内容，需要你了解非语言行为所表达的元信息。

准确地反映和表明感觉。人们有这样一种倾向：他们习惯于回应他人所说的东西，例如主意、想法、观点、表达的态度，而不是他人所表达的感觉。感觉是难于回应的，因为在美国主导文化背景下，大多数人回应感觉的经验少于回应观念的经验。

真诚和一致。如果你以虚假或者误导的方式与学生们交流，你是不太可能与他们培养出一段良好的关系的。真正有建设性的关系是参与者以诚实和真诚的方式彼此回应。当你所说的和所做的准确地反映出你真实的所思与所感的时候，你的沟通就是和谐一致的。[122]

记住以下这一点非常重要：学生们有能力迅速适应跨度很大的文化和语言系统。当教师与学生共同协作，互相促进学习时，他们的确是乐在其中。正如马尔科姆（Malcolm）所指出的："如果我们认为教师难以把握课堂上的文化，我们是低估了教师。如果我们认为学生难以掌握与自己文化模式相悖的文化，我们也低估了学生。"[123]

我们希望依此观点你能够理解与正确评价文化多样性对美国课堂的影响。我们希望你能够认识到，一个无法理解文化多样性的教育系统，将会失去丰富的价值观、世界观和生活方式，以及对美国多元群体文化的洞见。

概　要

- 全球化和多元文化对教育的影响。
- 正规与非正规的教育系统，试图满足对社会需求的理解。
- 学校的主要目的在于将文化与传统代代相传。
- 学校教授的知识和一种文化的非正式的知识。
- 学校是教授文化价值的主要工具。
- 美国的学校正变得更加多样化。
- 美国的学校不再只是教授欧洲中心主义的文化，今日的学校在传授多种文化的经验与价值观。
- 学习方式是个人获取或处理信息的独特方法。
- 认知、交流、人与人之间的关系以及学习方式和动机对课堂教学有着深刻的影响。
- 英语水平差的学生在课堂上会遇到各种麻烦。
- 教师们应当意识到他们也把自己的优点、缺点与成见带到了教室。
- 评估课堂上学生们文化适应的程度，将会帮助教师判定其学生在多大程度上置身于他们自己的文化，又在多大程度上英美化了。

【注　释】

[1] J. Tapia, "Living the Dream: The Cultural Model of School in Latino Communities," *Latino Studies Journal*, 9 (1), Winter, 1998, 9.

[2] M. Saville-Troike, *A Guide to Culture in the Classroom* (Rosslyn, VA: National Clearinghouse for Bilingual Education, 1978).

[3] K. A. Bruffee, "Taking the Common Ground: Beyond Cultural Identity," *Change*, February 2002, 15.

[4] J. Henry, "A Cross-Cultural Outline of Education," in *Educational Patterns and Cultural Configurations*, J. Roberts and S. Akinsanya, eds. (New York: David McKay, 1976).

[5] J. S. Keohane and J. S. Nye, Jr., "Globalization: What's New? What's Not? (And So What?)," *Foreign Policy*, 118, Spring 2000.

[6] P. M. Brannon, "Diversity," *Human Ecology*, June 2004.

[7] J. Malveaux, "A Multicultural Globalism," *Black Issues in Higher Education*, 18 (24), January 17, 2002.

[8] Bruffee, 2002, 15.

[9] B. R. Singh, "Multicultural Education—Social Aspects," *Educational Review*, 4 (1), 1995, 11-25.

[10] Ibid.

[11] J. Holland, "Enhancing Multicultural Sensitivity through Teaching Multiculturally in Recreation," *Parks and Recreation*, 323 (5), May 1997.

[12] Singh, 1995, 11-25.

[13] N. P. Stromquist and K. Monkman, "Defining Globalization and Assessing Its Implications on Knowledge and Education," in *Globalization and Education: Integration and Contestation Across Cultures*, N. P. Stromquist and K. Monkman, eds. (Lanham, MD: Rowman and Littlefield, 2000), 1.

[14] S. Lu, "Culture and Compliance Gaining in the Classroom: A Preliminary Investigation of Chinese College Teachers' Use of Behavior Alteration Techniques," *Communication Education*, 46, January 1997, 13-14.

[15] Y. Nemoto, *The Japanese Education System* (Parkland, FL: Universal Publishers, 1999), 23.

[16] M. J. White, *The Japanese Educational Challenge: A Commitment to Children* (New York: Free Press, 1987), 150.

[17] Nemoto, 1999, 11.

[18] Ibid., 15.

[19] H. Grossman, *Educating Hispanic Students: Cultural Implications for Instruction, Classroom Management, Counseling, and Assessment* (Springfield, IL: Charles C. Thomas, 1984).

[20] Ibid., 85.

[21] Nemoto, 1999, 20.

[22] S. Ting-Toomey, *Communicating Across Cultures* (New York: Guilford Press, 1999), 216-217.

[23] Grossman, 1984.

[24] S. Headden, "One Nation, One Language," *U. S. News and World Report*, September 25, 1995, 38-42.

[25] H. L. Hodgkinson, "Diversity Comes in All Sizes and Shapes," *School Business Affairs*, 1997, 3.

[26] H. Jones, "A Research-Based Approach on Teaching to Diversity," *Journal of Instructional Psychology*, 31 (1), 2004, 13.

[27] D. M. Gollnick and P. C. Chinn, *Multicultural Education in a Pluralistic Society*, 6th ed. (Upper Saddle River, NJ: Merrill Prentice Hall, 2002), 4-5.

[28] G. Gay, "The Importance of Multicultural Education," *Educational Leadership*, December 2003/January 2004, 30.

[29] J. A. Banks, P. Cookson, G. Gay, W. D. Hawley, J. J. Irvine, S. Niego, J. W. Schofield, and W. G. Stephan, "Diversity Within Unity: Essential Principles for Teaching and Learning in a Multicultural Society," *Phi Delta Kappan*, November, 2001, 196-203.

[30] Bruffee, 2002, 12。

［31］Gollnick and Chinn，2002，5.

［32］G. Althen，*American Ways：A Guide for Foreigners in the United States*（Yarmouth，ME：Intercultural Press，2003），102-103.

［33］J. Le Roux，"Effective Educators Are Culturally Competent Communicators，" *Intercultural Education*，13（1），2002，37.

［34］Ibid.，30.

［35］C. Calloway-Thomas，P. J. Cooper，and C. Blake，*Intercultural Communication：Roots and Routes*（Boston：Allyn and Bacon，1999），199.

［36］E. R. Hollins，J. E. King，and W. C. Haymen，*Teaching Diverse Populations：Formulating a Knowledge Base*（New York：State University of New York Press，1994）.

［37］Calloway-Thomas et al.，1999，199.

［38］Gay，2000，147.

［39］Calloway-Thomas et al.，1999，199.

［40］B. J. Shade，C. Kelly，and M. Oberg，*Creating Culturally Responsive Classrooms*（Washington，DC：American Psychological Association，1997），21.

［41］Ibid.

［42］M. Yehieli and M. A. Grey，*Health Matters：A Pocket Guide for Working with Diverse Cultures and Underserved Populations*（Yarmouth，ME：Intercultural Press，2005），9.

［43］R. D. Lewis，*The Cultural Imperative：Global Trends in the 21st Century*（Yarmouth，ME：Intercultural Press，2002）.

［44］Yehieli and Grey，2005，10-11.

［45］D. M. Golnick and P. C. Chinn，*Multicultural Education in a Pluralistic Society*（New York：Macmillan，1994），306.

［46］B. P. Leung，"Culture as a Study of Differential Minority Student Achievement，" *Journal of Educational Issues of Language Majority Students*，13，1994.

［47］J. C. Kush，"Field-Dependence，Cognitive Ability，and Academic Achievement in Anglo American and Mexican American Students，" *Journal of Cross-Cultural Psychology*，27（5），September 1996，563.

［48］Grossman，1984.

［49］Hollins，King，and Hayman，1994，19.

［50］L. M. Cleary and T. D. Peacock，*Collected Wisdom：American Indian Education*（Boston：Allyn and Bacon，1998）.

［51］Grossman，1984.

［52］Cleary and Peacock，1998.

［53］S. Reese，"Understanding Our Differences，" *Techniques*，January 2002，21.

［54］Shade，Kelly，and Oberg，1997，63.

［55］Ibid.

［56］Ibid.

［57］Ibid.，63-64.

［58］Reese，2002，21.

［59］H. Grossman，*Teaching in a Diverse Society*（Boston：Allyn and Bacon，1995），270.

［60］Gollnick and Chinn，1994，306.

［61］Grossman，1995.

［62］Grossman，1984.

[63] Cleary and Peacock, 1998.

[64] Ibid., 160.

[65] Grossman, 1995.

[66] M. E. Franklin, "Culturally Sensitive Instruction Practices for African-American Learners with Disabilities," *Exceptional Children*, 59 (1992), 115-122.

[67] E. L. Yao, "Asian-Immigrant Students—Unique Problems that Hamper Learning," *NASSP Bulletin*, 71 (1987), 82-88.

[68] Grossman, 1995.

[69] Ibid., 273.

[70] M. J. White, *The Japanese Educational Challenge: A Commitment to Children* (New York: Free Press, 1987).

[71] B. J. Walker, J. Dodd, and R. Bigelo, "Learning Preferences of Capable American Indians of Two Tribes," *Journal of American Indian Education* (1989 Special Issue), 63-71.

[72] Ibid.

[73] Shade, Kelly, and Oberg, 1997, 23.

[74] Gay, 2000, 90.

[75] Ibid., 90-91.

[76] Shade, Kelly, and Oberg, 1997, 23.

[77] Ibid.

[78] Ibid., 27.

[79] S. Nelson-Barber and T. Meier, "Multicultural Context a Key Factor in Teaching," *ENC Online*, Spring 1990, www. enc. org/topics/ equity/articls/document. shtm? imput-ACQ-111465-1465. oo. sh (accessed November 18, 2004).

[80] Shade, Kelly, and Oberg, 1997, 30.

[81] J. J. Irvine, *Educating Teachers for Diversity: Seeing with a Cultural Eye* (New York: Teachers College Press, 2003).

[82] R. R. Gann, "Language, Conflict and Community: Linguistic Accommodation in the Urban US," *Changing English*, 11 (1), March 2004, 105.

[83] U. S. Census Bureau, American Community Survey, www. census . gov/acs/www/index. html (accessed December 2, 2005).

[84] Ibid.

[85] P. Leppert, *Doing Business with Mexico* (Fremont, CA: Jain, 1996), 13.

[86] J. Abrams and J. Ferguson, "Teaching Students from Many Nations," *Educational Leadership*, December 2004/January 2005, 89.

[87] Ibid., 274.

[88] Le Roux, 2001, 274.

[89] Ibid., 274-275.

[90] S. J. Dicker, *Languages in America: A Pluralist View* (Philadelphia: Multilingual Matters, Ltd., 1996), 2.

[91] Ibid., 4.

[92] Ibid.

[93] D. McKeon, "When Meeting Common Standards is Uncommonly Difficult," *Educational Leadership*, 51 (1994), 45-49.

[94] Ibid.

[95] Ibid.

[96] E. K. Ngwainmbi, "Communication in the Chinese Classroom," *Education*, 125 (1), 2004, 63-76.

[97] Banks et al., 2001, 197.

[98] V. D. Menchaca, "Multicultural Education: The Missing Link in Teacher Education Programs," *Journal of Educational Issues of Language Minority Students*, Special Issue, 17, Fall 1996, 2.

[99] R. White-Clark, "Training Teachers to Succeed in Multicultural Classrooms," *The Education Digest*, April 2005, 26.

[100] Ibid.

[101] E. R. Hollins, *Culture in School Learning: Revealing the Deep Meaning* (Mahwah, NJ: Lawrence Erlbaum, 1996), 2.

[102] Ibid., 23.

[103] Le Roux, 2001, 279.

[104] R. D. Rhine, "Pedagogical Choices in the Teaching of Communication and Multicultural Diversity," paper presented at the annual meeting of the Speech Communication Association, San Antonio, TX, November 1995.

[105] Banks et al., 2001, 197.

[106] G. Wan, "The Learning Experience of Chinese Students in American Universities: A Cross-Cultural Perspective," *College Student Journal*, 35 (1), March 2001.

[107] A. S. Jazayeri, "Immediacy and Its Relationship to Teacher Effectiveness: A Cross-Cultural Examination of Six Cultures," paper presented at the annual meeting of the National Communication Association, Chicago, 1999.

[108] K. N. Robins, R. B. Lindsey, D. B. Lindsey, and R. D. Terrell, *Culturally Proficient Instruction: A Guide for People Who Teach* (Thousand Oaks, CA: Corwin Press, 2002), 130.

[109] Nelson-Barber and Meier, 1990, 9.

[110] Ibid.

[111] M. Ramsey, "Monocultural versus Multicultural Teaching: How to Practice What We Preach," *Journal of Humanistic Counseling, Education, and Development*, 38 (3), 2000.

[112] Y. A. M. Leeman, "School Leadership for Intercultural Education," *Intercultural Education*, 14 (10), 2003, 37-38.

[113] Shade, Kelly, and Oberg, 1997, 42-55.

[114] Leeman, 2003, 40.

[115] L. Murry and J. Williams, "Diversity and Critical Pedagogy in the Communication Classroom," paper presented at the annual meeting of the Western States Communication Association, Pasadena, CA, February, 1996. 283

[116] Le Roux, 2002, 42.

[117] S. D. Johnson and A. N. Miller, "A Cross-Cultural Study of Immediacy, Credibility, and Learning in the U. S. and Kenya," *Communication Education*, 52 (3), July 2002, 289.

[118] Ibid.

[119] Jazayeri, 1999.

[120] P. J. Cooper and C. J. Simonds, *Communication for the Classroom Teacher*, 7th ed. (Boston: Allyn and Bacon, 2003), 67.

[121] Ibid.

[122] Ibid., 68.

[123] I. G. Malcolm, "Invisible Culture in the Classroom: Minority Pupils and the Principle of Adaptation," in *English Across Cultures, Cultures Across English: A Reader in Cross-Cultural Communication*, O. Garcia and R. Otheguy, eds. (New York: Mouton de Gruyter, 1989), 134.

活　动

1. 开发一些课堂练习，帮助那些处于多元文化课堂上的学生消除民族优越感。

2. 回顾你在学校中的经验，制订一项计划，整合多元文化课堂上的多种文化，从而形成一个融合的社区。

3. 尝试向下述学生的委托人阐述，你将如何调和六年级课堂上不同学习风格的学生们：6个拉美裔美国人、8个欧裔美国人、5个非裔美国人、4个日本人和1个伊朗人。

4. 鉴于以上所述的课堂，你预计在新学年伊始会遇到哪些交流方面的问题？

讨论观点

1. 课堂上有一个来自中国的新生，他有着流利的英语阅读能力，但是英语口语能力很有限。当他希望充分参与课堂互动时，教师需要考虑哪些因素？

2. 你当前所在的课堂在哪些方面体现了美国的文化价值观？

3. 作为教育管理者，你会如何处理教师固守教学环境，而忽略多元文化的学习风格？

4. 如果必须应对多种学习方式和语言差异，多元文化教育者如何才能有的放矢？

第10章 文化对环境的影响：医疗保健领域

284

如果不能和宇宙保持和谐一致，那么你将疾病缠身。

——纳瓦霍印第安谚语

拥有健康的人拥有希望，拥有希望的人拥有一切。

——阿拉伯谚语

文化、医疗保健与交流

对于医疗保健行业里的每一个人来说，了解文化、医疗保健与交流的关系十分必要。在跨文化环境中，与来自不同文化背景的人们交流的重任往往都由医务人员来承担。学者们反复强调交流的重要性，他们认为，交流“在几乎任何一种形式的医疗保健工作中都是一个基本要素”[1]。如果医务人员和病人之间缺乏清晰而有意义的沟通，那么整个医疗过程势必会出现很多问题。如果考虑到文化这一可变因素，发生严重危机的可能性当然更大。珀内尔和保罗安卡强调的正是这一点，他们认为，全球的多元文化人口对于医务人员能否提供适当水准的服务这一问题将产生重大的影响。[2]其他学者同样注意到了这个问题：“患者所处的文化和民族背景形成了他们对疾病的态度及其身体和精神的状态，同时也影响了他们对于医疗保健的看法，以及治疗结果。”[3]

因此，为了给所有病人提供最佳的治疗，医务人员必须考虑文化的多样性。在多元文化的社

会中，来自不同文化背景的人经常会有不同的期
285 待，并且采用不同的交流方式。

这一重要事实通常不受重视，原因正如格罗珀（Gropper）所说："专业的医务人员常常自认为病人的文化背景几乎差不多，事实上并非如此。"[4]因此，交流不当所引起的误解会导致误诊、高风险的治疗方式或是不必要的治疗，病人也会因此承受不必要的痛苦。[5]为了防止出现以上情况，珀内尔和保罗安卡认为，医务人员"如果准备了解有关健康和治疗的信息，那就必须密切关注病人的文化背景"[6]。他们相信，医疗保健方面的有效交流关键在于医务人员和病人之间能够自由地分享他们的想法和感受。[7]

在美国，医疗保健行业是发展最快的产业之一。可能你现在跟这个行业没有什么关系，但没准哪一天你也会成为一名专业医务人员，或是接受医疗保健方面的服务。随着美国人口多样化的增长，医疗保健行业里极有可能存在一定程度的跨文化交流。即便医患双方都出自同一文化背景，他们之间的交流往往也是错综复杂的。大量来自不同民族和种族的移民的涌入为医务人员提供安全有效和充分考虑文化因素的治疗带来了更大的困难。

> 在医疗保健领域，人人平等。医务人员需要关心和理解患者，因此，他们要注意到新近到来的移民有着不同的信仰和习俗，在医院的各种设置中也需要考虑这些。不同的宗教传统产生了一定的行为习惯，这些都需要得到尊重，尤其在有人过世的时候。这个时候还需要照顾到亲朋好友的悲痛情绪。[8]

这就要求医务人员要具备相关的知识，从而能够理解患者的文化取向、宗教、语言、互动模式以及对于健康和疾病的态度。"如果医务人员不了解患者的价值观以及家属预期的作用和关系，那么交流的中断可能会导致严重的后果。"[9]

有学者认为："在为患者提供医疗服务时，交流是医务工作者最为重要的工具，它的重要性是独一无二的。"[10]但是，在跨文化环境中，当来自不同文化背景、说不同语言的人们试图交流的时候，他们之间并不能建立必要的联系来帮助治疗。由于缺乏有效的交流，医务人员和患者间存在信仰分歧，而医务人员恰恰不能发现或理解这一分歧，因此也就不能找到弱化分歧的方法。[11]因此，提供医疗服务的人员必须学会针对不同的病人对某种健康问题以及治疗方法的不同理解，而给予恰当的护理。[12]交流已经成为医务人员用来了解不同国家和群体文化之共同信仰和文化压力的一种工具。提供考虑文化因素的护理的首要任务是理解患者的信仰体系，但是，即便想要提供考虑文化因素的护理，医务人员还是经常会认识不到文化多样性的影响。"提倡'充分考虑文化因素的护理'显然是忽视了文化的能动性。"[13]

孩子们在长大成人的过程中，会从父母、家庭和学校了解到恰当的医疗保健方法。文化让孩子们懂得人为何会生病或受伤。正如学者指出的，文化还教会他们用来描述自己的身体部位或是疾病所引起的感觉的语言和词汇，教他们在得病或受伤时该如何去做，以及感觉稍好些时该说的话
或该做的事。[14] 286

显而易见的是，那些在多元文化环境中长大的人，他们所掌握的有关健康的知识、信仰、价值观和对待健康的态度是截然不同的。为了帮助大家了解这些差异，本章将分六个小节来探讨影响医疗保健系统的文化多样性因素。第一，我们将探讨不同文化的世界观与医疗保健的关系；第二，我们将研究医疗保健的观念体系；第三，我们将探讨不同文化在疾病的病因、治疗及预防方面存在的差异；第四，我们将探讨有关宗教、信仰与医疗保健方面的具体问题；第五，我们将研究在美国这种多元文化中医疗保健领域的交流模式；第六，我们会为改善跨文化医疗保健的交流状况提出一些建议。

文化与医疗保健：不同的世界观

基于我们在第3章中关于宗教的讨论，你应该注意到宗教是从属于文化的一个要素，因此，不同的宗教产生了不同的世界观，其中就包括对于健康的观念。但是，宗教不是影响健康与疾病的唯一因素，二元或整体世界观，以及机械或非机械世界观都会形成对每一事物的文化上的认知，不论是疾病的成因还是治疗。在我们深入讨论文化多样性与医疗保健方面的具体问题之前，我们将简单地讨论这些问题。

二元世界观与整体世界观

二元世界观认为人与自然彼此独立且各不相同，因此，它主张医生、护士和其他医务人员应当根据这种独立性和独特性实施相应治疗。根据斯马特（Smart）的研究，人类与自然的二元关系存在于犹太教、基督教和伊斯兰教的成员中，“因为他们把上帝和创造物视为两个独立的部分”[15]。

在西方社会中，多数人接受二元论，它主张身心分离，而其他文化则持有不同的观点。例如，埃尔金指出：“很多东方文化都支持整体世界观而非二元论。”[16]整体世界观把世界视为一个整体——这个世界正持续不断地创造出宇宙的万事万物，并且不间断地为宇宙输入新鲜的事物。人被看成是集肉体、思想和精神于一体的整体。这种世界观也建议在治疗的过程中应该检查人体的全部。事实上，“中医认为，人的身心要与自然和谐共处才会健康”[17]。在这些文化中，人生病了就会通过各种特别的方式进行治疗。不论是何种方法，它们都强调应该照顾好整个身体而非某个单独部位。287

机械世界观与非机械世界观

机械世界观在美国比较普及，它有着一系列的标示符：理性与直觉、客观与主观，或者科学与宗教。不论标示符是什么，美国人的这种世界观都关乎认知的途径。人类学家胡贝尔和弗罗斯特是这样总结这种世界观的：

> 美国人的思维模式是理性而非神秘的，他们的宇宙观是机械的。根据已发现的科学规律，宇宙是一个以特定方式运行的物理系统，这便是机械世界观的基本命题……美国人把宇宙视为一种物理过程，因此，他们相信人是可以操纵宇宙的。人们不需要接受这种观念，他们只需要为之工作，他们获取知识并提高技术水平，甚至改写世界观来满足他们的需求。[18]

同样，帕登认为，在许多西方人看来，推理是“人类的最高能力和成就”[19]。对于大多数美国人来说，相较于仅仅建立在感受和直觉基础上的主观推理而言，事实要更为可靠。总之，“在西方文化中，机械世界观是正统和充满活力的”[20]。

在医疗保健领域，机械世界观表现在人们坚信科技的好处上。医疗保健专家使用诸如X光、分层造影、核磁共振、超声波扫描以及验血等现代科学仪器或方法去发现病因并施行治疗。288

东方的非机械世界观与西方的机械世界观截然不同。埃尔金解释说，非机械世界观是

“一种起源于印度、日本、中国和东南亚国家的观点。它最典型的观点体现在佛教、印度教、道教和禅宗的思想中”[21]。因此，在东方社会中，科技在发现病因和治疗疾病中的作用远没有在西方社会中重要。西方人认为智慧和理性高于一切，而东方人则持不同的观点。东方人认为，“直觉比数据更有意义，通过操纵心灵来寻求真相比推理更为有效”[22]。持非机械世界观的东方人常常相信，信仰、魔力和超自然的力量可以帮助人们获得健康。

在下一节中，我们将讨论健康观念体系的多样性。当你碰到不同的信仰时，请注意二元或整体世界观以及机械或非机械世界观使来自不同文化的人们在对医疗保健问题的看法上产生了明显的差异。

健康观念体系

不同的文化对于疾病的起因、预防以及治疗有着迥异的理解。正如安德鲁斯所说：

> 一般来说，关于健康与病因的理论都基于某个集体所信奉的世界观。这些世界观包括该集体的健康状况以及与健康相关的态度、信念和习惯。这种世界观经常被称为健康观念体系。[23]

不同的文化对于疾病的起因、预防以及治疗有着迥异的理解。

比如，就中医而言，一种盛行的观点是，“健康是一种身心与自然和谐相处的状态”[24]。正因如此，亨特和塞克斯顿指出，“中国人更青睐那种能够帮助他们实现这种理想的医疗保健体系”[25]。与中国人不同，许多非洲人和非裔美国人都把疼痛看作是疾病的征兆，他们经常寻求民间疗法以期治愈他们的疾病。[26]尽管世界观各不相同，安德鲁斯却提供了一种范式，据此，所有的健康观念体系可以被分成三个大类：科学/生物医学体系、巫术/宗教体系和整体医学体系。这三类都有与之对应的健康观念体系。[27]

科学/生物医学体系

科学或生物医学体系源自二元机械论的观点。作为在美国居主导地位的观念体系，它强调诊断的客观性以及对疾病的科学解释。[28]在这种范式下，安德鲁斯指出，人们相信“生命是被一些可被理解和人为操控的物理及生物医疗过程控制的。人体的健康是依据物理和化学过程来判断的”[29]。这种体系否认（关于健康的）形而上的诊断，也对整体医疗不屑一顾。[30]卢克曼指出，生物医学健康体系“旨在通过消灭微生物和坏死细胞，以及延缓身体器官的衰老来治愈疾病”[31]。这种治疗方法寻求破坏或转移病原体，修复受损的身体部位，控制受影响的身体系统。有学者补充道：“预防的疾病包括避免接触致病菌、病原体以及那些容易造成身体异常的各种活动。”[32]

巫术/宗教医学体系 289

巫术/宗教医学体系来源于这样一种世界观：“世界就好像是被超自然力量支配的一个竞技场。”[33]安德鲁斯描述，在这种体系里，“世界和人类的命运取决于上帝或众神的行为，又或是那些亦善亦邪的超自然力”[34]。在这种体系中，疾病被认为是由超自然力的介入引起的，比如超自然的存在（神或上帝）、非人类实体（魔鬼或妖怪）或特殊人群（女巫或男巫）。因此，生病的人就是这些超自然体施罚的受害者，而治疗方法就在于与这些神灵进行积极的沟通。[35]

在巫术/宗教的观念体系里，安德鲁斯总结道：“巫术、违背禁忌、疾病体的入侵、致病神灵的侵袭以及灵魂的丧失是带来疾病的五个方面的因素。”[36]治疗方法包括唤醒并控制超自然力，采用的手段很多：从伏都（voodoo）教徒的巫术到基督教牧师的祷告等。[37]

整体医学体系

整体世界观认为，“宇宙由维持秩序的自然法则管理”[38]，并且“各种自然力必须被控制在平衡与和谐的状态”[39]。因此，人类的健康只有通过人类和宇宙间达成平衡才能实现。整体医学的方法是倾向于非机械论的，它认为疾病来源于人体内部力量或环境，如冷、热、风、潮，以及基本身体元素之间的不平衡。[40]在该系统中，疾病可能源自身体内固有的寒热元素的不平衡状态。“所有的食物、药品、环境或情感都带有某种寒或热的性质。”[41]有学者提到，“越南人常常将身体不适归因于吃了变质的食物或是遭遇了恶劣的天气”[42]。因此，整体医疗系统认为，治疗疾病就是修复一个人的冷热平衡系统——使用“热力”来治疗寒性的疾病，使用“寒力”来治疗热性的疾病。此外，“预防疾病需要通过保持身、心、环境三者间的寒热平衡来实现”[43]。

其他医疗健康体系

除了上述三种健康体系之外，卢克曼[44]还描述了另外一种体系。这种方法与生物医疗体系明显不同，它认为健康不是由生物医疗研究决定的。这种系统提供的保健方法包括食疗（摄取维生素）、身心调控训练（放松、咨询、祷告、催眠）、关注身体结构（脊椎指压、按摩），以及药理与生物治疗（抗氧化剂、氧化剂、螯合物疗法）。[45]

在梳理了几种基本健康观念体系之后，我们将考察这些观念体系背后的文化动因，即为什么用这种方法来解释病因、治疗疾病和预防疾病。

290 病因所体现的文化多样性

生物医学方面的诱因

在西方文化中，许多医疗保健人员都认可健康与疾病的生物医学模型。这种方法强调生物学理念，热衷于发现身体系统在结构和功能方面的反常状况，重视对疾病的治疗。这一方法的遵从者认为，与心理学和社会学对于疾病的解释相比，这一模式更实用而且具有深远意义。[46]当一个人的身体状况被认为偏离了生物医学所建立的标准时，他就会被诊断为患有疾病。手术、药物、理疗等手段都是为了使病人回到这种科学的标准上来。

巫术/宗教的诱因

巫术/宗教的医疗疾病体系有时也直接被称作超自然体系[47]或民间体系[48]。该体系“为传统西班牙、加勒比、非洲和其他一些文明所广泛接受”[49]。相信该体系的文化族群采用一种超自然的疾病模型，认为疾病是一种虚弱的信号，或是对一系列可耻行为的惩罚或报应，如说谎、欺骗、
291 偷盗或对老人不敬等。[50]

赫蒙族（Hmong）文化认为，每个人的灵魂都是其健康的保护者。如果这个灵魂很快乐，那么这个人也就健康快乐。一次严重的打击或恐慌会使灵魂离去，因而导致不幸和疾病。[51]老挝人也有着同样的看法：“Phi（大自然的精灵们）控制着人的生命，而且能够使人生病。”[52]对于老挝人来说，失去体内32个灵魂中的一个或是被巫师施以魔法都可能引起疾病。他们还常常通过仔细查看一个刚被打破的鸡蛋的蛋黄来说出确切的病因。类似的方法也为许多相信个体原因诱发疾病的越南人所采用。[53]例如，许多越南人相信如感冒、发烧、头痛等健康问题都是由超自然的元素“cao gio”引起的，而该元素又与糟糕的天气和寒流息息相关。[54]

在某些拉美人中，健康和疾病被认为是上帝对一个人行为的肯定或否定。[55]受其宗教信仰的强烈影响，这些拉美人认为，上帝乃是健康的源泉。[56]因此，健康被视作是上帝的礼物，不可轻视。[57]当疾病确实来袭时，其宗教信仰同样会反映在对病因的认知之中。例如，摔断一条腿可能被认为是上帝对一个人不敬天条的警告。[58]

一个有关病因的最古老而最广为流传的迷信相信，疾病是由“罪恶之眼”导致的。它认为，一个人可以通过瞪视他人而将伤害强加于他。[59]对“罪恶之眼”的迷信在世界许多地方都存在，例如南欧、中东和北美。随着移民的涌入，许多关于“罪恶之眼”的传说也一并流入美国，“对新移民和有着如此传统的人群产生了深远的影响”[60]。

整体论的诱因

就疾病的诱因而言，整体论或者自然论认为，自然法则规定着宇宙中的万事万物。如果一个人想保持健康，他或她就必须与自然规律保持和谐，而且时刻准备着适应环境的改变。[61]

在整体论研究方面，有学者指出，许多有着亚洲血统的人（菲律宾人、朝鲜人、日本人以及其他一些东南亚国家的人）不相信人可以控制大自然。他们抱有宿命论的看法，认为人只能适应物质世界而不能控制或改变环境。[62]亚洲人世代相传的观念强调的是人与自然和谐共处，保持阴阳

平衡。“阴”代表一种负面的、不活跃的、阴柔的自然规律，而“阳”则代表一种正面的、活跃的、阳刚的力量。[63] 阴阳结合才生成了世间万物。因此，许多亚洲人深信，一旦这种平衡被打破，就会导致疾病的产生。[64]

墨西哥人和波多黎各人的传统医学观念是以希腊的体液理论为依据的，其中阐述了人体的四种体液。这四种体液是：“血液——湿热，黄色胆汁——干热，黏液——湿冷，黑色胆汁——干冷。”[65] 当这
292 四种体液出现不平衡时，人就会生病。[66]

非洲人、海地人、牙买加人或是美洲土著常把疾病看作是人与自然不和谐造成的结果。[67] 例如，海地人认为，自然的或是诸如符咒、咒语、魔法和邪恶之人等非自然的事物都能使人生病。[68]

在对美洲印第安人疾病诱因的讨论中，有学者解释道：

> 许多美洲印第安人有着传统的信仰，认为任何疾病或疼痛都是有原因的。他们认为，疾病要么是过去发生的事情的代价，要么是对未来事情的透支。任何事情都是其他事件的结果，而这些因果关系最终形成一条永恒的链。美洲印第安人不买现代医学病菌理论的账，认为疾病就是因果的必然。哪怕承受病痛的人并不明白其原因，但他们依然认为疾病实际上正是为过去或未来事件应付的代价。[69]

美洲印第安人认为大地“也是一个活的有机体——是一个巨人的身体，有着对健康的愿望和渴求。对其而言，健康和疾病都是必然”[70]。斯佩克特（Spector）继续以此对美洲印第安人的信仰体系进行描述：

> 根据美洲印第安人的信仰，人应该敬重自己的身体，如同尊敬大地一样。如果大地受到损害，那么人类自身也就受到了损害。反过来，人类损害自身的同时也损害了大地。大地赐予人类食物、住所和医药，因此，大地的一切都属于人类和自然。[71]

由此可见，不同的文化和不同的世界观也会导致对疾病诱因理解的差异。在下一节中，我们同样会发现文化差异也会导致疾病治疗方案的差别，有时这种差别甚至会导致完全相左的治疗方案。

疾病治疗中所体现的文化多样性

英国讽刺作家乔纳森·斯威夫特（Jonathan Swift）曾经写道：“我们相互喜爱，因为我们所得的疾病是一样的。”注意，他并没有说对于疾病的治疗方法是一样的。正如不同的文化对于致病的原因有着不同的理解一样，人们对于如何才能有效地治疗疾病也持有不同的观点。前面我们从生物医学、超自然和整体论三个角度探讨了人们的保健观念和对致病原因的理解。对于疾病治疗中所反映的文化多样性，同样也可以从这三个角度进行探讨。

生物医学疗法

生物医学认为，疾病是由机体的功能或结构失调引发的。因此，治疗的目的便是通过医药来使身体恢复正常，这种治疗会破坏或除去致病的因素。从这种意义上讲，抗生素被用来消灭致病的病菌；手术和放射治疗用来摧毁癌细胞；维生素和矿物质元素则被用来补充营养，以使身体恢
复到正常状态。 293

美国及许多西方国家都把生物医学疗法作为

主要的治疗方法。然而，美国一些群体文化的成员也持有混合的医疗观念，他们既会寻求生物医学的治疗方法，也会尝试超自然疗法或整体论疗法。例如，许多华裔美国人会同时接受中、西两种医疗服务。[72]许多菲律宾人熟悉并且接受西药，不过有些菲律宾人也接受民间医药的疗效，并且会同时求助西医和本国的民间医生。[73]尽管犹太裔美国人通常接受科学/生物医学的治疗，但他们的治疗方案有时也会根据宗教信仰进行调整。如果一个东正教犹太人的疾病不至危及生命，那么，任何治疗或手术都不应安排在安息日或是圣日（如赎罪日）。[74]有些越南人也基本不会采用科学/生物医学的治疗方法，除非他们已经尝试了所有的传统疗法。但如果越南人是向西医求诊，他们还是会很尊重医学专家的智慧和经验的。[75]同时，“受过教育的拉美人通常采用生物医学模型来衡量健康状况，他们会兼顾生理、心理和社交的良好状态，而不仅仅认为没有疾病就是健康”[76]。

超自然疗法

许多亚洲人（包括老挝人、赫蒙族人、越南人）以及许多古巴、波多黎各和巴西人认为，疾病有时是由邪风或鬼怪所致，因此，治疗就是要“扶正祛邪”。

本着这一原则，许多亚洲群体用“拔火罐”的方法来治病。“拔火罐”指的是把一个加热的玻璃杯倒扣在病人的前胸或后背，待其冷却后拔下。（拔下火罐并非是认为其已经冷却，而是人们认为已拔出足够多的邪风。——译者注）亚洲文化中另一个被普遍采用的方法是借助勺子或硬币来进行“刮痧”。“勺刮术”是使用勺子在病人身上来回用力摩擦，大多是在后背或后颈部。“币刮术”则是使用一枚25美分硬币大小的钱币摩擦病人后颈部、胃部、胸部、上臂，甚至是前额和太阳穴。人们认为这种治疗能够祛除病人体内的邪气，但它通常会在病人身上留下一些刮痕，于是不知情的西方医生就会以为那是挨打所致。

赫蒙族人采用民间方法来治病。巫医通过吟唱、祷告进入冥界，召唤善良的精灵来为病人诊断病情，并通过巫医进行治疗。对于老挝和泰国的卢族来说，治疗应包括一场精心筹划的治病仪式，仪式上应由巫医以猪或者鸡等祭品来感谢那些饥饿的精灵。[77]

菲律宾人对超自然的信仰使得他们对疾病抱有一种广泛的平衡的概念。有些菲律宾人相信，疾病是由某个巫师诅咒导致的，这种诅咒所产生的有毒物质会破坏人体的平衡。[78]菲律宾人还认为，疼痛也是荣耀生活的一部分，同时也是一个获得更为圆满的精神生活的机会。人们还能借此悔过，以此变得更为坚忍，从而能够承受更大的苦痛。因而，“医务人员应该能够辨识这种思维方式，并给从不喊痛的菲律宾人积极推荐镇痛药 294
剂”[79]。

对疾病的认知通常能帮助我们确认他人是在哪些方面寻求帮助。“例如，有些波多黎各人相信，心理方面的问题是由糟糕的精神状态导致的，因此应当由精神方面的专家来诊疗。”[80]许多拉美裔人在接受西医治疗的同时，也会寻求民间医生的帮助。而西班牙裔人也有一种独特的医疗体系（Curanderismo），它包括了阿兹特克、西班牙、精神疗法、顺势疗法以及科学的因素。[81]除此之外，文化信仰在病人忍受疼痛方面也有着强大的力量。例如，墨西哥妇女在生产时通常都会拒绝硬膜外麻醉，因为她们以及她们的丈夫都相信疼痛是成为母亲的必经之路。[82]

很多来自古巴、波多黎各和巴西的人都信仰一种被称作萨泰里阿（Santeria）的宗教。当这种宗教的信徒生病时，他们会寻求巫医（santero）的帮助，而巫医通常会咨询该宗教的神灵以进行诊疗。[83]海地人也经常咨询伏都教的牧师，采用蜡烛、沐浴、符咒以及宗教拜访等方式治疗。美国的某些种族，特别是非裔美国人，会通过进食一些不可食用的物质派卡（pica）来治病。比如，在发生车祸后，伤者可能会食用洗衣粉以“造血”。[84]此外，“古巴人也会采用医用植物进行治疗，如茶树精油、药剂、药膏、药糊等。在迈阿密的古巴族群中，植物药师会贩卖一系列的药草膏、精油、药粉、精华素以及带有宗教意义的雕像，用以缓解疾病，带来好运，驱逐恶灵或是打破诅咒等”[85]。

整体/自然疗法

整体/自然疗法通常会由某些中医采用。比如，在中医学中，恢复阴阳平衡最为重要。

> 中国人认为，健康和幸福的生活源自阳和阴两种力量的平衡。人体内空心的容器（膀胱、肠道、胃和胆囊）、头、脸、背部以及身体的侧面属阳，而实心的脏器（心和心包、肺、肝、脾、肾）、腹、胸和身体的内部属阴。阴为寒冷，而阳为燥热。医者应了解，对于中医而言，这些（性命攸关的）部分的功能，以及这些功能的相互作用，才是最为重要的（而非身体的结构）。[86]

中医的传统保健包括摄取千年鸡蛋，严格遵守各种食物的最佳搭配，以及在诸如产后或术后等重要时期应当进食哪些保健食品等。传统的治疗方式包括针灸（用金属针从特定的穴位刺入皮肤）、艾灸术（用燃烧的苦艾或其他草药熏烤穴位）以及草药（如中国人和许多西方人都会采用的花旗参）。[87]身体锻炼也同样重要，例如，很多中国人会参与像太极拳这样正式的锻炼项目。

中国人还倾向于自行治疗，前提是他们认为自己知道问题所在或是曾经有过成功使用药物或草药的经验。[88]中国人还可能靠算命先生来选定进行手术或其他治疗的良辰吉日。

在许多文化中，人们都依靠草药或其他天然原料治疗疾病。

在墨西哥，民间疗法是治疗疾病的一种常见形式。民间疗法的历史可以追溯到16世纪的西班牙，它超越了仅从病人的症状入手的治疗方法，而努力寻求病人与环境、情绪、社会、精神以及身体因素之间的不平衡之处。当一个人生病的时候，民间医师会用食物或草药来恢复原来的平衡。热症需用性寒或性凉的食物来医治，寒症则用性热的食物来医治。性热与性寒并不是指食物的温度，而是指它们内在的自然特性。性热的食物包括巧克力、大蒜、肉桂、薄荷和奶酪等，性寒的食物包括鳄梨、香蕉、果汁、青豆和甘蔗等。[89] 295

墨西哥常见的民间医师包括医师（Curanderos)、药师（Yerberos）和按摩师（Sobadors）三类。

> 医师是最受尊敬的民间医师，他们被认为是由上帝选派并具有神授魔力的人。
>
> 药师擅长使用草药和香料防治疾病。
>
> 按摩师尝试通过按摩或操控病人来修复肌肉或骨骼的失调之处。[90]

并非所有文化都赞成在治疗疾病时采用一种特定的疗法。在非洲就没有典型的医学疗法。殖民主义、信仰以及祖先的传统等因素都会影响他们对医疗保健的理解。许多非洲人把医疗保健分为传统的和现代的两类加以区别。现代医学采用西医的积极的生物医学模式，而传统医学则继承了民间医师的传统方法，病人会根据自己疾病的类型来选择最有效的疗法。[91]许多美国的非洲后裔根据其先辈的传统求助不同的民间医师，如精神领袖、祖父母、社区的长辈、巫医或牧师。[92]

尽管在西方人看来，这些疗法中有一些似乎不合常理甚至有些怪异，但千百年来它们却一直为非洲国家的医师们所采用。

迄今为止我们已经对疾病的诱因和治疗手段作了相当多的探讨，接下来，我们将就疾病预防的文化多样性作进一步的讨论。

疾病预防中所体现的文化多样性

文化的差异还体现在对于如何预防疾病所持的观念及实践活动中。对疾病诱因和治疗的研究已形成了较为规范的体系，与此不同的是，在疾病的预防上，许多文化中的人们采用生物医学疗法、超自然疗法和整体疗法相结合的方法。比如说，在美国和其他拥有高科技的文化中，每年的体检、特定时间的免疫、体育锻炼再加上充足的营养是构成良好健康状况的基础。还有许多人则遵循一些养生之道，包括缓解压力的冥想法，服用各种各样“纯天然”的草药以激发性欲、防止记忆力减退并保持精力旺盛。此外，他们还会从
296 按摩师、针灸师、灌肠师那里寻求防病的方法。[93]

墨西哥和波多黎各文化的许多成员认为，健康源自好运气或是上帝对于善举的恩赐。[94]因此，他们经常依赖各种刻有魔法符号或谚语的护身符来保护人们，消灾祛病。蜡烛、草药、水晶石、圣像、贝壳以及茶叶也被认为能为人提供保护。

在老挝文化中，人们会在怀孕、生产、结婚、迁徙、生病或做手术期间使用 Baci 仪式祈福。家人及社区长者都聚集在一个供有蜡烛、香火、水稻、折叠的香蕉叶、圣水、花束和符咒的祭坛周围。[95]中国人则经常用护身符避邪，以保护他们的健康。

> 项链上有一个佛像，或者用红色或黑色墨水将字写在一张黄色的纸上。将这些护身符挂在门上、贴在墙上、戴在头发上或放置在一个红色小袋里别在衣服上。玉是一种吉祥的饰物，因为许多中国人认为玉会带来子女、健康、不朽、智慧、力量、胜利、成长和食品。[96]

有些文化认为，违反文化禁忌也会导致疾病。比如，美洲土著文化相信，剪掉小孩的头发会导致孩子生病和死亡。甚至于在孩子的头部施针需要剪掉少量头发也不行。使孩子免遭一死的唯一方式就是在孩子胸前拴一个药包来抵消违反禁忌的过错。[97]与此相似，怀孕的赫蒙族妇女会通过密切注意自己对食物的渴望来保证孩子的健康。赫蒙族人认为，如果一个妇女在她想吃生姜的时候没有吃到，孩子生下来时就会多长一根手指或脚趾。[98]

在我们关于预防和治疗疾病的讨论中，以上列举了一些不同的文化预防疾病的方式。然而，有一些文化中的成员并不主动寻求预防和治愈疾病，他们认为，治愈他们的疾病只能依靠自己。

比如，同性恋者的预防保健意识就比一般人低。女性同性恋比正常女性更少去接受癌症检查，如乳房 X 光检查或巴氏试验。同样，男同性恋者也比异性恋者更少寻求预防保健。[99]这种抗拒部分是由于社会对同性恋的看法促使同性恋者保护他们的隐私。也有许多同性恋者因与医生沟通困难而导致治疗延误。[100]对寻求预防性医疗服务犹豫不决，在其他文化中也时有发生。南斯拉夫一句谚语说："好的想法是一半的健康。"这意味着积极的态度对抵抗疾病是有益的。

297 在另外一些文化中，预防可能是一个全新的概念。比如，海地人不相信预防保健，因而很少去看医生或接种疫苗。他们只有在家人即将死亡时才会去医院。

我们的研究充分证明，患者的想法会对治疗过程产生很大的影响。虽然其中一些保健观念和做法可能有些奇怪甚至是原始的，但是要知道，许多文化尚未经历在西方社会已经习以为常的技术和经济水平。因此，这些不发达社会只能依靠他们的传统保健习俗，即便它们有时可能会有害于该文化的成员。西方医学正在像西方媒体一样迅速影响全世界更多的人。因此，我们上述提到的一些地方，虽然仍然坚持其传统医疗方法，但也都逐渐认识并采用西方科学/生物手段，或将之与传统文化结合起来去治疗疾病。

在我们分析了健康与文化间的关系后，我们已经提到了世界观、宗教、信仰对健康的影响，下面我们将要看看它们是如何体现在医疗保健中的。

宗教、信仰和医疗保健

我们在本章中提到，宗教、世界观和信仰与健康及疾病观念密切相关。[101]

> 宗教强烈地影响着人们对病症的理解和反应，甚至连饮食也是由自己的宗教信仰决定的。宗教信仰和虔诚不仅在康复过程中起作用，许多情况下，它还能影响某一特定的治疗和愈合过程。[102]

关于宗教信仰在健康中的作用，有学者进一步说道："保健机构中社会宗教的关系是非常重要的，无论是对原籍国的人来说，还是对信仰这种宗教的人来说。当然，总有一些人是虔诚的，而其他人只是抱着无所谓的态度。"[103]我们要说的是宗教和灵性，包括所有的行为，赋予生命以意义，并给个人提供力量。[104]

在西方科学/生物医学的健康观念中，宗教和巫术都难以解释。医疗保健提供者没有超能力，对于大多数人而言，健康往往从宗教和社会关系中分离。有研究者称："生物医学将心灵与身体分离，因为身体和精神健康分属于不同的分支专业。"[105]然而，世界各地许多文化公认，良好的心态和精神状态有助于预防和治疗疾病，这种观念正在逐渐被西方接受。在许多文化中，宗教、信仰和医疗保健是相互交织在一起的。宗教会为生病的人提供治病的精神慰藉。"人们利用社会的、道德的以及饮食的实践活动维持自身的平衡和健康，宗教则统领着这些实践活动，并极大地影响 298
着人们对于疾病预防的认识。"[106]要注意的是，一个人的宗教信仰在治疗过程中可以产生重大的影响。印度教、天主教、犹太教和伊斯兰教在一些健康类的服务中，比如寻求或限制生育的方法，宗教都可能是主要的方式。犹太教对饮食有着严格的限制，包括以特定的方法屠宰动物，以及不能将肉和奶混合在同一餐中食用。[107]《古兰经》在饮食上也给穆斯林提供了指导方针，明确规定了什么是允许的，什么是不被允许的。此外，正如前面所提到过的，犹太人尽量避免在安息日或其他神圣的日子寻求非紧急性医疗救助。

纳瓦霍人认为健康是与一个和谐的环境有关系的。当人们生病时，药师会告诉他们，是他们的哪些行为破坏了和谐，而通过愈合仪式可以重建和谐。斯蒂尔和霍金斯说，如果患者正在以西方生物医学的方法进行治疗，那么医师需要在开始治疗前，传唤这种愈合仪式。[108]

你可以在一些非裔社区看到宗教和健康之间的联系。他们的宗教行为是生命中不可缺少的一部分。通过祈祷和宗教仪式，非裔美国教堂往往在非裔美国人的成长和生存中发挥着重要作用。[109]

在寻求健康上，多数信仰天主教的拉丁人都受到宗教的强烈影响，他们会寻求上帝的帮助以预防或治疗疾病。这种帮助可以来自承诺、拜访神殿、捐赠奖章和蜡烛或祷告。[110]墨西哥人利用两个谚语来说明这一观点："我们接受痛苦，因为它无法避免；接受丧亲之痛，因为它无法挽回；接受死亡，因为那是我们的命运。""谋事在人，成事在天。"

米勒报告说，许多东方宗教认为，人是具有灵性的，良好的感觉和健康的身体会影响一个人灵魂的旅程。[111]在这些情况下，健康和信仰是互惠的。贝恩纳（Bhayan）阐释了这种平衡：

> 平静地接受自己的命运与采取预防措施之间是很难相互妥协的——这种观念流行于一些东方的哲学思想中。因为对于死亡恐惧的减弱会使人们忽视疾病的症状。当转世论根深蒂固的时候，挽救生命所做的努力可能难以被人接受。[112]

佛教和印度教中都有一些宗教如何影响医疗活动的例子。虽然不是很普遍，但还是有一些佛教徒会对疾病置之不理，因为他们相信疾病是由鬼神所致。[113]一些印度教教派同样不关注疾病，他们相信这是对前世作孽的报应。他们还认为祈求健康是最低级的祈祷，因为对疾病的治疗尽管有一定作用，但那毕竟只是权宜之计，最终要靠祈祷来恢复健康。[114]

许多阿拉伯人把疾病视作是对人的罪恶的惩罚。然而，根据阿布哈比所说，提供治疗也是真主表现怜悯和同情的方式，以此给予人们悔改和感激的机会。[115]

以上，我们可以清楚地看到，宗教和精神 *299*
力量对人们选择定义和预防疾病的方式会产生强烈的影响。在美国，现代医学和技术非常重视精神信仰和替代治疗方法。由于其他文化中有关医疗领域的做法越来越为世人所知，一些西方的医疗保健人员也对精神疗法开始抱有开放的态度，承认它可以成为一种有效的康复和预防办法。

为多元化人口提供医疗保健

本章最主要的一个议题是文化多样性可能阻碍美国的医疗保健服务。随着外来定居者呈现出日益明显的多样性，人们关于医疗保健的观念以及求医问药的实践活动也呈现出了多样性。[116]为应对这一局面，研究出一种能够满足全体社会成员医疗需求的方式已成为当务之急，正如有些学者所提议的那样：

> 在多数情况下，做到这一点并不困难，
> 300 但是在有些情况下，这一目标似乎难以企及。……最难满足的需求来自那些与“主流”医疗服务提供者所持的文化观念相去甚远的人们。[117]

在医疗保健领域，文化因素已渗透到了方方面面。[118]如果将向全体社会成员提供最佳医疗服务作为拥有多元文化的美国所追求的目标之一，那么，提供医疗服务的人员就必须认识到与文化差异相关的潜在问题，正如科兰西（Qureshi）所指出的那样：

> 对文化的无知会导致误诊。只有通过详细问询病史，且对病人的文化保持敏感，医生才能够做出准确无误的诊断，才能了解不同族群的疾病类型，才能分辨出哪些疾病是某一族群所特有的，哪些不是。[119]

我们已经明确强调文化多样性是提供有效医疗服务的一个关键因素。在下一部分，我们将集中讨论一些文化和交流的问题，这些问题涉及家庭的作用、自我表露、语言障碍、非语言信息以及礼节。

家庭的作用

如我们在第 2 章和第 3 章学习过的那样，文化赋予每个家庭成员不同的角色，还指导家庭成员如何察觉医疗保健方面与交流有关的问题。安德鲁斯强调了了解家庭成员间关于保健方面的沟通交流的重要性。

> 了解患者的家庭和亲属关系，可以帮助你确定家庭内的价值观、决策模式和交流习惯。明确患者更重视谁的意见或是由谁负责决策是极有必要的，这些将影响到他们的医疗过程。例如，家族主义——它强调独立基础上的相互依存、隶属关系上的竞争与合作——这可能要求是以家庭的而非以个人的名义作出这个重要决定。[120]

以下我们将讨论男性的主导地位、羞耻感和女性的贞洁、怀孕和生育过程中所体现的文化差异。

- **男性的主导地位**

在世界上大多数国家，性别角色都不像在美国那样不确定。对于什么是恰当的行为举止，在不同文化环境中对男性和女性有着截然不同的要求。“认识家庭主导模式对于医护人员决定谈话的参与者十分重要。在非裔美国人的家庭里，传统的家庭领袖是母亲。”[121]但这个模式也有例外。在传统的拉美裔家庭里，例如在家庭决策上，父亲享有绝对的主导权。[122]在中东、亚洲、拉丁美洲、墨西哥和非洲，男子无论在家庭内外都有着绝对的权威。这一文化特征是造成医疗保健领域误解和冲突的原因之一。

让我们首先考虑这样一个问题：“为什么东印度的一个信奉印度教的妇女会拒绝在没有她丈夫在场的情况下回答有关她健康的个人问题呢？”问题的答案就在于在其文化中家庭角色的分配。从传统上说，东印度的印度教妇女的责任就是要对丈夫绝对地忠诚和顺从。[123]丈夫被视为一家之主，对包括有关家人的医疗保健在内的各种家庭问题，丈夫拥有主要的发言权。[124]同东印度的印度教文化类似，在沙特阿拉伯文化中，男人认为协调妻子与外界的关系是他们的责任。当来自沙特或其他阿拉伯国家的男子带妻子去看病时，他们通常会回答所有向他们妻子提出的问题，即便妻子会
讲英语，沙特男子也会代劳。[125] 301

传统的越南家庭十分重男轻女，家庭往往都由直系的男性后裔来掌管。斯蒂尔和霍金斯指出，一些越南男性不习惯女性权威，并且可能很难接受女性作为医护人员。[126]当接待来自这类文化的病人时，医务人员应该给这些妇女些时间，好让她们把所有的问题先告诉自己的丈夫，丈夫在回

答医生的问题之前也会先向妻子询问其健康状况。如果医生忽视了丈夫的作用而直接向妻子询问情况，他就有可能冒犯这一家人，他的行为会被这家人视作是对这位丈夫个人的侮辱和不敬。[127]

性别误解很可能造成严重的后果。一种后果可能是耽搁常规的医疗检查，另一种后果是使病人的生命处于危险之中。罗莎和她两个月大的儿子的例子就说明了这一点。

> 因为孩子腹泻没有得到及时的护理，罗莎把他带到急诊室。医务人员发现他还伴有败血症、脱水和高烧等症状。医生想实施抽取脊髓的常规治疗，但罗莎不肯。当问及原因时，她说在对孩子实施任何治疗之前，她必须先征得丈夫的同意。医务人员极力使她相信这只不过是一个常规步骤而已，但罗莎拒不让步，坚持在她丈夫到来之前什么都不能做。[128]

在多数传统的墨西哥家庭中，所有的重大决定都是由男子来做的。罗莎在法律上有权在抽取脊髓的同意书上签字，但在她所属的文化观念中，她是无权这么做的。

- **羞耻感和女性的贞洁**

英国散文家约瑟夫·阿狄生（Joseph Addison）曾经写道："羞耻感不仅仅是一种装饰品，它也是美德的卫士。"羞耻感和女性的贞洁也是影响医疗保健的两个因素。出生于高度强调羞耻感的文化中的女性在得病时可能不愿去寻求医学上的帮助，也不会采纳医生的建议或是脱掉衣服接受医疗检查。不幸的是，西方的医生们通常总是无法理解违反这一文化规范可能产生的道德后果，尤其是当这个女性是来自一个极其传统的文化氛围的时候。

在阿拉伯文化中，羞耻感有着至高无上的重要性，女性会因为不愿脱掉衣服而不接受检查，进而在得病时也不愿意寻求医疗帮助。[129]此外，在阿拉伯文化中，男女患者也必须分别由男女医务人员进行治疗。羞耻感在索马里文化中也发挥着重要作用，索马里移民在接受流感疫苗注射的时候，也要男护士为男病人注射，女护士为女病人注射，而且，男女病人还得分别在各自的房间里接受注射。[130]

- **怀孕和生育**

世界上大多数的人都会赞同这样一句爱尔兰谚语："砖瓦和灰泥建成的是房子，而孩子们却造就了一个家。"我们可以更准确地说，在每一种文化中，生儿育女都是值得欢庆的事情。关于怀孕和生育，所有的文化中都有特定的态度、惯例、与性别有关的角色以及标准的行为举止。[131]尽管 302
生育是一种十分内在的情感体验，其意义和重要性却常常打着文化的烙印。在不同的文化中，人们对生育的重视往往出自不同的原因。在墨西哥文化中，妇女地位的高低取决于她能为家里生多少个孩子。在亚洲文化中，孩子，尤其是男孩子总是受到重视，因为他们继承家姓并为父母养老送终。对于信奉东正教的犹太人来说，生育受重视是因为这样做正是遵从了《圣经》的教诲：繁衍后代并充满地球。在一些文化中，孩子得到重视是因为他们能作为主要劳力来支撑一家的生活。

一种文化中的社会性事物，在另一种文化中可能只是一种个人的体验。对于北美人来说，生育经历通常被看作是一件只涉及家庭自身的私事。在许多非盎格鲁文化中，生育的过程要由一个大家庭一起来期待和分享。通常，一些亚洲、墨西哥和罗马的家庭，所有成员都会挤在产房外期待着这一时刻的到来。生产过程中，在场的人数也因文化而异。在北美，通行的情况是由产妇的丈夫来助产的。但对于许多别的文化来说，情况却大相径庭。正统的犹太男子极少参与分娩的过程，因为男子被禁止在妇女"不洁"时（即妇女经期或是分娩出血的时候）接触她们。阿拉伯男子认为生育是女人的天职，许多拉美人也持有这样的观点。于是，妇女在分娩时一直由她的母亲陪护，直到孩子降生，母子被擦洗干净并穿戴整齐后，她们才能和丈夫相见。在传统的亚洲家庭中，由于夫妇通常与丈夫的父母生活在一起，所以分娩时通常是婆婆在场。[132]

自我表露

在不同文化中，家庭的作用也呈现多样性，与之密切相关的文化规范决定了人们自我表露的程度。合理的医疗保健首先要求患者信任医务人员，这样双方才能交换必要的医疗信息，然而，文化习惯常常深刻地影响着病人的自我表露和交流。美国人在展示个人方面很少有所顾虑，但在别的文化中，人们对有关个人生理的情况往往都不大愿意提及。

文化规范会极大地影响病人的自我表露和交流。一些拉美妇女在谈及“女性的问题”时会感到窘迫不安，她们通常不会与美国医生讨论节育或分娩的话题。这里有一个例子，一位拉美妇女需在子宫切除手术的协议书上签字，而她不会讲英语，便让儿子来充当翻译。在儿子向母亲解释手术的程序时，他的翻译似乎很准确，而且也指出了身体的相应部位，可是第二天，当母亲发现自己的子宫已被切除而且再也不能生孩子时，她非常恼火。事情的真相是，拉美文化禁止儿子谈论母亲的私处，窘迫的儿子当时便向母亲说，手术是要摘除她腹部的一个肿瘤，并只把手术的大致位置指给她看。可见，即便使用同一种语言交流也可能是不够的。在翻译有关性或私处的问题时，由同性来翻译是最为妥当的。

就如我们在第 5 章所学到的，亚洲文化属于高语境文化，涉及自我表露的问题也许是与这一文化特点直接相关的。例如，在华人看来，过多地谈论私人问题会被认为品位低下。日本人通常是害羞和性格内向的——至少在公共场所是这样的。[133]因此，亚洲妇女大都不愿提及女性问题。

德国人出于对礼貌的推崇，在大多数场合也不愿过分坦露个人信息。德国谚语“和所有人交朋友的人没有朋友”就清楚地阐明了他们对表面上的友谊的看法。这种沉默寡言以及保守的态度常常会体现在医疗保健领域。 303

俄罗斯移民间的交流特点是由几百年的历史传统和经验造成的。这种文化始终保持着与美洲文化和其他欧洲文化不同的独特风格。埃利奥特发现，俄罗斯人不相信医生，许多俄罗斯人惧怕医生和护士为他们看病。即使他们接受治疗，这种情形也使得他们对医务工作者的依赖度较低，而且他们也不愿谈及或透露个人的情况。[134]

这些事例说明，并不是所有的病人都愿意以同样公开的程度与医务人员进行交流。熟悉不同文化在交流方式和自我坦露程度方面的差异，会帮助医务工作者获取有关病人健康状况的重要的、有价值的信息。

语言障碍

我们在第 6 章所讨论的有关语言多样性的问题，也适用于医疗保健领域，一些诸如语言差异、翻译的使用等显而易见的问题也会使医疗过程中的交流复杂化。例如，一位年轻的拉美母亲因为不懂英语，误解了医生的嘱咐，将药水滴入自己孩子口中导致孩子的病况更加糟糕（医生本来是让她把药水滴入孩子耳朵的），此时，这位母亲该如何向急诊室的医生解释呢？

埃尔金为我们解释了语言障碍的难处：

> 世界各国的语言中关于健康、疾病、受伤、残疾和医疗保健的表述方式极为不同。这是由不同语言在指称这些词条以及与之相关的概念时所采用的隐喻手法决定的。对医疗迥异的认识和表述也从“所有健康问题都是由邪恶的灵魂和歹念引起的”抑或“所有的健康问题都是原罪的惩罚”，延伸到“所有的健康问题都是病菌引起的”，甚至更远。[135]

语言的差异以及翻译上的不同会使医疗过程中的交流更加复杂。试想一下，如果一位西方医生对某人谈到妇女的“周期”，而在对方文化中并无此类委婉的词语表达时，那将会引起怎样的迷惑？同样，对于“结扎”这个词语的字面翻译，又会让人理解为它们也可以同样容易地被“解开”。由误解而导致的医疗后果会对病人造成极大的伤害。

一些形式比较微妙的交流行为也会产生同样重大的影响。从以下事例中我们可以看到，习语的使用也会造成误解。

> 一位出生在中国的医生晚上打电话给夜班护士，核对第二天要做手术的一位病人的情况。那位护士向他说，她注意到病人的态度变得有些犹豫：“医生，我觉得科比太太开始害怕了。”（be getting cold feet，直译为“脚凉”——译者注）这位医生没有听说过这个习语，猜想病人“脚凉”可能是循环系统出了毛病，便嘱咐护士给病人做血管检查。[136]

304 医学术语的使用也会使医疗保健中的交流复杂化，例如，使用“鼻窦炎”来代替“花粉热”，用“嗅觉丧失症”来代替“闻不出味儿”，用“精神错乱”来代替“丧失记忆”，这些令讲英语的人都迷惑不解的词，对讲其他语言的人来说更是如堕云里雾里，不知所云。此外，维特和莫里斯（Witte and Morrison）揭示：“有些时候，对于生活在多元文化中的人来说，用非本族的语言来清晰地描述自己的症状和感觉也绝非易事。”[137]结果，病人所表达出的不过是模糊的症状以及泛泛的描述。

拉美裔美国人是美国享受医疗服务比率最低的群体。语言的差异是能否享受医疗服务的决定因素，不会讲英语是阻碍拉美裔美国人享受医疗服务的主要原因。[138]艾尔克里（Alcaley）说明了这个问题的严肃性：“与美国的非拉美裔白人相比，拉美裔美国人尤其是墨西哥裔美国人很少利用预防性的医疗服务体系，他们会摒弃一些诸如一般性身体检查、牙齿、眼睛检查，以及胎儿保健之类的常规项目。”[139]在墨西哥裔美国人的社区中，医疗保健中最明显的障碍就是语言。尽管在这个国家中讲西班牙语的人群已成为最大的少数民族群体之一，但很少有医务人员会讲西班牙语。[140]

需要注意的另一重要因素是，即使同样使用西班牙语，在不同的西班牙语社区中也存在着差异。奥斯本（Osborn）提出过这样的一个事例：“把一本介绍安全性行为的小册子从英语翻译为波多黎各语，对于说西班牙语的墨西哥人来说，这却是一件令人极为反感的事，因为即使一个精挑细选的很好的词，在另一环境中也可能被看作是粗鲁无比的。”[141]

非语言信息

文化的多样性在非语言行为方面的表现也会影响医疗过程中的交流。医务人员和患者常常通过非语言的形式表达他们对疾病和治疗的观念、感受和态度。虽然让医务人员对所有文化中的非语言行为都了如指掌未免太过理想化，但要求他们多了解一些各种文化中非语言行为的使用及其含义也并非不近情理。[142]医疗交流过程中的非语言交流有四个非常突出的方面，分别是目光接触、面部表情、触摸以及时间倾向。尽管我们在第7章已经就这些问题进行了广泛的讨论，现在，我们仍有必要在医疗保健这一特定环境下对它们做一个简单的回顾。

- **目光接触**

目光接触行为是一种容易使人困惑的非语言信息。在美国的主导文化中，人们很重视目光接触，缺乏此种交流会被认为是举止粗鲁或心不在焉。[143]然而，在许多其他文化或是群体文化中，人们会避免直接的目光接触，因为他们认为这是对人不尊重的表现。尤其是在与像医生或专业医护人员这类权威人物交谈时更是如此。例如，中美洲人在与陌生人进行直接的目光接触时会感到不自在。[144]对于日本人来说，避免目光接触从传统意义上说是表示对人的尊敬，而对陌生人的直接或是明确的目光接触会被理解为表示敌意。[145] 美国土著印第安人在与人谈话时常常盯着地板，以此来表明他们正在洗耳恭听。[146] 越南人有时会不太习惯持续的或间接的目光接触，他们更喜欢
305 迅速地瞥一眼讲话者。[147]

● **面部表情**

面部表情通常被认为是了解一个人内心感受的向导。许多文化或群体文化，如意大利人、犹太人、非裔美国人以及讲西班牙语的人总是笑容可掬，并且使用极为丰富的面部表情。而在另一些文化中，比如在英格兰、爱尔兰以及许多北欧国家，人们则较少使用面部表情。[148]

莞尔一笑和开怀大笑在美国主导文化中都是幸福的表示，然而在其他文化中，微笑会反映费解、困窘或礼貌等多种多样的情绪。面部表情也可以被用来表达和实际感受相反的感觉。在许多亚洲文化中，人们常用微笑来掩饰否定性的态度。越南人倾向于使用不动声色的面部表情，这样别人就很难理解这个人想说什么或正在想什么。[149] 有些情况下，即使是土生土长的美国人也可能不用面部表情来展现情绪，除非观察者对这个人及其文化规范有着深厚的理解力，否则难以弄明白他的想法。[150]

● **触摸**

触摸是影响医疗服务领域的又一种非语言方式。尽管在美国主导文化中人们通常习惯于被医生或护士触摸，但在其他文化中，人们的习惯却大不相同。比如，越南患者就希望医护人员对身体的接触越少越好。[151]

源自文化上的谨慎性格也会影响医疗服务中人们对触摸的感受。虽然拉丁美洲文化的成员似乎习惯于频繁的触摸行为，不过女性则不愿在男性或其他妇女面前暴露身体，而且会在盆腔检查中变得极其窘迫不安。[152] 许多拉丁美洲的男子也会由于强烈的谨慎感而在体检中感到受到了威胁。[153]

在一些文化中，触摸有着神奇的含义。对于一些拉丁美洲人以及土著美国人来说，触摸有着降妖除魔的象征意义，它被视为一种消灾祛病的手段。[154] 而一些越南人则认为他们的灵魂会因为自己与他人的身体接触而离开自己的躯体，从而导致健康受损。[155] 此外，越南人把人的头颅视为生命的寓所，任何侵犯其头部或面部的行为都可能引起他们强烈的恐惧。[156]

● **时间倾向**

在第 7 章，我们讨论过有关时间倾向的问题，这种倾向性在医疗服务中非常重要，因为患者的时间倾向会影响到他们就诊的早晚或是否会来就诊，也会影响他们是否能按时服药或进行复查。

时间倾向的差异还会影响医务人员在患者身上所花时间的多少。美国主导文化的成员往往遵循单一的时间倾向，他们不想花过多的时间与医生建立和谐的关系或是讨论疾病的原因及治疗手段。而来自有着多元时间倾向的文化中的患者则会有截然不同的期望，他们期待医生或护士能花足够多的时间和他们建立起适当的人际关系，向他们解释其疾病的所有细节以及治疗方法。

礼节 306

人们在交往时恪守礼节或不拘小节的程度也会影响医疗服务。当亚洲、拉丁美洲和欧洲以及其他在语言的使用上重视礼节的民族听到北美人直接称名道姓时会感到不舒服。一位医生如果对一个亚洲人直呼其名，而不是称呼他或她的头衔或全名，便会在无意中降低病人对这位医生的信任度。

礼节也常常反映在不同的礼貌习惯上。例如，“中国人的礼节提倡在接受别人的馈赠之前应拒绝三次”[157]。然而在北美，第一声“不”就表示真正的拒绝。试想，当一位中国患者礼貌地谢绝一名北美护士对其病痛实施药物治疗的第一次建议后，会不失风度地忍受着疼痛并期待着护士还会再三主动地提供服务，而这已是不大可能的了。

这时，他会产生怎样的困惑和误解啊！

在第5章我们讨论过礼节也反映在为挽回面子而进行的交流中。在许多文化中，权威人物是不能被否定或质疑的。因此，即便是在患者不同意或者不理解医生的建议的情况下，他或她也会出于礼貌而服从。例如，许多拉美人相信直接反驳医生是粗鲁无礼的，为了不使医生难堪，他们会表示遵从，但事实上，他们毫无遵从医嘱的意愿。而误以为患者已经同意的医生会认为，医患双方已就治疗方案达成一致。[158]

上述事例表明，医疗保健领域的许多误解都可以归咎于语言或非语言模式下的交流不当。正因为这些，医务人员需要掌握出色的跨文化交流技巧。让我们看看这些技巧吧。

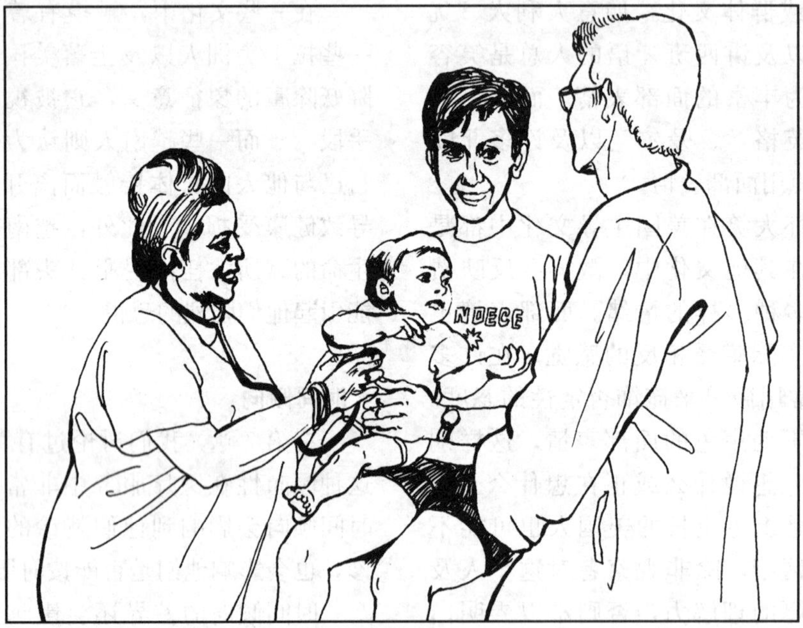

医护人员需要出色的跨文化交流能力。

成为一个更好的跨文化医疗保健交流者

当人们听到多元文化主义的时候，多数涉及的领域是人种或种族的。正如卢克曼所阐释的，在美国，医疗和医院文化是非常恐惧这些外来人的。[159]正如他在书中所形容的：

> 在这个文化里面，技术简直是唯一珍贵的。大部分实验室数据、侵入式医疗作业、X光、全身扫描和系统综述都聚集到一起，用来诊断和治疗潜在的病理、生理疾病，其目标是为了迅速解决患者的生理疾病症状，直至治好患者。这种强烈的医学信仰可以导致生物医学上的民族优越感，这将严重阻碍患者和医疗工作者的有效交流。这种优越感经常表现在嘲笑病人对特别的康复方式感兴趣，冠以“特别的”这个形容词，似乎都是为表明这是可被接受的医疗康复之外的方式。[160] 307

这种医疗文化甚至在那些对西方医疗复健有所了解的人身上也能体现出来。正如吉尔默（Gillmor）所说：“这是一种特殊的语言，仅存在于这个文化里，为了保证医疗工作者间的交流变得顺畅。”[161]当更多的意识、认知和行动描绘着多元文化的医疗环境，更大的移情作用也就实现了。

不相信这里所提供的建议是互斥的与详尽的

是非常重要的一点。我们建议人们不去假设这章的信息暗示着所有人都生存在这种文化里。如果如此，你将失去自己的独立性。除此之外，文化渗入和同化的影响将改变一个病人对疾病和治疗的看法。除去这些警告，我们的建议应该对促进跨文化的医疗保健交流有所帮助。

识别不同的医疗体系

正如我们在这一章里表明的一样，认识到很多文化依赖着几个不同的医疗体制非常重要。即便在美国，也存在很多非主流的医疗体系，包括之前讨论过的身心关系和精神连接。脊柱按摩疗法、草药医术法，甚至涂抹手掌都可以视为非主流医疗体系。[162]很多例子都证明结合了非主流医疗方式的西方医疗体系是很成功的。你至今仍可以在其他国家发现同样的多种治疗方式。例如，在莫桑比克，除了西方医疗方式，政府也有传统的治疗者对患者进行安全的无性按摩。因为艾滋病在这个地方蔓延，所以治疗者只能用尽所有的办法去接近人们。在这里，我们经常看见治疗者用一些传统的行为，如打鼓、握手、恳求神灵降临，去和患者互动。接着，治疗者便可以问患者："是否听说过安全套？"[163]

与患者的成功交流需要他们对致病原因、应该如何治疗以及怎么在将来得到保护等有所了解并加以认可。格兰提也有着同样的观点："即便是优越的西方医疗科学，如果患者认定它是失败的，那么它最终也可能会失败。"[164]这个观念在下面的段落中得到了阐释。

> 印度一个 83 岁的彻罗基族老太太在家中昏倒后被送到了医院的急诊室。X 光显示老太太有肠梗阻，需要马上做手术。这位老太太拒绝签同意书，因为她要先见见家乡的巫师再说。在社工的请求下，老太太的孙子驱车到乡下把穿戴传统服饰的巫师接到医院。巫师布置了整个治愈仪式，摇铃、念咒、念唱共花了 45 分钟。在仪式结束时，巫师暗示老太太已经准备好接受手术。果然，老太太同意手术。于是手术立即进行，并顺利治愈了老太太。[165]

对患者的信仰有着足够的敏感度并且有所认识是非常重要的。除了文化认识和交流意识，对个人的了解也是必要的。这就意味着在面对新患者时，应该倾听他们讲述自己的故事。最开始的时候，这也许需要一些时间，但这段时间可以帮助节省之后的很多时间。不要去预测患者可能表达的意思或是你该如何去干涉。[166]丹尼斯和斯莫尔（Dennis and Small）提供了以下问题：

（1）患者或其家庭如何界定自己的身份？他们称自己是美国人、日本人、美国出生的俄国人、拉丁美洲人还是别的什么？

（2）你的问题是患者还是患者的家属回答的？

（3）患者家属中是否有一位抢先发言的代言人？

（4）患者及其家人是对你说英语，而彼此说其他语言吗？

（5）你需要口译吗？如果需要，选择一位适合这个家庭结构的。例如，如果只有男人回答你的问题，那么孩子或者女人就不是很好的口译候选人。

（6）选择不同的敬语和尊称。考虑使用什么样的头衔称呼他们，直呼其名可能会被认为不敬。

（7）在美国，保持眼神交流表明关切与关注，但来自其他文化的患者也这样认为吗？

（8）食物也是文化的表征。与患者及其家属一起研究一下医院的食谱，来自不同文化的患者是否有偏好的民族风味和选择？是否可以与家属一起商讨作一些变更以配合患者的治疗需要？

（9）弄清性别议题。在对病人的访谈或治疗过程中有些文化可能不允许男性或女性在场。

（10）学会使用非评论性的回应。使用这些技巧可以有效地掌控交流进程。

（11）治疗过程中，需要哪些宗教方面的仪式？宗教的需要将会如何影响到健康治疗的议程？

宗教影响着人们生命的一些重要层面，包括安乐死、器官捐赠、截肢、葬礼或者延长生命。[167]

鉴别民族优越感

最后，整个章节都在提醒你，必须认识到在医疗上永远没有一个单纯的答案。当你理所当然地相信你的文化只给了你一个答案的时候，你便被民族优越感左右了。我们曾经讨论过民族优越感，在这个章节中我们又一次对其进行讨论。我们的观点是，民族优越感可以影响很多与医疗相关的问题。避免民族优越感的第一步就是认识到你对其他文化的感觉可能会影响到治疗。这个从自我开始的想法正呼应了下面这个观点：“增加我们的理解和对文化的包容正需要我们对自我民族优越感的识别。”[168]承认自己的民族优越感心理，追问自己是否内疚于未曾考虑患者的感受就对其实施了治疗。总而言之，避免民族优越感需要医
309 疗人员将病人的文化背景纳入考虑。[169]

下面的六个建议，可以帮助医疗者判断自己是否已经被种族偏见左右，以致影响了自己与患者的交流。

（1）意识到不同价值观和信仰不仅仅存在于跨文化中，也存在于同一文化里面。

（2）从历史、医疗、文化、精神和宗教的层面认识不同文化的价值观和信仰。

（3）尽量多地去学习不同的语言、习俗、信仰，以及不同文化群体的价值观，尤其是你接触最多的群体文化。

（4）意识到自己文化中的价值观和文化偏见是减少民族优越感和文化强势的重要步骤。

（5）对于不同文化所蕴含的非语言交流方式要提高认识并且尽力理解，如人际交流中的空间偏好、肢体语言、发型和衣着习惯。

（6）要注意不同文化背后的生物种群的差异在体格检查、疾病类型、药物反应以及健康保健等实践中的不同显现。[170]

这些建议可以帮助你成为一个在医疗保健上对文化多样性保持敏感的人。我们在这章所提供的信息，可以帮助你更加关注在健康保健方面文化背景与我们不同的人。

概　要

- 在对疾病的解释、治疗和预防上，不同文化间存在着差异。
- 所有的健康观念体系都可以归结为以下三类：生物医学疗法、个体疗法和自然疗法。
- 在对疾病诱因的认识上，存在着文化上的差异。
- 在对恰当的治疗方法的认识上，存在着文化上的差异。
- 在预防疾病的方法上，存在着文化上的差异。
- 宗教、信仰以及医疗保健之间常常存在着千丝万缕的联系。
- 健康保健的实施必须能适应多元文化的群体。
- 由文化所决定的家庭的作用会影响医疗保健领域的交流。
- 在不同文化中，自我表述、语言、非语言交流、礼节等都会对健康保健产生影响。
- 如果要在像美国这样的多元文化社会中提供最优的健康保健，那么我们就必须认可多样化的医疗体系、治疗中的多样化方案，并且有效识别我们存在的民族优越感。

【注 释】

[1] L. Calderón and R. A. Beltrán, "Pitfalls in Health Communication: Health Care Policy, Institution, Structure, and Process," *Medscape General Medicine*, 6 (1), 2004, 1 (www.medscape.com, print accessed January 13, 2005).

[2] D. Purnell and B. J. Paulanka, eds., *Transcultural Health Care: A Culturally Competent Approach* (Philadelphia: F. A. Davis, 1998), xiii.

[3] K. K. Kundhal and P. S. Kundhal, "Cultural Diversity: An Evolving Challenge to Physician-Patient Communication," *Journal of the American Medical Association*, 298 (1), January 1, 2003, 94.

[4] R. C. Grooper, *Culture and the Clinical Encounter: An Intercultural Sensitizer for the Health Professions* (Yarmouth, ME: Intercultural Press, 1996), 2.

[5] L. Haffner, "Translation Is Not Enough: Interpreting in a Medical Setting," *Western Journal of Medicine*, 157, (1992), 225-230.

[6] Purnell and Paulanka, 1998, xiii.

[7] Ibid.

[8] N. A. Kirkwood, *A Hospital Handbook on Multiculturalism and Religion* (Harrisburg, PA: Morehouse Publishing, 1993), 6.

[9] P. J. Donnelly, "Ethics and Cross-Cultural Nursing," *Journal of Cross-Cultural Nursing*, 11 (23), April 2000, 19.

[10] G. L. Kreps and B. C. Thornton, *Health Communication: Theory and Practice* (Prospect Heights, IL: Waveland Press, 1992), 2.

[11] R. E. Spector, *Cultural Diversity in Health and Illness*, 4th ed. (Stamford, CT: Appleton and Lange, 1996), 4.

[12] Ibid.

[13] B. Koenig and J. Gates-Williams, "Understanding Cultural Differences in Dying for Dying Patients," *Western Journal of Medicine*, 163 (1995), 246.

[14] M. H. Fitzgerald, "Multicultural Clinical Interactions," *Journal of Rehabilitation*, April/June 1992, 39.

[15] R. Smart, "Religious-Caused Complications in Intercultural Communication," in *Intercultural Communication: A Reader*, 5th ed., L. A. Samovar and R. E. Porter, eds. (Belmont, CA: Wadsworth, 1988), 65.

[16] D. Elgin, *Voluntary Simplicity* (New York: William Morrow, 1981), 225.

[17] R. E. Spector, *Cultural Diversity in Health and Illness*, 6th ed. (Upper Saddle River, NJ: Pearson/Prentice Hall, 2004), 212.

[18] E. A. Hobel and E. L. Frost, *Cultural and Social Anthropology* (New York: McGraw-Hill, 1967), 331.

[19] W. E. Paden, *Religious Worlds: The Comparative Study of Religion* (Boston: Beacon, 1994), 26.

[20] W. W. Cobern, "College Students' Conceptualization of Nature: An Interpretive Worldview Analysis," *Journal of Research in Science Teaching*, 30 (1993), 937.

[21] Elgin, 1981, 225.

[22] M. P. Fisher and R. Luyster, *Living Religions* (Englewood Cliffs, NJ: Prentice Hall, 1991), 22.

[23] M. M. Andrews, "The Influence of Cultural and Health Belief Systems on Health Care Practices," in *Transcultural Concepts in Nursing Care*, 4th ed., M. M. Andrews and J. S. Boyle, eds. (Philadelphia: Lippincott Williams and Wilkins, 2003), 75.

[24] Spector, 2004, 312.

[25] A. Hunter and J. Sexton, *Contemporary China* (New York: St. Martin's Press, 1999), 155.

[26] J. Camphinha-Bacote, "African Americans," in *Transcultural Health Care: A Culturally Competent Approach*, J. D. Purnell and B. J. Paulanka, eds. (Philadelphia: F. A. Davis, 1988), 68.

[27] Andrews, 2003, 75.

[28] J. N. Giger and R. E. Davidhizar, *Transcultural Nursing: Assessment and Intervention*, 2nd ed. (St. Louis, MO:

Mosby，1995)，21.

[29] Andrews，2003，76.

[30] Ibid.

[31] J. Luckmann，*Transcultural Communication in Nursing* (Albany，NY：Delmar Publishers，1999)，49.

[32] P. Angelucci， "Notes from the Field：Cultural Diversity：Health Belief Systems，" *Nursing Management*，26 (August 1995)，8.

[33] Andrews，2003，75.

[34] Ibid.

[35] Angelucci，1995，8.

[36] Andrews，2003，75.

[37] Ibid.

[38] Ibid.，77.

[39] Angelucci，1954，8.

[40] Andrews，2003，77.

[41] Angelucci，1954，8.

[42] T. T. Nowak， "Vietnamese Americans，" in L. D. Purnell and B. J. Paulnaka，eds.，*Transcultural Health Care：A Culturally Competent Approach* (Philadelphia：F. A. Davis，1998)，468.

[43] Angelucci，1995，8.

[44] Luckmann，1999，49.

[45] Ibid.，50.

[46] Luckmann，1999，47.

[47] Andrews，2003，75.

[48] Giger and Davidhizar，1995，217.

[49] Luckmann，1999，47.

[50] Ibid.

[51] Giger and Davidhizar，1995，456.

[52] N. Dresser，*Multicultural Manners：New Rules of Etiquette for a Changing Society* (New York：John Wiley and Sons，1996)，236.

[53] Giger and Davidhizar，1995，465.

[54] Nowak，1998，468.

[55] N. Chong，*The Latino Patient：A Cultural Guide for Health Care Providers* (Yarmouth，ME：Intercultural Press，2002)，27.

[56] Ibid.

[57] Spector，2004，256.

[58] Chong，2002，47.

[59] C. Maloney，ed. *The Evil Eye* (New York：Columbia University Press，1976)，14.

[60] Ibid.，vi-vii.

[61] Luckmann，1999，49.

[62] Giger and Davidhizar，1995，404.

[63] Ibid.

[64] Ibid.

[65] I. Murillo-Rhode， "Hispanic American Patient Care，" in *Transcultural Health Care*，G. Henderson and M. Primeaux，eds. (Menlo Park，CA：Addison-Wesley，1981)，59-77.

[66] Dresser，1996，246.

[67] R. E. Spector， "Cultural Concepts of Women's Health and Health-Promoting Behavior，" *JOGNN*，March/April

1995，243.

[68] Giger and Davidhizar，1995，510-511.

[69] D. Boyd，*Rolling Thunder*（New York：Random House，1974）.

[70] Spector，2004，189.

[71] Ibid.

[72] Giger and Davidhizar，1995，404.

[73] B. F. Miranda，M. R. McBride，and Z. Spagler，"Filipino-Americans，" in *Transcultural Health Care：A Culturally Competent Approach*，L. D. Purnell and B. J. Paulanka，eds.（Philadelphia：F. A. Davis，1988），267.

[74] J. Selekman，"Jewish-Americans，" in *Transcultural Health Care：A Culturally Competent Approach*，L. D. Purnell and B. J. Paulanka，eds.（Philadelphia：F. A. Davis，1988），389.

[75] Nowak，1998，462.

[76] Chong，2002，47.

[77] N. Saelaw，"Lu-Mein Ceremonies，" ASU Newsletter，www. savannanet. com/baci. htm（accessed December 4，2005）.

[78] C. N. Nydegger，"Multiple Causality：Consequences for Medical Practice，" *Western Journal of Medicine*，138（3），1983，430-435.

[79] Ibid.

[80] Chong，2002，58.

[81] Spector，2004，262-263.

[82] A. S. Collins，D. Gullette，and M. Schnepf，"Break Through，" *Nursing Management*，August 2004，34-38.

[83] Dresser，1996，238.

[84] G. A. Galanti，*Caring for Patients from Different Cultures：Case Studies from American Hospitals*（Philadelphia：University of Pennsylvania Press，1991），101.

[85] D. Grossman，"Cuban Americans，" *Transcultural Health Care：A Culturally Competent Approach*，L. D. Purnell and B. J. Paulanka，eds.（Philadelphia：F. A. Davis，1998），208.

[86] L. K. Matocha，"Chinese Americans，" in *Transcultural Health Care：A Culturally Competent Approach*，L. D. Purcell and B. J. Paulanka，eds.（Philadelphia：F. A. Davis，1988），181.

[87] Spector，2004，217-219.

[88] Ibid.

[89] Murillo-Rhode，1981.

[90] M. E. Burk，P. C. Wieser，and L. Keegan，"Cultural Beliefs and Health Behaviors of Pregnant Mexican-American Women：Implications for Primary Care，" *Advances in Nursing Science*，17（4）June 1995，27-52.

[91] P. A. Twumasi，"Improvement of Health Care in Ghana：Present Perspectives，" in *African Health and Healing Systems：Proceedings of a Symposium*，P. S. Yoder，ed.（Los Angeles：Crossroads Press，1982）.

[92] Campinha-Bacote，1998，69.

[93] Dresser，1996，249.

[94] Giger and Davidhizar，1995，216.

[95] "Lao Custom—Baci Ceremony，" www. savannanet. com/baci. htm（accessed December 5，2005）.

[96] Spector，2004，217-218.

[97] Galanti，1996，106.

[98] A. Fadiman，*The Spirit Catches You and You Fall Down*（New York：Farrar，Strauss and Giroux，1997），4.

[99] K. A. Bkonviciniu and M. J. Perlin，"The Same but Different：Clinician-Patient Communication with Gay and Lesbian Patients，" *Patient Education and Counseling*，51（2003），115-122.

[100] Ibid.，117.

[101] Spector，2004，104.

[102] Ibid.，105.

[103] Kirkwood，1003，8.

[104] Purnell and Paulanka，1998，39.

[105] M. O. Loustaunau and E. J. Sobo，*The Cultural Context of Health，Illness and Medicine*（Westport，CT：Bergin and Garvey，1997），93.

[106] Spector，1995，244.

[107] Purnell and Paulanka，1998，39.

[108] O. Still and D. Hodgins，"Navajo Indians，" in *Transcultural Health Care：A Culturally Approach*，L. D. Purnell and B. J. Paulanka，eds.（Philadelphia：F. A. Davis，1988），442.

[109] Campinha-Bacote，1998，66.

[110] Chong，2002，59.

[111] M. A. Miller，"Culture，Spirituality，and Women's Health，" *JOGMN*，March/April 1995，256-263.

[112] B. Bhayana，"Healthshock，" *Health Sharing*，12（3），1991，28-31.

[113] Miller，1995.

[114] C. G. Helman，*Culture，Health，and Illness*，2nd ed.（London：Wright，1990）.

[115] P. Abu Gharbieh，"Arab Americans，" in *Transcultural Health Care：A Culturally Competent Approach*（Philadelphia：F. A. Davis，1998），154.

[116] R. Marquand，"Healing Role of Spirituality Gains Ground，" *Christian Science Monitor*，December 6，1995，18.

[117] Spector，1996，4.

[118] L. Payer，*Medicine and Culture：Varieties of Treatment in the United States，England，West Germany，and France*（New York：Henry Holt，1988），26.

[119] B. Qureshi，*Transcultural Medicine：Dealing with Patients from Different Cultures*，2nd ed.（Lancaster，UK：Kluwer Academic Publishers，1994），vii.

[120] Andrews，2003，24.

[121] Campinha-Bacote，1998，56.

[122] Giger and Davidhizar，1995，213.

[123] G. Reddy，"Women's Movement：The Indian Scene，" *Indian Journal of Social Work*，46（4），1986，507-514.

[124] Giger and Davidhizar，1995，487.

[125] Abu Gharbieh，1998，144.

[126] Still and Hodgins，1998，454.

[127] Giger and Davidhizar，1995，487.

[128] Galanti，1991，63.

[129] Abu Gharbieh，1998，154.

[130] *San Diego Union-Tribune*，October 23，1998，B-6.

[131] L. C. Callister，"Cultural Meaning in Childbirth，" *JOGNN*，May 1995，327-331.

[132] Galanti，1991.

[133] Purnell and Paulanka，1998，18.

[134] R. L. Elliott，"Cultural Patterns in Rural Russia，" *Journal of Multicultural Nursing and Health*，3（1），Winter 1997，22-28.

[135] S. H. Elgin，*The Language Imperative*（Cambridge，MA：Perseus Books，2000），82.

[136] Galanti，1991，17.

[137] K. Witte and K. Morrison，"Inter-cultural and Cross-Cultural Health Communication，" in *Intercultural Communication Theory*，R. L. Wiseman，ed.（London：Sage，1995）.

[138] R. Alcalay，"Perceptions About Prenatal Care Among Health Providers and Mexican-American Community Women，" *International Quarterly of Communication Health Education*，13（2），1992，107-118.

[139] Alcalay，1992.

[140] Spector，1996.

[141] J. E. Osborn，"Communication and the Health of the Public，" *Patient Education and Counseling*，41，2000，127-136.

[142] E. W. Lynch，"From Culture Shock to Culture Learning，" in *Developing Cross-Cultural Competence：A Guide for Working with Young Children and Their Families*，E. W. Lynch and M. J. Hanson，eds.（Baltimore，MD：Paul H. Brookes，1992），19-33.

[143] Giger and Davidhizar，1995.

[144] D. Gleave and A. S. Manes，"The Central Americans，" in *Cross-Cultural Caring：A Handbook for Health Professionals in* Western Canada，N. Waxier-Morrison，J. Anderson，and E. Richardson，eds.（Vancouver，BC：The University of British Columbia Press，1990），36-67.

[145] S. Chan，"Families with Asian Roots，" in *Developing Cross-Cultural Competence：A Guide for Working with Young Children and Their Families*，E. W. Lynch and M. J. Hanson，eds.（Baltimore，MD：Paul H. Brookes，1992），181-258.

[146] M. M. Andrews，"Transcultural Nursing Care，" in *Transcultural Concepts in Nursing Care*，M. M. Andrews and J. S. Boyle，eds.（Philadelphia：J. B. Lippincot，1995），49-96.

[147] D. Dihn，S. Ganesan，and N. Waxier-Morrison，"The Vietnamese，" in *Cross-Cultural Caring：A Handbook for Health Professionals in Western Canada*，N. Waxier-Morrison，J. Anderson，and E. Richardson，eds.（Vancouver，BC：The University of British Columbia Press，1990），181-213.

[148] Giger and Davidhizar，1995.

[149] Dihn et al.，1990.

[150] G. Althen，*American Ways：A Guide for Foreigners in the United States*（Yarmouth，ME：Intercultural Press，1988）.

[151] Dihn，et al.，1990.

[152] A. T. Brownlee，Community，*Culture*，*and Care*（St. Louis，MO：C. V. Mosby，1978）.

[153] N. Murillo，"The Mexican American Family，" in *Chicanos：Social and Psychological Perspectives*，C. A. Hernandez，J. H. Haug，and N. N. Wagner，eds.（St. Louis，MO：C. V. Mosby，1978），15-25.

[154] A. Montagu，*Touching：The Significance of the Human Skin*（New York：Columbia University Press，1971）.

[155] L. Rocereto，"Selected Health Beliefs of Vietnamese Refugees，" *Journal of School Health*，15(1981)，63-64.

[156] M. Muencke，"Caring for Southeast Asian Refugee Parents in the USA，" *American Journal of Public Health*，74（1983），431-438.

[157] M. B. Marks，"Straddling Cultural Divides with Grace，" *Christian Science Monitor*，November 15，1995，16.

[158] J. Klessig，"The Effect of Values and Culture of Life Support Decisions，" *Western Journal of Medicine*，157（1992），316-322.

[159] Luckmann，1999，81.

[160] Ibid.

[161] M. Gilmor，"The Hospital：A Foreign Culture，" *International Journal of Childbirth Education*，16（1），March 2001，18.

[162] Fitzgerald，1992.

[163] R. L. Swarms，"Mozambique Enlists Traditional Healers in War on AIDS，" *San Diego Union-Tribune*，December 11，1999，A-25.

[164] Galanti，1991，109.

[165] Ibid.，102.

[166] B. P. Dennis and E. B. Small，"Incorporating Cultural Diversity in Nursing Care：An Action Plan，" *The ABNF*

Journal, January/February, 2003, 20.

[167] Ibid.

[168] P. Geist-Martin, E. B. Ray, and B. F. Sharf, *Communicating Health : Personal, Cultural and Political Complexities* (Belmont, CA: Wadsworth, 2003), 69.

[169] Ibid.

[170] R. Ludwick and M. C. Silva, "Nursing Around the World: Cultural Values and Ethical Conflicts," *Online Journal of Issues in Nursing*, August 14, 2000, www. nursingworld. org (accessed December 14, 2004).

活　动

1. 在小组中讨论有着不同文化背景的人，在对疾病的解释、治疗和预防等方面有何不同。
2. 在小组中讨论信仰对健康保健领域的影响。
3. 采访当地的医务人员，总结他们在与不同文化背景的患者接触的过程中曾遇到过的交流问题。
4. 采访不同文化背景的人，总结他们在求医问药中因文化不同而遇到的问题。

讨论观点

1. 在医疗保健方面，有哪些方法可以保障不同文化间进行有效的交流？如何实施？
2. 如何训练专家成为高效的跨文化交流者？
3. 在语言的使用上，文化的多样性是怎样使多元文化下的医疗保健变得更复杂的？
4. 为何性别的不同会影响治疗过程中的接受和给予？
5. 为什么说在多元文化下的医疗保健领域，多种医疗观念体系的结合对实施治疗是非常重要的？

第11章 提高能力：改善跨文化交流

那些能够帮助我们为了社会进步而工作的文化才是真正的文化。

——亨利·沃德·比彻（Henry Ward Beechen）

在我们终于找到通往一个人内心的关键词或关键行为之前，所有的人都是谜；然而一旦找到，他们过去说过的话和做过的事瞬间都一览无余地呈现在我们眼前。

——爱默生（Emerson）

跨文化交流的挑战

早在1963年，约翰·F·肯尼迪总统就曾经给我们这一章做出过一个恰当的注解，他说："关于人类命运的问题永远不会超越人类本身。"他的观察与我们所要阐述的密切相关，因为这一章所讲到的很多问题都是你在从事跨文化交流时会遇到的。此外，本章还会探讨如何来解决这些问题。我们这整本书都是在讲如何成为一个有能力的跨文化交流者，所以在最后一章，我们明确地来探讨交流的实际行为。

在我们开始讨论交流中的潜在问题之前，我们必须提醒你注意两个与跨文化交流的重要性息息相关的概念。第一，流动的人口和不断变化的运输业、信息系统、政治动态、经济、疾病、贫穷，以及遍布全球的冲突已经让来自不同文化和宗教的人们有了常规的和密切的联系，这是一个历史上独一无二的时代。比摩尔和凡勒在谈到全球化和科技进步时强调了这些接触的频率："新经济的活跃跨越了国家和种族的界限，这在五年前还是无法想象的。互联网的发展、卫星技术的使用以及蜂窝电话的出现等科技巨变，让跨文化交
312 流在如今变得司空见惯。"[1]史密斯也提出了同样的观点："这个星球上的各片土地都成了我们的邻居——中国就在马路对面，而中东就在我们的后门。"[2]事实上，你从未到过中国或中东去了解他们的文化。过去 10 年，美国的外来人口增长了 57%。[3]正在发生什么是显而易见的：在这个新世纪，你可能会说另外一种语言，可能会有一个来自其他文化的老板或同事，也可能在网上聊天室中与一位远在千里之外的网友对话。

跨文化交流的第二个关键概念与你直接相关——因为我们现在讨论的是你在面对这些跨文化交流时的态度。这些交流的重要性已经被那些遍布全球的冲突以及严峻的环境问题证明，例如污染和食物及水的短缺等。[4]如果这些甚至更多的问题不被拿来讨论的话，后果将会非常严重。正如施奈德和西尔弗曼所指出的："在当今的全球化世界，谴责其他社会将导致误解和暴力。全世界的人们都应该尝试去了解彼此。"[5]霍夫斯泰德则用一种更加夸张的方式表达了相同的观点："人类的生存要依赖于人们考虑形形色色的共同行动的能力。"[6]在这一章，我们就将尝试着让这种"共同行动"变得相对容易一些。第一，我们将提出一种个人哲学的人生观，它将反映我们对改进跨文化交流方式持有的乐观态度。第二，我们将讨论交 313
流能力的概念。第三，我们将研究那些妨碍做此改进的潜在问题。第四，我们将会关注一些可能解决这些问题的办法。此外，我们还会提出一些在跨文化交流中将涉及的道德方面的原则。

一种转变的哲学

当希腊诗人欧里庇得斯（Euripides）写下"一切都在变化，一切都在放弃它的位置并且离开"时，他所讲的并不仅仅是自然和宇宙的变化，他也指出了人类的变化——从身体到思想。变化的必然性以及被什么取代是本章的核心。我们相信你是可以造就这个变化的。这种对于改善的尝试并非权宜之计，而是可行的。我们的乐观建立在关于人类交流的三个相互关联的假设上：第一，语言是一个开放的系统；第二，人们有选择的自由；第三，交流具有影响。

语言是一个开放的系统

我们开放的特性与我们能学习并且从未停止学习的能力相关。也就是说，一个人能够接受多少新的词汇以及信息是无止境的。为了证明这一点，我们来举两个例子。第一，美国字典中的第一个词是"aal"，它是一种生长在印度东部的灌木，这种植物的根部可以产生一种红色的颜料。第二，我们还要告诉你，释迦牟尼是出生在释迦族（Shakyan）部落中的一个有钱首领的儿子。如果这两个事实对于你来说是新的信息，那么我们所说的话就会被你的大脑整合，并且补充进你的知识储备。这两个例子并不是为了说明什么是重要的，而是要告诉你，你终生都可以接受新知识。

我们的分析是为了说明一个事实：因为你可以学习，所以你可以从其他的人和文化中得到新的信息。当然，你也可以学到新的行为方式——你可以改变。我们希望，通过学习跨文化交流的新知识，你可以改变自己的交流行为。

在生活中，我们可以学到很多新观念。

人们有选择的自由

得出“学习和改变是不可避免的”这一观点之后，我们现在要给出另一个关于人类行为的理念，以便于论证“改变是可能的”这一观点。这一假设尽管在其如何起作用方面是复杂的，但在表达上却并不难懂：你有选择的自由。虽然你可能会面对生理上的局限（你可能对自己的身高并不满意），然而在绝大多数时候，你所要做的就是选择。从说话时推敲用词，到驾车时决定是否该高速行驶，你都可以根据自己的意愿来做。尽管许多文化都深信命运（“这是上帝的意愿”），另一些文化则会限制其成员使用选择权，但在大多数情况下，人们还是可以选择做什么与不做什么的。这从我们刚刚举过的推敲用词和决定驾驶速度的两个例子中可以反映出来。比如，我们可以说“我们所选择的每一个词都在我们的权限下”，我 314
们也可以用“控制”一词代替“权限”，但我们最终选择了我们想用的那个词——这是我们的选择。

我们所有的例子都强调了你在指导生活时所享受的自由的程度。当你决定如何消磨时间，或是选择谁来做朋友或伙伴时，你就正在做出自由的选择。尽管选择一个爱人可能比选择一个单词要难，但道理却是相同的——你有自由的意愿。当然，关键还是如何运用这些选择权。正如爱尔兰小说家乔治·莫尔（George Moore）所写的：“生活的难题就是选择。”

交流具有影响力

我们最后介绍的这一点是关于我们在面对改进时的乐观态度的，这个理念在本书第 1 章中曾经出现过，当时我们讨论的是我们的行为如何在另一个人那里产生反应，有些反应是明显的，有些却是细微的，但它们都会产生影响。就像一则阿拉伯谚语所说的那样：“如果你把泥扔到墙上，即使它不会粘住，也会留下痕迹。”当我们与人交流时就会“留下痕迹”。改善你的交流行为的一部分就是要求你控制自己的行为，用我们的比喻来说，就是当心你所留下的痕迹。作为改进你的交流行为的一部分，你所要做的就是把握好你的选择，意识到自己在哪里停留，以及留下什么样的痕迹。

我们现在准备开始讨论如何改进跨文化交流，这需要请你注意我们在前面段落中阐述的三个要点之间的相互联系：（1）语言是一个开放的系统（你能够学习）；（2）你有选择的权利（你可以用这样或那样的方式与人交流）；（3）你的行为会产生影响（你对别人做了些什么）。

提高能力

在提供跨文化交流技巧的具体方法之前，我们要先来定义跨文化交流的能力，并且讨论它的一些内容。

跨文化交流能力的含义

我们赞同斯皮兹伯格的说法，他以最不加修饰的方式指出，跨文化交流的能力就是“在特定环境中恰当而有效的行为”[7]。金则给出了一个更详细的定义，她指出跨文化交流能力是“一个人处理跨文化交流中关键的、富有挑战性特征的全部内在能力，即正视文化差异与陌生感、群体间的态度举止以及伴随的压力体验”[8]。这两个定义告诉我们，想要成为一个有能力的交流者，你必须能够分析处境并且选择恰当的行为模式。

交流能力的基本内容[9]

绝大多数交流能力领域内的研究都主张，在选择最恰当的行动路线时（行使自由选择权），高效的交流者具有以下特点：第一，有动机的；第二，具备一定的知识基础可供借鉴；第三，掌握
315 必要的交流技巧[10]；第四，具有良好的性格。在详细分析跨文化能力之前，让我们把上述四个方面的内容当作一个简短的序言。

● **动机**

在我们讨论能力这个话题时所提到的动机是指，作为一个交流者，你是希望与来自另一个文化的人进行互动的。如果你让焦虑、民族优越感和偏见控制你的行为的话，你显然就缺乏成为一个有效的交流者所必需的动机。所以，在整个交流进程中，你都必须要足够坚定。

● **知识**

关于交流能力的知识储备是指，你对于其他的人以及他们的文化有一定的了解。从事保健行业的卢克曼从他的领域指出了知识的必要性：“如果护士不了解来自其他文化的知识，她就有可能曲解病人的意思，其结果就是病人可能会无法得到正确的护理。”[11]有学者指出，若想变得有能力，你需要具备两方面的知识——内容性知识和程序性知识。“内容性知识包括要了解某一场合所需要的话题、词汇和含义等；程序性知识是指，在特定场合如何来组织、策划和实施那些内容性知识。”[12]你需要这些知识以便于了解使用怎样的策略、什么样的礼节更合适，以及需要注意何种风俗。

● **技巧**

技巧是指能够使你实现目标的特定行为的实际运用。学者们深入地阐述了这一点：“技巧是由目的来指导的，因为设计技巧是为了完成某件事。”[13]而按照史密斯和邦德的说法，技巧要遵守互动的规则，而这个规则就是合乎东道主文化。[14]作为你自己国家文化中的一员，你一直都在学习与之相应的技巧，所以你的各种行为都很有效率。

然而有些技巧对于某一群体来说是成功的，但用
316 在另外一个群体中却不恰当，比如直视别人的眼睛以示好奇这样的行为，在日本人看来就很冒失。

- **性格**

大多数文献资料在阐述交流能力的时候，都只提到了上述三方面内容，而我们认为有一点应该加进去——性格。把性格包括进来的原因非常简单——如果你的交流伙伴无法感觉到你拥有好的性格，那么你成功的机会就会大打折扣。从许多方面来说，你的性格是由你个人的经历以及你如何展示这些经历来组成的。正如美国哲学家、教师菲茨沃特（P. B. Fitzwater）所写的：“性格是一个人所有选择的总和。”当然，问题的关键是，当你与来自其他文化的人互动时，如何来做出这些选择。或许人的性格中最重要的特征就是可靠，一个值得信赖的人一般来说具有以下特征：正直、有信用、为他人着想、真诚和友善。

跨文化交流中的潜在问题

在上面的文章中我们指出，为了实现交流目标，你必须具有动机和知识，要有必不可少的技巧，还要有好的性格，这已经部分地描绘出了一个有能力的交流者的轮廓，现在我们来讨论如何切实地完成这些目标。作为详细展开这一探讨的开始，我们将先来讨论一下那些有可能会妨碍你的主要问题，我们要提醒你重要的三点。

第一，在很多情况下，问题的发生取决于多种多样的原因。当你对一个朋友发脾气的时候，你如果做一点反省的话就会发现，其实你生气并不仅仅是因为你的朋友惹到了你，而是各种事端积聚起来的结果，而你的朋友只是不幸成了导火索。所以，尽管我们一个一个地来讨论这些问题，但它们通常是混杂着发生的。第二，常识告诉你，人类行为的复杂性会带来的众多交流问题远比这一章节提到的多。第三，尽管我们这些关于潜在问题及其解决方法的讨论有强大的理论基础，但仍然难免带有我们个人的以及文化背景的色彩。我们是三个生长在美国的白人大学教授，虽然我们曾走访过很多国家并研究了多种文化，但我们仍然是从自身的文化视角出发来做这些事的，因此这种文化的“看不见的支配力”（hidden grip）无疑影响了我们理解世界以及与之互动的方式。虽然我们试图采取一种全球的视角，但我们仍要提醒你注意，有时可能出现的西方式的偏见会蔓延到我们的论述中，尽管我们希望这只是偶然出现的情况。

寻找相似点

在校园里走一圈，你会注意到，那些有着相似的兴趣和文化的人通常聚集在一起。或者花一点时间来考虑一下下面这句谚语，它以这样或那样的形式几乎存在于每种文化中：“相同羽毛的鸟
317 会聚在一起。”它的意思很清楚多数人都会试图接近那些和自己有着相似的外貌、习惯和性格的人。问问你自己下面两个问题：你愿意选择和哪些人在一起？你是如何选择他们的？我们无法把一种价值判断强加给别人。更确切地说，我们正在借鉴人际交流研究，而这种研究主张人们会被与自己相似的人吸引。几十年来，有关从最初的吸引到发展为友谊的研究都揭示了一种势不可挡的趋势，即人们都在寻找他们认为和自己十分相像的人。[15]遇到某人，并能和他谈论双方都十分感兴趣的话题，是一种很自然的爱好；而这些谈话是否有趣，对于友谊的建立和发展也同样重要。在你们之间能够建立的联系越多，你就会感觉越舒服。[16]

跨文化交流和你更愿意靠近趣味相投的朋友之间的联系应该是显而易见的。这个问题的重要性不是仅仅反映在个人之间的交往上，而是在全

世界范围内都可以看到。随着世界越来越复杂，人们被各种事件淹没，你将会发现“成千上万的人都相信，他们能找到确定性和安全感的最佳避风港就是基于种族的相似之处、共同的信念、经济利益或政治上有相同志趣的群体”[17]。我们并非认为寻找种族或文化的相似点有什么不对，事实上我们已经指出了寻找相似点是多么的普遍。但是当相似点的吸引造成了对其他人的排斥时，问题就会出现。简短地说，很多人在需要和陌生人互动时会退缩，或者是习惯性地焦虑。

退缩

谈到退缩，我们所指的是人际的、文化间和国家之间的退缩。当你在面对面的交流中退缩或是整个国家从世界的共同体中退缩时，问题就会出现。尽管对于当今这个时代来说，这样的现实过于严酷，但现代生活的快步伐、都市化、庞大机构和媒体化的联系，确实导致了一种混乱、疏远和分离感。很不幸，人们普遍表现的是退缩而不是去面对造成这种分离的原因。

无论在国际还是国家的层面上，退缩都成为一种习惯，历史上有无数关于一个国家或一个群体拒绝参与国际对话的事例。几十年来，朝鲜、韩国政府都无法接受彼此，最终却发现其实对话才是对双方都有益的事。而联邦德国和民主德国、印度和巴基斯坦、以色列和埃及也是三个生动的例子，它们同样表明选择互动远比选择退缩要好，因为它们最终的结果都是以和平共存取代大屠杀。

如果研究一下你自己的行为，或许你会发现有些时候，当你从交流中退缩时，就像某些国家的政府，如古巴和美国政府所做的那样。在某个时代，某些国家会对世界上其余的国家产生影响，这些国家的退缩和撤离会产生毁灭性的影响。哲学家弗来维灵（Flewelling）曾经写道：“无论是省、教区还是国家，无论是家庭还是个人，如果脱离了世界的话，都无法生活得很好。”

焦虑 318

焦虑感与未知的表象有关，另一个原因则是人们容易被相似点吸引而回避不熟悉的东西。早在1961年，就有心理学家总结过这种经常令人不安的感觉：“人们在进入一个新环境时，心里的第一反应就是缺乏安全感。”[18]这种安全感的缺乏会导致焦虑。托马斯和英克森则联系到跨文化的情境，给出了对于焦虑的如下解释：

> 我们或许会尝试着不去对来自其他文化的人产生偏见，但我们仍然会带着一些细微的焦虑感去关注他们与我们的身体差异。从某种程度上来说，所有的人都会找到对自己有所威胁的不同点。[19]

虽然你的大部分交流行为都是习惯性的，但你仍然可以通过努力来尝试着控制你的焦虑感。尽管这个任务并不轻松，但我们仍然同意关于焦虑的这样一种阐述：“对于大多数人来说，要想有所进步，意味着要拥有洞察力，要经过训练，有时还需要改变一些长年养成的习惯和根深蒂固的观念。但不断提高的全球共识与合作的需求仍然表明，这样的努力是有价值的。”[20]

不确定性的减少

我们接下来要讨论的潜在问题，就很多方面来说，就是我们前面讨论话题的一个推论，也就是如何应对与陌生人交流时的焦虑感。不过，此刻的焦点是，最初相遇时所固有的不确定性。这种遇见某人的熟悉仪式引起了一种叫作“不确定性减少”的理论。[21]有关学者展开了这一理论并且以如下方式总结了它：“现有理论的核心是这样一种假设，当陌生人相遇时，他们主要关注的就是，减少自己和对方在互动中的不确定性，增加可预见性。”[22]根据这一理论，人们在每次新的相遇中都有减少不确定性的渴望。从个人经历就可以知道，当你初遇某个人时，你只能去推测自己该怎么做以及对方会有怎样的反应。简单地说，你尝试着去想象别人喜欢什么，去预测他们会怎样理解你以及你所说的话。“如果想以一种顺利、协调并且相互理解的方式进行互动，人们必须预测互动对象可能的行为，并且基于这些预测来倾其所能地争取在会面中取得乐观的结果。”[23]当我们把文化的因素加入这个预期的过程中，就会出现困难。正如古蒂昆斯特和金所指出的：“问题是，我们总是将我们的解释基于我们的生活经验、文化，或是种族群体的成员身份。由于我们的生活经验与其他人的不同，所以我们对别人行为的解释就有可能是不正确的。”[24]我们由此可以联想到，当人们与来自不同文化的人相遇时，这种不确定性将会被放大。正如卢克曼所提到的：“恐惧、厌恶和不信任是人们在与来自不同文化的人相遇时经常会爆发的感受。”[25]古蒂昆斯特还把这一问题与跨文化交流联系起来，他补充说：“如果在最初的接触中存在的大量不确定性没有被减少的话，人与人之间的进一步交流几乎不可能发生。”[26] 319

当你试图减少不确定性时，你可以采取一些特定的策略。伯格把这些策略分别称为消极策略、积极策略和互动策略。[27]消极策略要求你去扮演一个“谦虚的观察者的角色”[28]，它的意思是，你要观察和研究他人在自然状态下的表现（餐馆、教室或是正在与别人说话），以此来了解关于他们的一些信息。你不需要与他们直接互动，而是仅仅靠观察来了解他们。积极策略要求以更积极的方式来寻找事实，不过这仍然不需要与他人有直接的接触，取而代之的是你或许要向第三者询问一个人的情况及其文化，比如询问你们共同的朋友。按照班克斯和罗杰斯的说法，互动策略“会在观察者和被观察者有直接的接触或面对面的互动时使用。也就是说，这种对话可能会包括自我表达、直接提问以及其他寻求信息的手段”[29]。

刻板印象

非常不幸的是，刻板印象是我们本章所研究的前面两个问题的不可避免的衍生物。当熟悉和相似有所缺失时，刻板印象就会随之而来。就像我们之前所提到的：“心理学家在人际吸引的研究领域曾经建立过一个重要的定律：两个人越相似，他们越有可能欣赏彼此。”[30]因为你会遇到很多陌生人，所以刻板印象也经常出现。刻板印象所产生的问题还混杂着另一个事实，即大多数人都不愿承认自己抱有怀疑对方的刻板印象。正如泰勒和波特所指出的：

> 我们中的大多数人都不愿承认自己抱有刻板印象。我们更愿意相信只有那些种族歧视者和执拗的人才会对其他群体怀有刻板印象，但事实却是，我们所有的人都有这样的问题。因此，刻板印象无论在群体还是在个人的层面上都是一个普遍的现象。[31]

● 刻板印象的定义

刻板印象是一种复杂的形式，它从思想上组织你的体验并引导你对某一特定人群产生特定的态度。早在 1922 年，李普曼（Lippmann）就注意到了这一概念。他指出，刻板印象是将各种形象组织成一些固定和简单的分类，并用来代表所有人的方法。[32]近些年来，有些心理学家则给出了一个更加正式的定义：“刻板印象是一种认知结构，它包括认知者的知识、信仰以及对一些人类社会群体的期待。”[33]刻板印象之所以无处不在，是因为人类有划分门类和级别的心理需求。你所面对的世界是如此庞大、复杂和瞬息万变，以至于你无法了解它的每一个细微之处，因此，你想要去将它分类。主要的问题并不在于分类本身，而是“在于针对那些被分类的成员的过分简单化和怀疑的价值观（态度和偏见）”[34]。你可以看到，刻板印象的一个问题是，它企图便捷、迅速地帮你进行分类。“刻板印象允许对一个群体内多种多样的成员做出一种过分简单化和荒诞的断言，宣称他们越是模糊不清和显著，被贴上共同标签的社会
320 地位就越高。”[35]

● **刻板印象的不同种类**

由于刻板印象通常是感觉、情绪和意见的聚合物，因此它会在范围和程度上有所变化。让我们来看看刻板印象可能会有怎样的变化。

第一，刻板印象可以被描述为标准化的或个人化的。[36]标准化的刻板印象是指没有基于对某个群体的直接经验而产生的刻板印象，你可能从没去过法国，甚至从没遇到过一个从法国来的人，然而你仍然会从电影、电视或是报纸中得到关于法国人的印象（刻板印象）。而个人化的刻板印象是指，你对某个群体有着第一手的了解——不管你们的接触有多么有限。比如，当你在一辆公共汽车上遇到一个法国人，并由此认定他代表了所有的法国人的话，你的这种认定就是个人化的刻板印象。

第二，刻板印象“可能被许多人享有，甚至包括被盖上刻板印象标签的人自己，或许这成为他们的特殊之处”[37]。这句话暗示了一个人或是一大群人都可能持有刻板印象。这个关于人们是如何“分享”刻板印象的观点涉及刻板印象的“舆论分歧”。在很多时候，在跨文化交流中危害最大的群体刻板印象正是那些有着广泛舆论基础的。

第三，刻板印象可能是积极的，也可能是消极的。把一大群人看成是懒惰、粗俗、堕落和低能的刻板印象明显就是消极的。当然也有积极的刻板印象，比如把一整个群体说成是努力、有礼貌、善良和聪明的。当刻板印象足够准确的时候，事实上它应该称作社会学类型。[38]然而，由于刻板印象让我们的观察变得狭隘，因此它通常会危及跨文化交流，并且带有消极的调子。

刻板印象的最后一个变化是强度上的变化。一种特定的刻板印象是坚决的还是适度的？审视一下你自己所持有的那些刻板印象，你可能会发现，它们当中有的非常顽固，而另外一些则是暂时的和宽松的。

● **获得刻板印象**

应该明确的一点是，刻板印象，至少我们所定义的刻板印象，是成功互动的主要障碍，然而刻板印象却无处不在，并且恐怕还要持续下去。这是为什么？或许想要了解刻板印象为何会有如此强大的力量和持续的影响力，其中一个办法就是去研究它是怎样产生的。记住，你并不是生来就带有刻板印象的——它是学来的，就像文化一样，获得刻板印象也有很多途径。让我们稍作停留，来看看这其中的一些途径。

刻板印象与社会化进程

传递给我们刻板印象的最明显可能也是最重要的人就是父母。尽管很多父母可能试图不让孩子以刻板印象的方式去思考问题，但我们仍然同意施奈德的观点，他指出，很多父母都直接或间接地促成了孩子脑中刻板印象的形成。[39]当孩子听到父母讲“电影业全被那些犹太人控制了，这太糟糕了”时，他们就在接受刻板印象。当然，随着孩子成为某个宗教或社会团体的一员，这种社会化进程还会继续。这些团体在教导某种观点是美德的同时，也有意无意地传授了对于相反观点的刻板印象。比如，获得了关于宗教的一种特定的观点，同时又听到“宗教恐怖分子的罪恶”时，
一个孩子很可能会对该宗教产生刻板印象。 321

刻板印象与媒体

许多刻板印象都是由大众媒介带来的，正如下面这段话所指出的：“刻板印象是由很多种媒介来广泛散布的，比如电影、电视节目、小道消息、玩笑和广告。”[40]电视经常会给很多种族、老人、同性恋者塑造扭曲的形象。想想以下这个关于电子邮件的电视广告内含的刻板印象：这个广告在宣传电子邮件的使用非常简单时说“连老奶奶都会用”。问题是，对于很多人来说，这些错误的印象往往会变成他们自己心中的事实。实际上，很多研究表明，“8岁大的孩子就已经开始对老年人抱有消极的态度”[41]。

媒介在人们形成对男女的刻板印象上也扮演了重要的角色。伍德对电视描绘的男人和女人做出了精彩的总结，她写道：“媒介通常会把男孩和男人描绘成积极的、富有冒险精神的、有力量的、具有主动性以及很少卷入人际关系矛盾的，而把女孩和女人描绘成年轻的、苗条的、漂亮的、被动的、有依赖性的以及通常是无力的。”[42]

刻板印象与恐惧

最后，刻板印象或许会推论出，与你不属于同一群体的人所怀有的恐惧。举个例子，如果某人有暴力倾向的话，很多人会觉得他患有精神病，但这与统计学数据相矛盾。数据显示，患有精神病的人并不比普通人有更多的暴力倾向。然而，由于精神病人杀人的个案常常被大力宣传，因此这种刻板印象就成了一种惯例。这也就是为什么很多刻板印象成了第一位的：某个群体的一个成员所表现的一些行为不幸成了这个群体所有成员的代表。

刻板印象与跨文化交流

正如我们前面所指出的，在很多情况下，刻板印象是局限、懒惰和误解的产物，而这些误解所造成的麻烦不但是严峻的而且是数目可观的。[43]你要注意刻板印象对于跨文化交流所产生的有害影响。

> 当我们把一些人错误地归入某些群体时，当我们错误地描述了一个群体的准则时，当我们不恰当地评价了一个群体或分类时，当我们把刻板印象与对一个特定人的描述相混淆时，当我们无法根据我们真实的观察和体验去改正我们的刻板印象时，刻板印象就会产生负面的效果。[44]

让我们再来看几个刻板印象妨碍跨文化交流的原因。第一，刻板印象是一种过滤器——它只允许与个人当下所知道的信息一致的信息通过。在这种情况下，那些有可能是事实的东西或许根本就没有机会进入我们的判断。举个例子，女人很多年来都被刻画成一维空间的群体，把女人看作家庭主妇的刻板印象使得她们在工作上很难有提升的机会。正如学者们所指出的：“选择性曝光的定律表明，如果人们没有资源来反驳的话，他们会更喜欢那些不会挑战他们信念的信息。”[45]

第二，并非是分类的行为造成了跨文化的问题，造成这些问题的是我们总是假设一切特定文化的信息适用于这个文化群体的所有成员。[46]刻板 322
印象假设一个群体的所有成员都具有完全一致的特点。然而，“不考虑个人的变化而认为刻板印象适用于一个群体内的所有成员或一段时期内的某个人，都是死板的先入为主”[47]。这种不考虑区别而假设相似点的问题，正是我们为何一直在对你做出以下提醒的主要原因：文化是决定态度、价值观、信仰和行为方式的主要动力之一。

第三，刻板印象也妨碍你成为一个成功的交流者，因为它过分简单、过分概括和夸张。“它扭曲了认知社会团体或个人的方式，遮盖了这些团体和个人在日常生活中所具有的更加复杂和有限的个性与主观性。”[48]刻板印象会造成这样的扭曲是因为它基于部分事实、有时甚至是非事实的前提和假设。吉尔德姆重申了这重要的一点，他提醒你，刻板印象改变了群体间的交流，因为它引导人们把他们的信息、传播信息的方式和对信息的接收建立在错误假设的基础上。[49]

第四，刻板印象是难以改变的。由于刻板印象常常在人很小的时候就形成，并且在所属群体中不断被重复和强调，因此它会年复一年地变得更明显。事实上，所属群体与外界群体之间的接触还常常会支持这种刻板印象。“刻板印象一旦形成就难以改变，直接接触往往还会加强对于目标群体与已形成刻板印象的特性之间已经存在的联想。”[50]最后，古蒂昆斯特还指出：“刻板印象会造就自圆其说的预言。人们更容易看到那些能够证明自己预言的行为，即使有时候这些行为根本就不存在。”[51]

● 避免刻板印象

尽管我们在本章的后面部分要提到解决刻板印象的方法和一些补救措施，但此刻我们仍然要提出一些关于减少刻板印象的建议，我们认为这对你会有所帮助。因为文化和刻板印象都是自幼习得的，我们建议改进的第一步应该从孩子做起。大量证据表明，那些与其他群体有着积极地面对面交流的孩子，比那些拒绝交流的孩子持有的消极刻板印象要少一些。[52]事实上，研究表明，大多数积极的接触会消除刻板印象带来的很多影响。[53]我们设想，如果不同的群体都可以增加彼此之间的互动，那么刻板印象是可以改变的，通过这样的互动，虚构的和消极的刻板印象可以被证明是错误的。

我们还建议你来审视一下自己最近所抱有的刻板印象，问问你自己如下的问题。

- 我的刻板印象目标是谁？
- 我的刻板印象内容是什么？
- 为什么我相信我的刻板印象是正确的？
- 我的刻板印象来源是什么？
- 我和我的刻板印象目标有多少实际的接触？

有些学者提出了尝试控制刻板印象的另一个有效方法，他们请你“学着去区分顽固的刻板印象和灵活的刻板印象”[54]。正如这两个词的含义，顽固的刻板印象是僵硬的，难以改变的，并且几乎是与生俱来的。由于这一类的刻板印象根深蒂固，因而你拒绝去接受那些区别。当你尝试去改变那些灵活的刻板印象时，你可以从了解你对分类的企图做起。想要变得灵活起来，有两个重要 323
的方面要注意，即“关于接收新的信息和迹象”，以及“了解你自己感到不安的地带”[55]。

偏见

法国文学家伏尔泰（Voltaire）早已意识到了偏见的危险性，他写道：“偏见是傻瓜找来的理由。”他所要讲的道理很简单——他深感由刻板印象带来的偏见，会导致严重的交流问题。让我们来研究一下这其中的一些问题，并且看看它们是如何与跨文化交流相关的。

● 偏见的定义

广义地来说，偏见是与某一特定群体相关的令人深信不疑的感受。这些感受通常包括气愤、恐惧、厌恶和焦虑。马塞尼斯为偏见做出了一个具体的定义，同时还解释了偏见对于跨文化交流所产生的破坏性影响。

> 偏见就是对一类人僵化的、不合理的概括。偏见不合理，以致人们在只有很少或根本没有直接证据支持的情况下，持有僵化不变的态度。偏见可能把特定的社会阶级、性别、性取向、年龄、政治派别、人种或民族作为目标。[56]

按照拉什（Ruscher）的说法，在交流环境中，那些抱有偏见的人的消极情绪和态度经常“溢于言表”[57]。而一旦他们在口头上也表达出来的话，就会出现群体标签、充满敌意的幽默，或是断言一个群体比另一个要先进。[58]

正如你所看到的，造成偏见的正是敌对的概念。莱文（Levin）解释了这种敌视的范围，他认为，偏见“主要涉及人的负面情绪、信仰以及行为意向或歧视行为，其产生的根源是少数群体中成员的地位或别人所认为的他们所处的地位”[59]。

● 偏见的特点

像刻板印象一样，与偏见相关的观念也有一定的特征。第一，它是针对一个社会群体及其成员的，这些群体通常被按照人种、民族、性别、年龄等来界定。第二，偏见包含一种可评估的范围。偏见主要涉及“什么是好什么是坏，什么是对什么是错，什么是道德的什么是不道德的等情绪”[60]。这些非此即彼的情绪往往会把关于偏见态度的探讨看成是激烈的辩论。第三，中心论指的是“一种观念在人们对其他人的态度上是多么的重要”[61]。你可能会由此想到，信仰越不强烈，你以及其他人成功克服偏见的可能性就越大。

● 偏见的功能

对于那些抱有偏见的人来说，偏见的功能有很多种。莱文强调了研究偏见功能的重要性：“掌握偏见的重要功能，我们才能减少偏见以及随之而产生的多数派与少数派之间的不平等。”[62]让我

324 们花一点时间来看看偏见最普遍的四个功能。[63]

自我防御功能

偏见的自我防御功能允许人们不承认自己抱有偏见。有个例子可以说明。当某个人说“我这学期的成绩很差是因为大多数的教授都因同情少数民族学生而给了他们高分”时，他所抱的偏见就是出于一种自我的感受，而不是真正去检讨自己为什么会得了低分。

功利主义功能

偏见的功利主义功能允许人们相信，他们会从偏见中得到好处。对此，最生动的例子在经济领域。人们通常会为了他们的经济利益而这样说：“那些穷人几乎没受过什么教育，我们能给他们提供工作已经是他们的幸运了。”这样的话就反映了一种功利主义的偏见，因为那些抱有偏见的人可以以此为借口而只付给工人们很少的薪水。

价值表现功能

当人们笃信自己的态度反映的是某种文化中最高、最道德的价值观时，这就是偏见在行使它的价值表现功能，这主要涉及与宗教、政府和政治有关的价值观。当一个人坚信他所信的上帝才是唯一的、真正的上帝时，他就对持有不同观点的其他人产生了偏见。

知识功能

如果实现了偏见的知识功能，一个人就可以依靠自己的感觉来分类、组织和建设对其他人的看法——即使这种感觉并不正确。按照这种方式，应付这个世界就变得很容易，因为感知一个人不必考虑他的个性，只要把他当成某个群体的成员就好。知识水平会列出一系列的标签，人们不再被看作是各具特色的，而是统统成为“犹太人”、“墨西哥人”、“同性恋”或是“男女平等主义者”，这些标签否认了个人独特性格的存在。

● 偏见的表现

像刻板印象一样，偏见也是习得的。对一些人来说，偏见可以带给他们从优越感到权力感的种种回报。偏见表现为很多种形式，有时是细微的，有时是明显的。艾尔波特论述了其中的五种表现。[64]尽管他的分析是在 40 多年前提出的，但在今天仍然适用，实际上很多当代的社会学家都把他们的理论建立在艾尔波特的学术成就之上。[65]

第一，偏见可以表现为艾尔波特所说的反语法。这一层面的偏见是指在谈论某一目标群体的成员时使用负面的和带有刻板印象的话语。当某人对一个朋友说“那些德国人这样做了一次，我们就再也不能相信他们中的任何一个了”时，这个人就存在着偏见。另外一种“反语法”偏见的例子是这样陈述的：“别付给那些侨民太多的钱，他们没受过教育，不给钱他们都会干的。”

第二，当人们避免或退出与他们不喜欢的群体接触时，也表现出了偏见。与这种形式的偏见相关的问题非常突出。离开其他人，你怎么能交往、解决问题并化解严重的冲突呢？无论在国际还是国内层面上，躲避和退出都常常具有跨文化交流的特征。历史上有很多这样的事例：一个国 325
家或群体拒绝参加或退出一个重要的和平会议。几十年来，联邦德国与民主德国、以色列与埃及的领导之间都互相漠视，直到几十年后才发现，其实对话才是对双方都有益的。政府间的这种关系同时也表现在个人行为上。有没有这样的时候：你会像政府一样，由于对方有着不同肤色或是讲不同的语言而拒绝与他交流？

第三，当偏见表现为歧视时，抱有偏见的人会在很多方面排斥某一特定群体的所有成员享有诸如就业、住房、政治权利、教育和娱乐的机会，阻止他们进入教堂、医院和其他类型的社会机构。在存在歧视的情况下，我们经常会看到种族优越感、刻板印象和偏见以一种狂热的方式一起袭来，这彻底阻碍了任何一种形式的跨文化交流的成功。当歧视代替了交流，我们会看到或明或暗的气愤和憎恨的表现，这些表现限制了某个群体享有或接近那些本该人人拥有的机会。当一个房地产代理商拒绝向一个非裔美国人展示某些住房时，就存有歧视。当公司提升了工作能力不高的男性却不提拔十分胜任的女性时，也存有歧视。

第四，当偏见表现为第四个层面时，我们常常会看到人身攻击。如果对这种形式的偏见不加控制的话，它将被激化为敌对和强烈的对抗。从焚烧教堂到在犹太人的墓地写反犹太人的口号，当少数人成为偏见行为的对象时，就会发生人身攻击。

第五，最该警惕的一种偏见形式就是种族灭绝主义。这种偏见会带来对外部群体的人身暴力行为。历史上充满了私刑、屠杀和种族灭绝计划的事例，像希特勒的“蓝图”、前塞尔维亚的“民族清洗”、非洲的部落战争以及伊拉克和阿富汗的宗教冲突，都是企图毁灭整个种族或民族集团的做法。

● **偏见产生的原因**

对于偏见产生的原因并没有简单的解释，因为在大多数时候，它是由许多部分组成的。专家们把其中一些偏见的根本动机剥离出来，我们现在就来看看这些动机，以便于更好地理解偏见是如何成为成功互动的威胁的。

社会来源

大量的偏见存在于主要的社会组织和机构中。这些组织所制定的规章和规范在社会内部造成了偏见。这些规章和规范帮助“维护统治者对于被统治者的权力”[66]。

维护社会身份

在本书前面部分，我们用了整整一章来讨论身份的话题（见第4章）。你可以回想一下，我们当时指出，一个人的身份对于将他及其文化联系起来是多么重要，这种联系是非常个人化和情感化的，它在个人及其文化之间建立了一种联系。任何威胁到这种联系的东西，比如来自外部集团的成员，都会成为偏见的目标。

寻找替罪羊

历史上有很多例子可以证明，导致偏见的一个主要原因就是寻找替罪羊，黑人、犹太人、移
326 民、同性恋者等往往会成为替罪羊的目标。当经济或社会出现困难而对统治者有不利影响的时候，一个特定群体，常常是少数人，就会被揪出来承担责任，这时他们就成了替罪羊。卡普兰清晰地描述了替罪羊的角色及其与偏见之间的关系，他指出了寻找替罪羊的做法是如何允许群体内部成员在对外部群体抱有偏见时，表现出他们的沮丧和敌对情绪的。[67]寻找替罪羊会引起基于来自外部群体的恐惧和假想威胁的争辩。这些假想的、毫无根据的威胁可能是政治方面的、经济方面的或是社会方面的，它们被认为威胁到了“内部群体或是其成员的身体或物质方面的福利”[68]。

● **避免偏见**

避免偏见并不是一个简单的任务，因为就像文化观念的大多数方面一样，种族和文化偏见是人们从小习得的，并且是不断深化的。然而，研究已经表明，仍然有一些技巧可以成功消解偏见的视角——人际接触[69]和教育[70]。关于把人际接触作为减少偏见之方法的研究史可以追溯到20世纪50年代，需要接触的基本理由很简单——内部群体与外部群体之间的人际交流频率越高，产生偏见的程度就越低。在这里要特别提醒你的是，我们所说的“积极接触”这个词是指超过两个人的接触。接触若想成功，需要满足特定的条件，其中最重要的就是“群体间的平等地位”和“为了共同的目标而努力”[71]。

心理学家使用两种类型的教育计划来帮助减少偏见。第一种方法的核心叫作多元文化教育课程。这个课程“通常由各种各样的种族团体的历史和文化经验构成”[72]。在这种多元文化课程上所用到的材料常常是来自少数群体的视角，而不是来自统治文化的观念。文化多样性训练则主要应用于商业与组织机构设置。研究者们总结了这种教育方法，他们指出，这些计划的应用使“每一个管理者和员工都去注意群体差异的价值，去增进群体间的相互理解，并且帮助个人认识到他们的行为是受到自身背景影响的”[73]。不管选择哪一种计划，明确的目标都是相同的——促进团体间的对话并减少偏见。

种族歧视

在21世纪之初，对于很多有色人种来说，马丁·路德·金那个“不再根据肤色而是根据人格内涵来评价孩子”的梦想仍旧仅仅是个梦想。正如达娜所指出的：“或明或暗的种族歧视，如今在

美国社会仍是主流。”[74]有学者深入阐述了这一观点：“无论是非常露骨的还是非常细微的种族歧视，在这个社会的组织和个人层面上都十分普遍，这涉及从政府、商务和教育机构，直到我们每天的各种互动。”[75]在一般社会中，上述机构中的种族主义者都会把许多团体当成种族歧视的目标，并且有一大堆的理由。“亚裔美国人、拉美人、阿拉伯人和美裔印度人都经历过不同形式的种族歧视。他们会因为各种原因被歧视，比如宗教、外来身份、服饰、文化、公民权、性别以及语
327 言。”[76]种族歧视不仅仅在美国是个问题，很多研究指出，它在全球都呈上升的态势。[77]尽管种族歧视的存在有各种原因，但专家们更愿意认为它是由“文化、经济、心理和历史”[78]驱动的。

想要对种族歧视的影响做一个完整的评价非常难，因为它的影响有时是有意识的，有时是无意识的。但我们确信的是，种族歧视的破坏性无论对于被歧视者还是歧视者来说都是一样的，因为它以否认被歧视者身份的形式对他们进行了低估，它以制造分裂和破坏凝聚力的方式对文化进行了摧毁。种族歧视导致了“一个或多个群体从一个国家的政治、经济或社会主流中，形成一种事实上的孤立”[79]。

令人难过但却是事实的是，种族歧视的例子已经有了几千年的历史，并且遍布世界各地。此前我们可以看到这样的事例：非裔美国人被迫坐在公共汽车的后部，犹太人被要求穿上黄色的“大卫之星”，日裔美国人在二战集中营中被孤立，美裔印度人的土地被没收，南非社会以种族为界搞分裂。如今我们可以看到与种族主义相关的示威运动，比如种族涂鸦、破坏财产、恐吓甚至是身体暴力。此外还有一些小规模的种族歧视行为，比如传播种族主义的流言和笑话。我们将研究这些种族歧视的有害特征，以使你可以努力地从职业和私人生活中将它消除。

● 种族歧视的定义

从许多方面来说，种族歧视是刻板印象和偏见的一种延伸，就像下面的定义所描述的：

> 种族歧视是一种对某个民族具有与生俱来优越性的信仰。它否认了人类基本的平等，并且把能力与生理构成直接关联起来，并因此想当然地认为任何社会事业的成功或失败都依赖于基因的天赋，而不是环境以及机会的获得。[80]

在这个定义中，我们要着重注意的是“优越性”这个词，正是这种优越性观念允许一个群体的人基于种族、肤色、宗教、国家出身、血统以及性取向等，对另一个群体的人进行虐待。南达和沃姆斯更详细地阐释了这种毫无根据的观念以及种族歧视背后的误导性论证：

> 人种是生物学上固有的。不同的人种有着不同的道德、智力和生理特点。一个人的习性主要由其人种决定。人种可以被按一种等级制度进行排序。应该采取政治行动去规范社会以便于反映这种等级制度。[81]

上述表述的愚蠢之处在于，它不仅是不道德的和残酷的，也是建立在错误前提之上的。对于那些不愿接受知识的人来说，这是一种尝试：“各个群体的人之间最大的区别是文化上的，而不是生物或种族上的。所有的人都属于同一物种，对人类生活至关重要的特征对我们所有人来说都是一样的。”[82]然而，尽管这是事实并且是明智的想法，但种族主义仍然是成功的跨文化交流中的一个主要障碍。

● 种族歧视的表现

正如我们之前提到的，种族歧视可以表现为很多种形式，其中有一些很难察觉到，而另一些则非常露骨。总的来说，这些形式可以分为个人 328
性的和制度性的。

个人性的种族歧视

“个人性的种族歧视包括种族主义者个人所做出的行动、信仰、态度和行为。”[83]布里斯林指出了个人性的种族歧视最普遍的四种观点。

（1）激烈的种族歧视。在这种形式的种族歧视中，“一些人坚信某些特定外部团体的所有成员在很多方面都是下等的，他们不应该享受诸如教

育、好的工作以及参与社区事务这样的社会福利。"[84]这种形式的种族歧视的出发点是认为特定的人（那些与下此结论的人不同种族的人）是下等的、低贱的。

（2）象征性种族歧视。有些人抱有种族歧视观念是因为"他们感觉外部群体干扰了文化的重要方面"[85]。这种"干扰"可能会以"制造麻烦"或是"获得了他们不该获得的经济利益"的形式出现。[86]

（3）象征主义。当特定少数群体中的一两个人被置于一个大的组织当中，充当这个少数群体的代表符号时，象征主义就会出现。无论是以偏见还是以种族歧视的形式来表现，象征主义都很难被察觉。通常来说，少数群体的人不愿承认自己是因为种族、民族或性别而被置于这样一种地位，但统治集团成员却正是要靠这种"象征"行动来"证明"他们在对待其他种族时是公平的。

（4）保持距离。布里斯林以如下方式描述了这种消极行为："一些人在某些社交场合对外部群体的成员表现出友好和积极的举动，但在另一些场合却明显地不再那么热情和友善。"[87]

制度性的种族歧视

在本节的前面部分，我们曾提到过制度性的种族歧视，我们指出在一种特定文化中，很多机构都有种族歧视的问题。布鲁姆则更明确地指出："制度性的种族歧视指的是学校、公司、医院或是刑事司法系统对某一特定种族所产生的低等感和厌恶感。"[88]由于"制度性种族歧视可能是有意识的也可能是无意识的"[89]，因而它对特定群体乃至整个社会都是一种阻碍。

- **避免种族歧视**

尽管对种族的观念是根深蒂固的，但你仍然可以克服它，这需要四个步骤。第一步，在认定你是否抱有种族歧视的观点时要尽量诚实。这句话说起来简单做起来难，但如果你确实抱有种族歧视观点的话，正视它是第一步。第二步，无论何时听到种族歧视的玩笑和侮辱性言论都要表示反对。敢于这样做有时需要勇气，但它确实会给他人传递一种信息，表明你反对任何形式的种族歧视。第三步，我们鼓励你崇尚自由。美国宪法声明："任何州不得未经法律程序而剥夺任何人的生命、自由或财产，不得在自己权力管辖范围内否认任何人享有平等的受法律保护的权利。"从这段声明可以看出，为了保证自由，你必须明白所有人都不应受政治和社会的限制。第四步，拷问种族歧视的历史根源。有研究者清晰地论证了这种拷问的原因，他们指出，在种族歧视的全部影响被理解和受到挑战之前，你必须能够理解和解释"当代种族歧视观念和运动的根源，以及它们当前表现的来源"[90]。 329

作为总结，我们要提醒你，种族歧视、刻板印象和偏见都是普遍存在的，因为它们往往都是人们从小习得的，而且就像很多文化一样，已经成为我们看世界的一种方式。非裔美国作家玛雅·安琪罗（Maya Angelou）阐述了同样的观点："种族歧视的危害是隐蔽的，它无声无息地潜入我们的大脑，就像那些空气中流动的微生物进入我们的身体，在我们的血液中寻找终生的给养。"

权力

我们之前所讨论过的，无论是刻板印象、偏见还是种族歧视，几乎都与权力有关系。各个团体以枪支、炸弹、语言、媒介、空间、金钱甚至历史为手段来取得并保持对其他团体的权力，其原因很明显——拥有权力的人可以实现他们的意愿，但他们不会考虑关系如何。无论以何种方式出现，权力似乎在所有人际关系当中都存在。著名的英国哲学家罗素得出了同样的结论："社会科学的基本概念就是权力，就像物理学的基本概念是能量一样。"[91]既然承认各种各样权力（人际的、团体的、组织的、政府的等）的存在，我们就来专门研究一下跨文化背景下的权力。

● 权力的定义

为什么人类要追求权力？这个问题的答案可以在权力的定义中找到：权力是这样一种能力，它可以控制事情的发生，可以促使你希望的事物出现，或是阻止你所不希望的事情发生。[92]使权力成为跨文化交流一个重要部分和潜在问题的原因是，权力往往并不只意味着控制你自己的生活，也意味着控制别人的生活。就像南达和沃姆斯告诉我们的："权力是这样一种能力，它做出并施行影响一个人自身生活的决定，控制其他人的行为，并变换对象和资源。"[93]在很多文化中，这通常意味着掌握权力的人可以"以牺牲他人的目标为代价来追求自己的利益"[94]。

关于权力非常有意思的一点就是，如同它的广泛存在一样，权力的方式也是多种多样的。也就是说，从全球政治到主导文化与群体文化之间面对面的交流，权力几乎处处存在。因此，权力的力量极大地影响了跨文化交流的每一个阶段。马丁和中山对这一点做出了精辟的概括："在跨文化的相遇中，我们不是平等的，也永远不会平等。长久以来的帝国主义、殖民主义、剥削、战争和屠杀等问题使文化群体在交流时无法保持平衡。"[95]

● 权力的等级

需要明确的一点是，无论从定义还是从实践来看，权力都是复杂的。比如，无论是感觉到的还是付诸实施的，并非所有权力都是一样的。我们最好
330 把权力看成一个标尺。[96]在标尺的一端，互动的双方都在一定程度上控制着互动的进程和结果。当你沿着标尺移动，其中一人会对另一人有一些影响。在标尺的另一端，其中一人将完全控制互动。在这里我们就会发现"权力缺失"的概念。我们再一次参考关于"权力缺失"的解释：

> 权力缺失意味着在与他人的关系中陷入无助，并被他人的意愿左右。权力缺失意味着一个无法控制自己生活的人将无法反抗其他人运用权力，他也将没有能力影响社会组织——包括社会——的方向。权力缺失会让一个人对其他人产生依赖性，并且可能会被他人剥削（为他人所用）。[97]

● 权力与跨文化交流

权力成为跨文化交流中需要着重考虑的问题，是因为它能够以不同的方式来表现自己。在人际交流中，拥有多大权力将会影响到你和谁谈话、谈些什么以及在谈话时你能在多大程度上控制局面。福尔伯（Folb）在此基础上又增加了一条，她告诉我们，掌握权力的人对人们"相信什么和做什么"有着主要的影响，并且还影响着人们"行为、思想、言语和行动正确与否的标准"[98]。极端地说——但常常的确是如此——我们发现在很多文化中如下表述都是事实："所有的男人（甚至可能包括女人）生来就是平等的——只是有些人更能干。"[99]

你所拥有的权力的大小取决于与你交往的人和你所控制的资源。在跨文化交流中，这两个因素具有更重要的意义，因权力是建立在文化基础上的。一种文化视为是权力来源的，另一种文化可能并不这样认为。例如，在英国，一个人的语言常常是一种潜在的权力象征，因为它代表了一个人的阶级和地位。有时一种文化也会认为权力的来源仅仅就是成为特定文化群体的一员，非裔美国人一直以来都感觉自己被白人男性控制和利用[100]，许多美国女性也表达了相同的观点。[101]显而易见，在涉及控制和决定他人行为时，这种权力的使用或使用不当会限制交流，正如史密斯所指出的："允许习惯性屈从或权力在人类交往中占有一席之地，必将导致闭塞。"[102]

虽然所有文化都痛恨权力的滥用，但世界上很多文化并不寻求个人权力。他们相信权力存在于人自身之外，命运、自然界或上帝掌握着全部的权力，权力并不是他们想要、需要或拥有的。穆斯林常说"那是真主的意愿"；对于印度教徒来说，权力是在个人命运之外起作用的；在墨西哥和拉丁美洲的很多地方，人们对宿命论深信不疑，却不相信权力。这些文化的观点是，在很多情况下，权力的合法性无关紧要。[103]

作为一个文化交流者，了解各种文化对权力的认识是十分重要的。然而不论与何种文化互动，坚持下面这个哲理将会极大地改善大多数跨文化交流事宜："理想的权力关系……与'控制'这一

概念无关……而是让所有群体都能够切实地在交流中产生积极的影响。”[104]

331 ## 种族优越感

来自一种文化的人可能会认为生食马肉是野蛮和变态的，而那些有此习惯的人则可能觉得把老人送到养老院的习俗是残酷和不近人情的——这就是种族优越感。种族优越感的核心是对什么是正确的、道德的和合理的进行判断，这些判断遍及文化存在的各个方面。这样的例子小到“耳环应该戴在耳朵上而不是鼻子上”，大到“我们需要制定贸易配额以保护我们的经济不受廉价进口品的冲击”。以个人文化为出发点来评价其他人或文化的行为成为当前非常普遍的一种趋势。

● 种族优越感的定义

萨姆厄（Sumner）以将这一名词引入文化研究著称，他把种族优越感定义为“把自己的群体当作万物的中心，而其他所有事物都要参照这个中心来衡量和评价，这样一种观点的专业名称。”[105]南达和沃姆斯则提出了一种更现代的解释：

> 种族优越感是指一个人认为自己的文化优于其他任何文化的观念。它认为对其他文化的衡量应该取决于它在多大程度上符合我们自己的文化标准。当我们从自己的文化和社会地位来狭隘地看待其他文化时，我们就持有了种族优越感。[106]

正是这种“狭隘”让种族优越感与我们之前讨论过的刻板印象、种族歧视、偏见以及权力的概念有了关联。

● 种族优越感的特征

332 **种族优越感的层次**

我们最好把种族优越感看成三种层面：积极的、消极的和极度消极的。第一个层面，积极的种族优越感是指这样一种信仰，即至少对于你自己来说，你的文化是优于其他文化的。这是一种很自然的想法，无可厚非。在消极层面上，你有时会有一个评价的范围，你认为自己的文化是万物的中心，其他文化都要以此标准来进行衡量。就像有些学者所指出的：“我们认为群体内部的风俗是放之四海而皆准的，我们理所当然地认为群体内部的角色和价值是正确的。”[107]最后我们来看种族优越感极度消极的形式，在这个层面上，你不仅仅认为自己的文化是最正确、最有用的，你还可能把它看作是最有权力的，甚至你认为其他文化也会采用你的价值观和信仰。

种族优越感是普遍存在的

人类学家大都同意种族优越感存在于每一种文化中，因为“世界上绝大多数人都认为他们自己的文化是优越的”[108]。正如文化一样，种族优越感也常常是在无意中习得的，例如学校主要教授本国历史、地理、评议和管理，这就是在鼓励种族优越感；当你只学习白人男性的成就时，你也在默默地接受着种族优越感；学生在听取局限性的情况介绍时也会形成这样的信念，即美国是世界的中心，并学会了以美国标准去评判世界。种族优越感的表现在美国如此，在其他文化中也是这样。[109]就连每种文化给孩子讲的故事和民间传说都促成了种族优越感，基辛如此描述了这种微妙的学习：“就连民间传说都包含能够带给本民族人优越感的关于民族起源的神话，并为他们特定的风俗刻上了超自然认可的印记。”[110]

种族优越感造就了文化身份

种族优越感如此普遍的另外一个原因是它为某一种文化的成员提供了身份感和归属感。正如罗森（Rosen）所指出的：“属于这个群体、这个国家或文明，给了他们自尊，让他们以同胞的成就为荣。”[111]有研究者明确阐释了这种荣誉感演变为种族优越感的方式：“人们对自己的文化有着强烈的自豪感。他们必须这样做，因为文化是他们身份的根源。他们很难理解为什么来自其他文化的人的做法与自己不同，并且以为如果其他人可能的话也会乐意像自己一样去做事。"[112]哈维兰德回应了这一重要功能：

> 一个社会想要良好地运转，必须明确一点，那就是不管其他文化如何处理，本社会的处事方式是唯一正确的方式。这可以让社会成员对自己的文化传统产生民族自豪感和忠诚度，并且从此得到心理支持以及将自己牢牢地与这个团体结合在一起。在个人可以从群体中获得自我身份的社会，种族优越感是个人价值的根源。[113]

种族优越感在道德和宗教背景下表现得最强烈，在这种情况下，感情主义会蒙蔽真相并且导
333 致某种形式的敌对情绪，"9·11"就是个例子。布里斯林在解释一个人对于自己文化所表现出的种族优越感和忠诚度之间的关系时指出："如果人们把自己所归属的群体看作是生命的核心，并且认为这个群体拥有正确的行为准则，他们就会在同伴遇到麻烦时伸出援手。在战争到来的时候，种族优越感会让一个国家的军队表现出超乎寻常的献身精神来对付他们的敌人。"[114]

当你试图进行一次成功的跨文化交流时，你如果怀有消极的种族优越感，可能会有很严重的后果，其中一个主要的后果就是焦虑——这个问题我们在本章之前已经提到过。甘布尔夫妇简单清晰地阐述了其原因："你越是抱有种族优越感，你在与其他文化进行互动的时候就会越焦虑。当我们心怀恐惧的时候，这个互动就很难收到预期的积极效果，我们也很难去信任来自其他文化的人。"[115]

● 避免种族优越感

避免带有种族优越感的看法和行为并不是一件简单的事，不过我们仍然可以给出一些建议来帮助你减少种族优越感的消极影响。第一，尽量避免教条主义。你可以从对自己进行如下提问开始。

- 犹太人在祷告的时候会蒙住头，但新教徒却不会，哪个更正确呢？
- 天主教有一个神——上帝，佛教没有神，而印度教有很多个神，哪个更正确呢？
- 在伊朗和沙特阿拉伯的某些地区，女人要用面纱遮住脸，而美国女人则不这样做，哪种行为更正确呢？
- 日本人用筷子吃东西，而美国人则使用金属或塑料器具，哪一个更正确呢？

这种有些夸张的问题比比皆是，我们提请你记住，这些问题本身并不重要，重要的是人们在回答这些问题时采用的教条的方式。种族优越感的危险在于，它在政治、道德和宗教背景下会表现得十分强烈，在这些背景下，那些受文化钳制的观点会遮盖理性，因此，我们再次提醒你要警惕任何形式的狭隘和偏执。圣·托马斯·阿奎那（St. Thomas Aquinas）早在几百年前就曾经提到过类似的事："小心那个只读过一本书的人。"

第二，学着去接受新观点。特里安迪斯将这一重要的观点转化成了行动："当我们做出自己的文化在某些方面优于其他文化的判断时，最好能紧跟着问两个问题：这是真的吗？有没有反证？"[116]本书的一个主要任务就是将你置于文化的多样性之中，以便帮你实现特里安迪斯"了解其他文化的'真相'"的建议。知识的匮乏是导致种族优越感的主要原因，正如贝里及其同事所指出的："作为一般规则，文化行为的差异越大，对这种差异产生消极评价的可能性就越大。"[117]

文化冲击

英国文艺复兴时期的作家威廉·伯德（William Byrd）曾经写道："最熟悉的歌曲才是最好听的。"这句格言简单地强调了人们是多么喜欢熟悉的东西。正如我们在本章开始的时候所指出的，
熟悉的东西可以帮你消除紧张情绪，因为在大多 334
数情况下，你知道可以期待些什么。当你离开这

些舒适的环境而来到新的地方，交流问题就会出现。

对于应对一个新文化会产生紧张情绪和困难的说法不必惊讶，正如诺兰所指出的："你所处的新环境会需要你立刻做出反应，尽管你尚未准备好；而你的反应又往往难以得到预期的结果。"[118] 对于进入新环境带来的问题，史密斯和邦德做出了一个更加明确的概括："离开之前的网络支持、气候的差异、层出不穷的健康问题、材料和技术来源的改变、日常习惯信息的缺乏（比如如何从A地到B地）等都成为一种代价。"[119]

正如我们在整本书中都在强调的，与其他文化的接触不仅在数量和强度上在不断增加，其呈现出的形式也多种多样。上百万的美国人现在都在进行异国旅行、海外求学、经商或从事政府部门的外交工作。[120] 当你被推向另一种文化，并在这种接触中经历了身心的不适，你就已经成了一个文化冲击的受害者。[121] 在我们讨论与文化冲击相关的问题之前，你应该意识到，那些临时的拜访者（旅居者）和打算在异国定居的人（移民、殖民）之间是有差别的。这种差别意义十分重大：

> 因为他们的交往经验不同，因此他们的反应也不一样，例如，这两个群体有着不同的时间框架。定居者在一步步把自己永远托付给新的社会，而旅居者则是暂时在某个地方，尽管他们可能有的是只待一天的旅行者，
> 335 有的则是需要待上几年的留学生。[122]

在本章的后面部分，我们会提供一些建议来帮助那些要去一个新的国家并面临适应新文化挑战的人，不过现在我们要关注的是那些旅居者。

● 文化冲击的定义

文化冲击这一名词是由人类学家奥伯格最先提出的，在下面这段话中，他为这种现象做出了详细的定义和解释：

> 文化冲击是由焦虑引起的，这种焦虑是因为我们失去了熟悉的社会交流标志和符号。这些标志和符号包括了我们适应日常生活的各种方式：怎样订货，怎样购物，什么时候回答，什么时候不回答。这些符号可能是言语、姿势、表情、风俗或准则，它们都是我们在成长过程中学会的，并且就像语言和信仰一样，已经成为我们文化的一部分，我们依靠这上百种的符号来维持我们内心的平静和办事的效率，尽管大部分的符号我们并没有意识到。[123]

上述定义是第一个定义，它没能提到文化冲击也涉及对一个人习惯、自尊和自我定位的强大瓦解。[124] 这些感觉并不只发生在商务人士、学生和政府工作人员身上，就像布里斯林所说的那样："即使是在自己的文化中与外部群体成员进行面对面接触时也会经历这些。"[125]

● 对文化冲击的反应

对文化冲击的反应因人而异，并且会在不同的时候表现出来。例如，那些经常接触其他文化的人，他们的焦虑期就会平稳和短暂一些。然而，文化冲击还是会引起一大堆可能会带来麻烦的反应。让我们来为你列出一些这样的反应，正如林奇和汉森所说的："了解文化冲击的概念、特征和阶段可以为人们提供一个架构，这个架构将使每个人认识自己的情绪，分析原因，改变途径，有意识地控制行为并恢复情感上的平衡。"[126] 我们附上这个清单并非要让你对于做一个旅居者产生担忧，而是要帮助你对这些有可能会遇到的反应做好准备。[127]

- 对新环境的敌视
- 迷失感
- 被抛弃感
- 胃痛和头痛
- 乡愁
- 想念朋友和家人
- 认为丧失了地位与影响力
- 退缩
- 认为东道主文化成员感觉迟钝

● **文化冲击的阶段（U 形曲线）**

虽然人们对文化冲击的反应和适应这种冲击所需的时间长短存在很大差异，但是这一领域的
336 大部分文献都指出了人们普遍经历的四个阶段。我们首先应该指出的是，各个阶段之间的界线几乎是没有的——也就是说，从一个阶段向另一个阶段的过渡并不像我们描述的那样清晰。你可以把这些阶段看作一条 U 形曲线，“U 形曲线描绘出了人们在东道主文化中最初的乐观和得意，随后来到适应东道主文化这一阶段，然后逐渐复原”[128]。让我们来更加详细地研究这些阶段以便于你可以更好地理解文化冲击的复杂过程。

乐观阶段

我们可以把 U 形曲线的左端看作第一个阶段，它通常充满着来到一个新文化的兴奋、希望和愉快感。马克斯对从事国际管理的人如何看待这一阶段给出了一个精彩的观点：

> 新生活被看作提供了无穷的机会，而来到这个新生活的人通常都是一种愉悦的状态，他们态度开放、好奇、随时准备接受将要发生的事。最重要的是，在这一阶段，判断是被保留的，即使有些小小的烦恼也可以忍下来，因为人们正在专注于令人开心的事，诸如新工作、新国家、新同事、新食物等。[129]

文化问题

在第二个阶段，一些最初的问题开始出现，比如适应和交流的困难。正如特里安迪斯所指出的：“在第二个阶段，各种问题开始出现，比如语言、孩子们不适应学校、住房困难、拥挤的交通、混乱的市场等。”[130]这一阶段通常的标志是失望和不满的感觉，是文化冲击的危机阶段。在这个阶段人们对新环境开始产生困惑，而这种挫败感会让他们轻易地烦躁、敌对、不耐烦、愤怒，甚至感觉无法胜任。最极端的例子是，这些令人不舒服的感觉“会导致仇恨一切国外的东西”[131]。

复原阶段

第三个阶段的特征是开始理解新文化。人们对于如何应对新文化开始有了一些调整和改变，事情开始变得可以预料，而人则不再那么紧张。

调整阶段

在最后一个阶段，也就是 U 形的另一个顶端，人们了解了新文化的关键要素（价值观、特殊习俗、信仰、交流方式等），并且能够取得一定程度的成功，这种“在两种文化中生存”的能力常常伴随着享受和满足感。

一些研究者指出，当人们返回家园的时候，可能还会发生一种反向的文化冲击，就像哈里斯和莫兰指出的：“经过在国外客观地审视了自身的文化，一个人将会由于再进入一种冲击而产生强烈而持久的震荡。”[132]这些背离国土的人们在返乡后会思念他们在海外结交的朋友，有些人则会惋惜失去了涉外事务带给他们的声誉。当这些情况发生时，返乡的人会再次经历同样的三个阶段的
U 形曲线，这就形成了“W 形曲线”，因为它把两 337
个 U 形曲线连在了一起。

● **应对文化冲击**

关于文化冲击的这一节取决于两个前提：第一，每一年都有上百万的人出国工作、旅行和求学；第二，他们当中的许多人因为紧张、乡愁和困惑而结束了他们的出国行为。为了解决其中的一些问题，我们提供了如下建议：

结交朋友

我们所说的结交朋友主要指的是和东道主在他们的文化中进行接触。事实上，学者们指出：“在东道主国家中交些朋友，比只跟侨民联系，对一个人愉快与否更具有决定性。”[133]与此同时，定期与其他侨民互动也十分重要，因为你可能由此与他们分享一些问题和解决方法，并且通过说母语而找到一种舒适感。

学习东道主文化

本书的一个主要论题就，学习其他文化的基础知识对于改善跨文化交流来说是非常有用的。现在我们就来到这个论题。为了避免严重的文化冲击，我们建议你去了解其他文化的宗教信仰、政治系统、核心价值观、语言和非语言的行为、家庭观念、社会礼节等，而尽量多地学习他们的

语言则具有特殊的重要性。

耐心一点

当你从一种文化进入另一种文化，你应该给自己一点时间，因为你需要一个调整期，而且你要做好准备以应对我们之前讨论过的那些反应。

参与文化活动

学习新文化最好的方式就是积极参与，去参与社会的、宗教的和文化的活动。如果可能的话，你应该在参与这些活动时与东道主文化成员进行互动。大多数时候，东道主在与你分享其文化的同时，也会乐意去了解你的文化。

● 文化冲击课程

尽管我们把文化冲击归到了“问题”这一类别之下，但如果我们因此就下结论未免太过大意，因为我们还要强调的是，文化冲击也是一次学习经历。事实上，正如阿德勒所指出的：“严重的文化冲击通常是一个积极的标志，它表明那些进入新文化的人正在逐步融入这种文化，而不是孤立在自己的小圈子里。”[134]这种融入不仅会帮助人们了解自己，也能帮助他们了解其他文化。在一项对文化冲击的研究中，川野（Kawano）指出，文化冲击“给了旅居者了解自我的机会。从这个角度来说，经历文化冲击很可能让人们同时拥有多种文化或两种文化”[135]。

正因为如此，我们关注了跨文化交流中可能出现的一些潜在问题，现在我们要把我们的注意力转移到如何解决其中一些问题上。莎士比亚在他的戏剧《无事生非》中以诗化的语言替我们解释了我们如此行文的理由：“乐于接受责难，才能帮人改正。”既然在本章开始已经提出了一些“责难”，我们现在就开始“改正”。

改进跨文化交流 338

虽然写作本书的目的就是改进跨文化交流，但我们在前面几章中提出的一些建议、忠告、意见和计划却并未深入地涉及这种改进，我们在本章中的介绍将十分直接。更重要的是，我们所有关于改进的建议都使你能够运用自己的能力去做出选择。我们的建议把你置于活动的中心，无论是让你去更多地了解有关老人的文化观念，还是要求你去学习一些新技术，权利都在你自己手中。这里说得应该十分清楚——你必须去实践你所学到的有关其他文化的知识。早在 7 000 多年前，波斯诗人萨迪（Sa'di）就曾谈到过类似的事：任何一个人如果学会了知识却不去实践，那么他就像是耕了地却不播种一样。

在我们提供第一点建议之前，还要承认在给任何人提个人意见时都会遇到的主要风险。当你告诉别人该怎样想或怎样做时，你都要承担使事情变得更糟的风险，特别是当对方听从了你的建议时，因为他如果没有采纳你的建议说不定会过得更好。举个例子，我们相信你们中的不少人已经对跨文化交流了解得很多了，而且事实上你们可能已经是这门学科十分优秀的从业者，在这种情况下，我们就得冒破坏你们多年来所认知的东西的风险。我们所说的有点类似于下面这则中国寓言：一只猴子和一条鱼是非常要好的朋友，一天，它们被一场可怕的洪水分开了。因为猴子会爬树，它能够以手臂攀缘而上，因此躲过了上涨的洪水。当它向咆哮的小河看去时，发现它的朋友鱼正好游过，它怀着一番好意把爪子伸向水中捞起了它的朋友放到树上，结果显而易见。从这个朴素的故事里，你可以看出我们的左右为难。因此，当我们向你提出建议的时候，请相信，我们正如那只猴子一样，动机是好的。

了解你自己

我们在本章前面曾经告诉过你，确认自己所抱有的消极刻板印象和偏见是多么重要。我们现在要把我们的建议扩展一下，即向改善迈进的第一步在于你自己。正如它听起来那样简单和明显，你所带给交流活动的东西极大地影响着它的成败——实际上你所带来的就是你自己。了解自己是成为一个成功的跨文化交流者至关重要的元素。小说家詹姆斯·巴尔迪文（James Baldwin）说得好："一个人最开始问自己的那些问题，最终会点亮世界，并将成为他通往其他人经历的钥匙。"巴尔迪文的论述正是对本书这一部分的一个恰当介绍，即鼓励你通过一些自我分析来开始改善之路。我们在这一部分提出了很多建议，这些建议说出来要比实践起来简单得多，我们只需敲击几下键盘就可以写下"了解你自己"这几个字，但要去实践它却要求你付出极大的努力。我们认为应该从四个方面来进行这种自我分析：第一，了解你的文化；第二，了解你的个人态度；第三，了解你的交流风格；第四，监控你自己。虽然这四个概念是先后起作用的，但分别研究它们可能会更
339 有用。

● 了解你的文化

进行自我分析的第一步应该从你的文化开始。记住，本书的一个主要论点就是，每个人都在透过自己文化的"镜头"来看世界，正如金所指出的：

> 每个人都是各自文化背景的产物，包括性别、种族、家庭、年龄、宗教、职业以及其他的生活经历。我们的文化积淀为我们提供了宝贵的见解，通过它我们可以理解我们的信仰和态度、我们的价值观和设想。因此，仔细考虑我们自己文化身份的不同方面并研究它们对我们个人和职业发展的积极与消极影响是非常重要的。[136]

斯图尔特和贝内特在谈到美国文化时得出了类似的结论："对美国文化以及与之相对应的文化事例的了解，帮助人们认识到自己是一种文化的产物。"[137]诺汶格则更加明确地列出了文化将会对认知和交流行为产生哪些影响。[138]尽管她所列出的这些方面在本书的很多部分都提到过，但我们仍然认为在最后一章重申它是有价值的。在其他的文化组成部分中，你应该审视你自己文化的关键价值观、性别角色、思维方式、世界观、社会组织、语言的应用、规则考虑的具体情况、常见成语以及非语言交流模式。

● 了解你的个人态度

你不仅需要了解你的文化的价值观、态度和观念，还需要了解你自己的信仰系统。我们所指的并不是包括了其他事物的神秘观念，也不是让你去进行深入的心理和灵魂上的探究，而是请你认清那些你所持有的并影响了世界在你眼中样子的态度、偏见和观点。如果你对同性恋者持有某种特定的态度，那么当一个同性恋者和你交谈的时候，你的这种态度就会影响到你对该同性恋者的回应。了解你自己喜欢什么、不喜欢什么以及你个人种族优越感的程度将会使你把它们摆到明面上来，以便于弄清这些态度是怎样影响交流的。

● 了解你的交流风格

了解你自己的第三步比简单地弄清你的偏见和倾向性要难，因为它涉及你向外界描绘了怎样的一种形象。问问你自己："我是怎样进行交流的？别人又是怎么看我的？"如果你以一种方式理解自己，而与你交往的人却以另外一种方式理解你，就会出现严重的问题。有时你把自己看成是耐心和冷静的，但表现出来的却是急躁而焦虑的，你将会百思不得其解为什么别人会那样对待你。

作为切入点，我们建议你认识自己的交流风格——你以什么方式向别人表现自己。很多交流学者都试图把组成交流个性的特点分离出来，其中诺顿提出的一个清单中包括了 9 种特点。[139]在表 11—1 中，我们列出了每一种特点，你可以由此评估一下你自己的交流风格。

表 11—1 **交流风格** 340

性格	交流特点
支配	经常发言，打断和控制谈话
戏剧化	使用非常富有表现力的语言，经常夸大和添油加醋
争强好胜	好争吵并常有敌意
精力旺盛	精力充沛，使用富有表现力的手势和面部表情
容易给人留下印象	以令人难忘的方式表达观点和情绪
放松	冷静、舒适，在别人周围很少紧张
诚恳	好的倾听者，对诉说者提供语言或非语言的鼓励
开放	不封闭个人信息，表现出自己的情绪和感受
友好	提供积极的反馈和鼓励

下面这段话更深入地解释了我们的个人风格通常包括哪些方面。

> 交流风格就是指人们喜欢讨论的话题、喜欢的交流方式——仪式、问答、争辩或表白——以及他们希望各种方式所应达到的交流深度。它包括交流者为了传递信息在多大程度上依赖相同的渠道——声音的、语言的、形体的——以及它们在多大程度上代表相同的含义，如信息的真实内容或感情内容。[140]

现在再一次问问你自己，在上述这些特点中你是怎样表现的，这将有助于你了解自己在交流对象面前是怎样表现的。

除了上面所描述的那些固有挑战外，我们还希望你能向自己提出如下这些问题。

- 我看起来是放松还是紧张？
- 我是不是经常不顾他人而改变话题？
- 我反对别人的说法吗？
- 我经常微笑吗？
- 我反复打断别人讲话吗？
- 当别人有麻烦时，我表现出同情了吗？
- 我的行为有没有伤害到别人的自尊？
- 当我与人谈话时是否使用了一种令人愉快的语调？
- 我更喜欢挑起讨论的话题还是加入已有的话题？
- 我的声调意味着什么？
- 当有陌生人碰我时我会有什么反应？

● 监控你自己

从前面几段话中可以看出，每个人都有着独一无二的交往方式，但弄清你是怎样进行交流的却并非易事。如果你走来走去地问别人是否认为你很放松、好争辩、友善或是精力旺盛等，将是十分尴尬和怪异的。因此你必须对你所得到的反馈保持敏感，并且正确地解读这些反馈。这个自我观察和分析的过程通常就叫作“自我监控”。[141]自我监控的好处是可以发现在各种情况下的正确行为，可以控制你的情绪反应，可以做出好的表达，还可以在你改变环境的时候帮助你改变自己的行为。[142]

在为关于自我意识的这一节作结时，我们再次提醒你，自知与自私有着非常大的区别。做一个参与者的同时还要做一个观察者，这并不是一个容易分配的过程——它涉及二者之间的平衡。 341
“自我监控的关键在于，如何在对环境和个人动机、知识、技巧的关注间寻找到一个平衡点。”[143]这句话说的是，自知并不是指去观察自己的行动以使自己成为别人关注的焦点，它的目标其实是诚实而公正地去了解你的文化和个人交流方式，以使你提高跨文化交流的技巧。莎士比亚在他的《哈姆莱特》中有一句经常被引用的话显得更有说服力：“高于一切的是：你要对自己真诚，/你必须做到的是，无论黑夜或白昼，/你都不能欺骗任何人。”而我们要再加上一句：“你也不能欺骗你自己。”

运用移情

一句广为人知的美国谚语告诉我们："除非你穿着一个人的鞋走了两个月，否则不要对他下判断。"我们对改进跨文化交流的另一个建议就是去"穿那双鞋"。实际上我们应该说是请你去试着想象穿那双鞋，我们使用想象一词是因为从生理和心理上来讲，我们都不可能切实体会到别人的感受。移情的过程当然比简单的想象要复杂得多，移情事实上是"一种认识和理解他人看法和感受，并以令人容易接受的方式传递这种理解的能力"[144]。

汀·图梅为文化背景下的移情做出了定义："通过移情，我们愿意去想象着把自己置身于我们并不熟悉的其他文化世界，并去感受他们的感受。"[145]这两个定义或许会导致你认为移情是一个艰难的过程，但事实上每个人都可以做得到。注意一下，我们这一节的小标题是"运用移情"而不是"学会移情"，原因就是，你在进行所有交流的时候都会用到移情。看起来移情是一种天生的能力，即使是非常小的孩子也能感觉得到别人是痛苦还是开心。凯茨在谈到移情的这一基本核心时指出："解释移情技巧来源最简单的办法就是假设我们生来就会。我们的生物遗产中的一部分就是想象和再现其他人的感受这样一种能力。"[146]当然，当人们还年轻的时候，这种想象和再现的能力还非常有限，但随着年龄的增长和阅历的增加，我们的同情感、理解和响应性都会有所提高。

移情对于人际与跨文化能力研究的重要性并没有被夸大："移情对于人际与跨文化的普遍交流能力来说十分重要，它也是成功和有效的跨文化交流的主要特征。"[147] "移情是跨文化交流的基础。"[148]

● 了解移情

在这里，我们要提到两个概念，它们将帮助你了解移情在跨文化交流中的作用。首先，虽然我们主要关注的是文化，但我们同时也关注跨文化交流的人际方面。"在进行人际交流时，一个人必须从文化和社会学层面的断言，转移到心理学的层面上来。"[149]简单地说，就是当你要用另一个人的文化知识去做出断言时，移情作用要求你所分析的观点也要符合那个人的性格。其次，最好把移情看成是由多种变量组成的一个复杂活动，它包含了一种认识成分（思考）、一种情感成分（感情上的认同）以及一种交流成分（活动）。贝尔在下面一段话中解释了这三个变量以及它们之间的相互关系：

> 在认识上，进行移情的人采取另一个人的观点并努力从别人的立场看待世界；在情感上，进行移情的人要感受别人的情绪，感受另一个人的感受；在交流上，进行移情的人要通过语言和非语言信号来传达理解与关怀。[150]

在讨论提高角色扮演技巧的一些方法之前，让我们先来研究几个可能妨碍移情的问题，这将会对我们有所帮助。

● 移情的障碍

文化背景差异

我们要提到的第一个障碍，提醒你在接近每一种情况或每一个人时，都是以自己文化的观点为出发点的。无数研究表明，来自相似文化的人比来自不同文化的人更容易互相移情。[151]也就是说，当你遇到一个来自不同文化的人时，尽量多地去了解对方的文化是会对你有所帮助的。

顽固的自我中心主义

移情的所有障碍中最普遍的一种，大概就是顽固的自我中心主义。专注于你自己的想法，或是只顾讲自己的故事，这样会把很多本该用来关注交流伙伴的能量用在自己身上。有时候，每个人都会犯这样的错误，正如一句德国谚语所说的："每个人都以为所有的钟声都在回应自己的想法。"

关注细节

只看到一个人的某些特征却不顾其他的倾向，会导致你对关于他的资料使用不当。例如，如果你只注意到一个人的肤色或是这个人的姓氏，就以为自己从这些有限的信息中了解了这个人的全部，那么你可能就无法完成移情的任务。当然，我们承认肤色和姓名的确提供了一些信息，但你还必须考虑其他的东西。虽然这已经是个用滥了的比喻，但我们还是要提醒你，最外部的特征反映的只是冰山一角。

对性别、种族和文化的刻板印象

我们已经讨论过刻板印象的消极特点，因此现在只需补充说明它也是移情作用的潜在障碍。如果你认为“所有英国人都讨厌爱尔兰人”，你可能就会让这种刻板印象影响到你对英国人的看法。

防御行为

人们常常表现出一种防御行为，他们阻止别
343 人得到有关他们自己的信息，而这样的信息在进行移情的时候是需要的。因为防御行为十分普遍，因而研究这些行为是怎样抑制你的移情能力的对你是有帮助的。

当你表现出正在评价别人时，不论你是怎样说或怎样做的，你都可能让他们对你做出防备。如果你认为别人正在判断和评价你时，你也会犹豫要不要提供一些能够促进移情的信息。试想一下，当你把一些个人信息告诉别人时，他却立刻斥责你行动的莽撞，你将感到多么尴尬。在他批评和嘲笑了一会儿之后，你可能就会决定再也不对他透露任何信息。

优越感也会产生防御行为，它很少提供进行移情所需要的那一类信息。试想一下，你是美国人，如果一个法国人对你说，美国人以一种十分枯燥乏味的方式使用语言，你将会采取怎样的防御行为？

● 促进移情

到此为止，我们为移情及与之相关的问题描绘了一幅相当黯淡的图景。虽然完全并确切地了解一个人几乎是不可能的，但你仍可以通过实践去提高技巧，以克服我们提到的那些困难。

关注

我们的第一个建议是从我们在本章前面部分提过的问题中得出的，然而这一次我们会积极地面对“关注”这个话题。“你要做的最重要的事，就是提醒自己去注意别人本能的情感上的表现。”[152]从个人经验中可以了解到，长时间保持对一个人或一种想法的关注是很难的。当关系到移情时，这种高度的关注则更难，因为就像我们的注意瞬间一样，它是变动的。巴恩伦德的说法强调了这一观点：“移情可以说是一种瞬间的现象，它随着时间和情况的变化而变化。”[153]因此，如果你能保持对他人和情境的关注，与“关注”相关的问题就会迎刃而解。

交流中的移情

由于移情是一种相互的行为，你和你的交流伙伴必须是愿意表现的（除非与你交流的人的文化看重的是人际的抑制）。如果你的行动并没有与对方的努力形成协作，你就不要期待来自其他文化的人会向你提供有关他们内部状态的语言和非语言信息。“如果你善于表现的行为促使别人更加愿意表现，并且注意到了他们表现出来的大量的非语言符号，那么你就能更准确地解读别人的情绪状态。”[154]

选择文化上可以接受的行为

一种特定文化或群体文化的成员认为怎样的行为是粗鲁无礼或侮辱性的？对此有所了解将会促进移情作用。例如，里奇认为，很多非裔美国人在听到带有刻板印象的说法（“所有的非裔美国人都有副好嗓子”）时，当他们被称作“男孩”或“孩子”时，或当他们被指为“文化上受剥夺的少数”时，都会感觉受到了侮辱。[155]而当你拒绝一个阿拉伯人的好意时，你也就无法获得移情所必
需的信息。在这些例子中，我们可以得出相同的 344
一点：要想获得跨文化交流的成功，你必须进行移情；而只有当你对正在进行交流的文化的价值观和风俗习惯变得敏感时，移情才能得到培养。

学会接受差异

我们的最后一点建议可能与本书的主旨最为相近，我们再次提醒你，如果你能够避免从自己的文化定位来解释别人的语言和非语言行为，就可以促进移情作用的发挥。刘易斯指出了移情与接受之间的关系：“移情是以接受差异为基础的，并且以一种积极的方式依赖于这样的差异。”[156]要学会弱化至少是不断检查对于你自己的经验来说独一无二的文化视角。了解其他文化的参照框架与你自己的有着怎样的不同，这将会帮助你更准确地理解语言或行为背后隐含的意思。例如，在

中国文化中，作为一种“留面子”的方式，人们常常说的是一件事，而实际指的却是另一个意思，懂得这些会帮助你了解对方真正要表达的是什么。[157]

倾听中的文化差异

本书的一个主题就是我们交流的方式、内容和反应受到了文化的极大影响，在交流的这三个组成部分中，倾听是暗藏其中的一个要素，因为倾听与文化是相关联的。“人们在倾听的时候是有文化差异的，这是一个事实，因此你应该认识并重视这种因文化而产生的倾听方式的差异。”[158] 为了让你更好地了解文化在倾听中所扮演的角色，让我们来看看二者合作的几种方式。

●直接和间接的倾听

倾听行为中的文化差异曾经被划分为“直接的”和“间接的”。[159] 这两种定位代表了两种极端的方式，不过它们对于我们研究倾听还是非常有用的。法国、德国和美国都属于直接倾听的文化，其成员主要听取事实和具体的信息。在这些文化中，倾听者也可以直接向说话的人发问，并且不会感到有什么不舒服。而在芬兰、日本和瑞典这些间接倾听文化的国家则有着迥异的倾听方式，在这些国家，说话的人是不可以被打断的，客气则是倾听者行为的一部分。

● 倾听的价值

就像我们之前提到过的，在远东的很多文化中，花在谈话上的时间和赋予谈话的价值差别是非常大的。日本拥有一种相对同质化的文化，因此大部分人拥有很多普遍的经验。这种普遍性让日本人可以不用说话就能看出别人在想什么、在感受什么，因此他们通常认为沉默比说话更有价值。一句佛教名句点出了说、听和沉默之间的关
345 系：“有的真理，不可言说。” 而另一句阿拉伯谚语则反过来说：“你的嘴就是你的剑。”这两种表达，一个更欣赏沉默，而另一个则更推崇说话。

● 非语言交流与倾听

即使是对于听到的东西的非语言反应也常常受到文化的影响。在美国，如果你在别人说话时发出“嗯嗯”或“啊啊”的声音，则表示你正在注意对方。在非裔美国人的群体文化中，倾听者的非语言反应更是被赋予一种特定的说法：“召唤与回应”。当人们运用这种技巧时，在讲话者与倾听者之间就会有一种积极的交流，这在大部分文化中都是没有的。[160]

眼神的交流则是另一种影响倾听过程的非语言交流方式。在美国以及其他西方文化中，一个好的倾听者在与人交谈的时候，会用直视对方的眼睛来表示自己的关注。不过你大概会想起我们之前说过的，在很多亚洲文化或是美裔印度人的群体文化中，直视是不礼貌的。简单地说，要想做一个优秀的倾听者，你需要去了解什么样的行为是正确的，又有哪些行为会妨碍交流。

● 鼓励反馈

交流的互动性将我们引向了下一个建议——鼓励反馈。反馈是指由接收信息的人发出的信息——向发出原始信息的人“反向发送”的信息。这种信息可能是一个微笑、一句“不用谢”或者根本就是没有任何外在表达的沉默。正如研究者指出的：“反馈可能是语言的，也可能是非语言的，或二者兼有，它可以是有意的或无意的。”[161] 不管是什么形式的反馈，它都为你提供了对正在发生的交流事件进行定性判断的机会，这些判断为你调整下一条信息提供了有用的资料。一个成功的交流者不仅运用反馈来监督交流过程，并且可以对它进行一些控制。反馈清楚地证明了本章开头的一个定理——你能够学习，你能够做出选择，你也能够做得不一样。

既然反馈是十分关键的，你就必须学会营造一种氛围以鼓励别人向你进行反馈。因此，我们将重温一些交流技巧，以鼓励他人向我们传达关于当前形势的信息——一些对你继续进行交流会

有所帮助的信息。

非语言反馈

改善非语言反馈的第一步就是要认识到，非语言反馈有很多种形式，而它的含义与文化相关。本书一位作者的一段个人经历或许是对此最好的说明：这位作者的一个日本女学生在错过一次考试后来到办公室，在几个小时的时间里，这名学生始终在咯咯地笑，眼神躲闪，并且总是用手捂着嘴。从西方的观点来看，这名学生的非语言行为暗示她不严肃（笑）、可能在骗人（眼神躲闪）、非常紧张（用手捂嘴），而这些会让人得出她并不诚实的结论。这名学生没讲出任何错过考试的理由，也没有要求重考，她只是对缺考表示抱歉。然而事实上，已经有其他人告诉了这位作者，其实这名学生是因为爷爷去世才会缺席考试的。这个例子证明，千万不要想当然地认为一种文化中
346 的非语言反馈在另一种文化中也有着相同的含义。

语言反馈

积极的语言行为也能够鼓励反馈。在那些重视会话和开放的文化中，提问是鼓励对方进行反馈的绝佳方法。你可以问这样的问题："或许在会议开始前，我们可以先来进行一下自我介绍，怎么样?"或者："你们觉得怎样来开始我们的会议好呢?"提问也可以用来寻求更进一步的阐述。只要是以一种没有威胁的方式提问，即使是"我讲清楚了吗"这样一个提问，都可帮你检验理解的水平。在结束讨论这一点之前，我们要提醒你，在一些亚洲文化中，"不"这个词是很少用的。比如在日本，人们不会对你的回答直接给出否定的回答，他们"仅仅是道歉、保持沉默、含糊其词或婉言相拒"[162]。

如果你在用词前考虑一下别人刚刚说过什么，也会鼓励别人进行反馈。反思你自己的经验就会知道，如果你告诉一个朋友自己身体不太舒服，而对方却回答说他刚刚在考试中得了一个"优"，你将是多么窘迫。

沉默的反馈

有时，沉默可以代替言语来鼓励反馈。你已经屡次看到，每种文化都有它独特的交流方式，有些文化要求谈话中有一段沉默或是长时间的中断，而你必须学会在交往中尊重这样的沉默。给别人这样一段安静的时间可以创造一种氛围，使得沉默一旦被打破就会促进反馈。正如我们在本书其他地方提到过的，很多亚洲文化都不喜欢在进行协商或解决问题时被催促，如果你学会保持沉默，你就向他们传递了一些积极的反馈。正如我们所指出的，在某些文化中，仓促的决定没有好结果，特别是当你在没有足够多的反馈的情况下做出的决定。记住这句法国谚语："忍耐是痛苦的，但它的果实是甜美的。"

提供非评价性反馈

虽然保持客观的理念贯穿于我们几乎所有的建议之中，但我们认为仍然有必要把它单拿出来讨论。非评价性反馈的主要优势就是能够制造一种积极的调子。就像甘布尔夫妇所指出的："当我们做出非评价性反馈时，我们就抑制了自己过分表达个人观点和评价的意图。"[163]当你采取非评价性反馈时，你令你的交流对象在进行交谈时不会感到你在讲（语言的或非语言的）："我并不太关心你的想法和信仰。"

我们的最后一条建议是避免消极的反馈。我们现在就来列出一些会带来消极含义的反馈。还要强调的一点是，尽管它们当中的一些可能是参照了西方的观念，但你的经验会告诉你，普遍来看，它们是会带来消极结果的，不管是在什么样的文化当中。因此，我们建议你避免做出以下举动：（1）频繁晃动身体，好像你对别人所说的很不耐烦；（2）懒散的姿势；（3）在别人说话时做其他事（和其他人说话或是写字）；（4）双臂环抱在胸前；（5）皱着眉头或是愁眉苦脸。

发挥交流的灵活性

很多研究交流能力的专家都认为，交流能力的定义之一就是：拥有一种调节和改进交流行为，使之适应环境、他人和自己的能力。[164]要适应跨
文化环境还有一个更明确的理由，就像古蒂昆斯 347

特和金所建议的：

> 要想搜集陌生人信息并使我们的行为适应对方，我们必须在行为上变得灵活一些。我们必须选择适当的策略去搜集我们所需要的对于陌生人的信息，以便与对方进行更有效的交流。这要求我们在搜集我们所面对的交流对象的信息时，要有不同的行为选择。[165]

上面这段文字的意思是，一个成功的跨文化交流者“必须……拥有一系列的人际交往策略”[166]。

当提到交流的灵活性如何适应国际谈判时，福斯特用了一个比喻：

> 好的（国际）协商者终归是很实际的，他们不是橡树，而更像柳树。即使在本国环境中，他们也不能预测每一种情况或每一个意外的转折，他们知道在跨文化交流环境中，这几乎是不可能的。[167]

发挥灵活性的一个重要内容就是容忍含混不清。如果你的文化看重的是竞争和进取的行为，而你身边那个人的文化却看重合作和人际协调，你可能就会觉得对方的举止是含混不清的。而应对这种含混是跨文化交流能力中的关键因素。“以最小的不适来应对全新的含混环境的能力一直被认为是适应一种新文化的重要能力。”[168]

这里，我们给出一些成功的跨文化交流者可以用来提高对于含混的忍耐力的行为方式。第一，“在接近一个陌生人或是新环境时，不要着急做决定，一定要通过观察得到尽量多的信息”[169]。第二，“使用试错法，使用不是一成不变的惯例，直到事情变得明朗起来”[170]。第三，这大概是最好的一个建议，即做到公正，锻炼耐性，去考虑意想不到的问题，提高适应性。记住这句西班牙谚语当中隐含的建议：“奏什么曲，跳什么舞。”

理解文化间的分歧

毫不夸张地说，从人们开始与他人进行交流时起，冲突就一直存在。无论是由于人格特征、对用词的误解还是对目标的异议，冲突都成为我们生活中的一个事实。正式地说，学者所谈论的交流环境中的冲突是指一种介于你和他人之间的斗争，这种斗争是因为你觉得对方是你达成自己目标进程中的干扰。[171]汀·图梅为冲突做出了一个适用于跨文化环境的定义：“来自两个或多个文化的群体，对于独立或相关联的问题，在价值观、预期、进程或是结果上所认为的或是事实上的分歧。”[172]冲突的危险在于，它会将你的注意力从重要活动上移开，会暗中破坏道德基础，会使人和地位变得极端化，会夸大差异，并且会潜在地导致谩骂、中伤甚至是肢体冲突。在此，我们将从以下方面帮助你应对文化间的分歧：（1）讨论一些西方文化应对冲突的方式；（2）再看一看其他文化如何应对冲突；（3）提供一些直接适用于跨文化交流的特定的解决冲突的技巧。

348

● 冲突：一种美国式的观点

大量的文献表明，美国人通常会运用五种方法来应对冲突。[173]了解这些方法可以帮助你体会到，你可以怎样来解决类似的麻烦。接下来，我们将把这些方法做一个文化间的比较，以便于你应对随时可能发生的这种跨文化冲突。

回避

回避也被称为否认或退缩，这个策略基于一种“如果忽略，冲突就会消失”的假想。[174]在某些方面，这是应对冲突最省事的方法。回避冲突可以是精神上的（比如保持沉默或是不参加互动），也可以是身体上的（比如从冲突中离开）。无论是哪种情况，使用此种策略的人都是在说：“我不想搅和进去。”通常来说，在使用回避的方法时，如果双方仔细考虑到底发生了什么，冲突的局面有可能变得更糟。

尽管美国人偶尔也会使用回避的方法，但它并不受欢迎。大多数美国人并不喜欢搁置问题，而且他们有“说自己的话”的需要。因此，对于美国人以及其他崇尚个人主义的文化来说，退缩“并不是一个令人满意的、长效的解决办法”[175]。

通融

通融是一种与回避紧密相关的解决冲突的方法，只不过这一次你是在满足他人愿望的同时，自愿放弃你自己的需求和目标。对于甘布尔夫妇来说，这些行为“会导致一种不稳定的、关系紧张的状态，其表现就是采用一个软弱的、自我牺牲的方法，甚至是一个紧张的笑”[176]。就像你可能会怀疑的，尝试去表示“我不在乎你做什么”的态度还有其他的缺点：第一，它通常会导致不充足的结论，因为只有一方面的观点被讨论过；第二，通融还会制造一个人强于另一个人的局面。

竞赛

竞赛的方法意味着要不惜一切代价在冲突中成为获胜一方。作为一种解决冲突的方法，把你的愿望强加于他人可以有很多种形式，比如语言上的侵略、恐吓或控制。就像你在第 5 章关于价值观的话题中所学到的，美国人的基本价值观就是竞争。因此，美国人解决冲突的手段的特征就是竞争，这并不令人惊讶。

妥协

“妥协是指冲突的各方在同意相互让步的前提下所寻求的中间路线。”[177]在这种方法中，人们经常会为了解决冲突而放弃一些东西，或是做一笔“交易”。这种策略是基于一种简单的认识，即得到一点总比什么都得不到强。

合作

合作的核心理念是，冲突的各方都愿意解决问题。德福勒及其同事把合作描述成这样一种保持良好关系的尝试：这种良好的关系可以在向着共同的目标努力工作的同时，解决出现的分歧。[178]通过运用具有创造性的手段，每个人的目
349 标和需求都可以得到满足。合作以积极的方式看待冲突，成为解决冲突的最受欢迎的方法，在北美也是如此，因为它使你在保证了自己目标的同时，也可以和其他人互相合作。

● 冲突：一种跨文化的观点

尽管人际冲突是每一个社会群体都会遇到的，但不同文化在看待和应对冲突上都有自己的价值观。例如，在美国有一种观念，即冲突是竞争和“自我意识”的一种，因此它是有用的。如罗夫也支持这种观点，他指出：“冲突不是个贬义词，而且如果处理得当的话，它还可能会引导人们成长和发展。”[179]

这种对冲突的积极看法在其他文化中也可以找到。在中东地区，人们把冲突当作生活中十分常见的现象，人们在很多情况下都习惯了紧张情绪，并且会以热烈和对抗的方式来表达这种情绪。来看看下面这句幽默的犹太谚语是如何崇尚辩论和冲突的：“有两个犹太人的地方就会有三种意见。”希腊人同样喜欢用善于表达的方式来解决冲突，他们还对于自己民族善辩的传统引以为豪。对于希腊人来说，“适当限度下的挑战、侮辱和攻击几乎就是交谈的同义词”[180]。让我们来看几个事例，它们可以强调文化与冲突相关联的观点。

我们从日本人及其对冲突的观点来开始我们的例证。对于日本人来说，冲突被看作人与人之间的尴尬和烦恼，因为它潜在地破坏了社会和谐。[181]对于他们来说，应对社会不和谐因素的最佳方法应该是间接和消极的。[182]类似的观点在非常注重社会和谐的中国也可以看到。[183]这种观点与我们在第 3 章中讨论过的儒家哲学直接相关，它认为在面对冲突时采取回避和通融的方式会令人更舒服。根据汀・图梅等人的说法，甚至亚裔美国人也会持有这种有关冲突的观点，他们指出：“那些坚守亚洲价值观传统的亚裔美国人，更愿意用回避和礼貌的方式来应对眼前的冲突，他们有时也会把‘沉默’当成一种有力的、含蓄的解决冲突的方式。”[184]

拉丁文化在解决冲突时的观念也会反映出他们文化中的许多价值观。由于巴西文化崇尚友谊和积极的互动，因此巴西人认为应该避免冲突。比如在商务场合，巴西礼节要求人与人之间要互相感觉舒适[185]，而人际冲突则会破坏这种舒适。墨西哥人代表了另一群不喜欢直接对抗的人。[186]对于他们来说，“在应对中小型冲突时，回避比对

抗更好”[187]。

一些欧洲文化在应对冲突的方法上也与美国有所不同。尽管人际和谐并不是动力，但德国人也不愿意造成直接的面对面的冲突。在德国，“冲突大多被回避，不是因为要强调人与人之间的和谐，也不是为了平复意见上的分歧，而仅仅是为了保持礼节和社会距离”[188]。而对于法国人来说，失去控制和表面上参与社会冲突是“一种软弱的表现”[189]。无论避免或化解冲突的动机是什么，我们现在应该明确的一点是，并非所有的文化都
350 以同样的方式来应对冲突。

非裔美国人喜欢的解决冲突的方式则与美国主导文化有着很大的差别，他们更愿意接受一种强有力的、能动的、溢于言表的交流方式。[190]欧裔美国女性对于冲突的反应又和男性不同，在总结关于冲突与性别的研究时，伍德指出，大多数女性宁愿“以顺从和妥协来消除紧张局面”[191]。

● 处理跨文化冲突

正如我们刚刚指出的，理解和应对冲突的方式是根植于你的文化的。然而，有些应对冲突的技巧却可以不用考虑文化因素，现在我们就来研究其中的一些。

保持开放的头脑

我们所说的保持开放的头脑并不是指盲目地拥护别人的观点，我们要指出的是学习新观点的重要性。有研究者在表达开放的概念时是这样建议的：“用开放的观念去解决冲突。要认识到对于其他的参与者以及制造他们社会地位的世界观，我们还有很多要学的。”[192]

寻求妥协

美国人通常把妥协的概念与退缩联系起来，他们在应对其他文化时都会尽量回避这种方式。但是不惜一切代价地去取胜以及把冲突置于一种非此即彼的框架中，并不会解决冲突的核心问题，有时还会让冲突加剧。简单地说，你应该对“妥协是一种姑息”的观点表示怀疑。英国政治家埃德蒙·伯克（Edmund Burke）表达了一种更健康的观点：“人们的每一点利益和快乐、每一种美德和精明的行为都是基于妥协和交换。”

不要冒失

在和集体文化互动时，不要急着去解决冲突，就像汀·图梅所指出的那样：“安静小心地观察很重要，要对其保持敏感。”[193]她还更明确地提供了关于处理冲突的一种非西方的观点：“用深度沉默、慎重的暂停和耐心的会话转折来参与解决与集体主义者的冲突。”[194]

确定关键问题

尽管花时间考虑是非常重要的，但还有一个关键是，你必须要意识到，除非你已经认清了问题，否则冲突是得不到解决的。无论冲突是基于个人性格还是交流内容，你必须要弄清双方分歧的核心所在。一旦你把问题弄清了，各方就能把注意力聚焦到解决争端上来。

适应文化差异

如果你来自像美国那样崇尚个人主义的文化，你必须像汀·图梅所说的那样，开始“在应对与集体文化互动而发生的冲突时，摒弃那种西式的高效交流模式”[195]。汀·图梅在阐明她的观点时还为我们列出了如下几种非常具体的技巧：

> 人们应该学会使用修饰语、拒绝、添加问题和试验性陈述的方法来传达他们的观点。在拒绝一个请求的时候，学着避免直接使用“不”这个词来作为回答，因为在集体文化中，“不”被认为是典型的严重威胁颜面的一个词。应该运用情境化的或是自谦的描述 351
> （“或许在这个计划上，别人会比我做得更好。”）、反问句（“你不觉得别人做这个计划会比我更好吗?”）或是条件句（“是的，但是……”）来含蓄地传达你的拒绝之意。[196]

学会用集体代词也能帮助减少冲突。尽管有时你不得不指名道姓，但是在面对一群人的时候，你还是应该试着去使用集体代词，以便把交流的焦点放在事上，而不是人上。我们可以注意一下像“我们”或“我们的”这样的词是如何引导谈话的，而“我”、“我自己”或“你”又是怎样的。

另一种适应的策略恐怕仅仅是忽略冲突。你是否还记得我们在第 3 章中讨论的：佛教讲究世事无常，且终将化为虚无？而一句佛教术语甚至可

以直接与冲突联系起来："随它去吧。"汀·图梅则用更现代的方式表述了同样的意思："一段时期的冷静有时会有助于修补破碎的关系，而再激烈的争论也会随着时间的流逝而慢慢被冲淡。"[197]

学会文化适应

如今，难民和移民的流动以及变更定居地成为一个现实。金详细地论述了这种冲击以及适应新文化的重要性：

> 每一年，上百万的移民和难民变换了自己的家园，他们被自然灾害逼迫，或是出于经济上的需求，或是希望得到自由、安全和更好的经济保障，于是他们离开自己的家园，来到一个全新的，有时候甚至是不够友好的环境里。[198]

从某些方面来说，文化适应是与我们之前谈到的交流灵活性相关的。不同的是，我们现在所说的文化适应是人们必须去适应一种新文化的各个方面，而且要在那里待很长一段时间，还可能是永久的。在我们开始对这个适应的进程进行详细分析之前应该指出的是，适应这个词只是跨文化交流领域用来表示这一概念的大量词汇中的一个，金更深入地阐述了这一点："跨文化适应包含了另外一些类似的但狭义的术语，它们包括吸收、同化……应对和调节……还有融合。"[199]因为适应确实包含了其他所有的概念，而且归根结底涉及的人不得不学会适应，因此我们在论述中使用了适应这一名词。

我们的论述从下面两个问题开始：哪些问题妨碍了适应过程？如果你将在一段较长的时间内生活在一种新的文化中，最好的适应办法是什么？这些问题的答案就是适应过程的核心。在这一节里，我们所讨论的文化接触不是短暂的，而是持续和发展的。也就是说，我们所谈论的是那些需要应对由源源不断的与异地文化接触所带来的文化转变的人。问题是，在很多情况下，这些"新人"在适应东道主文化时会经历一段艰难的时期。"在新地方定居的最初一段时间里，'新人'可能还没有准备好去学习和实践那些适应新文化的正确的社会行为，所以刚刚来到一个新地方的人会被那些突然出现的需求和挑战搞得不知所措，这 352
一点都不奇怪。"[200]为了更好地解决这些问题，我们来研究一下任何人在适应一种新文化时都会面临的一些挑战，随后找出能够使适应成功并有所回报的一系列行为，并以此作结。

● 适应带来的挑战

人们去适应一个新的而且通常是差异非常大的环境时，面临的问题会很多，在调整期，"新人"或许会经历恐惧、孤立感、被讨厌的感觉甚至是不被信任感。[201]回顾这些情绪背后的原因是我们提高适应新文化技巧非常重要的第一步。

语言

很显然，一个生活在新文化里的人通常会面临不得不使用一门新语言的问题。长期在美国的旅居者和移民如果不能掌握英语，他们就会体验到被社会孤立的感受，被迫"进入不需要掌握英语并且很少有人互动的领域"[202]。

当谈到与面对一种新语言相关的问题时，我们指的是两个概念——语言的学习和新文化中语言使用的独特技巧，这两方面都会延长适应的过程。"语言技巧的缺乏是有效的文化适应与交流的巨大障碍，而对于某一特定群体来说，缺乏对讲话方式的了解会降低我们理解对方的程度。"[203]试图与另外一种文化交流的人，不仅仅要面对学习另一种语言的挑战，还要面对每种语言独一无二的使用方式的挑战。正如我们在第6章中提到过的，语言使用中的文化差异包括很多方面，从成语的使用，到时机的不同选择，再到表达敬意的语言方式。

不安定

成功的适应需要对东道主国家有一定程度的了解，并且能够参照这些知识做出正确的选择。这些选择可以是任何事，比如学习恰当的见面礼节（鞠躬、握手、拥抱等）或是决定用什么样的餐具（筷子、刀叉、手等）。正如你可能会怀疑的，优柔寡断会造成麻烦。按照金的说法，旅居者“至少暂时会处于一种不安定的状态，其表现可能是诸如不确定感、困惑和焦虑等情绪‘低谷’”[204]。这种不安定让适应过程变得越发艰难，因为旅居者在尝试决定哪样做才是正确的行为时，会经历一种高度的忧虑感。

种族优越感

种族优越感在适应新文化中扮演的角色非常有趣，它常常在双方的文化中都能找到。正如我们在本章前面就已指出的，种族优越感就是一种文化偏见，它导致人们按照自己最熟悉的方式即按照自己的标准和实践去评价另一种文化。这意味着东道主文化的成员会把他们的判断传递给外来者，而正在尝试适应的外来者又无法或是不愿抹去他们原有的文化，因此这些外来者就会对东道主文化产生种族优越感。安德森对这一点论述得十分明确：“适应过程的一个主要特点就是原有
353 文化的因素从来不会被完全抹去。”[205]高效适应的关键当然就是双方都能认识到种族优越感的强大拉力，并试图对它进行控制。

● 促进适应过程

现在让我们把注意力放到一些能够帮助和促进适应过程的策略上来。

学习东道主文化的相关知识

你如果对自己将要接触的文化的特征有所了解的话，在适应过程中就会省去很多麻烦。因为一个人初到美国，并不仅仅意味着要学会如何在麦当劳点一份巨无霸或是如何租一间公寓，相对于了解当地文化独一无二的价值观、信仰和行为模式而言，这些实在太过简单了。有学者指出：“文化知晓指的是对影响人们思维和举止的自己和他人的文化的了解，其中包括人类行为的共同点以及文化形式的差异。”[206]

正如你在全书中所了解的，对另一种文化的知识进行储备有很多种形式，从明显到细微，各种形式都有。例如，我们刚刚指出的一点十分清楚地表明，学习东道主文化的语言会产生积极的效果。如果你掌握不了东道主文化的语言，至少也要努力去掌握一些基础语言，如互相问候、礼貌的回答、点餐的方法以及公共交通和购物用语。

增加与东道主文化的接触

与东道主文化的直接接触会使适应更加成功。有些研究者强调了直接接触的重要性：“虽然可以从预先的文化研究中了解一种文化，但更多的实践知识却来自与另一种文化的成员的日常谈话。”[207]因此你应该试着去采纳哈里斯和莫兰的建议：“把自己置身于东道主文化中，尽可能去参加艺术或社区集会、庆典、仪式、国际组织、兄弟会或专业组织。”[208]虽然没有什么可以取代与东道主人民面对面的交流，但广播、电影、电视以及互联网等媒介也能够在一定程度上影响跨文化适应。金曾指出，东道主文化的大众传播“是文化语言学习的一种重要来源，特别是在适应的早期”[209]。除了有助于语言学习外，经常接触一种文化的大众媒介也能帮助人们了解一些文化价值观，至少可以了解电视上所描绘的那些价值观。在进行听、看和与来自东道主文化的人们互相交流时，很重要的一点就是了解埃尔森所说的“程序化社会行为”[210]。埃尔森列出了一些“程序”，它们将帮助我们了解与东道主文化的互动：

> 注意人们在问候一个熟人、告别一个熟人、被介绍给一个陌生人、告别一个刚刚遇到的人时，都说些什么（以及怎么说）、做些什么（以及怎么做），观察人们的年龄、性别以及明显的社会地位不同所造成的差别。[211]

在结束这段讨论时，我们提醒你，成功的跨文化交流应该以对另一种文化的知识储备为开端，一旦获得了这些知识，你就能决定哪些行为是合适的，哪些是不合适的。孔子的说法
或许更有说服力：“学而时习之，不亦乐乎。” 354
我们建议你两方面都要做到：拥有准确的知识，并去运用它。

道德上的考虑

思考一下以下这些断言：战争在某些情况下是可以进行的；战争常常是错误的。堕胎是正确的；堕胎是错误的。杀死动物以取得食物和皮毛是可以的；动物不应该被杀死以取得食物和皮毛。偷税漏税是可以接受的，因为政府浪费了纳税人的很多钱；偷税漏税是不诚实的。向海外输出工作（外包）对经济有好处；外包把工作带离美国并且剥削了那些穷国。当你需要对以上这些命题做决策时，都会牵扯到道德上的考量，这关系到什么是对的，什么是错的，什么是恰当的，什么是不恰当的。除此之外，还包括无数的道德上的决定，并非基于随机的反应，而是出于你深信不疑的信仰。因此，道德可以被看作是你的信念的一种反映，这些信念不仅仅根植于你的文化，同

355 时也是影响你与其他人交流方式的指导方针。

简而言之，道德观告诉你应该做什么和怎么去做，而这些都会影响到你以及与你互动的人。记住，本书的一个基本论点就是，交流是一种工具，无论它是被用来卖汽车、向同伴求助、在公共机关当选、教孩子一门外语还是确保指令被执行，它都会产生影响，这种影响或好或坏，或是人们希望的或不是人们希望的，或重要或次要。换一种说法，交流产生影响——当你向某人传递一条信息时，就会发生些什么。当然所谓的发生些什么，可能是长期的也可能是短期的，可能是即刻的也可能是延迟的，可能是深刻的也可能是细微的，可能是公共的也可能是私人的，无论是哪一种，你都会使另一个人产生一些改变。这一事实说明，道德内容与交流是相联系的，所有的文化都在法律、宗教和人际的层面上，认识到了交流的道德范围。我们在第3章中曾经讨论过，宗教的主要功能就是为其成员提供一种道德上的引导，引导他们该如何去生活。在美国，道德原则不仅存在于宗教机构中，还被列入了有关侮辱、诽谤、广告真实性和竞选惯例等的法律中。

尽管我们的大多数交流都不涉及大众媒介或是法律程序，但这并不意味着你就可以不考虑人际交流的影响。无论我们的信息所产生的影响是简单的还是深刻的，一个无法回避的事实就是，你的行为影响到了他人。正如莎士比亚在他的《错误的喜剧》中告诉我们的：“每个‘为什么’都是有理由的。”我们现在请你思考这种“为什么”及其“理由”——去思考你的行为及其产生的后果。在下一节，我们将提出一种人际道德，它对你以及你的伙伴都会有有益的影响，而且由于现在整个世界存在着一种共存共荣的关系，因而这种道德观对全人类来说都是有益的。

道德观的定义

道德观指的是对“正确与谬误、美德与罪恶以及人类行为的责任与义务”的判断。[212] 道德观为我们“提供了在个人和职业生涯中做出艰难的道德选择的工具”[213]。当道德与实践出现冲突时，这些选择会变得很艰难——当然这种情况经常会出现。有学者如此阐述这个问题：“当两种‘正确’的道德责任发生冲突时，就会出现最艰难的抉择，道德观通常会在二者之间寻找一种平衡，因为根本就没有‘正确’的答案。”[214] 安格鲁斯诺明确地强调了道德选择与交流之间的关系，他指出，“当我们的想法和行为触及他人时”，道德观就会起作用。[215]

几千年来，宗教思想家、哲人和普通人都在竭力探究我们的行为产生了怎样的后果这类问题。从《十诫》到佛教的《八圣道》，到《古兰经》，到伊壁鸠鲁（Epicurus）对利己主义的辩解，到马丁·布伯（Martin Buben）的“内心道德学”，再到孔子的《论语》，人们都在试图确立自己的道德

义务究竟是什么，以及该如何去对待这些义务。答案是多种多样的：从简单、自私的旁观（“这是个狗咬狗的世界”），到关注我们对别人所负的道德义务的哲学指令，不一而足。著名的慈善家阿尔贝特·史怀泽强调了这一观点：“正如波浪不能单独存在，而是作为起伏的海面的一部分，我们永远也无法独立生存，而是一直生活在环绕在我
356 们周围的体验中。”

从上一段话可以看出，道德观是一个难以捉摸的话题：“道德观与我们生活中的灰色区域有关，因为当道德判断黑白分明时，弄清我们该做什么是很简单的。”[216]然而那些数不清的不易下结论的情况又该怎么办呢？当你需要道德引导时该向谁求助呢？向上帝？向家人？向朋友？向哲人？还是向你自己？在寻求道德上的建议时，你所发现的常常是大量代表了多种不同方向的途径，让我们暂时停下来看一下这些途径中的两种——相对主义和普世主义，并论述它们在跨文化交流中的应用。

相对主义

文化相对主义是从一种哲学观点中来的，这种观点认为，什么样的行为是对的什么是错的，什么样的行为是好的什么是坏的，这些都不是绝对的，而是变化的和相对的。这种道德哲学的观点认为，没有一种在任何时候对任何人都正确的道德准则，每个群体都有相对于自身的需要和价值观的道德准则，所有的道德观念都必然是相对于一个特定群体的人的。下面这段话从多种角度强调了这一问题：

> 人类学学者认为道德一旦离开了界定它的文化就失去了意义；哲学家认为道德依赖于一个人的动机所取得的成果；而普通人则认为个人自由是至上的，个人自由的运用在不伤害他人的前提下是不应受到约束的。[217]

正如你所看到的，由于在道德这一话题中加入了文化问题，我们就给本来已经很棘手的主题又增加了一些麻烦，豪威尔清楚地概括了道德相对主义（文化方面）这一定位：

> 文化与道德之间最根本的联系在于：道德标准是特定文化的产物。因此对一个群体来说，基本的正确与否的行为举止很重要，但在各地则各不相同。这种现象并不足为奇。所以，遇到以下情况时我们也不必大惊小怪，即某种行为方式在一种文化中拥有很高的道德评价——正确的——在另一种文化中却不具有道德上的重要性，而在第三种文化中则可能是不道德的，也就是被大多数人认为在道德上是错误的。[218]

那些认为文化相对主义是一种吸引人的道德标准的人，会崇尚这样一种观点，即在文化相对主义的前提下，没有一种文化是比其他文化更优越的，因此他们允许各种文化和实践共存。而这种对其他行为的接受也造就了一种宽容和理解的态度。记住，在道德相对主义的前提下，你应该努力去克制自己为其他文化做道德判断的想法。

现在我们再来看一种与道德相对主义完全相反的世界观。

普世主义

文化普世主义采取了这样一种立场，即不论环境与文化如何，世上存在着适用于所有文化的固定的普遍的道德准则。不过在承认实践和信仰有所不同的前提下，普世主义也承认在不同文化中交织着一系列的价值观、规则、道德观等的区别。值得一提的是，这种观点认为道德定律需要

所有的人来遵守，而不是仅仅针对一些人。这种对于道德的普世态度可以在德国哲学家康德
357 (Kant) 的著作中找到。康德坚信，如果一个人想让自己的行为在道德上是正确的，那么他就必须有能力将他的语言或行动变成普遍的法则，也就是说让每个人都根据同一法则行事。[219] 对道德观的这一阐述用康德的一句话来概括可能是最恰当的：“只需按照那样一个准则来行事，它就能成为一个普遍的准则。”与普世主义相关的问题很明显，正如相对主义一样，普世主义也强调了确定一个在任何情况下都适用于所有文化的跨文化道德准则是多么的困难。试想一下，即使是仅仅是要找到一个对于谁来说都正确的做事方向，都是十分艰难的。现在我们应该很清楚了，关于道德的研究是非常复杂、烦琐的，然而我们却不能让这些难题阻止我们去寻找可能的答案。

本章余下的部分将用来讨论一些道德准则，当你与来自不同文化的人交流时，应该把它们记在脑子里。我们坚信，尽管文化上有差异，但某些特定的道德行为是无法被宽容的（比如侵害名誉、杀害婴儿、萨提亚模式、同类相食、奴隶制、虐待女性等），因此仍然存在一些适用于所有人和所有文化的普遍行为准则。简言之，我们认为你能够在承认文化相对性的同时，找到一种普遍的道德观。现在就让我们来看看这些共有的准则。

跨文化的道德准则

留心交流会产生反应

在第1章和本章的开头，我们都强调了这样一种观点，即你向别人发送的信息会产生反应。在跨文化环境中，由于背景的多样性，预测这些信息将会带来什么样的反应是很困难的。例如，在美国，人们知道应该怎样去感谢别人的赞扬或礼物，他们能够比较正确地预测到别人希望他们怎样做，以及自己该做出怎样的反应，这是其文化的基础。要美国人预测其他文化的反应则难得多。还是再来看一下如何感谢别人的简单例子。在阿拉伯文化中，人们希望用无数感激之词来表达谢意；而在英国，人们则希望感谢适可而止，因为太多的谢意会让人反感。正是由于信息具有各种潜在力量，因而你必须要了解你的信息对他人的影响。这种对自己的行为及其后果的关注，在佛教传统中被称为留心。“留心就是知晓，是对既存经验平和的接受。”[220] 当然，事实比这要复杂得多，留心要对当前时刻所发生的事保持开放的态度并且准备随时接受它。当你在交流中进行关注时，你应该是全神贯注的。这种对当时当地的知晓可以使你避免让习惯代替洞察力去指导你的行为。通过留心，你可以根据环境和人来调整你的信息。简言之，你可以留心自己正在对别人做些什么。留心是十分必要的：

> 不要沉迷于太精细的东西，我们要提醒自己交流实际上也有一个道德的层面。总的来说，
> 它的确期待接受者的行为有所改变。如果这种 358
> 改变很重要的话，那就意味着你干涉或妨碍了他人的自主。而干涉个人动机和欲望是一种道德行为，即使它的结果并无深远影响，或者说它会带来一个好的结果。试图说服别人改变行为可能是完全正确的，而且以行为后果来衡量的结果也可能是有益的，但对有益或有害的判断却并不是交流者本身能够可靠地获得的，他承担了一种道德上的责任，他最好能够知道他自己以及他可承担的责任是在哪一领域，他应该愿意依照任何既定的政策声明：“我支持这一政策，因为它会给受到它影响的人带来好的结果。”这个判断道出了一种道德上的利害关系，给出了人们所盼望的道德后果。[221]

由于文化差异的存在，跨文化交流中的留心显得格外重要。这种对于留心的努力可以体现在日本女性与美国人用英文交流时的状态，她们说："你不得不伸出你所有的天线。"

尊重个人价值

我们以一个简单的问题来开始讨论下一个道德准则：如果别人跟你开玩笑贬低你，或在行事时好像认为你并不重要，你会有什么感觉？答案很明显，你是不喜欢被人看扁的。每个人都需要一定程度的尊重、威严和价值感。当然，你没有义务去高度崇敬所有的人，但是你应该平等地尊重每一个人。这一概念被有些学者称作"对等定律"。这一观点要求你"对他人持有一种可逆的灵活的态度和平等感"[222]。在一本关于道德学的书里，有学者在谈到道德准则时使用了诸如"贬值"、"嘲笑"和"排斥"之类的词语。[223] 在更普遍的标准上我们可以参照《联合国世界人权宣言》（简称《宣言》），《宣言》中一共有 30 条，其中有三条都是直接与跨文化交流相关的。

- 第一条，人人生而自由，在尊严和权利上一律平等。他们富有理性和良心，并应以兄弟关系的精神相对待。
- 第二条，人人有思想、良心和宗教自由的权利。
- 第三条，人人有权享有主张和发表意见的自由。

这些条款所要指出的就是，人们应该在生理上和心理上都尊重别人。孔子也是这样论述的：没有了尊重感，还怎么来区分人与野兽？

寻找人与文化间的共同点

我们在本书中已经花了大量的时间来谈论跨文化情况下的重要差异，人们如何运动、如何祷告、如何说话、如何抚育孩子等差异都成为本书的一部分。事实上，只有人和文化之间的相似点才能够成为道德准则。下面这些话可以为此作证：

> 无论存在多少差异，表面之下仍然有很多相似点，识别不同文化之间的相似点是很
> 359 重要的。剥去遍布差异的外表，我们会发现很多的相似点：人们的希望、抱负、对生存的渴望、对爱的追求以及对家庭的需要——仅举几例。[224]

这种对于相似点的信念对道德研究十分重要，因为它帮助你在决定如何对待别人时能够去寻找共同点而不管他们来自怎样的文化。但更重要的是，去了解他们拥有一系列能够把他们联系在一起的更为关键的特点。相似点能把人们团结在一起，而且还能让人们成为一个"团体"的一员，这个"团体"可能是明显的，也可能是微妙的。比如，70 亿人在很短的时间里共同居住在同一个星球上，所有的人都有着挣脱外部束缚获得自由的情感和渴望：对自由的渴望是最根本的。所有的人都试图避免生理和心理上的痛苦，并去寻找一定程度上的平静生活，这与宗教或是超自然无关。作为同一物种，人们不仅仅在感情和体验上有着相似之处，所有文化其实都有着一些共同的价值观。

世界上的许多宗教或传统文化也将人们联系在一起，都在杀人、偷盗、作伪证和通奸等方面对其成员有着相同的教导。各种各样的"黄金法则"在任何一种文化中都可以找到，虽然用词不同，但其中包含的道理是一样的。[225]

> 佛教："如果你觉得自己会受到伤害，就不要那样去伤害别人。"
>
> 基督教："你们愿意人怎样待你们，你们

虽然在不同文化中，使人微笑的原因不同，
但是，全世界一个笑容承载的含义是相同的。

也要怎样待人。”

儒家：“己所不欲，勿施于人。”

印度教：“全部的责任是：那些会令你痛苦的事，不要对别人去做。”

伊斯兰教：“只有把自己的愿望当作兄弟的愿望的人，才是信徒。”

耆那教：“无论是快乐还是苦难，欢笑还是悲叹，我们在对待他人时都要和对待自己一样。”

犹太教：“你不喜欢的不要对别人去做，这才是法则，其他的都是评注。”

美国土著：“尊重所有的生命是最根本的。”

如果不是篇幅的限制，我们还可以列举出更多的劝诫其成员“与人类大家庭保持一致”的文化。在人际层面上我们也要注意这个“法则”：“道德的交流者会以自己愿意接受的标准来劝服其他文化的人。”[226]

我们相信从这个简单的例子当中你可以认识到，在人类最重要的性格特征上，我们都是非常相似的。重要的是，在这个多文化的世界里，你开始看到其普遍性。亨廷顿也表达了同样的观点：“来自各种文明的人都应该寻求并尝试去延伸那些与来自其他文明的人相似的价值观、习俗和做法。”[227]

认识差别的合理性 360

刚刚我们请你注意了不同的人和文化之间存在的相似性，现在我们“把硬币翻过来”看看。在这一道德准则中，我们请你考虑以色列前总理所说的一段话：“每个人都有平等的权利，同时又要求这种平等的权利有所不同。”简而言之，我们希望你能够了解并承认文化差别的存在，同时把它当作建立一种跨文化道德的方式。换句话说，请记住我们从第 1 章开始就论及的主题——人们是相同的又是不同的。巴恩伦德这样叙述这种两面性：

> 表面上人们看到的大阪与芝加哥街头没什么区别——行色匆匆的人们、电车和公共汽车、大百货公司、纷繁的广告牌、摩天大楼、酒店、公共纪念碑。而表面之下却存在着很大不同：不同的工业组织、不同的教育方式、不同的工会角色、不同的家庭生活方式、独特的法律执行与惩罚措施、不同形式的政治活动、不同的性别和年龄角色。实际上，大多数对文化的认识所表现出来的差别和共同点是一样多的。[228]

因此，一种完整而诚实的跨文化道德应该在承认相同点的同时也认识到差别的存在，通过对二者的接受和理解，你将能够更好地评价你的行为可能产生的影响，并对他人的行为更加宽容。托马斯·杰斐逊（Thomas Jefferson）同样也指出了关于接受差别的问题：“无论我的邻居对我说有 20 个神还是说一个神都没有，都不会对我造成伤害。”

对个人行为负责

在本章的开头，我们提到了自由选择的原理，我们还指出你应该了解（注意）这些选择给别人带来了什么。接下来关于道德的一点考虑将这两种思想置于跨文化的环境中，我们有三个主张：承认个人的独特性、进行自由选择的能力以及世界的相互依赖性。你所有的决定、行动甚至失败都对你自己以及无数的其他人产生了影响。这一事实所造成的明显的道德影响把我们引向了全人类的责任。有人如此形容这种责任：“如果我与所有的人以某种方式联系在一起，无论这种联系看起来多么微不足道，在某种意义上来说，我都要为所有人的幸福负责，而且是为共同的利益负责。对我来说，这种认识可能是所有道德的基础。”[229]

其中心思想是，如果你准备生活在这个拥挤而相互联系的世界上，而且这个星球和你——它的“临时居民”——想要存活的话，你必须接受你在这个世界上的个人角色。记住，正如我们在全书中一直指出的那样，人与文化不可摆脱地联系在一起，就像英国人类学家格里高利·巴特松（Gregory Batson）所指出的：“是什么方式联系着虾和蟹、兰花和报春花，以及这四者和我，还有我和你？”

建立动机

我们用一个较之前面来讲更重要的建议来为讨论道德的这一节作总结，这个建议说起来是最容易的，但做起来却是最难的。这个建议是，努力做到
361 合乎道德。这几个字敲起来毫不费力，念起来也不复杂，但真正做到却是艰难而复杂的。你的道德上的决定不仅仅受到你个人兴趣和对快乐的追求的影响，同时也会受制于你的生活规律和文化。

毫无疑问，你更愿意关心那些在生理和心理

上与你相近的人。你最关心的人肯定是你的家人。随着交际圈的扩大，你还会关心你的亲戚和朋友。对他人的关心随后会囊括你的邻居和社区的其他成员。随着你渐渐远离你最熟悉的圈子，你会发现对他人移情变得越来越难。试想一下，你在听到如下两个消息时的反应：你的某个家人在一场车祸中受伤了；发生在亚洲的海啸导致 1.78 万人丧生，还有大约 13 万人失踪并且可能遇难。在大多数时候，你恐怕会更关心你的家人而不是远在千里之外的亚洲遇难者。尽管这是一个很平常的反应，但它还是阻碍了你去了解其他人。为了更好地进行跨文化交流，你必须越过个人的界线，并努力去了解那些不属于你生活一部分的人的经历。这并不是个容易完成的任务，就像一句俄罗斯谚语所说的："即使你住在墓地旁边，你也不会为每一个人哭泣。"我们并不是让你去哭泣，我们只是想让你不要保持漠视。正如人类学家简·古德提醒我们的："对我们的未来来说，最大的危险就是冷漠。"

在我们结束关于道德观的讨论之前，我们请你不要被困难吓倒。尽管你可能并未有意识地去思考关于道德行为的问题，但事实上你每天都逃不掉要做各种道德上的决定——无论是有意还是无意间所做的决定都包含着道德的内容。如果忽略了这部分内容，自由选择的权利就被剥夺了，而你所做的一切就将被冲动或忽视左右，同时它也否定了我们本书的主题——人与文化之间的连锁关系。英国诗人特尼森强调了这一观点："无论我遇到谁，我都是他们的一部分，而他们也是我的一部分。"

概 要

- 相信跨文化交流有改进的可能的信念基于三点假设：(1) 语言是一个开放的系统；(2) 人们有选择的自由；(3) 交流是有影响的。
- 交流能力的基本组成部分是动机、知识、技巧和性格。
- 跨文化交流的潜在问题包括寻找相似点、焦虑和减小不确定性、刻板印象、偏见、种族歧视、权力的滥用、种族优越感的渴望，以及文化冲击。
- 要想改善跨文化交流，就要了解你自己，要运用移情，要注意倾听当中的文化差异，要鼓励反馈，要促进交流的灵活性，要学会处理跨文化冲突，要学会文化适应。
- 由于交流是一种有影响的活动，因而你必须要有交流道德观。
- 跨文化道德观要求你注意交流的力量，尊重每一个人的价值，寻找不同的人与文化间的共性，认识差异的不同形态，对你的行为负责，而且要有动机。

【注 释】

[1] L. Beamer and Iris Varner, *Intercultural Communication in the Global Workplace* (New York: McGraw-Hill, 2001), vii.

[2] H. Smith, *The Illustrated World's Religions* (New York: Harper San Francisco, 1994), 13.

[3] *Time*, December 20, 2004, 27.

[4] *Time*, August 26, 2002, 8 - 10.

[5] L. Schneider and A. Silverman, Global *Sociology: Introducing Five Contemporary Societies* (New York: McGraw-Hill, 1997), xxi.

[6] G. Hofstede, *Culture's Consequences: Comparing Values, Behavior, Institutions, and Organizations Across Cultures*, 2nd ed. (Thousand Oaks, CA: Sage Publications, 2001), xv.

[7] B. H. Spitzberg, "A Model of Intercultural Communication Competence," in *Intercultural Communication: A Read-*

er，9th ed.，L. A. Samovar and R. E. Porter，eds. (Belmont，CA：Wadsworth，2000)，375.

[8] Y. Y. Kim，"Intercultural Communication Competence：A Systems-Theoretic View，" in *Cross-Cultural Interpersonal Communication*，S. Ting-Toomey and R. Korzenny，eds. (Newbury Park，CA：Sage Publications，1991)，259.

[9] S. P. Morreale，B. S. Spitzberg，and J. K. Barge，*Human Communication：Motivation，Knowledge and Skills* (Belmont，CA：Wadsworth/ Thomson Learning，2001)，37 - 40.

[10] B. Spitzberg and W. Cupach，*Interpersonal Communication Competence* (Beverly Hills，CA：Sage Publications，1984).

[11] J. Luckmann，*Transcultural Communication in Nursing* (Albany，NY：Delmar，1999)，64.

[12] Morreale，Spitzberg，and Barge，2001，39 - 40.

[13] Ibid.，2001，40.

[14] P. B. Smith and M. H. Bond，*Social Psychology Across Cultures*，2nd ed. (Boston：Allyn and Bacon，1999)，284.

[15] E. Griffin，*A First Look at Communication Theory*，2nd ed. (New York：McGraw-Hill，1994)，173.

[16] Ibid.

[17] H. Cleveland，"The Limits of Cultural Diversity，" in *Intercultural Communication：A Reader*，9th ed.，L. A. Samovar and R. E. Porter，eds. (Belmont，CA：Wadsworth，2000)，427.

[18] S. Herman and E. Schield，"The Stranger Group in a Crosscultural Situation，" *Sociometry*，24 (1961)，165.

[19] D. C. Thomas and K. Inkson，*Cultural Intelligence：People Skills for Global Business* (San Francisco：Berrett-Koehler Publishers，2004)，11.

[20] L. Barna，"Stumbling Blocks in Intercultural Communication，" in *Intercultural Communication：A Reader*，6th ed.，L. A. Samovar and R. E. Porter，eds. (Belmont，CA：Wadsworth，1991)，351.

[21] See C. M. Berger and R. J. Calabrese，"Some Explorations in Initial Interaction and Beyond，" *Human Communication Research*，1 (1975)，99-112；and C. R. Berger and J. J. Bradac，*Language and Social Knowledge：Uncertainty in Interpersonal Relations* (London：E. E. Arnold，1982).

[22] Berger and Calabrese，100.

[23] C. R. Berger，"Communicating Under Uncertainty，" in *Interpersonal Processes：New Directions in Communication Research*，M. E. Roloff and G. R. Miller，eds. (Newbury Park，CA：Sage Publications，1987)，41.

[24] W. B. Gudykunst and Y. Y. Kim，*Communication with Strangers：An Approach to Intercultural Communication*，4th ed.，(New York：McGraw Hill，2003) 13.

[25] J. Luckmann，*Transcultural Communication in Nursing* (New York：Delmar Publishers，1999)，66.

[26] W. Gudykunst，*Bridging Differences：Effective Intergroup* Communication，3rd ed. (Thousand Oaks，CA：Sage Publications，1998)，272.

[27] C. R. Berger，"Inscrutable Goals，Uncertain Plans，and the Production of Communication Action，" in *Communication and Social Process*，C. R. Berger and M. Burgoon，eds. (East Lansing：Michigan State University Press，1995)，1 - 28.

[28] E. Banks and M. Rogers，"Uncertainty Reduction Theory，" in *Introducing Communication Theory：Analysis and Application*，R. West and L. H. Turner，eds. (Mountain View，CA：Mayfield Publishing Company，2000)，140.

[29] Ibid.

[30] D. M. Taylor and L. E. Porter，"A Multicultural View of Stereotyping，" in *Psychology and Culture*，W. J. Lonner and Roy S. Malpass，eds. (Needham Heights，MA：Allyn and Bacon，1994)，87.

[31] Ibid.，85.

[32] W. Lippman，*Public Opinion* (New York：Macmillan，1957)，79 - 103.

[33] C. S. Abbate，S. Boca，and P. Bocchiaro，"Stereotyping in Persuasive Communication：Influence Exerted by Disapproved Source，" *Journal of Applied Social Psychology*，34 (2004)，1192.

[34] J. W. Berry，Y. H. Segall，and P. R. Dasen，*Cross-Cultural Psychology：Research and Application* (New York：Cambridge University Press，1992)，299.

[35] N. Rapport *and* J. Overing，*Social and Cultural Anthropology：The Key Concepts* (New York：Routledge，

2000), 343.

[36] H. C. Triandis, *Culture and Social Behavior* (New York: McGraw-Hill, 1994), 138.

[37] P. B. Smith and M. H. Bond, *Social Psychology Across Cultures : Analysis and Perspectives* (Boston: Allyn and Bacon, 1994), 169.

[38] Triandis, 1994, 138.

[39] D. J. Schneider, *The Psychology of Stereotypes* (New York: Guilford Press, 2004), 341.

[40] Abbate, Boca, and Bocchiaro, 2004, 1192.

[41] D. S. Meshel and R. P. McGlynn, "Intergenerational Contact, Attitudes, and Stereotypes of Adolescents and Older People," *Educational Gerontology*, 30 (2004), 458.

[42] J. T. Wood, *Gendered Lives : Communication, Gender and Culture* (Belmont, CA : Wadsworth/Thomson Learning, 2005), 234.

[43] For a detailed discussion of the problems associated with stereotyping, see Y. Lee, L. J. Jussim, and C. R. McCawley, eds., *Stereotyping Accuracy : Toward Appreciating Group Differences* (Washington DC: American Psychological Association, 1995).

[44] N. J. Adler, *International Dimensions of Organizational Behavior*, 2nd ed. (Boston: PWS-KENT, 1991), 74.

[45] J. W. Sherman, F. R. Conrey, and C. J. Groom, "Encoding Flexibility Revisited: Evidence for Enhanced Encoding of Stereotypes—Inconsistent Information Under Cognitive Load," "*Social Cognition*" 22 (2004), 215.

[46] E. W. Lynch and M. J. Hanson, *Developing Cross-Cultural Competence : A Guide for Working with Young Children and Their Families* (Baltimore, MD: Paul H. Brookes, 1992), 44.

[47] D. R. Atkinson, G. Morten, and D. Wing Sue, "Minority Group Counseling : An Overview," in *Intercultural Communication : A Reader*, 4th ed., L. A. Samovar and R. E. Porter, eds. (Belmont, CA: Wadsworth, 1982), 172.

[48] M. Pickering, *Stereotyping : The Politics of Representation* (New York: Palgrave, 2001), 10.

[49] M. Guirdham, *Communicating Across Cultures* (West Lafayette: Purdue University Press, 1999), 163.

[50] Meshel and McGlynn, 2004, 461.

[51] W. B. Gudykunst, *Asian American Ethnicity and Communication* (Thousand Oaks, CA: Sage Publications, 2001), 140.

[52] Meshel and McGlynn, 2004, 462.

[53] W. Stephan, *Reducing Prejudice and Stereotyping in Schools* (New York: Teachers College Press, 1999), 17-19.

[54] S. Ting-Toomey and L. C. Chung, *Understanding Intercultural Communication* (Los Angeles: Roxbury Publishing Company, 2005), 238.

[55] Ibid., 239.

[56] J. J. Macionis, *Society : The Basics*, 4th ed. (Upper Saddle River: NJ: Prentice Hall, 1998), 217.

[57] J. B. Rusher, *Prejudice Communication : A Social Psychological Perspective* (New York: Guilford Press, 2001), 4.

[58] Ibid., 6.

[59] J. Levin, *The Functions of Prejudice* (New York: Harper and Row, 1975), 13.

[60] R. Richard Brislin, *Understanding Culture's Influence on Behavior*, 2nd ed. (New York: Harcourt College Publishers, 2000), 209.

[61] H. D. Fishbein, *Peer Prejudice and Discrimination : The Origins of Prejudice* (Mahwah, NJ: Lawrence Erlbaum, 2002), 61.

[62] Levin, 1975, 10.

[63] For a more detailed account of the functions of prejudice, see Brislin, 2000, 208-213; D. Katz, "The Functional Approach to the Study of Attitudes," *Public Opinion Quarterly*, 24 (1960), 164-204; B. Hall, *Among Cultures : The*

Challenge of Communication (New York: Harcourt College Publishers, 2002), 224 - 227.

[64] A. G. Allport, *The Nature of Prejudice* (Cambridge, MA: Addison-Wesley, 1954) .

[65] J. Feagin, *Racial and Ethnic Relations*, 3rd ed. (Englewood Cliffs, NJ: Prentice Hall, 1989) .

[66] S. Oskamp, "Multiple Paths to Reducing Prejudice and Discrimination," in *Reducing Prejudice and Discrimination*, S. Oskamp, ed. (Mahwah, NJ: Lawrence Erlbaum, 2000), 3.

[67] A. Kaplan, "Equality," in *Bigotry, Prejudice and Hatred : Definitions, Causes and Solutions*, R. M. Baird and S. E. Rosenbaum, eds. (Buffalo, NY: Prometheus Books, 1992), 24.

[68] W. G. Stephan and C. W. Stephan, "An Integrated Threat Theory of Prejudice," in *Reducing Prejudice and Discrimination*, S. Oskamp, ed. (Mahwah, NJ: Lawrence Erlbaum, 2000), 25.

[69] Oskamp, 2000, 7.

[70] Stephan and Stephan, 2000, 40 - 41.

[71] Oskamp, 2000, 9.

[72] Stephan and Stephan, 2000, 40.

[73] Ibid.

[74] R. H. Dana, *Multicultural Assessment Perspectives for Professional Psychology* (Boston: Allyn and Bacon, 1993), 23.

[75] E. Vora and J. A. Vora, "Undoing Racism in America: Help from a Black Church," *Journal of Black Studies*, 32 (2002), 389.

[76] S. J. Gold, "From Jim Crow to Racial Hegemony: Evaluating Explanations of Racial Hierarchy," *Ethnic and Racial Studies*, 27 (2004), 957.

[77] L. D. Bobo and C. Fox, "Race, Racism, and Discrimination: Bridging Problems, Methods, and Theory in Social Psychology Research," *Social Psychology Quarterly*, 66 (2003), 324.

[78] Gold, 2004, 953.

[79] B. Leone, *Racism : Opposing View Points* (Minneapolis, MN: Greenhaven Press, 1978), 1.

[80] Ibid.

[81] S. Nanda and R. L. Warms, *Cultural Anthropology*, 6th ed. (Belmont: CA: Wadsworth, 1998), 9.

[82] Ibid. , 10.

[83] L. Blum, *I'm Not a Racist, But …* (Ithaca, NY: Cornell University Press, 2002), 9.

[84] R. Brislin, *Understanding Culture's Influence on Behavior* (Fort Worth, TX: Harcourt Brace Jovanovich, 2000), 214.

[85] Ibid. , 215.

[86] R. W. Brislin, "Prejudice in Intercultural Communication," in *Intercultural Communication : A Reader*, 6th ed. , L. A. Samovar and R. E. Porter, eds. (Belmont, CA: Wadsworth, 1991), 386.

[87] Brislin, 2000, 220.

[88] Blum, 2002, 9.

[89] Gudykunst and Kim, 2003, 143.

[90] J. Solomos and L. Back, *Racism and Society* (New York: St. Martin's Press, 1996), 216.

[91] B. Russell, *Power* (New York: W. W. Norton, 1938), 10.

[92] R. A. Barraclough and R. A. Stewart, "Power and Control: Social Science Perspectives," in *Power in the Classroom*, V. P. Richmond and J. McCroskey, eds. (Hillsdale, NJ: Prentice Hall, 1991), 1 - 4.

[93] Nanda and Warms, 1998, 226.

[94] Ibid.

[95] J. N. Martin and T. K. Nakayama, *Intercultural Communication in Context* (Mountain View, CA: Mayfield, 1997), 103.

[96] J. M. Charon, *The Meaning of Sociology*, 6th ed. (Englewood Cliffs, NJ: Prentice Hall, 1999), 152-153.

[97] Ibid., 153.

[98] E. Folb, "Who's Got the Room at the Top?" in *Intercultural Communication: A Reader*, 9th ed., L. A. Samovar and R. E. Porter, eds. (Belmont, CA: Wadsworth, 2000), 122.

[99] E. Folb, 2000, 122.

[100] M. L. Hecht, M. J. Collier, and S. A. Ribeau, *African American Communication: Ethnic Identity and Cultural Interpretation* (Newbury Park, CA: Sage Publications, 1993), 135-137, 144. Also see A. Smith, *Transracial Communication* (Englewood Cliffs, NJ: Prentice Hall, 1973), 118-119.

[101] Wood, 2005, 296-297.

[102] Smith, 1973, 71.

[103] G. A. Borden, *Cultural Orientation: An Approach to Understanding Intercultural Communication* (Englewood Cliffs, NJ: Prentice Hall, 1991), 116.

[104] J. A. Blubaugh and D. L. Pennington, *Crossing Differences: Interracial Communication* (Columbus, OH: Charles E. Merrill, 1976), 39.

[105] W. G. Sumner, *Folkways* (Boston: Ginnand, 1940), 13.

[106] Nanda and Warms, 1998, 6.

[107] Triandis, 1994, 252.

[108] Nanda and Warms, 1996, 7. Also see D. G. Bates and F. Plog, *Cultural Anthropology*, 3rd ed. (New York: McGraw-Hill, 1990), 17; W. A. Haviland, *Cultural Anthropology*, 7th ed. (Fort Worth, TX: Harcourt Brace Jovanovich, 1993), 48.

[109] Macionis, 1998, 48.

[110] F. M. Keesing, *Cultural Anthropology: The Science of Custom* (New York: Holt, Rinehart, and Winston, 1965), 45.

[111] J. Rusen, "How to Overcome Ethnocentrism: Approaches to a Culture of Recognition by History in the Twenty-First Century," *History and Theory*, *Theme Issues*, 43 (December 2004), 121.

[112] J. Scarborough, *The Origins of Cultural Differences and Their Impact on Management* (Westport, CT: Quorum Books, 1998), 14.

[113] W. A. Haviland, *Cultural Anthropology* (Belmont, CA: Wadsworth, 2002), 470.

[114] R. Brislin, 2000, 45.

[115] T. K. Gamble and M. W. Gamble, *Contacts: Interpersonal Communication in Theory, Practice, and Context* (Boston: Houghton Mifflin Company, 2005), 281.

[116] Triandis, 1994, 39.

[117] J. W. Berry, Y. H. Poortinga, M. H. Segall, and P. R. Dasen, *Cross-Cultural Psychology: Research and Application* (New York: Cambridge University Press, 1992), 9.

[118] R. W. Nolan, *Communicating and Adapting Across Cultures* (Westport, CT: Bergin and Garvey, 1999), 19.

[119] Smith and Bond, 1994, 192.

[120] C. Storti, *The Art of Coming Home* (Yarmouth, ME: Intercultural Press, 1997), 2.

[121] A. Furnham and L. Bochner, *Culture Shock—Psychological Reactions to an Unfamiliar Environment* (New York: Methuen, 1986).

[122] S. Bochner, "Culture Shock," in *Psychology and Culture*, W. J. Lonner and R. S. Malpass, eds. (Needham Heights, MA: Allyn and Bacon, 1994), 246.

[123] K. Oberg, "Culture Shock: Adjustments to New Cultural Environments," *Practical Anthropology*, 7 (1960), 176. Also see P. K. Bock, *Culture Shock* (New York: Knopf, 1970).

[124] A. Furnham and S. Bochner, *Culture Shock: Psychological Reactions to Unfamiliar Environments* (New York:

Routledge, 1989), 250.

[125] R. W. Brislin, *Cross-Cultural Encounters: Face-to-Face Interactions* (New York: Pergamon Press, 1981), 155.

[126] Lynch and Hanson, 1992, 23.

[127] For a discussion of the reactions produced by culture shock, see S. Bochner, 1994, 249; W. B. Gudykunst and Y. Y. Kim, 2003, 377; J. T. Gullahorn and J. E. Gullahorn, "An Extension of the U-Curve Hypothesis," *Journal of Social Science*, 17 (1963), 33 - 47; and Triandis, 1994, 264.

[128] Gudykunst and Kim, 2003, 379.

[129] E. Marx, *Breaking Through Culture Shock* (London: Nicholas Brealey, 1999), 7.

[130] Triandis, 1994, 265.

[131] Ibid., 7.

[132] P. R. Harris and R. T. Moran, *Managing Cultural Differences: Leadership Strategies for a New World of Business*, 4th ed. (Houston, TX: Gulf, 1996), 142.

[133] Berry, Poortinga, Segall, and Dasen, 1992, 340.

[134] N. J. Adler, *International Dimensions of Organizational Behavior*, 3rd ed. (Cincinnati, OH: South-Western College Publishing, 1997), 238.

[135] I. Kawano, "Overcoming Culture Shock: Living and Learning in Japan Through the JET Program," paper presented at the Annual Convention of the Western States Communication Association, Monterey, CA, February, 1997, 25.

[136] E. Y. Kim, *The Yin and Yang of American Culture* (Yarmouth, ME: Intercultural Press, 2001), 207.

[137] E. C. Stewart and M. J. Bennett, *American Cultural Patterns: A Cross-Cultural Perspective* (Yarmouth, ME: Intercultural Press, 1991), 175.

[138] T. Novinger, *Intercultural Communication: A Practical Guide* (Austin, TX: University of Texas Press, 2001), 24.

[139] R. Norton, Communication *Style: Theory, Application and Measures* (Beverly Hills, CA: Sage Publications, 1982).

[140] D. C. Barnlund, *Public and Private Self in Japan and the United States: Communication Styles of Two Cultures* (Tokyo: Simul Press, 1975), 14 - 15.

[141] See M. Snyder, *Public Appearance, Private Realities: The Psychology of Self-Monitoring* (New York: Freeman), 1987.

[142] M. Guirdham, *Communication Across Cultures* (West Lafayette, IN: Purdue University Press, 1999), 243.

[143] Morreale, Spitzberg, and Barge, 2001, 256.

[144] L. A. Haynes and A. W. Avery, "Training Adolescents in Self-Disclosure and Empathy Skills," *Journal of Community Psychology*, 26 (1979), 527.

[145] S. Ting-Toomey, *Communicating Across Cultures* (New York: Guilford Press, 1999), 160.

[146] R. L. Katz, *Empathy: Its Nature and Uses* (New York: The Free Press of Glencoe, 1963), 62.

[147] B. J. Broome, "Building Shared Meaning: Implications of a Relational Approach to Empathy for Teaching Intercultural Communication," *Communication Education*, 40 (1991), 235.

[148] C. Calloway-Thomas, P. J. Cooper, and C. Blake, *Intercultural Communication: Roots and Routes* (Boston: Allyn and Bacon, 1999), 106.

[149] G. R. Miller and M. Steinberg, *Between People: A New Analysis of Interpersonal Communication* (Chicago: Science Research Associates, 1975), 167.

[150] R. Bell, "Social Involvement," in *Personality and Interpersonal Communication*, J. McCroskey and J. Daly, eds. (Newbury Park, CA: Sage Publications, 1987), 205.

[151] D. W. Nelson and R. Baumgarte, "Cross-Cultural Misunderstandings Reduce Empathic Responding," *Journal of Social Psychology*, 34 (2004), 398.

[152] S. Trenholm and A. Jensen, *Interpersonal Communication*, 2nd ed. (Belmont, CA: Wadsworth, 1992), 254.

[153] D. C. Barnlund, *Communication Styles of Japanese and Americans* (Belmont, CA: Wadsworth, 1989), 162.

[154] Trenholm and Jensen, 1992, 255.

[155] A. L. Rich, *Interracial Communication* (New York: Harper and Row, 1974), 35 - 36.

[156] R. D. Lewis, *When Cultures Collide: Managing Successfully Across Cultures*, (Yarmouth, ME; Intercultural Press, 1999), 443.

[157] H. Wenzhong and C. Grove, *Encountering the Chinese: A Guide for Americans* (Yarmouth, ME: Intercultural Press, 1991), 114.

[158] Morreale, Spitzberg, and Barge, 2001, 160.

[159] Lewis, 1999, 101 - 105.

[160] M. K. Asante and A. Davis, "Encounters in the Interracial and Intercultural Workplace," in *Handbook of International and Intercultural Relations*, M. K. Asante and W. B. Gudykunst, eds. (Newbury Park, CA: Sage Publications, 1989), 374 - 391.

[161] J. T. Wood, *Communication Mosaics: A New Introduction to the Field of Communication* (Belmont, CA: Wadsworth, 1998), 25.

[162] D. Rowland, *Japanese Business Etiquette*(New York: Warner, 1985), 47.

[163] Gamble and Gamble, 2005, 127.

[164] R. Hart, R. E. Carlson, and W. F. Eadie, "Attitudes Toward Communication and the Assessment of Rhetorical Sensitivity," *Communication Monographs*, 47 (1980), 1 - 22.

[165] Gudykunst and Kim, 2003, 290.

[166] S. Trenholm, *Human Communication Theory* (Englewood Cliffs, NJ: Prentice Hall, 1986), 112.

[167] D. A. Foster, *Bargaining Across Borders: How to Negotiate Successfully Anywhere in the World* (New York: McGraw-Hill, 1992), 253.

[168] B. D. Ruben and D. J. Kealey, "Behavioral Assessment of Communication Competency and the Prediction of Cross-Cultural Adaptation," *International Journal of Intercultural Relations*, 3 (1979), 19.

[169] Guirdham, 1999, 242.

[170] Ibid.

[171] R. M. Berko, L. B. Rosenfeld, and L. A. Samovar, Connecting: *A Culture-Sensitive Approach to Interpersonal Competency*, 2nd ed. (New York: Harcourt Brace College Publishers, 1997), 372.

[172] S. Ting-Toomey, "Managing Intercultural Conflicts Effectively," in *Intercultural Communication: A Reader*, 9th ed., L. A. Samovar and R. E. Porter, eds. (Belmont, CA: Wadsworth, 2000), 388.

[173] See R. H. Kilman and K. W. Thomas, "Developing a Forced-Choice Measure of Conflict Handling Behavior: MODE Instrument," *Educational and Psychological Measurement*, 37, 1977, 309 - 325; R. S. Lulofs and D. D. Cahn, *Conflict: From Theory to Action*, 2nd ed. (Boston: Allyn and Bacon, 2000); Morreale, Spitzberg, and Barge, 2001, 364 - 366; W. W. Wilmont and J. L. Hocker, *Interpersonal Conflict*, 5th ed. (Boston: McGraw-Hill, 1998).

[174] Berko, Rosenfeld, and Samovar, 1997, 386.

[175] Beamer and Varner, 2001, 239.

[176] Gamble and Gamble, 2005, 330.

[177] Morreale, Spitzberg, and Barge, 2001, 365.

[178] M. H. DeFleur, P. Kearney, T. G. Plax, and M. L. DeFleur, *Fundamentals of Human Communication* (New York: McGraw-Hill, 2005), 341.

[179] M. Roloff, "Communication and Conflict," in *Handbook of Communication Science*, C. Berger and S. H. Chaffee, eds. (Beverly Hills, CA: Sage Publications, 1990), 484 - 534.

[180] B. J. Broome, "Palevome: Foundations of Struggle and Conflict," in *Intercultural Communication: A Reader*, 9th

ed.，L. A. Samovar and R. E. Porter，eds.（Belmont，CA：Wadsworth，2000），110.

[181] S. Miyagi，B. Spitzberg，and L. Samovar，"Dealing with Conflict：A Study of Japanese and American Strategies，" paper presented at the Annual Convention of the Western States Communication Association Convention，Vancouver，Canada，1999.

[182] D. Barnland，*Public and Private Self in Japan and the United States*（Tokyo：Simul Press，1975），35.

[183] Gao and Ting-Toomey，1998，60.

[184] Ting-Toomey and Chung，2005，278.

[185] T. Novinger，*Communicating with Brazilians：When "Yes" Means "No"*（Austin，TX：University of Texas Press，2003），138.

[186] Ting-Toomey and Chung，2005，278.

[187] Ibid.

[188] G. Ness，*Germany：Unraveling the Enigma*（Yarmouth，ME：Intercultural Press，2000），63.

[189] G. Asselin and R. Mastron，*Au Contraire：Figuring Out the French*（Yarmouth，ME：Intercultural Press，2001），186.

[190] Ting-Toomey and Chung，2005，276. See also W. L. Splicher，"Intercultural Conflict：Attribution and Cultural Ignorance，" *Howard Journal of Communication*，5（1995），195－213.

[191] Wood，2005，186.

[192] A. Roy and B. Oludaja，"The Role of Dialogue in Managing Intergroup Conflict，" in *Intercultural Communication：A Reader*，11th ed.，L. A. Samovar and R. E. Porter，eds.（Belmont，CA：Wadsworth，2006），384.

[193] S. Ting-Toomey，"Managing Intercultural Conflicts Effectively，" in *Intercultural Comunication：A Reader*，9th ed.，L. A. Samovar and R. E. Porter，eds.（Belmont，CA：Wadsworth，2000），396.

[194] Ibid.

[195] Ting-Toomey，2000，397.

[196] Ibid.

[197] Ibid.，397.

[198] Y. Y. Kim，"Adapting to a New Culture，" in *Intercultural Communication：A Reader*，8th ed.，L. A. Samovar and R. E. Porter，eds.（Belmont，CA：Wadsworth，1997），404.

[199] Y. Y. Kim，"Cross-Cultural Adaptation：An Integrative Theory，" in *Theories in Intercultural Communication*，R. L. Wiseman，ed.（Thousand Oaks，CA：Sage Publications，1995），171.

[200] A. S. Mak，M. J. Westwood，and F. I. Ishiyama，"Optimising Conditions for Learning Sociocultural Competencies for Success，" *International Journal of Intercultural Relations*，23（1999），80.

[201] R. L. Rothenburger，"Transcultural Nursing：Overcoming Obstacles to Effective Communication，" *AORN Journal*，51（1990），1349－1363.

[202] F. T. Leong and E. L. Chou，"The Role of Ethnic Identity and Acculturation in the Vocational Behavior of Asian Americans：An Integrative Review，" *Journal of Vocational Behavior*，44（1994），165.

[203] A. M. Harper，"Cultural Adaptation and Intercultural Communication：Some Barriers and Bridges，" paper presented at the Annual Convention of the Western Speech Communication Association，Monterey，CA，February 1997，13.

[204] Kim，1995，177.

[205] E. Anderson，"A New Look at an Old Construct：Cross-Cultural Adaptation，" *International Journal of Intercultural Relations*，18（1994），293－328.

[206] G. M. Chen and W. J. Starosta，"Intercultural Communication Competence：A Synthesis，" in *Communication Yearbook*，vol. 19，B. R. Burleson and A. W. Kunkel，eds.（Thousand Oaks，CA：Sage Publications，1996），365.

[207] P. A. Begley，"Sojourner Adaptation，" in *Intercultural Communication：A Reader*，9th ed.，L. A. Samovar and R. E. Porter，eds.（Belmont，CA：Wadsworth，2000），404.

[208] P. R. Harris and R. T. Moran, *Managing Cultural Differences: Leadership Strategies for a New World of Business*, 4th ed. (Houston, TX: Gulf, 1996), 143.

[209] Kim, 1995, 172.

[210] G. Althen, *American Ways* (Yarmouth, ME: Intercultural Press, 1988), 165.

[211] Ibid.

[212] R. K. Johannesen, *Ethics in Human Communication*, 4th ed. (Prospect Heights, IL: Waveland Press, 1996), 1.

[213] L. A. Day, *Ethics in Media Communications: Cases and Controversies*, 3rd ed. (Belmont, CA: Wadsworth, 2000), 3.

[214] Ibid., 2.

[215] M. V. Angrosino, *The Culture of the Sacred* (Prospect Heights, IL: Waveland Press, 2004) 147.

[216] E. Griffin, *A First Look at Communication Theory*, 2nd ed. (New York: McGraw-Hill, 1994), 458.

[217] J. Q. Wilson, *San Diego Union-Tribune*, November 29, 1993, B5.

[218] W. S. Howell, *The Empathic Communicator* (Belmont, CA: Wadsworth, 1982), 179.

[219] Johannesen, 1996, 244.

[220] S. Boorestein, *It's Easier Than You Think: The Buddhist Way to Happiness* (New York: HarperCollins, 1995), 60.

[221] O. Tead, *Administration: Its Purpose and Performance* (New York: Harper and Row, 1959), 52.

[222] N. Burbules, *Dialogue in Teaching* (New York: Teachers College Press, 1993), 81-82.

[223] Johannesen, 1996, 257.

[224] M. K. DeGenova, *Families in Cultural Context: Strength and Challenges in Diversity* (Mountain View, CA: Mayfield Publishing Company, 1997), 6.

[225] J. Beversluis, *A Source Book for Earth's Community of Religions* (New York: Global Education Associates, 1995), 138.

[226] D. W. Kale, "Peace as an Ethic for Intercultural Communication," in *Intercultural Communication: A Reader*, 9th ed., L. A. Samovar and R. E. Porter, eds. (Belmont, CA: Wadsworth, 2000), 452.

[227] S. Huntington, *The Conflict of Civilizations and the Remaking of World Order* (New York: Simon and Schuster, 1996), 320.

[228] Barnlund, 1989, 92-93.

[229] D. Gomez-Ibanes, "Moving Toward a Global Ethic," in *A Source Book for Earth's Community of Religions*, J. Beversluis, ed. (New York: Global Education Associates, 1995), 128.

活动

1. 分组讨论下面这个话题：为什么了解你自己和你的文化是如此艰难？

2. 分组讨论下面这个话题：在承认个人之间与文化之间都存在差异的前提下，我们是否能够真正地与其他人进行移情？

3. 你认为来自不同文化的人是会越走越近，还是会彼此越来越疏远？

4. 分组讨论下面这个问题：跨文化的道德观应该是什么？

5. 和你的同学一起试着列举一些你们所认为的美国人的种族优越感。

6. 刻板印象、偏见、种族主义和种族优越感之间的关系是什么？

7. 你能否提出一些本章没有涉及的跨文化交流问题？

8. 讨论下面这句陈述："偏见永远不会被消除，因为它根植于人们的天性之中。"

9. 你认为现在在美国还存在歧视吗？如果有的话，是针对什么样的群体的？为什么会有这样的歧视？你能举出一些例子吗？

讨论观点

1. 选择一个来自其他文化的人，就一个成功的交流者应该拥有怎样的性格特征对其进行一次采访，采访要包括以下几个问题：

（1）一个非常值得依赖的人拥有怎样的性格特征？

（2）一个不值得依赖的人，与其相关联的交流技巧是什么？

（3）在你的文化当中，什么样的交流技巧是不受欢迎的？

（4）在你的文化中，什么样的交流技巧是最受欢迎的？

2. 回答下面的问题，并尽量去定义你的交流风格：

（1）我会对别人全神贯注吗？

（2）我看起来是轻松还是紧张？

（3）我是否经常不顾他人而改变话题？

（4）我是否抨击别人的观点？

（5）我是否经常微笑？

（6）我是否总是打断别人？

（7）当别人遇到麻烦时，我是否表现出了同情？

（8）我的行为是否冒犯了别人的自尊？

在与他人会话时自己做一些记录会对你有所帮助，如果有条件的话，留存影像资料会更好。

3. 讨论一下你们赞成还是反对以下建议：应该出台宪法修正案来声明将英语作为美国的官方语言。

4. 由于人与人之间以及不同文化之间存在差异，我们能否真正移情于他人？文化差异是如何作用于这一问题的？

5. 你能否想出一些本章没有讨论到的促进跨文化交流的方法？

6. 找一篇你认为能够证明道德观存在文化冲突的报纸或杂志文章，指出这其中的差异是什么，以及该如何解决。

结语

身在何处，欲去何方？

我们的差异使我们相互区别，而我们共同的人性又弥合了这种差异。

——凯伦·阿姆斯特朗（Karen Armstrong）

变化是永恒的，是一种重生的信号，就像凤凰涅槃一样。

——克里斯蒂娜·鲍德温（Christina Baldwin）

我们在哪儿？

我们通过指出跨文化交流在国际和国内的重要性，引入了“我们在哪儿”这个话题。文化多样性是一种生活的现实——这既是我们开篇的陈述，也是本书的核心。如果你环视每天生活的周边环境，仔细阅读报纸，浏览新闻信息，看一眼新闻频道，浏览网页，你将会发现：文化多样性确实是无法改变的事实，正是文化多样性引发了众多的社会问题。在2001年“9·11”悲剧之前的几个世纪，世界上遍布着意识形态和邻国之间的冲突。但是当那三架飞机撞上世贸中心的双子大楼和五角大楼时，人们才意识到无时不在、无处不在的文化和宗教的碰撞也会导致冲突。事实上，不管怎样，人们认识到整个世界是互相联系的一个整体。而且，暴力冲突也只是不同文化间冲突的一种形式而已。弗莱斯曼还注意到了其他的冲突形式，他写道：“我们在充斥着资源枯竭、恐怖主义、战争、宗教迷乱、人口膨胀、极权主义和核武器的世界中生存着。”[1]亨廷顿也提到了相关的潜在问题，他认为：“世界处于无秩序状态，充满了种族和国家冲突，但是对稳定构成最大威胁的则是存在于不同文明的国家和群体间的冲突。”[2]世界上到处都是这种冲突不断增多的事例。在欧洲，由中东和非洲移民引发的暴力行为，就为此提供
364 了一个由文化差异导致冲突的例子。

当外部的世界正变得越来越复杂和不确定，美国正经历着不断加剧的各种文化多样性，其增长速度几乎赶上了 20 世纪 20 年代的移民潮。现在，几乎每十个美国人中，就有一个出生在国外。[3]除此之外，移民人口的增长速度是本土人口的 6.5 倍之多。这种急速增长的文化多样性，使得美国人不得不考虑新环境下的跨文化交流。“今天的美国正经受着第二次大的移民浪潮，这些移民对社会有着深远的影响。”[4]这里所说的“影响”[5]既包括跨种族通婚率的增长，也包括大学校园里因带有种族色彩的话语而引发的冲突[6]，对阿拉伯裔美国人的充满敌意的行为，对好的就业、教育和医保的呼吁以及关闭美墨边境的呼声。

对上述概括的诸多挑战的观察，有助于我们定义跨文化交流。我们认为，跨文化交流发生在信息传播者和信息接收者来自不同文化的社会中。在本书的前面我们讨论了交流在跨文化交流研究中的作用，得出交流是动态的、有象征意义的、系统的、有上下语境的，而且是有重要意义的。当提及文化时，我们指出文化是一个特定群体的所有认知行为的总和。这样的文化，是共享的、可传递的、基于符号的、动态的整体。

我们发现，文化中最重要的信息都是由家庭、历史和宗教来传递的。正是通过这些社会组织，处于一种文化中的成员才能学会价值观、态度和行为举止等独特的文化。性别、年龄、工作、未来、礼节、时间、权利、个人主义、集体主义以及诸如此类的价值观得到重视。我们还了解到一个人的身份和他所处的文化间是有直接联系的。

由于人们是通过符号的形式来分享文化的经历，因而我们探究了两个最基本的符号体系，即语言符号体系和非语言符号体系。用符号的形式来表达思想和感觉是一个复杂的过程。然而，如果文化的多维度被加入编码和解码的过程中，内在意义的共享就变得更为错综复杂了。

因为跨文化交流经常发生在某种社会背景下，因此我们着眼于三种社会背景（商业、教育、医疗保健），在这三个领域，个人的文化背景都有可能影响到交流的结果。通过考察三种环境下文化差异的事件，我们能够证明交流的观念和模式是由文化来改变的。

接下来，我们看一下成功的跨文化交流中的观念与技术因素。我们假设这是一个公开的活动。简而言之，跨文化交流是人们之间互动的过程。我们提倡促进这种互动的行为，同时也要识别出阻碍它的一些因素。

最后，本书指出，在 21 世纪，在跨文化交流与接触中，我们务必要做一种细致的与道德内涵相关联的分析。简言之，在这个存在着差异的新世界，如果人们要进行有效的、互利的沟通，那么某种跨文化的、跨人际的道德准则就必须有所发展。

我们要去哪里？ 365

下面我们讨论跨文化交流的未来——它的趋势和挑战。我们开始注意到，任何对于规划未来事务进程的尝试都是一项棘手的且令人困惑的任务。显然，没有人能确切地知道明天将会是什么样子的，更别说是 5 年、20 年、100 年之后了。正如莎士比亚在《哈姆莱特》中说的那样：“我们很清楚我们现在的处境，可以后会怎样就不知道了！”在跨文化交流中，情况的确也是如此。我们知道自己的过去及现状，因此我们可能会通过对过去和现状的分析来预测跨文化交流的未来。

如果以过去为向导，那么未来最明显的特点就是，跨文化的关系和互动将变得更加强烈且重要。同时，众多的大势将会影响到跨文化交流的未来，我们认为有三个大势需要我们加以关注：（1）国际问题；（2）科技；（3）种族与文化认同。虽然这些大势是相互联系的，但是由于讨论的需要，我们将分别进行分析。我们讨论的结果，将有助于深化我们大家对于未来的认识。

国际问题

● 敌意

敌意、紧张、冲突和仇恨对人类来说并不是新鲜事。正如学者所指出的：“一个部落对另一个部落的敌意是人类最本能的反应。”[7]当那些来自不同国家和族群，频繁使用着不同的语言、持有不同的观念的人们生活在一起时，就很容易发生冲突。“除非他们之间有一个共同的目标”，否则“这些部落之间的敌意会使他们分离”[8]。看起来很明显，族群和种族冲突将会取代意识形态冲突，成为这一时代极易引起争端的问题。恐怖主义的不断升级和大规模杀伤性武器的潜在扩散都表明了我们需要有效的跨文化交流。当你把饥荒和全球范围的污染叠加在一起时，你就能理解为什么
366 热情和对文化的理解必须取代冷漠和愚昧了。

● 饥荒

正如我们在第 1 章提及的那样，全球饥荒是人类面临的一个主要问题。然而，尽管粮食生产国做了很大的努力，饥荒仍在蔓延。哈维兰德和他的同事们在归纳这个问题时写道：

> 众所周知，全球有 10 亿人营养不良。约 600 万 5 岁以下（包括 5 岁）的儿童死于饥饿，而那些活下来的也长期忍受着身心的折磨。[9]

这一问题表明，来自不同文化的人们必须在未来的 10 年里进行交流合作。在哈维兰德看来，原因很简单也很清楚：“导致饥荒的直接原因与其说是粮食生产，不如说是战争和粮食分配占了更大的比重。”[10]简言之，这些问题的根源都是缺乏交流。

● 环境退化

全球范围的污染也是一个需要文化之间加强交流的因素。像全球变暖、森林乱砍滥伐、水土流失、化学物质污染了水和土壤、酸雨、水资源短缺和气候变迁之类的问题都是无国界的。污染确实是那些议题之一，它反映了一个通常不言而喻的现实：“只要发生在世界的一个地方，就会出现在全球其他地方。”人们都知道导致危机的诸多原因并且也了解环境退化的危害在增加，但是大多数人都拒绝为解决这一危机做出更大的努力。与此同时，我们认为危机正在迅速恶化。在分析了近来一系列地球卫星照片后，路透社新闻报道称：“发布的卫星照片显示：人类对植物的破坏所造成的影响，城市呈爆炸式扩张，大面积森林被砍伐，以及内陆海的干涸都超过了以往 30 年。”[11]这些证据使得人们很难拒绝让全球污染这个议题成为未来国际对话中的一部分。

科技

当希腊哲学家普罗塔克说“世间万事万物无时无刻不在发生变化”的时候，的确表明他是个未来主义者。科技领域最能生动地体现这种变化。正如韦斯特和特纳所指出的那样：“任何人在日常生活中都无法回避科技这一主题。每天，我们身边都充斥着那些来自电话（手提电话和座机）、电脑、电视和传真机等各种科技新发明的信息。”[12]这些科技，甚至更新的发明正在改变着传播过程的各个方面。[13]并且，正如你可能会怀疑的那样，科技的提升已经并且将继续影响跨文化交流的未

来。我们认为，有两个与科技和跨文化交流相关的问题必须加以强调：（1）文化控制；（2）等级差距。让我们先从文化控制谈起。

367 **● 文化控制**

正如我们在第1章所谈论的那样，由于信息科技在21世纪飞速的发展，无论愿意与否，我们都暴露在其他族群的文化信息之下。这些信息的来源就像信息本身一样具有多样性。文化之间可以通过每天24小时的新闻频道、光碟、电影、电视节目、大功率电台、因特网、大众媒体这类工具得以相互“入侵”。这种新的交流构成了“全球信息流”[14]。伴随这股信息流而来的许多问题必须在未来加以解决。也许最主要的问题是“许多人感到他们自身文化的持久生命力和长期固有的属性，受到科技所带来的新生活方式的威胁”[15]。与此同时，这些信息四处扩散，而且这种信息流和数据类型由美国控制着。对于科技的掌握和控制意味着由美国生产出来的信息影响着别的文化的社会化进程。金提及的以下内容为这种影响提供了一个极好的例子：

> 诚然，无论走到哪里，我都能感受到美国文化的强大。无论是在日本，还是在韩国、泰国、澳大利亚、法国、意大利，你都能看到《泰坦尼克号》、有线新闻网、《老友记》、奥普拉和后街男孩。娱乐业是美国第二大出口产业。美国电影、音乐以及书籍吸引着全球的年轻人和长者。[16]

无论是伊朗人反对美国媒体传播不道德信息，还是法国人抱怨美国的贸易主义，没有人欢迎美国媒体把美国价值观塞进他们的文化中。就像我们在第1章中提及的那样，媒体是人们获得认知的一个重要组成部分，可是世界上的许多人对于从美国那里获得认知感到愤恨。

那些斥责美国权力和影响的人们注意到，世界上许多语言正在迅速消失而被英语取代。他们同时还指出一些西方的符号和偶像已侵入到他们的文化之中。在多数情况下，他们所害怕的是美国正在寻求控制整个世界，而媒体是这种控制的一个工具。由于美国控制了绝大多数娱乐媒体和先进媒体技术的生产和销售，因而一些人担心我们可能会看到一个“美国的世界”。且不说这些说法的对错，很明显，未来的跨文化互动将不得不面对那些因美国而引发的恐惧甚至敌意。 368

● 等级差距

对于由科技或称“数字鸿沟”带来的等级差距的担忧，已被兰德公司简单明了地表达了。

> 由于科技给其用户带来了利益和成功，这就可能会导致其他一些人处于落后状态，从而产生新的等级差距。虽然科技可以解决一些严重的困难（如发展中国家的粮食短缺和营养问题），但它也将在发展中国家和发达国家之间及其内部制造实际的经济差距。[17]

以上论点的基本前提是质朴的，至少其解释中是这样的。当下正在被热议的，正是21世纪一些领域的科技已经取得了成功，并且不论出于何种原因，如果发展中国家拒绝科技的使用的话，其经济发展将会举步维艰。因为在大多数涉及科技的新的商业机会面前，穷人和不发达国家是无法与较发达的国家竞争的。这种科技不平等现象是未来必须去面对的，因为它只会导致贫富差距进一步扩大。

种族和文化认同

未来跨文化交流将会面对的第三个问题是对于单质文化或由美国控制的文化这一观念的强烈反应。关于世界范围内单一文化的想法是哈维兰德及其同事经过一系列推理的产物：

> 这一想法主要是基于一种观察，即传播、交通和贸易领域的科技发展，使得全世界的人们越来越多地看同样的电视节目、读相同的报纸、吃同一种食物、穿一样款式的服装，

并且都是通过卫星电视和因特网来交流。[18]

甚至曾有预言称，到23世纪，世界将会是单一政治体制的。[19]对于单一文化假设的回应，有一种与之不同的假设认为：相反的趋势正在世界蔓延。这一假设认为，人们和文化前所未有地在抵制全球化，取而代之的是文化和国家都转向了自身。简言之，好像目前有一股“种族复兴”之风正在全世界迅速蔓延。[20]其中，致使“转向自身”的趋势得到强化的一个原因是，许多人把世界看作是不可预测的、复杂的和充满压力的。下面这段话对这一观点做了概括：

> 无论个人意识还是集体的文化，似乎都不足以应对不可预知的变化和日益增加的复杂性。压力、不确定性和挫折增加，信息、知识碎片、腐化的价值观充斥着大脑，消极思想被过分强调的同时积极性被忽视了，由此导致了一种虚无主义、焦虑和绝望的思潮。[21]

对于这种焦虑和不确定感的一个共同反应就是，“数以百万计的人相信，使他们感到确定和安全的最好的避难所就是与一群基于相似种族、共同信仰、经济利益和政治上志同道合的人在一起”[22]。似乎将要发生的事情是人们回归到他们本种族和文化群里的避难所，在那里他们能获得一种认同感，并能感受到自身的价值和重要性。此外，族群正在变得国家化，“在与其他族群交往中重视其自身独特的传统，强调与相邻群体之间的不同之处”[23]。

无论它是否会变成民族主义文化孤立主义抑或是“部落主义”，其后果很可能是产生全球性冲突。正如哲人克里希那穆提（Krishnamurti）所指出的那样：“由于对安全和舒适的追求，我们会去杀掉那些有着同样的安全追求，要求被保护和拥有一些财富的欲望的人们。”[24]克利夫兰在说到“种族和宗教的多样化正在全世界制造着许多令人痛苦的冲突”[25]时，吐露出相同的担忧。种族纠纷不受地域的局限。正如另一学者对我们说的那样：“令人不安的迹象表明，国内的种族和族群之间的紧张局面正在升温。”[26]

未来我们要面对的问题是，在文化相互依赖变得越来越重要时，如何打破文化向民族主义内转这一窘境。就像史密斯和邦德提醒我们的那样，“人类对于相互依存的认识正在加深”[27]。一个无可争辩的事实是，由于全球经济的发展，世界成为一个相互联系的整体，人们共享同一片蓝天，并且都想要避免战争。但存在的一个困境是，在相互依存的同时如何平衡彼此的利益。未来，这种窘境一定会被打破。我们相信克利夫兰所说的： 369
“未来几年，在保持多样性的情况下，寻求一个统一的方式可能是世界上最紧迫的问题”[28]。

第一步也许是探寻克利夫兰关于把统一性和多样性相结合的思想。我们可以从人类学家劳拉·纳德的话着手，他说过：“多样性是一种财富。”[29]我们必须开始意识到多样性是一种财富而不是威胁，就像我们在最后一章中指出的那样，最终人们的相似性将会胜过差异性。我们都发现，新生命的降生是一件既感人又相当神秘的事情。几乎每一个人都有属于自己的家庭，喜欢音乐和欢笑，想要交更多的朋友，想去爱且关心他人，表达他们的审美观和社会观，学会应付各种磨难甚至是面对死亡。这些以及其他普遍的经验表明，人类是非常相似的。因此，我们期盼人们的态度能够反映出一种相互尊重、相互信任，以及彼此的共同价值。正如约翰·夸美纽斯建议的那样：“让我们只要一个目标，即人类福祉。”我们提醒那些声称这种观点太过简单、是幻想，因而无法实现的人，上述考虑是一种有意义的选择。在这个能用超级炸弹、毒气、环境退化或全球流行病来进行自我毁灭的世界，我们并不认为呼吁不同文化的人们增进理解是一件浪漫或理想主义的事情。克利夫兰提醒我们任务并不简单：“我们还不是十分清楚如何创造一个‘全球融合的多样化社会’，但是，为了这个世界、为了我们自己，我们有责任不断尝试。”[30]我们赞同克利夫兰的观点，并呼吁大家和我们一同努力。

【注　释】

[1] P. R. Fleischman, *Cultivating Inner Peace* (Seattle: Pariyatt Press, 2004) .

[2] S. Huntington, *The Conflict of Civilization and the Remaking of World Order* (New York: Simon and Schuster, 1996), 36.

[3] W. Booth, "Diversity and Division," *Washington Post*, March 2, 1998, 6.

[4] Ibid.

[5] B. Willingham, "Interracial Relationships Make Gains," *Albany Times Union*, June 3, 2004, E-3, E-12.

[6] "Campus Fights Spark Resignation," *San Diego Union-Tribune*, June 2, 2005, A-5.

[7] A. Schlesinger, Jr. , *The Disuniting of America: Reflections on a Multicultural Society* (New York: Norton, 1992) .

[8] Ibid. , 10.

[9] W. A. Haviland, H. E. L. Prins, D. Walrath, and B. McBride, *Cultural Anthropology: The Human Challenge*, 11th ed. (Belmont, CA: Wadsworth, 2005), 446.

[10] W. A. Haviland, *Cultural Anthropology*, 10th ed. (Belmont, CA: Wadsworth, 2002), 476.

[11] "Environment Atlas Reveals Planetwide Devastation," CNet News, http://news.com.com/ 2100 - 1028 _ 3 - 5732050.html (accessed December 6, 2005) .

[12] R. West and L. H. Turner, *Introducing Communication Theory: Analysis and Application* (Mountain View, CA: Mayfield Publishing Company, 2000), 424.

[13] Ibid. , 425.

[14] L. S. Gross, *The International World of Electronic Media* (New York: McGraw-Hill, 1995), 1.

[15] www.rand.org/publications/ MR/MR1307/MR1307.sum.html (accessed November 22, 2005) .

[16] E. Y. Kim, *The Yin and Yang of American Culture: A Paradox* (Yarmouth, ME: Intercultural Press, 2001), 2.

[17] www.rand.org/publications/ MR/MR1307/MR1307.sum.html (accessed November 22, 2005) .

[18] Haviland, Prins, Walrath, and McBride, 2005, 426.

[19] H. Cleveland, "The Limits to Cultural Diversity," *Futurist*, March-April 1995.

[20] Haviland, Prins, Walrath, and McBride, 2005, 430.

[21] F. Heylighen, "What Is a World View?" http://pespmcl.vub.ac.be/ WORLVIEW.html (accessed December 6, 2005) .

[22] Cleveland, 1995, 23.

[23] Haviland, Prins, Walrath, and McBride, 2005, 431.

[24] J. Krishnamurti, *Krishnamurti to Himself* (San Francisco: HarperCollins, 1987), 60.

[25] Cleveland, 1995, 23.

[26] Y. Ling-Ling, "Ethnic Strife Is Not a Geographically Distant Phenomenon," *San Diego Union-Tribune*, June 10, 1999, 11.

[27] R. B. Smith and M. H. Bond, *Social Psychology across Cultures*, 2nd ed. (Boston: Allyn and Bacon, 1999), 312.

[28] Cleveland, 1995, 23.

[29] V. Lynch Lee, ed. , *Faces of Culture* (Huntington Beach, CA: KOCE-TV Foundation, 1983), 69.

[30] Cleveland, 1995, 26.

索　　引

（所标页码为英文原书页码，即本书边码）

A

B

C

D

E

F

G

H

I

J

K

L

M

N

O

P

Q

R

S

T

U

V

W

第四版译后记

《跨文化传播》(*Communication Between Cultures*)是美国知名学者拉里·A·萨默瓦和理查德·E·波特的一部力作，本书作为一部教科书曾先后多次修订再版并在海外翻译出版。不过就像我们今天要面对跨文化交流的挑战一样，翻译这样一本文化内容十分广泛和厚重的书，本身就是一种跨文化的挑战。为此我们首先要感谢中国人民大学出版社和司马兰编审，是她确定了选本并接纳了我们的译稿。

Communication 是一个内涵十分丰富的概念。从传播学的角度看，可以把它译为信息、传播、交流等等。本书的中文书名选用了“传播”这一译法，主要是从学科层面考虑的。具体到全书主旨和行文，我们理解 Communication 更多的是表达“交流”。同时如果说“传播”与“交流”还有哪些区别的话，我们认为“交流”这一概念更能凸显传播活动中的双向性、互动性，而这一点在跨文化中是十分重要的。

此外，还有两点是需要向读者说明的。一是本书每一章后的练习题(College Edition)在没有得到有关授权与付费时是不能自行使用的，如果读者需要，可购英文原版书即获授权。二是本书后索引部分所收入词汇与对应的页码是与原书相一致的，不过有些词汇只是起到相关的提示作用，在原文中未必完全对应。

本书是由我组织翻译的。其中前言和第 2 章由何勇翻译，第 1 章和第 3 章由徐培喜翻译，第 4～6 章由李占英翻译，第 7～8 章由齐莉莉翻译，第 9 章由魏峰翻译，第 10 章由孟雁松翻译。本书译文初稿完成后由王纬教授、徐培喜和我对译稿进行了多次修改和校阅。

特别需要一提的是中国人民大学出版社的宋晶编辑，她以极为认真负责的精神和很强的编辑能力对译稿进行了审读、编辑和加工。如果没有她，本书不会以现在这种面目出现在读者面前。另外，应译者之邀，北京广播学院的舒怡老师为本书画了插图，在此一并表示感谢!

由于我们的时间与学识十分有限，翻译中存在的错漏与不当之处仍可能在所难免，对此我们颇有诚惶诚恐之感。为此，我们由衷地希望得到有关专家与读者的批评指正。

最后再次向中国人民大学出版社和司马兰编审与宋晶编辑表示感谢。

闵惠泉

第六版译后记

《跨文化传播》第六版，已经是相对“滞后”的一个版本。几位作者与时俱进、推陈出新，每隔两三年就修订一次，这大概是一部有广泛影响的教材以及其受欢迎程度的一个重要标志之一。不过，这也让译者和读者感到有点像手中拿着的是需要不断升级换代的苹果手机。

在全球化、数字网络化的当下，尽管不同国家、不同民族与不同文化之间的接触与沟通更加迅速和便捷，但是这并不意味着彼此之间在跨文化传播与交流中的误解、冲突，以及我们所面临的诸多问题会随之消失或减少。相反，跨文化交流正在成为一个不断变化并不断增加新鲜内容的永恒主题，而学会从多元文化中汲取营养和助力，恰恰是这本教材及其一再修订的价值和意义。

面对不断变化的社会、经济、信息以及交往的全球化，面对新的知识背景与新的阅读群体，作者对旧版的章节和内容都做了大量调整和增改。同时，考虑到教材要言之有据，要便于学习者进行拓展阅读，本版每章的注释仍有几百条之多。这是国内教材中比较少见的，这也反映了编写者的严谨以及他们丰富的知识储备及强大的驾驭资料的能力。

这次组织翻译感慨颇多：译事一再拖延，一些超出想象的难度，文化和语言的复杂性，翻译的不易，等等。这使译者加深了对德国解释学大师伽达默尔关于不同语言之间，翻译之有所不能的较为悲观看法的理解。

我要由衷地感谢一同翻译的“团队”成员，这一版仍然是集体协作、努力的成果。我要感谢学友马诗远博士推荐北京第二外国语学院的两位译者，感谢学友贺文发博士及时“救驾”，担当重任。研究生王艳星、李响也参与了部分章节的翻译。各位承担翻译工作的分工如下：

何 勇：前言、第 1 章；

徐培喜：第 2 章、第 3 章；

贺文发：第 4 章、第 5 章；

盖梦丽：第 6 章；

袁连荣：第 7 章；

李响、王艳星：第 8 章；

闵惠泉：第 9 章；

魏 峰：第 10 章；

孟雁松：第 11 章；

王艳星：结束语；

闵惠泉、李响：索引。

这一版的译文部分参考了《跨文化传播》第四版，全书译文初稿完成后，何勇、徐培喜、孟雁松等诸位又校阅了译稿，贺文发和我做了统稿工作，并对译文做了一些修改核校。

翻译无小事，虽然各位译者不敢怠慢和马虎，但是学识的有限、时间的紧迫，仍然使我对最终呈现的译稿心怀忐忑，恳请业内的专家、学者和广大读者批评指正。

最后，我要特别感谢中国人民大学出版社翟江虹编辑的容忍、督促和鼓励，感谢责任编辑徐德霞所付出的辛勤劳动，没有她们，很难想象这本译著将会以怎样的面貌呈现在读者面前。

闵惠泉

2013 年春

Communication Between Cultures，6th edition
Larry A. Samovar，Richard E. Porter，Edwin R. McDaniel

Cengage Learning Asia Pte. Ltd.
5 Shenton Way，# 01-01 UIC Building，Singapore 068808

北京市版权局著作权合同登记号　图字：01-2008-1848

图书在版编目（CIP）数据

跨文化传播：第6版/（美）萨默瓦等著；闵惠泉等译．—北京：中国人民大学出版社，2013.5
（新闻与传播学译丛．国外经典教材系列）
ISBN 978-7-300-17356-6

Ⅰ.①跨… Ⅱ.①萨…②闵… Ⅲ.①文化传播-教材 Ⅳ.①G206

中国版本图书馆CIP数据核字（2013）第084544号

新闻与传播学译丛·国外经典教材系列
跨文化传播
第六版
拉里·A·萨默瓦
［美］理查德·E·波特　著
埃德温·R·麦克丹尼尔
闵惠泉　贺文发　徐培喜　等　译
Kuawenhua Chuanbo

出版发行	中国人民大学出版社		
社　址	北京中关村大街31号	**邮政编码**	100080
电　话	010－62511242（总编室）		010－62511770（质管部）
	010－82501766（邮购部）		010－62514148（门市部）
	010－62515195（发行公司）		010－62515275（盗版举报）
网　址	http：//www.crup.com.cn		
经　销	新华书店		
印　刷	北京昌联印刷有限公司		
规　格	215 mm×275 mm　16开本	**版　次**	2013年9月第1版
印　张	23.5插页2	**印　次**	2022年4月第9次印刷
字　数	633 000	**定　价**	69.80元

CENGAGE Learning™

Supplements Request Form（教辅材料申请表）

Lecturer's Details（教师信息）			
Name： （姓名）		Title： （职务）	
Department： （系科）		School/University： （学院/大学）	
Official E-mail： （学校邮箱）		Lecturer's Address / Post Code： （教师通讯地址/邮编）	
Tel： （电话）			
Mobile： （手机）			

Adoption Details（教材信息）　原版□　翻译版□　影印版 □			
Title：（英文书名） Edition：（版次） Author：（作者）			
Local Publisher： （中国出版社）			
Enrolment： （学生人数）		Semester： （学期起止时间）	

Contact Person & Phone/E-Mail/Subject：
（系科/学院教学负责人电话/邮件/研究方向）
（ 我公司要求在此处标明系科/学院教学负责人电话/传真及电话和传真号码并在此加盖公章。）

教材购买由　我□　我作为委员会的一部分□　其他人□［姓名：　　　　］决定。

Please fax or post the complete form to（请将此表格传真至）：

CENGAGE LEARNING BEIJING
ATTN ：Higher Education Division
TEL：(86) 10-82862096/ 95 / 97
FAX ：(86) 10 82862089
ADD：北京市海淀区科学院南路 2 号
融科资讯中心 C 座南楼 12 层 1201 室　100080

Note：Thomson Learning has changed its name to CENGAGE Learning

VERIFICATION FORM/CENGAGE LEARNING

出教材学术精品　育人文社科英才

中国人民大学出版社读者信息反馈表

尊敬的读者：

感谢您购买和使用中国人民大学出版社的________________一书，我们希望通过这张小小的反馈卡来获得您更多的建议和意见，以改进我们的工作，加强我们双方的沟通和联系。我们期待着能为更多的读者提供更多的好书。

请您填妥下表后，寄回或传真回复我们，对您的支持我们不胜感激！

1. 您是从何种途径得知本书的：

   ❑ 书店　❑ 网上　❑ 报刊　❑ 朋友推荐

2. 您为什么决定购买本书：

   ❑ 工作需要　❑ 学习参考　❑ 对本书主题感兴趣

   ❑ 随便翻翻

3. 您对本书内容的评价是：

   ❑ 很好　❑ 好　❑ 一般　❑ 差　❑ 很差

4. 您在阅读本书的过程中有没有发现明显的专业及编校错误，如果有，它们是：________________

5. 您对哪些专业的图书信息比较感兴趣：________________

6. 如果方便，请提供您的个人信息，以便于我们和您联系（您的个人资料我们将严格保密）：

   您供职的单位：________________

   您教授的课程（教师填写）：________________

   您的通信地址：________________

   您的电子邮箱：________________

请联系我们：

电话：62515637

传真：62510454

E-mail：gonghx@crup.com.cn

通讯地址：北京市海淀区中关村大街31号　100080

中国人民大学出版社人文出版分社

新闻与传播学译丛·国外经典教材系列

- 大众传播效果研究的里程碑(第 3 版)
- 大众传媒革命
- 大众传播动力学:转型中的媒介(第 12 版)
- 大众传播概论:媒介素养与文化(第 8 版)
- 美国新闻史:大众传播媒介解释史(第 9 版)
- **跨文化传播(第 6 版)**
- 大众传媒法(第 13 版)
- 媒介伦理学:问题与案例(第 8 版)
- 媒介伦理:案例与道德推理(第 9 版)
- 全能记者必备:新闻采集、写作和编辑的基本技能(第 7 版)
- 创造性的采访(第 3 版)
- 新闻写作与报道训练教程(第 6 版)
- 当代媒体新闻写作与报道(第 7 版)
- 精确新闻报道:记者应掌握的社会科学研究方法(第 4 版)
- 新闻价值
- 国际新闻报道:前线与时限
- 编辑的艺术(第 8 版)
- 创造性的编辑(第 3 版)
- 克莱普纳广告教程(第 15 版)
- 广告调查:理论与实务(第 2 版)
- 传播!(第 11 版)
- 传播理论导引:分析与应用(第 2 版)
- 传播学
- 媒介效果研究概论(第 4 版)
- 传播研究方法导论(第 3 版)
- 人际传播教程(第 12 版)
- 广播电视管理(第 3 版)
- 美国电视史
- 视频基础(第 6 版)
- 电视现场制作与报道(第 5 版)
- 娱乐产业经济学:财务分析指南(第 8 版 最新版)
- 媒介心理学:记者思维模式与新闻文本生成